"十三五"国家重点图书出版规划项目

民国报刊载海军史料汇编

马骏杰 吴峰敏 张小龙 编

山东画报出版社
济南

图书在版编目（CIP）数据

民国报刊载海军史料汇编/马骏杰，吴峰敏，张小龙编.—济南：山东画报出版社，2020.4（2023.12重印）
（中国近代海军史研究丛书/刘震，张军勇主编）
ISBN 978-7-5474-3174-0

Ⅰ.①民… Ⅱ.①马… ②吴… ③张… Ⅲ.①海军－军事史－史料－中国－民国 Ⅳ.①E296.53

中国版本图书馆CIP数据核字(2020)第148760号

MINGUO BAOKAN ZAI HAIJUN SHILIAO HUIBIAN

民国报刊载海军史料汇编

马骏杰 吴峰敏 张小龙 编

责任编辑 怀志霄
装帧设计 Pallaksch

主管单位 山东出版传媒股份有限公司
出版发行 山东画报出版社
　　　　　　社　　址　济南市市中区舜耕路517号　邮编 250003
　　　　　　电　　话　总编室（0531）82098472
　　　　　　　　　　　市场部（0531）82098479
　　　　　　网　　址　http://www.hbcbs.com.cn
　　　　　　电子信箱　hbcb@sdpress.com.cn
印　　刷 山东临沂新华印刷物流集团有限责任公司
规　　格 976毫米×1360毫米　1/32
　　　　　　22.5印张　　737千字
版　　次 2020年4月第1版
印　　次 2023年12月第2次印刷
书　　号 ISBN 978-7-5474-3174-0
定　　价 148.00元

如有印装质量问题，请与出版社总编室联系更换。

说　明

　　本册文集所收录的史料为民国部分报刊刊载的有关海军问题的新闻、报道、通讯、评论等，由于这部分史料数量比较大，难以全部容纳于一册文集之内，故对一些集中刊载海军史料的期刊如《革命的海军》《海军公报》《海军期刊》等另设专册，以"续集"形式陆续出版。为方便读者参考起见，所选史料以报刊名称排列，同一报刊刊载史料以发表时间排列。

　　民国报刊林林总总，不仅风格不同，而且编辑水平、印刷质量、纸张成色等也各异。同一报刊，不同年份的情况也不尽相同。有些报刊编排、文字等错误较多，有些报刊印刷质量较差，存放时间过久，字迹难以辨认。对此我们做了专门处理。对于一些文字中的明显错误，我们直接予以纠正；对于难以判断正误的用词，或明知有错误而对研究者有一定参考价值的词语，则用"（）"标出。对于模糊、漏印或其他难以辨认的字，用"□"代替。标题后标注"*"号者，标题为编者所加。

　　本文集所选文章均注明报刊名称及发表时间，文章内容所涉及的专业名词术语，一概不作注释，仅对少量人物、时间等加以说明。

　　本文集所辑录的史料，均是全文登录，对于有些史料存在的观点和方法上的不妥，为保持原貌，不作处理。

　　由于我们掌握的报刊资料不够充分，编辑能力有限，错误和疏漏一定不少，敬请读者批评指正。

编者于山东烟台

目 录

边疆通讯 …… 1
不忘 …… 3
朝晖 …… 5
晨报副刊 …… 8
崇德公报 …… 14
大陆 …… 16
谠报 …… 18
导光周刊 …… 20
灯塔月刊 …… 21
地学杂志 …… 23
地质专报 …… 25
电气协会杂志 …… 26
东方杂志 …… 29
东南海 …… 160
读书通讯 …… 165
读者 …… 166
奋斗 …… 173
福建文化 …… 174
公教周刊 …… 182
观海 …… 186
广播周报 …… 191

广东地政 194
广东旅沪同乡会月刊 199
广东农业推广 201
广东司法星期报 214
国防论坛 215
国防新报 217
国防月刊 220
国防周报 223
国风 224
国货评论刊 229
国货月刊 230
国际言论 231
国民空军 232
国民外交杂志 233
国闻周报 241
国营招商局业务通讯 272
海风月刊 275
海晶 281
海涛 283
航空杂志 285
航业月刊 287
衡峰 302
沪光周刊 303
华年 306
华侨半月刊 312
华侨周报 314
淮海 323
环球 326
寰球中国学生会特刊 327
会声月刊 331

目 录

集美周刊 …………………………………… 333
剪报 ………………………………………… 335
教育导报 …………………………………… 338
教育周报（杭州）…………………………… 339
津浦铁路月刊 ……………………………… 340
警察月刊 …………………………………… 342
警务丛报 …………………………………… 346
救国通讯 …………………………………… 349
科学的中国 ………………………………… 351
矿业周报 …………………………………… 353
礼拜六 ……………………………………… 357
励志 ………………………………………… 380
励志旬报 …………………………………… 381
联益之友 …………………………………… 382
陆大月刊 …………………………………… 384
轮机月刊 …………………………………… 385
每周情报 …………………………………… 386
蒙藏月报 …………………………………… 389
蒙古旬刊 …………………………………… 391
棉业 ………………………………………… 392
民国日报 …………………………………… 393
明耻 ………………………………………… 395
宁波人 ……………………………………… 398
宁绍新报 …………………………………… 399
农会导报 …………………………………… 400
农声 ………………………………………… 401
农业通讯 …………………………………… 407
农业周报 …………………………………… 408
评论报 ……………………………………… 409
七日谈 ……………………………………… 410

勤奋体育月报	412
青年界	413
青年问题	418
青年月刊	420
清华周刊	423
群言	430
群众	431
山东教育行政周报	432
山东省建设月刊	434
上海党声	438
社会新闻	440
生活知识	447
十日谈	449
时代公论	451
时事汇报	461
时事旬刊	463
时事月报	465
时事周报	467
时兆月报	471
实报	472
曙光	475
私立岭南大学校报	476
苏俄评论	477
苏农通讯	478
台湾月刊	481
天文台	489
通俗周报	492
通问报	493
统计月刊	500
团结	506

外交部周报	508
万众	513
文饭	519
文艺月刊	520
吴江	524
西北论衡	525
现代军人	530
现代军事	532
现实	544
现世报	549
宪法新闻	551
向导	553
新电界	554
新光	555
新力	556
新民报	557
新闽前锋	558
新青海	559
新上海	560
新社会	564
新世界	566
新闻导报	575
新闻内幕	577
新闻天地	583
新闻杂志	585
新亚细亚	587
新粤周刊	589
新运导报	591
新战线	595
新中华	599

兴华	601
兴业杂志	631
星光	633
学生	634
学生之友	635
学校新闻	639
循环	641
迅雷	645
雅言	646
扬子江季刊	648
遗族校刊	649
益世周报	652
渔况	654
宇宙风	655
展望	661
战地通信	665
战时儿童	670
肇和月刊	671
浙江兵事杂志	674
真光	685
征信新闻	686
中华周报	688
中美周报	693
中外春秋	695
组织旬刊	697
后记	703

边疆通讯

西沙南沙两岛接收专员抵任

西沙群岛及南沙群岛，粤省府自奉行政院令接收后，已派省府委员萧次尹为接收西沙群岛专员，顾问麦蕴瑜为接收南沙群岛专员，两氏于十一月五日晚十时率团员乘舰前往。按两群岛位于海南岛之西南，地当要冲，西沙群岛鸟粪极丰，此种鸟粪为最佳之肥料，敌人于占领期间，大事采运，现经济部正与粤省府合作，着手开发，据估计该岛鸟粪足供粤全省有余。

（录自《边疆通讯》1947年第4卷第1期）

边疆代表参观"伏波号"舰

十二月二十二日上午，海军总司令部优先招待远离海岸之蒙古、新疆、西藏国大代表参观甫自英国驶华之"伏波号"防潜舰。到七十余人，由舰长姜瑞少校引导巡视。该舰将与"泰康号"舰开往日本东京，参加盟军之占领工作。

（录自《边疆通讯》1947年第4卷第2期）

政府派员接收西沙群岛

政府派往南海接收西沙、中沙与南沙诸群岛之工作队，现已大部返京，正积极整理此行之各项材料中。该工作队系由国防部与内政部所组成，于去年十二月初自京首途出发，待至广东后，粤省府重又指派专人会同前往，嗣榆林港复派熟习各群岛之人员于该队抵港后随同至各岛接收，现该处若干地区已竖立我国界碑，并由守军驻防中。

（录自《边疆通讯》1947年第4卷第3期）

不 忘

评青岛海军事变

吾国无海军也久矣，政府对于现存畸零之海军，虽年糜巨款，按其实际，殆为一种特种救济事业已耳。是以海线全防，平日之所以备不庭不虞之患，战时之所以阻封豕长蛇之侵略，胥抱古人惟德为城之明训，于门户洞开下，冀敌人之垂怜见赦而已。今乃突有青岛海军事变发生，卒由粤方将驶粤三舰收编，其事始暂告一段落。

虽然，中国固无海军矣，但事业既属于特种救济而非普遍救济，则被救济者，究属谁为当得？谁为不当得？于是争端生而派系起矣。且也，被救济人在人格上虽为卑劣之弱者，而聚蚊成雷，一经啸集，暴力即生，于是气势张而政治条件成矣。争端生而派系起，兆内部分崩离析之渐；气势张而政治条件成，启局外觊觎利用之心。所谓救济事业者，将终至太阿倒持、养痈遗患而后已。执此以绳，此次青岛海军事变，谁谓不然？更执此以推及未来，吾人亦可逆料其必然矣！

中国海军，因历史关系，向在闽人之手，吾人不愿见以地域关系造成一特殊阶级，而事实如此，良可慨也。晚近始稍稍罗入江浙鄂皖籍人，竟亦成派。东北舰队司令沈鸿烈氏，鄂人也。当事变之初，海圻、海琛、肇和三舰，踪迹未明，据海军中人观察，溯及前岁崂山凌沈之事（凌霄倒沈鸿烈未成），谓为江浙派与鄂皖派之争，而以冯某刺沈未成促其爆发云云，是或然欤？往后三舰投粤，吾人知政治阴谋，乘派系之争而入，亦派系之争，因政治阴谋而愈烈也。然此中似尚须补加诠释，凌霄氏为浙人，而此次事变，凌氏无与焉，凌氏与中枢某要员有瓜葛，而三舰南投，亦足证明非江浙鄂皖之争矣。否则，岂愤于前岁坐视成败之怨，切于今日薰莸同器之叹，遂必南走越以为快乎？

中国对外无海军，然对内则甚以为威胁恫吓之用，政治阴谋，即根据此点而生。养兵所以御外，如今反以殃内，天下痛心疾首之事，孰有过于此者？抑吾人犹有感者，年来政治上派系之争，愈演愈烈，同乡系也，同学系也，樊然并陈，伺隙而动，往往一系之去，他系弹冠，一类之来，别类侧目，争夺之烈，动牵大局。而政府当局，又在有意无意之间，滥造新兴派系，薄夤缘奔竞之不易，进而为朋结党纳之劫掠，吏治腐败，正不知伊于胡底？一旦两雄相持，各不肯下，则权利之争，遂演成政治之火并与分割。川中内战，西南离心，边远各省，人自为谋，均为明证，而国家不可复救矣。论者怵于国际大势，尝谓中国将被分割，实则人割未形，自割已烈，青岛海军之变，无论内幕为对人对事，特此分割演进中之一小泡沫耳。呜呼！周道衰微，诸侯自大；唐宫垂绝，藩镇跋扈。有心之士，能不兴微子之悲，流君山之涕也耶？！

（录自《不忘》1933年第1卷第7期）

朝　晖

温树德贿卖永翔舰
前永翔舰长丁培龙述

总理蒙难白鹅潭一役，为时几及两月，其间片鳞只爪，均足为史乘之资。兹编为永翔军舰所经情形，盖实录也。

溯自六月十六总统府被焚，总理于是晨乘坐楚豫舰赴黄埔，下午复率领永翔、永丰、宝璧等舰，由黄埔驶入省河，至夜同泊于二沙头。当时海军司令已迁永翔舰办公，是夜培龙与温司令暨各舰长同赴楚豫舰，向总理请示讨逆机宜。十七日奉手令，着永翔舰先驶南石头，炮击白云山忠烈祠等逆部，然后由西而东；永丰各舰，则由东而西，来往作战，扫除长堤一带逆军。正准备起碇之际，忽有持官产处长陈达生函来访者，谓倘肯将舰驶离总理，愿以十万金为寿，俟离开后更酬十万金。当是时也，培龙眦裂发指，以为陈逆炯明，以下犯上，罪通于天，今复使其爪牙，敢来运动，直当将其寸磔。乃作严词以绝之，并谓培龙乃总理信徒，生死不变，赴汤蹈火，所不辞者，岂金钱利禄所能动耶？今战机已迫眉睫，胜则当枭陈逆之首以示众，败则惟有一死以报我总理。我心匪石，不可转也！来者逡巡退去，而舰亦西行，洎舰抵南石头，正拟发炮之顷，温司令忽向众制止，谓顷接省电，尚有以和平为言者，各宜少安毋躁。当时在永翔舰者，除本舰员兵及由总理派来相助之同学胡轩一人外，余皆海军司令部人员，闻言无敢应者，惟培龙与胡轩两人，力持反对，谓陈家军久怀叛志，今全体出动，叛迹昭彰，万无和平希望，今不发炮，是抗令也，亦即助逆也。当时附和斯议者，有海部副官长胡文溶。于是温语塞，本舰员兵敌忾重振，即于午后五时许，沿堤岸战至二沙头。时同学胡轩经伤腰腿各部，带水李燕仪伤后脑部，卫队阵亡一名，水兵伤廿余名，温司令始终未越舰面一步，惟胡文溶曾一帮同指挥耳。战至七时余，各舰驶回黄埔，温向总理献议，谓各舰悉集于黄埔，对于省方消息，殊欠灵通，拟驾永翔舰驶泊白鹅潭，随时探听，用无线电报告等语。总理韪之，遂于夜半驶入寄泊。斯时胡轩已因伤离舰，主战者惟培龙与胡文溶，其势已弱。既而温常晋省，情势日非，胡文溶复借故离去，所余者惟培龙一人，至是势益孤，然仍以为当无大变也。讵不数日，温忽派卫队四十名，武装登舰，隐寓监视之意。培龙一人而处此环境中，生机已绝，然深知本舰员兵，必有明大义者，乃悉将所有恩饷公费数千元，犒赏士兵，并予鼓励，俾为缓急之资，同时将温之通敌行动，密报于总理及海防司令陈。翌日得总理及陈司令回谕，谓如温树德果不可靠，汝可离开本舰，免受危险云云。此事并曾于沙面向李绮庵先生报告，亦以不回舰为宜。惟培龙以职守所关，当与本舰同存亡，故始终不敢离去。及总理率领各舰，攻入白鹅潭，复将以上各情面报，并请派队过舰，以防不虞。总理许之，事将行矣，忽有欧阳格者，谓可说而服也，不宜派兵激变。培龙坚请之，总理曰："树德当不敢为陈炯明之续，姑俟之。"培龙复以海圻等舰已出莲花山，则事变之来，诚不可测为词。总理慨然曰："叛我者是自弃于国民也，彼果自弃，于我何尤！"总理素以德服人，宽宏容忍，固不虞温树德之果甘自侪于枭獍也。时阅数日，适大风雨，永翔为风所压，锚位移动，与美舰二一四号相距不逾丈，势须起锚再泊。培龙乃通报附近各舰，从事移位。讵温竟利用时机，授意带来各员兵及吴副舰长，忽于锚起之际，各持短枪，蜂拥上前，将培龙指禁，占据舵楼，加开速率，硬将本舰驶离白鹅潭，径入省河，直出莲花山。当变起时，培龙不顾利害，大声呼请泊近各舰开炮，以期制止。然而事出仓促，已无及矣！培龙旋亦被禁入舱，行动不能自由。惟舰上水兵有明大义者六十余名，愤然向培龙曰："舰长为党国效力，无辜被囚，某等愿同生死！"以是温乃不敢虐待。阅一星期，温派参谋裘光球持书道歉，并请仍任舰长，寻且许到海珠，嗣复得间有请于胡文溶，乃离海珠迳逃沙面。惟不旋踵而侦缉掩至，遂又绕道乘艇投永丰舰，请罪于总理,仰承温谕,着往楚豫舰服务。至总理离舰之前两日,始奉令带领无职人员赴港。凡上所述,皆培龙所身经,亦即温树德受贿之经过实情。培龙服膺主义,未敢后人,及今回溯,犹深愤慨,知我罪我,惟待公评而已!

(录自《朝晖》1932年第1卷第11期)

晨报副刊

海防问题之商榷

秋圃

现在全国上下，纷纷以裁兵相号召。所可怪者，目光仅及陆军而不及海军。何也？闲尝考察各方对于海军之意见，约有二派：或以我国海军，对外无战斗能力，主张裁撤；或以我国地大，海岸线长，暹罗小邦，尚且远超吾国，主张增加。此等重大问题，固非余所□论，不过以六年肄业烟台海军学校之阅历，外察列强趋势，内体财政情形，对于国防问题，作一二商榷而已。

（一）设备海防之必要

华会之后，列强名为毁坏军舰，其实以旧易新。美人 Graser Scharn Theimer 谓某国除添制新舰外，刻下又造利于河战之小舰。近为旅顺问题，又以铁血吓我，一旦有事，敌可长驱直入。即与他国相战，以军事关系，亦必破坏我之中立，先行蹂躏。所以我国公使，在联盟会议，曾声明我国以后须将海军增至能以自卫地步，此海防设备之所以必要也。

（二）世界海军新趋势之便于我国海军

飞机盛行之后，已足以制列强庞大海军之死命。日本最大战舰，为三万三千吨，比之我国最大战舰二千吨之海圻，虽远过之，然在将来，不过作为陈设参观之用而已。盖用几艘小小飞机，小小鱼雷，即可沉之而有余（彼岂肯以价值三千余万元之大舰，与价值几万元的鱼雷拼命，所以除作为陈设品以外无他用了）。英国最大战舰，于欧洲战役，未敢驶赴前线，亦以此故。

所以世界海军的新趋势，于我国幼稚的海军，是极合宜，此亦是整顿海防的极好机会。

（三）**财政困难于整顿海防并无阻碍**

兴办海军，必需巨款，是人人所知。但是设备防□的袭击战器，则仅用列强制造一艘巨舰之款，亦已足矣（三千万至四千万元）。今将我国应备海防的袭击战器，及大概价值列下，应知整顿海防，并非难事。

海防战斗种类	袭击战器名目	价值
空中战斗	□□飞机	八万元
空中袭击	鱼雷飞机	十万元
陆地防御	海炮	五千元
海底袭击	潜艇、鱼雷	十万元
海底攻守	鱼雷	一万元
海底防御	水雷	数百元

世界列强海军，最多不过五百艘战舰。我□□用他们一艘三千万元的款，购三千艘鱼雷，对于海防，亦可有恃无恐。所以言攻虽难，言守则易事耳，吾谁惧？

（四）**对于海军的主张**

以世界海军新趋势，及我国财政之情形，详为审察，所以我主张设备海防袭击战器，不主张靡巨款的庞大无用的战舰。余肄业海军，仅仅六年，对于海军学识，不过一知半解，谨抒管见，以备裁兵后整顿军务之参□可也。

十月四日作于南京海军鱼雷枪炮学校

（录自《晨报副刊》1922年10月10日）

改造我国军舰的管见

郝秋圃

华会限制海军的条约订定之后，渴望和平的人，群相庆贺，以为世界上的大战争，可以从此息了。那知所谓限制海军，不过装潢门面的骗人话，实际上何曾限制了一点？条约上限制吨数最大的军舰，原来限制吨数较小的军舰。其实现在最便利的是吨数较小的军舰。大的费钱太多，而又易被潜水艇击沉。稍有海军军事知识的人，断不会再造这样费钱而不中用的巨舰。所以就是没有这次限制海军的条约，列强也要改造他们军舰，这是势所必至的。这话并非凭空瞎说，试看日本为什么现在急于制造一千四百吨的军舰，美国为什么也是这样，并且将舰队改组使其易于由升平状况变而为战斗状况？日美人的处心积虑，读者当早洞鉴。从此看来，世界上第二次大战之不能免，东亚和平之不可期，敢断言了。东亚和平既然无望，则适当其冲的中国，以军事关系，必先被蹂躏。欲免除外人的蹂躏，就不得不注重海防。然而反观我国，旧有军舰的年龄，哪一个不是在数十年之上？哪一个不是船壳腐朽机器损坏？真都好像八十多岁的老翁，举步维艰，哪里还有丝毫迎战能力？近来赴粤各舰，亦几乎把炮弹消耗完了，而沿海各要塞，更未设置水雷，所以现在的中国，可以说毫无海防。万一前边的话不幸而中了，我庄严灿烂的中华，恐不免被牛羊践履。这就是我急谋改造我国军舰的微意了。

　　前清光绪二十九年的时候，署江督张之洞曾上了一道奏折，说"南洋兵船购造多年，机老钢薄，式陈行缓，徒縻饷项，无补实际，请将陈旧各船，悉予裁停，节存所停各船经费，另购外洋新式浅水铁船，是化无用为有用"。后来他这个办法实现了，大家都是很赞美他。我国现在的各舰，窳朽较前更甚，单就废物利用的道理说，也该把他改造改造。不然再迟数年，这些老船将变为铁屑，一文不值，未免太可惜了。

　　但究竟变换成什么武器为合适呢？依愚见看来，最好是飞艇潜艇。因为飞潜盛行以后，大军舰的效力大减。飞潜的价值，又仅占大军舰千分之一。对于贫国，最为适宜。虽说航行稍微困难，不易远渡重洋，而用以防守海口，效力实较大的军舰为多。且潜水艇可以自由出海面，以少数的潜艇埋伏其中，即足以寒敌人多数军舰之胆。这都是特别有用于我国的。

　　飞艇潜水艇对于海战的优点，可以分条举出如下：

（A）潜艇的优点

（1）防御海岸及防御敌军的炮口港湾。

（2）得使有效的封锁归诸不可能的地位。

（3）妨害敌舰的寄锚于海岸附近及敌兵的上陆。

（4）可以自由出入港湾，乘机袭击，使敌舰已沉，尚不知我行踪。

还有一层，潜水艇最畏风浪，然太平洋中无大风浪，又减少了一重困难。这样利于我国的东西，我国竟没有一只，实令人为之痛惜。

（B）飞艇的优点

（1）由空中掷炸弹以毁敌舰。

（2）由空中放鱼雷于海中以袭敌舰。

（3）我国海岸有数千里长，徒以少数潜艇防守，实难周备。宜用水面飞艇，高翔空中，探查敌情，然后权其轻重缓急，布置潜艇。

就上边所说的看来，飞机和潜水艇，对于我国诚有利而无一弊。我国宜本张之洞化无用为有用的方法，把朽腐不堪临阵的军舰卖作商船，以所得价值另添飞艇潜水艇以固海防。虽然，军舰也不可完全毁消，如通缉海盗，如设置江防，如运送军需，如海军拜谒，在在需用军舰，所以应该酌留旧有军舰中的较新者以备应用。

现在把我国海军所有军舰的年龄、吨数、马力等列于左：

舰艇名	舰艇种类	制造厂	船材	年龄	排水量（吨）	马力（匹）	炮位	鱼雷炮
海圻	巡洋舰	英国厂	钢	二六	四，三〇〇	一七，〇〇〇	三四	五
海容	同	德厂	同	二五	二，九五〇	七，五〇〇	一九	一
海筹	同	德	同	二五	二，九五〇	七，五〇〇	二〇	一
海琛	同	德	同	二五	二，九五〇	七，五〇〇	二二	一
肇和	练习巡洋舰	英	同	一〇	二，六〇〇	六，五〇〇	一六	二
应瑞	同	英	同	一〇	二，四六〇	六，〇〇〇	一六	二
飞鹰	鱼雷猎舰	德	同	二八	八五〇	五，五〇〇	一二	三
建康	驱逐舰	德	同	一〇	三九〇	八，〇〇〇	六	二
豫章	同	德	同	一〇	三九〇	八，〇〇〇	六	二
同安	同	德	同	一〇	三九〇	八，〇〇〇	六	二
通济	练习舰	福建船政厂	同	二九	一，九〇〇	一，六〇〇	二〇	〇

（续表）

舰艇名	舰艇种类	制造厂	船材	年龄	排水量（吨）	马力（匹）	炮位	鱼雷炮
镜清	同	同	铁骨木壳	三九	二，二〇〇	二，四〇〇	五	二
南琛	运送舰	德	钢	三九	一，九〇五	二，四〇〇	一三	〇
福安	同	福建船政厂	铁	二八	一，七〇〇	七五〇	四	〇
建安	炮舰	同	钢	一九	八七一	六，五〇〇	一〇	〇
建威	同	同	钢	一九	八七一	六，五〇〇	一〇	〇
永丰	同	日本	同	一一	七八〇	一，三五〇	八	〇
永翔	同	日本	同	一〇	七八〇	一，三五〇	八	〇
楚有	同	日本	同	一七	七四〇	一，三五〇	八	〇
楚泰	同	日本	同	一六	七四〇	一，三五〇	六	〇
楚同	同	日本	同	一六	七四〇	一，三五〇	六	〇
楚观	同	日本	同	一六	七四〇	一，三五〇	六	〇
楚谦	同	日本	同	一六	七四〇	一，三五〇	六	〇
楚豫	同	日本	同	一六	七四〇	一，三五〇	八	〇
江元	同	日本	同	一九	五五〇	九五〇	一〇	〇
江亨	同	日本	同	一六	五五〇	九五〇	一〇	〇
江利	同	日本	同	一五	五五〇	九五〇	一〇	〇
江贞	同	日本	同	一五	五五〇	九五〇	一〇	〇
联鲸	同	江南船坞	同	一三	五〇〇	八〇〇	四	〇
舞凤	同	青岛德厂	铁	一三	二〇〇	五〇〇	四	〇
甘泉	同	江南船坞	铁	一三	二五〇	三〇〇	三	〇
江犀	浅水炮舰	德国	钢	一二	一四〇	四五〇	五	〇
江鲲	同	德国	同	一二	一四〇	五〇〇	五	〇
湖鹏	鱼雷艇	日本	同	一七	九六	一，二〇〇	二	三
湖隼	同	日本	同	一六	九六	一，二〇〇	二	三

（续表）

舰艇名	舰艇种类	制造厂	船材	年龄	排水量（吨）	马力（匹）	炮位	鱼雷炮
湖鹗	同	日本	同	一六	九六	一,二〇〇	二	三
湖鹰	同	日本	同	一六	九六	一,二〇〇	二	三
辰	同	德国	同	二八	九〇	七〇〇	六	三
宿	同	德国	同	二八	九〇	七〇〇	六	三
列	同	德国	同	二八	六二	六〇〇	六	三
张	同	德国	同	二八	六二	六〇〇	六	三
总计军舰共三十三只，鱼雷艇共八只					三九,七九五	一二六,二〇〇	三七〇	四七

统计全军，仅有军舰三十三只，鱼雷艇八只，而吨数共总仅有三万九千余吨（日本最大之舰一艘即有三万五千吨）。除却年龄在十岁左右的肇和、应瑞两条巡洋舰及建康、豫章、同安，永丰、永翔、联鲸、舞凤、甘泉、江犀、江鲲等小炮舰留作差遣，其余的军舰都可变卖。价值若干，现在虽然不能确定，而至少之数，总在二千万元上下。飞艇每只约值二三万元，潜艇每只约值四五十万元，如是以售出陈旧海军的价，足可购飞艇潜艇各五十只，将来海上有警，飞艇翔于海面，击之于先，潜艇伏于海中，袭之于后。各海口再密布以新式水雷 Forped Mine，有此三条防线，敌人纵有强大舰队，也不敢直入我海口了。否则以我现在的旧舰，对敌之新舰，炮弹所及，如雨散石，而敌之对击我旧舰，有如利剑穿纸。

总而言之，限制海军条约，不过是一纸空文。太平洋上的大战，势所难免，而近来海战术的趋势，尤以用飞潜为最宜。故我国军舰，实有改组的必要。惟是国库如洗，无力添置武器。将计就计，不得不变卖军舰，换购飞艇潜艇，愿我国人督促海军当局，而速改变军舰主义为飞潜主义可也。

一九二二年十二月作于海军鱼雷枪炮学校

（录自《晨报副刊》1923年1月20日）

崇德公报

永绩炮舰举行下水礼

海军部总长刘冠雄氏前因查得中国海军南北洋大小舰只有四十余艘，实因不敷调遣，故于去年夏间，命令上海江南造船所制造永健、永绩新炮艇二艘，当由造船所陈所长会同洋工程师英员毛根（译音）督匠，依照本发图式日夜赶造，业于四月十六号造成永绩新炮舰一艘，先行下水，日来正在安装机器、锅炉以及头尾两旁大小快炮等件。所有永健新炮舰一艘，亦于昨日即十五号竣工。该舰自头至尾计长英尺二十四丈五尺，中间舱面宽阔三十八英尺，头阔英尺四尺五寸，尾阔八尺十寸，吃水深十英尺，配装双副锅炉、双支烟囱，每一小时能驶海里十四嗹（每嗹合英里三里三），已于昨日午后二点钟下水，并由海军总司令李鼎新氏亲登该舰，摇铃举行下水礼式。并先柬邀镇守使郑汝成、沪海道尹杨小川暨中西各兵舰长共同参观。当该新舰下水时，备有海军军乐队一班，军士一队，站立浦滩，以壮观瞻，并将新舰摄影，预备呈送海军部查核，一俟机器锅炉配装完全，再当举行试水礼式。

（录自《崇德公报》1915年第3期）

海军要闻

海军部所辖之各兵舰今年举行操演御战斗阵式会。由驻沪海总司令部遵将南北洋各兵舰分编第一、第二两舰队，以第一舰队因系外洋巨舰，饬赴江阴洋面操演，以第二舰队系属浅水兵舰，调往鄱阳湖操演。均经由沪分别驶往所指会操地点，先行预备操务，以便静候部派督操委员到时，定期开操。兹悉海军部刘总长业已派令海军左司令林宝彝为第一舰队督操员，又委派海军右司令徐振春为第二舰队督操员，刻均遵令。行抵操地，已于上星期一律开操，昨由左右林徐二司令特将开操办理情形，分别报告海军部暨总司令部查照矣。

（录自《崇德公报》1915年样本）

大　陆

粤空海军改组之经过

粤空海军原隶第八路总指挥部，自去年五月粤方反蒋成立国民政府，第八路总指挥部即改为第一集团军总司令部，以第八路总指挥陈济棠为总司令，空海军即于此时脱离第一集团直辖于军委会，另组空军总司令部、海军总司令部，以张惠长为空军总司令，陈策为海军总司令。以事实论，当时空海军实无单独另组总司令部之必要，惟以反蒋局面新成，各从所欲，司令究不如总司令之煊赫也，于是广州一隅，同时竟有四位老总——桂军改为第四集团军，以李宗仁为总司令——洵属盛事也。

然陈济棠对于空海军之分立，实有□慊，惟以环境关系只好暂时隐忍耳。迨粤之四全大会开会，反对上海宁粤和会草案之高方案通过后，和会代表孙科等，为"破坏和平"愤而离粤，宁粤和议前途顿觉黯淡。张惠长、陈策与孙早有默契，已于此时联同虎门要塞司令陈庆云以空海军威挟陈济棠迫令取消高方案之决议案。是时桂军方面对于此事又不表示态度，故陈不得不将高方案予以实际之撤销，而略存其形式。孙科始得欣然赴京，就其行政院长。此为粤空海军与陆军分立后，第一次对峙也。

此后陈对于控制空海军，已下决心，第一步即将虎门要塞司令陈庆云撤职，易以张达。最近始以西南政务委员会命令撤销空军总部，仍隶归第一集团，调张惠长为第一集团总部高等顾问，委黄光锐为空军司令。空军虽以张为领首，黄光锐实占大部分势力，且事前有充分准备，故改组时能安然渡过。张除发一宣言外，无可如何也。

至改组海军，陈策因空军改组事，料必及己，乃先调省河各舰集中黄埔、虎门、唐家湾等处待命，非本人命令，各舰不准擅自移动。布置停当，其本人则离粤赴港，以观其变。至五月三日西南政务委员会果下裁撤海军总部命令，将海军收归第一集团管辖，调陈策为第一集团总部高等顾问，并派第一集团总部高级参议招桂章负责改编各舰。时陈策在港，即发一宣言，认裁撤海军总部为"压迫"海军袍泽，并谓海军誓不参加内战云云，同时则准备将离省河各舰集中琼崖宣布独立。陈济棠为谋相当应付也于西南政委会提议讨伐，并任陈章甫为琼崖剿匪司令。旋经胡汉民出任调停，主张设海防及江防两司令，由陈策任海防司令，兼琼崖特区委员及陆战队司令，辖中山等出海舰八艘。江防司令则由陈荐人，辖小舰三十二艘。此议先征得陈策同意，现正征求陈济棠意见。陈已允提交西南政委会会议讨论，风潮能否如此解决尚未可知。

当空海军改组时，最令人注目者其为李宗仁之突然离粤返桂，且有伍朝枢及陈策代表等偕行，闻得在南宁举行重要会议，是则西南局面之将来，或因此露其端倪也。——君度

（录自《大陆》1932年第1卷第1期）

东南海防问题之研究
——国防建设问题之一

立吾于中原，面东南而观焉，见乎波涛万顷，汪洋无际者，则太平洋也。乘长风，破万里浪，行乎斯洋之上，而顾盼其极西焉，见乎气象万千，巍然屹立者，则吾之大中华民国之大陆也。

（录自《大陆》1932年第1卷第1期）

说 报

海军部筹备议案

（一）建筑军港案；（二）整顿军舰案；（三）扩充海军教育案；（四）改革海军官制案；（五）组织海军舰队案；（六）设立黄海测量海平面准线案；（七）赎回威海卫、大连湾、广州湾、旅顺口各军港案；（八）添造战舰炮台案。

（录自《说报》1913年第2期）

呈请接收应瑞军舰

海军部呈，前向英国船厂订造军舰十九艘，除已造成陆续驶华验收外，今又造成应瑞军舰一艘。接该厂经理人来电，准于四月十六日由英开驶来华，当派戈思明充该舰舰长，于四月二十九日正式接收云。

（录自《说报》1913年第3期）

海军部勘定船坞

象山军港，迭经海军刘总长莅象勘设无线电及筹备种种手续，惟船坞一项，尚未勘定。顷据宁郡政界中人云：浙三洋海军以舟山、象山、三门湾隶第二区，而以温州隶第三区，船坞则在闽江建筑，业经海军总长咨知浙军朱都督分别饬知象山筹备军港委员会知照云。

（录自《说报》1913年第3期）

总长校阅军舰

　　海军总长刘冠雄，自大沽阅军舰后回京，进谒袁大总统，报告一切，谓有军舰五艘在可用之列，有六艘将不能驶用，余十三艘已不堪驾驶云。

（录自《说报》1913年第4期）

导光周刊

粤海军新建鱼雷艇

近数月来，各国海军造舰之热度，高于极点。我国海军虽属幼稚，亦颇努力建设新舰。长江舰队去年建筑之新舰，不下十余艇。粤海军最近亦新建鱼雷艇四艘，艇长四十公尺，时速四十海里，鱼雷发射管二，造价每艘五十余万元。

（录自《导光周刊》1934年第2卷第5期）

灯塔月刊

厦门军港之展望

康肇祥

　　我国有一万二千里长之海岸线，沿海有若干孤立岛屿，全国多数人口及经济、政治、文化，大都接近海岸线。为确保领海，保障海外侨胞生命财产及对外贸易，进而与盟邦共维世界和平，必须建设现代文化之坚强海军。而建立海军军港，以为制造舰械训练人才之基地，尤为第一要务。厦门为我国重要军港，当此建设新海军之时期，实有重建之必要。兹将其在军港、交通、工业、护侨上之价值分述于下：

　　"军港价值"　厦门港湾广水深，在全国军港中仅次于象山及青岛，而占第三位。但象山港迄未开辟，而青岛又在内乱与外患交迫之华北，建设非易。厦门位于我国海防之中心，东与我国海防前哨之台湾遥遥相对，东南而是海南岛，形成该港之天然屏障。东北之琉球群岛，更可为进攻日本之跳板，北与上海、青岛及华北各口岸成犄角之势，实东北防日、苏，及西南防英、美海上侵略战略之中心基地。又厦门附近沿海，丘陵起伏，群山对峙，形势雄壮，岛屿错立，极尽曲折之致。大小金门两岛罗列于外，安设炮台可为本港之哨兵，青屿及大小担各小岛分错于内，复形成天然防波堤，无风浪之险。港内可容两千吨以上舰船百余艘，万吨巨轮亦可通行无阻。堪称我国东南海防唯一要港，在军港上实有重视之价值。

　　"交通便利"　在交通方面除为沪港间航路中心外，南通新加坡，东至台湾、马尼剌以迄珍珠港、旧金山，北达青岛、天津，东北通日本、朝鲜，航轮如织，海运极为便利。铁路方面，漳厦铁路□，由厦门对岸嵩屿起，至江东桥止，虽仅有六十二里，但预筑之赣闽、粤闽、浙闽诸线筑成后，可与之衔接。通赣、粤、浙诸省之公路，亦将逐渐修成，陆路亦颇方便。故厦门在交通上，诚为华南之唯一大吞吐地。广州虽亦为交通要道，但因系江口，实较逊色也。

"工业条件" 我国工业落后，重工业不发达，军需工业失其凭借，目前一切舰艇及装备，多仰给盟邦供给，长此依赖，绝非善策。我们应当从速建立国防工业，俾能制造舰艇，以达自给自足之理想。闽省物产除烟叶、皮丝、蔗糖、茶叶、海产等均极富饶外，铜、铁、锡、铅、锌、煤等矿产，蕴藏尤富，实为建造舰械等重工业之优越条件。

"建军护侨" 任何国家，保护海外侨民，皆由海军负责，而我侨胞，在海外备受所在地政府与人民之凌虐，所以我们要保护海外千万侨胞衣、食、住、行与生存，必须建设强有力之海军。而我侨胞在海外皆有经济基础，欲谋自决自救，必以自己之财力与自卫之决心，促进祖国海军建设。厦门为南洋华侨之集散地，附近各县皆为侨胞之桑梓，建设海防若先由厦门作起，当可博得侨胞经济与精神之协助，厦门与华侨所在地之南洋，近在咫尺，一旦有事，舰队出航保护，亦颇迅速。

基上所述，厦门应行建设为海军之重要军港，实有其本身之价值。现于太古码头南端，日人建筑被炸之海军码头，及厦门对岸之嵩屿地方，皆拟分别修建为海军码头。又厦门原有海军工厂船坞，亦拟加修理并扩大之，延聘专门技术人才，以为修造舰船之需。他如打捞沉船、清除航道、整理港内交通、设置系船浮标、修筑仓库、油库等，海军皆有预定之计划，惟以工程经费浩大，必须陆续实施。然重整海防，迫不及待，深望国人认识建设海防之重要，予以有力协助，以期厦门早日成为海防之重镇。

（录自《灯塔月刊》1947年第2卷第4期）

地学杂志

奉省葫芦岛军港之兴筑

奉省本濒海之区，西南一部，即为辽东半岛，海岸线之长，约五百七十余里。沿岸有极良之军港二处，即旅顺口与大连湾是也，气候温和，终岁不冻，为练海军极良之港湾。乃甲午以后，先后被俄日租占，海权商权，皆归外人。名为租借，实与割让无异。此外足与旅、大两港争美者，即连山湾是也（又名葫芦岛）。奉省当局，以此湾既可为极良之军港，因特派总办在该处筹备，并屡次电请政府兴筑，以杜外人觊觎。近接政府电，定于三月兴工开筑，则此湾之形势，与近日之筹划，不可不详为叙述，以告国人也。连山湾在京奉铁路车站之南三十里，因其为葫芦形环抱而成，故又名为葫芦岛，岛名始见于《全辽志》。明天启中，鹿忠节继善参军孙文正承宗巡视边海各隘，尝至是岛，盖明季用武之地也。岛长六里，由西北向东南微作磬折形，北端为锐角，南端稍广，中磬折处稍狭，有若葫芦者然。岛之得名，盖以此也。全岛斜峙海中，四方有山环绕，最高处约四百英尺，其距海岸北部内敛而南部外侈。有沙冈一道，由太陵直入海中，接于岛之北部（距北端二里许），若绳之系葫芦颈者然。此沙冈隔断海水潮流，因名为断冈。断冈之北面，接岛之南部，向内环抱，北距大天桥厂，成为一大海澳，澳中水浅滩多，潮落时俨成陆地。岛南极端处曰葫芦岛嘴，由葫芦岛嘴循岛之西南岸迤逦西北至狮子头（即岛之中部山角向西南突出之处），再由狮子头向北绕一山角迤北西转接于断冈，作湾环之状，是为葫芦套。断岛之中部，向南作磬折形，接连一山，突出海中，是为半拉山。半拉山之由海中涌起一石崖，是曰高粱垛，与狮子头东西遥对，作环抱状，其内即现拟开港处也。此港位于营口、秦皇岛之间，附近京奉铁路，诚将军港筑成，非特于军事上有莫大之关系，即对于商业上亦必能揽东三省转运机关，以补营口之不足。于前清光绪三十四年秋，东省大吏特聘美国工程师，分头巡视榆关一带海岸，测定要港，据称宜于停驶中军舰且便于通商计，当时勘得要点有三，今复遵照前拟筹办：（一）水量。葫芦岛附近之水量极深，计高粱垛东一段，潮落静时，水深二丈六尺九寸。狮子头迤南一段，潮落静时，水深二丈八尺二寸，潮涨时水深约四丈内外，即极大之轮船，皆可以自由出入。（二）冰期。葫芦岛之气候，较秦皇岛略为和暖，冬间结冰之时，水深地段，只有冰块随波起落，虽间有冻封处，仅有近岸浅水，若用碎冰机船时加排刷，则冬间寄椗，毫无阻碍。（三）地点。此港位置之地点，比较他处为优，由此东赴奉天，较大连湾近六十英里，较秦皇岛近一百英里。若由锦县修一铁路，北达洮齐至瑗珲，则北满货物，将由此出口，于交通上尤占莫大之胜利。就以上三点观之，欲于辽东湾觅一军港及通商口岸，则形势之险与交通之便，未有逾于此港者。惟开港之计划，须先筹备者二事：（甲）筑水堤。港口南向宽阔，入夏西南风起，波涛汹涌，寄椗不易，必须于港口建水堤一道，为船舶避风之所。工程师秀思相度形势，曾经两度计划，其先拟由高粱垛起，向南修出二千尺，转向正东修出一千七百尺为一段，东由狮子头起向南修出一千八百尺为一段，两堤交错迴护，以御汹风。后又改拟由断冈起，绕半拉山高粱垛东至狮子头对面修曲堤一道，长五千英尺，预计泊轮船四艘。若冬日堤内结冰，仍可泊于堤外。惟预算修堤经费，以普通修堤之价值言之，每英尺约需八十英镑，总计五千英尺，约需英金四十万镑云。（乙）修铁路。港距连山车站三十里，须修支路一条联络之，以便运输筑材。经工程师秀思所勘定，路线由断岸起，循海岸迤逦西南至望海寺，此一带海岸，虽有山麓沙陀，经过海湾，应须填筑者，亦无多处。由望海寺折向西北过三城子马账房等处，虽有山冈起伏，均不甚高，自此直接连山车站，逐渐平坦。路线既短，又无须多款，较之修堤工程，则易于万分云。

（录自《地学杂志》1919年第10期）

地质专报

西沙岛磷酸矿

西沙群岛在海南岛之东南。地居东经一百一十度至一百三十度间，北纬十五度半至十七度半之间。小岛凡十七八个，其中以林岛、石岛、灯擎岛、钱岛等存磷酸矿甚夥，为粪化石与鸟粪所成之矿层。矿含磷酸百分之二十五、淡素百分之一。林岛所存矿量，据朱庭祜君之估计，为一七五，〇五〇吨。该矿前由华商领得矿权，嗣与日人共同经营，沿革甚久，现由广东省政府收归中山大学保管。至于磷酸矿为天产肥田料，实我国之重要矿产也。

（录自《地质专报》1929年丙种）

电气协会杂志

海军部部令　第十七号

本部制定海军部无线电报局通信规则，兹公布之此令

中华民国二年三月十七日　海军总长刘冠雄

海军部无线电报局通信规则

第一条　各舰公报向由总司令转呈本部，惟总司令处现尚无无线电通报机关，此后各舰凡遇有紧急事情，可迳达本部，仍一面报明总司令，本部遇有迫不及待者亦然。

第二条　每日上午九钟至十一钟，下午二钟至四钟，京局均派有司报员上班听机，各舰如须通报，均可拍发。

第三条　每日下午六钟至九钟为局舰通报，正班不得延误，报件如在正班以外，尚须通报，可预先知照加班。

第四条　局舰报房需用各项纸张，均由本部制定格式发用，以归一律。领班具单请领。

第五条　凡关于本部暨总司令官报均用S字记号。

第六条　凡关于京局与各舰来往公报均用W字记号。

第七条　S字W字两等报均一律编号，无须分立号头，届月一换。

第八条　凡关于加急报，即在原定记号以前加一X，最急者加二XX，不得再加，以示限制。

第九条　各舰报房须按月考查机器情形，详细报部。

第十条　各舰所收发之报底按月汇呈本部以凭考核。

第十一条　局舰上班值机暨局舰对照时刻均详登日记，届月呈部备核。

第十二条　正班时间如一点钟无报往来，局舰须对照一次，每日于上午十点钟并须互对钟点。

第十三条　此系暂行试办。所有转报办法，应俟军港勘定，再行筹议。

（录自《电气协会杂志》1913年第1期）

海军总长刘冠雄呈大总统请奖给交通部邮电学校职教员勋奖各章文（附单）

为交通部邮电学校专设电务各班教授海军军官，成效昭著，拟请给予职教员等勋奖各章，以酬劳绩，恭呈仰祈钧鉴事。

窃查交通部设有邮电学校，经本部委托，办理高等电气工程班及无线电中等工程两班，专为海军军官肄业而设。两年以来，先后毕业共三班，成材甚众，并准交通部将该校编制、课程改良、电台及职教员督课情形、毕业班数咨行前来。查该校受本部委托，教授海军军官，皆能循循善诱，不辞劳瘁，历时二载，成效昭然，拟请将该校职教各员分别给予勋奖各章，以酬劳绩。理合缮具清单，恭呈具陈，是否有当，伏乞鉴核施行，谨呈。

谨将拟请给予交通部邮电学校职教员等勋奖各章缮单恭呈钧鉴。

计开

五等嘉禾章交通部邮电学校教务主任钟锷

五等嘉禾章交通部邮电学校正教员洋员邢森

以上二员拟请给予五等文虎章

三等文虎章三等嘉禾章交通部科长邮电学校教员刘成志

交通部邮电学校前教务主任王蔚文

以上二员拟请给予一等金色奖章

七等嘉禾章交通部邮电学校庶务主任罗时卿

交通部邮电学校学监王厚福

交通部育才科科员李侃

以上三员均请给予二等银色奖章

（录自《电气协会杂志》1919年第25期）

海部订购无线电机交涉

海军部曾与一和洋行购订无线电机一案，近因原约合同不符，发生交涉。兹据该行所持之缘由，系谓当时原议装置绩健两军舰无线电通信并非大号电机，以今日要求，改换天线巨机，应予增加成本价款，且该电机所有进口税款，亦应归部自给等情。闻海军部之意见，以为该行所运电机，自应装配各军舰适用为宜，即按原合同所规定，亦以此为根据云。

（录自《电气协会杂志》1920年第27期）

东方杂志

清海军各舰归附民军

计兵舰四艘,运船一艘,鱼雷艇四艘,均泊上海高昌庙、杨树浦二处者。其停泊长江上下游各舰,旋亦归附。(辛亥年九月十九日)

(录自《东方杂志》1912年第8卷第10号)

公布各地方调用军舰条例

条例如下:(略)(民国元年五月一日)

(录自《东方杂志》1912年第8卷第12号)

裁汰海军以节饷项论

孤 柱

国基未固,财政告窘,列强乘机操纵其间,假承认为要挟,恃经济以干涉,监督财政之警报未终,制限军队之倡议复起,埃及高丽之惨剧,瞭呈目前,我军国男儿知责无旁贷也。数日以来,函电交驰,国民捐之踊跃,陆海军如出一揆,赴乱而进,避乱而退,慷慨磊落,可称双璧焉。惟顷日陆军将士有自请裁择军队,并实行遣散之举,义勇奉公,令人感泣。我海军之应加裁汰,常道者自有成算,乃日复一日,竟未见诸明文也。衷心如焚,用草是篇。

今之主张维持海军者，曰陆海军情形不同：（一）陆军新募之营，多有兵无械，假令完全，亦尚简单。若海军则一舰之费，动需数十万，积年经营，始竣厥工，安忍因噎废食，弃之一旦。（二）人生恒性，习于陆而远于海，故陆军人才，可因势利导。海军则驯致为难，矧海军学术，如枪炮鱼雷驾驶帆缆等，复杂繁冗，将校无论，即兵卒之锻炼，均费数年而成，弃之足惜。（三）国防吃紧，内变频仍，陆军多因起义而增设，裁汰之余，规模犹昔，自属无碍分布。海军则一仍旧贯，倘因裁减而起疏忽，所损实多。（四）海军每月经费，只二十万以下，不及陆军百分之一，裁否无关重轻。之数说者，非暗即偏，自局外观之，容或有当。而稍识海军内情者，必不肯为此自欺之语以贻误国事也。兹逐一辩解于后。

（一）我国兵轮之价值何如

按列强海军舰队之种类有二：曰常备舰，曰预备舰。常备舰复别为二：其一曰第一种常备舰，即舰龄（自制成至今之年数）在五年以下者；一曰第二种常备舰，即舰龄在十年以内者。至服役达十五年者，则编入预备舰队，过十五年者，则视作废舰，或充诸他用，或售与商人。其视舰龄如此其重者，盖以工艺发达，造船造兵造机等学，一日千里，新旧之差，即精粗所由别，亦即胜败所由判。且用久必耗，百物皆然，而枪炮机关为尤。以毁坏之枪炮机关，欲其命中致远，航速迅速，尽海军之本务，必非所能者。废舰制度所由立业，顾试即左表之舰龄观之。

巡洋舰队表

舰名	排水量	舰龄
海圻	四，三〇〇吨	一四
海容	二，九五〇吨	一五
海筹	二，九五〇吨	一五
海琛	二，九五〇吨	一四
飞鹰	八五〇吨	一五
湖鹏	九六吨	五
湖鹗	九六吨	五

（续表）

舰名	排水量	舰龄
湖鹰	九六吨	五
湖隼	九六吨	五
通济	一,九〇〇吨	一七
保民	一,五〇〇吨	二八
辰字	九〇吨	一七
宿字	九〇吨	一七
列字	六二吨	一七
张字	六二吨	一七

长江舰队表

舰名	排水量	舰龄
楚豫	七四五吨	五
楚谦	七四五吨	五
楚观	七四五吨	五
楚有	七四五吨	五
楚同	七四五吨	五
楚泰	七四五吨	五
江元	五五〇吨	七
江亨	五五〇吨	五
江利	五五〇吨	五
江贞	五五〇吨	五
建安	八七一吨	一二
建威	八七一吨	一二
镜清	二,二〇〇吨	二五
南琛	一,九〇五吨	二九
登瀛洲	一,二五八吨	三七

（备考）按舰队之编，尚无新制，此处所用巡洋长江等名目，均仍旧称。

则我国舰艇，具常备舰之资格者，炮舰之六楚四江，鱼雷艇之四湖而外，所恃为干城之海圻、海容、海筹、海琛等，亦应在预备舰之列。飞鹰及建安、建威，年龄较小，然而建之了无能力，人所共知。余则不惟若年迈老翁，奄奄待毙。且其兵器陈腐，舰质恶劣，即使舰龄甚少，亦断难生存于今之世。试就其服务而观之，其善者徒足供差遣之用，其败者运转且多不灵。平昔之耗费无论，而按年修理，所费不赀，其致用亦复如彼。安用养将练兵，苟此无用之废物为也。

（二）我国兵轮之教育何如

完全之教育，必依新式之器械以熏陶之。非然者，则必至挂一漏万，泥旧忘新，而效无可举。兹以老朽之兵轮，欲施相当之教育，已属难事，矧自满清末叶，教练不讲，积习不惩，相沿至今。流弊所至，未忍毕述。祛病不暇，遑云进步。此有心人所同为痛心疾首者也。现时海军当局颇事整顿，然形式虽易，精神难改，此中难道之隐，愿当道者静心思之。

（三）我国兵轮之警备何如

当今海外强敌，必非此残废之舰队所能支持，此夫人而知之者也。因内变而召外侮，即以外侮而警国人。今后长江伏芥之清，亦自可预期。则所谓警备舰者，应属无用长物。忆昔满清时代，专恃此以平内乱，一处揭竿，各轮麇集，虚声示威，事过辄返，初无如长江水师制度，分段巡防之事。民军起义以后，除特派驻防者外，沪宁两地，碇泊时夥，非为警备，乃事休养也。即以警备论，则巡洋舰队中有四海之奔驰；长江舰队中有六楚四江之分布，际兹国情，讵难因应。此疏忽起于裁择之虞，可断其必无者也。

（四）我国兵轮之消费何如

兵轮而武力昭著，且为时势所必须，虽倾财以注之，为孤注之一掷可也，否则一文不支给，亦当以滥废及病国论。现时老朽舰船，其平日之公用，不时之修理，与其将卒之供给，均属坐消巨费。库款丰盈，力筹军备时，尚不容有此弊制，矧此支绌万端之会。人孰无良，肯尸位素餐若此乎！

虽然，裁汰之举不可缓，裁汰之术不可无，其术惟何？

一曰编制舰队以去废舰。现时长江舰队中之六楚四江，巡洋舰队中之四海四湖以及飞鹰，所谓铁中铮铮者，可酌量编入常备及预备舰队，并指定练习舰等。量其任务，配置人员，如于全舰队中将校之勤敏老成，兵卒之勇壮有为者，准应有定额，撰入常备舰中。其次准各舰定额，约三分之一，编入预备舰，常备舰必严定日课，厉行操练。预备舰虽操练不减，而驾驶管轮诸人，敷开船之用已足。候补生之练习，必轮乘长江及巡洋之常备舰，俾其习于勤劳，并娴江海之水道。常备预备舰之外，即属废舰，惟于此有欲言者，向日分派将士，本未尝为地择人，废舰之中，不乏英俊，取舍进退，必通盘筹划，庶昭平允而免弃才。此改良上第一关键，当局者幸勿河汉斯言。

一曰立学校以收将才。立国于太平洋上，海军扩张，为异日生死问题。惟精神为物质之本，培才安可不豫。现时海军青年士官，殆近六百左右，人满为虞，一时无容增求。惟于此中之俊秀者，派往东西洋留学，次仍南洋及烟台水师学堂旧址，立海军将校讲习所及炮术水雷练习所各一。讲习所聘请外国教师，授以高等之军事学，凡海军将校中之学有根底富于经验者入之。练习所则择东西洋留学生成绩最优者，分担教务，海军二副以下候补生以上入之。凡入学为学生者，按其资格，酌给津贴，如此则以两校之开办，可去十数兵轮并其为地设官之冗费，而人才亦于是焉出。为目前计，为将来计，均无逾于此者，亦何惮而久不为也。

一曰扩练营以育兵士。现时陆军大加裁汰，有志之下士及正副目等，投效吾海军练营者踵相接。若废舰既多，遣散之余，必仍有尚堪造就者，宜就中择其年壮识字者，入营补习，待其毕业练营，则转入常备舰。复举常备舰之可取材者，移入练营，是亦所谓省费育才，一举而两得者。

此外如老迈无能，以及吸食鸦片，并其他之品行不端，嗜好素深之将士，无论新旧，严行革除。若是则极腐之海军，容或有澄清之望，而燃眉于可救乎。此所谓治本之策也。

以上所述，专就兵轮及其所有将士而言，陆上机关则何如？吾闻之，厕身海军部者，除少数自好者外，类多凭其优俸，酒地花天。根本既颓，枝叶必折，海军前途，实堪痛哭。顷闻有减少薪金，并按俸提充国民捐之举，公可救时，私可自敛，计无善于此者。总之无内无外，本义愤之气，为自制之举，则所陈策略，亦属枝叶。我海军而因循恋栈也者，何以对海军？何以对国民？并何以扩清海军而立其根基？国命危急，时不我待，海军当局，盍急图之。

（录自《东方杂志》1912年第9卷第2号）

准海军右司令吴应科辞职任命徐振鹏为海军右司令

（民国元年六月二十四日）

（录自《东方杂志》1912年第9卷第2号）

中国海军现状

毛仲芳

自海牙平和会，以海军权力，定国强之差等，吾中国竟列为四等国矣，论者鲜不曰，吾国海军，方在幼稚时代。以时期论，溯自成立，以迄今兹，垂四十年矣，方之英法，固瞠乎其后，而以较欧之德国、东之日本，则时固相若也。顾吾何以幼稚？彼何以不幼稚？此一问题，非吾国民及谋国者所急当研究者乎！盖彼自创设以来，四十年间，惨淡经营，不遗余力，蒸蒸之势，与日俱进，蔚为今日之壮观。我则泄沓迁延，已成者不求所以大其成，未良者不思所以改其良，留学西洋之成而归者，闲曹置之，鄙夷弃之，用矣而又舍长从短，用违其才。举国上下，精神所注，不在海军；视线所集，不在海军。等海军于无足重轻可有可无之数，甚且赘疣视之，谓其耗财而无用。一福州造船所也，年金则由六十万递减而至十七万，以之供欧洲一工厂之员司工匠之饘粥，尚且不足，而欲其有所建造而臻于昌大也。是何异责咿哑乳儿以高唱，瘫痪病夫以健步乎？然此犹曰：彼满清腐败政府之政策，固如是也。今则民国更新矣，允宜同心一德，宏我邦家，恢张海军权力，跻吾国于二等以上，庶不负国民属望之殷。新造民国之旨，爰将民国军舰表刊之报端，以告当世。其未编入舰队，分隶各省为运船为缉捕者略焉。俾吾国民咸晓然吾国海军权力，单薄如是。谋国者，应如何计划而扩张之；为国民者，应如何勉力而担荷之，厚我海军权力，以雪四等国之耻。谨详举吾国海军之现状，以供留心国事者之研究焉。

（一）海圻

种类为快舰，英国爱邬逸厂造，船质为钢板，总吨数四千三百吨。长四百二十四英尺，宽四十六英尺八寸，舱深二十七英尺，吃水十九英尺；马力万七千匹，速率二十四海里；煤舱容量九百九十吨；炮数共三十六尊；探海灯三架；船员、军官、水手等共四百三十九人。

（二）海筹、海容、海琛

此三舰皆为快舰，德国伏尔铿厂造，船质皆为钢板，总吨数二千九百五十吨。长三百二十八英尺，宽四十英尺八寸，舱深二十四英尺七寸，吃水十九英尺；马力七千五百匹，速率十九海里半；煤舱容量五百八十吨；炮数共二十三尊；探海灯两架；船员、军官、水手等共二百七十九人。

（三）建安、建威

此二舰皆为快舰，福建船厂造，船质皆为钢壳及钢胁，总吨数八百七十一吨。长二百五十八英尺，宽二十六英尺五寸，舱深十八英尺，吃水十二英尺；马力六千五百匹，速率十八海里；煤舱容量一百八十吨；炮数共十尊；探海灯无；船员、军官、水手等共一百三十六人。

（四）江元、江亨、江利、江贞

此四舰皆为浅水炮舰，日本川崎厂造，船质皆为钢板，总吨数五百五十吨。长一百八十英尺，宽二十八英尺，舱深十三英尺六寸，吃水七英尺；马力九百五十匹，速率十三海里；煤舱容量一百十三吨；炮数共十尊；探海灯一架；船员、军官、水手等共八十五人。

（五）楚同、楚有、楚泰、楚观、楚豫、楚谦

此六舰皆为浅水炮舰，日本川崎厂造，船质皆为钢板，总吨数七百四十五吨。长二百英尺，宽二十九英尺六寸，舱深十五英尺，吃水八英尺；马力千三百五十匹，速率十三海里；煤舱容量一百五十吨；炮数共八尊；探海灯一架；船员、军官、水手等共八十五人。

（六）通济

种类为练船，福建船厂造，船质为钢壳及钢胁，总吨数千九百吨。长二百五十二英尺七寸，宽三十四英尺一寸，舱深三十六英尺，吃水十八英尺；马力千六百匹，速率十二海里；煤舱容量二百吨；炮数共二十尊；探海灯无；

船员、军官、水手等共一百五十五人。

（七）镜清

种类为练船，福建船厂造，船质为钢胁及木壳，总吨数二千二百吨。长二百六十五英尺八寸，宽三十六英尺，舱深二十五英尺三寸，吃水十八英尺三寸；马力二千四百匹，速率十三海里；煤舱容量四百吨；炮数共十九尊；探海灯二架；船员、军官、水手等共二百零二人。

（八）飞鹰

种类为猎舰，德国伏尔铿厂造，船质为钢板，总吨数八百五十吨。长二百五十九英尺二寸，宽二十八英尺六寸，舱深十五英尺六寸，吃水十三英尺二寸；马力五千五百匹，速率二十二海里；煤舱容量一百六十吨；炮数共十二尊；探海灯二架；船员、军官、水手等共百四十二人。

（九）南琛

种类为运舰，德国伏尔铿厂造，船质为钢板，总吨数千九百零五吨。长二百八十英尺，宽三十六英尺，舱深十五英尺九寸，吃水十七英尺；马力千六百匹，速率十三海里；煤舱容量五百吨；炮数共九尊；探海灯二架；船员、军官、水手等共百二十六人。

（十）保民

种类为运舰，江南制造局造，船质为钢壳及钢胁，总吨数千五百吨。长二百二十四英尺，宽三十四英尺六寸，舱深三十五英尺，吃水十九英尺；马力四百七十五匹，速率十海里；煤舱容量二百四十吨；炮数共九尊；探海灯无；船员、军官、水手等共九十七人。

（十一）飞霆

种类为炮舰，英国阿摩斯脱郎厂造，船质为铁质，总吨数七百二十吨。长二百二十英尺，宽二十四英尺，舱深十五英尺，吃水九英尺；马力八百匹，速率十二海里；煤舱容量一百吨；炮数未配；探海灯一架；船员、军官、水手等共一百人。

（十二）联鲸

种类为炮舰，江南船坞造，船质为钢质，总吨数五百吨。长百七十二英尺，宽二十五英尺，舱深十二英尺六寸，吃水九英尺；马力五百匹，速率十三海里半；煤舱容量一百吨；炮数共六尊；探海灯一架；船员、军官、水手等共五十三人。

（十三）登瀛洲

种类为运舰，福建船厂造，船质为木质，总吨数千二百五十八吨。长二百二十四英尺，宽三十三英尺，舱深十五英尺六寸，吃水十三英尺；马力五百八十匹，速率九海里；煤舱容量三百吨；炮数共六尊；探海灯无；船员、军官、水手等共九十一人。

（十四）舞凤

此舰调查未详，亦为炮舰，长泊烟台者。

（十五）策电

种类为蚊船，英国船厂造，船质为铁质，总吨数四百吨。长百二十五英尺，宽三十英尺，舱深十四英尺十寸，吃水九英尺；马力八十匹，速率八海里；煤舱容量六十吨；炮数共四尊；探海灯无；船员、军官、水手等共四十二人。

（十六）甘泉

种类为炮舰，江南船坞造，船质为铁壳及铁胁，总吨数二百五十吨。长百二十英尺，宽二十英尺，舱深十英尺，吃水八英尺；马力三百匹，速率九海里；煤舱容量三十五吨；炮数共二尊；探海灯无；船员、军官、水手等共二十七人。

（十七）湖鹰、湖鹗、湖鹏、湖隼

此四舰皆为鱼雷艇，日本川崎厂造，船质皆为铁质，总吨数九十吨。长百三十五英尺，宽十五英尺六寸，舱深九英尺，吃水七英尺六寸；马力千三百三十匹，速率二十三海里；煤舱容量二十八吨；炮数共二尊；探海灯一架；船员、军官、水手等共三十四人。

（十八）辰艇、宿艇、列艇、张艇

此四舰皆为鱼雷艇，德国伏尔铿厂造，船质皆为钢质，总吨数九十吨。长百四十四英尺，宽十七英尺，舱深九英尺，吃水七英尺；马力一千匹，速率十八海里；煤舱容量二十吨；炮数共六尊；探海灯无；船员、军官、水手等共三十三人。

（录自《东方杂志》1912年第9卷第4号）

公布海军部官制

（民国元年八月三十一日）

（录自《东方杂志》1912年第9卷第4号）

公布制定海军总司令处条例

大总统制定公布。（略）（民国元年十月十五日）

（录自《东方杂志》1912年第9卷第6号）

公布舰队司令条例

大总统制定公布。（略）（民国元年十月十五日）

（录自《东方杂志》1912年第9卷第6号）

公布海军士兵惩罚令

大总统制定公布。（略）（民国元年十月十五日）

（录自《东方杂志》1912年第9卷第6号）

公布海军官佐士兵等级表

参议院议决案。（略）（民国元年十月二十日）

（录自《东方杂志》1912年第9卷第6号）

授刘冠雄为海军上将,汤芗铭为海军中将

(民国元年十一月四日)

(录自《东方杂志》1912年第9卷第6号)

公布海军旗章条例(教令第二号)

大总统制定公布。(略)(民国元年十一月七日)

(录自《东方杂志》1912年第9卷第6号)

公布海军礼炮条例(教令第三号)

大总统制定公布。(略)(民国元年十一月七日)

(录自《东方杂志》1912年第9卷第6号)

准海军部呈请改左司令为海军第一舰队司令即以蓝建枢改充,改右司令为海军第二舰队司令即以徐振鹏改充

(民国元年十二月一日)

(录自《东方杂志》1913年第9卷第7号)

海军总司令中将黄钟瑛卒

(民国元年十二月四日)

(录自《东方杂志》1913年第9卷第7号)

公布陆海军勋章令（教令第九号）

大总统制定公布。（略）（民国元年十二月六日）

（录自《东方杂志》1913年第9卷第7号）

公布陆海军奖章令（教令第十号）

大总统制定公布。（略）（民国元年十二月六日）

（录自《东方杂志》1913年第9卷第7号）

公布陆海军叙勋条例（教令第十一号）

大总统制定公布。（略）（民国元年十二月六日）

（录自《东方杂志》1913年第9卷第7号）

任命李鼎新为海军总司令并授海军中将

（民国元年十二月十一日）

（录自《东方杂志》1913年第9卷第7号）

取消长江水巡总稽查

令曰：据领湖北都督事黎元洪等电呈称：长江水巡另置专员，官制既涉分歧，权限尤虞诿卸，请饬令取消等语。长江水师总稽查一职，应即取消，所有长江事务，即责成各该省长官管辖办理，以一事权而符名实。（中华民国元年十二月十六日）

（录自《东方杂志》1913年第9卷第8号）

公布海军服制（教令第十五号）

大总统制定公布。（略）（民国二年一月十八日）

（录自《东方杂志》1913年第9卷第9号）

公布陆海军著作奖励条例（教令第十七号）

大总统制定公布。（略）（民国二年一月二十五日）

（录自《东方杂志》1913年第9卷第9号）

公布军舰职员勤务令（教令第十八号）

大总统制定公布。（略）（民国二年二月二十二日）

（录自《东方杂志》1913年第9卷第10号）

公布海军丧礼条例（教令第十九号）

大总统制定公布。（略）（民国二年二月二十四日）

（录自《东方杂志》1913年第9卷第10号）

公布海军敬礼条例（教令第二十一号）

大总统制定公布。（略）（民国二年三月二十四日）

（录自《东方杂志》1913年第9卷第11号）

公布修改陆海军勋章令第三条（教令第二十六号）

第三条　各种勋章，均分九等，一二三四等可给予上等官佐，三四五六等可给予中等官佐，四五六七等可给予初等官佐及准尉见习军官，六七八九等可给予士兵。但叙给各等官兵勋章，应按勋功劳绩分别核议，不得于各官等间以官级分别章等。（民国二年四月九日）

（录自《东方杂志》1913年第9卷第11号）

任命沈寿堃为海军第一舰队司令官

（民国二年七月十八日）

（录自《东方杂志》1913年第10卷第3号）

政府军收复吴淞炮台

南京独立后，吴淞炮台即归附革军，居正为吴淞要塞总司令。时政府军方守卫制造局，且兵力未厚，不遑兼顾。迨制造局解围，北兵既陆续南下，海军总长刘冠雄，亦于二十八日抵申，遂决计水陆会攻。本月二日起，叠次小战，政府军均占优势。十二日晨，海军舰队复向炮台开炮轰击，至下午，红十字会出为调处。该会西医士柯师，亲至宝山城，向革军司令钮永建劝降，钮亦以生灵为重，开出条件，交由柯医士向刘总长李司令妥商办法。本日午前，海军舰队遂开进台岸，将各炮台先后接收。钮永建率其部兵退扎嘉定。炮台司令居正，先于十二日弃台他往。（民国二年八月十三日）

（录自《东方杂志》1913年第10卷第3号）

任命刘冠雄兼为南洋巡阅使，雷震春为南洋巡阅副使，李准为广东宣慰使，萨镇冰督办淞沪水陆警察事宜

（民国二年八月十四日）

（录自《东方杂志》1913年第10卷第3号）

任命林葆怿署第一舰队司令

正任沈寿堃辞职。（民国二年八月十五日）

（录自《东方杂志》1913年第10卷第4号）

政府军克复南京

政府军既败革军于徐州，即追踪南下。张勋率武卫军取道扬镇，扼南京下游。冯国璋率第二军由铁路取道浦口，扼南京上游。第四师长徐宝珍、南洋巡阅使雷震春，复带兵协助。八月十四日，张军前队抵南京，开始攻击，次第占领要隘。海军总长刘冠雄亦督率舰队会攻。至本日，张军用炸药轰毁城垣，分兵入城。革军由西门南门逃窜。（民国二年九月一日）

（录自《东方杂志》1913年第10卷第4号）

公布海军练习队司令暂行条例（教令第三十六号）

大总统制定公布。（略）（民国二年九月三十日）

（录自《东方杂志》1913年第10卷第5号）

江阴兵变

本日晚九时，驻黄山炮台海军陆战队，突然变乱，抢劫北门外民居商店，并纵火焚烧房屋，旋复攻城。经宪兵巡警抵御，至天明，乱兵始退归营垒，嗣又窜至各乡劫掠。政府闻变，即饬冯宣抚使国璋，由宁派兵前往查办，当将乱兵围逼，勒令缴械，并将该队团长郭以廉、营副张寿荣枪毙。（民国二年十一月十六日）

（录自《东方杂志》1913年第10卷第6号）

公布海军军港司令处条例（教令第三十九号）

大总统制定公布。（略）（民国二年十一月二十四日）

（录自《东方杂志》1914年第10卷第7号）

公布海军港务局条例（教令第四十号）

大总统制定公布。（略）（民国二年十一月二十四日）

（录自《东方杂志》1914年第10卷第7号）

公布海军军港监狱条例（教令第四十一号）

大总统制定公布。（略）（民国二年十一月二十四日）

（录自《东方杂志》1914年第10卷第7号）

任命李和暂行代理海军次长

（民国二年十一月二十六日）

（录自《东方杂志》1914年第10卷第7号）

任命刘冠雄暂兼代领福建都督

正任都督孙道仁，请进京面陈事件。（民国二年十二月五日）

（录自《东方杂志》1914年第10卷第7号）

裁撤福建都督

代领都督刘冠雄，以福建财政困难，电请裁撤。（民国二年十二月三十日）

（录自《东方杂志》1914年第10卷第8号）

公布修正陆海军勋章令第十条（教令第五十号）

一二三等白鹰勋章，佩上衣第一纽上。一二等文虎勋章，佩左胸部大绶上方，普道章下方。三等文虎勋章，佩上衣第一纽上。各种一二等勋章有副章及大绶，绶色一等红，二等黄，佩左胸至右胁下，副章缀于绶端。三等文虎勋章，有绿色领绶一条。四等至九等勋章，均小绶，佩上衣左襟之上。四等至六等绶绿色。七等至九等绶蓝色，小章由左胁旁起向右排列。小章多时加铜插于大绶之上，以使并列而资佩带。（民国三年一月十四日）

（录自《东方杂志》1914年第10卷第8号）

任命刘传绶暂行兼代海军次长

正任次长李和因公出京。（民国三年七月六日）

（录自《东方杂志》1914年第11卷第2号）

公布海军惩罚令（教令第九十六号）

大总统制定公布。（略）（民国三年七月九日）

（录自《东方杂志》1914年第11卷第2号）

公布修正外交部、内务部、财政部、陆军部、海军部、司法部、教育部、农商部、交通部官制（教令第九十七号）

大总统修正公布。（略）（民国三年七月十日）

（录自《东方杂志》1914年第11卷第2号）

海军通济练习舰炮药炸发

海军练习舰通济号，日前抵沪，停泊制造局江干。近李总司令接粤省龙将军来电，以粤匪猖獗，需舰防御，特派该舰与江利炮舰前往，定十三日出发。本日晚间，舰中所储炮药，因受热爆发，炸毁舱房舱面，计毙十余人，因伤而毙者亦十余人，内学生二十四人，员司二人，当差二人，共三十二人。（民国三年七月十一日）

（录自《东方杂志》1914年第11卷第2号）

任命李和为海军次长

（民国三年八月七日）

（录自《东方杂志》1914年第11卷第3号）

通济练习舰炸裂卮言

阅者试思我国自甲午大东沟（鸭绿江口）一战之后，海军声威，损挫无腾，继以刘公岛之熸师，所有从前十数征缮幸成之海军，率为日本俘掠以去，而但存飞鹰一驱逐舰。于斯之时，我国除南洋粤闽十数旧舰外，所谓海军者，实等于销声匿迹，黄海之内，不见舰影，遑问南洋与太平洋。迨及今大总统袁项城督北洋，及张南皮督两江湖广时，始于外国添制十余舰。然除海天、海容、海筹、海琛四巡洋舰外，其余皆为水鱼艇及长江炮舰而已，用以自保，犹惧不遑，况能宣威于国际乎？

自乙未后，我国海军，亦未尝一用，其间仅存诸舰，亦但縻其力于迎送大员，及装载官品军械。然于此时蓦然自行毁坏者，其例颇众。如海天之触礁，沉于吴淞口外，其为驾驶术疏，固无可讳。此外则有自行炸毁者，近十年来，屡入吾人之耳，如寰泰之炸沉于下关，飞霆之炸沉于镇江对岸之三江口，与今次通济之炸毁，其事皆前后相照，从此可知海军人员之不职，贻祸于国家甚大。今吾国民对于此事，万不能为海军当事宽其责也。

考此数次之炸毁，率起源于存储火药之地，而其宣布之声口，盖莫不谓火药回酸，即彼曹所称无烟炮药之被炎热气候感发之说。实则此中尚多可疑之窦。就吾人所知者言，如从前下关之祸，实由其舰长（当时称管带）何心川者，荒淫不职，常邀游民上舰聚赌，舰政废弛，因失火而贻祸。事后江督之奏参，虽亦以炸药回酸为言，实则离于事实。而彼罪魁之何心川，亦仅仅得一流罪处分。至若飞霆之炸毁，其原因尤奇异。盖吾国海军多闽人，其迷信力初未稍减于庸众，故舰上往往多供神龛，如天后圣母及拿公之类（按此据记者所亲见），遇有神鬼节日，彼辈固不视为国家之军舰，而俨视为私人之家屋，未尝不如俗例，举行祀鬼之典。飞霆盖因中元节，在舰上大放焰口，招僧诵经，焚化纸钱，致肇空裂之祸。然其结果尤可异，盖事后管带该舰之员，不特无处分，仅由盐商捐资，俾其以二万元买一废舰抵偿，抵消处分，草草了事。此皆前清季年之事实，贻害海军风纪，固至大也。

此次通济之炸裂，死伤之多，尤令闻者酸鼻。以国家储备之海军学生多名，不知费若干金钱时间，乃因一瞬之疏忽，致皆投诸一烬之下。此等损害，尤非前事可并语也。且其炸裂之因，吾人局外之身，固不敢为之轻下判语。然自化学原则推度，则所谓无烟火药为热所感发者，尚有可疑之点存伏于中。即使此说果信，而彼指挥海军之人，曷为不先事图维，置此危险药品于安全地乎？就此而论，其咎已无可辞也。而况炸裂之故，初非此说所能包乎。（录《神州日报》）

（录自《东方杂志》1914年第11卷第3号）

海军部电令防备青岛附近各洋面

海军部以青岛将有战事，虽经划定战线周围以百里为限，而附近之秦皇岛、山海关、洋河口、甜水河、糯米沟、菊花岛、大沽口及登州府属之庙岛等各洋面，均与战线相离不远，诚恐各交战国之舰队，侵越驶入。且以上各洋面，素为红胡子匪出没之所，平时专事劫掠航海商船，若果开战，该胡匪等势必乘机抢劫。尤恐接济交战国需用品物，致碍中立条规，亟应预为防范。特分电烟台林左司令、上海李总司令，迅速加派军舰驶赴秦皇岛附近各洋面驻泊，遵照中立条规慎加梭巡。（中华民国三年八月二十日）

（录自《东方杂志》1914年第11卷第4号）

海军部规定领海防守区域

青岛战事日迫一日，我国为保守中立起见，派军舰防守领海，以防侵害。兹闻海军部已将应守之区域划定，并拟设立镇守府，以期永久。所定区域如下：北段由鸭绿江至芝罘，镇守府在秦皇岛；中段由芝罘至三都澳，镇守府在崇明岛；南段由三都澳至头岬，镇守府在琼州岛。（中华民国三年九月一日）

（录自《东方杂志》1914年第11卷第4号）

海军总长巡视沿江各省

海军总长因欧事日剧，我国严守中立，海军职务，最为繁要，特赴沿江海各省，考察舰艇炮台，并示遵守中立机宜，于本日由京起程，赴鄂、浔、皖、宁、沪等处巡视，然后赴山东海面训示一切，由火车回京。（中华民国三年九月五日）

（录自《东方杂志》1914年第11卷第4号）

海军部编定海防舰队

海军司令部,自欧洲开战以来,所有国内海防,迭奉刘总长命令,详细规划,认真办理,各国出入军舰,亦归司令部执行中立条规,分别稽查。而海洋运货,亦担负保护之责。兹复将全国军舰,联为一气,分为第一舰队、第二舰队、练习舰队三队,以便指挥。(中华民国三年九月五日)

(录自《东方杂志》1914年第11卷第4号)

海军总长刘冠雄回京

(中华民国三年九月二十四日)

(录自《东方杂志》1914年第11卷第5号)

公布海军舰艇职员令(教令一百三十五号)

大总统制定公布。(略)(中华民国三年十月九日)

(录自《东方杂志》1914年第11卷第5号)

海军总长出京覆勘长江各要隘

(中华民国三年十月二十日)

(录自《东方杂志》1914年第11卷第5号)

海军部审办留日海军学生

海军留日学生吴建等十九人,前以毕业回国,由监督每人给发川资一百元,中有数人要求增加,遂各发三百元遣归。事为海军部军法司长所闻,遂于该生赴部考试时,羁留十八人(其一人因未赴考),开海军军法会议审

判，处以监禁十二年者三人，其余均各处监禁之刑有差。（中华民国三年十月二十二日）

（录自《东方杂志》1914年第11卷第6号）

海军部呈请任命各舰舰长

汤廷光为海圻舰长，杜锡珪为海容舰长，林颂庄为海筹舰长，林永谟为海琛舰长，黄鸣球为肇和舰长，杨敬修为应瑞舰长，甘联璈为通济舰长，陈鹏翔为飞鹰舰长，林建章为南琛舰长，李景曦为建安舰长，郁邦彦为建威舰长，林霆亮为永丰舰长，杨树庄为永翔舰长，许建廷为联鲸舰长，周宗濂为舞凤舰长，李国堂为福安舰长，温树德为江元舰长，陈世英为江亨舰长，朱天森为江利舰长，周兆瑞为江贞舰长，饶涵昌为楚泰舰长，奚定谟为楚谦舰长，方佑生为楚豫舰长，沈继芳为楚观舰长，陈训泳为楚同舰长，佘振兴为楚有舰长，吴廷光为江鲲舰长，杜宗凯为江犀舰长，陈鹏霱为同安舰长，吴志馨为豫章舰长，任光宇为建康舰长。（中华民国三年十月二十五日）

（录自《东方杂志》1914年第11卷第6号）

海军部提议整顿江防

海军部提议实行整顿江防之法，以联络七省防军为主体，并测绘冲要地点，兵力简单者，由各该省从新设防，并筹议缉捕会哨各种计划，经大总统批饬由部分行鄂皖赣宁各将军，派员入京，会同参陆两部会议，公决进行。（中华民国三年十一月十七日）

（录自《东方杂志》1914年第11卷第6号）

高等军事裁判处改判海军学生案

海军学生案，经海军部军法司组织军法会议审判后，该部其他司长参事等，以为此项判决，情罪未当，联名呈请总长饬令复审，并经肃政史夏寅官等，呈请派员查办，当由大总统发交高等军事裁判处核办。兹经高等军事裁判处详查讯鞫，以该生等坐索增加川资，虽不无强求之意思，然其事实尚无聚众为强暴胁迫之情形。该部军法会审所判该生等之罪，当然不能成立。拟请撤销原案，按照海军惩罚令，处吴建、沈一奇、何豪三名各停升一年，管束十五日。其余十六名，各停升六个月。该部军法司许继祥，审核失当，办理手续亦多错误，实属不胜其任，拟请大总统处分。奉批照准，并将许继祥交文官高等惩戒委员会议处。（中华民国三年十一月十八日）

（录自《东方杂志》1914年第11卷第6号）

陆军海军部呈请建立武庙以关岳合祀

陆军海军部以时方多难，宜右武以崇忠烈，呈请以关岳合祀，作为武庙，奉令着礼制馆妥议合祀典礼，并稽考唐宋武成庙祀遗规，将历代武功彪炳之名臣名将，及民国开国忠烈将士，酌予从祀。（中华民国三年十一月二十日）

（录自《东方杂志》1915年第12卷第1号）

广东雷巽鱼雷艇撞沉

雷巽鱼雷艇，本在香山，由莺歌嘴至白花，每晚护送来往江门、澳门及梧舟轮船。某晚忽在裕安河面被南海巡舰撞沉，溺毙船员七人，船身受伤颇重。（中华民国三年十二月十日）

（录自《东方杂志》1915年第12卷第2号）

公布海军官佐服役条例

大总统制定公布。（见法令门）（中华民国三年十二月二十七日）

（录自《东方杂志》1915年第12卷第2号）

公布海军军官晋级条例

大总统制定公布。(见法令门)(中华民国三年十二月二十七日)

(录自《东方杂志》1915年第12卷第2号)

海军部设海军编史处

海军部以各国海军向有历史,呈请在不内附设海军编史处,纂次完善,将来送入史馆,以为传信。于本日呈请备案。(中华民国三年十二月二十七日)

(录自《东方杂志》1915年第12卷第2号)

公布海军校阅条例

大总统制定公布。(见法令门)(中华民国三年十二月二十九日)

(录自《东方杂志》1915年第12卷第2号)

参谋部航空学校举行第一次毕业

参谋部为养成海陆军飞行人才起见,前在北京南苑创设飞行学校,现届第一次毕业,毕业学生三十四人,由大总统及参谋总长派代表举行毕业礼。(中华民国四年一月三日)

(录自《东方杂志》1915年第12卷第2号)

海军分区办法

海军部曾提出海军分区及军舰驻扎地点一案,兹闻经统率处集议表决,分为中南北三区,即以环台至三都为中区,三都至澳门为南区,鸭绿江至环台为北区。中区以应瑞号为驻扎舰,司令处设于崇明岛;南区以肇和号为驻扎舰,

司令处设于琼州岛；北区以新舰号为驻扎舰，司令处设于秦皇岛。（中华民国四年三月二十八日）

（录自《东方杂志》1915年第12卷第5号）

参谋、陆军、海军各部举行宣誓典礼

参谋陆海军三部、将军府、高等军事裁判处、军政执法处各机关全体人员，本日在关岳庙举行宣誓典礼，惟海军次长李和，因奉耶教不与。（中华民国四年五月二日）

（录自《东方杂志》1915年第12卷第6号）

任命曹嘉祥为海军次长

原任李和开缺。（中华民国四年五月十五日）

（录自《东方杂志》1915年第12卷第6号）

吴淞海军学校

吴淞海军学校，系由南京迁移至沪，旧称海军军官学校。自民国三年冬季，军官学生毕业之后，奉海军部令，改为海军学校，迁至吴淞，赓续办理。该校为海军中级学校，所有学生，系由海军初级学校毕业之后，升学补习专科，例不招考。该校改组伊始，原有章程，已不适用，其新订者，尚未由海军部核定公布云。

（录自《东方杂志》1915年第12卷第8号）

陆海军部议决扩充兵工厂船厂

陆、海军、参谋三部及统率处，议决扩张各省兵工厂船厂案，其大略如下：（甲）兵工厂：（一）汉阳厂专造机关枪炮；（二）淞沪厂专制步枪；（三）石井厂专制机关枪炮步枪子弹。（乙）船厂：（一）黄浦厂专造鱼雷驱逐等舰；（二）马尾厂专制炮舰；（三）烟台厂专造海防要塞炮舰。以上各厂，均加增机器，推广范围，预算款项，共需一千五百万元。（中华民国四年九月二日）

（录自《东方杂志》1915年第12卷第10号）

陆海军部组织国防会议

陆、海军、参谋部及统率办事处，为会议国防事宜，特组织一国防会议，以王士珍为总会长，蔡锷为副会长，其余委员，陆、海军、参谋三部及将军府、统率处各调二员。（中华民国四年九月二十日）

（录自《东方杂志》1915年第12卷第10号）

内务、陆、海军部会呈订定中国红十字会条例施行规则

规则见次号法令门。（中华民国四年十月五日）

（录自《东方杂志》1915年第12卷第11号）

参谋、陆、海军部呈准陆海军军职任用暂行规则

参谋、陆、海军部，因陆海军军职任用，未便适用文职任用之规定，特拟订陆海军军职任用暂行规则是一条，呈经大总统批准。（规则见法令门）（中华民国四年十二月三日）

（录自《东方杂志》1916年第13卷第1号）

申令处分肇和兵舰暴动事

令曰：前据淞沪护军使杨善德、海军总司令部李鼎新等先后电称，本月五日晚，上海有乱党数十人，伺星期放假之时，由租界乘小轮冒登肇和练舰，抢劫开炮，当经同泊之应瑞、海琛各舰及陆军炮队兜击，乱党逃窜，肇和旋即收

回。嗣又由租界发出乱党，向第二区警署攻扰，经军警立行击散，陆续拿获乱党多人，分别讯办各等情。上海为通商巨埠，中外商业，关系重大。乱党匿迹我法权不及之地，乘隙滋扰，殊足妨害公共之治安及商业之发达，著外交部饬令上海特派交涉员，会商驻埠各领事，妥筹防范办法，以保公安。当乱党劫舰之时，该舰长黄鸣球，未经在船，逾日始回，实属异常荒谬，着即褫职夺官，交海军部从严查办。总司令李鼎新、练习舰队司令徐振鹏，督办无方，军纪废弛，已交部分别议处。护军使杨善德，定乱迅速，著有勋劳，著晋授勋二位。其余出力陆海军官弁，由杨善德、李鼎新查明，择尤请奖，以资鼓励。仍督饬陆海军兵认真防备，毋稍疏虞。此令。（中华民国四年十二月十五日）

（录自《东方杂志》1916年第13卷第1号）

特封刘冠雄等爵

策令：癸丑之役，长江流域，独立三省，海军总长刘冠雄、次长汤芗铭，亲率各舰，由上海以达湖口，节节攻剿，江面肃清，南北不致阻隔，大局因得保全。其援应各省，巡缉洋面，亦卓著勋劳，予深嘉许。除汤芗铭已予加封外，刘冠雄特封为二等公。司令林葆怿、饶怀文，特封为一等男。舰长曾兆麟、林永谟、杜锡珪、汤廷光，特予一等轻车都尉世袭，以彰劳勋。此令。（中华民国四年十二月二十三日）

（录自《东方杂志》1916年第13卷第2号）

海军总长南下视察

海军总长刘冠雄，于本日出京赴上海及长江一带，视察要塞守备。（中华民国五年一月十四日）

（录自《东方杂志》1916年第13卷第2号）

海军部奏准修订海军各舰队司令条例改为海军舰队司令处编制令

海军总司令业经裁撤,所有各舰队司令,改归海军部直辖,前经公布之舰队司令条例及海军练习舰队司令暂行条例,或现时不能适用,或繁简未尽合宜,海军部特提前修正,改为海军舰队司令处编制令,奏请公布。奉批照准。(中华民国五年二月二十三日)

(录自《东方杂志》1916年第13卷第4号)

广东党人屡图起事

广东近日屡有党人谋在各地起事,本日党人数十人,乘往来广州、澳门间之永固轮,于经过黄浦海面时,迫船上水手驶近泊在该处之肇和军舰,抛掷炸弹,同时复有多人在陆地图攻长洲炮台,当时均被驱散,并捕获多人。(中华民国五年三月七日)

(录自《东方杂志》1916年第13卷第4号)

广东兵舰宝璧、江大、江固归附民军

宝璧、江大两舰,驻泊省城江面,宝璧兵士有九十余人于四日晚杀其舰长穆某,并枪毙江大舰济军二十余名,勒令同附民军。同日江固舰在新会崖门地方,被民军枪毙舰长,迫令归附。(中华民国五年四月五日)

(录自《东方杂志》1916年第13卷第5号)

招商局新裕商轮载兵赴闽被撞沉没

招商局新裕、新康、新铭、爱仁四商轮,在津为海军部扣留,载兵赴闽,并派海容、海圻等三军舰掩护。本日,新裕轮驶至温州洋面,因遇雾被海容军舰撞破沉没，船内军员士兵七百数十人，机师、水手、伙夫二十余人，悉遭溺毙，并失军饷银十万元，机关枪四架，山炮六尊，及子弹军衣等，遇救者仅外国船员二人及士兵二十余人云。（中华民国五年四月二十三日）

（录自《东方杂志》1916年第13卷第6号）

海军声明加入护国军

驻泊吴淞之海军第一舰队及练习舰队，本日由李鼎新、林葆怿、曾兆麟等发布宣言，略谓溯自辛亥举义，海军将士，拥护共和，天下共见。癸丑之役，以民国初基，不堪摇撼，遂决定拥护中央。然保守共和之至诚，仍后先一辙，而亦天下所共谅。洎乎帝制发生，黔南首义，筹安黑幕，一朝揭破，天下咸晓。然于所谓民意者，皆由伪造；所谓推戴者，皆由势迫。人心愤激，全国俶骚，南北相持，解决无日，战祸迫在眉睫，国家濒于危亡。海军诸将，佥以丁此奇变，不宜拘守常法，徒博服从美名，当与护国军军务院联络一致行动，冀挽危局。正在进行，袁氏自殒。今黎大总统虽已就职，北京政府仍根据袁氏擅改之约法，以遗令宣布，又岂能取信天下，餍服人心？其为帝党从中挟持，我大总统陷于孤立，不克自由发表意见，即此可以类推。是则大难未已，后患方殷。今率海军将士，于六月二十五日加入护国军，以拥护今大总统保障共和为目的，非俟恪遵元年约法。国会开会，正式内阁成立后，北京海军部之命令，概不承受，誓为一劳永逸之图，勿贻姑息养奸之祸，庶几海内一家，相接以诚，相守以法，共循正轨而臻法治，民国幸甚。（中华民国五年六月二十五日）

（录自《东方杂志》1916年第13卷第8号）

特派萨镇冰为粤闽巡阅使

同日奉令，粤事不靖，沙面等处，侨商云集，著萨镇冰选调兵舰加意保护，并著驶赴粤闽海面，认真查办。此令。（中华民国五年八月十一日）

（录自《东方杂志》1916年第13卷第9号）

海军驻沪临时总司令部撤销

军务院撤销时,海军独立总司令李鼎新,曾会同各抚军宣告归隶中央,当经政府特派海军上将萨镇冰赴沪接洽,现已办理完妥,所有舰队,仍交由各司令管理,直接听候中央调遣。驻沪海军临时总司令部,即日撤销。(中华民国五年八月十五日)

(录自《东方杂志》1916年第13卷第9号)

令萨镇冰监视粤省军队撤退

令曰:粤省纷扰,前令萨镇冰选调兵舰,驶往查办,现在陆荣廷、朱庆澜先后莅粤,两方军队,应克期一律撤退,分别交代。著萨镇冰严重监视,据实呈报。此令。(中华民国五年八月二十五日)

(录自《东方杂志》1916年第13卷第10号)

吴淞海军学校毕业

吴淞海军学校,系南京海军军官学校改组,本日举行第二次毕业,大总统特派海军上将萨镇冰莅校发给证书。(中华民国五年十二月二十八日)

(录自《东方杂志》1917年第14卷第1号)

马江船坞之历史

船政之设,在同治五年,时内乱平,外交益棘手,欧美之人,不惮数万里踵接而至,其后粤闽浙扰,江南天津沿海各省,几无宁日,恃有轮船航海之便耳。当时人士,知中国负海陆国之资格,有陆军不可无海军也,有海军不可无轮船也,制轮船不可无自制之厂也,于是设船政之议起。湘乡左宗棠,时总制闽浙,实创是局,相地之宜,以马尾为最。议既定,左宗棠移督陕甘,举侯官沈葆桢以代。斯时中国于汽机制造之学，一无闻见，不能不借才荒裔，聘订法员日意格、德克碑为正副监督，并法员匠数十人，以为导，使国人就而学焉，师其所长。即以立海军之基础，以法国优于制船学，乃觅工师于法；以英优于驶船学，乃求教员于英。集英法所长者而组织之，此船政创办之缘起也。于时购地设厂，日役数千人。虑地方不足以任重也，乃加钉木椿，更填以灰石。虑江岸之易崩圮也，乃砌筑石坝，以遏其横流。又以盖造厂屋，安配机器之需时也，乃先建船台以制船身，购机于外洋，运厂斗合。故同治八年八月，已有第一号万年青轮船告成。一面策建厂屋学堂，一面续造各式船舰，兴学课工，日不暇给。迨同治十二年六月，华匠徒于制造之技，渐能悟会，厂屋机器，亦渐臻完备，遂于是年十二月，遣散洋员匠回国。计九年之间，成大小兵商轮船十五号，洋人所经理全成者十二号，余三号，则皆华人完成之。后此续制各船，截至光绪三十三年，已成船四十号。欧美各国士大夫来华游历者，无不绕道过闽，以一观中国之船政为幸。盖是局关系国家海军之前途甚大，握治国之略者，无不着意于此，借以觇国势之强弱焉。光绪元年三年，挨派前后学堂学生数十人，先后赴英法两国留学，六年学成，陆续回华。于是制造、驾驶之任，皆以留学生充之。其先船舰之制造，船内外皆用木，继易木胁以铁胁，后又易木板以铁板，再后则纯用钢胁钢板，且护以钢甲矣。船机则由立机改卧机，且进而用省煤涨力机矣。船式则由常式进而为快船，又进而为穹甲船，且益进而制钢甲船矣。继沈葆桢之后，总理船政者，则有丁日昌、吴赞诚、黎兆棠、张梦元、何如璋、张佩纶、裴荫森。裴任事在甲申年，当中法战事初罢，工次颇受蹂躏，励精任事，百废俱兴，所可纪者甚多。如制造平远钢甲舰告成，及添建罗星塔船坞两事，乃其最大者。光绪十六年，裴荫森卸任后，不派专员，由本省疆吏兼辖，经费愈绌，致无进步。二十二年间，将有招商承办之议，欧西各国闻之，皆欲揽办，其来闽看厂者络绎，名为游历，实欲窥探底蕴，隐怀叵测，于是有复聘法员整顿船政之举，斯时系福州将军裕禄兼管船政。二十三年，以法人杜业尔为正监督，议订合同权限与日意格略同，时因巨款难筹，只就常费兴制快舰两号，即建安、建威也。岁縻多金之薪俸，所成就者只此，殆亦敷衍羁縻之策而已。正监督以下之洋员匠，聘订去留之权，既归于正监督，于是滥竽充数，不能有所启道，反致厂章淆乱涣散。前之主持制造者，既足以触外人之忌，且无所事，不得不相率洁身而去，即下至匠徒，亦不乐受其驱遣，皆有他适之志。嗣因挂欠外洋料价、洋员薪金至数十万，五年限满，不克遣退。而法焰益张，工程之地，成为交涉之场，厂务棘手，于兹弥甚。时兼管船政为闽将军崇善也。二十九年，魏瀚奉命会办船政，以杜业尔专擅，非撤去不可以望整理，惟案关中外交涉，断非仅明中律而不明西律者所可与争，乃声明其罪状，布告中外政府而去之，以法监工柏奥铠继其后。减其权限时期，俾就范围，且易于遣散，竭尽智力，去兹外蠹，收回主权。而魏瀚旋即被议去位，舆论惜之。柏奥铠在工四年，其成绩惟一江船，即现售与宁绍公司行驶宁沪之宁绍轮船也。柏奥铠等于三十三年八月期满，全数遣回，此后虽无外力之侵，而荡弛之习，实所不免，顾规模具在，整理匪难。今中央筹办兴复海军，马尾船政，开办最早，成绩昭著，实中国海军惟一之大制造场也。（录《神州日报》）

（录自《东方杂志》1917年第14卷第4号）

海军部编制海军舰队

海军部因海防重要，特将海军编为巡洋舰队、长江舰队、练习舰队等三队，每队各设司令一员。巡洋舰队系海军第一舰队，委任林葆怿为司令，驻于上海，其管辖之军舰，为海圻、海容、海筹、海琛四巡洋舰，及南琛运船等；长江舰队系海军第二舰队，委任饶怀文为司令，驻于江宁，分防长江上下游，其管辖之军舰，为江元、江亨、江利、江贞及楚谦、楚豫、楚观、楚同、楚有、楚泰并江鲲、江犀、永丰、永翔等炮舰十四艘，暨辰宿列张四字并湖鹏、湖鹗、湖鹰、湖隼及同安、建康等鱼雷艇十一艘，又联鲸坐船一艘；练习舰队，委任曾兆麟为司令，驻于福建，所辖之舰，为肇和、应瑞、飞鹰、通济等四练习舰，并福安、利川二运船。（中华民国六年三月十四日）

（录自《东方杂志》1917年第14卷第4号）

海军部呈准处分海容军舰与新裕商轮相碰案

招商局新裕商轮,于上年四月间被海容军舰撞破沉没案,经海军部在沪开会审查,现已完竣,呈请将海容军舰舰长甘联璈、航海正陈拔褫职,本日奉指令照准。(中华民国六年三月二十二日)

(录自《东方杂志》1917年第14卷第5号)

海军总长程璧光赴沪

海军总长程璧光,因处置海军重要事务,于本日由京启程赴沪,旋即返京。(中华民国六年六月五日)

(录自《东方杂志》1917年第14卷第7号)

海军总长程璧光赴沪

程总长曾于月初至沪,处置海军重要事务,旋即返京,本日复由京起程赴沪。(中华民国六年六月二十一日)

(录自《东方杂志》1917年第14卷第8号)

特任李经义兼财政总长,王士珍为陆军总长仍兼参谋总长,萨镇冰为海军总长

(中华民国六年六月二十四日)

(录自《东方杂志》1917年第14卷第8号)

特派程璧光为海军总司令

（中华民国六年六月二十四日）

（录自《东方杂志》1917年第14卷第8号）

特任汪大燮为外交总长，段祺瑞兼陆军总长，刘冠雄为海军总长

陆军总长王士珍呈准免职。（中华民国六年七月十五日）

（录自《东方杂志》1917年第14卷第8号）

特派萨镇冰为海疆巡阅使

（中华民国六年七月十五日）

（录自《东方杂志》1917年第14卷第8号）

任命刘傅绶兼署海军次长，叶恭绰为交通次长

署交通次长权量呈准免职。（中华民国六年七月十九日）

（录自《东方杂志》1917年第14卷第8号）

我国海军之现状

周配义

近顷海军宣言独立，天下视线，群集于此，爰作是篇，以供留心时事者之参考。（按所载乃六年七月二十一日以前之现状）

一、组织及官制之制定

海军之组织，颇为复杂，有参谋本部，统辖陆海军；有海军部，掌海军行

政。此外又有海军总司令处，直接管辖舰队及造兵造船所，并掌部下任免辅职之一部，其他军港司令部条例，颁布于民国二年十一月。以上关系，颇缺明了。今请记述于下：

（甲）参谋本部。掌全国之国防用兵，参谋总长之下，有次长、局长，分本部为七局，分任部务。参谋总长直隶于大总统，统辖全国之参谋将校，监督其教育，并管辖陆海军大学校、陆海测量、各国驻在军官、军事交通之各事务。

（乙）海军部。海军总长，管理海军军政，统辖海军军人军属，监督所管各官署，其编制大要：于海军总次长以下设参事（少将、上校）四；总务厅掌庶务、纂辑、风纪、任用等事项（秘书四、副官六、视察八）；军衡司掌关于人事事项（司长一、科长）；军务司掌编制、计划、演习、军纪、风纪、仪制、水路、卫生等事项（司长一、科长）；军械司掌关于舰艇及兵器事项（司长一、科长）；军需司掌关于经理、给予、准备等事项（司长一、科长）；军学司掌关于教育演习舰队练习等事项（司长一、科长）；军法司掌关于军法事项（司长一、科长）。

（丙）海军总司令部。海军总司令处，在上海江南机器局内，总司令驻于此处，管理所属之舰队并兵厂、船坞、练营、医院等，有行使舰艇之巡航及部下之演习检阅等权，并有部下之进退升降赏罚之一部之权。民国四年十二月裁撤此部，改为海军总轮机处。

（丁）海军军港司令部。其内容略等日本镇守府条令，又发布港务局条令，其内容亦略同于日本港务部条令。

二、舰队编制

现在舰队之编制如左：

第一舰队　司令林葆怿。巡洋舰：海圻（四,三〇〇吨）、海筹（二,九五〇吨）、海琛（二,九五〇吨）、海容（二,九五〇吨）；炮舰：永丰（七八〇吨）、永翔（七八〇吨）、飞鹰（八五〇吨）、舞凤（五〇〇吨）、联鲸（五〇〇吨）、甘泉（二五〇吨）；附属舰：福安（一,七〇〇吨）。

第二舰队　司令饶怀文。炮舰：建安（八七〇吨）、建威（八七〇吨）、楚同（七五〇吨）、楚有（七五〇吨）、楚豫（七五〇吨）、楚谦（七五〇吨）、楚观（七五〇吨）、楚泰（七五〇吨）、江亨（五二五吨）、江点[1]（五二五吨）、江利（五二五吨）、南琛（一,九〇五吨）、江元（五二五吨）；河用炮舰：江鲲（一四〇吨）、江犀（一四〇吨）、建中（九〇吨）、拱辰（九〇吨）、永安（九〇吨）；驱逐舰：建康（三九〇吨）、同安（三九〇吨）、豫章（三九〇吨）；水雷艇：湖鹰（九八吨）、湖隼（九八吨）、湖鹏（九八吨）、湖鹗（九八吨）、辰（九〇吨）、宿（九〇吨）、列（六二吨）、张（六二吨）。

练习舰队　司令曾兆麟。应瑞（二,四五〇吨）、肇龢[2]（二,六〇〇吨）、通济（一,九〇〇吨）、镜清（二,二〇〇吨）。

海军部所属以外之军舰　湖北所管：楚材（九五〇吨）、楚安、楚义、楚信（吨数未详）；浙江所管：超武（一,二〇九吨）、泰安（一,二五〇吨）；安徽所管：利济（五〇〇吨）、安澜（三五〇吨）、安丰（未详）、金瓯（一九〇吨）；福建所管：元凯（一,二五八吨）、保民（一,四七〇吨）、靖海（五七八吨）；淞沪水巡警所管：策电（四〇〇吨）、虎威（四〇〇吨）、钓松（三五四吨）、飞虎（三五〇吨）、专条（五〇〇吨）；广东省所管：琛航（一,四五〇吨）、镇海（九五〇吨）、靖远（五八七吨）、蓬州海（八〇〇吨）、并征（五三二吨）、镇涛（四五〇吨）、绥靖（三五〇吨）、宝璧（六〇〇吨）、广己（四〇〇吨）、广庚（四〇〇吨）、广戊（四〇〇吨）、广玉（六〇〇吨）、广金（六〇〇吨）、广真（三〇〇吨）、广亨（三〇〇吨）、广利（三〇〇吨）、广亢（三〇〇吨）、广德、广海、广东、江大（一二四吨）、江清（一二四吨）、江巩（一二四吨）、江安、父固[3]（一二四吨）、雷天、雷坎、雷兑、雷离、雷乾、雷坤、雷巽、雷艮、雷震、雷中、雷龙、雷虎（以上吨数均未详）；所属不明：海长清（五〇〇吨）、海镜清（四五〇吨）、清东洲（三五〇吨）、登瀛洲（一,二五八吨）。

三、军港设置等

军港之选定，警备区域之计划，自清季以来，虽屡列为议题，究无确定。兹据新闻杂志所载揭，其可信者如下：

---

〔1〕应为"江贞"。
〔2〕应为"肇和"。
〔3〕应为"江固"。

（甲）预定为军港地点。一、北海；二、三都湾；三、象山湾；四、荣成湾；五、连山湾。

（乙）警备区域。一、北区：自鸭绿江起至芝罘止，根据地，荣成湾；二、中区：自芝罘起至三都澳止，根据地，象山湾；三、南区：自三都澳起至冠头岬止，根据地，北海。以上警备区域，拟各设置海军镇守使。

（丙）造船所兵厂。列其著名者如下。马尾造船所：吾国造船史上最有名，多数军舰系该所制造；江南造船所及上海制造局：前清时代之江南机器局，分为前记二部，造船所属于海军，制造局属于陆军；汉阳兵工厂：海军部又有在汉阳创设海军造兵厂之计划。

四、海军经费

海军经费几何，究莫明其真相，惟据民国二年度预算，为三百万四千七百四十一元，细目从略。

（录自《东方杂志》1917年第14卷第9号）

海军第一舰队宣言否认国会解散后之政府

海军总司令程璧光、第一舰队司令林葆怿，于本日通电各省云：璧光、葆怿等今日谨率海军将士宣言，文曰：中华民国海军总长程璧光、第一舰队司令林葆怿，谨率各舰长暨各将士布告天下曰：自倪嗣冲首揭叛旗，毁弃约法，蹂躏国会，而中华民国之实亡；自张勋拥兵入京，公然僭窃，而中华民国之名亦亡。今张勋覆灭，中华民国之名，已亡而复存矣，然约法毁弃，国会蹂躏，国家纲纪，荡然以尽，岂中华民国，仅以存其名为已足，而其实乃可置之于不问耶。夫纲纪陵夷，则奸宄横行，故一切假托名义者，乃得悍然无所顾忌，竟至罪恶贯盈之倪嗣冲，亦复当安徽督军之大任，益以南路司令之特权，颐指气使，叱咤四省，天下皆指为首祸，而顾以首义自居；天下皆指为元凶，而顾以元勋自居，循是以往，中华民国不复为国民之公器，特为权奸之面具而已。长此隐忍，何以为国？鱼烂之兆已见，陆沉之祸安逃？所为中夜斫剑，临流击楫者也。夫我海军将士，既以铁血构造共和，即以铁血拥护之。丙辰之际，帝制已消，国命未续，我海军将士以三事自矢：一曰拥护约法，二曰恢复国会，三曰惩办祸首。盖所求者，共和之实际，非共和之虚名。耿耿此心，可质天日。今者以言约法，则已灭裂矣；以言国会，则已破散矣；以言祸首，则鸱张者凌厉而无前，蛰伏者呼啸而竞起矣。国基颠簸，人心震撼，愕眙相顾，莫敢谁何。呜呼！我海军将士，岂惟初心之已戾，抑亦责任之未尽也。用是援桴而起，仗义而言，必使已僵之约法，回其效力，已散之国会，复其原状，元恶大憝，为国蟊贼者，无所逃罪，然后解甲。自约法失效、国会解散之日起，一切命令，无所根据，当然无效。发此命令之政府，当然否认。谨此布告，咸使闻知云云。谨此电闻，伏候明教。宣言发布后，即于翌日率全舰队开赴广东，并有唐绍仪、汪兆铭诸人同行。（中华民国六年七月二十一日）

（录自《东方杂志》1917年第14卷第9号）

免海军司令程璧光职

遗职派刘冠雄暂行兼领。（中华民国六年七月二十三日）

（录自《东方杂志》1917年第14卷第9号）

特派饶怀文署海军总司令

（中华民国六年七月二十四日）

（录自《东方杂志》1917年第14卷第9号）

海军部与丹麦商人订无线电借款合同旋议取消

海军总长刘冠雄，与丹商隆盛洋行那森氏，订立无线电借款合同，款额五十三万余镑，用以建造海陆军用无线电站，以三十年为期，期内丹人与中国合营，于本日签字。签字之前，未经国务会议通过，旋驻京英日各国公使，均以约内所用得律风根电台，系德国货，向外交部提出抗议。复经政府查悉，装设无线电台之权，先经交通部许与玛柯尼公司，并以合同中订明在最后署名之前，须经驻京丹麦公使承认担保，至是丹使亦未允担保，遂由海军部与丹商商

议，拟将原订合同取消。（中华民国六年十一月二十六日）

（录自《东方杂志》1918年第15卷第1号）

程璧光在粤被刺

程璧光于前年黎总统继任时，被任为海军总长，迨上年六月间国会解散后，改派为海军总司令。程氏否认国会解散后之政府，以海军总长名义，率海军第一舰队，在上海发布宣言，并率该舰队赴粤，赞助粤省自主政府，旋复经孙文氏所组军政府，任为海军总长。本日在粤被刺，伤重殒命，凶手未获。由第一舰队司令林葆怿，代行程之职权，仍宣言赞助自主。（中华民国七年二月二十六日）

（录自《东方杂志》1918年第15卷第4号）

特任蓝建枢为海军总司令

海军总司令，经海军部呈准改为特任实缺，署海军总司令饶怀文，在沪病故，令照海军上将例议恤，特给治丧费二千圆，生平事迹宣付国史馆立传。（中华民国七年三月二十八日）

（录自《东方杂志》1918年第15卷第5号）

特任各部总长

陆征祥为外交总长，钱能训为内务总长，段芝贵为陆军总长，刘冠雄为海军总长，傅增湘为教育总长，朱深为司法总长，田文烈为农商总长，曹汝霖为交通总长，兼署财政总长。（中华民国七年三月二十九日）

（录自《东方杂志》1918年第15卷第5号）

海军部派遣军舰赴海参崴

俄领海参崴地方，近日因俄过激派纷扰，杀害外人，经日英美三国军舰，派遣军队登陆，由三国军队及我国军队，将该埠占领，并经驻海参崴领事团全体会议，公举我国负完全责任，当由我国领事电请政府加派海陆军应援。即饬吉林省派陆军一旅前往，海军部亦派海容军舰即日出发，并由交通部饬招商局派商轮往载该埠侨商。（中华民国七年四月五日）

（录自《东方杂志》1918年第15卷第5号）

准海军次长刘传绶免职

（中华民国七年四月二十三日）

（录自《东方杂志》1918年第15卷第6号）

招商局江宽商轮在汉口被撞沉没

招商局江宽商轮，由上海开驶至鄂，本日在汉口附近，适遇国务总理段祺瑞，由汉乘楚泰兵轮赴宁，其随员所乘之楚材兵轮，突与江宽相撞，江宽立时沉没，溺毙乘客三四百人，楚材亦受微伤。（中华民国七年四月二十五日）

（录自《东方杂志》1918年第15卷第6号）

任命陈箓为外交次长，徐振鹏为海军次长

外交次长高而谦呈准免职。（中华民国七年五月四日）

（录自《东方杂志》1918年第15卷第6号）

令海军部组织军法会审审判江宽撞沉案

令曰：国务总理段祺瑞呈：此次劳师南下，于四月二十五日，由汉口启行，随从人员乘坐楚材兵轮，与江宽商轮相撞，楚材受伤，江宽立沉，溺毙多命，所有肇事失慎原因，亟应彻查究办。现楚材管带及领港等，已由湖北督军王占元先行看管，请令海军部按照海军审判条例，秉公审理等语。著由海军部组织军法会审，传集人证，研讯明确，按律拟办。此令。（中华民国七年五月十五日）

（录自《东方杂志》1918年第15卷第6号）

中日海军共同防敌军事协定签字

中日共同防敌军事协定，关于陆军部分，已于十六日签字，海军部分，本日亦经议定签字，其条文仍守秘密。（中华民国七年五月十九日）

（录自《东方杂志》1918年第15卷第6号）

公布海军刑事条例

条例见法令门。（中华民国七年五月二十一日）

（录自《东方杂志》1918年第15卷第7号）

公布海军审判条例

条例见法令门。（中华民国七年五月二十一日）

（录自《东方杂志》1918年第15卷第7号）

北京大学学生请废中日军事协定

自政府与日本缔结陆海军共同防敌军事协定后,以条文严守秘密,各界人士,均多怀疑。本日,北京大学学生与北京高等师范学校、工业专门学校、法政专门学校等各校学生,全体至总统府请愿废约,并求宣布条文。经大总统传见学生代表,面谕解释,始各回校,仍照常上课。又天津、上海、福州等处学生,亦各联合谒见当地长官,请求代向政府力争废约。(中华民国七年五月二十一日)

(录自《东方杂志》1918年第15卷第7号)

粤省标售广海练舰

粤省自中国银行停业后,金融紧急,因将广海练舰一艘,招商投标承买,以所得船价,存储银行,整顿金融。于本日举行开标,为香港振华公司以一百二十万零一千元购去。(中华民国七年六月八日)

(录自《东方杂志》1918年第15卷第7号)

公布海军总司令公署编制令

令见法令门。海军总司令处条例废止。(中华民国七年七月二十三日)

(录自《东方杂志》1918年第15卷第9号)

公布海军舰队司令处编制令

令见法令门。海军舰队司令处编制令废止。(中华民国七年七月二十三日)

(录自《东方杂志》1918年第15卷第9号)

令海容舰长林建章以海军代将节制派赴海参崴陆海军队

（中华民国七年八月三日）

（录自《东方杂志》1918年第15卷第9号）

粤省广通巡舰兵变

广西广通巡舰，本日由桂驶至粤省，在肇庆河面，突起兵变，舰长谢兆昌被戕，该舰亦被击沉。（中华民国七年八月二十八日）

（录自《东方杂志》1918年第15卷第10号）

公布修正海军舰艇职员令第五条第六条

见法令门。（中华民国七年九月二十五日）

（录自《东方杂志》1918年第15卷第11号）

公布修正海军军官晋级条例

条例见法令门。（中华民国七年十月六日）

（录自《东方杂志》1918年第15卷第11号）

驻闽海军第二舰队肇和军舰附粤

海军第二舰队肇和军舰舰长林永谟，本日通电宣告与西南一致行动，由厦门率舰驶抵广东。（中华民国七年十月七日）

（录自《东方杂志》1918年第15卷第11号）

招商局江宽商轮撞沉案判决

招商局江宽商轮,去年四月间,在汉口附近,与楚材兵轮相撞沉没,曾奉大总统命令,海军部组织军法会审研讯,并由招商局附带私诉。迭经在沪海军总司令署开庭审理,于本日宣告判决。楚材舰长赵进锐认为无罪,但对于江宽被难人等,未经分派援救,应由该管上官予以相当之惩罚。附带私诉部分,认为招商局之江宽商船航行错误,楚材兵舰因碰之损失及湖北省代表到案之费用,应令招商局担负。招商局以判决手续失当,当经申明抗议,不服约束,并电致政府请求正当核办。(中华民国八年八月二十一日)

(录自《东方杂志》1919年第16卷第10号)

粤省兵舰沉没

粤省广元兵舰,在琼州海面遭风沉没,广利、阳江两舰,亦于同日在雷州沉没。(中华民国八年九月九日)

(录自《东方杂志》1919年第16卷第10号)

松、黑江防交涉

松花江、黑龙江航权,向被俄国操纵,我国航业,深感不便。近经黑省长官乘机收回,筹设江防,咨请海军部派舰前往驻防,以资保护航业。由海军部饬海军总司令派利绥、利捷、利通、利川、江亨、靖安等六舰,开往松黑两江驻防。抵海参崴后,俄国鄂穆斯克政府忽出而抗阻,经驶崴海军代将林建章、外交委员刘镜人等一再交涉,始得放行前进。近日各军舰已驶抵松花江,又遭该处俄官所阻,不能进口。现由黑省长官依据《瑷珲条约》向鄂政府交涉,并电请中央向驻京俄使抗议。(中华民国八年九月十日)

(录自《东方杂志》1919年第16卷第10号)

俄兵炮击我国赴黑防舰

自俄乱发生，日益纷扰，我国吉林、黑龙江、新疆各省边界，与俄境毗连，商民受激党之蹂躏，乱匪之骚扰，迄无宁日。海军部迭准吉黑督军省长文电交驰，请派舰驶防松花江，借以固圉保商。经海部提出国务会议，佥以俄乱方殷，自不暇顾及边境治安，我国筹办吉黑江防，洵为目前急务，且党匪所至，中俄商民，均受其祸，如果我国江防成立，不但华民免祸，即俄民亦受益不浅，俄政府自无不欢迎之理。查前清咸丰八年中俄协定《瑷珲条约》，内载黑龙江、松花江左岸，由额尔古讷河至松花江海口，作为俄罗斯国所属之地。右岸顺江流至乌苏里河，作为大清国所属之地。由乌苏里河往彼至海所有之地，此地如同接连两国交界，明定其间地方，作为大清国、俄罗斯国共管之地。由黑龙江、松花江、乌苏里河，此后只准大清国、俄罗斯国行船，各别外国船只，不准由此江河行走等语。按约内既称由乌苏里河往彼至海，如同连接，则我船由海溯江，在黑龙江、松花江流域之中，虽经过俄属江流，亦属依据条约行事。此支江河，条约明载只准中俄两国行船，不准各别外国船只行走，则俄船可行，我船亦当然可行。且此项船舰，纯系为保护商民起见，绝对无侵略之举动。经国务会议议决，由海军部呈派视察王崇文为吉黑江防筹办处处长。并派靖安护送江亨、利川、利绥、利捷等舰艇，由沪北行至海参崴，俄国毫无理由，忽然提出抗议。我国声明条约，与之辩论，上驶至达达岛，彼竟禁绝引港，各船遂停留。该岛荒旷之区，煤粮接济，俄复断我输运，势成坐困。复经迭次交涉，由达达岛自行驶入庙街。时已迫寒，冻江在即，各浅水舰艇，船质薄脆，若在中途遇冻，势必舰艇毁于坚冰，人士化为饿莩。伯利地稍近南，气候稍暖，于我舰避冻，尚能适宜。我国为尊重中俄邦交起见，按照《瑷珲条约》向俄政府声述以上情由，并动以人道主义，又由我外部照会俄使。据俄使面称，彼随本国政潮，不得不抗议。中国据《瑷珲条约》，自行上驶，各行其是云云。因即电令各舰上驶赴防。讵我舰上驶至离伯利二十俄里地方，俄军突向我舰开炮轰击，约有二十余次。我舰遭此袭击，舰员受伤者三人，当即向下流退却。政府自接得告急电后，当即向俄使严重质问，略谓"《瑷珲条约》第一条第二项，载明中俄舰只得以驶入，不受限制。中俄在松黑权利，原属平等。今俄舰炮击吾舰，殊出意外，应请从速允许我舰江亨、利捷、利绥、利川四艘，安全通过伯利。否则吾国不得不执相当之对付，将以同样手段。加之贵国在松黑两江之舰艇，亦希速电海参崴当事者，以短小之时间，为满意之答复"云云，一面并电驻海参崴高等委员，向鄂穆斯克政府直接交涉。（中华民国八年十月二十四日）

（录自《东方杂志》1919年第16卷第12号）

烟台海军学生散学风潮

烟台海军学校全体学生，因要求恢复民国五年考选章程，反对延长学年等事，于本日全体散学。（中华民国八年十一月二十三日）

（录自《东方杂志》1920年第17卷第1号）

我国军舰驶入黑龙江

我国前因俄边乱事，派舰驶赴黑龙江、松花江防护，被鄂穆斯克政府军队阻止。近日鄂穆斯克政府失败，新党于我国派舰赴江事，不加反对，我国军舰，现已到防。（中华民国九年二月二十一日）

（录自《东方杂志》1920年第17卷第6号）

日本在庙街扣留我国炮舰交涉

日本军队，近在庙街被俄国劳农政府军队炮击，死亡多人，旋经日军将该埠占领。现日军以我国驻在该埠之炮舰有助俄军轰击日军之嫌疑，竟将江亨、利绥、利捷三舰，派兵监视。吉黑江防司令王崇文，以我国军舰自上年停泊庙街，对于日俄战事，向系严守中立，故各舰所存弹药，较原发数量，并不减少，足证未经参与战事。当将此旨函致日军司令部，详加解释，一面电致中央报告。（中华民国九年六月七日）

（录自《东方杂志》1920年第17卷第13号）

南北海军通电声讨安福

南北海军将校林葆怿、蓝建枢、蒋拯、杜锡珪等，于本日通电声讨安福党人罪恶，并称南北实力提携，共济艰难。（中华民国九年七月二十一日）

（录自《东方杂志》1920年第17卷第16号）

庙街交涉之结果

我国炮舰在庙街被日军扣留一案，政府派出王鸿年等为委员，协同日委员前赴调查，本日中央接王鸿年等来电，报告调查手续业已完竣，该停泊尼港各舰，已于十九、二十一等日开驶矣。（中华民国九年九月二十七日）

（录自《东方杂志》1920年第17卷第20号）

林葆怿等宣布南北海军统一

海军一部分，自民国六年宣告独立，隶属广东军政府。本日，林葆怿、蓝建枢、蒋拯、杜锡珪等，通电各处，声称安福败灭，南北海军，本属一家，特实行统一。（中华民国九年十月十一日）

（录自《东方杂志》1920年第17卷第21号）

林葆怿通电离粤

驻粤海军林葆怿，自通电宣布统一后，即拟率带舰队北归，嗣以各舰军官，多数反对，林遂于本日宣告离粤，并将舰队司令职务移交海圻舰长林永谟代理。（中华民国九年十一月十日）

（录自《东方杂志》1920年第17卷第23号）

海容军舰回国

海军代将林建章，于本日通电各处，声称兹因协商各国，对亚已一律撤兵，特遵令将驻崴军事机关，于十月二十五日撤销，并于十一月二十日，督带海容军舰回国，由永健军舰代任护侨职务。（中华民国九年十一月十八日）

（录自《东方杂志》1920年第17卷第24号）

中日庙街交涉解决

中日庙街交涉，曾由我国与日使会同调查，兹已换文结束。（一）由驻日公使向日政府道歉；（二）抚恤误毙日侨家属，每家万元；（三）前尼港中国海军司令道歉；（四）亏职中国船员，施相当惩戒。（中华民国九年十二月二十日）

（录自《东方杂志》1921年第18卷第2号）

海军部签订中英飞机借款

海军部与英商亨达利乔公司，订立水面飞机借款，报载正式合同，业已签字。本日，先由公司交付垫款英金四十一万镑，内容：（一）订购水面飞机一百〇五架；（二）借款英金一百二十九万七千二百镑；（三）九二折算；（四）利息六厘；（五）五年为本利清还之期；（六）交货之期，以半年为限；（七）交货地点，直隶大沽口、山东烟台、江苏江阴、福建马江。（中华民国十年一月十一日）

（录自《东方杂志》1921年第18卷第3号）

取消中日军事协定

民国八年二三月间，我国与日本缔结之海陆军军事协定，兹已于本日换文取消。（陆军换文）中日两国最高统帅部，认为中日两国共同防敌之必要，业已消灭，兹取消民国八年二月五日签名盖印之《关于中日军事协定有效期限之协定》，以本文签名盖印之日，承认已达《军事协定》第十一条第二项战争状态终了之时机。中华民国十年一月二十七日，中华民国陆军代表陆军中将衔何恩溥，日本大正十年一月二十七日，日本帝国陆军代表陆军少将东乙彦。（海军换文）中日两国最高统帅部认为中日两国共同防敌之必要，业已消灭，兹取消民国八年三月一日签名盖印之《关于中日军事协定有效期限之协定》，以本文签名盖印之日，承认已达《军事协定》第八条第二项战争状态终了之时机。中华民国十年一月二十七日，中华民国海军代表海军少将陈恩焘，日本大正十年一月二十七日，日本帝国海军代表海军大佐八角三郎。（中华民国十年一月二十七日）

（录自《东方杂志》1921年第18卷第4号）

福州船政局订借美款

海军部所辖之福州船政局，近以经费竭蹶，特以政府前发之国库证券四十万元作抵，向美商慎昌洋行商借洋三十万元。（中华民国十年二月十六日）

（录自《东方杂志》1921年第18卷第6号）

特派刘冠雄为福建查勘烟禁大员

（中华民国十年六月二十五日）

（录自《东方杂志》1921年第18卷第14号）

海军部呈准设立海界委员会

海军部为讨论划定领海界线，呈请设立海界委员会，本日奉指令照准。（中华民国十年六月三十日）

（录自《东方杂志》1921年第18卷第15号）

特任蒋拯兼代海军总司令

同日特任蓝建枢为澄威将军。(中华民国十年七月二十二日)

(录自《东方杂志》1921年第18卷第16号)

特任蒋拯署海军总司令

(中华民国十年八月十二日)

(录自《东方杂志》1921年第18卷第17号)

海军舰队截留两淮盐税充饷*

海军舰队截留两淮盐税充饷,由蒋拯、杜锡珪、杨敬修等通电各处,声明此系不得已暂时之举,一俟中央筹有的款,立即取消。(中华民国十一年一月六日)

(录自《东方杂志》1922年第19卷第3号)

财政部给海军汇饷十万元*

自海军各舰队截留两淮盐税,驻京英美法日各使,均向外交部提出抗议,当经财政海军两部会商,先汇饷十万元,令蒋拯速将舰队退出十二圩。(中华民国十一年一月十一日)

(录自《东方杂志》1922年第19卷第3号)

英海军因中国舰队截留盐税事派舰监视*

海军派舰截留盐税事,驻京英法日三使,已提抗议。英国海军司令并派炮舰开往扬州监视。(中华民国十一年一月十八日)

(录自《东方杂志》1922年第19卷第4号)

海军舰队饷项*

海军舰队饷项，政府允按月照拨，直接汇上海海军总司令部接收，惟以前七个月欠饷，一时无力筹措，当按期清理。（中华民国十一年一月十九日）

（录自《东方杂志》1922年第19卷第4号）

海军各舰队同意调离十二圩*

海军舰队饷项，需洋五十万元，财政部允拨二十万元，其余三十万元，苏督齐燮元担任筹拨，经各舰队司令同意，将各舰队调离十二圩。（中华民国十一年二月一日）

（录自《东方杂志》1922年第19卷第5号）

海军部指定永翔、永丰两炮舰接鲁省海防

（中华民国十一年四月八日）

（录自《东方杂志》1922年第19卷第9号）

蒋拯通电反对奉军入关

（中华民国十一年四月二十五日）

（录自《东方杂志》1922年第19卷第10号）

广东政府派陈策、温树德率队攻袭北洋舰队*

广东政府派陈策、温树德等，率队攻袭海圻、肇和、永丰、楚豫、豫章、海琛、永翔、飞鹰、福安、同安等北洋舰队，并捕毛仲芳、郑祖诏、倪则烺、林寿民、郑畴刚等五人。（中华民国十一年四月二十七日）

（录自《东方杂志》1922年第19卷第10号）

杜锡珪派舰队赴秦皇岛一带监视奉军增运军队

（中华民国十一年五月二日）

（录自《东方杂志》1922年第19卷第11号）

孙文率军舰轰击广州*

孙文率军舰永丰、永翔、广玉、豫章、楚豫等发炮轰击广州，与陆上陈炯明所部军队开战。（中华民国十一年六月十七日）

（录自《东方杂志》1922年第19卷第14号）

广州海陆军互击*

广州自十七日孙文令军舰炮轰后，海陆军各以炮火互击，地方糜烂不堪，本日由汤廷光出向两军调和。（中华民国十一年六月十九日）

（录自《东方杂志》1922年第19卷第14号）

广州各界及海陆军代表在文澜阁开维持粤局会议*

广州各界及海陆军代表在文澜阁开维持粤局会议，结果由汤廷光、叶举、魏邦平会衔布告息战，并通电海陆军共同赞成统一，请孙下野。（中华民国十一年六月二十日）

（录自《东方杂志》1922年第19卷第14号）

广州海陆军订定和约*

广州海陆军订定和约：（一）海军全体请孙下野；（二）海军服从陈；（三）海军国有；（四）海军及陆战队，按月发足军饷；（五）海军官佐不更动；

（六）统一后海军有发言权。（中华民国十一年六月二十一日）

（录自《东方杂志》1922年第19卷第14号）

以周兆瑞署海军第一舰队司令，甘联璈署第二舰队司令

（中华民国十一年六月二十九日）

（录自《东方杂志》1922年第19卷第14号）

海军第一二舰队之调查

第一舰队舰名、驻泊地点，并司令舰长姓名。

第一舰队司令周兆瑞。

舰名	舰类	舰长	驻泊地点
海容	巡洋舰	舰长陈世英	烟台
海筹	巡洋舰	舰长许建廷	烟台
永绩	炮舰	舰长蒋斌	烟台
永健	炮舰	舰长王寿廷	烟台
联鲸	座舰	舰长李孟斌	上海
建康	炮舰	舰长严寿华	上海
定安	运舰	舰长刘永诰	上海
海凫	炮艇	艇长汪积慈	南京
海鸥	炮艇	艇长沈彝懋	上海
海鸿	炮艇	艇长吴同章	上海
海鹄	炮艇	艇长何传滋	马尾

长江舰队艇（舰）名、驻泊地点，并司令舰长姓名。

第二舰队司令甘联璈。

舰名	舰类	舰长	驻泊地点
建威	快舰	舰长王光熊	长江
建安	快舰	舰长饶涵昌	长江
江元	炮舰	舰长贾勤	长江
江利	炮舰	舰长萨夷	长江
江贞	炮舰	舰长杜宗凯	长江
楚泰	炮舰	舰长林秉衡	长江
楚同	炮舰	舰长陈训泳	青岛
楚有	炮舰	舰长许凤藻	长江
楚谦	炮舰	舰长杨庆贞	长江
江犀	炮舰	舰长萨福畴	长江
江鲲	炮舰	舰长欧阳勋	长江
拱辰	炮舰	舰长陈天经	长江
永安	炮舰	舰长王济业	长江
建中	炮舰	舰长郑硕简	长江
湖鹏	雷艇	艇长张兆宣	长江
湖鹗	雷艇	艇长杨树韩	长江
湖鹰	雷艇	艇长李君武	长江
湖隼	雷艇	艇长傅祖肇	长江
辰字	雷艇	艇长廖德星	长江
宿字	雷艇	艇长高宪乾	长江
列字	雷艇	艇长彭瀛	长江
张字	雷艇	艇长罗致通	长江

（录自《东方杂志》1922年第19卷第15号）

汤廷光、温树德暨在粤海军将士全体宣言*

汤廷光、温树德暨在粤海军将士全体宣言：赞成统一，请孙下野。（中华民国十一年七月四日）

（录自《东方杂志》1922年第19卷第15号）

粤军钟景棠率队进攻孙文所占之长洲炮台*

粤军钟景棠率队进攻孙文所占之长洲炮台，该台附近所驻海圻、海琛、肇和诸舰先时表示中立，避往黄埔以外之莲花山，炮台守兵及孙系各舰与进攻军队及车歪炮台炮战多时，鱼雷局受弹被毁，长洲炮台遂为钟景棠所占。（中华民国十一年七月九日）

（录自《东方杂志》1922年第19卷第15号）

孙文、陈策率舰进驻白鹅潭*

孙文、陈策自失长洲炮台后，即率坐舰永丰，及海防各舰进向省河，经车歪炮台时，两军炮战激烈，永丰受弹，舰尾被创，卒进驻白鹅潭。（中华民国十一年七月十日）

（录自《东方杂志》1922年第19卷第15号）

孙文派陈策等率舰载民军攻前山炮台*

孙文派陈策、李安邦率三舰载民军攻前山炮台，为陈永善击散，战舰一艘被夺。（中华民国十一年七月十九日）

（录自《东方杂志》1922年第19卷第16号）

外交部电国际联盟*

外交部电国际联盟,该会修改盟约,华代表王宠惠因事不能出席,派王景歧代表。又将中国军备缩小案送会存案,计陆军八十万人,海军五十万吨,航空器三队,每队六架。(中华民国十一年八月二十九日)

(录自《东方杂志》1922年第19卷第18号)

史廷飏所部由海军运回原籍遣散*

福建李厚基部史廷飏反攻福州失败,所部由海军收容,运回原籍遣散。(中华民国十一年十月十三日)

(录自《东方杂志》1922年第19卷第20号)

福建各界电拒刘冠雄

(中华民国十一年十二月二十日)

(录自《东方杂志》1923年第20卷第2号)

明令取消福建讨逆军总副司令名义*

明令取消福建讨逆军总副司令名义,停止援闽军队进行,责成萨镇冰、刘冠雄、孙传芳办理主客各军善后事宜。(中华民国十二年一月二十一日)

(录自《东方杂志》1923年第20卷第4号)

萨镇冰、刘冠雄联名通电*

萨镇冰、刘冠雄联名通电,就中央所任"办理福建善后事宜"职,并请孙传芳速入闽。(中华民国十二年三月十五日)

(录自《东方杂志》1923年第20卷第7号)

明令特派温树德为驻粤海军舰队司令

（中华民国十二年三月二十日）

（录自《东方杂志》1923年第20卷第8号）

特派刘冠雄为闽粤海疆防御使*

特派刘冠雄为闽粤海疆防御使，任洪兆麟为广东陆军第三师长，李易标为广惠护军使，申葆藩为钦廉镇守使。（中华民国十二年三月二十日）

（录自《东方杂志》1923年第20卷第8号）

驻防青岛之海筹军舰至上海高昌庙*

驻防青岛之海筹军舰由舰长许建廷带领至上海高昌庙，会同原驻各舰发电宣布赞助联省自治，拒孙传芳入闽，并推林建章为领袖。（中华民国十二年四月八日）

（录自《东方杂志》1923年第20卷第9号）

孙文派陈策、周之贞攻克肇庆*

孙文派陈策、周之贞攻克肇庆，梧州桂军后援开到，即包围陈、周，夺回肇城，孙系军攻占清远，沈荣光败溃退出。（中华民国十二年四月二十五日）

（录自《东方杂志》1923年第20卷第10号）

海军练习舰队司令杨敬修免职*

海军练习舰队司令杨敬修另有任用免职，以杨树庄继任。（中华民国十二年五月五日）

（录自《东方杂志》1923年第20卷第11号）

广州海军将对孙文谋变*

广州海军将对孙文谋变，孙令免海军总司令温树德职，饬各炮台戒严，并改委各舰长，由大元帅直接指挥。（中华民国十二年五月三十日）

（录自《东方杂志》1923年第20卷第12号）

驻闽海军陆战队改编混成旅，杨砥中任旅长

（中华民国十二年六月三日）

（录自《东方杂志》1923年第20卷第13号）

福建海军攻厦门*

福建海军奉杜锡珪命，由杨树庄率领出发攻厦门，杨砥中率陆战队随行。（中华民国十二年七月二十四日）

（录自《东方杂志》1923年第20卷第16号）

福建王永泉派军队与粤军海军夹攻闽南*

福建王永泉派军队与粤军海军夹攻闽南，所部高义、杨昭化夺取莆田。（中华民国十二年七月二十八日）

（录自《东方杂志》1923年第20卷第16号）

海军攻厦门，陆战队在金门登岸，舰队入嵩屿

（中华民国十二年七月三十一日）

（录自《东方杂志》1923年第20卷第16号）

福州马江海军二次图厦*

福州马江海军二次图厦，陆战队再占金门，以作根据地。（中华民国十二年八月二十一日）

（录自《东方杂志》1923年第20卷第18号）

围厦各军约海军对厦门总攻击无效*

王永泉、王献臣、黄大伟、林虎、洪兆麟等围厦各军，约海军对厦门总攻击无效，林、洪所部开回粤省援救惠州。（中华民国十二年九月二十日）

（录自《东方杂志》1923年第20卷第20号）

广东陈策电告*

广东陈策电告，西江军队于七日占领广西之桂平。（中华民国十二年十月十二日）

（录自《东方杂志》1923年第20卷第21号）

广东海军四舰脱离孙文*

广东海军永翔等四舰脱离孙文，开赴汕头归队。（中华民国十二年十月三十日）

（录自《东方杂志》1923年第20卷第22号）

特任杜锡珪为海军总司令*

特任杜锡珪为海军总司令，调任李景曦署海军第二舰队司令，甘联璈署海军部司长。（中华民国十二年十一月十七日）

（录自《东方杂志》1923年第20卷第24号）

闽粤海疆防御使刘冠雄辞职照准

（中华民国十二年十一月二十六日）

（录自《东方杂志》1923年第20卷第24号）

派杨敬修为闽粤海疆防御使

（中华民国十二年十二月一日）

（录自《东方杂志》1924年第21卷第3号）

任杨树庄为海军练习舰队司令

（中华民国十二年十二月六日）

（录自《东方杂志》1924年第21卷第3号）

温树德率在粤舰队由汕头起程北归

（中华民国十二年十二月十七日）

（录自《东方杂志》1924年第21卷第3号）

温树德所率北归海军驶入青岛*

温树德所率北归海军驶入青岛，准备编成渤海舰队。（中华民国十三年一月五日）

（录自《东方杂志》1924年第21卷第4号）

海军总长李鼎新免职又任职*

……海军总长李鼎新……准免职,特任……李鼎新为海军总长……(中华民国十三年一月十二日)

(录自《东方杂志》1924年第21卷第4号)

孙文免陈策海防司令职*

孙文免陈策海防司令职,以冯肇铭代理,陈部运动抗命。(中华民国十三年一月十七日)

(录自《东方杂志》1924年第21卷第4号)

陈时珍驶往上海投降林建章*

海军辰字雷艇副长陈时珍驶往上海投降林建章,海军部呈准通缉。(中华民国十三年一月十九日)

(录自《东方杂志》1924年第21卷第4号)

南京海军二舰图驶沪加入独立舰队*

南京海军有二舰图驶沪加入独立舰队,被杜锡珪侦知,用陆战队制止,并捕首事诸人。(中华民国十三年一月二十六日)

(录自《东方杂志》1924年第21卷第4号)

海军总司令杜锡珪电告*

海军总司令杜锡珪电告,温树德部海军在烟台占据练营,请政府制止,并惩办温氏。(中华民国十三年二月十三日)

(录自《东方杂志》1924年第21卷第5号)

海军风潮与意械入直

我起首须表明的,是我合取这两件事来并做这篇的题材的意思。现在人人知道,海军风潮是直系内部大分裂的见端,而意械入直,则为直系实力增加的事实。在现下"直系即中央"的时局中,一方发现直系的分裂,一方增加直系的实力,两事并看,究竟于直系前途利害如何?于中国前途利害如何?这实是值得考虑而又有兴味的问题。

在海军风潮以前,直系中津保洛三派如何发生内讧,南京与洛阳两大实力派如何互争雄长,日报中虽连篇累牍,讲得十分起劲,我却以为迹近捕风捉影,大可略而不言。至于眼前的海军风潮,则断乎不能不说:

驻南京的海军总司令杜锡珪所率三部舰队,外间本认为与直系一致的。吴佩孚去年十二月间招致广东温树德所率七舰北归,令驻青岛,备另组渤海舰队,并定由胶济铁路按月拨给舰饷。这是北方有两种海军的原因。本年二月间,温部海圻舰忽驶赴烟台,侵杜部驻地,并占据原驻杜部陆战队练营。这事发生,杜迭次电致北京,攻击温树德,请政府严惩温。温这时在洛阳,因杜咄咄逼人,亦声言愿率舰赴沪,与杜均饷。北京认此事与吴佩孚、齐燮元有关系,即特命吴毓麟赴洛阳转南京,明向温杜,暗与吴齐磋商调解方法。但吴毓麟枉费奔走,毫无成绩,这事到如今还没了结。近又有赵玉珂继吴南下再行调解的消息。

以上寥寥百余字所记的一段事情,当二月中旬前后,实很能引起国人的注意。当时北京政府中人及全国留心时事者都认定杜锡珪是离吴而附齐的,温树德是吴恶杜附齐去招来制杜的。所以温杜冲突,外人都看作吴齐冲突。杜的激烈电请惩温,外人都看作吴齐间已十分不相容。于是直系分裂的声浪大起。而直系团结运动即因之而起劲。海军出身的吴毓麟,奉命去奔走一躺(趟)商量了一种调解的方法。但是回到北京,温树德渤海防御使的命令迟迟未下。杜锡珪虽然已得到温树德名义上归他节制,与所部由他转请任命的大面子,而仍然迭电北京,纠缠不休。这事一日不能了结清爽,吴齐间的嫌疑一日不能去,便是直系分裂的谣言,一日不能息。我们不要因齐燮元面子上表示对吴佩孚联卢政策的谅解，而以为这事也连带结束。

海军风潮尚未结束，直系团结运动还没怎样成绩发生，而忽然消息传来称：

一九一九年意国运华而未能卖出的军械，已由直系出价四百八十万购去，这军械共计来复枪三万枝，子弹四千万封，野炮七十五尊，炮壳及种种材料多件，计装七十九列车，于二月二十三日由意国水兵及陆军部员押同运入三家店总械库，再行转运洛阳、南京、四川、热河。从前共同监视此项军械的各公使已预备质问，反直派闻意商尚有余械，亦纷派代表向意商承购。

这存储五年因被监视而未能归入任何方面的大批意械，这回竟为直系所得，不特对于武力统一的政策，可以有不少的助力，即于接济援川军对付东三省的紧急用度而言，也觉十分得用。但是军械是可以助长内乱的，这大批军械，对于中国内战的进步上，将来一定有不少的成绩可以发现。且军械是助长实力最有用的东西，用这大批军械，分给正在分裂的直系各派，于将来时局变化，亦也当然能有成绩显出来，这些事我们可拭目以观其后！（大山）

（录自《东方杂志》1924年第21卷第5号）

吴毓麟赴洛阳、南京调解海军杜锡珪、温树德间之冲突*

吴毓麟假视察去岁路电会议议决案实施状况名义，出京赴洛阳、南京，以乘机调解海军杜锡珪、温树德间之冲突，并疏通吴佩孚、齐燮元因对浙问题而起之意见。（中华民国十三年二月二十日）

（录自《东方杂志》1924年第21卷第6号）

福建王永泉军被海军在峡兜截住*

福建王永泉军被海军在峡兜截住，缴械千余，王氏弟兄逃入泉州。（中华民国十三年三月九日）

（录自《东方杂志》1924年第21卷第7号）

海军风潮结束与胶澳局面

二月间因驻青岛海圻舰赴烟台占据陆战队练营而触发的风潮，当面为杜锡珪、温树德的冲突，后面既有齐燮元、吴佩孚的关系，又有海军中闽系与外系（即非闽籍各省的人）的纷争，因为内容的复杂，所以形势也十分紧急。曹锟命吴毓麟南下，向杜、温、齐、吴调解，已商定予温以渤海防御使的实利，而给杜以管辖温部的面子。吴氏回京，风潮仍未结束。一面吴佩孚迭催发任温命令而不能下，一面"海军闽系联络杜锡珪倾向独立海军"的谣言大盛。直到三月中旬，曹锟第二回命赵玉珂南下向杜、温接洽，结果温树德将所部名单交杜锡珪请呈中央转任，敷衍其总司令面子，而三月二十二日渤海舰队司令命令发表，杜锡珪也不出面反对，海军风潮，表面上总算完全结束了。温本留住洛阳候命，既得命令，即一面令海圻、永翔两舰入大沽修理；一面于二十五日由洛阳赴京去觐见曹锟，并与北京财政要人磋商经费。温在京虽表示对杜锡珪自愿退让，而留京多日，直待吴佩孚做寿日子将近，始再赴洛阳参与寿筵军事会议，则所磋商事件的内容，可见重大。闻吴佩孚决计令温整顿渤海舰队，筹定经费，预备扩充，各舰将令分往日本长崎及本国的大沽、马尾，大加修理。陆战队同时积极扩充，而防地亦将另谋开展。如此，则现在杜、温两部实际的感情究竟如何，颇足引人注目。而后此两舰队能否通力合作以御共同的敌人，抑或自相冲突授敌以隙，尤为我们所想知道的。

吴佩孚渤海舰队的计划，原是以胶澳为根本的，舰队驻泊地既暂定青岛港，舰队经费，又指定每月移用胶济路所储赎路储金五万元，更希望就青岛各机关多拨经费，以备扩充。

胶澳接收后，即为熊炳琦所攫，能不能忠心筹款供吴佩孚经费，吴佩孚颇感不便，乃谋以亲信高恩洪继熊任青岛督办，担任筹措经费。吴向北京要求以高继熊，始于一月，以曹锟与熊素亲近，不欲更动，且不喜用高，曾亲批"不便更动"四字。海军风潮既起，又继之以胶济路拨款为日会计长阻碍，引起中日交涉，吴氏益感任高的不能再缓，更一力猛进。既迭电请去熊任高，又令山东同乡攻熊，且将进一步连熊的山东省长地位一并攫取。熊氏知机，于三月一日因撑持不下，通电宣布鲁省财政支绌及辞胶澳商埠督办。熊既愿辞，十数次催促未下的高恩洪督办青岛商埠令，于三月十八日即发表，而胶澳势力乃正式移转。

高恩洪已于四月一日就职，仍用他从前长交通时的大刀阔斧的手段，将原有全部人员撤换，从事改组。但他虽明白宣言此来有为吴使筹款责任，而所谣传的一百万青岛电话局借款，已遭人民反对。胶济路虽已任邵恒浚，而提款交涉未清，一时不易下手，不知高氏将用何法以求财源？而山东议员政客，又方谋包围高氏以攫权利，更不知高氏将以何术对付？

吴佩孚的组织渤海舰队于实际能否有益，是一疑问，高恩洪的改变胶澳局面能否充分筹得款项，是第二个疑问。（大山）

（录自《东方杂志》1924年第21卷第7号）

任命温树德为渤海舰队司令

（中华民国十三年三月二十二日）

（录自《东方杂志》1924年第21卷第8号）

杨树庄率舰赴金门*

福建周荫人军入泉州，杨树庄率舰赴金门，迫臧致平照前约交厦门与海军。（中华民国十三年三月二十九日）

（录自《东方杂志》1924年第21卷第8号）

闽海军占领厦门*

闽海军占领厦门，同安亦为孙军占领，臧杨遁至漳州。（中华民国十三年四月十六日）

（录自《东方杂志》1924年第21卷第10号）

海军总司令杜锡珪到厦门*

海军总司令杜锡珪到厦门,从事调解舰队司令杨树庄与陆战队旅长杨砥中间之争执,并应付陆军张毅等谋夺厦门地盘。(中华民国十三年五月十二日)

(录自《东方杂志》1924年第21卷第11号)

广东孙系江防舰队联匪抢劫*

广东孙系江防舰队周之贞部因联匪抢劫,被围缴械,周本人避赴香港。(中华民国十三年七月六日)

(录自《东方杂志》1924年第21卷第15号)

东南战局中两方兵力之调查(节选)

二、海军

甲、杜锡珪之直派舰队

舰名	吨数	何国制造	速率
海容	三,九五〇	德国	一九五
应瑞	三,四六〇	英国	二〇
华乙	七,〇〇〇	德国	一九
华丙	六八,〇〇〇	同上	一八
通济	二,九〇〇	英国	一四
定安	三,一八八	德国	一七
永健	二,三〇五	同上	一五
建安	三五〇	英国	一八
建威	三五〇	同上	一八
楚泰	八七〇	日本	一三

（续表）

舰名	吨数	何国制造	速率
楚观	八七六	同上	一三
楚谦	八七〇	同上	一三
楚同	八七〇	同上	一三
楚有	八七〇	同上	一三
江亨（亨）	八七〇	同上	一三
江元	八七〇	同上	一三
江贞	八七〇	同上	一三
江利	八七〇	同上	一三
江犀	八八〇	德国	一六
江鲲	八八〇	同上	一六
建中	七八〇	英国	一四
拱宸（辰）	七八〇	同上	一四
永安	七八〇	同上	一四
利川	七八〇	德国	一四
利通	八五〇	同上	一四
利捷	八五〇	同上	一五
利绥	八五〇	同上	一五

乙、林建章之独立舰队

海筹	巡洋舰
永绩	练习舰
列字	雷艇
宸（辰）字	雷艇
靖安	运舰
建康	驱逐舰

海军杜锡珪之长江舰队及杨树庄之闽舰队共舰三十余艘，与林建章之上海独立舰队六艘相较，两方势力，相差甚巨。

（录自《东方杂志》1924年第21卷第17号）

东北战局中两方兵力之调查（节选）

二、海军

甲、直派温树德之渤海舰队

舰名	旧属	种类	吨数	速力	制作年度
永翔	第一舰队	炮舰	七八〇	一三.五	一九一二年（日本）
同安	第二舰队	同上	三九〇	三二.〇	一九一二年（德国）
海圻	第一舰队	巡洋舰	四,二〇〇	二四.〇	一八九八年（英国）
楚豫	第二舰队	炮舰	七四〇	一三.〇	一九〇六年（日本）
肇和	练习舰队	驱逐舰	二,六〇〇	二二.〇	一九一一年（英国）
海琛	第一舰队	同上	二,九五〇	一九.〇	一八九五年（德国）
豫章	第二舰队	同上	三九〇	三二.〇	一九一二年（德国）

乙、东三省之海军

江亨	炮舰
利捷	浅水舰
利绥	同上
利川	同上

海军温树德之渤海舰队七艘，多在修理中。东三省新经营之海军，除上记四舰外，有由商船安置炮位而成者，势力亦已造成。

（录自《东方杂志》1924年第21卷第17号）

杨树庄率领厦门海军开向浙海及吴淞*

孙传芳由福州起程，率所部六旅分三路向浙边进行。厦门海军亦由杨树庄率领开向浙海及吴淞。（中华民国十三年八月二十五日）

（录自《东方杂志》1924年第21卷第18号）

李景曦为淞沪海军司令*

李景曦为淞沪海军司令，杨树庄为海军副司令。（中华民国十三年九月二十日）

（录自《东方杂志》1924年第21卷第20号）

上海独立海军海筹等四舰降杜锡珪*

上海独立海军海筹等四舰降杜锡珪，林建章之海军领袖处被卢永祥取消。（中华民国十三年九月二十二日）

（录自《东方杂志》1924年第21卷第20号）

将林建章等褫职通缉*

北京政府据海军总司令杜锡珪电呈，将林建章、许建廷、蒋斌、曾以鼎、朱天森、张日章、陈时珍等褫职通缉；周兆瑞因率队输诚，免其置议。（中华民国十三年九月二十七日）

（录自《东方杂志》1924年第21卷第20号）

杜锡珪等联名通电讨冯*

齐燮元、孙传芳、杜锡珪、蔡成勋、周荫人、马联甲、杨树庄、李景曦联

名通电讨冯[1]。（中华民国十三年十月二十七日）

（录自《东方杂志》1924年第21卷第22号）

海军总长李鼎新辞职特任杜锡珪为海军总长

（中华民国十三年十月三十一日）

（录自《东方杂志》1924年第21卷第22号）

温树德回青岛*

温树德回青岛，与郑士琦合作，郑以胶澳督办畀温。（中华民国十三年十一月十三日）

（录自《东方杂志》1924年第21卷第23号）

临时执政命令

……海军总长林建章……（中华民国十三年十一月二十五日）

（录自《东方杂志》1924年第21卷第24号）

杜锡珪电恳中央准予辞职

（中华民国十三年十一月二十六日）

（录自《东方杂志》1924年第21卷第24号）

---

［1］即冯玉祥。1924年10月26日，冯玉祥率部出京，对吴佩孚军准备作战。

海军各舰长通电挽留杜锡珪

（中华民国十三年十一月二十七日）

（录自《东方杂志》1924年第21卷第24号）

杜锡珪赴上海养疴*

杜锡珪赴上海养疴，以海军总司令职交杨树庄代理。海军将领电段祺瑞反对林建章任海军总长。（中华民国十三年十二月七日）

（录自《东方杂志》1925年第22卷第1号）

临时执政令

海军总司令着杨树庄代理。（中华民国十三年十二月二十一日）

（录自《东方杂志》1925年第22卷第2号）

临时执政令

……海军总司令杜锡珪免职，特派杨树庄继任，调李景曦为海军练习舰队司令。任许建廷为海军第二舰队司令，海军第一舰队司令周兆瑞免职，任命陈季良继任。（中华民国十四年二月六日）

（录自《东方杂志》1925年第22卷第5号）

许建廷莅鄂检阅并监视吴佩孚*

长江舰队上驶至武汉，其司令许建廷亦莅鄂检阅并监视在岳州之吴佩孚。（中华民国十四年三月十日）

（录自《东方杂志》1925年第22卷第7号）

厦门所派海军参与隔断广州与汕头海陆交通*

广东陈炯明、林虎两部已退闽赣边境,惟以厦门所派海军及杨坤如在惠州淡水隔断广州与汕头海陆交通。广州当局自永福舰为陈捕获,即与杨磋商退出惠州条件。(中华民国十四年三月二十九日)

(录自《东方杂志》1925年第22卷第8号)

临时执政令

……海军总长林建章呈请将驻闽海军陆战队第一混成旅旅长杨砥中免职,并褫夺官勋交海军部依法讯办。——杨已在上海被刺毙命。(中华民国十四年四月十一日)

(录自《东方杂志》1925年第22卷第10号)

临时执政令

海军总长林建章呈,驻闽海军陆战队自改编混成旅后,经费增加,成绩平常,应请将海军陆战队旅长团长各职先行裁撤,规复从前旧制等语。海军陆战队旅团长各职着即一律裁撤,规复旧制,暂归海军部总务厅直接管辖。其派驻京外海军各机关局所者,即由该机关局所长官管辖。并着该部迅拟善后办法,呈准施行。(中华民国十四年四月二十日)

(录自《东方杂志》1925年第22卷第10号)

海军炮击海关巡轮*

上海华界公然纷设行号,贩卖鸦片,且因此发生海军炮击海关巡轮,及军队枪杀人民情事。官厅以内幕牵涉过多,不加干涉,地方团体纷电政府,请查明究办。(中华民国十四年五月六日)

(录自《东方杂志》1925年第22卷第12号)

杨树庄就海军炮击海关巡轮道歉*

上海领事团因中国海军于六九两日炮击海关巡轮及英商游船,集议电请北京公使团向政府交涉,海军总司令杨树庄前往道歉,未予接受。(中华民国十四年五月十二日)

(录自《东方杂志》1925年第22卷第12号)

广州国民政府任俄人斯米诺夫为海军局长*

广州国民政府任俄人斯米诺夫为海军局长,海防江防各舰长表示反对。(中华民国十四年八月二日)

(录自《东方杂志》1925年第22卷第18号)

温树德所率渤海舰队与奉天妥协*

温树德所率渤海舰队与奉天已妥协,全部开赴秦皇岛受张学良之检阅,以便与奉天海军合编东北舰队。(中华民国十四年八月十六日)

(录自《东方杂志》1925年第22卷第19号)

肇和、同安二舰欲炮轰陆地*

青岛肇和、同安二舰要求清饷,声言如不允许,即开炮向陆地轰击,张宗昌派旅长毕庶澄率军前往对付。(中华民国十四年十月十五日)

(录自《东方杂志》1925年第22卷第22号)

青岛海军风潮由毕庶澄调停*

青岛海军风潮由毕庶澄调停，发给欠饷，和平了结，毕即继温树德为渤海舰队总司令。（中华民国十四年十月十五日）

（录自《东方杂志》1925年第22卷第23号）

杜锡珪通电讨奉*

杜锡珪通电讨奉，海军第二舰队军舰六艘集南京。（中华民国十四年十月二十五日）

（录自《东方杂志》1925年第22卷第23号）

毕庶澄由青岛率舰队及陆战队到海州*

张宗昌之东路军队由山东边境攻入海州，白宝山退守大伊山，毕庶澄由青岛率舰队及陆战队到海州，并南下向苏浙海口活动。（中华民国十四年十月二十八日）

（录自《东方杂志》1925年第22卷第23号）

奉系海军击沉浙舰*

张作霖得奉系海军报告，南下活动，于九日炮击吴淞，十日攻浙江乍浦，击沉浙舰一艘。（中华民国十四年十一月十一日）

（录自《东方杂志》1925年第22卷第24号）

临时执政令

……海军次长徐振鹏辞职，任命吴纫礼继任。海军总长杜锡珪未到任以

前，着吴纫礼暂行代理部务。……（中华民国十五年一月九日）

（录自《东方杂志》1926年第23卷第4号）

奉军舰在大沽出现*

奉军舰在大沽出现，国民军于海口安设炮位防御袭击，天津领事团认为违背《辛丑和约》，向孙岳抗议。（中华民国十五年一月三十一日）

（录自《东方杂志》1926年第23卷第5号）

临时执政令

……海军总长杜锡珪……呈请辞职。特任……杜锡珪为海军总长……（中华民国十五年三月四日）

（录自《东方杂志》1926年第23卷第8号）

毕庶澄之青岛舰队及奉海军开炮向大沽轰击*

毕庶澄之青岛舰队及奉海军开炮向大沽轰击，守备该地之国民军以豫设之炮位还炮抵御，由军舰载来之毕部陆军有一部分在北塘上陆，惟即被国民军包围俘获。（中华民国十五年三月八日）

（录自《东方杂志》1926年第23卷第8号）

临时执政令

……海军总长杜锡珪未到任以前仍著吴纫礼暂行代理部务。……（中华民国十五年三月九日）

（录自《东方杂志》1926年第23卷第8号）

天津领事团劝张作霖撤退舰队*

大沽战事，国民军以水雷封锁港口，中外船舶均被阻不得出入，天津领事团向鹿钟麟抗议，并劝张作霖撤退舰队。（中华民国十五年三月九日）

（录自《东方杂志》1926年第23卷第8号）

毕庶澄已向外舰指挥官承认所提条件*

外交部与外交委员会讨论对于八国最后通牒之办法，王宠惠主张电诉国际联盟，王正廷主张酌量承认。惟青岛舰队司令毕庶澄已向外舰指挥官完全承认所提之五条件。大沽守军总司令鹿钟麟亦派员向外舰声明遵守《辛丑和约》，倘列国言奉舰袭击为中立地带，保障愿撤戒备，入港检查再商。鹿并派员向日领承认十二日大沽事件之责任。（中华民国十五年三月十七日）

（录自《东方杂志》1926年第23卷第9号）

蒋介石释放李之龙，通缉欧阳格*

广州蒋介石释放因上月二十日事变被捕之中山舰长李之龙，至前次捕李出力之海军临时总指挥欧阳格，则被通缉，广州党派间之形势又变。（中华民国十五年四月十四日）

（录自《东方杂志》1926年第23卷第10号）

杜锡珪赴汉口*

颜惠庆内阁阁员除颜本人所兼外交总长外，尚无就职者。东南系之海军总长杜锡珪、农商总长杨文恺已动身赴汉口，拟于会晤吴佩孚后入京就职。（中华民国十五年五月二十二日）

（录自《东方杂志》1926年第23卷第13号）

杜锡珪抵北京宣布就职*

海军总长杜锡珪、农商总长杨文恺抵北京,即宣布就职。(中华民国十五年六月七日)

(录自《东方杂志》1926年第23卷第14号)

特任海军总长杜锡珪兼代国务总理*

颜惠庆内阁开第一次阁议,阁员除内务总长郑谦、陆军总长张景惠、教育总长王宠惠外,均列席,即发改组通电,声明以前"不得不勉为事实上之维持",今后"亟应另选贤能,主持一切,庶目前外交军事均利推行,而将来完成法律问题,亦可循序而达"。并用国务院摄行之大总统令,发表:……特任海军总长杜锡珪兼代国务总理。(中华民国十五年六月二十二日)

(录自《东方杂志》1926年第23卷第15号)

杜锡珪就兼代国务总理职对众演说*

杜锡珪就兼代国务总理职,在国务院对众演说,自认为"一个搭桥者"。(中华民国十五年六月二十三日)

(录自《东方杂志》1926年第23卷第15号)

杜锡珪发辞职通电*

杜锡珪发辞职通电,谓军事已渐告结束,自当奉身引退。(中华民国十五年八月二十一日)

(录自《东方杂志》1926年第23卷第19号)

任谢宝璋为海军次长*

国务院摄行大总统令，任谢宝（葆）璋为海军次长。（中华民国十五年八月二十一日）

（录自《东方杂志》1926年第23卷第19号）

毕庶澄之渤海舰队赴上海*

张宗昌回济南，召集军事会议后，即下动员令，以第七军许琨部向津浦铁路南下，毕庶澄之渤海舰队及第八军由海道赴上海。（中华民国十五年十一月二十二日）

（录自《东方杂志》1927年第24卷第2号）

上海海军舰队开驻福州*

上海海军总司令杨树庄接张宗昌电告，渤海舰队即南下，请为协助。杨即召海军要人与防守上海之陆军将领会议应付方针，停泊黄埔之建康等七舰奉命以开赴福州名义驶出吴淞。长江第二舰队全队亦接开驻福州命令，由司令陈绍宽统率下驶。（中华民国十五年十一月二十六日）

（录自《东方杂志》1927年第24卷第2号）

渤海舰队中止南下*

杨宇霆因天津会议之议决案不为吴佩孚、阎锡山所赞成，且虑激成东南将领之反动，向张作霖建议改变积极南下之政策，即电召张宗昌赴津面授机宜，鲁军先锋队之抵南京者奉命退浦口，渤海舰队亦中止南下。（中华民国十五年十一月二十七日）

（录自《东方杂志》1927年第24卷第2号）

张毅退近福州，海军击之*

福建张毅率第一师万余人分水陆退近福州，海军及省防司令军联合击之，张军大部被缴械。（中华民国十五年十一月三十日）

（录自《东方杂志》1927年第24卷第2号）

海军宣布服从党政府*

福州省防司令李生春与海军联合宣布服从党政府，福建临时省党部即推李任保安司令，维持省城秩序。惟海军方面尚主张推萨镇冰为总司令，李生春陈季良为副司令。周荫人军在延平受民军攻击，向浙边退却。（中华民国十五年十二月二日）

（录自《东方杂志》1927年第24卷第3号）

张毅残部在福州附近一度击败海军陆战队*

张毅残部在福州附近虽一度击败海军陆战队，但仍四面被围，张乃向何应钦投降，所部交何分别编入党军，张本人及所部旅团长均解职。（中华民国十五年十二月十日）

（录自《东方杂志》1927年第24卷第3号）

海军反对何应钦任命*

何应钦令东路总指挥政治部发表：福建省政府未成立前，先设政务、财政两委员会，并任戴仟、张贞等八人为政务委员，何玉书等九人为财政委员。惟海军系与福州系人物因人数支配问题表示反对，攻击指挥部政治主任江董琴甚力。（中华民国十五年十二月二十五日）

（录自《东方杂志》1927年第24卷第4号）

毕庶澄赴南京与上海海军代表磋商合作条件*

渤海舰队司令毕庶澄由张宗昌电召到南京，与上海海军代表磋商合作条件毕，即仍回青岛。（中华民国十五年十二月二十七日）

（录自《东方杂志》1927年第24卷第4号）

海军总长杜锡珪赴南京与张宗昌等磋商*

海军总长杜锡珪为接洽渤海舰队与长江海军联络事件由天津赴南京，与张宗昌、孙传芳及上海海军总司令部代表切实磋商。（中华民国十五年十二月三十日）

（录自《东方杂志》1927年第24卷第4号）

建威、建康两舰炮击陆上*

上海海军之建威、建康两炮舰，因下级舰员受人运动，向陆上开炮二十余响，炮弹毁坏法租界及华界南市之民房数处，经防守陆军之严重警备，及外舰开至监视，始停止发炮，舰上肇始诸人均逃避。同时工人在英界杨树浦因市民大会后，有一部冲至华界闸北，有抢劫警察署枪支之情事。（中华民国十六年二月二十二日）

（录自《东方杂志》1927年第24卷第8号）

渤海舰队抵上海*

直鲁联军第五路总指挥兼第八军长渤海舰队司令毕庶澄奉张宗昌、孙传芳令，统率所部抵上海。（中华民国十六年二月二十四日）

（录自《东方杂志》1927年第24卷第8号）

杨树庄下令各舰开出吴淞口*

上海海军总司令杨树庄因二十二日两舰开炮之结果,下令黄浦江驻泊各舰,一律开出吴淞口,集中三夹水,杨氏本人亦驻节舰上。(中华民国十六年二月二十四日)

(录自《东方杂志》1927年第24卷第8号)

法国抗议海军开炮轰及法租界*

北京法使单独向外交部抗议二十二日海军开炮轰及法租界事件,并保留要求赔偿炮击损失之权。(中华民国十六年二月二十五日)

(录自《东方杂志》1927年第24卷第8号)

毕庶澄分往松江、苏州一带视察并接替防务*

上海松江及苏州附近孙传芳军已陆续向江北撤退,卢香亭、刘宗纪特赴上海与李宝章接洽撤军事宜。毕庶澄亦分往松江、苏州一带视察并接替防务。(中华民国十六年三月四日)

(录自《东方杂志》1927年第24卷第9号)

毕庶澄赴松江、苏州实地视察*

吴光新、毕庶澄先后赴松江、苏州实地视察,并布置防务,两地孙传芳军队陆续移往江北,由直鲁军接防。(中华民国十六年三月七日)

(录自《东方杂志》1927年第24卷第9号)

毕庶澄亲赴吴淞口外与杨树庄会商渤海舰队南下等问题*

毕庶澄亲赴吴淞口外杨树庄所驻军舰，与杨会商渤海舰队南下及共同维持上海治安之问题，结果，杨允派舰入长江，渤海舰队不南下。（中华民国十六年三月九日）

（录自《东方杂志》1927年第24卷第9号）

杨树庄宣告投南*

海军总司令杨树庄正式宣告投南，在吴淞口外就国民革命军海军总司令职，所部有三舰赴九江，与革命军一致行动。原驻马尾、厦门及开赴宁波各舰均正式悬挂党军旗帜。（中华民国十六年三月十四日）

（录自《东方杂志》1927年第24卷第9号）

张宗昌为海军总司令*

张宗昌奉张作霖令为海军总司令，节制东北、渤海两舰队，毕庶澄、沈鸿烈任副司令。（中华民国十六年三月二十日）

（录自《东方杂志》1927年第24卷第10号）

毕庶澄由海道北回*

吴光新、毕庶澄由海道北回，吴赴大连，毕赴徐州向张宗昌报告军事经过。（中华民国十六年三月二十五日）

（录自《东方杂志》1927年第24卷第10号）

海圻号袭击吴淞*

渤海舰队海圻号袭击吴淞,为炮台守军击退,海圻俘上海军舰一艘回青岛。(中华民国十六年三月二十七日)

(录自《东方杂志》1927年第24卷第10号)

毕庶澄被召至济南枪毙*

毕庶澄被张宗昌密令褚玉璞电召至济南枪毙。毕在青岛曾有勒缴海军武装之举动,几酿事变。(中华民国十六年四月五日)

(录自《东方杂志》1927年第24卷第11号)

南京海陆军军事会议之结果*

南京二十日海陆军军事会议之结果,由杨树庄领衔发表通电表示:(一)拥护南京中央党部,国民政府恢复党权;(二)拥护四二中央监察委员建议;(三)否认武汉第三次执行委员会议决案及所产出之机关与一切命令;(四)欢迎各地纯粹国民党执监委员来南京;(五)陆海军一致完成北伐。(中华民国十六年四月二十四日)

(录自《东方杂志》1927年第24卷第12号)

沈鸿烈指挥渤海各舰袭击吴淞*

东北海军司令沈鸿烈乘海圻舰指挥渤海各舰二次袭击吴淞,为吴淞炮台击退。上海第一舰队司令陈季良增派军舰在吴淞布防。(中华民国十六年五月十八日)

(录自《东方杂志》1927年第24卷第14号)

郭泰祺抗议日本旅顺船坞代修海圻等军舰*

上海交涉员郭泰祺向日本领事抗议日本旅顺船坞为奉方代修海圻等军舰。（中华民国十六年五月二十日）

（录自《东方杂志》1927年第24卷第14号）

日本渔船侵入山东领海*

日本渔船六十艘侵入山东领海（龙口），山东省长一面请渤海舰队查禁，一面咨外交部令烟台交涉员与日使领严重交涉。（中华民国十六年五月二十二日）

（录自《东方杂志》1927年第24卷第14号）

杨树庄抵福州主持福建省政*

海军总司令杨树庄抵福州，主持福建省政，惟杨有通电，声明海军不包办福建政治。（中华民国十六年五月二十六日）

（录自《东方杂志》1927年第24卷第14号）

江固兵舰员兵勾结海盗*

广东江固兵舰员兵勾结海盗，截劫商轮，海军处派江大等舰往剿。（中华民国十六年七月二日）

（录自《东方杂志》1927年第24卷第17号）

江固舰通匪案付军事审判*

广东江固舰通匪案付军事审判，舰长潘铎民畏罪潜逃。（中华民国十六年七月八日）

（录自《东方杂志》1927年第24卷第17号）

张作霖统一北方海军*

张作霖统一北方海军，任张宗昌为海军总司令，沈鸿烈为第一舰队（东北舰队）司令，吴志馨为第二舰队（渤海舰队）司令。（中华民国十六年七月十九日）

（录自《东方杂志》1927年第24卷第18号）

北方海军内部发生冲突*

北方海军内部发生冲突，第二舰队（渤海舰队）司令吴志馨被沈鸿烈诱捕拘禁。（中华民国十六年七月三十一日）

（录自《东方杂志》1927年第24卷第18号）

青岛第二舰队发生反对行动*

青岛吴志馨所部第二舰队对张宗昌、沈鸿烈拘吴及舰长二人并改委各舰长，发生反对行动，大小舰六艘开出港外，列炮向当局威胁，即提出：释吴，发清欠饷，自举司令等条件。（中华民国十六年八月四日）

（录自《东方杂志》1927年第24卷第19号）

吴志馨被捕引起反对沈鸿烈风潮*

青岛海军司令吴志馨被捕所引起之反对沈鸿烈风潮,经外国领事及商埠督办之调解,已解决。(中华民国十六年八月十日)

(录自《东方杂志》1927年第24卷第19号)

张宗昌办理为渤海舰队善后至青岛

(中华民国十六年八月十三日)

(录自《东方杂志》1927年第24卷第19号)

渤海舰队三次袭攻吴淞*

渤海舰队三次袭攻吴淞,与炮台战半小时即退去。(中华民国十六年八月二十日)

(录自《东方杂志》1927年第24卷第20号)

渤海舰队又袭攻吴淞*

渤海舰队又袭吴淞,因陆上早有准备,即退去。(中华民国十六年八月二十三日)

(录自《东方杂志》1927年第24卷第20号)

沈鸿烈整顿北方海军*

沈鸿烈整顿北方海军,改委渤海舰队各舰长,并将官兵分别裁汰编练,其与前次风潮有关者多被惩办。(中华民国十六年八月二十八日)

(录自《东方杂志》1927年第24卷第20号)

陈绍宽率海军炮击孙军*

南京镇江一带陆续过江之孙传芳军与国民革命军连日来剧战之结果,孙军受陈绍宽所率海军之炮击,后路断绝,卒归失败,此次战事非常猛烈,两方死伤极众。(中华民国十六年八月三十日)

(录自《东方杂志》1927年第24卷第20号)

渤海舰队又南下与上海海军在吴淞口外接触

(中华民国十六年九月二十九日)

(录自《东方杂志》1927年第24卷第22号)

张宗昌青岛海军当局提用烟台盐税*

张宗昌命青岛海军当局提用烟台盐税,被洋员拒绝,海军会同陆军以武力威胁洋员,图强行提款,英舰赴烟台保护存放该款之汇丰银行。(中华民国十六年十月十六日)

(录自《东方杂志》1927年第24卷第24号)

日军将海军平安舰缴械*

汕头日舰因姚雨平所率海军与贺叶交战时曾越日军防线退回,日兵失去一枪,疑为姚军取去。此次海军平安舰入口,日军即将其缴械,并去华旗易日旗,旋即将舰交还,交涉员向日领事严重抗议。(中华民国十六年十月十六日)

(录自《东方杂志》1927年第24卷第24号)

福建海军陆战队收编闽南新编军企图失败*

福建海军陆战队收编闽南未缴械新编军之企图已失败，新编军首领高义、杨汉烈等组织闽南军事委员会，实行大团结。第十一军蒋光鼐部向闽南出动。（中华民国十六年十月二十七日）

（录自《东方杂志》1927年第24卷第24号）

渤海舰队又南下袭吴淞*

渤海舰队又南下袭吴淞，因陆上防备严密即退去。（中华民国十六年十一月十三日）

（录自《东方杂志》1928年第25卷第1号）

陈绍宽率舰队抵武汉*

海军司令陈绍宽率舰队抵武汉，担任维持秩序，国民政府下令通缉唐生智。（中华民国十六年十一月十五日）

（录自《东方杂志》1928年第25卷第1号）

福州第十一军助海军陆战队解决闽南新编军*

福州第十一军分三路南下助海军陆战队解决高义等之闽南新编军，新编军不战而退，第十一军即占领泉州。（中华民国十六年十一月二十一日）

（录自《东方杂志》1928年第25卷第2号）

蒋中正通电各军官兵*

蒋中正通电各军官兵，国民党全体同志及冯玉祥、阎锡山、杨树庄三总司令，宣布于四日抵首都，继续行使国民革命军总司令职权，除政治党务追随中央诸委员共同负责外，同时秉承中央指导专司军令，并负责筹备第四次全体会议，俟北伐完成即当向中央正式解职，以谢去年弃职引退之罪。（中华民国十七年一月九日）

（录自《东方杂志》1928年第25卷第5号）

鄂湘军事发展*

鄂湘军事发展，白崇禧亲赴前敌督师，前锋叶开鑫部第四十四军进驻城陵矶，海军由陈绍宽指挥掩护陆军攻岳州。（中华民国十七年一月十五日）

（录自《东方杂志》1928年第25卷第5号）

江苏交涉公署再函日总领事扣留肇和、海琛*

渤海舰队肇和、海琛驶入旅顺船坞修理，江苏交涉公署奉外交部令再函日总领事，请转致关东厅将舰扣留，并拒绝修理。（中华民国十七年一月三十日）

（录自《东方杂志》1928年第25卷第6号）

江苏特派交涉员向意总领事执议*

江苏特派交涉员曾据海军总司令部公函，向上海意总领事执议意大利以步枪四万支售与张作霖事件，意总领事答复，谓电询本国，并无此事。（中华民国十七年二月三日）

（录自《东方杂志》1928年第25卷第7号）

杨树庄李宗仁响应冯阎通电拥蒋北伐*

海军总司令杨树庄，第四集团军总司令李宗仁响应冯阎通电，表示拥蒋北伐。（中华民国十七年五月二十五日）

（录自《东方杂志》1928年第25卷第14号）

日海军宣布禁止中国南北海军在青岛等地领海内交战*

日海军宣布禁止中国南北海军在青岛、烟台、龙口、大沽、秦皇岛领海各二十里内交战，列国海军武官以此举未通过于"列国海军武官会议"，表示反对。（中华民国十七年五月二十九日）

（录自《东方杂志》1928年第25卷第14号）

青岛北系陆海军撤退*

青岛北系陆军因日军首领安满钦一之逼迫，开始向青岛及胶济铁路二十华里以外撤退，海军亦准备退回营口。（中华民国十七年六月二日）

（录自《东方杂志》1928年第25卷第15号）

上海日总领事否认有禁止南北军队在渤海口岸交战通牒*

上海日总领事否认日方有请撤回禁止南北军队在渤海口岸交战通牒之事。谓禁止渤海各口岸交战系舰队司令之劝告，日政府并未发出外交公文。（中华民国十七年六月六日）

（录自《东方杂志》1928年第25卷第15号）

海军总司令杨树庄辞职*

海军总司令杨树庄、国民政府内政部长薛笃弼辞职，国民政府指令慰留。（中华民国十七年六月十四日）

（录自《东方杂志》1928年第25卷第15号）

编遣会议第五次大会通过国军编遣委员会编制案*

编遣会议第五次大会通过国军编遣委员会编制案，推定吴敬恒、谭延闿、蒋中正等十一人为常务委员，李济深为总务部主任，李宗仁为编组部主任，冯玉祥为遣置部主任，阎锡山为经理部主任，提请中央政治会议决定。《编遣区办事处组织大纲》《编遣委员会服务规程》修正通过。《陆军编制案》交常务委员会，《文武官薪俸平均案》请国民政府核定。杨树庄所提关于海军事项各案、议决，海军总司令部取消后，即设海军编遣区办事处，除原有第一二舰队外，以渤海舰队为第三舰队，广东各舰改为第四舰队，统归编遣委员会管辖，由海军编遣区分别编遣。海军部应否设置，俟国防会决定。（中华民国十八年一月二十二日）

（录自《东方杂志》1929年第26卷第6号）

陈绍宽、陈季良电中央辞职*

海军出席编遣会议代表陈绍宽、陈季良因所提各案未能通过，回上海即电中央辞职。（中华民国十八年一月二十二日）

（录自《东方杂志》1929年第26卷第6号）

陈绍宽、陈季良表示打消辞意*

军政部海军署长陈绍宽、海军代司令陈季良之辞职，经国民政府主席蒋中

正抵沪挽留,已表示打消辞意。(中华民国十八年一月二十七日)

(录自《东方杂志》1929年第26卷第6号)

编遣委员会决定各编遣办事处主任副主任人选*

编遣委员会自通过编遣区办事处条例后,又决定各编遣办事处主任副主任人选,计:中央编遣区主任何应钦,第一编遣区主任朱培德(两区合并办理),第二编遣区主任鹿钟麟,副石敬亭,第三编遣区主任商震,副辜仁发,第四编遣区主任白崇禧,副胡宗铎,海军编遣区主任杨树庄,杨病未痊,由陈季良代。(中华民国十八年二月十五日)

(录自《东方杂志》1929年第26卷第7号)

国民政府公布海军编遣办事处条例*

国民政府公布国军编遣委员会编遣办事处条例及海军编遣办事处条例。(中华民国十八年三月六日)

(录自《东方杂志》1929年第26卷第9号)

中央政治会议讨论杨树庄请设海军专部案等*

中央政治会议讨论杨树庄请设海军专部案,决议,海军部应予设立,交国防会议核议。……(中华民国十八年三月六日)

(录自《东方杂志》1929年第26卷第9号)

杨树庄电中央*

杨树庄电中央报告海军总司令部遵于十五日结束,并即成立海军编遣办事处。(中华民国十八年三月二十六日)

(录自《东方杂志》1929年第26卷第10号)

海军通电拥护中央*

海军通电拥护中央,陈绍宽率舰西征。缪培南通电讨桂。(中华民国十八年三月二十八日)

(录自《东方杂志》1929年第26卷第10号)

海军占领岳州后西进追逐敌军*

海军占领岳州后,即会同刘峙、朱绍良诸部西进追逐敌军。(中华民国十八年四月七日)

(录自《东方杂志》1929年第26卷第11号)

海军练习舰队抵厦门即赴广东*

海军练习舰队司令陈训泳率两舰由上海抵厦门,即赴广东。(中华民国十八年四月九日)

(录自《东方杂志》1929年第26卷第11号)

国民政府令设立海军部*

国民政府令,设立海军部,详细办法由国防会议决定,特任杨树庄为海军部部长,陈绍宽为政务次长,杨树庄未到任以前由陈绍宽代理。军政部之海军署即裁撤。(中华民国十八年四月十二日)

(录自《东方杂志》1929年第26卷第11号)

蒋委员长追认陈策案,另委名义*

编遣委员会议决将第四编遣区委员一律撤销。蒋委员长请追认任命陈策为第四舰队编遣主任案,决定,因与海军编遣办事处职权冲突,请另委名义。(中华民国十八年四月十六日)

(录自《东方杂志》1929年第26卷第12号)

编遣委员会派陈策为第四舰队司令

(中华民国十八年四月二十三日)

(录自《东方杂志》1929年第26卷第12号)

海军监视胡宗铎等所部*

胡宗铎、陶钧、夏威领出洋费十万元,所部由海军监视,归程汝怀等收编。程被任为湖北编遣特派员。(中华民国十八年四月二十三日)

(录自《东方杂志》1929年第26卷第12号)

东北海军派舰监视张宗昌部行动*

刘珍年任应岐两部入龙口,张宗昌率残部逃海上,东北海军派舰监视张部行动。(中华民国十八年四月二十六日)

(录自《东方杂志》1929年第26卷第12号)

张惠长派飞机掷弹胁服海军各舰*

张人杰、蔡元培、吴敬恒、李煜瀛分电忠告李宗仁。广州海军曾由舒宗鎏率领响应桂军驱逐司令陈策,惟即为张惠长派飞机猛掷炸弹,胁服各舰,舒逃

香港。(中华民国十八年五月十日)

(录自《东方杂志》1929年第26卷第13号)

海军飞机师陈文麟架机远航*

海军飞机师陈文麟偕德飞机师由欧驾飞机厦门号抵广州后，于本日以四小时由广州飞抵厦门。(中华民国十八年五月十二日)

(录自《东方杂志》1929年第26卷第13号)

广东海军之陆战队占领梧州*

梧州桂军退藤县，广东海军之陆战队占领梧州，范石生、李明瑞军亦即进梧城。(中华民国十八年六月二日)

(录自《东方杂志》1929年第26卷第15号)

海军编遣办事处各委员宣誓就职

(中华民国十八年六月八日)

(录自《东方杂志》1929年第26卷第15号)

国民政府计划扩充海军*

国民政府计划扩充海军，与英国政府订约，由英派海军专家来华襄助，并向英国定造巨舰数艘。(中华民国十八年七月一日)

(录自《东方杂志》1929年第26卷第17号)

杨树庄抵厦门指挥进剿朱毛军事

(中华民国十八年七月十二日)

(录自《东方杂志》1929年第26卷第17号)

张学良令沈鸿烈指挥舰队布置江防*

张学良任张作相为国防司令,万福麟为副司令,分派吉、黑增防中东路东西段,并令沈鸿烈指挥舰队布置江防。(中华民国十八年七月二十七日)

(录自《东方杂志》1929年第26卷第18号)

闽军陈国辉部有异动,杨树庄派陆战队前往讨伐

(中华民国十八年八月三日)

(录自《东方杂志》1929年第26卷第19号)

国民政府下令通缉黄绍雄、温树德

(中华民国十八年八月十三日)

(录自《东方杂志》1929年第26卷第19号)

俄军与我防军发生猛烈战事*

俄军自十六日起两次猛袭满洲里后方之扎兰诺尔,其军队约万人,以机关枪为主力,并携野炮三十余门,我防军奋力抵御,发生猛烈战事。西路俄军亦分向绥芬、东宁、密山等处进袭。俄舰七艘在三江口袭掳我炮舰一艘以去,辽宁边防长官署会议,决定继续增兵边境。(中华民国十八年八月十七日)

(录自《东方杂志》1929年第26卷第20号)

陈绍宽率舰赴浙洋大操

（中华民国十八年九月十日）

（录自《东方杂志》1929年第26卷第21号）

海军部拟造三大舰之一之民权舰行下水礼

（中华民国十八年九月二十一日）

（录自《东方杂志》1929年第26卷第22号）

海军第二舰队开回原防*

在浙洋秋操完毕集中上海之海军第二舰队，分别开回原防。（中华民国十八年九月二十二日）

（录自《东方杂志》1929年第26卷第22号）

广东舰队已入梧州*

广东军师长余汉谋、香翰屏舰队司令陈策电告，吕焕炎将在梧反动派肃清，冯定芳等已被捕，各机关亦接收清楚，余师及舰队已入梧州。（中华民国十八年十月四日）

（录自《东方杂志》1929年第26卷第23号）

俄军海陆空军猛袭三江口*

俄军以大队海陆空军猛袭三江口，我驻防海陆军竭力抵御，发生极激烈之战争，结果我方军舰四艘、拖船一艘为敌所毁，陆战队大队长李泗亭，陆军营连长及士兵并海军将士战死者七百余人，三江口失陷，敌军入同江。惟我军亦击沉敌主力舰三艘，小舰四艘，歼敌极东舰队司令及其指挥官四人，官兵七百余人。是役我军因无空军，海军炮位过小，故致失败。（中华民国十八年十月十二日）

（录自《东方杂志》1929年第26卷第23号）

三江口败退之海陆军在富锦设防*

三江口败退之海陆军在富锦设防，俄飞机队即迫富锦，江防司令沈鸿烈，依兰镇守使李杜赴富锦筹划防御事宜。（中华民国十八年十月十三日）

（录自《东方杂志》1929年第26卷第23号）

同江收复、我海陆军严密布防*

同江收复，我海陆军严密布防，惟各机关均为俄军焚毁，粮食亦被搜罗一空。三江口尚有俄舰常用机关枪向岸上射击。（中华民国十八年十月十八日）

（录自《东方杂志》1929年第26卷第24号）

国民政府派杜锡珪为考察日本海军专员

（中华民国十八年十月二十六日）

（录自《东方杂志》1929年第26卷第24号）

富锦战事*

富锦战事，俄舰九艘已突破我封江障碍物再取同江而前进，其拖船所载步骑炮兵即登陆，密集炮火猛攻富城。其飞机队向我军舰及陆地抛掷炸弹，毁坏力颇大。我驻军奋勇应战，击沉敌舰二艘，击落敌机二架，我海军江亨号弹尽自沉于富锦。俄舰另有四艘沿江西进，有直逼哈尔滨之计划，我海陆军由沈鸿烈、李杜指挥在桦川布置第三道防线，黑军一旅急向桦川增援。（中华民国

十八年十月三十一日）

（录自《东方杂志》1929年第26卷第24号）

陈绍宽表示海军服从中央

（中华民国十八年十月三十一日）

（录自《东方杂志》1929年第26卷第24号）

东北海军各舰回驻哈尔滨*

三江口已因冻封锁，俄舰退去，我东北海军各舰亦回驻哈尔滨。（中华民国十八年十一月五日）

（录自《东方杂志》1930年第27卷第3号）

海军留学生放洋*

海军部派赴英国留学之高级军官八人，学生十二人，于本日放洋。（中华民国十八年十一月五日）

（录自《东方杂志》1930年第27卷第3号）

沈鸿烈在哈尔滨谈话*

沈鸿烈在哈尔滨谈话，谓俄军退出富锦时，所掠得之面粉不易带走，即散给就地贫民并向兵士贫民等宣传赤化。（中华民国十八年十一月八日）

（录自《东方杂志》1930年第27卷第3号）

中俄同江战役海军殉难将士在秦家岗举行公葬

（中华民国十八年十二月二十三日）

（录自《东方杂志》1930年第27卷第6号）

杨树庄就福州拘捕林知渊等六人之事变自请处分*

福州拘捕林知渊等六人之事变，政府迄无办法，杨树庄电京自请处分，并派曾以鼎赴京报告。在上海之第一舰队司令陈季良率舰赴闽镇慑。（中华民国十九年一月十二日）

（录自《东方杂志》1930年第27卷第7号）

闽变已定解决办法*

陈季良率舰回闽后，闽变已定解决办法：（一）卢先交出五省委，由海军释放；（二）卢兴荣、林忠自劾，由中央撤职；（三）请中央调张贞部离闽。（中华民国十九年一月十九日）

（录自《东方杂志》1930年第27卷第8号）

杨树庄过沪赴京*

福建省政府主席杨树庄过沪赴京，报告闽变经过，奉命查办闽变之上海特别市长张群与杨晤后，即准备赴闽。（中华民国十九年二月八日）

（录自《东方杂志》1930年第27卷第9号）

杨树庄乘舰回闽*

杨树庄乘舰回闽，张群与杨同往查办闽变事件。（中华民国十九年二月

十二日）

（录自《东方杂志》1930年第27卷第9号）

张群与各方商妥解决闽事办法*

张群查办闽变完毕回上海，张与各方商妥之解决闽事办法为：林知渊等六人送省，由陈季良解京究办；卢兴荣等须认擅拘之非，自请处分。（中华民国十九年三月三日）

（录自《东方杂志》1930年第27卷第11号）

青岛完全交东北海军维持*

青岛完全交东北海军维持，中央驻青军队悉数南归。（中华民国十九年三月三日）

（录自《东方杂志》1930年第27卷第11号）

陈季良自福州以中央令将林知渊等六人停职解京*

陈季良自福州以中央令将林知渊等六人停职解京，卢兴荣等交杨树庄、卢兴邦议处之电转延平卢兴邦，卢代表复电谓：六人移省，正如议办理。刘和鼎全师向福州开拔，曾奉杨树庄电令停进，刘电京请示。（中华民国十九年三月八日）

（录自《东方杂志》1930年第27卷第11号）

福州事变解决办法已逐步实行*

福州事变解决办法，已逐步实行，被拘送延平之林知渊等六人，已有三人移送福州，余三人亦由延平起解。（中华民国十九年三月十一日）

（录自《东方杂志》1930年第27卷第11号）

杨树庄抵上海*

杨树庄抵上海,谓林知渊等三人尚留尤溪,仅程时奎等三人送省。(中华民国十九年三月十五日)

(录自《东方杂志》1930年第27卷第11号)

蒋中正出发检阅*

蒋出发检阅,先视察镇江炮台,即由镇江乘海筹舰赴江阴吴淞视察。(中华民国十九年三月二十日)

(录自《东方杂志》1930年第27卷第11号)

蒋中正检阅至上海*

蒋检阅至上海,即乘海容舰回奉化,海次陈绍宽同行。(中华民国十九年三月二十一日)

(录自《东方杂志》1930年第27卷第11号)

蒋中正夫妇回奉化*

蒋检阅镇海要塞后,即同夫人宋美龄及陈绍宽回奉化。(中华民国十九年三月二十二日)

(录自《东方杂志》1930年第27卷第11号)

闽局之解决又有问题*

刘和鼎师军队五团取作战戒备之形式入福州,刘本人到后即访陈季良及军政各长官。林知渊等六人于此时突被移回上游,闽局之解决又有问题。(中华

民国十九年三月二十三日)

(录自《东方杂志》1930年第27卷第11号)

蒋中正与陈绍宽视察象山港

(中华民国十九年三月二十六日)

(录自《东方杂志》1930年第27卷第11号)

国民政府国务会议决议*

国民政府国务会议决议,公布十九年卷烟税库券条例及还本付息表,公布电气事业条例,任陈季良为第一舰队司令,陈绍宽为第二舰队司令,陈训泳为练习舰队司令,曾以鼎为鱼雷游击队司令,郁邦彦为马尾要港司令。(中华民国十九年三月二十八日)

(录自《东方杂志》1930年第27卷第11号)

蒋于检阅甬曹路军队后同陈绍宽抵杭州

(中华民国十九年三月三十日)

(录自《东方杂志》1930年第27卷第11号)

杨树庄由上海提出辞福建省政府主席职*

闽事因刘和鼎师入福州发生变化,林知渊等六人有被害之传说,杨树庄由上海提出辞福建省政府主席职,赴普陀休养。(中华民国十九年四月十一日)

(录自《东方杂志》1930年第27卷第12号)

蒋中正偕陈绍宽等乘舰离京赴汉口

（中华民国十九年四月二十二日）

（录自《东方杂志》1930年第27卷第12号）

蒋中正及陈绍宽等抵汉口*

蒋中正及陈绍宽等抵汉口，即就杨森花园召何应钦、何成濬等开军事会议。（中华民国十九年四月二十四日）

（录自《东方杂志》1930年第27卷第12号）

东北海军司令沈鸿烈在青岛召集会议

（中华民国十九年五月三十日）

（录自《东方杂志》1930年第27卷第14号）

陈绍宽赴岳州指挥海军援湘

（中华民国十九年六月七日）

（录自《东方杂志》1930年第27卷第15号）

陈绍宽之海军到长沙*

何健部危宿钟之敢死队入长沙，陈绍宽之海军亦到，李宗仁所剩留守部队退往醴陵。（中华民国十九年六月十七日）

（录自《东方杂志》1930年第27卷第16号）

青岛市长葛敬恩电请辞职*

青岛市长葛敬恩电请辞职,保东北海军司令凌霄继任。(中华民国十九年六月十八日)

(录自《东方杂志》1930年第27卷第16号)

国民政府国务会议决议*

国民政府国务会议决议,行政年度应与会计年度同由政府公布并决定公布:……海军服装条例。……(中华民国十九年六月二十七日)

(录自《东方杂志》1930年第27卷第16号)

行政院指令海军部嘉奖陈绍宽协平长岳

(中华民国十九年七月一日)

(录自《东方杂志》1930年第27卷第17号)

葫芦岛筑港举行开工典礼*

葫芦岛筑港,举行开工典礼。东北边防军司令长官张学良、铁道部长代表吴铁城揭纪念碑幕,主席北宁路局长高纪毅按电流炸高粱垛山。北宁路局招待各方来宾,上海市长张群、天津市长崔廷献及南满路代表、驻辽俄领事均来参与。张学良并检阅海军,仪式甚隆重。(中华民国十九年七月二日)

(录自《东方杂志》1930年第27卷第17号)

刘和鼎、卢兴邦发生激战,海军以大炮飞机助刘军*

福建刘和鼎师总攻卢兴邦,马头山复发生激战,海军以大炮飞机助刘军。

（中华民国十九年七月四日）

（录自《东方杂志》1930年第27卷第17号）

杨树庄抵福州*

杨树庄抵福州，召集军政要人商彻底讨卢，卢部退大湖，海军封锁南港。闽南各军由方声涛、张贞商定，即出兵助攻卢。（中华民国十九年七月十日）

（录自《东方杂志》1930年第27卷第17号）

沙市共产军经海军德胜舰开炮猛击已退散

（中华民国十九年七月十日）

（录自《东方杂志》1930年第27卷第17号）

海军部派舰四艘赴九江*

南昌因防共宣布戒严。谭延闿复鲁涤平告急电，谓已电何应钦调劲旅保护南浔路，请何健抽萍浏军队入赣协助，海军部已派舰四艘赴九江。（中华民国十九年七月二十六日）

（录自《东方杂志》1930年第27卷第18号）

长沙共产军与外舰之炮战益烈*

长沙共产军与外舰之炮战益烈，英美日意军舰均开炮，中国海军亦继续炮攻。何健之反攻部队已接近长沙。（中华民国十九年八月一日）

（录自《东方杂志》1930年第27卷第19号）

何健军以海军炮火之掩护恢复长沙城*

何健军以海军炮火之掩护恢复长沙城,入城后曾与共产军作一度猛烈之巷战。(中华民国十九年八月五日)

(录自《东方杂志》1930年第27卷第19号)

海军交通两部主张加入国际海上安全公约*

海军、交通两部咨复外交部,主张加入国际海上安全公约。(中华民国十九年九月四日)

(录自《东方杂志》1930年第27卷第21号)

海军部派两舰联络陆军击退共产军*

海军部派两舰与陆军联络将湘阴共产军击退。另派两舰赴监利扼制贺龙之共产军。(中华民国十九年九月二十三日)

(录自《东方杂志》1930年第27卷第22号)

沈鸿烈调东北海军及陆战队在青岛集中*

威海卫准十月一日接收,沈鸿烈调东北海军及陆战队在青岛集中,以便开往协防。(中华民国十九年九月二十七日)

(录自《东方杂志》1930年第27卷第22号)

考察欧美日本海军专使杜锡珪回国抵上海

(中华民国十九年十月十八日)

(录自《东方杂志》1930年第27卷第24号)

杨树庄辞福建省政府主席职

（中华民国十九年十二月一日）

（录自《东方杂志》1931年第28卷第3号）

蒋中正主席下庐山即乘永绥舰赴汉口

（中华民国十九年十二月二十日）

（录自《东方杂志》1931年第28卷第4号）

行政院会议*

行政院会议，报告福建省政府主席杨树庄辞职已由国民政府指令慰留。（中华民国二十年一月六日）

（录自《东方杂志》1931年第28卷第5号）

英使蓝浦生乘海军部所派应瑞舰游普陀*

英使蓝浦生乘海军部所派应瑞舰游普陀，海军次长陈绍宽同行。（中华民国二十年三月十七日）

（录自《东方杂志》1931年第28卷第10号）

"江鹭号"失事*

海军航空处移上海后，实习飞航，"江鹭号"失事，死教练员、学员各一。（中华民国二十年三月二十一日）

（录自《东方杂志》1931年第28卷第11号）

外交、海军、参谋三部讨论领海范围问题*

外交、海军、参谋三部复开联席会议，讨论久悬不决之领海范围问题。（中华民国二十年四月十六日）

（录自《东方杂志》1931年第28卷第13号）

福建省政府主席杨树庄乘舰赴京*

福建省政府全体委员电京辞职，其原因在旧税既裁新税难实行，财政绝无办法。省政府主席杨树庄乘舰赴京。（中华民国二十年四月二十八日）

（录自《东方杂志》1931年第28卷第13号）

海军民生舰行下水礼

（中华民国二十年五月五日）

（录自《东方杂志》1931年第28卷第14号）

行政院公布领海界线*

行政院公布领海界线，领海范围定为三海里，海关缉私界程定为十二海里。在领海界以内，任何国渔船，不许侵入。（中华民国二十年五月九日）

（录自《东方杂志》1931年第28卷第14号）

蒋中正主席告全国将士书*

蒋中正主席告全国将士书，又有海军杨树庄等，晋军商震、徐永昌等，及于学忠、石友三、孙殿英等复电表示追随。（中华民国二十年六月十二日）

（录自《东方杂志》1931年第28卷第16号）

江海关布告*

江海关布告，领海界程，奉行政院令规定，以落潮标志为起点，自海岸线向外展十二海里，以为海关实施一切海上缉私职权之地。（中华民国二十年六月二十一日）

（录自《东方杂志》1931年第28卷第17号）

葫芦岛港务处长彭济群通电报告*

葫芦岛港务处长彭济群通电报告筑港承包人荷兰治港公司延误工程，施用劣料等情形。（中华民国二十年六月二十四日）

（录自《东方杂志》1931年第28卷第17号）

中国商船驾驶员总会呈海军、交通、财政三部*

中国商船驾驶员总会呈海军、交通、财政三部，请迅予明令规定中国各港口引水人应由中华国民充任，并限期收回现由外人霸占之各口引水职权。（中华民国二十年六月二十八日）

（录自《东方杂志》1931年第28卷第17号）

上海海军扣海关巡轮*

上海海军扣海关巡轮，陈绍宽谈扣留原因，一为收回河海测量权，一为抵制海关扣海军材料。（中华民国二十年七月一日）

（录自《东方杂志》1931年第28卷第17号）

沈鸿烈派驻青岛之镇海舰赴朝鲜慰问华侨*

沈鸿烈奉张学良电令，派驻青岛之镇海舰赴朝鲜慰问华侨，并商政记轮船公司派商轮同往接难侨回国。（中华民国二十年七月十四日）

（录自《东方杂志》1931年第28卷第18号）

行政院国务会议决议通令*

行政院国务会议决议通令……任……杜锡珪为海军学校校长。（中华民国二十年七月二十八日）

（录自《东方杂志》1931年第28卷第19号）

陈绍宽辞海军部长职，行政院指令慰留

（中华民国二十二年二月二日）

（录自《东方杂志》1933年第30卷第5号）

海长陈绍宽谈辞职原因及海军经费问题

（中华民国二十二年二月六日）

（录自《东方杂志》1933年第30卷第5号）

海长陈绍宽返京回任

（中华民国二十二年二月十六日）

（录自《东方杂志》1933年第30卷第6号）

海长陈绍宽决将海军航空处由沪迁厦门

（中华民国二十二年二月二十六日）

（录自《东方杂志》1933年第30卷第7号）

海次李世甲谈天津海军医院*

海次李世甲谈天津海军医院系张学良盗卖，政府不能承认。（中华民国二十二年三月三十日）

（录自《东方杂志》1933年第30卷第9号）

行政院会议*

行政院会议……津海军医院医校基产被张学良盗卖案交付审查。（中华民国二十二年四月十一日）

（录自《东方杂志》1933年第30卷第10号）

行政院会议决议案*

行政院会议决议案：……津海军医院医校基产出卖协定，令北平军分会交涉取消。（中华民国二十二年四月十八日）

（录自《东方杂志》1933年第30卷第10号）

津海军医院法方已实行动工拆建马路

（中华民国二十二年四月二十六日）

（录自《东方杂志》1933年第30卷第11号）

海军制造飞机处自造飞机江凤号在沪作环市飞行

（中华民国二十二年六月十三日）

（录自《东方杂志》1933年第30卷第14号）

东北舰队海圻等三舰离青岛开赴威埠，限沈鸿烈即时下野

（中华民国二十二年六月二十八日）

（录自《东方杂志》1933年第30卷第15号）

青岛海军事变纯系对沈个人问题附逆说不确

（中华民国二十二年六月二十九日）

（录自《东方杂志》1933年第30卷第15号）

海圻等三舰未到威海卫，踪迹未明

（中华民国二十二年七月一日）

（录自《东方杂志》1933年第30卷第15号）

青海军事变三舰仍无下落，韩复榘提出招抚办法

（中华民国二十二年七月二日）

（录自《东方杂志》1933年第30卷第15号）

青岛海军事件粤方否认海圻等三舰投南

（中华民国二十二年七月四日）

（录自《东方杂志》1933年第30卷第15号）

海圻等三舰抵广州，请粤方收容，中央电劝回队

（中华民国二十二年七月五日）

（录自《东方杂志》1933年第30卷第15号）

沈鸿烈辞去东北海军司令后坚辞青岛市长兼职

（中华民国二十二年七月五日）

（录自《东方杂志》1933年第30卷第15号）

海圻等三舰蒋委员长准粤方暂予收容

（中华民国二十二年七月六日）

（录自《东方杂志》1933年第30卷第15号）

驻防大沽口永翔等三舰自动出口不知去向

（中华民国二十二年七月六日）

（录自《东方杂志》1933年第30卷第15号）

海圻等三舰舰长谒陈济棠请收编

（中华民国二十二年七月七日）

（录自《东方杂志》1933年第30卷第15号）

东北海军官佐电蒋何表示愿与沈鸿烈共进退

（中华民国二十二年七月七日）

（录自《东方杂志》1933年第30卷第15号）

永翔等三舰奉令开抵青岛

（中华民国二十二年七月八日）

（录自《东方杂志》1933年第30卷第15号）

粤当局决收编海圻等三舰

（中华民国二十二年七月九日）

（录自《东方杂志》1933年第30卷第15号）

海容等三舰驶抵珠江口截缉楚豫等三逃舰

（中华民国二十二年七月十二日）

（录自《东方杂志》1933年第30卷第16号）

西南政委会拟合组西南国防舰队*

西南政委会拟将海圻等三舰及粤舰福安等三舰合组为西南国防舰队，直隶西南国防委员。（中华民国二十二年七月十四日）

（录自《东方杂志》1933年第30卷第16号）

青岛市长沈鸿烈离青*

青岛市长沈鸿烈离青，临行前电蒋汪坚辞市长职。（中华民国二十二年七月十七日）

（录自《东方杂志》1933年第30卷第16号）

蒋汪以青市长沈鸿烈深得民心未便他去已电慰留

（中华民国二十二年七月二十日）

（录自《东方杂志》1933年第30卷第16号）

海圻等三舰归一集团节制，陈济棠派员赴黄埔检阅

（中华民国二十二年七月二十三日）

（录自《东方杂志》1933年第30卷第16号）

青岛市长沈鸿烈返任

（中华民国二十二年七月二十三日）

（录自《东方杂志》1933年第30卷第16号）

海部对津法领拆毁海军医院案谘外部作最后交涉

（中华民国二十二年七月二十四日）

（录自《东方杂志》1933年第30卷第16号）

法占粤海九小岛，外部准备提出抗议

（中华民国二十二年七月二十六日）

（录自《东方杂志》1933年第30卷第17号）

青岛海军第三舰队司令谢刚哲抵平*

青岛海军第三舰队司令谢刚哲抵平，向何应钦报告整理经过。（中华民国二十二年九月二日）

（录自《东方杂志》1933年第30卷第19号）

海军剿平闽海鹰岛匪薮

（中华民国二十二年十月六日）

（录自《东方杂志》1933年第30卷第19号）

张学良盗卖津海军医院案*

张学良盗卖津海军医院案，经海部交涉，法方已允让步。（中华民国二十二年十一月十一日）

（录自《东方杂志》1933年第30卷第24号）

海部令各舰加严封锁闽江要口

（中华民国二十二年十一月二十四日）

（录自《东方杂志》1933年第30卷第24号）

海军主力舰艇戒备闽浙沿海*

中央开浙各师限期集中边境一带，海军主力舰艇戒备闽浙沿海。（中华民国二十二年十一月二十八日）

（录自《东方杂志》1934年第31卷第1号）

法方不中止拆卸津海军医院*

津海军医院，法方并不中止拆卸，海陈谒汪请示。（中华民国二十二年十二月二日）

（录自《东方杂志》1934年第31卷第1号）

津海军医院校案决与法方另订新约

（中华民国二十二年十二月九日）

（录自《东方杂志》1934年第31卷第1号）

海长陈绍宽飞赣谒蒋请示海军出动机宜

（中华民国二十二年十二月十九日）

（录自《东方杂志》1934年第31卷第1号）

津海军医院案十七日在津与法方签订新约

（中华民国二十二年十二月十九日）

（录自《东方杂志》1934年第31卷第1号）

海长陈绍宽谈海军即将对闽下总攻令

（中华民国二十二年十二月二十二日）

（录自《东方杂志》1934年第31卷第2号）

马尾要港司令李孟斌率舰收复长门要塞

（中华民国二十二年十二月二十三日）

（录自《东方杂志》1934年第31卷第2号）

福建海军（学）校校长杜锡珪上将逝世

（中华民国二十二年十二月二十七日）

（录自《东方杂志》1934年第31卷第3号）

海军昨晚收复福州*

海军昨晚收复福州，海长陈绍宽本日晨由马尾入城。（中华民国二十三年一月十四日）

（录自《东方杂志》1934年第31卷第4号）

海长陈绍宽乘舰抵厦*

海长陈绍宽乘舰抵厦,视察后,即返舰开沪。(中华民国二十三年一月十七日)

(录自《东方杂志》1934年第31卷第4号)

海长陈绍宽抵沪*

海长陈绍宽抵沪,即晚晋京。(中华民国二十三年一月十九日)

(录自《东方杂志》1934年第31卷第4号)

张学良乘永绥舰赴汉就三省剿匪副司令职

(中华民国二十三年二月二十三日)

(录自《东方杂志》1934年第31卷第6号)

张学良乘舰赴南昌谒蒋,沈鸿烈等随行

(中华民国二十三年三月七日)

(录自《东方杂志》1934年第31卷第7号)

海部派舰包围闽洋浮鹰岛匪薮

(中华民国二十三年三月十九日)

(录自《东方杂志》1934年第31卷第8号)

海部筹建西沙岛气象台

（中华民国二十三年四月十三日）

（录自《东方杂志》1934年第31卷第10号）

两怪舰过高浦口向老鼠沙开炮并射机枪

（中华民国二十三年四月二十七日）

（录自《东方杂志》1934年第31卷第11号）

交通、海军、司法行政三部筹商设立海事法庭案

（中华民国二十三年六月十五日）

（录自《东方杂志》1934年第31卷第14号）

第三舰队飞机队飞利津助剿顺天轮劫匪

（中华民国二十三年六月二十四日）

（录自《东方杂志》1934年第31卷第14号）

海长陈绍宽到京销假视事

（中华民国二十四年二月十六日）

（录自《东方杂志》1935年第32卷第6号）

姜西园恢复自由行动，一说已打消辞意

（中华民国二十四年三月二十二日）

（录自《东方杂志》1935年第32卷第8号）

陈济棠兼粤海军总司令，姜西园、张芝英副

（中华民国二十四年四月十八日）

（录自《东方杂志》1935年第32卷第10号）

海部十五舰艇夏季会操

（中华民国二十四年五月二十日）

（录自《东方杂志》1935年第32卷第12号）

粤海圻、海琛两舰驶抵香港

（中华民国二十四年六月十九日）

（录自《东方杂志》1935年第32卷第14号）

海圻、海琛两舰离港北上*

海圻、海琛两舰离港北上，中途折回，现泊九龙湾，静待解决。（中华民国二十四年六月二十一日）

（录自《东方杂志》1935年第32卷第14号）

陈季良率宁海舰驶抵香港*

宁海舰由陈季良率领驶抵香港,将率海圻、海琛两舰北归。(中华民国二十四年六月二十二日)

(录自《东方杂志》1935年第32卷第14号)

海圻、海琛北归问题解决

(中华民国二十四年六月二十六日)

(录自《东方杂志》1935年第32卷第15号)

海圻、海琛两舰问题完全解决

(中华民国二十四年六月二十九日)

(录自《东方杂志》1935年第32卷第15号)

陈济棠收回海圻、海琛两舰粤置军械

(中华民国二十四年七月二日)

(录自《东方杂志》1935年第32卷第15号)

军委会海军军令处长陈策抵港*

军委会海军军令处长陈策抵港,将率圻、琛两舰北归。(中华民国二十四年七月四日)

(录自《东方杂志》1935年第32卷第15号)

陈策率海圻、海琛两舰离港北归

（中华民国二十四年七月九日）

（录自《东方杂志》1935年第32卷第15号）

海圻、海琛两舰过沪驶京归队

（中华民国二十四年七月十二日）

（录自《东方杂志》1935年第32卷第16号）

海圻、海琛两舰编入第三舰队

（中华民国二十四年八月十四日）

（录自《东方杂志》1935年第32卷第18号）

林主席乘海容舰离闽返京

（中华民国二十四年十月二十七日）

（录自《东方杂志》1935年第32卷第23号）

中政会首次会任命行政院各部部长*

中政会首次会，任命行政院各部部长：……海军陈绍宽。（中华民国二十四年十二月十二日）

（录自《东方杂志》1936年第33卷第2号）

行政院各部会长*

行政院各部会长……海军陈绍宽……。（中华民国二十四年十二月十六日）

（录自《东方杂志》1936年第33卷第2号）

海军耆宿萨镇冰过沪赴京*

（中华民国二十五年七月十日）

（录自《东方杂志》1936年第33卷第15号）

谢刚哲访及川，沈鸿烈与西春彦分别进行谈判

（中华民国二十五年十二月七日）

（录自《东方杂志》1937年第34卷第1号）

沈鸿烈与日领西春彦继续谈商*

青岛日陆战队未撤，沈鸿烈与日领西春彦继续谈商。（中华民国二十五年十二月九日）

（录自《东方杂志》1937年第34卷第1号）

陈绍宽自欧飞抵港

（中华民国二十六年七月二十七日）

（录自《东方杂志》1937年第34卷第18—19号）

陈绍宽返国

（中华民国二十六年七月二十八日）

（录自《东方杂志》1937年第34卷第18—19号）

日海军宣布封锁我国全部海岸

（中华民国二十六年九月五日）

（录自《东方杂志》1937年第34卷第20—21号）

寇舰迫近马当附近，在西岸强行派兵登陆

（中华民国二十七年六月二十一日）

（录自《东方杂志》1938年第35卷第14号）

马当争夺极烈

（中华民国二十七年六月二十八日）

（录自《东方杂志》1938年第35卷第15号）

马当我炮兵阵地延长战线*

马当我炮兵阵地延长战线至马当、彭泽间之青山壩附近。（中华民国二十七年六月二十九日）

（录自《东方杂志》1938年第35卷第15号）

马当以西我炮兵猛向寇舰还击*

马当以西,我炮兵猛向寇舰还击,闻有一艘中弹下沉。(中华民国二十七年六月二十九日)

(录自《东方杂志》1938年第35卷第15号)

马当附近展开拉锯战

(中华民国二十七年七月一日)

(录自《东方杂志》1938年第35卷第15号)

马当炮台仍有少数我军坚守不退

(中华民国二十七年七月一日)

(录自《东方杂志》1938年第35卷第15号)

寇在彭泽湖口间作战施放毒气

(中华民国二十七年七月三日)

(录自《东方杂志》1938年第35卷第15号)

寇犯湖口展开血战已两昼夜,双方伤亡均重

(中华民国二十七年七月六日)

(录自《东方杂志》1938年第35卷第15号)

西沙群岛主权我向法声明保留

（中华民国二十七年七月六日）

（录自《东方杂志》1938年第35卷第15号）

湖口寇舰经我军炮击而退*

寇大型舰一艘、小轮十余只驶至湖口附近窥探，经我军炮击而退。（中华民国二十七年七月十日）

（录自《东方杂志》1938年第35卷第15号）

寇中型舰十余艘由湖口上驶发炮轰击新港

（中华民国二十七年七月十三日）

（录自《东方杂志》1938年第35卷第16号）

湖口附近寇舰一艘、汽艇二艘悉为我炮台轰沉

（中华民国二十七年七月十四日）

（录自《东方杂志》1938年第35卷第16号）

寇舰集马当湖口间*

寇舰数十艘，集马当湖口间，屡向西窥伺，企图扫雷，俱被我军击退。（中华民国二十七年七月十五日）

（录自《东方杂志》1938年第35卷第16号）

寇舰两艘在九江下游向长江南岸猛轰*

寇舰两艘在九江下游七英里之处，向长江南岸猛轰，但九江情势未有变化。（中华民国二十七年七月十七日）

（录自《东方杂志》1938年第35卷第16号）

寇浅舰在狮子山东南江面游弋*

湖口附近寇浅舰五艘驶进鄱阳湖，在狮子山东南江面游弋，但尚无动作。（中华民国二十七年七月十九日）

（录自《东方杂志》1938年第35卷第16号）

寇舰在鞋山附近掩护寇军登陆*

寇中型舰十五艘，汽艇七十余艘，由湖口急驶鞋山附近游弋，企图掩护寇军向姑塘地方登陆，我陆上部队正截击中。（中华民国二十七年七月二十三日）

（录自《东方杂志》1938年第35卷第16号）

寇舰小艇三百余西上跃过马当

（中华民国二十七年八月二十二日）

（录自《东方杂志》1938年第35卷第18号）

长江寇舰先后被我炮兵击中百余艘

（中华民国二十七年九月七日）

（录自《东方杂志》1938年第35卷第19号）

寇舰猛击我武穴,我炮台守军亦发炮还击

(中华民国二十七年九月十六日)

(录自《东方杂志》1938年第35卷第20号)

寇军又以两联队来犯田家镇,与我炮战极烈

(中华民国二十七年九月二十一日)

(录自《东方杂志》1938年第35卷第20号)

田家镇仍有剧战

(中华民国二十七年九月二十二日)

(录自《东方杂志》1938年第35卷第20号)

田家镇战事尤烈

(中华民国二十七年九月二十三日)

(录自《东方杂志》1938年第35卷第20号)

田家镇我全线反攻*

田家镇我全线反攻,先后收复铁石墩、四望山、黄土坡,残寇据点尽失。
(中华民国二十七年九月二十五日)

(录自《东方杂志》1938年第35卷第20号)

田家镇要塞虽在寇海陆空威胁下,安然无恙

(中华民国二十七年九月二十九日)

(录自《东方杂志》1938年第35卷第21号)

田家镇寇猛攻得手,我军阵地西移

(中华民国二十七年九月三十日)

(录自《东方杂志》1938年第35卷第21号)

武汉附近沿江密布水雷,两岸遍筑炮垒阻寇

(中华民国二十七年十月一日)

(录自《东方杂志》1938年第35卷第21号)

我海陆军猛攻三水,刻正发生激烈战

(中华民国二十七年十月三十一日)

(录自《东方杂志》1938年第35卷第23号)

长江开始由海军护航

(中华民国三十六年十月二十六日)

(录自《东方杂志》1947年第43卷第18号)

东南海

海军之歌

徐 盈

一把小刀杀不死一头牛，那就应当换一把大刀，决不能就此一口咬定，用刀是杀不死牛的。

其一：无声之歌

空军越发扬威，海军越发寂寞，世界如此，中国也是如此。

世界的海军有前途的，中国的海军也是有前途的。在福建海岸我看见先资经营的匠心，在贵州山丛，我看到了新的海上健儿。没有海军，没有海上运输，没有第二战场的开辟；没有海军，没有水上的漂雷，敌人在沿江一定更能跃进，更要增加陆上的困难。

有一个时期，世界上的海军是比较寂寞的，中国的海军尤其是更为寂寞的。到后来也曾写过一封很客气的信给海军总司令陈绍宽将军，为了军事机密，陈将军没有给我回信。抗战第二年，汉口的美海军青年会里曾会见到几位英俊的军官，用流利的英语和盟军酬应，他们对军事则守口如瓶。抗战第三年初，商船学校的开学典礼席上，遇到萨镇冰上将，由于他住在距海一千二百海里以外，他也不能多告诉我一点什么。欧战发生以来，每个中国人都对海战有了兴趣，使闪战变为延期的主因之一，也是因为英国的强大海军。跟着美国海军大举在太平海（洋）上作搜索战，使人更怀念中国的海军，我们的海军怎样了？

《密勒氏评论周报》在上海租界未陷落之前也曾为人解答寂寞。他说：

"像中国这样一个海岸线长达二千八百海里的国家，在抗战以前，仅拥有四万一千吨左右的海军舰艇，而这些舰艇中大部分已超过三十岁以上的年龄，依年龄是早就应当被淘汰的。自一八九四年中日甲午战争，中国的海军实力当然减弱了，直到国民政府成立以后，新的造舰计划才开始进行。许多艘的新舰都是一九二八年以后建造的。最后的一艘，三千零五十吨的巡洋舰平海号，是在沪战爆发前数月完成，同年的九月二十三日，即在江阴中日海空大血海中，被七十架日机炸伤沉没。"

陈绍宽将军在一次公开谈话中也曾报告了海军的动态，从八一三到江阴陷落，称为第一阶段；从江阴陷落到武汉撤退称为第二阶段。这两个阶段是防御的，保卫的，最有名的为江阴与马当的封锁。到了第三阶段，"一部炮舰与快舰随政府入川"，"炮队自海登陆沿江活动"，"水雷的敷布侧重于鄱阳及洞庭两湖，大批的漂雷在长江下游活动，时常得到炸毁敌舰的效果"。海军也开始了游击化了，大部分变为陆上活动，与陆军配合共同杀敌。

海军在抗战中牺牲最大，海军的无力，实由于我们这柄战刀太小，敌国海军平时每年为五万万六千万，但我们呢？相距不能作比较。我们的全部海军经费，抵不上敌人的一条军舰的费用，有人更尖刻地说，我们五十多艘舰艇的吨数，也不足别人大军舰的半额，我们用半只军舰和敌国全海军来对抗。

从国际动态上看，大海军还是国防的有力工具。我们海军今日虽在作着"无声之歌"，但不能作雄狮怒吼的准备。我们也不能为了这柄"刀"太小，便放弃到底。一把小刀杀死不了一条牛，便应当换一把大刀，决不能就此一口咬定，用刀是杀不死牛的。

海防与陆防，边防与塞防，这都是战后讨论的重心，重整海军的决心，海军的主持应当就要开始欢呼了。

其二：再造之歌

中国的海军在进步中，没有任何的力量能阻止它的进步。

回首百年，中国海军在物质精神上由盛而衰，但在战斗精神上却是由衰而盛。

过去已是过去了，但过去正是未来的镜子。甲午时代的海军大将丁汝昌，乃一淮军骑兵名将，本不知海，未来不会再有这种主帅；昏庸的张佩纶以李鸿章快婿得任工厂总办，使主炮二尊，仅有炮弹三颗，今后再不会有这样的技师；定远总兵刘步蟾以专家治兵，仅为自己打算，误了通盘大计；济远舰赴日示威，但主炮上竟作晒台曝衣，贻笑邻邦。镇远舰林泰曾、致远舰邓世昌在这样局面下，牺牲而无功；忠勇士兵，如高升号九百壮丁，船沉不屈，歌声在水面荡漾沉没，这么伟大的流血洗不掉那次战役的耻辱。

过去已是过去了，但过去总是未来的镜子。中法战役的参加者萨上将告诉我："那时，我们海军的中下级军官和水兵都很勇敢，但是上级军官都是昏庸愚昧，不顾世界潮流，不明海战技术，所以死伤很多。在马尾时不是每年七月，都要到昭忠祠去参加祭祀，他们便是那次战役中成仁的，每次还在凭吊马尾海军炮台遗迹，那就是法国海军强迫拆去的。法国舰队司令孤拔大将在这一役中被我炮轰死，这是中国的光荣，又是中国的耻辱。光荣的是海军中下级干部和士兵都是同仇敌忾，没有一个偷生怕死；耻辱是中国没有在自己的领土上筑炮台的权利，我们的大炮被他们的铁甲舰运到巴黎，陈列在他们的博物馆内作了战利品……"

中国海军一向缺乏的是"海盗"（积极的战斗）精神，但到近年来反而有了进步。抗战中间虽然没有轰轰烈烈的大事件，但也没有降敌辱国的丑剧。一个六十多岁，如此改行卖报的老海军告诉我说：

"中国的海军就坏在公子哥儿太多，你看见过那坐在八人抬的红呢大轿内的司令官吗？烟枪倒比手枪重要得多呢！我们弟兄们一恨！"

今天再也没有这种腐败现象了，军人的精神被锻炼出来。铜铁总铜铁，没有腐化的铜铁回了炉，仍然是国防的新器械。今天，我们希望破铜烂铁要回炉，更希望破铜烂铁型的人，更要"回炉"一番。

让我唱这一个再造之歌！

未来的海军，决非"衰翁镶黄金牙"；

未来的海军，决非"镀金的锈刀"；

未来的海军，决无"未下水已陈腐的船"；

海军在抗战中新生了。

其三：新生之歌

中国的生命线在海洋，中国不能忘了海防。

我们能和大海断了联系吗？我们海军中的一位六十八岁的老将军要死守"长门炮台"，这精神是年青的，是新生的，中国的内地要开发也少不了海洋的温气。

目前，海军在造出了一条水上的敌人盲肠，那便是支持着敌人水上运输进攻中国的扬子江。

扬子江是地球上水利最富的内陆巨流，长度占全世界最长河流的第三位。从吴淞到汉口一段，六百海里的航行，更是便利，冬季水落，但吃水十吨内中小型船只仍然能够通航，战时更是国家动员的命脉。抗战发生，海军的第一步江防工作就是毁除上海至江阴的航行标识，同时在江阴江面，建起坚强的国防封锁线。其后又在马当设防，建立田家镇的要塞，使战事延长，给国军以布置与补充的时间。武汉撤守后，一部分海军向后方转进，一部分海军成立了湘资沅沣封锁委员会，分别与当地部队配合起来作筑堤、堵塞、布雷及防守的工作。

特别要提出的是造成江上盲肠的战士们。

"一个穿着陆军制服的要塞炮兵，寻常人不会相信他是海军军人，再如一个穿便服的雷队士兵，寻常人更不会相信他是海军军人。但事实上自江阴战后，我们海军军人便广泛而有计划地遍布到陆上的要塞和内地的河川，没有一个要塞缺少得我们远距离的舰炮，和技术黯熟的炮兵；没有一个河川不浮系着我们威力猛烈的水雷和驻留着出生入死的雷队。沿水的战区，我们海军军人都公开或秘密地站在抗战的重要岗位。"

由于巫山炮台发出了击沉上犯六助港敌舰的第一声炮响，证明了海军军人兼长要塞战；由于黄浦江敌出云舰中我水雷，才发现了海军在鱼雷舰炮以外的新利器，于是老旧军舰的大炮，迅速而有计划地移到陆上，奠定了海军炮队的基础。优秀的专门人员，从事于T. N. T及触角的研究，树立了装雷与布雷的先声。脱下翻领的水手们，不再站在驾驶台或坐在船舵里，而是伏在观测所和立在木驳的船头，从事于他们的新任务了。

当全世界震于德国的水雷战术时候，我们的这一些小小成绩也是可以报告的。在江阴击落敌机三十余架后，沿江敌舰因触雷而沉毁者计九艘，受伤者计十五艘，我们的牺牲虽巨，但也取得了相当的代价。水雷与敌舰的价值比例是一与二十，两川（长谷川和及川）敌司令的苦恼自不必说了。

目前又是扬子江水涨的时候，敌在湘赣鄂各战区，耀武扬威的大炮、坦克、卡车、汽油、飞机和送死的新兵，无一不是从水路来的。我们沿江的炮声和雷响又将无停息地传到前方和后方的耳中了。

若使扬子江成为一条水上敌寇的新盲肠，自然不仅是海军军人的事，而是要陆、空、海三方面加紧的配合。这条盲肠将要成为敌人致命的创伤。

欧洲的延长，给了"海军无用论"者以反证。在抗战中建国的中国，当前已是应当决定"重建海军"的时期了，一把小刀杀不死一条牛，那就应当换一把大刀，决不能就此一口咬定，用刀是杀不死牛的。

我们如何铸造这柄"大刀"呢？一个最有力的意见是：

今日的中国，财力有限，工业和科学的基础也很薄弱，若想短期内造成一个能取攻势的海军，怕不可能。但若先向一个守势的路上去发展，也许事半功倍。不要再像过去没有计划的造舰，乃使大大小小，各型俱全，为攻乎？为守乎？为江乎？为海乎？海军部节衣缩食造了新舰，而在抗战中间发挥不出威力，这便是一个明证。今后定要根据敌我形势，参考人力财力物力的实况，制定一个重设海军的新计划，这计划，要一扫前清同治年开始建军以来的诸流弊。

此外海军一定要在建军中，没有例外地实行征兵制度、考试制度，务使全国英才同为海军努力，重整海疆。

（录自《东南海》1944年第1卷第2期）

读书通讯

西沙群岛与李准

戴　锡

敌侵安南后，有若干之企图，自敌报之记载中，可略窥其梗概。最近敌报忽连篇累牍，大谈其西沙群岛，此本我有，属于海南岛之陵水县，数年前，法人忽宣布占领之，对于此岛之主权谁属，认为无法判明。

我国之地理学家，当时多为文驳之，《大公报》时犹在津出版，废清广东水师提督李准，亦居津，遂出其旧作《巡海口》，送请《大公报》刊载，述其巡视该岛树帜而返之经过甚详，可确定此岛之我属。法人始终不允交出，未几，抗战发生，海南岛失陷，法人遂宣称在该岛为必要布置，不意今日乃成为倭寇之口中食也。

李准此记，颇自夸其功绩，尚不甚戾事实。惟其人素为革命之敌，民元以前，党人屡谋击杀之，史坚如烈士且以杀李不成而遇害。鼎革后，李氏蛰居天津，恃房产为活，忽以武人而好文事，遂称"书家"，为商人写市招甚多。将死之前数年，投机失败，境况甚窘，携两老妾居陋巷中，欲以书法易米，日辄挟雨伞，着旧胶皮鞋，遍访市上各书肆，托代兜揽生意。且函张人骏后人告贷，张氏后人拒之。晚景凄涩至此，然始终不走关外，平心言之，尚不失为晚节之士也。

（录自《读书通讯》1940年第16期）

读 者

由重庆到 MIAMI
——中国留美海军的受训基地

中国留美海军余宪高寄自佛鲁里达美河头

我们航线经过热带的地方较多,在船上,春夏秋冬的气候都有,要是身体差的就吃不消。经过热带的时候,每个人都大汗淋漓,经过寒带的时候,每人都冻得像猴子。在船上,随时都得穿上 Life Jack,否则,美国的 M. P. 就会纠正你的,此时每天还得举行备战演习,因为我们是去美国学海军的。

在出发以后,沿途本来就很想给你通讯,但因行军的关系,同时为了时间仓促的缘故,所以没有和你通讯。这是非常之抱歉的,希望你原谅!

我们由重庆出发乘车到成都的新津,由新津乘美国陆军总部的运输机(B-25式),八小时以后即在昆明机场着陆了。这是第一次开始坐飞机!空中生活颇有兴趣,体格欠佳的人往往呕吐,身体强的才抵抗得住。虽然我没有一个适合飞行的体格,在这一次乃是出于人意料之外的奇迹。在二十八人之中,我居然没有呕吐。先是中空飞行,之后因气候转变的关系,我们的飞机开始高空飞行了。

起初倒没有什么感觉,因为飞机上面的设备不完善,所以在一万八千公尺的高空,就有一点开始感觉不大舒适了。但仅不舒适而已,还是没有吐。我相信你定不会相信我的体格会有这么结实的,这真是使你意料之外的事情!

八小时后,我们已开始在昆明××机场着陆,下机后我们即住在机场内,这是为了便于候机。在昆明休息了一星期，便继续飞向印度的汀江。

现在所乘的乃是银色的（B-29），这一种机子与前有些不同了：仅仅只能乘十八人。这机子虽较B-25大，然因设备上的关系，所以只能乘坐十八人，因为内面只有十八个氧气罩的设备。

在这完善设备的B-29中，我们终于飞过了这世界上最高脊的喜马拉雅。当我在狂暴的冰雪怒号之中安然的在汀江机场着陆，因为设备好，没有一个人呕吐。当我下机后飞行员都向我们说着"Good Luck"（好运气），并且声明昨晚的长行是相当的危险，普通飞机纪录是一万九千公尺，而昨晚我们确是二万公尺。

在汀江仅停留十二小时，美国军部通知要我们马上准备，说今晚有火车开加尔各答。等到下午五点钟，美国陆军总部的大卡车来接我们了。

由汀江赴加城这一段是窄轨火车道，坐在上面感觉非常之不舒适。印度的火车是每隔五分即有一站，每站都停。和我中国一样，沿途小贩非常之多。印度农村相当美丽，但是也非常之肮脏，人民身体也非常之弱，体格强健的很少。印度风俗习惯相当怪，吃饭的时候是用右手，左手是用于大便。大便不用纸拭屁股，而以左手将大便用水洗去。所以到了印度之后，随时随地你可以看见印度人坐在地下，用右手吃饭，用左手拭屁股。还有一点最古怪的，就是无论任何的物件，都用头去顶着。

经过了四天四夜的火车行程，我们即开始到了加尔各答的火车站。我到达加城的时间，是晚上八九时前后，因灯火管制的关系，而整个的加城是被蒙在黑暗里。我们下车后，即由美军用卡车装到××××××。

（按：此稿为日本投降前寄来，信被剪扣的地方只好代以×）

我们在此地大约驻了三个晚上，又被送到离加城×××里郊外的××××，在此地开始由美军发给装备。举行严密的体格检查后，我们开始穿上了美国所发的服装，以及其他的完全与美国人一样的吃饭享受。

在这里休息了半个月的光景，我们又接到美方的通知，要我们准备出发赴孟买，这一次我们所坐的火车是比较以前大而舒适的军用车，而且铁轨比较以前要宽。这一次的行军需要四五天的时间，所以给养方面完全是美方发给的战时A种干粮，早晨的是发给B字干粮，中午发给D字干粮，下午即发S字干粮，

167

营养都很丰富。

在没有到孟买前，据说我们的火车直赴孟城，我们每个人都是这样希望着。

只要读过世界地理的，都知道孟买在印度是很有名的城市，在没有开赴孟买前，我们在离孟买不远的一个车站换车头，这车头确与以前的不同，这一次所换的，就好像电车一样。上面有天线，完全是电力的车头，速度也比前要快得多，但是没有到孟买前，这个火车头上面司机英国人告诉我们说：我们恐怕不能直接开孟买，只能在离孟买一百多码的一个叫××××的地方宿营，所以大家听了这个消息之后，都感到很失望，恨不能一下子就到孟买。

×××××是英美在印度合办的一个庞大的军营，大凡出国的人都要在此地停留一个相当长的时间。因为战时的关系，一切都是属于军事管理，无论留学生、公务人员、大商人，都要遵守的。关于行期，美方会预先通知你，用不着去担心。

此地有两个电影院，这就是我们唯一消磨时间的场所。因为印度是热带，所以当我们中国重庆还在度最后的冬天的时候，而我们却在此地穿上一件卡几布衬衫还嫌热。然而到了日头落土的之后，倒也非常凉爽。大约在此住了十五天样子，所发的一百个卢比（英国在印度发行之货币）差不多花光了，每人大约一天要花一个卢比，有钱的公子哥儿不在此例。半个卢比消费在吃杂食，另外的一半是送到两个电影院的老板的荷包里去了。

不久我们开始又接到美方的通知，要我们准备，到美陆军部医务所检验体格，然后分配上船的秩序。当出发前我们的魏副领队告诉我们说："各位同学！据说我们的敌人，日本的潜水艇，最近在印度洋一带活动得很厉害。希望各位无论在任何场所言论须特加注意谨慎，以防间谍及汉奸的活动，透露了消息，使我们在印度洋发生生命的危险！"

自从那天听了魏副领队对我们宣布敌人的潜艇在印度洋活动之后，每个人都带着一颗恐怖心走上了（Alonclo ship）（美海军运输舰）。本来这个船有二万一千吨，可容六七千人的样子，因为人数过多，据说今年这条航线有三个多月没有船航行过，所以无论美方请假回国的官兵也好，中国派遣的留学及派赴英美的公务人员，或者考察人员也好，都拥挤在这块儿来了，同时因为此时仅只有这条船航行，所以才有这种现象。

此舰是二万一千吨，由舱面到舱底，一共是十二层。在船的中部是驻的外国的士官及中外男女乘客，在船尾是美方的士兵所在地，而我们则住在船头部。其中一部是中国派赴美国受训的空军，也同我们驻在一起。在船上也是一样，一切的生活须受军事管理，晚间则须灯火管制。所以日出时候，便开放到甲板上去，自由活动，日落的时候就马上下舱，实行灯火管制。

我们航线经过热带地方比较多。在船上春夏秋冬的气候都有，要是身体稍差的就吃不消。经过热带的时候，每人都是大汗淋漓！经过寒带的时候每人都冻得像猴子！在船上，有一种特殊的规矩，就是：无论何时，无论何地，你都得要带上救生衣（Life jack），否则美国的 M. P. 就会纠正你的。除此以外还有每天举行备战演习，时间每天在下午二点钟。同时因为我们是去美国学海军的，所以顺便，每天我还得要跟着美国海军学习一些在海上的动作及如何操练高射机关枪炮。在每一个实习完毕之后，我们还得实行一次实弹演习，气球被我们打中了，美方甚为赞扬，为了奖励起见，特别发给香烟一条，并且称赞我们中国人很聪敏。

因为船上有英国乘客，我们的船必须要经过澳洲，所以我们需要经过两次赤道线，当我们快要到澳洲以前，大半同学只好睡在船上而不能吃饭，这是因为没有习惯海洋上生活的缘故，等到经过了澳洲以后，大家都很习惯海上生活。

经过这一度海上生活之后，我们已开始到达美国的本土了。到洛杉矶之后，我们始知道我们受训的地点，是在美国东南部美亚美（Miami），空军则到北部受训。

美亚美（Miami）相当于好莱坞，是一个近海滨的码头，据说这个地方是美国富翁避寒的胜地，此地消费颇大。现在我们已开始受训了，教官都是美国人，因为功课很忙，所以胡乱写了这一点东西报告你。下次有闲空的时候，我想继续向你报告我们在美国的生活。

（录自《读者》1945年第4期）

中国的海防　吴淞要塞参观记

戴广德

李鸿章时代

中国有冗长的海岸线,然而中国没有强大的海军来保护领海。甲午战役,中国海军大败于日本,从此中国便没有阵容强大的海军称雄亚洲,海防也就失去了凭借。

天津大沽、广州虎门、上海吴淞等地都是中国海防的战略据点,也是国防史上著名的要塞地区。

远在半世纪前,清朝大臣合肥李鸿章远渡重洋归来,奏准建设现代化的吴淞要塞,李合肥请了几位洋人顾问,设计建筑起雄视江海的吴淞炮台。

吴淞要塞给中国老百姓留下一个"神秘"的印象,要塞工事是半科学化的,用洋灰和以糯米粉混合体建成。据说这个半科学的工事却十分坚固,耐久不变。

回忆五十年前的人类科学文明是进步的,但也是落伍的。李鸿章从外国买来的几尊大炮,在当年固属"摩登",不在话下。那几门笨重的大炮,每射出一颗炮弹需要"休息"五分钟,假使连续发射,炮身就"吃勿消"了。站在五十年后的现代立体战争角度来衡量,它的作用,岂非笑话么?

"一·二八"和"八一三"

然而李合肥的功劳也是不容否认的。"一·二八"日本侵略中国,与中国健儿战于上海,吴淞要塞巨炮怒过吼声,发过威力,予侵略者以当头一棒!六年后,日本发动对中国全面性侵略战争,吴淞要塞对"八一三"淞沪战役也出过力量。

蕰藻浜"八一三"战役战斗最激烈地区,吴淞要塞在日军登陆虬江码头以后,便射出最后一颗炮弹,沦入敌手!

国军退出淞沪,日本人把吴淞要塞大炮拆运日本熔毁,又运来××门日本制造的新式大炮,重新造配,以防盟军反攻登陆上海。吴淞要塞司令部参谋长何俊和邓洁铨将军引导记者参观要塞区。关于"八一三"抗战经过,他们一致感慨道："假使十年前的吴淞要塞具备今天的物质设备，我们一定有把握把进犯的日本海军消灭在中国东海，我们更有力量阻止日本海军虬江码头登陆。这样对于'八一三'抗战局面会有决定性的影响，更有利于'以空间换取时间'的战略指导了！"

原子弹和海防

没有海防就没有国防！

这不是一个空洞的理论，而是现实的事实问题。近百年间，中国在内忧外患中挣扎，科学落后，建设没有，中国几乎是一个门户洞开的国家，而建设国防充实国力又是当前急务！

抗战胜利后，政府有感积极重建海防的必要，在首都召集专家和高级将领，计划着手进行建设海防事宜。

有人向政府建议，认为在这原子战争时代，我们花费了庞大的人物力，来从事建设海防，在国防理论上是否需要考虑。

蒋主席答称：

"假使原子弹放在国民政府门口，我们难道要撤掉卫兵吗？"

在原子时代，我们需要国防，我们需要海防！

"因噎废食"那是愚蠢的事情。

吴淞要塞司令的话

吴淞要塞司令邵百昌将军于民国纪元前参加武汉小学会考，他是七千份国文试题《中国富强论》成绩最优良的一人，获冠军，总督张之洞召见，倍加缴赏。邵将军目睹祖国衰弱，遂决心投笔从戎，毕业于保定军官学校，参加革命军，与清军战于战场。北伐完成，奉派赴欧学炮，学成归国，奉蒋委员长召见，委以南京江宁要塞司令。抗战后期，担任远征军炮总指挥，与卫立煌将军合作，步炮配合，反攻滇西，奠定抗战胜利基础。

关于建设海防，邵将军指陈，我国海岸线太长，希望今后由消极的建设海防进为积极的建设大海军国。

他补充说明：

"中华民族是世界上最酷爱和平的民族，历史传统，中国与世无争，中国希望世界大同，永无战争。然而中国历经外强侵略，备受侵略痛苦，所以希望中国足以自卫的国防力量，进而安定亚洲，奠定世界和平！"

他又说，理想的现代化的海防，是电化的，是海陆空三军行动一致的混合体。

这或许说明了明日中国海防的伟大远景！

（八月十日寄于上海）

（录自《读者》1947年第4卷第1期）

奋　斗

扩充海军的计划

布　五

据海军部的报告，世界上舰队吨数最多的竟达一百三十余万吨，最少的也有数十万吨（这种吨数的多少，自然是看其海岸线的长短而定）。潜水艇的数目，多的有百数十艘，少的也有数十艘。飞机母舰大者可容飞机百数十架，小者亦可容数十架。且各舰的主力炮，都有十四寸的口径。同说到我们中国的海军力又是怎样呢？据海军部报告，我国所有舰队笼笼统统的计算起来，不过几万吨（和英美两国比较，不过百分之一），以此数万吨的陈旧的舰队，如何去巩固我们中国沿海一万三千里的海岸线的海防？

好了，现在海军部已经有了扩充海军的计划了，经过了许久时期的筹谋，内容当然是十分完整，我们敬以至诚希望海军部鉴于国防的危机，努力切实做去，于最短期间实现这伟大计划。

（录自《奋斗》1931年第3期）

福建文化

马尾船政厂述要

际 唐

我去年为《福建文化》撰《福建沿海形势概述》一文，曾说："福建省沿岸的形胜，却和别省不同，尤其是闽江口的福州湾，有特长的地方，凡是研究建设新福建的，应多多的注意。"我以为闽江口最值得注意的，就是马尾的船政厂。要讲述船政厂的历史和所处地位的重要，不得不把闽江和马尾的形势，先说明一下：

闽江有三个源流，汇集仙霞、武彝、梁山许多的水，至延平县的东南，才合而为一。但多行于山峡中间，地高水急，险滩丛错，舟行很是不便。从福州以下，始稍平流，可通汽船，然江中淤沙又很多，凡吃水较深的大汽船，只可停泊在江口的罗星塔。口外有许多岛屿，星罗棋布，像黄歧、芭蕉、熨斗、五虎等，都是天然的屏蔽，而且江势屈曲湾环，金牌门、长门、闽安镇、罗星塔，从前皆设有炮台，层层控制，形势极为险要，所以闽江口可作福建省海军唯一的根据地。这根据地唯一的命脉造船厂，就在罗星塔下面的马尾。马尾距罗星塔约三里，中隔一小山，假使一旦发生战事，大的炮弹，不能直射到厂屋，小的炮弹，又不足以毁坏厂屋，所以马尾是闽江用武的地方，而闽江又是福建用武的地方。这样看来，马尾船厂和福建的关系，不是很密切很重要底吗！不是研究建设新福建的所应当注意底吗！明白了马尾的形势，然后可讲到船厂的组织，约略叙述于下：

我国自清代鸦片战争失败以后，东西各国，都挟着交通的利器，犯扰我沿海各省，因之外交日形棘手。一般智识阶级的人，知道中国负着海陆国的资格，有了陆军不可没有海军，有了海军不可没有轮船；要制造轮船，不可没有自制的船厂，于是创设船政的论调，高唱入云。时湘乡左文襄公总制闽浙二省，他就负起创办船厂的责任，于同治五年，相度地势，以马尾为最适宜，就和福建巡抚议定计划，开工兴业，所以左文襄公，就是造船厂创办的第一人。但是不到一年，左文襄公移督陕甘，举沈文肃公葆桢代他的职，沈公是侯官县人，对于本省情形，更是熟悉。不过这时候中国对于机器制造的学识，一无所有，因此不得不借材于异邦。听说法国精于制造学，就聘请法国人做工程师；英国精于驶船学，又聘请英国人充教员。合英法两国的特长，共同组织，努力制造，进步非常迅速。到了同治八年八月，就有第一号万年清轮船告成，政府很加奖励。以后更加努力，一方增筑厂屋，兴学课工；一方继续制造各式船舰，日役使数千人，虽严寒盛暑，不稍停止。到同治十二年，一般华匠技术大进，都能自行制造，厂中所添各项机器，也逐渐完备。虽于这年冬间，将所雇洋匠，一律遣散回国。统计九年中间，造成大小兵商轮船十五号，中有三号，是由华工完成的。这都是沈公善于继成的功绩，是应当赞扬的。

继沈公之后总理船政的，有丁中丞日昌、吴中丞赞成、黎京卿兆棠、张京卿梦元、何京堂如璋、张学士佩纶、裴光禄荫森诸公，都能悉心规划，实事求是，成绩亦很可观。但中国自经甲申中法之战、甲午中日之战两次失败，所有兵轮，几乎完全丧失，这是何等痛心扼腕的事。当时北洋海军，粗告成立，旅顺、威海卫、刘公岛等处，仅足为海军各船舰根据地，并不能设立造船厂，所以南北两洋的海军，所赖以修船造船的，只有马尾一厂。马尾厂的关系于海军的前途，不是又很重要底吗？因此于光绪元年三年，政府两次派遣学生，并艺徒数十人，先后赴英法两国留学，六年之后，学成回国，一切制造驾驶的任务，悉由学生担成。起初所造的船，船身内外，都用木质，后来易木胁为铁胁，再易木板为钢板，最后完全用钢胁钢板，四周护以钢甲，船身益觉坚固了。船的机器，起初用立机，后来改用卧机，最后用省煤涨力机了；船的式样，也由常式改为快船，继而为穿甲船，再改为钢甲船，进步之速，一日千里，这是马尾船厂最隆盛的一时期。

自中法战争以后，工次虽颇受蹂躏，裴光禄更励精任事，百废俱兴，如制造平远钢甲舰，及添建罗星塔船坞两事，都是他的功绩。至光绪十六年，裴光禄卸任后，朝廷不复派遣专员，即由本省疆吏兼管，因之经费日见支绌，船政遂无进步。二十三年，复聘法人杜业尔为正监督，这时因巨款难筹，只成建安、建威两号快舰，岁縻多数的薪俸，完全是一种敷衍羁縻政策罢了。且杜业尔滥用洋员，淆乱厂章，于是中国人之洁身自好的，都不愿受他的驱遣，相率他去，厂务很是棘手。二十九年魏京卿翰奉命会办船政，以杜业尔专擅，非撤去其职，不可以望整理，乃按照中西法律，声明他的罪状，宣告中外政府，另以法监工柏奥镗继他的职，重订规约，减轻权限。至光绪三十三年八月柏奥镗期满回国，于是主权才得收回，但荡弛之风，已成习惯，没有从前那样兴盛了。计自同治五年起，至光绪三十三年止，所造的船，共有四十号。

欧美各国士大夫到中国来游历的，都要绕道闽省，一观我国船政的成绩。今表之于下：

船名	船式	料质	吃水	速力	试洋年月	船价	武力
万年清	商	木	十四尺二寸	十海里	同治八年八月	十六万三千两	
湄云	兵	木	十尺六寸	九	九年二月	十万六千两	七十磅子前膛炮一尊 十六磅子前膛炮四尊
福星	兵	木	十尺六寸	九	九年九月	十万六千两	七十磅子前膛炮一尊 四十磅子前膛炮二尊 十四磅子前膛炮二尊
伏波	兵	木	一十三尺	十	十年二月	十六万一千两	百十四磅子前膛小炮四尊 四十磅子前膛小炮四尊
安澜	兵	木	一十三尺	十	十一年十一月	十六万五千两	六十二磅子后膛炮一尊 四十磅子后膛炮四尊
镇海	兵	木	十一尺八寸	九	十一年六月	十万九千两	六十二磅子后膛炮一尊 四十磅子后膛炮四尊
扬武	兵	木	十七尺九寸	十二	十一年十一月	二十五万四千两	百五磅子前膛炮一尊 七十磅子前膛炮八尊 六磅子后膛炮二尊
飞云	兵	木	十三尺	十	十一年九月	十六万三千两	百十二磅子前膛炮一尊 十四磅子前膛炮二尊 四十磅子前膛炮四尊

（续表）

船名	船式	料质	吃水	速力	试洋年月	船价	武力
靖远	兵	木	十一尺九寸	九	十一年十一月	十一万两	六十磅子前膛炮一尊 四十磅子前膛炮四尊
振威	兵	木	十一尺八寸	九	十二年二月	十一万两	七十磅子前膛炮一尊 四十磅子后膛炮四尊
济安	兵	木	十三尺	十	十三年三月	十六万三千两	七十磅子前膛炮一尊 四十磅子前膛炮四尊 四十磅子后膛炮四尊
永保	商	木	十三尺九寸	十	十二年九月	十六万七千两	七十磅子前膛炮一尊
海镜	商	木	十三尺九寸	十	十二年十二月	十六万五千两	
琛航	商	木	十三尺九寸	十	十三年二月	十六万四千两	
大雅	商	木	十三尺九寸	十	十三年七月	十六万二千两	
元凯	兵	木	十三尺	十	光绪元年八月	十六万二千两	七十磅子前膛炮一尊 小磅子前膛炮八尊
艺新	兵	木	八尺	九	二年闰五月	五万一千两	廿磅子前膛炮一尊 九磅子前膛炮二尊 六磅子后膛炮二尊
登瀛洲	兵	木	十三尺	十	二年七月	十六万二千两	七十磅子前膛炮一尊 四十磅子后膛炮六尊
泰安	兵	木	十三尺	十	三年三月	十六万二千两	八十磅子前膛炮一尊 四十磅子前膛炮四尊 廿八磅子前膛炮二尊
威远	兵	铁胁木壳	十四尺	十二	三年八月	十九万五千两	百二磅子前膛炮一尊 四十磅子前膛炮六尊
超武	兵	铁胁木壳	十四尺	十二	四年八月	二十万两	八十磅子前膛炮一尊 四十磅子前膛炮六尊
康济	商	铁胁木壳	十三尺八寸	十二	五年十月	廿一万一千两	
澄庆	兵	铁胁木壳	十四尺	十二	六年十一月	二十万两	七生后膛炮一尊 六生后膛炮一尊 四十磅子后膛炮四尊
开济	快碰	铁胁双重木壳	八尺三寸	十五	九年八月	三十八万六千两	廿一生后膛炮一尊 十五生后膛炮六尊 连珠炮六尊
横海	兵	铁胁木壳	十四尺	十二	十年二月	二十万两	十九生后膛炮二尊 十二生后膛炮四尊

（续表）

船名	船式	料质	吃水	速力	试洋年月	船价	武力
镜清	快碰	铁胁双重木壳	十八尺三寸	十五	十年七月	卅六万六千两	十九生后膛炮三尊 十二生后膛炮七尊
寰泰	快碰	铁胁双重木壳	十八尺三寸	十五	十三年七月	卅六万六千两	十九生后膛炮三尊 十二生后膛炮七尊
广甲	兵	铁胁木壳	十四尺	十四	十三年十月	二十二万两	十五生后膛炮二尊 十二生后膛炮一尊
平远	钢甲	钢甲壳	十三尺二寸	十四	十五年四月	五十二万四千两	廿六生后膛炮一尊 十五生后膛炮二尊 一十生后膛炮一尊 连珠炮四尊
广乙	鱼雷快	钢胁壳	十二尺二寸	十四	十六年十月	二十万两	十五生后膛炮二尊 十二生后膛炮三尊 连珠炮四尊
广庚	兵	钢胁木壳	九尺四寸	十四	十五年十月	六万两	十二生后膛炮三尊
广丙	鱼雷快	钢胁壳	十二尺二寸	十三	十七年十月	二十万两	十二生快炮三尊 六磅子快炮四尊 连珠炮四尊
福靖	鱼雷快	钢胁壳	十二尺二寸	十三	十九年十一月	二十万两	十二生快炮三尊 六磅子快炮四尊 连珠炮四尊
通济	练船	钢胁壳	十六尺	十三	二十年八月	廿二万六千两	十二生快炮三尊 六磅子快炮四尊
福安	商	钢胁壳	十六尺	十二	廿三年七月	二十万两	
吉云	拖船	钢胁壳	七尺	十一	廿四年八月	五万六千两	四排连珠炮二尊
建威	鱼雷快	钢胁壳	十一尺五寸	廿三	廿八年十一月	六十三万七千两	十生快炮一尊 六生半快炮三尊 卅七密里连珠炮六尊
建安	鱼雷快	钢胁壳	十一尺五寸	廿三	廿八年十一月	六十三万七千两	十生快炮一尊 六生半快炮三尊 卅七密里连珠炮六尊
建翼	鱼雷艇	钢胁壳	六尺	廿一	廿八年五月	二万四千两	六生快炮二尊 鱼雷炮一尊
江船	浅水商	钢胁壳	十三尺五寸	十五	三十三年八月	三十七万两	

船政厂自从创办到清末，仅四十多年，造成的船，达四十号，他的成绩，不可谓不大。其初虽然借材异邦，到了后来，像艺新、登瀛洲、泰安等，都由华员自行监督制造；开济、横海、镜清等十余船，又皆先后毕业回国的学生吴德章、李寿田、杨廉臣、魏翰、陈兆翱、郑清濂等所监造，但最后建安、建威数船，又聘法人杜业尔监制，成绩并不较华人为佳，徒然岁縻多数薪金罢了。

民国以来，因国家经费支绌，马尾船厂，工程停滞，仅于民国六年，造成海鸣、海鹄两浅水炮舰，船价各三万七千六百两，速力各十海里，主其事者是陈公兆锵。此外只为修理各项船只之用，无甚可纪。但当此国难临头，在急急不可终日的情势之下，海军的扩充，是最首要的一件事。那么那成绩素著，海军惟一的大制造场，怎么任他废弛，不加以整顿呢！好在规模具在，各厂的机械，又都完备，只需略加修理，或向人民筹募经费，或请政府指拨用款，我想整顿并非难事。兹再把船政各厂的组织内容，约略地说明一下：

一模厂　专担任制造船模、汽鼓模、各种机件模，以及细木雕刻等工作。但须熟悉模型的奥窍，辨清五金冷热的涨缩度，按照图理，精密计算，不可稍有错误的。厂中设有锯机、刨机、各种旋机等二十副。工程最盛的时候，有工匠一百六十人。

二铸铁厂　专担任各船所需要的铸铁铸铜各项机件，曾铸就重大的铁件达三万斤，铜件达一万余斤。鼓铸的时候，须辨明火候，考究钢铁原质，这是应当注意的，厂中设有铸铁铸铜大小炉及其他的炉共十一座，又有转运重件的将军柱碾机，及风箱风柜等件二十三副。工程最盛的时候，有工匠一百六十多人。

三船厂　专担任造船车身的工程，设有石制船台一座，长二百九十七英尺，木制船台一座，长二百七十六英尺。凡船身的长短广狭，以及桅舫舱位吨载吃水速率中心点度数，都要配算匀称，先绘寸径总图，后绘全船地图，照图制造，曾制成木质、铁质、钢质、穿甲、钢甲各式船身四十号，可制造四五千吨的船，设有锯木机八架。又附设皮厂、舢板厂、版筑所三处：皮厂专制造皮带及各式皮件，舢板厂专制造桅舵并大小舢板，版筑所专造船上炉灶并厨房厕所、一切泥水修筑各工。工程最盛的时候，共有工匠一千三百多人。

四铁胁厂　专担任制造钢铁船胁、船壳、龙骨、横梁、泡钉，以及船上各种钢铁用件，并打造、拗弯、镶配等工。这厂于光绪元年添设，制成的船身，小的轮船不计外,大的钢甲钢铁船身,也有二十多号。厂中分设锯机、剪机、钻机、卷机、碾机、刨机共三十五副。工程最盛的时候,有工匠七百人。

五拉铁厂　专担任拉制铜钢铁及打铁,是造船必需的工程。他的力量,能拉制重大的铜钢铁板、铜铁槽、铜钢铁条等件,打造重大的轮机,镶配船面各项钢铁件,如转轮轴、车轴转轮臂、汽饼杆、活轨、前后斗鲸、铁锚、舢板挑锚等件,厂内设有汽锤七架,他最大汽锤的力,计有七吨。此外有拉机、剪机、钻机、旋床、刨床及转运重机之将军柱等大小共五十一副,打铁炉大小共五十七座。工程最盛的时候,有工匠三百八十多人。

六轮机厂　专担任制造全船大小各项机器。制成后,先在合拢厂(附设厂内)合拢试验,要使轮机旋转和顺,须审明图理,通晓进脱冷暖压助嘘吃机关各窍汽力等事。厂中设有车光机、刨机、削机、钻机、砺石机、螺丝床、钳床共二百二十三副。厂的楼上,又附设绘事院,专绘船身、船机、锅炉以及镶配等总图分图,令各工匠按图制造;绘生有精测算的,兼任测算的事,最盛时有绘生四十人。轮机厂的工匠,定额有三百六十人。

七锅炉厂　专担任制造船上一切锅炉、烟筒、烟舱、汤管、烟管、汽表、向盘等工作。惟须审辨钢铁的原质,汽机的原理,天气的眼力,以及镶配的法度,曾制就各式大轮船锅炉四十多号,小轮船锅炉数十号。厂中设有卷铁床、水力泡丁机、剪床、钻床、刨床共四十一副。工程最盛的时候,工匠有三百五十人。

八帆缆厂　专担任制造船上一切风帆、天遮帆,并桅上镶配各项绳索,以及起重搭架等工作,厂中不置机器,以手工制成的为多。工程最盛的时候,有工匠七十人。

九储炮厂　专备收储各船炮械、炮弹、鱼雷等件。近来无新制的船只,所以也没有新购的炮械,不过存些无用的旧炮□以及旧枪炮弹,用二人看守罢了。

此外又有:

广储所及储材所　广储所专管收发铜铁、煤炭、机件油及其他杂件杂料,储材所专管收发各项木料。因为船政的材料很多,采办到时,必定先交这两所点验,然后把他慎重存储,勿令朽坏。船厂最盛的时候,广储所的长夫有六十人,储材所的簰夫有三十六人。

船槽及船坞 船槽与船坞，都是修理船只所用。当船政初开办的时候，设有一船槽，长三百三十二尺，可容一千吨以上的船上槽修理，中设拖船机四十架、大螺丝四十条、四十匹马力一副，近来因年久失修，损坏的地方很多，只可作为修理小船的用，实在他的能力，也和船坞差不多。工程最盛的时期，有工匠六十人。船坞是修理较大船只的地方，设在罗星塔，光绪十三年裴荫森任船政时所创设的，后因经费支绌暂停，至十九年始造成，建筑费共四十九万两。坞身完全用石砌成，长四百二十英尺，宽一百一十尺，是我国最大的船坞。这坞造成之后，凡沿海各省所有商轮兵船，入坞修理的很多，就是外国来的兵船，也有入坞修理的。坞内设有抽水机厂、机器厂及水手房、丁役房、木料房、栈房等。向来入坞修理的船，由各厂自行派工办理，所以本坞常有的工匠，只二十七人。

这样规模宏大的船政厂，真是中国独一无二的。他的功绩，不特影响于海军的前途，就是对于工业上、商业上，也有莫大的影响。所以我说："凡是研究建设新福建的，马尾的船厂，是最值得注意的一件事。"愿我政府加以注意，庶不辜负左文襄、沈文肃二公创办经营的苦心。

（录自《福建文化》1934年第2卷第15期）

公教周刊

厦门船坞将由海部直辖

厦门船坞原归漳厦警备司令部所辖，现因司令部经费无着，不能补助该坞经费，而海军部方面亦将该船坞收回海军部直辖之。

（录自《公教周刊》1929 年第 25 期）

中俄同江之役

赤军旗舰为我击沉。赤军舰队司令勃斯脱屈阔夫及其以下指挥官四人均受重伤而亡。十五日赤俄在伯力举行追悼会。

（录自《公教周刊》1929 年第 27 期）

见闻志要：闽局大变后

海军陈季良十四日率第一舰队抵谒省即杨树庄。

（录自《公教周刊》1930 年第 40 期）

第一舰队司令陈季良率十舰抵厦

海军第一舰队司令陈季良，将率第一舰队来闽会操。已迭载各报上海专电讯。昨（四）晨九时半，陈氏果乘海容巡洋舰抵厦，同来者有海筹巡洋舰，应瑞、通济练习舰，永绩、永健、大同、自强炮舰，豫章、建康驱逐舰，连海容巡舰共十艘。据司令部消息，海军各舰，递年皆应举行秋操。此次陈司令系由沪率第一舰队来闽会操者，沿途有练习。自沪而厦，自厦而省，大约须本月中旬始可竣事，别无其他任务云。

（录自《公教周刊》1930年第41期）

内部起变化，陈策离粤

上海专电。报载港讯蔡廷锴回粤说不确。香翰屏师二四八团团长陈矩，系陈铭枢身旁人物，已辞职离粤。陈济棠委黄植楠继任。又余汉谋、张惠长均养病于广州颐养园，陈济棠派兵一排驻守保护。另息，传陈策十九日下午秘密离省，临行致函陈济棠辞军舰队司令及其他兼职。又虎门要塞司令陈庆云，十九日上午入颐养园。陈济棠拟委舒宗为海军司令，招桂章为副。（下略）

（录自《公教周刊》1931年第110期）

海军对粤问题

上海专电。陈绍宽五日早晨到沪，语记者：海军是否南开应付粤局，惟中央命令是听。中央果有命令，可于五分钟内出发，故无须何种准备。又永健军舰六日可到沪，将驶闽厦巡防。永绩军舰将开象山，调换大同军舰来沪，外传将驶汕头未确。

（录自《公教周刊》1931年第112期）

第二舰队亦将来厦，由陈绍宽司令统率

海军第一舰队司令陈季良，率该舰队沿途举行操练，由沪而闽而厦。前日又由厦赴沪各节，已志本报。顷据军界消息，陈司令率该舰队返沪后，第二舰

队司令陈绍宽亦拟于本月中旬,率舰十余艘来厦,闻其任务亦系沿途操练云。

(录自《公教周刊》1931年第126期)

全国海军大检阅

南京六日电,海军部定于双十节后检阅全国海军,其方法已较去年改变。因去年系将全国舰队船只,均驰往首都江面,由检阅委员逐一登舰检阅,今年改由检阅委分赴各地,并不将军舰集中一地。

南京六日电,双十节后海部将检阅全国海军,陈季良任检委长,林献欣、陈子潜、蔡世漾、李景沣为检委,乘泰旗舰,分赴各地检阅。

(录自《公教周刊》1932年第182期)

海次陈季良氏不日来厦

本埠消息,海军部次长兼第一舰队司令陈季良氏,奉令校阅海部各舰后,经于两星期前偕同校阅员由京出发汉口,校阅驻泊长江一带各舰。兹据海军界消息,陈氏现已返京,即日再往通州一带,校阅完毕时,拟先行来厦然后赴福州,再转象山及上海一带校阅。如其所拟之计划不变,则陈氏不久即可到厦矣。

(录自《公教周刊》1932年第186期)

闽潮近讯

(福州六日电,迟到)翁照垣今(六日)午后赴马江防线访陈季良,商水陆联防事。

(录自《公教周刊》1933年第230期)

日本舰队会操过厦

日本联合舰队会操过厦,除三日两日先到六艘外,五日清晨又先后到六十余艘，总计七十余艘，泊鼓浪屿南面者，为第一潜水战队、第二水雷战队。泊厦岛之南者，为第二潜水战队、第三潜水战队、第七战队、第八战队，主力舰则环泊厦岛。日舰进港时，逸仙国舰鸣贺炮十七响，日舰亦如数致答谢。厦市长李时霖、外交参事陈宏声、林司令、蒋副官渡鼓偕日领山田氏乘若叶驱逐舰赴长门旗舰访问高桥司令官，是午高桥在舰招待我方长官，由各舰将领作陪。宴毕，李市长等告辞登陆。下午三时十五分，高桥至市府回辞李市长，略谈片刻，乃往要港司令部回拜林司令，然后环游本市各名胜，五时赴日领茶会。晚间，第二队先行开出，余舰六日亦将陆续出港，前往闽浙洋面会操，然后回马公港。日舰抵港后，官兵均相率上陆，手捧摄影望远镜，瞭望厦内外形势，日侨则悬旗庆祝，兴高采烈，与夫我辈之感受不可同日而语矣。

（录自《公教周刊》1936年第8卷第18期）

观 海

陈绍宽谈海军各队司令奉令调舰扼守要隘

（京讯）海军代部长陈绍宽氏，昨语记者云：此次日军暴行，侵我东北疆土，屠戮我同胞，焚毁我建筑，我国人莫不胸愤发指。第国难至此，实不容作空口唤呼。必须全国国民一致团结共御外侮，与日本作最后之死战。余（陈自称）身负海军职责，已电令各舰队司令，转饬各舰艇，加紧操练，蟿装待候命令。并令各舰队司令增派舰艇，扼守各口岸要隘，以安人心。业令饬在沪建造之民生军舰及甫将兴工之平海军舰加工赶造，以期完成，俾厚海防。至在闽会操之海容、海筹等十军舰，亦已电令指挥官陈季良限于月终操竣，藉资准备。如我国一旦与日宣战，余愿率海军各舰，亲临阵线，决与倭奴作最后之死战，愿作殉国鬼，不愿做亡国奴，语极沉痛。陈氏与记者谈至此，涕泪夺眶而出。记者遂即告辞。

（九月二十六日《苏报》）

（录自《观海》1931年第4期）

海部派员会勘长江海口

建设委员会：

前曾咨请海军部派员会勘长江海口。兹悉海军部海政司，业已派定陈懋解为专门委员，并于昨日通函知照本市海道测量局，兹将该函录左。径启者准建设委员会咨以派员会勘长江海口一案。现已派定专门委员陈懋解随时接洽办理等理由。除咨复外，相应函请查照为荷。此致海道测量局。

海军部海政司启

（九月四日《新闻报》）

（录自《观海》1931年第4期）

海部力争引水权

南京电财部前令税总司，与在沪法领署接洽引水权交海关管理。兹海部以引水人事业，有关领海主权，海关职司榷政，引水权则隶属国家。政纲之明，特据情呈请行政院力争云。

（九月十一日《新闻报》）

（录自《观海》1931年第4期）

陈季良率舰到厦
闻系会操过此无它任务

（厦门通讯）海军第一舰队司令陈季良，于本月四日晨九时搭海容巡洋舰，率海筹巡洋舰、应瑞、通济两练习舰，永绩、永健、大同、自强炮舰，豫章、建康驱逐舰十艘抵厦。漳厦海军警备司令林国赓，立偕副官长蒋英、公安局长张锡杰、水上分局长李世锐，同乘水警局第三号电舰，驶往大屿港面欢晤，至午十二时，始兴辞返部。陈氏以征途劳顿，并未上岸，迨五日上午十一时，始行登陆。张锡杰局长亲驱车抵码头迎接。陈氏偕各舰长到司令部，与各军政机关人员欢宴后，二时，偕林国赓司令及参谋长彭瀛，乘该部汽车游览中山公园白鹿洞，及自来水池等处。闻陈此次率队来闽会操，系演习重炮射击、鱼雷艇击、船阵操法及探海灯各术。据司令部消息，海军舰队递年皆应举行秋操，此次陈司令系由沪率第一舰队来闽会操者。沿途实习，自沪而厦，自厦而省，大约本月中旬，即可竣事，别无其它任务，在厦稽留仅三四日云。兹将与陈同来之舰长姓名录下：海容，王寿廷；通济，高献中；永绩，林镜寰；豫章，任光海；海筹，李孟斌；大同，孟琇春；永健，郑则勋；应瑞，林元铨；自强，邱世忠；建康，程楣贤。又当陈氏抵厦时，海军航空处先得报告，于六时许，即由教官赵志雄率领飞航员洪启明等五人，分驾海鹗、江□、江鸰三号飞（机），翱翔旋转于海容、海筹、大同、永绩等舰之上，表示欢迎云云。

（九月十四日《时事新报》）

（录自《观海》1931年第4期）

民生舰昨日试航

舰上装置大小炮十二尊，每小时速力为十八海里

海军新建之第五舰定名民生，由江南造船所承造，现已完工。昨日（三日）开往闵行试航，每点钟速率十八海里，舰上装置新式大小炮十二尊，战斗力非常强大。是日陈代部长绍宽因有要公在京，未克莅临，由李总监造官世甲率同该舰郑舰长耀恭及各监造员等前往试航。又定于本月十五日开往吴淞口外试航并试炮后，即升旗编队，闻该所尚有赓续建造平海巡洋巨舰一艘，俟民生编队后即正式兴工，具见陈代部长注重国防发展海军之苦心也。

（十月四日上海《民国日报》）

（录自《观海》1931年第5期）

全国军舰配布

陈谈海军听中央命令动作，海部已电令各舰认真防卫

（南京九日下午九时三十分本报专电）陈绍宽谈，海军决听中央命令动作。现驻汉者，有楚谦、咸宁、威务，长沙有顺庆、六胜，岳州有诚胜，城陵矶有德胜，新堤有仁胜，大冶有义胜，阳新有江犀，武穴有楚观，九江有民权，南昌有青天，湖口有江鲲，芜湖有永胜。以上各舰，均由曾以鼎负责。通州有海容、海筹、建康、豫章，由陈季良指挥。沪有永绥、永健、楚有、民生、辰字、曦日，由练习舰队负责。闽洋面有楚同、楚泰、普安，又有江贞、海凫、海鸥，温州有甘露、庆云，江浙洋面有海鹄、湖鹏、湖鹰，象山有通济，京有

应瑞、逸仙、自强、大同、列字、景星、海鸣、湖雀、湖鹗、宿海。海部已电令各舰认真防卫。海州由东北三舰防守。

（十月十日《益世报》）
（录自《观海》1931年第5期）

张之江整顿海防
完成苏省绥靖工作

南京九日下午七时专电。扬州佳（九日）电。张之江为整沿海防务，确保地方治安起见，庚（八日）派参谋二人，分往沿海各地视察。又张氏近为完成绥靖工作起见，商请叶主席，组织苏省保卫团干部教练所，以便培养各县人民自卫实力。当经省府会议决，商请照办。所长决由绥靖督办兼任，副所长由保安处长及二十五路军总指挥兼任，已成立筹备庭，地点设扬州。

（十月十二日青岛《民国日报》）
（录自《观海》1931年第5期）

海军第一二舰队负责保护黄渤海

海军沈司令，以当此外交紧急之秋，黄渤两海一带海防，关系切要。除将海防计划略加变更外，并须布最近海防要旨。

（十月十二日《大青岛报》）
（录自《观海》1931年第5期）

东北舰队移青岛维持青市治安

（本报三日天津电）沈鸿烈现命东北舰队主力移青（本报三日青岛电）。胡若愚二日夜由平返青，三日会见沈鸿烈商维持青市治安办法（本报二日青岛电）。沈鸿烈二日视察所属陆战队、飞机队、兵工厂。三十一日对官兵训话，勉以救国大义。又青岛通讯，东北海军总司令部原设沈阳，日军侵入沈阳后，该部亦被日军占据，所有机械捣毁一空，该部重要人员逃出沈城后，已陆续来青，暂寓海军健行社内，海军副司令沈鸿烈亦于日前由沈赴平，晋谒张副座，报告情形。因青市防务重要，故未久留，即动身南下。本定廿九日晨抵青，嗣因过济南时，鲁省府主席韩复榘坚留一谈，故在济又略有耽搁，至廿九日晚十时半始抵青岛。市府及胶路方面闻讯，均派代表赴车站迎接，海军主要人员均齐赴车站欢迎。沈氏下车后，与各要人略事寒暄，即乘汽车赴私邸休息，三十日即赴海军司令部办公。闻已呈准张副司令，暂将海军总司令部移设青岛，已于今日起开始办公。第一舰队司令凌霄，暨驻青各舰长、陆战队航空队长等，均于上午赴海军司令部，晋谒沈氏，报告青市治安，及海防情形，沈对之慰勉有加。记者因急欲明了东北海军情形起见，特驱车拜访沈氏，叩以真相。值沈氏办公务匆忙，特派其参谋长姜鸿滋代见。据姜对记者谈：此次日军侵入沈阳，沈司令适在沈城，目睹日军暴行，当时军民愤慨，跃跃欲试，只以奉张副司令命不准抵抗，遂束手就缚，任其宰割。海军防地因相距甚远，未与日军发生任何冲突。刻东北海军所属各舰，仍分驻于长山岛、秦皇岛、营口、威海卫、烟台、龙口、青岛等处，现极平静。刻驻青岛者共有五舰，计海圻、海琛、肇和（以上三舰泊薛家岛）、江利（泊后海）、镇海（泊前海）五舰云。

（十月四日《时事新报》）

（录自《观海》1931年第5期）

广东绥靖与海防
陈济棠陈策分别召开会议

（香港一日下午十时发专电）粤总部三十一日发高射炮十门运汕，交张瑞贵应用，以固国防。绥靖会议因陈济棠病未愈，改九日开，余汉谋定二日晨召集团长以上开军务会议，讨论请划西江为休养地及增士兵生活费等案。陈策召集海防会议，已议决：（一）请增拨军费，（二）组织司令部，（三）编陆战队两旅。国闻社一日上海电，白崇禧日内返桂，虎门炮台添设高射炮。

（十一月二日《大公报》）

（录自《观海》1931年第6期）

广播周报

中国海军的摇篮
——参观海军练营记

福建台　吴竹倩

五月十日，是一个充满着阳光的好日子。本台职员趁着这风和日暖之时，举行一次春季旅行，地点是马江，参观的目的是海军练营。

带队的是我们传音课主任翁礼涵，领导者是海军练营驻榕办事处主任陈祖湘少校，参加者一共有职员十二人、眷属两人。当天色黎明，我们都聚集在电台内，然后等公共汽车出城。澎湖是一只美丽的快艇，这是我们特向闽江轮船公司借来的，可以载客二十余人，一路上，我们都站在艇头观览海景，唱着《南海之晨》的歌，半小时左右，马江就在望了。

马江，又叫马尾，虽然是一个很小的地方，可是，在历史上，军事上，都占着辉煌的一页。它的位置是在闽江口北岸，距福州有二十五公里之远，为了地当闽海前哨且属江防要地，所以战时曾遭敌机猛炸，一般建筑物多已倾圮。榕城两度沦陷，马江更受了敌人的蹂躏，虽然敌人走了之后曾留下了一些枪械，但仍然是得不偿失。只要看见旧日的海校，那一片断垣残壁，荒草蔓生之景象，真令人有不胜沧桑之叹。练营原为逊清练勇学堂改称，民国十五年由旅顺移马尾，在民国三十一年时，由现任营长叶可钰经手修建，第二次沦陷时，撤退到三元梅列，直到去年才迁回。所可告慰者，就是这一次沦陷，敌人只毁坏了一些树木花朵，其他的倒也无大损失。去年九月，总司令部增设第一三两练营，分置江阴、上海，马尾改称第二练营，仍由海军上校叶可钰为营长。

走到练营大门口，最耀眼的，就是那两盆玫瑰色和粉红色的茶花，美丽中带着严肃，娇艳中又带着端庄，直使我们一走三回头，恋恋不舍。踏进了大门，首先跳入眼帘的就是那一片大草场，两边大墙上写着八个大字"顶天立地，继往开来"。两边大草场的风景区，布置得十分美丽，上面计装置有单管高射炮五门，双管高射炮一门，鱼雷一颗，水雷两颗，此外尚有大炮一门，这些都是供学生日常练习的。我们一行中，有好多人对这些东西发生了兴趣，于是就邀请各教官详细讲解，如何装置，如何瞄准，如何发射，如何布雷，如何扫雷……听得大家津津有味。大草场的后面是一个大运动场，许多学生正在那练习篮球、足球、排球，看着他们那样雄赳赳的体格、有血色的脸孔，对中国海军的前途，不竟也会乐观起来。

高山上有一片大旷场，那儿安放着一架测远器。这是福建海军接收厦门时获得的战利品，是道地的东洋货，装置很完备，使我们观望再三，都舍不得走开。

这儿的学生一共有一千三百多人，官佐有一百三十余人。练营乃招考海疆各省小学毕业以上之体格健全子弟，分为十队上课，授课的时间和普通学校差不多，训练分航海、轮机二大系，设驾驶、轮机、枪炮、帆缆、水鱼雷、电信、信号、军乐等各班，并在罗星塔设实习工场，前后毕业共一百二十余队，数量达万余人，分送各舰艇服务或转送国外深造。

学生的营养，可以说比普通公立学校好得多。副食费每人每月虽然只一万五千元，但马江之物价比福州低，很够营养了。零用费每人每月也可以得到一万五千元。早餐是两个大馒头，约二两面粉做成。午晚两餐都是纯饭。每逢星期日，他们每人都可以得到一枚新鲜的鸡蛋，比起那些县市的公务员，练营学生真是够幸福的了。

教官们带我到各课室去参观，有一班的学生正在那儿仿造战舰的模型，这一只战舰是仿旧日我国之"平海"大战舰而成的，题名"师俊"。据说这是为了纪念我国萨师俊舰长在南京下关的壮烈殉职。舰的模型很大，也很美丽。在这儿，使人可以憧憬到中国海军的美丽远景。

我们又参观了枪支讲解室、考工厂、学生宿舍、食堂……营舍广约五十余亩，依山傍水，形势雄伟。我们参观了足足半天的工夫，收获颇多，真是不负此行。

会客厅的布置很雅观，中间悬挂着宿将陈绍宽的二十四寸相片，威武神态，令人肃然起敬，两边悬挂的都是海军宿将的字画。置身于此间，颇疑是文人雅士之居处。叶可钰营长是一个幽默健谈、和蔼可亲的长官，他告诉我们许多练营的创立经过，使我们增加不少的见识。

我们的翁主任和叶营长是以前马江海校的同学，所以我们叨福得了一席丰富的午餐之外，还在会客厅门口拍了一张照片，为此行留下一个永恒的纪念。

当澎湖的快艇再载着我们原班人马回到福州时，不过是下午三时四十分，然而，我们都已满载而归了。

（录自《广播周报》1947年复刊第42期）

广东地政

协助接收西南沙群岛经过

孤悬南海中之西沙群岛及南沙群岛，为我国最南领土，于三十五年九月奉中央令仍划归广东省辖治。除中央派视察组及海军进驻外，并由本局派职员黄纬史、曾隼秋、梁宝森、古士宗等随同省府接收专员萧次尹、麦蕴瑜前往协助接收，并负责测量诸群岛地图工作。于十一月五日，分乘永兴、中建、太平、中业四军舰出发，远涉重洋，备历艰苦，费时五十日，始得达成接收及测量任务。兹将经过情形报告如次：

一、协助接收西沙群岛

1.地理形势

西沙群岛，乃一群由珊瑚虫窠所构成之低岛，位于南中国海自北纬十五度四十六分迄北纬十七度零六分，自东经一百一十一度十三分迄东经一百一十二度四十七分，与海南岛榆林港相距约一百四十浬，统计大小岛屿十五个，礁滩十四处，远近不一，罗列海面约二百方里。其分布约可分为四区，东北区有岛六个，礁滩三处，称为莺飞土□特群岛，以永兴岛为主岛，原名林岛。西北区有岛六个，礁滩三处，称为克鲁生特群岛，以灯擎岛为主岛。西南区有岛礁四处，以南极岛为主岛。东南区有岛礁六处，以林肯岛为主岛。各岛礁自海面隆起，多成环状，或具椭圆形，就中永兴岛最广，石岛最高。此次接收实测得林岛面积为一,八五一,〇〇〇方公尺，高出海面为八.五公尺；石岛面积为七八,〇〇〇方公尺，高出海面为一二.四公尺；永兴岛北岸天文点为东经一百一十二度十九分三十六秒，北纬十六度五十分三十秒。永兴岛似椭圆形，与石岛同座在一珊瑚礁围环之内，岛之边际，绕以白沙，岛上树木郁苍，海鸟栖宿，鸟粪满布地面。岛上西南部有房舍两处，一为日人占筑采取鸟粪工厂，一为安南人占筑之房屋。现各房□均已毁废，断瓦颓垣，仅存故址，并有曾经建设气象台及毁废码头遗迹。西南离海一百二十公尺，可为舰轮抛锚之所。其余各岛，面积多属狭小，既无港湾以停泊船只，又无高山以屏障风浪。近岸处浅礁伸张，近则过浅，远则过深，欲觅一良好锚位而不可得。复因其岛甚低，礁石纵横，无高大目标以供航行者瞭望，尤以春季雾天及气候恶劣时为尤甚。而流水亦绝无规则，常因风之方向而变迁，致往来船只时有触礁或遭风沉没者。此西沙群岛地理形势之大概也。

2.历史沿革

西沙群岛在我国历史上发生问题而引起国人注意者，则始自清光绪三十三年之调查一案。缘是年日人西泽吉次占据东沙岛，由江督端方访闻报告外交机关，转电粤督张人骏向日领事力争。同时闻海南大洋中复有西沙岛，恐亦为日人所占，特派副将吴敬荣前往查勘。据称西沙共有岛十五处，乃于宣统元年三月间，设局筹办经营。再派员前往查勘，同年四月初一日分乘伏波、琛航、广金三舰前往，是月二十二日回省，拟具办法八条呈复：（一）为订定岛界书立碑记，（二）为开采矿砂兴办农业，（三）为开辟榆林、三亚二港以资接应，（四）为专派轮船以资转运，（五）安设无线电以资通讯，（六）为派员分办以专责成，（七）化验矿砂详定价值，（八）酌拨经费以资开办。其时粤督张人骏根据入奏，惟未几张督卸任，清廷谕旨着继任总督袁树勋悉心筹划。乃袁督因该局对于筹办事宜未能切实执行，竟于是年九月将该局裁撤，划归劝业道办理。而劝业道亦无何项进行，从此西沙群岛筹办事宜，遂致无形消灭。是即西沙岛在清季末叶期间之历史也。民国六年有海利公司商人何承恩向省长公署呈请采办该群岛磷质及海产物，当时管理矿务之财厅视磷质为磷矿，饬令矿商照采矿条例办理，以致未能成事。民国八年，复有商人邓士瀛向省署呈请承垦西沙各岛中之玲洲一岛，以资种植，未予批准。民国十四年港商梁国之向省署呈请试办怕卤斯里群岛磷矿及渔业，嗣因查明该西沙岛经何瑞年呈请军政府内政部咨陈政务会议咨行给照前往查勘有案，何瑞年系于民国十年三月呈请内政部核准承办西沙群岛实业公司，同年八月组织开办。其实际何商暗与日人串通办理，故该林岛采取鸟粪工厂，系为日人所占筑经营。其经营期间若干，无从调查，惟民国十七年中山大学沈鹏飞等组织调查团前往调查时，已无日人在岛，只遗下有档案什物而已。中大调查归来，除出报告书外，对于建设事业之经营，未有若何表现。是西沙岛入民国以来之历史也。此次实地调查，在林岛日人建筑物中有碑记如下：一、大正六年六月平田未治南兴丸ニテ多树岛外十二岛ヲ探险ス，一、大正七年三月同人小柳七四郎斋藤茂四郎西氏指导援助ノ下ニ磷矿探掘计划ヲ树调查ニ着手ス，一、同年九月同人槇哲氏援助ノ下ニ磷矿探掘事业ニ着手ス，一、大正十一年三月台湾总督府小野勇五郎高桥春吉两技师长屋裕技师手岁张调□ナス查，一、昭和四年九月一时事业ヲ中止ス，一、昭和十二年十月再度磷矿探取ニ着手ス，末书昭和十三年十一月三日建之，是西沙岛被日人侵占之历史也。至法安南人在林岛何时占筑房屋，无可详细稽考，只中大民国十七年调查时，尚无此项建筑，其在民国十七年以后可知。所有日法建筑物毁废，或在大战时自毁抑遭盟机炸毁或军舰炮毁，亦无从臆断。总上均为西沙群岛之历史概略也。

二、协助接受南沙群岛

1. 位置及形势

南沙群岛，中国旧名堤沙浅洲，英人称为斯巴特列群岛，日人称为斯南群岛，为我国南海各群岛之最南一群，位于北纬七度至十二度，东经一百一十度至一百一十七度之间，在西沙群岛东南三百五十浬，东距菲律宾之巴拉望岛西端二百浬，南与英属北婆罗洲相距一百八十浬，西距安南三百二十浬，离香港南八百四十浬。各岛皆珊瑚礁构成，罗列纷杂，其中最大一群称团沙群岛，余者分布于其西南方而止极南之詹姆沙，共有大小岛屿九十余个，其主要者有：太平岛（原名长岛）、双子岛（分南北两岛）、斯普拉特岛、帝都岛、赖他岛、北小岛、南小岛、安波那岛等九小岛，故又名南海九小岛。此次接收首先到太平岛。太平岛为长椭圆形，连沙滩计算在内，东西长一千三百四十公尺，南北最阔处四百一十公尺，面积四三二，〇〇〇方公尺（除沙滩外，生草木之岛面长一千二百七十公尺，阔三百五十五公尺），高出海面四公尺，地势平坦。岛之东端，在东经一百一十四度二十二分，北纬十度二十二分五十五秒。岛周沙滩之外，为三百公尺至六百公尺阔之珊瑚礁与沙滩相接围绕全岛。珊瑚礁于潮退时，露出水面，潮涨时则被水淹没，其界限恒有破浪可寻。岛上有码头、马路、防空洞、房屋、水井、无线电杆等物。马路为蔓草掩蔽，不易辨认。房屋多为三合土筑成，亦有一二木房，皆已破坏。水井六口，清甘可饮，且有椰树、木瓜、香蕉等植物。以上为南沙群岛地势之概况与此次按收实地测量调查之情形也。

2.日法侵占经过

根据日本文献，日人于民国六年开始进占，至民国十年，在太平岛（即长岛）开采磷矿，十二年复在北险礁之南子岛（即双子岛）开采，至十八年止，共采去磷矿约二万六千吨，全部蕴藏量估计二十七万吨。随后台湾开洋兴业会社，亦曾派人赴太平岛经营渔业及磷业。于民国二十九年，日人拟有修建渔港计划，其概要：（一）于太平岛南面海滨建造围堤六百二十公尺；（二）其内辟水深二点五公尺，面积一千三百方公尺之泊船所，港口幅员五十公尺；（三）沿泊船所建筑长一百七十五公尺之码头及仓库；（四）建□旅店租用联络船。计由大正六年（即民国六年）至昭和十三年间，日人先后来太平岛九次，搬运鸟粪及开辟该岛为海军基地与潜艇根据地，并建设有码头、仓库、马路、电台、测候所等。又据调查，法军于民国十九年四月十三日乘马利修斯号占据围沙群岛（现并入南沙群岛）中之斯巴特来岛（英人称为暴风雨岛，日人称为西鸟岛），复于二十二年四月七日至十二日，占据其他各岛，宣布该群岛并入安南。其所持理由为依据国际公法中国家得到领土之《时效法》，谓法国经过占有该岛多时，且原主国并未有提出抗议，则此土地可依《时效》而归法国所有云。当时美国亦因该岛依地理情形与菲岛接近，出而争执。而日人闻法人提出《时效法》，亦提出早于法人在该群岛登陆测量之档案力争，随即派舰前往驱逐法人而据为己有，于昭和十四年（即民国二十八年）三月十三日，宣布隶属于台湾总督府高雄州高雄市管辖，易名为"新南群岛"。是又为日法占侵南沙群岛历史之经过也。

基上述种种情形，可知西沙、南沙诸群岛，我国实为地主国。再查海南岛渔民常往返其间，采取海产，亦有少数渔民留居岛上，□有年所。各岛中往往有孤魂庙，用砖瓦造成，即为渔民所践食者，更足□明我国早已占有诸群岛。特政府以鞭长莫及，尤其是在抗战期间，势难兼顾，致令日法先后谋占我南沙岛群。有如上述，又从日人文献对于西沙群岛之另一记载，亦谓西沙群岛古名七洲岛，近海则为七洲洋，清末□被外人占据。广东政府曾派人调查其事，一九〇九年收入中国领土，归海南□崖县管辖。此次大战，法国恐日本人占领，而□占领此岛等语。今者我国抗战胜利，台湾已归我国，凡此西沙、南沙诸群岛，无论其曾经划归台湾管辖，及是否曾被法人占据，均应归还原地主国。主权所在，领土攸关，岂容再为外人觊觎！我政府当局，高瞻远瞩，有见及此，此次接收，意义至为重大！抑尤有进者，诸群岛为我国控制安南、菲律宾、南洋群岛之要冲，接收以后，一则可作气候站、情报站，二则可大量采取磷矿，三则可为渔业发展区，四则可作海南岛榆林、三亚两大海空军港之外围据点。其于我国南部国防之安全，实业之发达，在在有莫大之价值。从此积极建设，永保主权以全领土，以固吾圉，是又为吾人所馨香祷祝者也。

（录自《广东地政》1947年复员后第1期）

广东旅沪同乡会月刊

西南政务会通过黄埔海军学校直辖总司令部
易名广东海军学校以便扩充管理
粤海舰队若裁撤各员可调入供职
海圻三舰日间将驶香港船坞修理

粤省海军制度略有变更一节,近据一集团总部消息,黄埔海军学校,自委粤海舰队司令姜西园兼任校长职后,陈总司令以该校所负责任异常重大,隶属于舰队司令部,殊未能尽量扩充管理,故特于前星期二日提出西南政务会议,将该校改名为"广东海军学校",同时明令直隶第一集团总司令部。该案通过后,总部已即日明令海军司令张之英、海军校长姜西园知照,姜已遵照易名,并呈请从新颁发校印,以资信守。闻陈总司令将该校改名改隶之意有二:第一,便于扩充管理;第二,扩大该校后,实行裁撤粤海舰队时,随从姜氏南下之人员,可悉调入校供职云。

又中央拟收回粤海舰队海圻、海琛、肇和三舰一说,惟该舰队中人则极力否认其事,以更动舰长,为一件寻常之事耳,断不因此而有变动也。然在未成为事实以前,该舰队中人,当必如此答复,此说暂不必论。惟查该三舰年代湮远,时期太久,甚少修理,司令姜炎钟特令三舰长调查舰中各大炮机件状况如何,何者废修,何者应更换,将调查结果具呈第一集团军总司令部察核,大约修理费需要三四十万元之多。闻陈总司令以该舰为我国国防舰队,应有修理之必要,惟是广南船坞太小,不能容纳,故将来决定驶往香港入坞,请某国船厂修理。在修理期内,各舰长长官水兵等,均留黄埔,只派一部分驻舰。但粤省军费困难,数十万元之修理费,难以拨发,闻陈总司令一俟该舰队呈报情形需费若干后,届期拟电请中央拨此项经费,俾有着落。至于三舰交还中央与否,俟修理后,再行决定云。

（录自《广东旅沪同乡会月刊》1934年第1卷第7期）

广东农业推广

东沙群岛调查记

余日森

一、绪言

东沙群岛在国防、经济及航海上占重要位置，其与人民经济发生关系，远在二百年以前。与航行上之利便，则始于民国十五年七月观象台及灯塔成立之后，而对于国防上实未有何设置也。著者此次奉冯局长令派赴岛调查，盖欲详细考察该岛之实在情形，如形势、气候、海产等，俾东沙群岛海产管理处及社会人士之有志经营该岛者，有所根据，是则将来发展斯岛，是篇之作不无少补也。

二、赴岛经过

著者奉派于廿四年三月十八日偕同东沙岛海产管理处主任梁权、第一集团军总司令部上校参谋林冠英、少校参谋曾希三、粤海舰队参谋胡应球、舰队司令部人员及东沙岛海产管理处人员等，乘福游舰于十九日上午启程往香港。抵港后只以连日风雨兼有霞雾，故停泊于深水埔地方候期，未能动程，延至二十七日天稍放晴，乃于下午三时半启碇前往，舰出香港海口。向东南驶，出港后云散天晴，但东北风颇急，浪头亦大，幸舰坚稳，乘波逐浪，安然度过黑夜。

廿八日晨四时许，行经一浅海地方，暗涌甚剧，舰摇动甚烈，约历半句钟始已。据带水人称："此处水深约十啰至三十啰（六十尺至一百八十尺），下为珊瑚礁所积成，与东沙岛无异，不过未达到水面高度耳。"由此到东沙尚有五十余里。十时见有海鸥两只迎舰飞来，不久在水面且见有水草漂流而过。十时半从桅上瞭望台用远望镜南望，可以窥见东沙岛之无线电杆及灯塔。十一时半抵达岛西，因靠岸礁石突兀，水流紧急，故须绕至岛之东南，在岛与沙堤间徐徐驶进，时风浪已定，盖已入湖面也。乃择适当地点寄碇，下锚处水深约十㖊，距岛约二里有半，此时遥见岛西北有日舰二艘似初抵步作下锚状者。在东方距岛五六哩处，有渔船三艘在，后得知即日本人之采草捕鱼船也。遥观岛上，见观象台前国旗高扬，且已有人在海滨集合做欢迎状者，于是分乘电船及舢板上岸，行李等物随即继续运到。

东沙岛出水面约三十余尺，碧水茫茫，浮着一条白沙，上生矮树，遥望只见铁架三柱，盖即无线电杆及灯塔也。约行半句钟抵岸，岸边成一海湾，浪潮击于沙滩上非常美观。岸上沙土松软，离岸十丈许灌木丛生，沿小径到达东沙海产有限公司办公处，略为休息。此办公处虽久不修葺，但尚完好，该公司尚留二工人在此看守，由工人导往观象台。沿路矮树葱郁，多有被斩伐作柴薪者，地上亦疏生粗草，但人行道上之沙土松浮，颇难举步耳。由办公处至观象台，相隔只四五十丈，但绕行矮树中亦需十分钟方达。抵台时台长黄琇出迎，并蒙招待及指导岛中情形。黄台长为四十许人，海军中校，据云台开办后翌年即任是职，曾长是台三次，闻下月中旬又将任满调职云。

三时许日本第三驱逐舰队司令平塚四郎，及汐风、滩风二艘驱逐舰长中村健夫等高级军佐六七人，因路过东沙，亦来拜谒，并留书函与台长，谓如有日本人入东沙捕鱼，可出手令遣去云。该二舰即晚亦离去。

旋即视察岛中，及乘舟视察海上，并采集标本，晚宿办公处。是晚风平浪静，波平如镜，各人入睡后，全岛寂然，惟西北方潮泛冲击于礁石上，澎湃之声，清晰可听。

廿九日晨四时半，东风吹甚劲，声呜呜然，六时黄台长派员来通知，谓暹罗方面有低气压，风将愈吹愈紧。七时许唐舰长友彬派舢板来接，促即回舰返航，盖因风势太猛，锚碇不稳，恐发生危险，如早离开可避风势云云。上舢板后，逆风帆航，十时半一艘已先回航，其一艘因风势折桅，复被风压回岛上，略修理后，用小电船拖带，至一时廿分方抵舰。一时半舰启航向西北驶回香港，一路东北风势甚急，途中舰被风打击，倾侧角度至四十度，濒于危者数次，曾三拍电求救，及电禀舰队司令部告急，幸后风势渐减，方于三十日午十二时平安抵深水埗湾泊，翌日（三十一日）回省，返局复命。兹谨将调查所得分述于后：

三、历史

东沙群岛向为粤省沿海渔人捕鱼驻足之所，二百年前陈伦炯著之《海国见闻录》，卷首所列之沿海全图已记明此岛。于嘉庆十八年间（一八一三）西人亦常来东沙探测，英人金约翰所辑之《海道图说》内载之甚详。英国海图官局于一八九四年所著之《中国海指南》（China Sea Directory）一书，记载该岛之地势情形亦甚详细。陈寿彭在其所著之《中国江海险要图说》列东沙岛为广东杂澳之十三。光绪中王之春《柔远记》所绘沿海舆图亦记明白。我国渔民因出海捕鱼，常以此为贮粮之所，建有大王庙及兄弟所各一间，又盖大木厂以为晒胶菜及各种海产之用。渔民梁胜、梁带、周华社、余朗轩等由同治年至光绪年间（四十余年）常在东沙捕鱼。迨光绪三十三年台湾基隆日本商西泽吉次，率伴到此，强将渔民驱逐，将大王庙及兄弟所拆毁，又将坟墓内尸骸一百余具掘出，架于大木厂上焚毁，以图灭迹，并竖旗立碑，将岛名为西泽岛，东沙礁名为西泽礁，占为己有。清光绪宣统年间，中国政府向日本几经交涉，并备价毫银十三万元购买岛上建筑物等，始得将岛收回。自宣统后政府鉴于外人之攘夺，曾屡次委员经营。委员蔡康欲取磷质及渔鱼，毫无成绩；钦廉郭人漳呈拟将合浦县人犯解岛做苦工以为开垦，但因当时岛中设置未备，遂致搁置。光复后，政府改变计划，招商承办，先后由叶养珍、陈武烈、刘兆铭、周骏烈、陈荷朝等相继承办，其中或有未赴岛，或赴岛后明知该岛蕴藏丰富，因不谙该岛情形，或缺乏采捕智识，办理屡遭失败，卒致出于停办，货弃于海，任由日本渔民窃取，利益外溢，可堪浩叹！本省当局有见及此，特令本局局长冯锐负责于是年二月成立东沙岛海产管理处，积极开发，使南海之宝藏，不至东流，庶于此农村破产经济衰落之时，开拓源流，以为国计民生之一助也。

四、位置与形势

东沙群岛，孤悬海中，本为珊瑚类动物之骨骼长聚而成，居东经线一百十六度四十分至五十五分及北纬线二十度三十五分至四十七分之间，距西沙群岛三百三十七浬，香港一百七十浬，菲律宾四百六十余浬，台湾二百二十浬。在西为一马蹄形小岛，即常称为东沙岛者，英人称之为蒲拉士岛（Pratas Island）。在东为一大礁石，上铺细沙，称为沙堤，英人称之为蒲拉士礁（Pratas Reef）。在岛与沙堤间，大小礁石甚多，或没水中，或露出水面，起伏不一。

东沙岛位于东经一百十六度四十三分，北纬二十度四十二分，东西长一哩有半，南北广半哩，最高处高出水面四十呎，面积有一千零九十华亩，状似马蹄，形若两拱手拥抱。中成一湖，虽潮落时水深仍有四五尺，开口于西北方，湖之面积约有五百华亩。岛之周围，暗礁起伏海中，绵亘十方哩，尤以西南方为最多。近岸处水清见底，作浅蓝色，危石分布海底，掩映可见，石花之美观，亦可透视。岛中土质除表面一部分为动植物尸骸腐化后所成之泥土外，其余纯为珊瑚之骸骨、贝壳、介壳等被水击碎后堆积所成，并无磷质发现。此土不适于栽种植物，亦无黏性，每被风水冲刮剥蚀。岛中周年东北风颇烈，浪潮冲击岛之东北岸，剥蚀甚巨，每年有损失至三四尺宽者，但西南方面每年都有长积之土。

岛东之大礁石，即西泽占岛时所称之西泽礁也。上盖细沙成沙堤，拱向岛方围抱作半月形，仿佛与岛相连成一大环者。环外之水深度恒达五十呯至一百五十呯之间，风浪暗涌甚烈。环内成一大湖，风平浪静时，波平如镜，洵称美观。沙堤亦为珊瑚骨骼及贝壳残碎所积成，长约廿二哩，宽一哩至二哩，潮涨时没水中，潮退时恒露出水面二三尺。所有海产大部分生长在沙堤腹面内，日本渔人常越界窃鱼，或偷取海草，因政府未设法保护，致日本人得自由出入，予取予携，利权丧失，莫此为甚！闻自本局设处管理后，驻广州日领事及日武官反扬言谓此沙堤属公共海界，日人可得自由采捕云。查蒲拉士岛及蒲拉士礁为中国所有，久已载在图籍，况西泽占据东沙时，将岛改名东沙岛，礁名东沙礁，归还后，此岛此礁，当属于我国，毫无疑义。今日本领事及武官如此蔑视，实有纠正之必要也。

五、岛上设置

东沙群岛，离海岸甚远，人际罕到，其东边半月形沙堤上，时被水淹，不能设置若何建筑物，故只于岛东由渔人建有大王庙一所而已。民十五年中央海军部海岸巡防处始在岛之东南建设观象台、无线电台、灯塔等以利航行，民国十六年东沙海产有限公司乃建筑办公处、货仓、工人宿舍等房舍。时过境迁，现在完好者，仅存观象台、无线电台而已。兹将建筑物分述如下：

1. 大王庙

在岛东有大王庙一所，不知建自何年，历来为中国渔船所崇拜凭依之处，中藏杂粮，所以备不时之需也。同治八年（一八六九）渔船船主梁胜手植椰树三株于庙后，以增景致，于光绪廿二年（一八九六）彼因见庙残旧，出资二千元修理，又建兄弟所一间（即祠堂）用银五百元；廿九年（一九〇三）东主及各伴又签银七百余两重修，此大王庙及兄弟所之形状虽不可考，然观其修理费之巨，可见规模亦不小也。光绪卅三年此建筑物尽为日本商西泽所毁灭，而在其址另掘水池及建筑屋舍，铺置轻便铁路、码头、电话等，差幸此三株椰子树仍兀立岛中，留存至今，得以点缀该岛风景不少。民十四年，因建筑观象台、无线电台、灯塔所余材料，工人遂将此项材料在椰树东北二十丈地方，建一天后庙，全座用士敏土建成，长六尺，广六尺，高六尺，坐东北，向西南，配置铁门，内悬天后圣母像，前陈香炉宝鼎，外设拜坛，香火不绝。

2. 观象台

自宣统元年议收东沙岛之时，李提督准即有在岛设立无线电之议，后未果行。及至十月接收东沙岛时，香港天文台有拟在该岛安设无线电以通风信之请，遂核议由我国自行设置，交由李准办理，因当时粤省库储支绌，故又搁置。民国十二年间，驻京英领以东沙岛处于中国与菲律宾交通航线之中点，每年五月至九月间，为飓风必经之地，航行南方之轮船，专恃香港及菲律宾之天文台，殊欠周到，请准在该岛建设观象台以为航船预防飓风之备。北京政府以主权所关，不便交外人经理，乃决自建，交海军部筹设，海部乃令行海岸巡防处筹办，海防处拟具计划在上海投标工程，由士达建筑公司以大洋九万二千元投得，派许庆文监造工程，在上海定制砖石机件，按图垒凑成台，然后逐件拆卸，分别记号，转装江平轮船，于十四年七月开始搬运到岛，即于是月开工建筑。因是处风浪甚大，转运艰难，船沉者屡，驳运时期竟费三月有余，包工人大遭拆阅，出于逃亡，因水土不服，工人亦多病死者。后改派许庆文另在香港招工建造，至十五年三月十九日方全部竣工，计有观象台一座、无线电台一座、灯塔一座，所费达二十万元。

该台位置于岛中最高实地，坐西向东，全座作E形，在岛东方，基址高出地面四尺，面积约纵横一百尺，楼高十二尺，顶上设天文测量仪，全座用士敏土铁骨建成，至办公室、住宿舍、发电机、无线电线、电池室、火药子弹库、西药房等俱设台内。另建一室设置测量气温、气压、晴雨、湿度、雨量、风向、风力、地震等仪器。在台北又有淡水制造厂、淡水池、储藏室、水厕、厨房等设备，在淡水厂与椰子树间有鸡鸭饲养园一所，用以养饲牲畜，南北两面设有轻便铁路，以为运输之用。

3.无线电台

无线电杆两枝为铁条所架成，高二百二十英尺，两杆距离三百英尺。民廿一年飓风甚烈，将杆打折，现在南边之杆高二百一十英尺，在北边之杆则余九十尺高而已，经修复天线尚可应用。无线电杆用德国得力风根机大小二部，大部电机可达一千四百五十公里，能与奉天、日本东京、新加坡通电，小部电机六百公里，能与邻近船只，及海防、吕宋、厦门等地通电。历年以来多有添改，现用短波机，波长为二十三、四十七及四十六公尺，所报天文由日本之北起，东至小吕宋，西至海防，早报下午一时发出，晚报六时一刻发出，飓风报每时发出，若有紧急气象，随测随报，此台符号为XPI。

4.灯塔

为铁架所制成，设在岛之东南最高土堆上，高一百五十英尺，灯火可照十二哩至十八哩，后因机件损坏，但仍可照六七哩，迨至廿一年底则废置不可复用。此后轮舰之在东沙之沙堤触礁遇险者，年有所闻。兹将历年失事轮船列后：

（1）廿二年三月俄国运军械船在沙堤遇险，后被救回。

（2）同年九月日轮贞岗丸在沙堤之东北失事，搁于礁上。

（3）廿三年五月意国轮船驶往南洋群岛，在堤北遇险。

（4）同年六月日本煤船又在堤北遇险。

（5）同年十月金桥城轮船在岛东南遇险，搁于礁上，半已沉没。

以上只就能计算出者而言，从此可知此灯塔之重要，希望该观象台早日将灯塔修复，或改装远照之灯光，扩充灯光能照达二十浬，使航者早知规避以免重发生危险也。观象台设职员八人及机匠工人十五人，共二十三人。职员有台长一人，副台长兼工程师一人，副工程师一人，报务员四人，及医官一人，皆由海军部海防处任用。所有职工，除原薪外，俱照薪津贴百分之八十，职员任期一年，每半年轮流换班一次。所有岛中伙食、用具、燃料等，皆由换班时运来，送接皆托香港皇后道中七十二号甲建兴公司承办，每次运费约港币一千元，每年两次。该台经费年约四万元。

5.东沙海产有限公司

为民国十六年陈荷朝所创办，以年饷二万元向实业厅承办东沙海座，在岛上设有办公处一座、工人宿舍二座、货仓一座、厨房一座。

办公处一座，楼高二层，高二丈，广四方丈，全以木建成。楼下用砖柱、楼上用木柱、屋顶用锌铁板，此办公处虽久不修葺，但尚完好可用。

工人宿舍两座，每座广四方丈，在距办公处东二十丈建筑，楼只一层，完全木板建成，现只余木架而已。

货仓一座在宿舍东，广八方丈，建以砖墙三合土，高一丈。此处因近海边，靠海之墙经已颓毁，全座坍塌，不可复用矣。

六、气候

该岛位置，虽处热带，但气候温和，不燥不湿。温度最高在夏季午间高达百度，最低在冬季夜间有冷至五十五度者。湿度常在八十度之间，雨水周年皆有，但以四五月为多。气压则甚悬殊，但平常约在七百六十二粍与七百一十粍之间。长年多吹东北风，尤以九月至十二月尤烈，是即飓风之候也。东沙飓风，来去无定，凡菲律宾、海防、日本东京等处皆有低气压，飓风发生常影响及于东沙，此东沙观象台设置之重要也。岛中春季时，风浪略静，可以开工经营渔业，至夏季尤合捕鱼及采海草。每日午后常下雨一二小时，居岛中者多设池储蓄雨水以供洗濯及饮食之用。时至秋冬，风涛日渐险恶，故业鱼者停止采捕，须俟天气转暖，乃敢出海。兹将岛中风信，简录于后：

正月	风向东北	风力五至六度（每秒速度八公尺至十四公尺）
二月	风向东北	风力五度至六度
三月	风向东北或西南	风力三度至四度（每秒三公尺半至八公尺）
四月	风向东北或西南	风力二度至三度（每秒一公尺半至五公尺半）

（续表）

五月	风向不定	风力甚微
六月	风向不定	风力微
七月	风向不定	风力微
八月	风向不定	风力微
九月	风向东北	风力四度至五度（每秒四公尺至十公尺）
十月	风向东北	风力五度至六度（每秒八公尺至十四公尺）
十一月	风向东北	风力六度至七度（每秒十一公尺至十七公尺）
十二月	风向东北	风力六度至七度

此只就全年平常之风向风力而言，倘有特殊变迁，或飓风起于东沙，则风力有猛至十度（每秒廿四公尺至廿八公尺）者。

七、物产

东沙为一荒岛，孤悬海中，人迹罕到，亦无野兽，遍地皆细沙，甚难种植。自建观象台后，台中人员之食物，均由外方运来供给。在岛上虽无何物，然在海中则出产甚富。兹分述如下：

1. 矿物

东沙本为珊瑚骸骨堆积而成，在地面之白色细沙，是石灰质，本为珊瑚、贝壳等之碎片，故不宜于种植，岛中间亦可拾获矾石、云石等，但此种石乃由外方带来遗弃于岛上者。岛中本有磷质鸟粪甚多，然自人居后，鸟亦少集，前经日本人采掘后，今已无存矣。岛中水味甚咸，可以制盐。食水乃取盐水蒸馏而得者，该台淡水机之锡甑，日出蒸馏水一百加伦。现虽凿有井三口，但水味亦不见淡，故洗用、食用，皆用蒸馏之汽水，或将接得之雨水用之。

2. 植物

岛中野生树木甚多，初开辟时，因树木丛生，致生疾病，故斩伐不少。自设观象台后，因需要燃料，每斩树枝以作薪柴。现岛上所余者，只已斩后重生之矮树而已。然不能多斩伐，盖调剂空气及阻止沙土飞扬，树木甚为重要也。除地面之植物外，尚有海中之海草如海人草及石花菜等。兹将植物类分述于后：

（1）生在地面者

①桑

岛上多野桑树，树干有至一尺径者，然因斫作薪柴，现所余者，只重生出之横枝而已。桑树普通有四五尺高，亦颇茂盛，触目皆是。

②野枇杷

乃一种形似枇杷之树，开八瓣高盘状白花，不结果，树干亦大，因斩作薪柴，故亦不高，但颇茂盛。

③通心树

为一种矮树，因树干中空故名。叶数重轮生于枝顶，叶色浅绿若敷上白粉状，叶身肥厚，无花，不能做燃料。据称倘以通心木作柴烧水，饮之能使人泻痢云，因此通心树在岛上繁殖甚盛。

④椰子树

椰子树三株，乃同治八年（一八六九）渔船船主梁胜所手植，距今已六十六年。此椰树高约三丈，虽结实，但不长成，盖因地土关系也。

⑤草

草有两种，一种平卧地面，叶披针状如竹叶，形小；一种高约一二尺，如马尾草状。此二种草生长于较阴湿之处。

⑥脚气草

如瓜子菜状，叶青绿，蔓延于地上，在岛湖滨生长颇多，煎汤饮之可疗脚气症，故名。

（2）生在架上者

菜蔬类植物，在沙土上栽之不适宜。白菜、芥菜、葱等蔬菜，皆用木盘、木箱、煤油罐等，中盛泥土，放置于离地二三尺之架上栽植之，栽种冬瓜亦然，所用泥土皆从外地运来者。

（3）生于海中者

①海人草（Digenis Simplex Ag）一名鹧鸪菜，为红藻之一，着生于石灰质岩石上，为东沙岛特产，长六七吋，直径半寸，新鲜时紫黑，干后暗紫色，因枝连接分叉若人字形，故名。小羽状叶周围丛生枝上，每枝之顶形圆如狐尾，有海草之特殊臭味。生于二三吋至十吋水中，须潜水方能探得，盛产于沙堤中

部及西南湾内，每年四五月及八九月间可以采取，年产一万八千担，晒干后可得干草五千余担。此草于采得后，须置日光下曝干之，若湿置之必至腐败。倘湿草积叠，遇酷热天气，往往自行着火，不可不慎也。海人草主治疳积等症，有驱除人体寄生之蛔虫及调摄肠胃之效。日本人取之最多，制成灭疳宁液（Liquid Macnin）、灭疳宁散（Powered Macnin）出售。

②石花菜（Gelidium Cartilagineum Grey）亦产于沙堤湾内，生于海中砂石间，状类小灌木，高四五寸，枝多而细，色红紫，曝干成黄白色。吾粤多煮溶之用以糊裱灯笼及字帖，或煮溶凝冻成胶切片供食，名冻琼脂，广州俗名大菜糕，北方有只用沸汤洗净冻食者。日本将其制成白色细条，输入我国，称为东洋菜。东沙每年产量亦甚多，因采海草者不注意此物，故无确数也。

3.动物

东沙所产之动物，种类甚多，兹略述之以供参考。

（1）在空中之飞鸟

①海鸥

海鸥为海鸟之一种，背面色黑腹面色白，鹤嘴鸭脚，两翼长三尺，体重二三斤，飞行速而稳定，常捕水中小鱼为食饵，群栖于岛湖滨，营巢于沙上，卵大如鸭卵，色浅绿，卵白亦略带绿色，卵黄小，味甘美，岛人常沿湖边采拾以供食用。岛中雀鸟，甚少被人惊扰，海鸥约有千余，见人到亦不惊惧。

②其他鸟类

咸水沙追形如沙追，约有一二百头，黄白鹤形似飞鹤，但兼黄白色约有数十头，及相思小鸟亦有数十头而已。

（2）在地面者

岛上以黑蚁为最多，地上密布蚁穴，屋内随处有蚁，故观象台中所用之枱脚、床脚、用具等，皆置于小铁罐或小杯中，中贮药水，使蚁隔离。负盘（俗名甲□）亦多，沿墙而走。其余蝎及蜈蚣等亦常见于室内或室外。

（3）在海中者

种类甚多，且产量亦巨，兹分述如下：

①鱼

在茫茫大海中风涛甚大，鱼类皆以东沙为安乐窝，偶遇海洋不静，湾内之鱼更众。曾记初抵东沙时，乘钓海中，一分钟可得石斑鱼三尾，从此可见鱼之多也。东沙海中，随处皆产石斑、鲢鲇、青衣、三须、马友等鱼类，岛北多产大沙鱼，其它如海底鸡项、飞鱼、八目鳗、侧目鱼、鹤鱼等亦产之，鱼类以四月至八月间为多。

②玳瑁

东沙产大玳瑁，壳广三四尺，每年五月间，玳瑁于夜间上岸产卵，捕者伺之于沙滩，待其静止，挽翻而捕擒之。

③虾蟹

东沙产寄居蟹多种，此种蟹寄居于大小螺壳内，种种色色，多不胜记，沿岸边皆可拾取。又产红蟹一种，形如大螃蜞，两眼高竖，色红青，食之能致腹泻。岛南礁石间产大龙虾，每只重六七斤，肉味鲜美。

④棘皮动物

在沙堤湾内产红海参，但惜其味苦涩，不适于食用耳。海胆亦有产生，但数量甚少。

⑤软体动物

墨鱼（乌贼）、鱿鱼、鲍鱼（石决明），产于岛之西北，产量至富；他如宝贝、高濑贝、尖塔螺、响螺、扇贝、船蛆等贝类产量亦多，小者如豆，大者重百余斤，种类不下百余种；其美观者可制装饰品，或为制纽扣之重要原料，年产亦不弱，此亦为东沙之重要出产之一。

⑥腔肠动物

珊瑚、海底柏、海底柳、石花等，在海底出产亦富，尤以岛西南为特多，此类动物可为装饰品及药材之用。

⑦其他

除以上所举者外，其他出产之未能调查者当必甚多。观象台中人员为供给食用起见，用铁丝网围成鸡鸭饲养场，现场内养有小白黑鸡四只，场外有小黑猪一只，因饲料供给不足，鸡猪亦不见长育充足。闻此家禽家畜在岛上不能生育传种，所有畜种俱从外方运来者云。

八、结论

统观东沙岛之地势物产，实大有可经营与发展者。中国人之性，是只知取其目前之利,而不知合力远图,故东沙岛虽为中国之地,渔人终日在此捕鱼,而反为外人夺去,盖以渔人无组织,政府无政治设施也。自清季收回东沙岛后,至今已二十五年矣,不特毫无寸进,反被日人卷土重来,且又欲再施其侵占之野心,国人岂可不猛醒,亟起而图之!今幸本局局长冯锐秉承当局之意旨,具大无畏之精神与坚忍之决心,积极特组东沙海产管理处以经营之,庶几东沙岛海产不致再为日人攘夺,其将来经营如何?虽不能预知,是亦差强人意之事也。谨将此行所见,及其急需举办者,分列于后,以供参考。

(1)东沙海产至富,估计只海人草一项已年可产五千五百担,以每担价二十元算,年可获利十余万元,倘能杜绝偷采。则价当可抬高,因东沙岛所产海人草比世界各处为多,而其质最好,故欲得草者,非向我国购买不可,而价钱当可被我垄断,收入将不止区区此数。他如珊瑚、贝类、鱼类、玳瑁等,照时价算,年值亦在三十万元以上,此岛之利源盖甚大也。

(2)东沙岛远处大洋海中,波涛汹涌,若用大船来往,每次须五六千元,太不经济。故往东沙岛者以用载重五百坦大之渔船为宜,因波浪紧急,船须装置发动机,方易于行驶。然船小则危险,有非熟习航海及富于冒险精神者不敢往。又从前到岛之渔船,每苦无避风之处,一旦有飓风,则船物难保。作者此行,得悉岛中有一浅湖,广五百亩,深七八尺,即水退时,亦深四五尺,可挖深以为避风之用。湖内可容渔船五六十艘,为便渔船出入计,可将东边数丈基堤沟通,如此四周可有一二丈高堤岸,可阻止风势,船在其中,虽遇飓风亦可保安全也。

(3)东沙岛为一荒岛,在岛中朝风夕雨,飞石扬尘,人困处其中,食不甘味,行坐咫尺,与外人隔绝,交接艰难。故开发东沙者,必须具大无畏之精神,坚强之魄力,抱牺牲之决心者,始克有济,否则终必如前之官办商办者,徒具一番热诚,而终归心灰意冷,卒至失败破产,可不慨哉!

(4)东沙礁石甚多,往来船只,向无一定水路,为航行平安起见,应测定安全航线,使船入湾后,循道而行,不致发生危险。

(5)东沙岛之沙堤,常没水中,南行之船,每在此触礁,航者常有戒心。如遇飓风,船行经此,多不能免。潮汕有"趁东沙"一语,盖即指于飓风后来东沙抢取破船中货物,所谓发洋财也。为预防危险计,东沙岛上之灯塔须恢复射照，更于沙堤扼要地方设立灯塔，使航行者不致再有触礁之患，而渔船可以放心来岛捕鱼，此应急待建设者也。

（6）东沙岛虽弹丸之地，但其地位至为重要，当兹国际风云紧急之时，而此岛又介于香港、菲律宾、台湾等英美日三国属地之间，为我国南方扼要门户，其重要实有举足轻重之势。故为国防计，我国应在岛上有所设备，甚望军事当局早日设置之！

（录自《广东农业推广》1935年第7期）

广东司法星期报

广州地方检事局致广东海军司函

敬启者：

冯麟瑞与冯芝显等互控一案，经本局移送同级裁判所审讯，尚未判决。昨承贵司电称冯麟瑞另犯有案，嘱本局协助传案押留，当经照办，押交看守所，现复准贵司咨称嘱将该犯解交贵司究办，以成信谳等语。兹即派警押送，请烦查收。但冯麟瑞在裁判所，案尚未结。倘裁判所提回讯问，尚希随时交回，以凭讯结，实纫公谊。

专此致请公安。

局长林熙畴署名

二等书记官潘龙骧拟稿

五月廿五日

（录自《广东司法星期报》1912年第1卷第15期）

国防论坛

海军部船坞将落成
长宁、正宁两舰定期编队

海军部江南造船所新建最大船坞，自兴工以来，全部即将竣工，定双十节举行落成典礼。至赶造之长宁、正宁，两舰亦决于双十节升旗编队，将其情形分志如下：

海军部江南造船所新建之最大船坞，即第三船坞兴工以来，为时已久，因该所经费困难，及遭"一·二八"战事影响，至进行甚为迟缓。兹据该所消息，第三船坞工程近经积极进行改造，全部大致完妥。记者昨向海军部方面探悉，以该坞即将工竣，决定九月一日兴行落成典礼，届时并请各界参加，海军部长陈绍宽，将来沪主持。至新坞构造，计长三百八十四尺，深二十八尺，阔八十九尺，闸门进口处深二十六尺七寸，四周钉有铜椿，用巨大洋松木装铺坞面，建筑甚为坚固。此项船坞为中国最大者，落成后，即万吨商轮，该所亦可承揽修理。

（录自《国防论坛》1934年第2卷第9期）

海部建造平海舰竟仍聘日技师
职工计十七名由神保技师长率领

海军当局新计划在本埠江南造船厂，建造前在日本播磨造船所建造之巡洋舰宁海号之姊妹舰平海号，遂向该造船所聘请优秀职工。现职工白山氏以下十七名，已由神保技师长率领，于三十日午后三时，乘日邮长崎丸抵沪。据该技师谓此次因受嘱托江南造船厂，建造中国军舰平海号，预定约在中国勾留一年，平海号为前托吾等在播磨造船所建造之宁海号（二五二六吨）之姊妹舰，今后将在江南造船厂与中国方面协力工作，同时亦可学习中国方面之技术云云。

（录自《国防论坛》1934年第2卷第10期）

国防新报

西沙群岛是中国国防的要点

我国于八年抗战胜利后，所有以往失地，应次第收复，这是战胜国理有固然的举措。去年九月我国准备接收西沙群岛后，法国外交部竟宣称："法国亦认为该列岛屿，系属于越南者。"乃十一月二十七日我海军进驻该群岛，上月法国亦公然派"东京人"号舰前往占领。我在西沙群岛之守军严阵以待，法舰又折往另外一个岛上登陆，现我外交部正在抗议交涉中。我们要问法国根据什么说是属于越南者？如果照法国新闻社所说，安南国王在十八世纪及十九世纪时，曾一再要求取得西沙群岛之宗主权，则当时安南且是中国的朝贡国，纵有事实，其宗主权仍然属于中国。唐宋以前，中国移民海外，就曾经该群岛，而后我渔民每年春去夏来，秋去冬往的往来其间，清末广东水师提督李准并曾前往植旗，该群岛属于中国是没有问题，岂容法国觊觎吗！

西沙群岛位于海南岛之榆林港东南约一百四十四浬，东北去广州珠江口三百六十浬，东距菲律宾马尼剌五百四十浬，北纬自十五度四十六分至十七度五分，东经自一百十度十四分至一百十二度四十五分，形势非常险要，是我国通南洋的门户。岛上虽然没有丰富资源，但在军略上的价值甚大，是我国的国防要点。希望外交当局据理力争，配着国防部的有效行动，作为外交的依凭，我们要确保这个南疆海防要点，以固国防！

（录自《国防新报》1947年第3期）

介绍中央海军训练团

陶今也

虽然八年抗战,"海军"在国人的心里,是被搁置在最冷寞的一角,但由于太平洋上的四年战斗,国人的心理,却又被"海军力量"镂刻了深深的印象。于是自胜利以还,关心海军和投效海军的人们,数量既多,情绪也十分热烈。但海军是一群各种专家集组而成的军队,与陆军空军迥然不同,训练一个陆军步兵,有六个月的时间就够了,训练一个空军飞行兵,有十八个月也够了,而训练一个海军士兵,要使其能作战,最少需要两年,尤其是海军军官,即使是一位准尉也需要受四年以上的训练。这国防最前卫的力量,为什么这么难于训练呢?想必是大家所亟欲得知的事。我现在来把中央海军训练团作一个简单的全面介绍,就可以约略地给大家一个对"海军"较为明晰的轮廓了。不过中央海军训练团并不是海军的基本训练机关,在这里受训的士兵,都业已受过基本训练,官员都具有海上服役经验,他们来此受短期的再训练,是担任接收和使用新式舰船的。

中央海军训练团成立于三十四年十二月廿二日,地址在山东半岛胶州湾口的青岛,英文译名 Chinese Navy Training Center,简称 C. N. T. C。这个团是配合着另一个美国特设的机构来共同工作着的,这个美国机构叫 Chinese Amphibious Training Group,简称 C. A. T. G,中文译名是中国两栖部队训练班。C. A. T. G 是根据着美国赠我舰艇二百七十一艘的接收人员的技术训练需要而设,因为赠舰的最先一批,便是两栖性的登陆舰艇(美国赠舰二百七十一艘,包括登陆舰艇、护航驱逐舰、布雷舰、扫雷舰及潜艇驱逐舰等舰种,舰型大小自百吨至五千吨)。C. N. T. C 的主任是林祥光上校(Captain S. K. Lien R. C. N),C. A. T. G 的主任是戚丁上校,一般工作人员惯常称呼 C. A. T. G 为顾问团,称呼戚丁上校(Captain J. S. Keating U. S. N)为总顾问。这两个机关合作着工作了一年零三个月,共计接收了各式舰艇计有:

一万五千吨运输修理舰一艘

四千吨坦克登陆艇(Landing Ship Tank)十艘

九百吨中型登陆舰（Landing Ship Medium）八艘

四百吨步兵登陆艇（Landing Craft Infantry）八艘

三百吨坦克登陆艇（Landing Craft Tank）七艘

  总吨位将近七万吨，已经超过抗战前我国海军的吨位总数。以上各舰，现在都已分别编入各舰队服役，不久的将来，两栖舰只的训练就可以结束，继续训练巡洋舰以下各型舰只的官兵，以便接收第二批的赠礼。

  C. N. T. C 和 C. A. T. G 设有航海、轮机、枪炮、船艺、电机、信号、电讯、电子学、雷达、电机、电罗经、炮火指挥、帆缆等教室三十多所，其间装置的许多新式训练器材，都是从太平洋各美国海军基地运来。训练方式完全与美国战时迅速扩军训练大量官兵的方法相同，分为陆上训练和海上训练两个阶段，每一个受训官兵在未登舰以前，先受陆上训练，各科教室的设备，也与舰上没有分别，所以陆上训练结束了以后到海上实习时，可以收事半功倍的效率。在陆上训练时，先是听讲，其次看图表模型，再次观看电影，然后再用实物学习。各兵科的官兵，必须是一个本科的专家，而在成为一个专家以前，他还必须把所有的基本学识技能学完，所以海军是比较陆军空军难于训练些，而建设海军这一工作，更是艰巨于建设陆军空军。

  就这十五个月的成绩看来，我们的新海军，虽然还只是一个贫血的幼婴，要把它抚育成人，单就接收美国赠舰二百七十一艘来说，就还需要相当的时期和花费相当的心血。但新海军的前途是光明远大的，参谋总长陈诚上将（General C. Chen）说过："青岛是海军的黄埔。"海军总司令桂永清中将（Vice Admiral Y. T. Kwei）也正在计划把中央海军军官学校和上海海军练兵营都迁到青岛，使校团营汇集在同一个地方，训练和调动都便利得多。如此看来，海军今日之在青岛，犹如陆军昔日之在黄埔，那么从今日之陆军，我们就可以想见到异日之海军了。

—— 一九四七年三月于青岛

（录自《国防新报》1947 年第 7 期）

国防月刊

西沙群岛在国防上之地位

华 洵

我国海洋学家马廷英氏于一九三七年曾发表 Data on the Time Required for the Building of Coral Beefs 一文,说明在西沙群岛珊瑚礁下五英尺处发现过大量的"永乐通宝"铜币。依照马氏的推算,一英尺珊瑚礁的构成需要一百年,那么,我国涉足西沙群岛已经有五百余年的历史了。在东汉时有马伏波将军曾到过该岛,远在越南立国以前。清末时,我政府还派了副将吴敬荣率技工一百七十人分乘"伏波""琛航""广金"三舰前往查勘,计划开发。迨宣统二年,广东水师提督李准又奉命率军进驻该岛,并悬旗鸣炮,正式认该岛为我国领土。一九三九年抗日期中,不幸沦陷。自日本投降以来,我国海军进驻该岛,实为我国恢复领土主权的措置。不料法国于去年十二月九日竟在巴黎声明该岛应属越南,但根据一八五八年的《中法天津条约》的附图,西沙群岛系在中国版图之内。一九〇八年我国海关为船只安全,乃提出在该岛建立灯塔,至一九三〇年国际气象会议在香港举行时,亦提议由中国在该岛设立气象台,以利海上航行。事实上,往来于该岛与居住该岛者,悉为我广东海南岛渔民,我海南岛渔民依该岛为生者数达一百余万之多,由此可知西沙群岛之主权属于我由来已久,何能容外人觊觎!况该岛是我华南国防上重要之根据地。

(一)从位置上看,我国南海岛屿,系包括海南岛、西沙群岛、东沙群岛、南沙群岛、团沙群岛等。其中的西沙群岛,英文称为普拉塞尔群岛,我国古时则称七洋洲，既以其位于东沙群岛之西以名之。该岛在行政上属于海南岛的琼崖县所管辖，位于北纬十五度四十五分至十七度五十五分，东经一百一十度十三分至一百十二度四十七分，正介乎越南和菲律宾之间，共有大小岛屿二十余个，海拔六公尺，分东西二部。东侧有树岛、北岛、中岛、南岛、林岛（多树岛）、石岛、林肯岛，西侧有珊瑚岛（笔岛）、甘泉岛（吕岛）、伏波岛（都岛）、金银岛（钱岛）、琛航岛（登岛）、广金岛（堂岛）、天文岛、南极岛（特里屯）、柏苏奇岛等，面积约为二百余平方里，都系珊瑚礁所构成，最大的岛屿面积约数十平方里，最小的面积还不及一平方里的十分之一。西北距海南的榆林港约一百四十浬，西距越南的土伦港（Tourane）约二百五十浬，东距菲律宾的马尼拉港（Manila）约五百四十浬，适居于海南岛、越南、菲律宾之间，同时又当新加坡与香港航路的孔道，扼海上交通的枢纽，为我国通南洋的门户。

（二）从经济上看，岛上的鸟粪极多，经千百年之积累，厚度至三尺十尺不等，最深者达二十尺。由鸟粪化石结成磷酸矿，为最主要的富源。秘鲁（Peru）、智利（Chile）两国以此驰名于世，而我却鲜为国人珍视。鸟粪的分布，据民国十七年调查，以林岛较多，所占面积约一，二九一，六〇〇平方公尺，储量约有三二二，九〇〇立方公尺，合计约二二三，五五〇吨。此外，水产方面，在环绕岛屿四周的浅海中，富于海参、海胆、海龟、蚌蛤、墨鱼、巢蟹、珊瑚、玳瑁、海藻、海绵等，海龟极大，重达二百斤，年可得二三百之数，获利甚夥。植物方面，因种类不多，大概和海南岛的三亚、榆林一带无异，乔木高达三十多尺，尤以林岛最多。动物方面，以热带生长的白腹鲣鸟为主，海燕次之，因动、植、矿、水产均富，故日人赞称："不失为经济上的一个宝岛。"

（三）从战略上言，西沙群岛据南海之中，东南面菲律宾，北与榆林港对峙，西北临东京湾可望越南，北通香港，南达新加坡，如筑营房，建军港，设炮台，即可与榆林港成掎角之势，握东西两洋的咽喉。从此我国西南国防巩固，可无外顾之虑，否则海南岛势必陷于孤立，闽、粤两省亦岌岌可危。日人早识该岛极具战略价值，故于太平洋战事起后，即建为进攻南洋的基点。法国之垂涎觊觎者，亦因该岛在战略上之地位极重要，如以该岛为基地之飞机，其飞行半径可遍及我国南部、越南、菲律宾、泰国及婆罗洲等。所以群岛面积虽小，但在经济上是一个很大的利源，在军事上是我闽、粤最重要的屏藩，南海的前哨。

（录自《国防月刊》1947年第3卷第1期）

国防周报

二次湘北大捷与海军封锁之功效

海 讯

此次敌机抄袭第一次进攻长沙的攻略，藉舰艇之掩护，由营田登陆，越过新墙河，向长沙进犯，卒以我陆海空军将士协同堵截，致使敌军孤军深入，后援断绝，造成我湘北第二次大捷之伟大战果。

湘北形势，左扼洞庭湖及湘江，右拥幕阜九宫，新墙、汨罗、捞刀、浏阳四河，横贯其间。丘陵峰峦，起伏于各河岸。在交通方面，有干线四条：一为湘江航线，一为粤汉铁路北段，一为自赣北经平江至长沙之公路，一为湘鄂公路。但自敌陷岳阳后，长沙以北之铁路公路均为我自动破坏，使敌人重兵器无法发挥其效能。但在水道方面，湘阴以北之洞庭湖，拥有八千六百华里之湖面，南道湘江，浅水炮舰可直达长沙。我海军为防御敌舰艇自水道进犯，于湘江入口处，均加以严密之水雷封锁，故此次敌人不能利用水道增援及补充弹药给养，而我军亦可不受敌海军炮火之威胁，得以从容布置，予敌痛创，以保卫长沙。又据前方消息，我海军布雷队于敌军渡过新墙河后，因不及撤退，乃深入敌后，潜布水雷，以阻敌军增援，可知我海军在湘北二次大捷中亦有重大功绩也。证以敌人广播自称，此次敌汽艇固误触我水雷沉没不计其数，《读卖新闻》随军记者，亦与艇同遭没顶。

（录自《国防周报》1941年第3卷第4期）

国 风

同江富锦之役回顾谈

二十年十一月三十日在总理陵园管理委员会演讲

张其昀

民国十八年的中俄战争,先有同江富锦之役,后有胪滨(满洲里)呼伦(海拉尔)之役。同江之役在十月十二日发生,富锦之役在十月三十日发生,胪滨之役在十一月十七日发生,呼伦之役在十一月二十四日发生。为什么缘故,中俄战争在上述诸地发生呢?中俄纠纷起于是年七月间,又为什么不先不后在十月十一月里发生战争?这在我们研究人地学的人看起来,都是很有讲究的。简单地说一句,就是俄国人能够利用东北之天时地利,以谋军事上的胜算。因为俄军所最感缺乏的,便是军用粮食,若要准备粮食以度寒冬,势不得不向中国抢劫以补其不足。富锦有小哈尔滨之称,是松花江下游的农产中心,也是俄军第一个目的地。当十月间,吉黑农民已经收获完毕,而这时松花江尚未封冻,所以不先不后,俄军遂大举入寇了。当中国庆祝双十节的时候,俄军认为时机已到,跃跃欲试,果然以海军攻我同江,原定计划一举而捣富锦,不料中国海军在松黑二江会流之处,奋勇的抵抗一下,沉其三舰,丧其元帅,俄人不敢长驱直入。到十月底,俄人鉴于松花江不久就要封冻,乘大江尚未冻结之时,即在三十号那一天,大举重来,窥我富锦,富锦所存的粮食,尽为俄人满载而归。俄人遂达到第一步的目的,于是东路松花江暂入休战状态,复于西路呼伦贝尔高原进行侵略。鄙人今天演讲,注重于松花江方面,现分四节叙述，第一就是松花江下游的农产，第二是松花江下游的水道，第三是同江战役的经过，第四是富锦之役及当时国民的心理，如此说来，大体可以明白。

松花江下游系指由哈尔滨至同江而言，此段江流长约四百三十哩，沿江之地大都是平原沃野，近年因关内移民来此，人口日增，垦务发达，年岁丰登，前途实大有希望。其地东滨太平洋，雨泽颇富，耕种时期，每年也有五个月，大豆小麦均能充分成熟，玉蜀黍、高粱、小米亦有出产，又可开辟水田，种植水稻，而沿江水草之肥美，平原之广阔，尤为天然的牧场，农牧二业兼而有之。至平原两侧之山地，山深林密，多产木材薪炭及皮张药材等物。矿产已开采的，有鹤立岗煤矿，以轻便铁道运至江滨。松花江又富渔产，每当夕阳，江上荡漾中流的，多属渔夫，令人想见天然美景。其土著叫做鱼皮鞑子，即以捕鱼为生。近来荒地多已垦殖，沿江富源，首推农业，农产出口最多的地方，便是富锦县。富锦在二十年前犹甚荒凉，近年因移民日众，农事繁昌，发达甚速，除哈尔滨外，为松花江上最大商埠，故有小哈尔滨之名。富锦县城位于松花江下流之右岸，沿江设有很大的码头，及多数粮栈。其县城与码头相连，居民都五万，城内街市整洁，建筑物多属二层楼房，为下游各码头所不及。富锦之无线电台可与哈埠、沈阳及龙江之电台，互通消息。自富锦起运之各项粮食，大有与年俱增之势。市内有纯粹粮商六十家，工业除油坊烧锅外，又有新式面粉厂三家，外人开设的商店有十几家，俄人在此经营出口粮食者，亦有三四家。出口货物除谷类以外，又有面粉、豆油、烧酒和木材等，多销于哈尔滨及黑龙江、乌苏里江沿岸。现在富锦为农产交易之中心点，因水运低廉，都用轮船转运出口。但冬季松花江结冰，船只多在哈尔滨过冬，一年航务，须有五个月的停顿。故通常本年的收成，多存于富锦粮栈，至翌年五月开航时为止，当俄人侵入富锦，正好是仓廪充满，农民一年辛勤，全为敌人所得，事后计算，单是粮食损失已在二百五十万元以上。

松花江为吉黑二省之天然界线，由哈尔滨沿松花江向黑龙江，轮船畅行无阻，航业颇为发达。年中春季开江以后，秋季封江以前，水道交通至为便利，由哈尔滨至同江为程不过四日。江中结冰起于十一月初旬，其完全封固之期，则在二星期后，此后四个月内，重载货车可于冰上通行。次年四月中旬，江中始发现冰块，在一星期内，冰块可完全融化，轮船亦将开始下行，此乃指哈尔滨而论。其他各口岸，以其在沿江之地位不同，故其解冻开船情形，前后可差数日，以哈尔滨为起点，至富锦约三百九十英里，至同江约四百三十英里。同江距俄国伯力一百六十英里，距黑龙江口六百英里。同江位于松花江之口（其实距江口尚有八公里），即松黑二江会流之点，土名哈拉苏苏，其地发达较迟，居民尚多鱼皮鞑子，商业甚微小，但为中俄水路交通的重要边隘。松黑二江会流处，其水道曰三江口，有大小二沙洲，间隔江口为上中下三口，下口为主要航道。三江口介于俄国伯力与海兰泡之间，伯力乃俄国远东政治军事之中心，倘中国海军实力充足，可自同江溯江而上，攻海兰泡，或顺流而下，直捣伯力，而断其东西二重镇之联络，奈中国军力，连自卫尚不足，只能扼守三江口，不敢越雷池一步。自七月下旬，衅端已开，俄国先发制人，将乌黑二江我国的商船尽行扣留，俄国商船则照常航行于黑龙江上。当时我国以全力扼守三江口，但可用的军舰，只有利捷、利绥两艘，俄国则有军舰九艘，敌人有大炮三十二尊，而我只有八尊，海军实力，相差数倍。且俄方有飞机而我无之，故不待正式开战，而胜负之数已大略可见了。

同江之役，为甲午以后我国海军第一次对外作战，而东北海军首当其冲。东北海军分为三个舰队，即海防第一舰队驻青岛，海防第二舰队驻长山八岛（即庙岛群岛），吉黑江防舰队驻哈尔滨。同江之役，江防舰队担任第一线的是利捷、利绥二舰，这二舰原是德国浅水炮舰，欧战时被我没收，在民国八年由上海冒险远航，入据三江口。这次真正可称兵舰的只有这二艘，其余任第二线的像江平、江泰、江安，都是由商船改造的。当时俄国陆海空军的大本营，设于黑龙江北岸徐尔古地方，离三江口约三十里，有炮舰九艘，实力超过我国数倍。双十节的一天，俄舰曾经开炮示威，正式战事以十二日晨五时开始。中国海军明知众寡不敌，乃用出奇制胜之法，以东乙拖船为活炮台，上置重炮二门，由江安舰拖带，藏于芦苇深处，不易觉察。时敌人以我司令旗舰的利捷舰为主要目标，对东乙毫不注意，于是我军乘其不备而猛攻之。炮火总指挥名张力声，字楚材，浙江定海人，曾参与甲午之战，经验甚富，立于东乙舰上，于半小时内击沉俄国司令旗舰，击毙其远东舰队司令。另有敌舰二艘，亦中弹而起火，所以中国方面颇占优势。但自上午九时许，红日渐升，敌飞机十八架，成群而来，飞机炮舰，上下夹攻，弹集如雨，江水为之沸腾。利捷首中数弹，其余各舰亦被攻击得体无完肤，激战至十一时许，中国方面已丧失其战斗力，俄步骑兵三千余，乃由兵舰大炮掩护上岸。我国海军陆战队与吉林陆军第七旅奋勇御敌，白刃相接，而孤军被围，弹尽援绝，几乎全军覆没。至下午四时许，张树声为炸弹所伤，东乙舰亦沉没，一幕海战告终。同时陆上防线亦全被冲破，同江失守。是夜俄军宿于城内，把所有粮食，搜括一空，公私房屋，焚烧殆尽，一时火光烛天。至十九日，中国军队克复同江，已是一座空城了。同江之役，我军虽败，俄人亦受重大损失，计俄舰之被我击沉者三艘，被击伤者四艘，飞机击落二架。自从甲午之战以后，国人久置边事于度外，今尚有健儿杀敌，为国捐躯，其忠勇壮烈之概，诚可谓死有重于泰山。

自三江口战后，惟利绥一舰驶回富锦，这遍体鳞伤的猛舰，令人见之触目惊心，而斑斓殷然伤亡士卒碧血之遗痕，犹随在可见。同江之战，俄人目的本在富锦，因司令阵亡，故此作罢。翌日俄舰在伯力举行盛大的追悼会，但俄人雄心未死，以为如得富锦，可不忧冬令之粮食。果然于三十日卷土重来，海陆空军同时并举。是日早晨俄舰越过同江，向内急驶，至下午四时许，与我国仅存之江亨舰（本为扬子江炮舰，与利捷、利绥同时驶往东北），在富锦下游三十里之高家屯，相遇激战，江亨因弹尽乃自沉于江中。是日早十时，俄人又用飞机十架，突袭富锦，投掷炸弹，至午后三时天已昏黑始回航。三十一日早九时，俄舰开炮向我市街轰击，陆军亦开到，飞机又在空中助攻。时守富锦者为吉军第五旅，全部二千余人，虽竭力抵抗，奈陷入重围，孤军绝援，不得已于晚六时许突围而出，退守桦川。晚八时，俄军遂入城，分兵四出抢掠，富锦所藏粮食，搜刮罄尽，且纵火焚烧，乱后颓垣破壁，瓦砾载途，真不堪回首了。富锦之役以后，俄军已士饱马腾，且松花江亦封冻，俄人转移目标，向我西路呼伦一带进攻，此系后事，暂且不提。

甲午一役以后，我国军队，只之有对内的阋墙，而无对外的御侮。我东北海陆军抱破釜沉舟之志，以一当百，奋斗到底，为国牺牲，义不反顾，其激烈悲壮之处，真是可歌可泣，较之甲午之战，我国海军或降或遁，不可同日而语。或谓甲午之战，非中国与日本战，实李鸿章与日本战，大多数人对于战事尚茫无所知。所可痛心的，这次同江、富锦之役，也还是吉林省与俄国战。当俄人攻入富锦时，我军仅二千余人，炮火力亦甚薄弱，又因援军不继，惨遭失败，致发生富锦的浩劫，深可痛心。同江之役，我舰队被击，半出于俄国飞机的毒手，但沈阳有大批飞机，何以坐视不援，诚所不解。姑无论当局，即一般国民当时对于俄事，亦异常冷漠，坐视强敌寇境，城邑为墟，而中原人士，漠不相关，几成为东三省单独对俄之局。今年九一八，日本悍然夺我东北首府的沈阳，就是看透了关内人民束手旁观的心理。但当初对俄尚能抵抗一下，沈阳事变索性不抵抗了，这也许出于日人意料之外，于是日人野心勃发，遂引起囊括东北的决心。这样看来，民国十八年同江战役在中国民族历史上要占何等宝贵的一页呀！

（附记）民国八年，政府乘俄人内乱之际，收回松黑等江航权。乃由当时海军部所属长江第二舰队，拨调江亨、利捷、利绥等炮舰，及利川运舰，取道黑龙江口，驶赴哈尔滨，设立吉黑江防司令部。后又购戊通公司商船三艘，改配武装，并借中东路炮船一艘，分别命名为江平、江安、江通、利济，其后又稍有扩充，与江亨等舰合计十艘，吉黑江防舰队，遂以成立，而以哈尔滨为根据地。东北江防舰队以江亨为最大舰，排水量五百五十吨，利捷、利绥次之，各三百吨。中俄一役后，东北舰队伤沉过半，东北当局以四十万元预算，谋恢复江防舰队。利绥自三江口一战受创后，已运回哈埠，经东北造船所督工修理，于十九年二月间竣事。同时派员工多人前往同江趁冻打捞利捷、江平、江泰、江安四舰，至富锦打捞江亨、利川两舰，于四月下旬运抵哈埠，除江安一舰已被炸碎不堪再用外，其余诸舰修复后，仍开往下江一带游弋。惟中俄会议俄方提出"仿造列强在长江驶行军舰商船要求，俄舰商轮驶行于松花江"，此事至今成为悬案。按松花江航权欧洲大战后幸告收回，至本年二月，哈尔滨失守后，航业公会所属轮船百余艘，及东北海军江防舰利捷、利绥等舰，悉被日军征发没收，且以之载兵运械，袭击我松花江下游各市镇。同江、富锦，疮痍未复，宾县、依兰等地又皆毁于日军炮火之下，呜呼痛哉！

（录自《国风》1932年第7期）

国货评论刊

海军无线电台改造工竣

海军总司令部无线电台，原设长波、短波两处，长波系用火花式旧机，短波电力亦仅十五华脱，需用时颇感不便。现由该部无线电陈技正从事改造，将长短波两机并设一处，改用真空管，长波波长一千二百米达，短波波长三十八米达，电力均五百华脱，已经通电，成绩甚佳。

（录自《国货评论刊》1929年第2卷第8期）

国货月刊

本省海军服用国货

第一集团军司令张之英,以服用国货,为军人之职责,故作特通令所属各长官、舰长、海军学校学生,嗣后不论军服便服,所有一切衣服原料,均须采用广东省营纺织厂出产之国货为原料。其他用品,亦一律采用国货,以符军人职责。如发觉有仍购用外货者,即以违抗功令罪严惩云。

(录自《国货月刊》1935年第2卷第8期)

国际言论

东沙群岛被占后气象报告已停止

据香港政府方面表示，自日本海军占领华南著名气象台所在地之东沙群岛后，气象报告即告停顿，因此在南海方面来往之船只，皆感受极大之危险。在过去数日香港虽与日本当局商议继续供给之法，但该处之日本海军并未认真照办，例如今晨六时越过该群岛之飓风，并未公告。开往旧金山之美国邮船威尔逊号及行将抵港之杰弗生号皆有无线电报拍至香港，谓在途中遭遇极强烈之飓风，而该台则绝未有所报告，故此间认日本此一行动，大有碍于船只之安全云。（香港四日电）

（录自《国际言论》1937年第4期）

国民空军

青岛海军事变

东北舰队司令兼青岛市长沈鸿烈氏，六月廿四日遇刺未中，凶手冯志冲被捕，随被枪决。至二十六日，海圻、肇和、海琛三舰突告失踪，一时传已附逆，至后始知赴粤请求收编，粤当局已议决准其所请，三舰长七日入省谒陈济棠，请商收编办法。陈已电中央请示，如允收编，则请中央月拨舰饷十五万。三舰则表示，请发欠饷半个月，直属政务会，不隶海军部，按月给养，及勿更动长官，并拟通电表明反沈理由。现中央已准免沈鸿烈舰队司令职，并将渤海舰队改编为第三舰队，将由谢刚哲任司令，归平军分会指挥。

（录自《国民空军》1933年第7期）

国民外交杂志

李准巡海记

（天津《大公报》登载）

近因法占南海九小岛，引起国际纠纷。据日前南京电讯，粤省电中央，认九岛为我最南领土，前清时曾派广东水师提督李准至该岛调查，并鸣炮升旗云。李直绳先生亲来本社，与记者谈此事。谓彼于清光绪三十三年四月间（西历一九○七年五月间），奉两广总督张人骏之命，巡阅南海，发现十四个岛，各为勒石命名，悬旗纪念。缘是年春，李氏先巡海至东沙岛，见悬有日旗，经交涉收回，因思中国领海中恐尚有荒弃之地，乃更有南巡之举。有《巡海纪事》一册，此外并有测绘之图，在辛亥革命时遗失。惟海陆军部及军机处尚有存案可稽也。据李氏之《巡海纪事》，是年四月初四日（西历五月十五日）乘伏波、琛航两舰自琼州启椗。因避风，十一日（西历五月二十二日）始自榆林港放洋，翌午抵珊瑚岛，命名为伏波岛。继续巡行，共发现十四岛，各为勒石命名。二十三日回航。李氏自谓其地或即法国所占者。然以海程计之，大抵为西沙群岛。李氏笔记明言其地"西人名之曰怕拉洗尔挨伦"，自系 Paracel Is. 之译音。笔记且有"林肯岛"之名，经李氏易为"丰润岛"，林肯岛固西沙群岛之一。李氏此记虽不能证法所占者即我领土，然西沙群岛固我之疆域无疑也。据谓此笔记前曾登报，然少人注意，今当海疆多事，此记之价值乃显，发为刊露，以飨读者。

（《大公报》记者识）

东沙岛之案交涉既终，因思粤中海岛之类于东沙者必不少。左翼分统林君国祥，老于航海者也，言于余曰："距琼州榆林港迤西约二百海里，有群岛焉，西人名之曰怕拉洗尔挨伦（按即Paracel Is.），距香港约四百海里，凡从新加坡东行来港者，必经此线。但该处暗礁极多，行船者多远避之。"余极欲探其究竟，收入海图，作中国之领土，因请于安帅（按即两广总督张人骏，字安圃），而探此绝岛。安帅极然余说。同寅中之好事者，亦欲同望一观焉。乃以航海探险之事属之林君国祥，乘伏波、琛航两舰。林君曰："此二船太老，行驶迟缓，倘天色好，可保无虞，如遇大风，殊多危险。"余以急欲一行，故亦所不计。因偕林君下船，考验船上之锅炉机器，应修理者修理之。凡桅帆缆索，无不检查。其铁链之在舱底者，概行拉出船面，林君节节以锤敲之，其声有坏者，立以白粉条画之为记，概用极粗之铅线扎之，防其断也。备食米数百担，其他牛羊猪鸡等牲畜，罐头食器汽水称是，各色稻麦豆种子各若干。淡水舱满储淡水，炭舱满储烟煤。除船员外，雇小工百名，木石缝工油漆匠若干，备木材桅杆国旗之属又若干。盖将觅此群岛为殖民地也。余带卫队一排，以排长范连仲领之，吴君敬荣为伏波管带，刘君义宽为琛航管带。余乘伏波，以林君为航海之主，悉听其指挥。王君仁棠随行参赞。同行者为李子川观察（哲濬），王叔武太守（文焘），丁少荪太守（乃澄），裴岱云太守（祖泽），汪道元大令（宗球），邵水香太尹（思源），刘子仪大令，德人无线电工程师布郎士，礼和洋行二主布斯域士。

三十三年四月初二日启行，初三日抵琼州之海口，采买鱼菜，添盛淡水。道府来迎，应酬一日夜。初四日下午起椗，沿琼岛南行，初五日入崖州属之榆林港。清风徐来，余于甲板上观之，见此港山环水绕，形势极佳，而水深至二三十尺。入口不三里，下锚，四围皆山，不是水口，诚避风良港也。惜局面太小，不能多容军舰，有七八艘已不足以回旋。港内水波不兴，上下天光，一碧万顷，以为正可直驶西沙矣。国祥曰："天气不可恃。须看天文，有三五天之西南风，乃可放洋，且亦须于此添盛淡水。"少顷，偕各员登岸，每人各持木棍一根，备倚之行，且可以御禽兽。此国祥之言也。余以为御兽可也，禽岂能为人害乎？国祥曰："西沙岛多大鸟，不惧人，且与人斗，非此不足御之。"上岸后，沿平原而入山凹，一路遍地皆椰子树，结实累累，大可逾抱，高约百数十尺,其直如棕,叶长大似蕉,但分裂而不相连属。其时天正炎热,行人苦渴,以枪向椰树击之,其实纷纷下坠,人拾一枚。其有为弹穿者,汁流出,即以口承之,味甘而滑,解渴圣品也。步行约六七里,有居人焉,披发赤足,无衣,以布围盖下身,其黑如漆,前后心及两肘两腿,毛茸茸然,两耳贯以铁环,大如饭碗之口。老少可辨,男女殊难认也。其所住室,以椰子树为之,高不及丈,宽约一二丈,横梁门柱,皆椰子树也。上盖及壁,都以椰叶编作人字形之厚箔为之。有门无窗,屋内之地,亦铺以椰席,厚可数寸。无桌几床帐,饭食起居,咸于此焉。余以手镜为之照像,各嘻嘻笑不已。又与同人行至一处,有男女多人,于野外草地上跳舞。有老者壮者于旁,敲锣吹笛及击瓦器,跳舞者女子居多,间亦有男子与偕,皆青年也。其齿白,而口吐红色之沫。视之,乃含槟榔使之然也。此男女跳舞者,如两情相合,即携手相归而为夫妇矣。其语不可辨,国祥能懂一二,盖黎山之生黎也。旋亦觅得一能谙汉语之熟黎作舌人。据云:山中马鹿极多,以其大如马,可以代步,故以马鹿呼之。余极欲猎,苦无猎犬,熟黎曰:可以黎人代之。余即令此熟黎觅数人来带路,并驱马鹿。生黎手持一棍,举动如飞,其山中之木桩,尖如刀锥,履之过,如履平地。余率卫兵多人追随于后,乏极傍石而坐。稍事休息。正打火吸雪加,群鹿自林奔出,大若牛马,余持枪击之,殪其一,倒地而起者再,卫兵捉之,其角大如碗,长约三尺,余开三四叉。倒地时跌损一角,血淋淋出,一卫兵以口承而吮之。嗣以五六人用大木杠抬之回船,权之重四百斤。去皮分食其肉,茸则悬之船面,以风吹之,以为可以保存也,三两日后,生蛆腐烂,臭不可近,弃之大海中矣。一日雨后,余正在船面高处坐而纳凉,忽见一黑色之物自海面向余船而来,昂首水面,嘴锐而长。余问曰:"此何物也?"国祥曰:"此鳄鱼也。韩文公在潮作文驱之者,即此是也。"语时鳄鱼已及船边,攀梯而上,余命梯口卫兵击之以枪,而卫兵反退后数武,不敢击。余速下夺枪击之,鳄鱼下坠,白腹朝天,距船已四五丈矣。即令水手放舢板往捞,水手以挠挑之,长约丈余,重不可起,恐其未死,不敢下手。再击二枪,反沉水底而不见踪迹矣。连日风色不佳,夜间月光,四周起晕,必主有风,不能放洋。国祥于此购买柴薪无数,船面堆如山积,备缺煤时之用也。又购黎人椰席数百张,为建屋作墙壁上盖铺席之用也。第四日约集同人往三丫港观盐田,去此约二十里,以藤椅贯以竹作杆代步，雇黎人抬之。议定每人小洋二毛，黎人力极大，行甚速，惟不善抬，一路殊多危险，不一时而至其地矣。其盐田界两山中，绵亘十余里，皆盐田也。其水咸头极重，一日即可成盐，两三日成者亦有之。然较之他处盐田则不可多见矣。其价极贱，每石不过二三百钱，故香港澳门一带之私盐，皆由此运往焉。沿途树林内多红绿色之鹦鹉，大小不等，白色者较大而少。又多小猴，飞行绝迹，擒之不易。回榆林港后，抬轿之黎人，每人给以银二毛，不肯受。以其求益也，增之至四毛，不受如故。询之，乃知其议价时以为每一乘轿两人共二毛，今多与二毛，故不受。其朴野如此，真上古之民哉。有黎人以大竹笼抬大蚺蛇一条来卖，给以银二元，令抬去，又抬薏米酒若干坛来，每坛给以银一元，其色黑而味甜。又有此间之回民，操北方语者，将石蟹、飞蛇来卖。其石蟹鲜有完好者，磨醋可治疮药，飞蛇可以催生。人争购之。又有一种椰珠，如鱼目，闻系数百年之椰壳内实结成，岱云购得之。其回民相传为马伏波征交趾时遗留于此者，至今人不多，然仍操北方之音，与粤人异。国祥云："天色已好，可放洋矣。"

四月十二日下午四钟启椗，出口，风平浪静。七钟，忽见前面似一山形，若隐若现，国祥曰："此处向无山，必鲸鱼也，当绕道避之。"余以千里镜窥之，见一黑影，横亘于水面，不甚高，同人争欲一睹为快，无何渐渐沉下矣。船仍按经纬度直行，国祥、敬荣经夜不睡，行于甲板上，监视舵工，其桅杆顶尚有一人持望远镜观察前面之岛，不敢一毫懈也。国祥曰："以船之速率及海程计，此时应可见最近之岛，今不见，必有误。以天文测之，差一度几秒，危险万分，此为本船马力不足，为大流冲下之过。宜仔细，此处暗礁极多，稍不慎，则全船齑粉矣。"少顷，桅顶人报告，已见黑影，然在上游。国祥、敬荣乃心定而直驶向该岛。十一点二十分下椗，锚链几为之尽。其处水清，日光之下，可见海底，多红白珊瑚，大如松柏之树。有一种白色带鱼，长约丈余，穿插围绕于珊瑚树内，旋转不已。饭后，余率诸人乘舢板登岸。国祥请余勿坐舢板，宜乘大号扒艇平底者，乃可登岸。余从之，果至最近岸之浅滩内，乘舢板者果不得入。此项扒艇，国祥于海口购七八只之多，余初以为无用，今乃知为得用也。余仍持木棍，离扒艇，践石堆超越以过。此石跳彼石，相距有远有近，有高有低，扒艇不能前，非此不能登彼岸也。余正站圆形之大石上，欲再跳，而相距稍远，恐坠水中，迟回者再，而所立之石动矣。余以为力重为之也，而此石已起行而前，余惊惧欲仆者屡矣，石行较近彼石，乃跳过焉。余惊问："石何能行？"国祥、敬荣同曰："此石乃海内大蛤也，其壳已生绿苔，不知若干年矣。"又见一鱼，其色黑而杂以红黄。国祥曰：此小鲸鱼也，亦长七八尺。潮水退不能出，困此浅水滩耳。余以棍拨之，头上一孔，喷出之水，高可一丈。余急登岸，见沙地上红色蟹极多，与他蟹异，爪长而多，其行甚速，以棍击之，即逃入一螺壳中而不见。拾壳起，见其爪拳屈于壳内，了无痕迹，每蟹必有一壳，大不逾二寸。有一蟹之壳，先为人拾起，致无所归，即拳伏于沙上，如死者然。余以竹筐拾归者数百枚，分赠亲友，名之曰寄生蟹。工人持铲锄上岸，在各处掘地及泉，而求淡水。掘十余处，至二三丈，均不可得，其实非岛，乃一沙洲耳，西人亦谓之挨伦。

此岛长不过六七里，行不数钟，即环游一周矣。岛上无大树，有一种似草非草似木非木之植物，高约丈余，大可合抱，枝叶横张。避此林中，真清凉世界也。其地上沙土作深黑色，数千百年之雀粪积成之也。岛中无猛兽虫蛇，而禽鸟极多，多作炭黑色。大者昂头高与人齐，长嘴，见人不惧。以棍击之，有飞有不飞，其大者恒与人斗，不自卫，将啄人目。遥见大群之鸟，约千余百只，集沙滩上。余击以鸟枪者三，均不见飞，以为未中。遣兵往视之，已击倒三十余鸟。卫兵逐之始群飞去。盖不知枪之利害，人为何物也。其椰树及石上，多德人刻画之字，皆西历一千八百余年所书。德人布朗士以笔抄其文记之。其石亦非沙石，乃无数珊瑚虫结成者，因名之曰珊瑚石。又至一处，有石室一所，宽广八九尺，四围以珊瑚石砌成，上盖以极大蛤壳两片为之，余于此而休息焉。石上亦有刀划德文，盖千八五十年所书也，均有照片，改革后不知失于何处矣。余督工刻字珊瑚石上曰："大清光绪三十三年广东水师提督李某巡阅至此。"勒石命名伏波岛。以余乘伏波先至此地，故以名之。又命木匠制成木架，建木屋于岛，以椰席盖之为壁，地铺皆椰席也。竖高五丈余之白色桅杆于屋侧，挂黄龙之国旗焉。此地从此即为中国之领土矣。夜宿岛中，黄昏后听水中唶唶有声，国祥曰："此海中大龟将上岸下蛋也，从此不忧乏食矣。"率众各将牛眼打灯，反光怀内，候于河上，月下见大龟鱼贯而上，为数不可胜计。群以灯照之，龟即缩颈不动，水手以木棍插入龟腹之下，力掀之，即仰卧沙上，约二十只。国祥曰："可矣，足吾辈数百人三日之粮矣。"国祥又引水手，持竹箩，在树下拨开积沙，有龟蛋无数，其色浅红，而圆大如拳，壳软而不硬，拾两大箩筐。归后，烫以开水，撕开一口，吸而食之，其味厥美。国祥曰："雀蛋更多，但不能如龟蛋之可口。"黎明率同人于树下拾各种雀蛋，大小不等，有如鸡鸭卵，有大如饭碗长六七寸者，均作淡绿色。其极大者，有黑点无数，剖之多腥，而此极大之卵，如鸵鸟之蛋，壳坚如石，了不可破。后携至省垣，在大新街嘱刻象牙之匠人，开天窗，镌山水人物形，作陈列品。其仰卧之大龟，长约一丈，宽亦六七尺，各水手工人，以刀斧从事去壳，宰割其肉，各分一脔，色红如牛肉，其裙边厚二寸，每龟得二三十斤，其全数重量盖四五百斤也。尚留八只，不许宰割，即以生者抬于舢板或扒艇上，运之上船，以起重架起之，始得上。八龟已将官舱前面隙地占满，致水手工人无休息食饭处，众即于龟腹上围坐而食，且于此斗牌焉。夜间余怜其仰卧，令人返仆之，夜深人静，群龟鸣如鸭，乒乓之声极厉，致同人不得睡，仍令水手反之仰卧，始无声焉。午后率同人回船，留牲畜之种山羊、水牛雌雄各数头于岛。布朗士对之泣曰："可怜此牛羊将渴而死，以其无淡水也。"

正午开行，约三十里，又至一处。两面皆岛，海底有沙，可以寄椗，非如伏波岛之尽珊瑚石，难于寄椗也。且岸边有沙，舢板扒艇，皆可登岸。又率同人偕上，其林木雀鸟，一切与前岛同。工人之掘井者，少顷来报曰："已得淡水，食之甚甜，掘地不过丈余耳。"余尝之，果甚甘美，即以此名曰甘泉岛。勒石竖桅，挂旗为纪念焉。此岛长约十余里，宽约六七里，余行两三小时，尚未能一周也。在沙滩上拾得一物，其状如金瓜，大如蜜橘，其色为青莲，其分瓣处，间以珍珠白点，似石非石，质轻而中空，上面有蒂，如罂粟壳之状，下空一孔，甚为美观，不知为何物也。敬荣曰："此动物而兼植物，有生者当寻与军门一看。"其他尚有种种色色千奇百怪之物，为内地所未见者。有一石杯，盛之凉水，不漏而易干，盛热水，则发腥臭之味。手摩之直如石制，然其质软。物本圆者，可以为方，可以为椭圆形。其红白珊瑚，遍地皆是。其红者大逾一寸，然质粗而少纹，白者更多。余曾拾得一大者，百数十枚结于一块，如一山形，以玻璃匣盛之，后与石瓜石杯，同陈列江南劝业会中。阅此岛毕，亦放牲畜于上。又过对岸之岛，较小于甘泉岛，纵横不过八里耳。其珊瑚比前更多，因名之曰珊瑚岛，亦勒石悬旗为纪念。

下午回船开行，约二十海里，又至一岛，定椗后，乘舢板上岸。内带草极多，长不知若干丈，开小白花，舢板之桨桡，亦为之阻滞，不得进行。见一石，上有物圆如金瓜，其蒂上开紫色之花，如蝴蝶状。余曰："此必昨日海岸拾得石瓜之生者。"即泊船近之。余亲手抚其根，长约四五寸，似为石质而长于石上者，力拔之始下，而根断矣。有白浆自根下流出，其腥异常，如蟹爪之肉，其花甚硬，亦似石质，然鲜艳无比，究不知其为动物植物也。拾回数日，其花自凋落，壳内之浆亦流尽，而为空壳，并与前拾之瓜，一并呈于安帅，送江南劝业会矣。上岸阅视一周，情形与各岛相同，名之曰琛航岛，勒石竖旗。回船，是夜即下椗于此。

第三日黎明又开行，约十余海里，而至一岛。登岸后见有渔船一艘于此，取玳瑁大龟，蓄养于海边浅水处，以小树枝插水内围之，而不能去。余询其渔人为何处人。据言为文昌陵水之人，年年均到此处，趁天清气朗，乘好风，即来此取玳瑁、海参、海带以归。余询以尔船能盛淡水粮食若干，敢冒此险乎？渔人曰："我等四五人，食物有限，水亦不能多带，食则龟肉、龟蛋、雀蛋、雀肉、鱼、虾之属，饮则此岛多椰子树，不致渴死。"余告以前方有甘泉之岛，如往彼处，不忧无淡水也。余视其船内，以石灰腌大乌参及刺参一舱，皆甚小者。余问以海边之大乌参，有大逾一丈几尺者，何不腌之？渔人曰："内地不消此大者。"因引余视海边之浅水，内有一大乌参，长丈余，色黑如死猪然。余以棍挑之，其肉如腐者，脱去一块，皮虽甚黑，而肉极白，但无血耳，不少动，以为其死也。一工人以十字锹锄之，又脱一大块，而此参乃稍行而前，真凉血动物也。岛上情形与各岛相同。游览既周，名之邻水岛。勒石竖旗，而往他岛，均皆命名勒石。有名曰霍邱岛者，以余妹倩裴岱云太守为霍邱人也；有名归安岛者，以丁少荪太守为归安人也；有名为乌程岛者，以沈季文大令为乌程人也；有名曰宁波岛者，以李子川观察为宁波人也；有名为新会岛者，以林瑞嘉分统国祥为新会人也；有名为华阳岛者，以王叔武为华阳人也；有名曰阳湖岛者，以刘子怡大令为阳湖人也；有名为休宁岛者，以吴莐臣游戎敬荣为休宁人也；有名为番禺岛者，以汪益元大令为番禺人也。尚有一岛距离较远，约六十余海里，其岛长二三十里，向名曰林肯，改名为丰润岛，以安帅主持大事也。以天色骤变，不敢再为流连，恐煤完水尽，风起不得归也。四月二十三日鼓浪而行，历四十八小时而抵香港，次日即回省。盖出门已将一月矣。将经过情形一一为安帅述之。安帅惊喜欲狂，以为从此我之海图，又增入此西沙十四岛也。所拾得之奇异各物，陈列于厅肆中。同寅中及士绅争来面询，余口讲指划，疲于奔命。所历各岛，皆令海军测绘生绘之成图，呈于海陆军部及军机处存案。此次之探险，以极旧行不过十海里之船，数百人之生命，付与林瑞嘉之手，实乃天幸，非尽人力可致也。

记者民十寓居广东，见《七十二行商报》登载《西沙群岛之调查》一文，于岛中形势物产，记载颇详。今已不能全记，仅记岛上鸟粪厚至十余寸，往往有日本船至其地窃取，以为制磷之用。当时调查，似为省政府所派遣，或尚有案可稽也。

（寓公识）

（录自《国民外交杂志》1933年第2卷第5期）

国闻周报

中国无线电事业之经过

方子卫

中国无线电事业创始于前清光绪三十一年，海军部设马可尼式无线电机于军舰海容、海圻、海琛、海筹。陆军部设天津、保定、南苑三处军用电台，此为无线电报之嚆矢。越三年，吴淞至崇明水线毁断，由苏省设立崇淞无线电台两所，为传递官商电报之需。是时吴淞电台在宝山县境狮子岭，崇明海岛之得与他处通信者，端赖乎此。宣统元年，英商汇中旅馆有外人设立无线电台与海面船只通报，时蒋君尊祎适官邮传部电政司司长，提议与英公使爱特磋商，收归政府自办，附设于上海四马路外滩电报沪局内，即今之上海无线电报局是也。三年夏，德国西门子公司招揽安设无线电报通信机关，请在南京、北京两处借地试验收发无线电报。经部许可，兴工建设。秋季工程初竣，武昌举义，南北陆线尽断。而军电旁午，需用急迫，于是北京、南京以及沿海军舰，皆借此电台为通信之枢纽，效用显著，遂由政府收买，专供传递军电之用。后为开通商报起见，移归交通部接管。是年南京电台（在小营）因军事被毁，淞台亦同时毁坏。至民国二年十月，设立张家口无线电台，专通官报。四年一月，重设吴淞电台于炮台湾，而广州电台亦同时成立，收发海面船只电报。是年二月，武昌电台告成，专递官电。六月开设福州电台，与海面船只互相通信。以上电台除崇沪两所外，均系德律风报公司瞬息火花□隙程式，电力凡五启罗华脱，通信范围日间六百五十海里，夜间达一千余海里。民国八年秋，北京电台由东便门外移设天坛，完全由中国工程司自行办理。是年冬，将京淞鄂三台一律开放，为传递官商电报之用。九年冬，库伦电台成立，其机器为马可尼弧光式，电力凡二十五启罗华脱。至海军军舰之电台，逐年次第设立者海圻、海容、海筹、海琛外，应瑞、肇和、飞鹰、通济、联鲸、同安、建康、豫章、永翔、永丰、靖安、楚观、楚有、楚同、楚泰、楚豫、楚谦、江元、江利、江亨、江贞、永健、永绩、利绥亦均装置。而上海海军司令部处亦设一所，与沿海军舰互通军讯。所装机械概系德律风报及马可尼之火花式，其用日本递信式者仅三艘而已。电力较大者为二五启罗华脱，如海圻、海容所用者是，较小者为一启罗华脱。至陆军所用，除上述天津、保定、南苑三处外，并购备马可尼真空管式之无线电报电话机二百架，分发各省军队应用。广东方面，陆上有省城、威远、马口、前山、军署五处，船只有广海、宝璧、龙骧、江大、江汉、江巩、江固七艘，电力俱不甚大。约自〇.五启罗华脱至一.五启罗华脱不等，通信范围只及六七十浬。广州天字码头所见之桅杆，即系省城电台也。

（中略）

自中国与美国订立建设无线电台合同后，日本因已与中国订立此项专办合同，迭向中国提出抗议。孰是孰非，议论纷纭，莫衷一是，兹且述之于下：一九一八年（民国七年）二月二十一日，海军部与日本三井公司订立合同，在北京附近建设无线电台。海军部允付五十三万六千二百六十七磅，分三十年交清，年息八厘。于此期限（三十年）之内，三井公司对于此项无线电台有专利之权，并可由收入项下扣除借款。（下略）

（录自《国闻周报》1924年第1卷第2期）

沪独立舰队讨曹通电

（衔略）客岁曹锟渎乱宪章，僭窃神器，动摇邦本，玷辱国民。我海上同袍曾经口伐笔诛，谅在国人耳目。维时未即投袂而起，无非顾虑江左治安。讵料秽德日彰，倒行益甚，近复首发战端，排除异己，糜烂富庶之区，以遂□食之愿。流亡满目，城市为墟，是以段、孙、卢、张诸公，既天罚共好，东南各省人民亦同仇敌忾，翘瞻群贤马首。近征多数舆情，我海上同袍，宁忍参观袖手，须知讨贼与国防并重，民治以群众为归，用特激励伙飞子弟，奋使船如马之威，竭杀敌致果之力。行看妖魔扫荡，日月一新，内乱敉宁，外忧可靖，此国民分子之责，亦海军报国之秋。临风披沥，无任激昂。林建章、周兆瑞、许建廷、朱天森、蒋斌、严寿华、曾冠瀛、张日章叩咸。（九月十五日）

（录自《国闻周报》1924年第1卷第8期）

中国之海军

慎予　笔述

中国海军至今日而消沉已极。主其事者，视军舰若私物，翻云覆雨，惟利是好。其风纪之坏，实较陆军为尤甚。外人每讥中国军队勇于内争，海军尚不足以语此也。海军既衰颓至此，激者遂有倡为废除海军之论，实则海军关系国防，綦为重要，而其创造之艰苦困难，亦有悠久之历史。吾友吴君煦泉曾充广州政府海军参谋长及接洽海军特派员，于海军历史及离合情形，知之颇稔。特丐其详为口述，而由余笔记之，聊供国人留心海军事业者之参考，或亦足以振起海军界之颓风乎？至笔述倘有纰缪，则记者之责也。

海军之兴废

其初，中国无所谓海军也。清季国势寝衰，外交失败，当时忧国之士，已有感于非振兴海陆军无以图强。而荷兰适有万国国际会议之召集，列中国于四等国，其理由则以中国只有陆军而无海军。于是办海军之心益决，而李鸿章主持尤力。由沈葆桢、左宗棠上奏折，设水师筹备处于北京，以满汉大臣各一主其事。在福建马尾设船政局，向英德各国订造船只，有镇远、定远等若干艘，载重八千余吨，规模甚大。一面复派学生赴英日两国留学，以造成人才。是时水师提督为叶某，而副提督兼教练则聘英人。故海军之组织训练，悉仿英式。马尾地本荒僻，尔时经营颇费心力，以成一海军之雏形，复聘法国工程师建造船坞，积极筹划。罗星塔之船坞，面积虽不甚大，而全以石质砌成，精致无比，为世界著名船坞之一。据闻此船坞最初为法国某巨商斥私财所办，所耗达百余万，盖是时上海香港之航路，尚未开辟。欧西东来之船，必经马尾，在此修理加煤，极为便利，某以为必可获厚利。无如厥后香港上海相继兴埠，马尾遂不复能保持昔日之观，其巨商以积亏过巨，抑郁自杀，而以船坞售诸中国。马尾船厂有如此优良之船坞，颇能自造船只，如通济、保民两舰，均系该处所建，载重达二千吨。是时清廷既一意振顿海军，而海军兵士，气概亦盛。虽其举动不尽为吾人所赞同，要亦异于今日颓靡之情状也。当时定远舰奉命赴日停泊神户，其自码头上运米入舰，故以一手提之上肩，绝不费力，日人见者均为咋舌，盖日米每袋之重乃达二百斤左右也。又该舰泊神户时，水手登陆，因与美舰舢板互撞，发生冲突，镇远水手遽辱欧美水手。明日美舰水手不罢休，由舰长向提督丁汝昌提出交涉。丁恐，欲向美舰赔罪，以冀息事，而镇远船长刘某坚持不可，请下令集合其余各舰准备抵抗。丁不允，刘即下令水手登陆示威。美舰闻其事，则下令禁水手登陆，复派员请求□和，事始解。其强硬如此。

海军既有此□勃之象，宜乎有振兴之望矣。乃幸运不佳，继之即有甲午一役之顿挫。甲午之失败，论者每归咎于李鸿章，然按之实际，则以李稔知中国全情，以海军新创，训练未就，本不主战。而英人则以中国海军系其所教练，碍于面子，竭力主战，怂恿丁汝昌开衅。及战作，中国以虎威、策电、龙翔、舞凤为先锋，四船各仅三百余吨，置十二吋口径大炮，俗所谓蚊子舰也。旗舰为镇远、定远二艘，其余参战者，则有广利、广庚等舰。各舰成一字形向前并进，在距日舰一万米达时即发炮击之。维时日领司令为中乡大将，下令各舰无论中国炮火如何强密，非至距离三千米达时不许发炮，一意鼓轮前进。及至三千米达距离时，中国炮火力已薄弱，日舰乃以强烈之炮火进攻。其初日舰阵势亦作一字形，惟日舰以主力舰置中，而中国则以主力舰置两侧，及以炮火冲开中国舰队，则以两主力舰分向左右包围之，转成一人字形，中国舰队乃被困于刘公岛。然是时虽已被困，未始□无挽救希望，而鱼雷队左司令蔡廷干、右司令王平乘夜潜出威海卫口，至烟台遽电清廷，报告海军已遭全军覆没，清廷得电闻已覆没，□□□向日本请和。而是时被困之舰队亦不复思战，被俘者甚众。是时广利舰长程璧光以为此时惟有和战两途，不能决一死战，则惟有低首求和。及得清廷请和令，乃赍降书赴日，而该舰大车黎元洪则投海，以得救获免。及事举，清廷得悉战事实情，大震怒，下令欲逮捕蔡、王，就地正法，蔡、王均避匿。至被俘之各舰，镇远今尚在日本充练习舰，犹得见船身上嵌有若干未炸发之炮弹，盖是时日舰炮火密集镇远、定远，炮弹中船身，嵌铁板上不得入，亦未能炸裂，亦以见制造之坚固矣。当时船上水手，闽鲁人居多，据曾参与其事之军官云，舰中闽人一闻炮声，有放声大哭者。故战事结束，舰即被俘，军官士兵悉被逐威海卫刘公岛一带。津鲁水手骁勇善战，以是衔闽人，故威海卫一带闽水手被残杀者甚多。

甲午以后，中国已有萌芽之海军悉遭摧残，惟李鸿章赴日媾和以后，益感海军之不可一日废，因有重整旗鼓之计划。因筹款五千万，为重振海军经费。在英国订造海圻、海天两巡洋舰（两艘四千余吨），在德国订造海筹、海容、海琛等巡洋舰三艘（二千余吨）。海圻舰今尚在，隶青岛温树德部。海天已在吴淞口遇雾沉没，舰长即刘冠雄，沉舰后刘罪本应死，以袁世凯力保得免。故袁为总统，刘感知遇之恩，以死相报。海筹、海容今在杨树庄手，海琛在温树德手。尔时李鸿章既一意重振海军，本有复兴希望，而慈禧忽异想天开，以振兴海军军费称建颐和园，故海军至是又受第二度之打击。直至宣统元年，复向英国定造肇和、应瑞练习舰两艘（二千余吨）。其机器名为透滨机（Turbine），为最新式者。其初两舰能每时行三十六海哩，现则肇和仅能行五六海哩，盖依透滨机例，每年小修一次，三年则拆卸重修一次。而中国则自民国以来，大修仅民国四年一次，故其机器几成颓废矣。应瑞亦以此故，每小时仅能行十海哩左右。光绪末叶之十余年中，虽间有添造，如四江（江元、江亨、江利、江贞）、六楚（楚同、楚有、楚豫、楚泰、楚谦、楚观），然皆不满千吨，且自日本定造，制造不佳。其余练习舰尚有通济、保民两舰，为二千余吨，为木壳船。保民已于民国二年售于广东水师，通济于甲午时被俘送回，今尚存在。又有永丰、永翔、永健、永绩四舰，健、绩系日制，丰、翔则为上海江南船坞仿健、绩两船而造。四舰载重各仅八百余吨，然均能航海。鱼雷驱逐舰则有同安、豫章、建康三艘，系德国制，载重五百余吨，装有四十五生的黑头鱼雷。初造时每时行三十六海哩，现当可行十七八海哩。飞鹰则在广东，有烟囱四。戊戌政变，因自大沽口逐康有为至吴淞口，以十八小时而达，汽缸储热过度，遂废。而康则在佘山登某外国兵舰而遁。另有小鱼雷艇辰、宿、列、张四艘，装三十五生的铜壳鱼雷。输送舰本只福安一艘，参战时没收德奥船只，添设靖安、定安二艘。定安以不合用，拨还福建警备司令部，而以华乙改名之华安填补其缺焉。炮艇有江鲲、江犀两浅水舰,仅可达宜昌等处,不能航海。又有海鸥、海鸿、海凫、海鹄四艘,重量虽仅二百余吨,然可航海。此外尚有联鲸一舰,前清季为洵贝勒坐船,装饰虽宏丽,不能作战时之用。中国今日海军军舰,大抵如此。其余当有仅足供运送之小轮数艘,则无足道焉。

(录自《国闻周报》1925年第2卷第14期)

中国之海军(二)

慎予 笔述

民国以前,海军未有专部,南北洋分设水师提督。外海军舰(海圻等)隶北洋舰队,以北洋水师提督管辖之。长江军舰(四江六楚等)隶长江舰队,以长江水师提督管辖之。然虽有此种区分,仍有拨归各省统辖者,如四江归江西,六楚归两湖。江西及两湖之总督,且可直接指挥之。六楚建造费,亦由两湖所拨。尔时海军统系,实未有清明之界限也。

光复之际,清廷命荫昌统陆军,萨镇冰统海军,南下武汉以抗革命军。萨经友人再三动以大义,乃离职之沪。海军无人统驭,内部遂益复杂。会萨部一部分毕业学生(以同班毕业生共八十三人,时人别称之为八十三万,盖取曹操八十三万下江南之意也)杨砥中等在南京以三炮台香烟罐伪为炸弹,恐吓各舰长胁降。是时各舰长养尊处优,久已未经战阵,且胆怯心疑,以为青年学生必与革命军有关,遂不问情由遽降,海军遂入革命军手。当时主其事者盖为毛仲芳(老同盟会分子)、汤芗铭二人,故毛即在沪代理总司令,汤在南京临时政府代理海军部长。惟毛、汤在海军中资望极浅,毛为新由外国毕业归国,汤则职仅大副。而海军向重资格,故毛乃提刘为总长,以代汤芗铭。刘为毛之母舅,自海天遇雾沉舰后,久已不问海军事,惟以稍有才略,为人钦服,毛且介之入国民党。由众公推为海军部长,刘乃由罪人一跃而为总长矣。

中山让位,袁世凯就职北京,刘仍为部长,因袁曾拯刘于厄,故刘一切唯袁命是听。而海军当时服从之风特盛,故部下竟无反抗之人。及二次革命作,上海一部分舰队与陈其美联合,然大部分仍助袁以击革命党。袁氏帝制自为,海军悠闲已久,不问国事。刘为报恩知己,率全国海军助袁,而其部下惟昏昏然从之。及上海讨袁军起，吴淞入讨袁军掌握，刘冠雄率海圻、海容、海琛、通济等舰炮击吴淞炮台。当时海圻舰长为汤廷光，海琛舰长为林永谟（曾充广东海军司令，现与陈炯明联合），海容舰长为杜锡珪。刘即乘海圻舰统率，杜已与钮永建等有接洽，且为国民党，然不敢公然相助。当炮击吴淞炮台时，各舰由刘统率，海圻在前，海容、海琛等后随，鱼贯鼓轮向炮台前进。不意海圻尚未离开海容炮火线时，海容即发炮，炮子自海圻舰面越过。刘惊知有变，扬旗令各舰归队停攻，且以所有饷银均存海容中，乃遣使命杜至，质以开炮理由，所存饷银悉提归海圻，将杜看守，另派随员一人代理海容舰长。事后，刘以自身取得总长，系国民党推荐，杜既与国民党联合，未便置之于罪。且尔时海军已多国民党分子，尤恐激起反响。一面复恐被袁世凯知，益增不能统率部下之咎，遂秘之。厥后蔡锷起而倒袁，袁败，海军总司令李鼎新乃集中舰队于佘山，发表宣言反对帝制。识者讥之，盖一至滑稽之事也。

当时海军组织分第一舰队、第二舰队及练习舰队三系统。第一舰队总司令为林葆怿，即清季所谓之北洋舰队，三海二永及鱼雷驱逐舰俱属之。第二舰队即长江舰队，总司令为饶怀文，四江六楚及浅水炮舰俱属之。练习舰队总司令为曾某，肇和、应瑞、通济等舰均属之。总长为程璧光，总司令为萨镇冰。及督军团反，黎元洪命程、萨互调。程先时已离京之沪，闻复辟事作，则与孙中山、唐绍仪、伍廷芳诸人会议，集中舰队于浙之象山，命第一舰队总司令林葆怿为司令，另派海筹、海容赴秦皇岛迎接黎元洪，预备入粤组政府。后段合肥誓师马厂，入京主政，有人出面接洽海军，是时海容舰长为杜锡珪，海筹舰长为林仲庄，允合给以司令名义及现金五万元，以不赴粤为条件。一面以无线电告应瑞舰（中山赴粤坐船），令其速回。应瑞抵汕头，中山命舰长杨增新集全船士兵致训词。杨以得密电运动，拒绝中山命令，并请其离舰，谓护法事业，至此为止。中山不得已，乃改乘飞鹰至广州。自是以后，海军遂开分裂之端，而成南北之界限。而当时唯一之关键，则在海筹海容之北归。盖二舰为中国军舰中比较有力之舰，果能留居南方，共同合作，则北方只有若干长江小舰，不足为患。今则势均力敌，双方虽力思所以并吞之方，均无效果。不但此也，海军既开以军舰为图利之端，厥后内部又有若干之小分裂，南方有劫舰及残杀同类之风，北方则成依附权势钻营谋利之局，言之滋足痛焉。

海军内部之分裂，其事至繁，其情至复，兹为便利起见，乃南北分别述之，亦以见海军欲重谋振拔之不易也。

甲　西南海军之变迁

自程璧光率舰南行，当时揭帜护法，尚无权利思想。程为人笃实，颇洽舆情，粤人乃戴之为督军，以是触莫荣新忌，遂遇刺于海珠。程自恃平日为人坦白，出行未带护卫，是日乘一普通之小艇，即遇刺客，发一枪，中要害，凶手迄今未获。程死，西南海军遂糜烂而不可收拾。

程氏在日，御下极严。如代理同安舰长温树德、豫章舰长吴志馨，受中山命炮击观音山，谋逐莫荣新，以靖桂系。因未得程命，事后程欲置温、吴于法，经中山再三说项，始革职了事。嗣温以中山委任，在黄埔统率海军陆战队。程死，林葆怿起而代之，其参谋饶子和、魏子浩等把持大权，结合桂系。自是以后，中山与海军间意见日益相左。某日，中山之侄驾小轮至永丰舰，舰长魏子浩命水手开枪击之，中山之侄即于是时遇难。饶、魏既把持大权，复克扣军饷，事为士兵所知，群起索饷，于是林葆怿倒，饶亦逃，汤廷光遂起而代之。嗣汤为人利用，为过渡督军林永谟起而代掌海军事。林为人庸碌，本系肇和舰长，以北方未践总司令之约，遂率舰南归护法，与陈炯明契好。中山北伐，师次桂林，海军勿持北归之议。杨树庄充北方代表至粤，接洽二三月之久，已有成议，将次启椗，以虎门要塞监视极严，未敢发。中山在桂林亦微有所闻，温树德乃乘机活动，亲至桂林要求中山改革海军，驱逐在粤军舰闽人。中山于闽人无恶感，且粤舰中之毛仲芳。毛为老同盟会分子，与中山感情尤洽，不欲多起风波。温以时机不可失，乃在中山前宣誓，谓万一余能将各舰劫归，请总统承认此举；不幸失败，则请以个人运动按盗匪惩治可耳。是时海军之在广东，趾高气扬，与各机关素鲜往还，感情不佳，益以闽人把持过甚，故在中山前谤之者甚众。中山聆温言，乃许之。温树德初在北方为联鲸舰长，联鲸时泊汉口。温为人放荡不羁，平日结交市井，因负亏过巨，乃弃舰挈眷来沪，旋赴粤依毛仲芳。初抵粤，即命其代同安舰长，嗣在海军司令为参谋，颇不厌其欲，乃利用外省人受闽人压迫，而海军中适有省界之争，一部分人乃助温劫舰。有二号差船，日日由司令部至各舰递消息。是日，即由二号差船率三号差船俱往，埋伏敢死队若干人，一面由航空队供给飞机，长洲要塞司令则在炮台上相助。二号船在前，三号跟踪其后，其距离则与海圻与肇和停泊之距离相等，故二号船劫海圻，三号船亦同时劫肇和。肇和舰长为郑祖诒，副长田士睫，三副李毓藩、盛延祺。除舰长不知情外，其余事先早有接洽，允为内应，故一举而成。其余飞鹰、楚豫、永丰、永翔、同安、豫章、舞凤、福安等，亦由陈策部下招桂章等所辖之江防舰队劫之，闽人至是乃悉被驱逐。毛仲芳等被拘于海珠，郑祖诒虽非闽人，亦遭拘捕，后得释。海琛舰长魏子浩适在港，幸免于厄。劫舰后，海军人才本非一朝可成，故军官士兵两俱缺乏。后温树德派人至北方聘请，以应需要。事成后，陈策与温争海军司令，在酒楼上几至决裂。后经中山居间调停，以司令归温，惟须宣誓服从中山，事乃平息。自是以后，一般人对海军颇抱若干希望，而结果适得其反，致成今日之现状。（本节未完）

（录自《国闻周报》1925年第2卷第15期）

中国之海军（三）

慎予　笔述

甲　西南海军之变迁（续）

十年，陈炯明叛变，中山自总统府避难，深夜至海珠。适海军将领甫自东堤宴归未散，故中山乘小艇至海珠时，先由卫兵入报，谓总统府有人来，嗣由孙祥夫出视，见为中山，则大惊，乃由温树德等迎之入。乃知叶举已率兵围总统府，即不令省河各舰，集中黄埔。中山乃上楚豫舰，被押之毛仲芳等亦由海珠移至黄埔，押肇和舰中。尔时温树德似尚诚意爱戴中山，翌日亲与中山率永丰、永翔、同安、豫章、楚豫五舰炮击叛军，粤军第三师魏邦平本约同时举事，及海军开炮进攻往复四五次，魏仍无动情，海军不得已，乃退守黄埔。温见陆军不肯为中山出力，星夜乘舰回省城，在沙面与粤军将领晤面。陈炯明乃乘机以四十五万巨金动之，温由是心变。泊于黄埔之海圻、海琛、肇和三大舰，不受中山指挥，所余者仅永丰、楚豫、豫章三舰。同安亦已随永翔泊白鹅潭，是时鱼珠炮台已为陈炯明部胡礼和所得，欲炮击中山乘舰永丰，惟恐炮火延及海圻等舰，温乃下令使海圻等先驶往莲花山驻泊。永丰先时得谍报，乃谋深夜由小港隐入长洲之阴，以避之。豫章等吃水达九尺，而港深仅七尺，忽是夜大水涨二尺余，乃得出，此中殆有天数欤？次日，孙谋由长洲炮击海珠，无效，乃即晚在永丰舰召集会议，商议最后办法。尔时陆军参谋长为蒋介石，海军参谋长为吴煦泉。蒋主翌早攻车尾，吴主即夕行，后从蒋议，次早即发。永丰船头受六炮，卒进泊白鹅潭，居四十九日。乃是时北伐军因在英德受挫，退至福建。叶举派人运动豫章舰长欧阳格，约能捕中山者三十万，逐中山者十八万。中山闻不稳消息，乃乘英舰至香港，而参军林某、副官马骚为欧阳格所帮，勒索五万。及中山抵沪，欧阳遂联温（树德）降陈（炯明）焉。

中山既去粤之沪，海军全部隶陈，派肇和、楚豫至汕头驻守。肇和舰长田士睫派代表求谒中山，表示好意。及滇桂军返粤，田士睫遂离温而独立，自称海军司令，升肇和帮带盛延祺为舰长。西南海军重演二次分裂。欧阳琳率领敢死队乘小轮至黄埔，截劫永丰舰，逃赴汕头。温树德先期得讯，派海琛、永绩在虎门监视，但见该轮自旁驶过，未敢发炮。其故一以海军同类，不欲毁及船只，二则温部士兵均系新招，来自齐鲁乡间，少枪炮知识。及中山返粤，温派代表欢迎，后闻中山已任命盛延祺为肇和舰长，认汕头海军为独立部分，复变态避匿香港不露面。后中山派吴煦泉及杨虎为海军特派员，屡派代表与之接洽，允仍与海军司令，温始复投中山，惟一面仍派永绩舰长赵悌昆、同安舰长胡文裕在港与吴佩孚代表密相往还，于是当时海军投北之说大盛。乃有人主张断绝温部煤炭之供给，以断其出路。温曾私向港商购煤四百吨，而港海员多为中山信徒，早闻海军有北归讯，故不肯为之装运，温不得已，处处向中山表示服从，以事掩饰。复谓只需与以煤炭之供给，所部即可开进虎门，驻泊黄埔，浅水舰且可进泊省河（当时温部舰队方集中虎门外赤湾地方）。中山以诚待人，不之疑。不意温得煤后，乃以欺诈手段应付中山，除以小舰若干驶进虎门以敷衍面子外，一面复派亲信运动鲁籍水手，借口索饷，叛变肇和舰长。舰长盛延祺竟于是役遇难焉。

当时汕头方面本由李烈钧代行大元帅职权，改编洪兆麟部残众，联络驻汕海军。后许崇智自闽返粤，欲得汕头地盘。后李欲率海军至厦，而浙督办卢永祥亦派其子小嘉前往接洽，谋以汕海军驶浙沪。维时上海海军已宣告独立也。永丰方欲启椗赴厦，厦时在臧致平手，与卢一致，忽一部分鲁籍水手起而为难，舰长及副舰长均被刺。温既使人刺肇和舰长，乃派海圻、海琛由赤湾至汕头，收复肇和，助洪兆麟、林虎返戈夺汕。温树德在省，经中山质问，无辞可托，乃只身逃汕。惟省河海军，表面虽服从中山，暗中仍与温通。汕头海军则公然树帜反抗中山矣。北方吴佩孚见西南海军已自相龃龉，以为有机可乘，数使人说温劝降北，复以百万巨款及青岛地盘诱温。温为之动，乃率汕头海军北行，一面派员密令省河、永绩等舰逃出虎门，同时投吴。温归北后，在青岛因夺练营故，与杜锡珪几致决裂。经吴调停，始得息争。西南海军自温北归，已告一段落，现在留粤者仅永丰（现改名中山舰）、飞鹰（已废）、舞凤、福安等数艘而已。

乙　北方海军之变迁

海军自民六启分裂之端，其留北部分，主要者为海筹、海容、肇和、应瑞等舰。肇和则即于是岁南归，北方乃以原有第二舰队司令姚怀文升总司令，并践约以林颂庄为第一舰队司令，杜锡珪为第二舰队司令。不幸林以病死，林死之际，北方适派杨树庄接洽西南海军北归，方有成议，故第一舰队未即派人，欲以畀林葆怿。嗣粤舰未能动，林葆怿只身北归，因畀以海军中将。尔时现海军总长林建章方升任海筹舰长，派赴海参崴充代将，因渐与奉段间接近。又现充第一舰队司令之陈季良为江亨舰长，率利绥、利捷两炮舰，至黑龙江，驻防庙街。陈因助俄匪炮击日商民，发生国际交涉，颇不利于中国。松花江航权，至今未能收复。陈氏且由中日约定，永不得再充海军将领。嗣陈与杜有私交，乃得复充今职，惟以避日人耳目，故以字行。陈盖本名陈世英也。

杜锡珪自得充第二舰队司令后，虽其统率者俱为浅水炮舰，无大实力，而以长江上游多事，因缘时会，周旋各军阀之间。最初与两湖巡阅使王占元关系最深，适吴佩孚以一旅长奉曹锟命夺岳州，其所率之七十三团虽以勇敢善战名，而一闻湘军骁勇，望风而靡，莫敢登峰。吴乃竭力向杜说项，求为己助，杜允之，派楚观、江贞、江元开炮击岳城湘军。吴部怯，仍未敢登岸。吴甚惶急，亲自登舰指挥，用卫队机关枪连排列后阵，督队上岸，复由舰队再发炮击湘军，七十三团乃得以炮火掩护，乘虚而入。湘军经此一挫，遂萎颓不振。吴下岳州后，直入衡阳，被擢为师长，故吴之成名，得力于海军者独多也。杜之助吴，表面虽系允吴之请，实际系受王占元命令，与曹锟尤无丝毫往还。惟王占元初与杜约，每月允协饷十万，及两湖既定，事过境迁，则又悔不践约。杜数派参谋长许凤藻往索，王虚与委蛇，未见实效。适值曹在保定开寿筵，杜正以索饷事在京，便道赴保祝寿。曹一见倾心，倍致亲密，立给现款二万，并准一二星期内再汇五万元，为海军军饷。自是以后，海军与曹乃发生关系，而杜锡珪感恩知己，竭力助曹，与王（占元）则以饷事发生恶感，往还渐疏。及赵恒惕起兵逐张敬尧，湖南重入民军手。二次出兵北伐，海军遂不助王，王以是遂逃。及王走，海军复助直军收复汉阳，两湖自是遂入直系军人之掌握。

直奉战时，徐世昌为防沪第一舰队（林建章部）助奉，派萨镇冰南下疏通。萨在海军界为先辈，海军将士泰半出其门下。既抵沪，孤身登舰。时海容舰长周兆瑞、海筹舰长甘联璈。林建章欲登舰指挥，为周所阻。两舰长受萨命，径驶烟台，在秦皇岛一带炮击奉军。林临时复得奉电，嘱为相助，然已无可奈何。当时海军中助直最力者，为楚观舰长陈季良。战事既毕，奉方受挫，林撤任。周（兆瑞）升第一舰队司令，甘（联璈）升第二舰队司令。陈（季良）代理海容舰长，而现任第二舰队司令之许建廷则为海筹舰长。

青岛自在日人手中收回后，海军派永绩、海筹两舰驻防。是时各方反直空气大盛，反直派乃以巨资令二舰南下独立，每月协饷，由浙担任。推林建章为领袖，现任海容舰长曾以鼎为参谋长。周兆瑞以事适在沪，林以同学关系，力邀相助。杜锡珪亦派员向周说项，谓沪海军独立与汝无关，倘能返宁，仍供原职，决不相责。而周利沪部有巨款，不允返宁，在沪滨与林相共。及东南战起，周又反复，乘海筹舰长假去，率舰私出淞口降杜，沪海军之命运亦遂于是告终。

林建章在海军少心腹将士，以沪海军独立有功，及反直告成，乃擢升为海军总长。当时海容舰长陈季良首先联络应瑞舰长陈绍宽，通电反对。适齐燮元又二次称兵淞沪，林不得已，迭派员南下疏通，升陈季良为第一舰队司令，许建廷为第二舰队司令，杨树庄为总司令，各将领士兵不得更动为交换条件，林氏乃安然宣告就职。

（录自《国闻周报》1925年第2卷第16期）

东西沙群岛之价值

邝笑庵

粤海南滨，大小岛屿，星罗棋布，最著者，东有东沙群岛，居潮州东南，距香港约百余里。西有西沙群岛，处琼崖东南，东行一百八十英里为小吕宋，而南行七十余英里为新加坡，两群岛各有特殊物产，亦堪辟作军港。顾数十年来，迭为日本觊觎，虽经严重交涉，驱逐日人，然日人至今野心未戢，是两群岛之价值□国人注意者也。

东沙群岛

东沙群岛周围约数十里无淡水，无山，无石，乏植物，举目远望，仅一平壤。磷质极富，海产亦丰。云母壳、海草、莺哥鱼、翠蟹、石螺等皆非寻常之产品，鱼虾蟹类，重量每在一斤至数斤，味鲜美，其他可概见矣。岛内唯一缺陷者，则饮料恶劣，一切食品多从香港运来，次则瘴疠时起，恒有致死者，夏季多雨，气候似未适于人类生活。

现岛内有无线电台，与陆地通报，建自曩时北京政府之全国海岸巡防处，驻有海军数十名，对于南海航行颇有裨补。

日人因是岛磷质及海产丰富，二十余年前曾以渔船来，沿海构屋，徐徐侵占。嗣为粤督张人骏交涉，补日人以建筑费十余万元，始在西泽氏手收回。原拟对是岛渔业自行经营，乃官场办事因循，益以变乱相寻，二十余年来了无成绩。日人遂卷土重来，再次觊觎。其始被石丸氏窃取海产，为无线电台台长许庆文察觉，予以干涉，日人遂去。去年黄琇继任台长，有商人陈宝生，得黄核准，经营环岛渔业，实则转归日人松本嘉一郎、妙中利三郎、松永民男经营，所获海产，运往汕头、厦门、澳门等处销售。惟旋有商人陈荷朝，具呈广东实业厅，请予发给执照，开采是岛海产，而指无线电台长黄琇勾结日人，无线电台亦由全国海岸巡防处向省政府辩称陈荷朝即许庆文，许乃谋破坏东西两沙岛海军之建设云云。现此等纠葛尚未解决，而是岛渔业权利依然在日人掌中，日人侵略固属可恶，惟粤政府独轻视之，听受全国海岸巡防处意旨，则殊可异。附双方执词如次，可见日人所得之权利，安如磐石也。

（一）对日经济会呈政治分会函

政治分会据各界对日经济绝交委员会函云：据中山县人陈荷朝呈称：呈为勾结外人，丧失国权，饰词瞒报，希图肥己，乞赐查究，以挽利权事。窃查东沙群岛，本隶属我国领土，应归吾粤管辖，从前日本人西泽私在该岛取磷矿等物，自前清粤督几许磋商，始将该岛收回。无如吾国人任意放弃，少有经营，致又被日人石丸氏窥探，乘机侵入，窃取海产。曾经前东沙台长许庆文在此建台时，几经波折，始又将日人尽数驱出该岛。及后黄琇继任台长，即与海防处长吴振南以假公济私，勾通日人松本嘉一郎，前往该岛经营海产，并将海业批与日人妙中利三郎及松永民男等。又由该海防处长吴振南，以指令专任奸商陈宝生驻港，勾引日人前往东西沙群岛经营渔业，并称以该岛为海军直接辖管，粤省政府不能干预等语。至近来，竟有瞒报海军总司令部，以该东沙岛为海防军军事区域，未便由他人在此间接近承采矿产各物，请咨转广东省政府，令饬将广东实业厅核允由民等承认开采云母壳案取消，不胜诧异。该岛既以为军事区域，不准任由他人就近采矿各物，致妨碍于军事，诚如是，何以日人则准□往开采，而我国人民，并领有中国政府执照者，则独不能，究竟认日本人为无妨碍，抑以本国人为有影响于军事？势无是理。总之，照民等所承办者，系向广东实业厅请领，该海防处并无一毫之利益收入，□该日人则系由陈宝生勾引，向该海防处呈请承办，而有利之可图，是以此认为妨碍与不妨碍，并准予开采与不准予开采之分矣！不然，何以日人并无政府机关认可，则能随意到采，惟广东实业厅核准者，则禁止开采，其谓不有勾引，则将谁信？况日人之盗取东沙水产各物，久喧传于报章，岂能掩尽人之耳目耶？今民等迭次热心为振兴实业起见，冒险前赴该岛调查，往返数次，所费已属不少。今一旦海防处因贪私利，竟瞒请政府取消民等承办原案，以希图增长日人之开采，任意私肥，而置政府之威信于不恤，弃国家权利于不顾。迫得沥陈附日之件，缴请钧会察核，俯赐转咨省政府，咨转海军总司令部，迅予查明，严逐日人出境，一面准民等原承案，并劝导人民前赴该岛经营，以振兴实业。所称此次以荷朝名字请承东沙岛云母壳案，系为许庆文之变名，尤属无稽之言，荷朝素与某并未谋面，亦无瓜葛，合并陈明。

（二）省政府令实业厅文

省政府令实业厅云：现准国民革命军海军总司令咨开，据全国海岸巡防处处长谢葆璋呈称：窃职处前以据报许庆文在港图谋破坏东西沙岛，并扬言领得粤政府执照等情，业经呈报核办在案。兹据赴港委员切实调查，密将许庆文所领粤实业厅执照抄录带呈前来，察阅该执照，系据商人陈荷朝呈准给予。查陈荷朝实系许庆文化用之名，其原呈措辞，竟将东沙岛为海军军事区域一节全行抹煞，且所称东沙岛尚少人居，必须□屋等情，尤为捏造。由此推测，恐于西沙岛亦必有同样之诡谋，其居心在破坏两岛海军之建设，不惜诳辞耸听。粤实业厅不明真相，□为所辖境内之两荒岛，自属受其蒙混，准其承办。职处顷另据东沙黄台长电，称有二船，领有粤实业厅凭证，随带鱼炮在离岛十四海里捕鱼，查鱼炮为万国例禁，倘入环岛礁滩附近，应如何处置等语。似此则前据报之讯，业已见事实。现为釜底抽薪之计，除许庆文一犯，业由钧部转请引渡归案究办外，应请迅咨粤政府声明东西沙两岛为海军军事区域，早经定案，并通告中外知悉。所办事务，关于航行公益国际信用，建设已有多年，费款将及百万，请其饬行实业厅查照，无论系何人请领前项执照，概予批驳。如已给发，迅予调销，俾免破坏，而重军威。各等情，查东西沙两岛确系海军军事区域，为中外所知，自难听任许庆文从中破坏。据呈各情，相应咨请贵委员察照，即颁转饬实业厅，如有人请领前项执照，概予批驳。如已发给，迅予调销。并请通饬各机关，禁止许庆文在外图谋骚扰，等由。准此查东西沙岛果为海军军事区域，自不容他人有所破坏。所请批驳调销二节，应即准照办理，除咨复外，合行令仰该厅长，即便遵照，妥办具报。

西沙群岛

西沙大小岛共十余个，其较著者面积如下：

玲州岛	二十四万二千三百二十五英井五，伸中亩二千六百三十三亩九分七厘
南岛	二万五千七百五十一英井，伸中亩二百七十九亩九分
多岛	三万五千三百七十三英井，伸中亩三百五十一亩八分九厘
多树岛	十六万九千七百一十五英井，伸中亩一千八百四十亩七分三厘
中岛	二万九千九百六十英井，伸中亩三百二十五亩六分五厘

（续表）

树岛	一万九千零五十四英井，伸中亩二百零七亩一分
登岛	二万六千八百三十三英井，伸中亩二百九十一亩六分六厘
北岛	三万八千一百九十六英井，伸中亩四百一十五亩一分七厘
笔岛	三万三千六百九十四英井，伸中亩二百六十六亩二分四厘
西岛	

群岛高度只十八尺至二十二尺，植物高不出三丈，大者直径尺余，亦有手摧即折者。物产以水产、磷质矿类鸟粪、柳树、牛羊鸡犬最多，矿区面积约一百六十余亩，水产有龙虾、醉蟹、石蟹、瑶柱、生蚝、石斑鱼、鲍鱼、大沙龟等。龟大逾方桌，卵每产逾百。鸟粪堆积二尺余，高以南岛计，每吨以十元价沽去，亦值二百余万元，而平常售出，每吨值三四十元。其余各岛鸟粪所值，约达一千万元，惟三年前日人擅到开采，闻被采去三分之一。又有海鸟，形大如鹅，掌蹼如鸭，羽色或白或黑，不能高飞，晨游水而夕宿林中，产卵甚多，味亦甚美。

岛内气候尚称温和，夏季较炎热，亦无可供饮料之淡水，幸雨水充足，居民备而饮之，但易生疟疾，亦有因热而死。惟各岛小山，蔓生马齿苋，可为治热治疟之良药。岛内黎民最多，自食其力，男女俱裸，仅穿小袴，以蔽下体。此外以渔夫为众，来自琼崖，每当夕阳西坠，山光水色间，点缀三五渔船，风景绝佳，有古岛国之状。

日人觊觎是岛，以采鸟粪为最大目的。当最急进时，群岛内有日人三百余名。每粪一吨，质坚成圆块者，运往日本，约值五十元，常因船小未尽将采得者运往，则存置于货仓，货仓可容鸟粪七千余吨。日人又筑一轨道，长凡数里，筑有铁栈桥，长凡百丈，并有蒸水机，均为助于开采鸟粪者。但日人以水土不服，病死甚多，近又因粤政府派员到各岛调查，多逃匿无踪矣。

日人计划，亦由中国商人先向粤政府请准在西沙群岛渔牧垦殖，采取鸟粪等，再由中国商人转移其渔牧垦殖采取鸟粪之权于日人。经过事实，据广东各界反抗日本出兵华北委员会，于民国十六年呈广州政治分会文云：

"呈为收回西沙群岛，严禁承商盗卖，以消灭日人侵略阴谋，而巩固国权事。窃西沙群岛，在广东崖县东南，出产巨额肥料，为中国富源之一。前经水商何瑞年转批日人经营，致使日人在该处任意建筑码头炮楼，既属丧失国权，滋长洋奴卖国营私之野心，后迭经琼崖人民反对，始有第四次省务会议，取消何瑞年批约收回。民政、实业两厅会同策划办理之决议，乃本年六月九日，省政府委员会第三十次会议，忽有实业厅长提议，将该岛另批商人冯英彪专办，并请准允由商人报效一万元外，另每年租价四千元之事，实令人深为诧异。幸即由中央大学农科教授郭嵩龄去呈政治会议广州分会，指陈利害，揭破日人侵略企图，始将冯英彪商约批消。盖西沙群岛既系中国富源之一，而为日人所素图占据者。去年省务会议，决将该岛收回政府办理，原为杜绝洋奴卖国权之计，然，当时以缺乏兵舰，调查人员不能前往，以致此议延搁未办，殊为憾事。现在本党政府军事政治势力达训政时期，凡有设施，均应着进行，尤以开发国富充裕民生为当务之急，此政府对于调查开辟西沙群岛之决议，自不能不继续执行。矧以此次清党后，一般洋奴买办每欲乘隙活动，勾结外力，以逞其营私之欲。该商人冯英彪竟以出价一万元之报效，四千元之年金，而怂恿实业厅提议批其承办，其间难保无贿赂勾结之阴谋。如此，则一西沙群岛可以贱价拍卖，其他比西沙群岛更大之国土，亦可以盗卖，将来贻祸，不堪设想。故为维持省务会议以前决议，开发国富，巩固国权，严防洋奴盗卖国土，消灭日人侵略企图计。谨依据广东各界反日出兵华北示威大会决议第一次清除反革命裁判，检举一切勾结日本帝国主义之洋奴买办阶级等，严行惩办一案，呈请钧会。将此次商人冯英彪承办西沙群岛经过，迅予彻查，果有勾结盗卖情事，应请严行惩办，以杜绝洋奴买办阶级卖国营私之野心。并请依照第四次省务会议决议，迅派专员前往西沙群岛调查测勘，由政府策划经营，以开发国富，而遵行总理实业建国之方略，实为公便。

又据广东实业厅长李禄超对于批由冯英彪开采西沙群岛鸟粪时之谈话云：

"（一）西沙群岛情形。西沙群岛系在琼崖之东南，距离海口约有一千余里。该处共有大小十余岛，面积约五千余亩，每遇潮水涨落，各岛时为隐现。岛上鸟粪甚多，此项鸟粪，可作磷质及肥田料之用。（二）原日承商批办历史。有商人何瑞年，于民国十一年间呈请承领从事渔牧垦殖采取鸟粪事项，试办五年，并声明期满如有成效，再行呈请核明继续办理，所缴过注册费、测量费、官地偿金矿栈等项共八千余元。旋被琼崖人士纷纷电呈，控称何商转批日人。政府是以将承领原案撤销，该商复向省署呈恳，始于民国十二年，奉准维持原案，继续承办。及至去年，省政府复据公民及党部力攻何商确系将各岛转批日人，请政府将该案撤销。本厅奉令核议，当以何商试办期内，积欠矿税，每以支吾讪塞之词推诿，延不遵缴。且屡次被控有勾结日人情弊，是以本厅有呈请取消之议。经奉省政府批饬民政、实业两厅派员乘舰调查，卒以无适当可派之舰，因循累月，久未成行。本厅鉴于此种困难，惟呈拟另招新商承办，以免该岛天然万利尽落外人之手。（三）实业厅办理新商案情形。据中山县商人冯英彪呈请，专办该岛鸟粪，自招本国工人前往开采，并自愿报效政府一次过一万元，另每年完纳税银四千元，以五年为限。本厅据此，以前商所缴不过八千余元，比较新商认缴之数，相去甚远。且旧商试办年限，又已届满，新商承办，确信其不致转批与日本人，是以复行提出省务会议，请将前商承办原案撤销，另批新商专办，是本厅办理此案手续，实无不合。（四）新商无勾结日人事。本厅查得此事，并无事实上证据，所知者，该商系中山县籍，即使此案批准，本厅应令其具有殷实商店担保，并订立批约。倘有勾结外人情弊，一经发觉，即将案撤销，惟现时断不能以毫无根据之言，故入人罪也。（五）该岛非太平洋战争之导火线。以余所知，日人所最注意者，乃美国所属之锦岛，因该处有良好军港，足以接济菲律宾也。设西沙岛确有军事关系，自有政府之军事学家主干，非我辈门外汉所能妄谈者也。（六）对于旧商之处置。旧商试办期间已满，并不遵缴矿税，且又勾结日人情弊，自应先行取消其开采之权，同时马上派人前往调查，制止其偷采。如果不即前往，仍如前次之拨舰困难，耽搁时日，适足以延长其勾结外人偷采时期。如是不特不能杜绝外人之侵略，反助其侵略之机。

依李氏谈话，回护冯英彪，无可为讳。冯英彪对于各界指为有盗卖西沙群岛之阴谋，亦认为不满，哓哓争辩。于是粤政府乃有派员前往西沙群岛调查之计划，拟由总司令部、政治分会、民政厅、实业厅四机关，各派委员一名，另请专门名家一名，会同前往。此民十六时之拟议也。卒以预算需费五千元，府库奇绌，无法筹措，又未得兵舰护送，议不果行，盖粤政府直敝屣西沙群岛也。

至本年军事结束，粤政府对于调查西沙群岛旧事重提，由土地、建设、实业、民政四厅及总指挥部派代表一人，组织西沙群岛筹备委员会。迭开会议，始决定于五月二十五日乘坐海瑞兵舰出发，中山大学亦派教授二人，两广地质调查所派技士二人，参与勘查。至海口时，会同南区善后公署技师前往，逾时将一月，方告言旋。未知调查之后，有何良谋，使西沙群岛之蕴藏，早获开发，及不致为勾通日本之商人，得逞其狡耳。

南区善后委员会公署为管领西沙群岛机关之一，该署参谋长黄强，以宣统二年，广东水师提督李准曾亲调查西沙群岛一次，预谋开辟，惜未见其具体办法。现对于粤政府派委员调查，颇抱重大希望，因取法国海军部出版《航海指南》一书，关于西沙群岛内容，曾见调查确实者译送各委员，以为参考，附录其译文于后，关于西沙群岛之潮流、风信、地势、轮船、湾泊处所极为详尽，亦研究西沙群岛者不可忽诸。惟群岛名称，以译昔故，与原称不同，吾人但互为印证之可矣。

（录自《国闻周报》1928年第5卷第28期）

时人汇志·陈绍宽

陈绍宽，年四十一岁。福建闽侯籍。南京水师学堂毕业，历充海军各舰舰员，湖鹏、通济、肇和、海容、应瑞各舰艇长，曾赴美日英法意各国调查海军，并任欧洲观战参战议和等专员。历任国民政府军事委员会、湘鄂临时政务委员会、中央政治会议武汉分会、国民政府军事委员会、海军编遣委员会等委员，海军署署长、海军第二舰队司令、海军部政务次长，代理部务。

（录自《国闻周报》1929年第6卷第23期）

青岛交与东北海军

（前略）张学良东电发出后，中央即将青岛交与东北海军维持是也。据二日青岛电，驻青百五十旅司令部东（一日）晚接总部来电，令即日移防南京，特派招商局船一只，到青载运。驻军两营定江（三日）午由副旅长田绍秋率领全部南下，该市治安暂由东北海军及保安队维持。而沈鸿烈亦于六日抵长山岛，定十二日乘镇海舰赴青。海圻舰于五日开赴烟台巡弋云。

（录自《国闻周报》1930年第7卷第9期）

华北港口参观记

（前略）东北海军司令沈鸿烈氏于八日特由沈阳赶到，与参观团晤见，对南大学生演说，于海军之重要性，颇多发挥，节要纪之于后。

沈氏演说：海军招待学生乘舰参观，此为初次。其动机，因南开在国内为重要学府，成绩嘉良；二因张伯苓校长原系海军出身，曾参与甲午之战，目睹战败之惨，感于学问救国之重要，故发奋办学，养成此种心得，推源实得自海上。日前本人过津参观贵校，觉各位思想显著发达，从前无人愿与海面亲近，今诸位自动愿至海港参观，实属可佳，为完成诸位志向，故有此举。为满足诸位此种志愿起见，拟将参观程序分作二步，一出外，二在内。（下略）

（录自《国闻周报》1931年第8卷第32期）

记甲午之战邓世昌殉难事

黄影呆

此次暴日在东北，屠杀同胞，消息传来，举国人士，莫不痛愤。溯在甲午之战以前，日本乃蕞尔小邦，世界各国，莫不贱视其弱小，不图竟能战胜老大中华，继复战胜强大之俄。而日本之国际地位，因以增高不少。夫中日之战，非日本之强于中国也，乃中国之将士，贪生怕死，不肯用命耳。是役也，任冲锋者为邓世昌。两军交战时，日本军舰在鸭绿江中排成一字阵，中国军舰凡三十余艘，邓氏身先士卒，独乘一舰冲锋，与海军提督所率之舰，相隔凡三四十里。即两翼之军舰，亦相隔十余里，是故接触而后，日舰所发炮弹，均中邓世昌所率之致远舰上，不及一小时而舰之周身，已穿二三十洞，行将沉没。舰中军士约六七十人，都在此危急之际，见后方援兵不至，知已必死，乃谓部下曰："再隔二小时，舰必沉没，我侪行将死难，曷不开足马达，向敌舰猛冲，毁其中军？"议既定，乃发舰前冲，撞穿日本海军主舰，两舰同时沉没。邓既入水，双手挟其爱犬两头，故得不沉，浮于海面。并将望远镜窥察中日军舰之沉没，既而又回首望本国之中军大旗，希来援救。是时日本舰队在鸭绿江中，中军舰已覆没，士卒无人统领，行将插白旗而宣布免战。在此时期，日军在瞭望台见中国军舰并未前进，乃将大炮望准中军大帅旗轰击，中军旗中弹而折，海军提督丁汝昌大惊失措，未将中军旗重行竖起。于是两翼军舰见中军旗已倒，共相逃亡。而邓世昌在水中，亦因不见中军旗，以为中国军舰尽被击败，乃舍其两爱犬，入水而死。当是时也，中国海军若均有邓世昌之忠勇，则日军必败北无疑。乃方伯谦及洋将汉纳根先后逃遁，丁汝昌胸无成竹，卒为日本军舰包围，丁亦在刘公岛服毒自杀以殉国。中国之海陆军，至此乃一败涂地。脱是役而中国不败，则日人之在今日，必不敢小视中国也。

（录自《国闻周报》1931年第8卷第41期）

编遣实施会议记事

本报记者

（前略）

点验组条例案

国军编遣委员会点验组条例修正案，全文如下：

第一条　本会基于《编遣进行程序大纲》第五条之规定，为实施点验全国陆海空军起见，特设点验委员会组。凡国军之编遣，均须经点验委员会组点验之。

第二条　根据全国各编遣区而分设若干个点验委员组，定名为某区点验委员组，及海军点验委员组，统由本会派赴各区，依该编遣区编遣程序，同时实行点验。至空军属于某编遣区者，应由某区点验委员会组点验之。

（中略）

第七条　点验委员组之委员，由左列人员组织之（其委员均须慎选各兵科及经理卫生兵器等专门人员）。

甲、各编遣区点验委员组

（一）编遣委员会派赴各区二十一人。

（二）各编遣区互派六人。

（三）各该区自行选派五十人。

乙、海军点验委员组

（一）编遣委员会三人。

（二）中央舰队六人。

（三）东北舰队五人。

（四）广东舰队一人。

（录自《国闻周报》1929年第6卷第31期）

青岛海军忽起风波

停泊青岛之渤海舰队，忽起意外风潮，此事先后有沈鸿烈之遇刺，继以海圻等五舰之逃逸，其真相概略如次。

沈鸿烈之遇刺未中

东北海军司令兼青岛市长沈鸿烈氏，于二十四日午后四时许，由前海华北运动会游泳预选会场，乘汽车转赴大港，换乘小火轮，拟赴镇海舰训话。同船者除随行之石副官外，有镇海炮正冯志冲同行。讵船行未远，该冯某竟由身边出手枪，拟向沈行刺，幸被石副官瞥见，趋前将冯某推落水中，故第一枪虽放，沈氏得未遇险。冯某落水后，尚连发两枪，小轮急行，驶奔镇海舰，码头警所闻警，急派警乘船赶往，将冯某捞起，旋即枪毙。

海圻等五舰之离青

沈氏遇刺未久，海圻、海琛、肇和等五舰，即离青他去。至长山岛，各舰长联名电青，致沈之参谋长谢刚哲，略谓欲该舰等回青，须沈辞去海军司令职，并希谢出面维持。据知其内幕者谈：东北海军事变内幕，并无政治背景，主犯冯志冲等八人，皆东北籍，均沈鸿烈一手提携之学生，在军舰任校尉各级官长。去岁凌霄等谋沈之变，幸冯等将沈救出，自以为大功可居，曾向沈要求委以青岛港政局公安局长等职。沈以冯等为海军中人，不谙政治，且局长薪金较海军少，恐其藉官发财，妨害青岛整个政治，乃安慰之。冯等因不满生恨，秘谋反沈。冯新由津返青，众告以沈对其空气不好，冯乃决心刺沈。不料三枪未中，被捕。沈不愿牵累多人，故将冯捕获枪决灭口。不料其他七人心慌，乘各舰舰长登岸协商检阅教导队时愚弄兵士，假称教导队变动，已将沈打死，将肇和、海圻、海琛三舰开走，但未远去，现均在鲁境荣成县属荣成湾黑石岛一带。曾联名以无线电电沈，请准辞职。沈复电谓只要大家不要贻羞国家，即本人辞职或牺牲性命亦可。沈已电蒋辞东北舰队司令，电汪辞青岛市长，尚未得回电。

（录自《国闻周报》1933年第10卷第26期）

青岛三舰逃至广东

青岛逃舰，系海圻、海琛、肇和三舰，前传五舰者误。且其逃走方向，业已证实系在广东。据五日南京电，海部得报，肇和等三舰，五日正午过香港，下午四时许驶抵广州。又五日香港电，三舰五日晨八时抵横澜外五里，向西南驶去，料正与粤方用无线电互商收容问题，粤如应允，即驶进省河。总部五日接军政部电，如三舰果驶进粤海，请转达中央意旨，劝令北返。又电，海圻等三舰，托福安舰长向粤提四条件：（一）清发在东北舰队时欠饷三月；（二）来粤后依海部饷额按月发给；（三）各舰兵官不得更易；（四）即发开拔费，驶赴粤海。闻当局以要求太奢，未便允许云。

至于沈鸿烈之辞职，国府已于五日下令，准其辞去东北海军总司令之职矣。

（录自《国闻周报》1933年第10卷第27期）

青岛海军事变

六月二十四日，青岛发生冯志冲谋刺长官沈鸿烈事件，当日沈在青岛大港码头，冯谋刺，连放三枪未中，冯被弁兵打遁入水，后冯登岸被捕，当被枪毙正法。这是前月二十六日各报对本事件公布的简要新闻。彼时我们就深虑事变必不如是简单，六月二十九日，各报果有东北舰队一部分离青他驶消息。据闻海圻、肇和、海琛等舰离青以后，即通电请沈下野。沈本人亦即向政府请求辞去海军司令及青岛市长职,同时覆电离青各舰,"愿将士深明大义,不为辱国投伪行为,虽死亦所不辞"。政府得悉事变消息后,一方面派员调查事变始末,一方面致电沈氏慰留,这又是到此日止,各方面对事变所能得到的一切消息。

事变既已由政府派员调查,真相不难水落石出。此刻我们对此案遽下论断,评判是非曲直,或失之过早。然阅读数日来各报关于本案的零杂消息,我们亦有感想数点,愿公诸社会,以为留心此项事变者之参考。

关于冯志冲谋刺沈鸿烈事,《济南通信》有这样记载:"刺沈主犯冯志冲等八人,皆东北籍,均沈鸿烈一手提携之学生,在军舰任校尉各级长官。去岁凌霄等谋沈之变,幸冯等将沈救出,大功可居,曾向沈要求委以青岛港政局公安局等职。沈以冯等为军中人,不谙政治,且局长薪金较海军少,恐其藉官发财,妨害青岛整个政治,乃安慰之。冯等因不满生恨,秘谋反沈,因此,发生刺沈事变。"这段记载果确,则刺沈事件,过不在沈,罪不在冯,而真正负责任者,实为国家的政制。偶读此项消息,必以为冯既为沈氏提拔之学生,求差不遂,即以属僚与学生,谋刺长官与师长,此为道德沦落,人心险诈的证据。此说固然,须知今日中国用人绝无一定制度,青年绝无正当出路,此亦为造成事变之主因。倘在欧美国家,行政官吏,投选有考试,升迁有考绩,中央或地方政府,用人权并非完全操诸长官手中,如此,谋官者固不能作私人请求,失官者亦不能有私人仇愤。中国今日则不然,国家用人,一以情面为准,如此,则冯志冲恃功求报,成为中国社会当然之事,而沈鸿烈废私言公,反成异乎人情之常了。冯志冲谋刺沈鸿烈,并非中国之创举,美国分赃制度盛行时代,亦有类似事件。美国一八三〇年以后,分赃制度即成公开秘密,国家官职,成为私人酬功报德之私物。凡曾为人奔走运动,捧场出力者,即有要求做官的权利。一人得志,喽啰辈即拔茅连茹,鸡犬升天。偶遭拒绝,辄成暗杀。美国总统嘉惠尔(Garfield)即死于此,彼即为求官不遂者所刺杀。恶劣环境之影响政治,又有如此之烈者。美国人知之,故嘉惠尔被刺以后,美国人不空言提倡道德,即注意整顿制度。因此美国有一八八三年文官考试案的通过。今日中国人,对青岛事变,亦应有如是感想。沈鸿烈不肯以公济私,固为深明大义之人,然在此分赃制度公开进行的中国,则愈不肯以公济私者,其处境愈为危险，青岛事变，特其发端。倘不急求制度的整理，则继此发生的类似事件，恐将层出不穷，这是我们愿指出之点。

青岛海军事变发生以后，《上海电报》又有这样一段消息："海军中人言：青海军事变，必有一二舰长共同动作，非全体士兵行动。该队中闽粤籍者，认系鄂派与江浙派之争。"这种消息果确，又令人对海军腐败内幕痛心疾首。中国海军，自甲午战败以后，本已不成为海军，在欧美人眼光中，则今日中国之海军，直等儿戏。旧年淞沪战事，中国军舰除对敌人鸣炮致敬外，绝无所能。此为何等耻辱？数十年来海军，本已非国家海军，彼辈树党分派，夜郎自大，或以省为界限，或以人为中心，钩心斗角，明争暗斗，由来已久。此次青岛海军风潮，倘仍以地方主义为冲突，似海军中人仍不能打破恶习，痛改前非。似此则中国海军，非彻底翻腾解决，绝无他项补救方案。似此，与其存此腐旧军舰，保存海军空名，为一二省人保全做官吃饭机会，又不如彻底取消，以节糜费，以省争端之为愈。

这是我们对这次青岛海军事变之感想，至于沈鸿烈氏任青岛市长以来，市政成绩蜚声全国，此则政府应与以鼓励，社会应与以宣扬。故青岛事变，海军司令与市长应分别而论。海军事件之解决如何，我们不得而知，亦不敢妄参末议。惟因海军问题而牵连市政则不可。政府、社会及沈氏本人，均应有此认识，以维持青岛之良好市政，则此为我们目前唯一之希望。

（录自《国闻周报》1933年第10卷第27期）

两广与海军北归

两广政局年来即在密云不雨之中，传说亦多，自胡汉民氏于九日出洋后，粤省主席林云陔、市长刘纪文及一般元老会中人，均将联袂去职。据香港十四日电，邹鲁决去职，由林云陔继长中山大学，林翼中摄理省主席，教厅长黄麟书调建厅，省委彭卓任继任教长，广韶局长李仙根、广九局长李禄超均将辞职，而西南政委会及执行部两机关存废问题，亦在考虑中。至于军事方面，自第四集团军参谋长叶琪前代表白崇禧赴粤与陈济棠熟商后，即飞川谒蒋，十九日已由蓉赴重庆，将赴京晋谒中央各当局。又一军长余汉谋自就任江西等六区绥靖主任后，即于赣南各属，极力抚辑绥靖。前传余部将调回粤，但蒋已电陈济棠，赣南仍由余部继续驻扎，负责绥靖。据此中央与粤方关系，似更密切矣。但本周中忽谣传两广军事当局对中央如何如何，但据中央社南京十八日电云：某中委谈，关于两广军事当局对中央之态度，外报每有揣测之记载，致惹起中外之注意。顷闻陈济棠十四日曾电致汪院长，有当此内忧外患、交相煎迫之际，犹有人造作谣言，希图破坏大局，是真惟恐亡国之不速也。殊深惋痛之语，足见外间所传，纯系虚造，不可置言，云云。又中央社长沙十七日电云，何键十七日在中山堂纪念周报告，力辟省内外无稽谣言，两广并无特殊行动，湘境内亦甚安定。

际此谣言粉传之时，年前由青岛驶赴广东之东北舰队海圻、海琛两舰，自经陈济棠将姜西园免职后，两舰对陈态度自不能完全服从，本周海圻、海琛忽离粤海，十五日晚十一时二舰借口薪俸改发小洋，突升火启碇他驶。要塞司令部，当电陈济棠请示，陈令武力制止，两方遂开火接触，结果海琛、肇和二舰驶离黄埔，海圻驶至虎门，空军星夜奉命追截，与虎门炮台向海圻夹攻，省河宣布戒严，江海轮渡概禁出入。至十六日夜，海圻、海琛两舰因潮水退落，迫在波罗山海面下锚。十七日晨一时潮水高涨，两舰复鼓轮强驶出海，与虎门炮台防军鏖战达一小时，卒驶离黄埔。至十八日，已驶至离港十八里之长洲海面，传将来港装运煤水，姜西园、杨超仑、方念祖、冉柏青等，均被陈济棠扣留。十八日，陈另委方念祖为肇和舰长，李庆文兼黄埔海军学校校长，省河亦宣告解严。其鏖战时，舰上受伤员兵四人，十七日退港疗治，曲成功一名，十八日晨因伤重毙命。张之英十八日上午十时乘坚如舰赴黄埔，召海校员生训话，旋赴肇和舰训勉员兵，四时返省谒陈济棠，报告一切。虎门要塞司令陈洁芝十八日午亦返省谒陈。海圻、海琛两舰十九日午十一时驶入港海，港海军派小轮引导，泊中环海军浮椿，两舰均无若何损伤。据海圻舰长唐静海谈，此次北归，于发动前，未有若何具体组织，原因：一、粤陈对员兵任意调动，使不能有所发展；二、海军为国家所有，不能作为己有，而陈每恐各舰逃走，辄加以压迫，至增员兵恶感，基此之故，自动北归。又谓外传两舰对粤员兵有虐待事，实属不确，旋引往见各粤籍员兵，唐乃往拜会港海军当局。姜西园、冉柏青十九日恢复自由，前参谋长吕相阳、军需处长杨超仑,尚押留候讯。海圻、海琛两舰二十日酉刻纷纷落煤,长官多登岸购物,惟粤籍员兵,仍未许离舰。

(录自《国闻周报》1935年第12卷第24期)

《海军军官佐任官暂行条例》施行细则

(国民政府八月八日明令公布)

第一条　本细则依《海军军官佐任官暂行条例》(以下简称《条例》)规定之,凡海军军官佐任官实施事项,悉依本细则施行。

第二条　任官时期,除特令外,均于每年三、九两月定期举行,平、战时皆同。

第三条　凡军官佐之任官,由军事委员会按其年资考绩审核决定,函请行政院转呈国民政府任命之。海军部对于所属军官佐之任官,应将其年资考绩呈请军事委员会核夺。

第四条　军法官、军用文官、军用技术人员、政治训练人员、及非海军出身之造械、造舰、军医、军需、航务、电信、造兵、造船、药科、经济等科系(大学或专科学校)人员,于定期任官时,由军事委员会核其资历考绩,予以注册,并分别送铨叙部登记,其任用办法另定之。

第五条　海军陆战队、海军、各要塞海军、航空军官佐、军事学校教授人员、其由陆海空军出身者,得参照陆空军官佐任官暂行条例及其施行细则办理。

第六条　军官佐初任之规定如左。

(一)军官之初任者,依《条例》第三条第一款之规定办理。

(二)军佐之初任者,依《条例》第三条第二款之规定办理。

(三)准尉任少将(尉),准尉任三等佐,依《条例》第三条第三款之规定办理。

第七条　军官佐叙任之规定如左。

(一)出身合于《条例》第三条各款之一者分别任以军官佐。

(二)出身合于《条例》第四条第二款之规定者,分别任以相当军佐,其出身原科与职务不同者,依其原出身任官。

（三）出身有二科以上者，以其经历、以其出身中之一科任官。

（四）各科军官因教育上之必要，而使受他科之教育者，仍以其原出身之科任官。前项叙任，适用于开始第一次之任官，尔后概以初任起为常。

第八条　叙任军官佐之出身，其在《条例》第四条各款规定之外者，均不任官，而以现在职务所属之科存记。

第九条　军官佐晋任，俟停年居满后，资深绩著，依照《条例》第五、第六两条之规定办理，但海军学校出身之少尉，于停年期满时，得晋任中尉。

第十条　战时为补充上之需要，对于所要官阶之停年，得特令减缩之。

第十一条　军官佐于军事上有特殊建树，可为军人表率者，得特令晋任，除停年依照规定外，其他不受条例及本细则之所限。

第十二条　对于国家著有勋绩之军官佐，其身后有须特令追晋官阶者，不受《条例》及本细则之所限。

第十三条　军官佐依《条例》第七条之转任，必有原阶转任为原则，其转任前后之实职年资，得合并计算，若转任而兼晋任者，则必依照对于晋任之规定。

第十四条　海军学校出身之附员，得依《条例》分别办理。

第十五条　备役军官佐，历次依期应召，成绩优良，得依补充上之需要，择尤晋任。

第十六条　军官佐任官，其出身与经历有疑义时，得调验其文凭委状，不能提出时，其出身应以同学二人出具证明书及同学录证明之，经历部分以所隶长官二人出具证明书及职员录证明之。

第十七条　军官佐有左列情形之一者免官。

（一）因罪处刑，并受褫夺公权之宣告者。

（二）触犯刑法，核其情节必须予以免官者。

（三）消失国籍者。

第十八条　因第十七条各款而免官者，其免官之原因终止后，得核予复官，但须由本人呈递悔省书，于海军部转呈军事委员会核办，复官时应以原官阶复任，其命令之程序与任官同。

第十九条　本细则自公布日施行。

（录自《国闻周报》1935年第12卷第32期）

江阴要塞的失陷

　　长江第一重门户的江阴要塞失陷了，然而因为电讯的隔断，交通的梗阻，关于当时战前战后的各种状况，当为一般人所关心。何况那里伟大的战迹，又是不可消灭的重要史实呢？江阴旅沪同乡会为着要明了江阴的真实情况，曾于战前战后，先后派遣干员十五人，前往江阴实地调查，业已陆续返沪，记者特为综合各人实地调查所得情形，作一个有系统的报告。

　　江阴在现在是国防第一个要塞，然而它在历代的英雄名将眼中，对于这苍老的古城，都没有把它忘怀而忽略。那里不知流过多少壮士的碧血，埋下多少健儿的白骨。尤其在明末清初的时候，民族英雄阎海元，统率数千江阴子弟，誓死不降满奴，被围孤城中死守，抵御二十万众的清军，血战达八十余日之久，终于粮尽援绝，伟大而悲壮地同这古城偕亡，造成了这可歌可泣的史实，至今二百数十年来，国人还没有模糊！

　　江阴的形势，北枕长江，东有巫山、叚山为屏，西有萧山、青山为障，南靠秦望山、大小茅山为前哨，一面临江，三面山岗起伏，把这江阴深藏在众山环抱的中间。如此雄壮的形势，深得地利天险之胜。江阴要塞，构筑在黄山、君山，北对靖江，彼此呼应，电雷学校和飞机场，也附设在要塞地带里，并且还有武澄、锡澄、琴澄等三条公路及其他支线，交通便利，工商实业也相当发达。因为它有地利天险关系，不但在过去为兵家必争之地，就是在近代内战中，也没有一次不与这古城握手，发生过若干关系。

　　自从"八一三"全面抗战展开，淞沪一隅之地，经过三个月的血战，东战场战线西移，十一月二十一日，日机十余架盘旋江阴上空，首次投弹轰炸。嗣后日机每天飞来掷弹，最初如吴汀鹭住宅、县政府、利用纱厂等悉被炸毁，旋于北门街一带大施惨炸，如南菁学院、顾家埭、善门路、大宜春、小桥头，以及同生泰、日新恒等各大商号，尽成一片瓦砾，实深浩叹。当时日军舰队，集中于福山以东的，约达七八十艘，环攻叚山，隆隆炮声渐渐震撼江阴，时为十一月二十日至二十四日的情形，日军已在福山登岸，日舰炮火，也已射入江阴县境的东乡了。

战事从常熟侵入了江阴区内，江阴情势，日见吃紧，江阴全境，大军云集。日机每天来犯，却被我高射炮迎击，只在高空中投弹。我江防总司令刘兴、江防司令许琪、要塞司令欧阳驹，均亲赴前线指挥。城内治安，归由戒严副司令袁县长负责维持，率同壮丁，担任输送、救护等工作，秩序井然，有条不紊。城内居民十九向北迁避。我黄山要塞，不久也开炮应战，轰然巨响，震动大江两岸，同时各山炮台，也突起轰击，日舰中弹颇多，其中二舰沉没，十数艘受伤，于是日舰不敢逼近我炮火射程之内。

不久无锡、常州相继沦陷，日军除了舰队密集炮火的轰击，和大队日机的惨炸以外，并联合其陆军三路进犯，东路由常熟进犯周庄市、长砂山一带，西路由武进（即常州）经由夏港，迫萧山、青山，这路战事最为剧烈。这里系由广西部队防守，奋勇抵抗，前仆后继，双方伤亡，都很重大，民众为流弹所伤者，为数极多。但日军凭其飞机、大炮、战车，倾全力进犯，终于我桂军二营之众，死守二山不退，均作壮烈之牺牲。南路由无锡沿锡澄公路进扰，经北渚、青阳，与其东路由常熟方面进犯之日军会合，再越日桥南闸，被日军三面包围，陷入孤军苦战，时为十一月月底的情形。

十一月三十日，城内炮弹横飞，因此大火延烧，黑烟冲霄，红光烛天，自东门起至马牌楼一带，尽为浓烟烈焰所包围。兼之前东北军部队，不战而溃，城厢被迫于本月一日失守。但我要塞驻军，仍凭险发炮，与日军作殊死战，经二日夜的血战，于本月三日下午，终于后援断绝。万余孤军，乃杀出重围，挥泪退守镇江，但仍留一团之众死守，于本月八日，仍在黄山要塞与日军抗战，准备流此最后一滴血，向日军索取其给付重大的代价。在八日傍晚，尚有时疏时密的枪炮声，但至九日则已寂静无声，想已壮烈牺牲，与此要塞偕亡了。总之，江阴要塞的失陷，绝非日军的大队军舰攻进，实由于三面重围的绝援，和内部东北军的不战而溃所致。否则，或许江阴要塞尚在我孤军死守中呢。

这次江阴我军的撤退，确比苏常一带的撤退有计划，有秩序。最先将配备于江阴城东之我军炮队，秘密渡江，旋将各要塞炮及各山炮台，逐一炸毁，以免转资日军所用。江中封锁线，现由日军用小汽艇扫除，但因遭对江八圩港炮台轰击，无法进行。日军在九日之夜，渡江侵入对岸靖江，又与我军发生激战。据自本月十日晨由靖江逃出之江阴人某君，乘由太古公司之芜湖轮到沪谈：靖江于十日之晨，还是在我军之手，战事发生于靖江县城的东南郊外，泰兴方面，我已调集大军，防堵日军沿江西进，封锁线内我军所沉巨船，一时恐不能全部扫除。某君认为沪报所传，日军已经拆毁的话，似乎此说过早。（录《申报》）

（录自《国闻周报》1937年第14卷第50期）

国营招商局业务通讯

接收登陆艇

本局将接收登陆艇廿五艘，其中LST十艘，LSM十五艘，并定于廿三日先行接收LSM两艘，廿四日接收LST两艘。该项船只之性能与构造，较为特殊，机器均为柴油机，目前轮机人员极为缺乏，故先行接收之四艘，将作为训练船员之用。LSM之内容约略如下：

长　二〇三呎六吋

宽　三四呎5/8吋

深　一三呎三吋

吃水前　四呎三吋　　后　七呎三吋

载重　四九一吨

排水量　九一二吨

机器　提士尔机两部

马力　三,六〇〇匹

速率　十四浬

油舱容量　一六三.六三吨

（录自《国营招商局业务通讯》1946年第28期）

继续接收登陆艇

登陆艇经本局接收者，计有LST五艘，LSM九艘，各LST经命名为中一〇一至一〇五号。LSM经命名为华一〇一至一〇九号。LSM之概要已载上期业务通讯，LST之要点约略如下：

全长　三二七呎九吋

仅长　三一六呎

宽　五〇呎

深　二五呎

吃水（后）　一〇呎

排水量　三,七七六吨

空船重量　一,四九〇吨

载重量　二,二八六吨

机器　柴油机

马力　一,八〇〇匹

速率　约九浬

此外本局尚于六月七日接收LCT式登陆艇五艘，该项船只之要点约略如下：

全长　一一七呎

仅长　一〇五呎

宽　三六呎

深　□五呎

吃水（后）　□四呎半

马力　六七五匹

速率　约四浬

（录自《国营招商局业务通讯》1946年第29期）

继续接收登陆艇，登陆艇开航

接收登陆艇情形已迭载各期通讯，最近又陆续接收华字一一〇、一一一、一一二、一一三、一一四、一一五六艘，分别于六月十四、十五及十七三天接收完竣，现各该轮船员，正从事整理内部，准备试车。

登陆艇中一〇一、一〇三、一〇四号，已于六月十五日驶赴青岛，均经平安到达，华一〇一、一〇四、一〇八三艘，即日装货驶岳阳。各该轮机械设备新颖，本局接收后不久即可利用，外人均表钦佩云。

（录自《国营招商局业务通讯》1946年第30期）

登陆艇准备入川

本局最近接收之登陆艇LSM十五艘，奉院令将入川运粮，并限期开航。本局以川江航行情形特殊，各船均须改装，方能上驶。现已由江南造船厂负责改装，将各船舵面加大，驾驶台移至上层，尾锚及锚车移置船首，右舷添设清水舱，并加装舱盖等，预计第一艘可于七月十四日工竣，最后一艘至八月十七日工竣。

（录自《国营招商局业务通讯》1946年第31期）

海风月刊

国防与海防

陈立夫

国防之与海防，关系甚密，由历史之研究与抗战之经验言之，直可曰无海防即无国防也。何以故？盖自历史之研究，则赫然陈于目前者，为国防线之转移，由西北而渐及于东南。猃狁、匈奴、鲜卑、突厥，由周讫唐，外患恒在于西北。长城之筑，所以资屏障，徙戎之策，所以固腹心。若夷夏之防不严，而杂居内地，则无不酿成剧变。前之五胡，后之辽晋，皆由长城之险，敌我共之故也。元明以降，海上交通渐启，倭寇亦生，于是国防线乃进展而及于东南。明初用汤和之策，沿海设卫，滨海仿佛有长城之固。及夫中叶，舟师窳败，海疆之险，逐亦于敌共之，倭寇因得纵横江、浙、闽、粤，而进扰南京矣。陵夷至于清季，海禁大开，而横贯东西之长江，亦听外舰之深入堂奥，海防之不修，而江防亦废，财赋之区，动遭兵燹。无海防遂无国防，言之犹有余恫，故以历史之趋势言之，今后东南之海防，实亦国防所系也。其次七七以还，战局之转移，往往由于敌舰在长江中之活动无有效之方法以制之，封锁限于静止之守势，亦未能持久以阻其深入也。前事之不忘，后事之师，海防之于国防，固若是其相因依也。

然则今日而谋国防，其道何自？曰：设防则以陆上之防御为辅，建军则以潜艇之制造为先。以设防言之，吾国海岸线之延袤，大规模之海军完成，非旦夕可期，则为争取时间计，陆上防御之增强，犹未至于缓不济急，故以防边佐防海，为治标之计，客主之势既异，劳逸之道迥殊，抑亦汤和御倭之胜算也。观明初金山卫之设总兵，□重镇，不能不令人景仰昔贤之卓识于无既矣！以建军言之：主力舰之完成，所费既多，需时亦久，以海权国之英美，犹须期以岁月，况于重工业未发达之国家？若小型潜艇，则费省而速成，以之活动于海洋中，或狙击其商轮，或奇袭其军舰，实足以挠寇敌之凶锋，而制其补给之死命，若辅以要塞，势更有余，其功效实远，胜于封锁。欧战之中，德之威胁协商国者无论已，即前意之侵阿，意大利之小型潜艇，已足供地中海上之英海军兢兢然有戒心，而今欧战爆发后，德意志之潜艇又闻屡奏层功矣。我□与海军之建设，苟取径于此，必将事半而功倍也。

昔波斯以倾国之师，乘席卷之势，以临希腊，而海军一败，全军以熸。拿翁以一世之雄，率长胜之军，以征埃及，纳尔逊一战而覆其海军，遂不得不弃师回法。中国之有海军，固早于日本，徒以清政府之不纲，内乱之频仍，而迟迟其扩展，至于今日，影响国防。我海军同志诚不可不乘时僇力，因地制宜，以步武狄末斯与纳尔逊之伟绩也。

（录自《海风月刊》1940年第1卷第1期）

海风月刊发刊感言

陈绍宽

位于沿海界域之国家，国防之巩固与否，胥系于海军实力之强弱，而处海权争衡之世界，则海军实力尤与国际地位有密切之关系。况吾国海岸线绵长，门户洞开，外国船舶往来于我江海领域之间，甚至藉词护商，派遣军舰恣意游弋，或称为亚洲舰队，或称为扬子江舰队，藩篱久撤，堂奥堪虞，外侮纷乘，国防日亟。吾国之情势如此，欲谋自卫图存之策，舍振兴海军不为功。民族主义第五讲，总理对世界各国海陆军备探讨綦详，并云我国的海陆军和各险要地方没有预备国防，外国随时可以侵入。篇中关于海军战斗力之比较，尤多反复申论，认为任举一国之海军力，皆足以破吾防而亡吾国。凡此遗教谆谆，沉痛深切，直已明示吾人以非有相当之海军力，将无以求存于今日也。无如吾国自清末缔造海军以来，虽具六七十稔之历史，惟以受清廷政治腐败之影响，始则廷议纷纭，莫衷一是，旋且移海军专款以供娱乐之建筑，坐令军力耗损，国防空虚。虽海军先正竭力呼号，而清廷充耳罔闻，以致海军舰械均不如人，有甲申、甲午两役之失败，爱国志士，至今犹扼腕太息。民国成立之始，军阀柄政，竞逞私图，靡特无扩张海军巩固国防之观念，即寻常海军饷糈，亦且积欠累累，海军生机，不绝如缕。殆北伐军兴，海军一方致力革命奋斗，一方注意建设事业，并经审度内外情势，拟订具体方案。惟以国家于创痛之余，财力不逮，未获实施，只得于军费竭蹶之际，勉事撙节，俾海军树建设之模型，国防收尺寸之效果。逐年虽有添造，第以吾国海疆之辽阔，不能仅恃几微建设，遂足厚军力而固吾圉也。自九一八事变发生后，海军方面鉴于敌我军力之悬殊，江海防务之紧要，复经拟定防战计划，亦以经费支绌，未得政府之许可，无识之士，甚且倡废除海军之议。故欲振兴海军，必先使国人对于海军与国防关系有深切之认识，始克有济。

抗战军兴，瞬经二载，而两年来我军抗战事实，多有为外间所未及周知，兹特叙述概要，为国人告：

此次吾国对日抗战，内则为保持国家独立，力争民族生存之战争，外则为抵御世界侵略，崇尚国际正义之战争。当卢沟桥战事发生时，海军实力，虽略有扩充，而按之原定大规模海军计划，尚相差甚远。然海军负捍卫国家、复兴民族之使命，值此国难临头，职责尤巨，全军愤慨，各抱有我无敌之决心。爰就海军现有之实力，通盘布置，并召集专门人才，研究御敌策略，为长期抗战准备。回溯两年来抗战之事迹，如浙沪、江阴、马当、湖口、鄱阳湖、田家镇、葛店、虎门、荆河、湘河以及闽厦等处，海军方面关于毁除标志，堵塞港道，配置舰队，组设炮队，分布雷区等项，靡不竭其能力，于万方艰阻之中，达成抗战任务。如江阴一役，我舰队因损失甚巨，但敌人所付之代价实非浅鲜。据德国军事家观察谓江阴我舰抗战壮烈，较之欧战时亦不数觏，可见当日海军将士忠勇杀敌奋不顾身之情况。武汉、广州失守以后，海军复于川江、湘江、西江、瓯江各区，相度形势，力筹防卫，有一人即尽一人之用，有一舰即尽一舰之用，有一械一弹即尽一械一弹之用，物质不足，济以精神，武力未充，益以智力，使敌人步步受制，处处坐困，寝趋于总崩溃之途径。否则以暴日素称强盛之海军，于所希图进占之区领，局促后方，不敢越雷池一步，必俟敌陆军迂回侧路，耗至多之时期，糜至巨之军费，始获略有寸进。而敌舰队则于占领某地后，又须经过扫雷工作，方克逶巡缓进，且其舰艇被我所布之水雷击沉者，为数殊巨，是则吾国消耗战之得以奏功，海军实与有力。设当未战之前，政府能早以充分之经费，建大规模之海军，则其抗战威力，自益雄厚，而暴日图我之野心，或因此而消戢，未敢侥幸一试也。

吾国受此次作战教训，度皆憬然于巩固国防，首在振兴海军，最后胜利到达时，海军前途之扩展，定可拭目而俟。顾或谓海军建设需费较巨，不若陆空军之轻而易举，然因噎废食，古训所戒，美国史汀氏谓国家即使贫弱，亦不能不力加振作，起而建造军舰。以美国海军之强盛，犹欲惨淡经营，不计财力之赢绌，吾国海军较美远逊，不建设即无以救亡图存，安得以财力为推诿。国难发生之始，吾国亦一致倡言国防，而对于国防主力之海军，转不注意。岂知滨海之国，海军乃国防前锋，平时宽筹经费，促海军实力之增强，一旦有事，国防始可无虞。是以竞争海权之国家，其海军每年经费，为数至巨，如英美日之海军费，皆数百倍于吾国，而吾国海军军费则按军费全数尚不及百分之一，较之土耳其、阿根廷、希腊诸小邦，且属不逮。缘吾国向以陆军为主，海军为从，陆军兵额世界各强国且有过之，而海军则相去不啻霄壤。比年一般论调，又趋向于航空救国，惟国家军队之组织，与地势有特殊之关系。沿海国家，陆海军均属主力，航空固目下作战利器，然装载飞机之母舰，则隶属于海军。且海军亦附设飞机队，为军舰之辅力，厚陆薄海，既非全策，舍海言空，尤属左计。巴德华论欧战之得失，谓同盟国致败，以海军为主因。英国机势强盛，素称雄于世界，盖由于海军军力之雄厚，军舰吨数占第一位，其他各强国对于海军，亦莫不钩心斗角，突飞猛进。军缩会议破裂后，最近列强竞争海军尤为剧烈，海军实为滨海国家兴亡盛衰之所系，非可等闲视之者也。

《海风月刊》以研究海军学术，介绍海军知识，促进海军自强为宗旨，征稿及余，以有感于海军过去演变之激剧，目前环境之艰难与未来使命之重大，因为述其梗概如是。

（录自《海风月刊》1940年第1卷第1期）

中国海军还有希望吗？海军军人还有出路吗？

编辑先生：

　　当我看到《海风》，引起我不少的感触。我是一个海军青年，从前我入海军学校的时候，曾有过远大的抱负，我希望做英国的纳尔逊，日本的东乡平八郎，可是当我毕业以后，觉得这个可能性太渺小了！我国的海军，与列强比起来简直等于零，"巧妇难做无米炊"，我知道建设海军需要浩大的财力，当我们抗战胜利后，国家百废待举，还能有力量顾到这些吗？真的，我苦烦极了，茫茫的前途驱我走上徘徊的歧途。我现在正在犹豫着我是不是应当脱离海军？怀疑着我逗留在海军里，是不是等于出卖青春？记得在武汉时我曾看到"拥护陆空军将士在委员长领导下抗战到底"的标语，我心痛极了，中国海军还有希望吗？海军军人还有出路吗？请你告诉我！我想你们一定也是海军青年，你们又从哪里得到勇气来站在自己的岗位上呢？你们不会哂笑我吗？切望能抽出一点宝贵的时间来，为我定个针路。

　　敬祝
撰安

杨子嘉敬上

中国海军的前途是灿烂光辉的，海军人将站在国防第一线上

子嘉同志：

　　海军青年对海军都有同样的苦闷，我们不但不会哂笑你，并且十二万分地同情你。海军同志来的信件，差不多都有与你相类似的意见，所以我们深愿能把所见到的都说出来，大家商讨一下。

　　目前的海军的确已是没落到极点，可是绝不能由此竟下"没有希望"四个字的断语。谁都知道，要保卫绵延一万三千里的海疆，绝对不是陆空军可以胜任的；要保卫远在海上的渔民，千余万海里外的侨胞，又不是陆空军能力所能及的。当然还有无限的理由，可以证明中国只要想存在，绝对不能没有海军。

这仅是最浅近的举其一二罢了。

你怀疑抗战后不会有力量来建设海军吗？我可以举一个例子来讲：一个穷人他宁肯让室内的桌椅残缺，可是他总要有个门。上古时代的人民，穴居血食，但也知道用东西堵住洞口，以防外来的袭击。我们国家于创痛之余，别的纵令无暇顾及，门户总是必要的！若说海军建设费用浩大，试看"一·二八"之役，一月间就损失十四万万元，若用来造舰可得三十余万吨，果令有此，日本岂敢蠢动！抗战三年来损失诚不可胜计，受到这样教训，难道我们战后还能不节衣缩食来建造保卫国家的铁门，防范外来的强盗吗？

再说建设海军，并不像陆空军的只是消费，她能直接使国家增加巨大的利益。英国的商人足迹踏遍了全世界，因有强大海军的保护得在最有利的条件下来经营，遂能利用全世界的资源，控制大部分的市场，吸取无限制的利润，使它成为世界经济的中心。这种利益的增加，较之用来建造与维持它大舰队的费用，不知要超过多少倍！回头看看我们自己的侨胞，一批批地被人家逼回国来，我们还能不设法去保护他们吗？

我们有贤明的领袖，抗战胜利后复兴海军是毫无问题的。我们不该怀疑，不应徘徊，应该坚信中国海军的前途是灿烂光辉的。

我们应该坚决抱定新海军从我们手里创造出来的志愿，我们要准备站到国防的第一线上去，以铁与血的斗争来洗刷以往的耻辱。因此现在我们一方面应站稳自己的脚跟，抱定葬身海上的决心，不徘徊，不彷徨；一方面应加紧充实自己的智能，并努力从事海军的宣传工作，使全体国民认识海军，了解海军，因为新海军的建设是要奠基在广大的群众上的。

《海风月刊》的宗旨，在发刊词上已说得很清楚，它除了海军同志，借以激情励志外，最重要的就在对国人提供正确的本质的海军知识，唤起国人自发地来赞助和督促新海军的建设事业。只要国人认识了海军与国家的密切关系，任何条件都不足以阻碍海军的复兴。朋友，我们千万不要离开我们的岗位！

敬祝

努力！

编者

（录自《海风月刊》1940年第1卷第2、3期合刊）

海 晶

惨哉！中国的海军
陈绍宽的七颗金星，代表中国有七只小军舰

季 布

我国的积弱，固然是满清以迄今日的成因，但是因为没有海军，遂被列强所藐视。只要任何国家的军舰，开到了吴淞口或者下关，我国便不堪它的威胁了。从前日本便时常把这一套来胁迫我国，我国因为没有海军，处处便吃了大亏。胜利以后，日本方面的残余军舰，虽然经我方接收，但力量依旧是薄弱，谈不到建设海军。在二三月以前吧，美国的海军将领曾经对我国的海军开了一个玩笑，他说："美国的海军上将，只有三颗星，中国的海军上将陈绍宽却有七颗星，这是象征中国只有很小的军舰七艘，每颗星代表一只军舰。"这当然是讥笑中国没有海军，对我国是一种侮辱，这事情各报上都登载出来。

不久，政府当局便命令撤销海军部，海军司令部的船只，都归军政部接收，海军部长陈绍宽便就辞职了。

政府撤销海军部的原因，当然与上述的七颗星有一些关系，不过胜利以后，各方对于海军的不满，也是原因之一。接收问题，更为社会所攻击。江苏监察使程中行到了上海之后，开了很多针对现实的炮，真是一位代替老百姓说话的好官。记得第一炮便是对海军部开的，他发表了一段谈话，是说：上海的白报纸非常缺乏，影响于文化的发展，据查，海军部接收敌伪的白报纸很多，何不拿出来以应需要。后来海军部也虽发表过声明，对这件事有所辩白，接着

各方对海军都有微词,海军各方举行了一次新闻记者的招待会,对接收处分物资,向新闻界有所说明。正在这个时候,又发生了两桩纠纷:一桩是应由招商局接收的敌伪船只,有许多已经被海军方面接收了去;一桩是外交部的特派员刁作谦,从重庆飞到了上海,想要接收日本的大使馆作为外交部驻沪特派员公署的,却早被海军部接收了去,弄得外交部的办公地方都没有,刁作谦为了这件事,曾经大发牢骚。

威宁军舰载客被人告发

在轮船缺乏,上海与重庆间交通航行困难的时候,听说海军方面在上星期有过这样一件事情:

海军部的小型军舰叫"威宁"号的,由重庆东下驶沪,竟卖起搭载乘客的客票来了,每张的票价是二十万法币,搭乘了"威宁"军舰,行驶到汉口九江之间,却搁浅了,一搁竟搁了三次之多,足足行了一个多月,才到芜湖。它又不开了,叫乘客下船,由芜湖乘火车到南京,然后再乘火车来沪。乘客出了那末许多钱,心里有些不大甘服,便向当局告发,舰长同船员,被当局所扣留,这案子至今还未了结。

不过这些都是接收声中的小枝节,海军是建国的要务,海军当局,还是应该负起责任来干。

(录自《海晶》1946年第3期)

海　涛

陈绍宽的绰号

太　彤

业已下野的海军总司令陈绍宽，有一个很妙的绰号，这个绰号具有很久的历史，大概海军中没有一个人不知道的。尤其是他的绰号时常与他所行的事相符合，因此这个声名越来越大了。

陈氏的性格非常爽直，而且非常急躁，他要做的事，如果发生一点阻碍或不如意的地方，就要发脾气了。他发脾气有两种方式，一是拿帽子压人，二是掼纱帽，譬如对下属，就时常说："这是公事，上司吩咐的怎可不遵？"对同辈的人，唯一的办法，就是我不干了。因为这样，所以很多的人都对他毫无办法可想。

欢喜拿帽子压人，欢喜掼纱帽，他与帽子太有缘分，于是"帽子"便成为他的绰号了。

（录自《海涛》1946年创刊号）

陈绍宽反对结婚

士

海军部长陈绍宽氏，今年已六十五岁了。据他的副官告诉我，陈氏至今没有太太，而且是个的的确确的处男。因为陈氏是主张独身主义的，平日最不喜欢与女人接近,他而且常常对部属说:"结婚,是罪恶的桎梏,一个人不结婚才是真正快活的。"所以有许多人替他做媒,都被他拒绝了。照旁人想,做到部长,不要说太太,也许姨太太也好几个了。可是他的确是不近女色的,不比那些口抱独身的人,虽不娶太太,实际却和娶了太太一样。在要人中也算难得。

(录自《海涛》1946年第7期)

航空杂志

海军部送学员附学航空

海军部曾将马尾飞潜学校毕业学员,挑选十四名,送军官学校航空班,学习飞行。闻该班主任考其程度,均尚合格,已准其插班上课云。

(录自《航空杂志》1929年第1卷第5期)

海部奖励航空生
月加津贴以示优异

我国航空方面,正在萌芽时代,对于陆空之发展,已有航空署之设立。海军部鉴于水面航空亦应积极发展,该部特设航空处于上海高昌庙,聘请飞行教官,训练飞行人才,并在闽北马尾,设飞机制造厂,配铸飞机零件。该处所有飞机,除由机厂自造数架外,余均由欧美订购水陆两用飞机数架,业已相继装运来华,拨作该处学生练习飞行。比月已来,学生肄业成绩,益形可观,最近各学生等,均能单独飞行,航艺诸臻精熟。该部为鼓励学生起见,于各该生原领饷款外,并拟月加津贴,以示优异。

(录自《航空杂志》1930年第1卷第10期)

海军飞机厂新成飞机

（七月二十八日本京讯）海军部飞机制造厂新成之飞机两架，定名"江鹢""江□"，均一百六十马力，每小时飞行百余里，发动机购自美国，为水陆两栖类，厂长曾贻经，将行试飞。

（录自《航空杂志》1931年第2卷第7期）

航业月刊

常安轮将有海军护航

长安轮船公司行驶福州、上海间之华安商轮，因迩来各处洋面海盗猖獗，航行危险异常，为船货乘客等安全起见，特呈准海军部令吴淞全国海岸巡防处派海军兵士十名，驻守该轮，随班保护。经巡防处长吴振南将所部内挑选十名加以特别训练，业已期满，由吴处长亲自督率上项受训练兵士，在炮台湾试演实弹射击，考核成绩，结果颇为美满，将派往华安轮实行护航云。

（录自《航业月刊》1930年第1卷第2期）

海军部与农部协商领海界线之确定

海军以浙东海面及江苏东海县临洪口暨山东青岛之间，自今年以来，各有千艘以上日本渔船自由弋捕，甚至借该国派出之兵舰护符，既夺我渔航之权，复任意蹂躏渔民，蔑视主权，莫此为甚。虽迭经外交部与日方严重交涉，俱未获有良好结果，其主要原因，盖以我国领海界线未经明定，故日方辄借公海以为搪塞。按领海界线，照国际公法以距海三海里为原则，此原则乃确定的，迄未变更，但以海岸参差不齐，其向外推出三海里，应由何处起划，则凭地势以定。依我国海岸形势而论，其界限所届有可远距大陆至卅余里者。近代欧美各国认领海为一国自主之权，各因地势关系，有公布扩充至距岸七海里或至十余里者，间因行使职权，至于发生国际交涉时，对方颇持异议，悬案未决者甚多。究竟领海处所，全凭猎舰常穿梭巡为确定界线，否则徒法不能自行，而事后即控诉其越界弋捕，又全无证据可凭。该部因查旧案有海处界委员会，拟恳划定本国领海界线之办法，并给有海图界域等品，特检送农矿部协商，并请农部派员至海军部共同研究领海界线，绘图以定领海范围云。

（录自《航业月刊》1930年第1卷第3期）

海部令不再用外人引港

长江浅流歧濑，舟行多阻，以故舰轮航行，率多借力引港。海军部为此特设引港传习，所期养成引港人才，不再假手外人；一面更以部令通饬各舰艇，嗣后长江航行，不得专靠引港，并着各船艇自行熟练引港经验云。

（录自《航业月刊》1930年第1卷第3期）

海军部刊行长江水道图

扬子江芜湖至九江间水道各图，计分三点，海部正分次刊行。其中铁板湖至新开沟一幅，业已出版。其新开沟至广丰圩与广丰圩至阜康圩一幅，亦饬海道测量局着手绘制。

（录自《航业月刊》1930年第1卷第3期）

东沙岛观象台海部准备修理

东沙岛观象台台屋及各项建筑物，年久失修。海部前令海岸巡防处聘建筑士杨锡镠前往查勘，已勘毕回沪，据报该台全部建筑，均应加以修理。嗣又据海岸巡防处电，呈以东沙风涛险恶，尤以每年九月至翌年三月为东北季风最强盛之期，船只开岛，更觉不易。拟于九月指派一舰，先赴东沙岛接济应用物品后，更折往西南沙岛履勘，以作着手建筑时之根据。此项办法业经海部照准，预定届时准予派船前往，并令所有修缮东沙台之人工材料，由装舰运送到东沙岛后，即开往西、南沙两岛查勘，归途再往东沙岛，将修缮人工运送回沪。除东沙修缮工程外，属于西、南沙岛建筑事宜，亦由海部切实计划办理。

（录自《航业月刊》1930年第1卷第3期）

建筑三岛无线电观象台

海部对于航海安全上，更拟具大规模之设备。故自东沙岛徇英港督之请，建筑无线电观象台后，复在吴淞口外筹备建设求向台三所，现在此项求向器三副，业已到沪。经向海关提取，至西、南沙两岛建台，亦已着手进行。拟于本月间，派舰前往东沙接济之，便同时派员履勘西、南沙两岛，以便计划建台之进行。更将该三岛合绘一图，附以说明情形，以资公布，其说明如左。

一、（东沙岛）该岛在香港南偏东五十六度，按海关方位，为经一百十六度四十三分，北纬二十度四十二分，孤悬海外，与大陆相隔。其最近者为香港，计一百六十二海里，面积按图计算，约一千七百亩之大，素为我国渔民居留之地，嗣被日人占领。清宣统初年，复由我国派员履勘，收为我国领土。岛上森林丛茂，密树成荫，昆虫鸟类，一若陆地，地质饮料，亦合居人，气候较热。岛中原筑有轻便铁道及码头，又茅居数椽，古庙一座，岛之四周，滨水较浅，其底均系珊瑚白沙之类。该岛最高之地，过海平面甚低，故无论阴晴，皆如在烟雾之中，航轮虽都远避之，而渔船则常失慎于此。自建设观象台及航海灯以来，中外咸称便利。

二、（西沙群岛）该群岛于海图中分为三组共十三岛，约居东经一百十一度十三分至一百十二度四十七分，及北纬十五度四十六分至十七度〇七分之间。于前清光绪、宣统之交，特派军舰前往，立碑升旗鸣炮，自后航海各国，均认为我国领土。前为选择适宜建筑之地起见，曾经察勘一次，以十三岛中之茂林岛，为最适合。该岛在海南岛之东南，居东经一百一十二度二十一分，北纬十六度五十分，长宽约一英里，环岛之滨，尽系白沙。岛中树木茂盛，群鸟翔集，有钢质码头一座，长约七百余尺，现闻已损坏。岛南各深六托，内有新屋数间，轻便铁路三道，为日人侵取海产之用。其位置较东沙岛尤南，故气候倍热，岛中丛林，夏可蔽日，冬可御风。岛北地高五十尺，可造航海灯塔。对于航线及风警上，其地势之险要，尤甚于东沙岛，故实有建设观象台之必要。

但建设以前，仍应复行详勘现状。

三、（南沙岛）该地在航各国，通称为密克勒司费滩，经英轮密克勒司费号于西历一七〇七年发觉，亦为我国之领土。于一八九二年至一八九三年，由英海军派两舰前往，作局部测量，觉该滩为珊瑚质，实出于深水中，生长迅速，居东经一百十三度四十分至一百十四度五十七分，及北纬十五度二十四分至十六度十五分之间，长约七十五英里，宽约三十三英里，为一暗滩之区。其大部分之深度约四十托，环滩之滨，深度较浅，约七至十四托。滩座绵长约二百英里，皆生有三英里阔之珊瑚，其滩外海洋底则为软泥，周围约一千三百托。滩面之南，为垂直形，滩西极险阻，滩北则形斜坡，滩滨有深四十至五十托之航路，可直达滩之中部，滩之东北，有六托半深度之地。在泽湖曰（Waler），其中则有五托深度之地，是为该处最浅之地，临高视之，全部水呈绿色，可一望而知为浅滩。当天气恶劣之时，该处海平面状况，尤为险恶。滩之西部中区，则未作完全测验，其中或有码滩出没，故航海者只能经过该滩之东西两面，不能航经其中部。但距今又数十载，以珊瑚按年递长之性质推测，现必有叠聚成岛之可能，故附近渔民，传说该滩之西部，曾发现岛屿，若隐若现。今远东气象会议之提议建设该岛者，或即以此也。查该地位于东京湾入海口法属印度支那之东，与东沙、西沙两岛，势成鼎立，为英美法三国属地航线之要冲，故建设观象台、灯塔等事，实为海上公安切要之图。惟该滩西部一区，未经测量，建设之前，必应先作精密之测量，及详细之履勘，然后方能确定计划云。

（录自《航业月刊》1930年第1卷第5期）

渤海舰队驱逐外人渔轮

青岛海军司令沈鸿烈派一、二两舰队，一日起游弋，驱逐外渔轮。

青岛日侨密组渔航维持会，三十派代表七人，谒日领，请许可，日副领允呈外部。

（录自《航业月刊》1931年第1卷第6期）

收回引水权与海权海防之关系

经 为

引水权关涉海权海防，至为重要，自宜从速收回。盖引水向导，本属地主之事，应属本国人员充之，断不能假手于外人，一任其窥探举动。摄影绘图，深谙海口要塞无遗，丧权辱国，莫此为甚。试观东西各国，无闻有引水权授予外人者。反顾吾国充当引水者，多属外人，引水权之丧失，实堪痛惜也。

（录自《航业月刊》1931年第1卷第8期）

海军部海道测量局航船布告第一号

中华民国东海岸

扬子江通州沙。约举之暗礁方位，现已勘得准确地点。

方位　自狼山塔正极北二百九十一度，距离五海里，又百分之七十七，东经一百二十四度四十六分三十三秒，北纬三十一度五十九分一十二秒。

深度　可与最低低潮面平。适用※种符号载明图内。

说明　北伸出半克步（每十克步合一海里），东二克步半，南半克步，西一克步，在此范围内，水深不过六英尺。

注意　该礁四址，围以弧形危险线。命曰青天礁。

关系图书　中华民国海军部第一四二号《水道图》（该图未刊发前，应参阅狼山至龙潭港初版改正图）

附注

一、本航船布告所载暗礁方位，俱用正极北零度起向右转，计算至三百五十九度止。

一、如欲索取该项布告者，请迳函上海新西区市政府路一四〇号海道测量局。

一、航海家如有新发现暗礁，关系航行者，希通知本局，无任欢迎。

中华民国二十年一月二十七日

（录自《航业月刊》1931年第1卷第12期）

海军部海道测量局航船布告第二号

中华民国海岸划分区域如左

一、中华民国南海岸　自中华民国与法属印度支那交界起，至广东之崖门，及西江口止为一段。

一、东南海岸　自广东之崖门及西江口起，至福建之平海止为一段。

一、东海岸　自福建之平海起，至江苏之海门嘴（扬子江左岸之东端）止为一段。

一、东北海岸　自江苏之海门嘴（扬子江左岸之东端）起，至山东角止为一段。

一、北海岸　自山东角起，至中华民国与高丽交界止为一段，包括白海湾及辽东湾。

附注

一、此后海军部海道测量局发行之刊物，悉依照以上之规定，凡位在中华民国领海以内，亦依此为根据。

一、如欲索取该项布告者，请迳函上海新西区市政府路一四〇号海道测量局。

一、航海家如有新发现危险物，关系航行者，希通知本局，无任欢迎。

中华民国二十年二月九日

（录自《航业月刊》1931年第1卷第12期）

海军部海道测量局航船布告第三号

中华民国东海岸

扬子江上海口岸（黄浦江）系船浮椿移设及增加。

方位　上海口岸上段（A）江南造船所内，海军旗台之旗杆（以下简称旗杆）在东经一百二十一度二十九分，北纬三十一度十一分四十四秒又十分之九。

江心第四号浮椿，自旗杆正极北二百十二度，距离二克步又百分之十五（每十克步合一海里）。

江心第五号浮椿,自旗杆正极北二百二十四度,距离二克步又百分之九十二。

(下缺)

(录自《航业月刊》1931年第1卷第12期)

海军部海道测量局航船布告第四号

中华民国东北海岸

胶州湾青岛港口之沉船所在

方位　在小港口自北首石坝绿色导灯,正极北二百二十五度,距离约一克步(每十克步合一海里),东经一百二十度十八分六秒,北纬三十六度四分三十六秒。

现状　乾元商船沉没,其桅杆二根,均露出水面。

说明　沉船所在,白昼悬挂绿旗一面,夜间悬挂红灯一盏。

关系图书　英国海军《水道图》第八百五十七号

原报机关　青岛市港务局

附注

一、本航船布告所载方向,俱用正极北零度起向右转,计算至三百五十九度止。

一、凡欲索取该项布告者,请迳函上海新西区市政府路一四○号海道测量局。

一、航海家如有新发现危险物,关系航行者,希通知本局,无任欢迎。

中华民国二十年二月十九日

(录自《航业月刊》1931年第1卷第12期)

海军部海道测量局航船布告第五号

中华民国东北海岸

胶州湾附近建设灯塔

方位　在小公岛东经约一百二十度三十四分，北纬约三十五度五十九分。

种类　类聚闪光灯，每十秒钟间，连闪四次。

高度　一百十六英尺

光力　十一海里

结构形式　白色铁架塔

注意　该灯塔无人看守

关系图书　英国海军《水道图》第八百五十七号及一千二百五十五号

原报机关　青岛市港务局

附注

一、凡欲索取该项布告者，请迳函上海新西区市政府路一四〇号海道测量局。

一、航海家如有新发现危险物，关系航行者，希通知本局，无任欢迎。

中华民国二十年二月二十六日

（录自《航业月刊》1931年第1卷第12期）

海军部海道测量局航船布告第六号

中华民国东北海岸

胶州湾青岛港口沉船方位移动

中华民国二十年二月十九日航船布告第四号应即作废。

方位　大鲍岛礁石标杆，在东经一百二十度十八分四秒，北纬三十六度四分五十二秒。乾元沉船新方位，自该岛正极北二百二十八度，距离约二克步（每十克步合一海里）。

现状　该沉船桅杆二根，仍露出水面。

说明　沉船所在，白昼悬挂绿旗一面，夜间悬挂红灯一盏。

关系图书　英国海军《水道图》第八百五十七号

原报机关　青岛市港务局

附注

一、本航船布告所载方向，俱用正极北零度起向右转，计算至三百五十九度止。

一、凡欲索取该项布告者，请迳函上海新西区市政府路一四〇号海道测量局。

一、航海家如有新发现危险物，关系航行者，希通知本局，无任欢迎。

中华民国二十年三月五日

（录自《航业月刊》1931年第1卷第12期）

海军部海道测量局航船布告第七号

中华民国东海岸

扬子江口附近大戢山灯塔，灯光种类在图内应行更改。

方位　大戢山高峰，东经约一百二十二度十分，北纬约三十度四十八分。

种类　闪光灯每三秒钟又四分之三间闪光一次，高度为二百八十三英尺，光力可照二十四海里。

说明　此大戢山灯塔应照上列种类载明图内。

关系图书　中华民国海军部第一千零十一号《水道图》

原报机关　海军部海道测量局

附注

一、本航船布告所载方向，俱用正极北零度起向右转，计算至三百五十九度止。

一、凡欲索取该项布告者，请迳函上海新西区市政府路一四〇号海道测量局。

一、航海家如有新发现危险物，关系航行者，希通知本局，无任欢迎。

中华民国二十年三月十一日

（录自《航业月刊》1931年第1卷第12期）

海军部海道测量局航船布告第八号

中华民国北海岸

渤海湾海河及其附近另换新灯船，及灯船改换浮桩，并引导灯桩，变改放光情形。

（一）大沽拦江沙中灯船

方位　自北炮台台址正极北三百零三度，距离四海里又百分之五，即东经约一百十七度四十六分，北纬约三十八度五十七分。

说明　该灯船系钢质红色，两边书有白色洋文（Bar Light-Boat）字样，桅上置一黑球，并悬一常明红灯，光力可照四海里。当船只放雾号时，该灯船每一分钟鸣锣一次以应之，该船上并拟设潮信号。

注意　此新钢质灯船即用以代旧有灯船。

（二）大沽拦江沙小灯船

（下缺）

（录自《航业月刊》1931年第1卷第12期）

会上蒋总司令电（十八年六月八日）
为江天轮被驻汉海军任意扣留恳请释放由

南京陆海空军总司令蒋钧鉴，查两船在江海中碰擦为常有之事，一经发生，被碰擦之船要求对方船长签认，以为向对方船只所隶属之公司索价之凭证，其船则照常行驶无阻，此为中外各国通例。至就船长言，既非故意行为，不受刑事拘束，即使应需赔偿，又有公司担负，此又为中外各国通例。我国国际地位虽未臻至高之境，而华船碰擦任何友邦之商船或兵舰，各友邦莫不照此通例办理，成案甚多，不胜枚举。具见尊重人权、保障海事之法意。乃招商局江天轮船，应差在汉，因受载军马，遵令让档，致碰擦义胜兵舰，不料驻汉海军竟将江天船扣留，并将该船船长方首运拘押于楚同兵舰。律以各国通例，固已违背，且该轮正在装兵，难免阻妨军运。况招商局现在政府监督整理之中，而兵舰复系国有，彼此无异一家，乃所受之待遇竟较各友邦施诸华轮者尤为严酷，实属非常骇异。船长驶船，碰擦他船，所犯并非军法，海军又似无直接拘押之职权，推其所极，国人商航将一律改聘外人为船长，冀免军界任意拘押。倘果不幸而成事实，与政府提倡国人航业，奖掖航海人才，收回丧失航权之主义固属完全不符，且当此各船船员群情愤激之时，尤恐发生意外。迫不得已，合词吁恳钧座，迅饬海军部电令楚同、义胜两舰长将在江天船船长方首运及江天轮船一并释放。至碰擦义胜,其曲果在江天,如何善后,自有招商局负责处理,以符通例,而保障人权,临电无任迫切待命之至!

上海航业公会

中华海员工业联合总会上海分会

中国驾驶员联合会

中国轮机员联合会

上海航业九公所联合办事处

同叩齐

(录自《航业月刊》1933年第2卷第9期)

海军江南造船所第三船坞将落成

海军江南造船所原有船坞两只,近因不敷应用,爰经呈准海军部,添辟新船坞一所。其计划长三百八十四尺,深廿七尺,阔八十九尺,于去年开工,闻今岁双十节可以竣事。

(录自《航业月刊》1933年第2卷第12期)

海军江南造船所工会举行十周纪念

海军江南造船所工会于五月一日假座半淞园,举行十周年纪念会。第九届执监委员同时行就职礼。本市党政军各机关均派代表莅临。下午并开游艺大会,全体会员联欢永日,颇为热闹。执行委员为李时良等十五人,监察委员为李春生等三人,当场并举出张明仁等三人为常务委员云。

(录自《航业月刊》1937年第4卷第11期)

主要华商各造船厂概况

（一）海军江南造船所

本所于清同治四年创办，迄今七十余年，制造各种新船达八九百艘，修理船只无算，为国中唯一设备完善之造船机关。兹将最近五年承造各种船只机器情形列表如次：

甲、历年造船及修船概况

	建造有机船只船壳		建造无机船只船壳		总吨位	制造来复式蒸汽机	
	蒸汽船	马达船	码头船	装泥船		部数	马力
民国二十一年	六艘	十三艘			六四六吨	十部	二,九九〇匹
民国二十二年	二十三艘	二十五艘			一,三一六吨	十九部	二〇,六六〇匹
民国二十三年	十二艘	三艘			一,八四五吨	九部	二,九九〇匹
民国二十四年	六艘	四艘	十三艘		四,二二一吨	七部	一一,九〇〇匹
民国二十五年	四艘	八艘	二艘	一艘	五,七〇九吨	八部	九,九〇〇匹

乙、其他重要设备及船坞范围

本所沿黄浦江西浜，占地三百余亩，江岸线长约四千尺，大部分均建为码头，并有浮码头设备。江心浮标大小十六座，大者可供六百余尺长轮船系泊之用，五百至六百英尺大船台六只，小船台无数，均有吊杆及一切最新设备。余如起重吊杆、起重船、拖船、驳船、挖泥船、潜水器具、机器厂、合拢厂、锅炉厂、打铁厂、打铜厂、木模厂、翻砂厂、电机厂等应有尽有。兹将木质干船坞之度量列下：

	长		阔		深	坝口阔
	底	顶	底	顶		
一号船坞	五四四英尺	五五四英尺	六一英尺	一〇八英尺	二一英尺	七一英尺
二号船坞	五〇二英尺	五〇〇英尺	五八英尺	五八英尺	二二英尺	六七英尺
三号船坞	六四〇英尺	六四〇英尺	七〇英尺	一〇六英尺	二八英尺	八〇英尺

（二）海军马尾造船所

甲、历年造船及修船概况表

二十四年份		二十五年份		二十六年份上半年截至五月止	
造船	修船	造船	修船	造船	修船
福州水警总队部六十五呎木壳油机巡缉船二艘	海筹炮舰 / 江门商船		应瑞练舰 / 安海商船	福州邮政局五十呎六吋木壳油机船一艘	通济练舰 / 公富盐船
	海容炮舰 / 福星商船		通济练舰 / 同利商船		逸仙炮舰 / 公英盐船
	应瑞练舰 / 镇波商船		克安运舰 / 同和商船		克安运舰 / 海鹏警艇
	通济练舰 / 玉江商船		大同炮舰 / 金浦商船		安定运舰 / 羊城海关船
	克安运舰 / 公富盐船		中山炮舰 / 南昌商船		永绩炮舰 / 闽江挖砂船
	定安运舰 / 公英盐船		自强炮舰 / 建康商船		楚观炮舰 / 闽海运输船
	逸仙炮舰 / 公和盐船		楚观炮舰 / 海邻商船		楚泰炮舰	
	中山炮舰 / 万利盐船		楚泰炮舰 / 公顺盐船		楚谦炮舰	
	大同炮舰 / 海和海关船		楚同炮舰 / 公宁盐船		江贞炮舰	
	永健炮舰 / 和星海关船		楚有炮舰 / 海鸥警舰		江宁炮艇	
	永绩炮舰 / 永嘉海关船		江贞炮舰 / 海凫警舰		义宁炮艇	
	自强炮舰 / 关龙海关船		江元炮舰 / 海鹞警舰		威宁炮艇	
	楚同炮舰		抚宁炮艇 / 海鹤警舰		绥宁炮艇	
	楚观炮舰		江宁炮艇 / 海鹏警艇		长宁炮艇	
	楚有炮舰		正宁炮艇 / 羊城海关船		正宁炮艇	
	楚谦炮舰		海宁炮艇 / 福鼎海关船		海宁炮艇	
	江贞炮舰		长宁炮艇 / 鹭门海关船		同济商船	
	江元炮舰	无	义宁炮艇 / 福星海关船		福州商船	

（续表）

二十四年份		二十五年份		二十六年份上半年截至五月止	
造船	修船	造船	修船	造船	修船
福州水警总队部六十五呎木壳油机巡缉船二艘	抚宁炮艇	无	川平商船	福州邮政局五十呎六吋木壳油机船一艘	福利商船
	肃宁炮艇		涵兴商船		顺川商船
	长宁炮艇		昌利商船		永懋商船
	崇宁炮艇		咸通商船		公顺盐船
			福光海关船		
			闽江挖沙船		
			神岛丸小火轮		

乙、船坞船槽范围

	一号船坞	二号船坞	船槽	小拖槽
长	三六〇呎	三七五呎	一八二呎	六〇呎
宽	上向九三呎 下向六九呎	上向六一呎 下向四八呎		一四呎
深	上向二四呎六吋 下向二三呎八吋	上向一四呎 下向一三呎		
载重	六,〇〇〇吨	四,〇〇〇吨	二五〇吨	八五吨

（附记）石船台一座，计九档，长一二二呎，另余地一四五呎，统共长二六五呎。

（三）大沽造船所

民国二十五年份造船所概况调查

船厂名称	大沽造船所
注册日期	
执照号数	
厂主或经理姓名及籍贯	
详细地址	天津海河大沽
资本额	
造船能力	一〇八呎　二〇〇吨　铁板船（系蒸汽机者）

（续表）

附设工厂数目及种类	模样一　铸铁一　熟铁一　熟铜一　铆锅一　轮机一 木工一　马力房一　电灯房一（共九部）
造船台数目及长度	无
船坞数目及长度	甲乙丙丁戊己共六座 （甲）面长三二〇呎　宽九二呎　深一九呎 （乙）面长三〇五呎　宽八〇呎　深一七呎

（录自《航业月刊》1937年第4卷第12期）

衡　峰

宁海舰之奇闻

征　夷

据《商报》南京十月一十三日电称"日为我所造之宁海舰，内部构造，上重下轻，开快车时，播震极甚，大小炮须用日弹，火舱须用日煤，由沪开京一次，较他舰耗费十倍以上"云。该电所述正确之程度如何，虽待证实，然以常识推之，则似言之成理。盖日人本其六十年来传统侵我之政策，绝不代我制造有利之军实，况该舰建于规模狭小技术拙劣第三流民营之播磨造船所乎（播磨造船所在神户以西约四十英里之播磨）？日人阴险，本不足怪，可怪者则南京国民党政府何故建舰于日本，又何故建舰于播磨造船所耳？夫海军政策乃国防政策之一部，自贵整个统一，假想敌如何，舰种舰数之配属如何，皆须有系统之考虑，断不能枝枝节节，而能达国防目的者也。今国民党政府不从根本的国防政策着想，徒费数百万之国帑，而建此小巡洋舰究于现存吾国之海军力增加几何？假使制造完善，亦无补于国，况为传统侵我国家所制，而有意减杀我战斗力者哉？

（录自《衡峰》1932年第4期）

沪光周刊

重庆号出走后的中国海军

重庆号出走,闹得乌烟瘴气。外电迭有报道,一会儿说是已经政府派机前往炸沉,但是据国防部和海总的发言人声明,根本并无此事。海军总司令桂永清在前天曾这样的说过:"重庆号目前在渤海湾停泊,外传在大连之说,绝对不确,渠并透露重庆号上官兵,不少有深明大义者,渠相信有返回国军旗帜下可能,关于长江江防,渠有确切把握云。"桂总司令的一篇简短谈话,我们可以知道重庆号被炸沉的说法是谣言了。可是近日中共集大军于江岸,早即有发动渡江之势,政府的海军,自重庆号出走后的现状,究竟是怎样?我们想一定是读者所一致关心的,所以特为写《抗战以来海军实力变动》一文,以实本刊。

我国的海军被讥为"金鱼",不是没有来头的。因为过去在"反共第一"口号下,主持建军的政府当局,始终以为共军只会作山地战,所以对海军从不重视。海军之设,不过为了海空军齐备,聊供点缀而已,因此陆空军一向不断地扩大与补充,海军反日见削弱。

自从前年海军司令部改组,政府特任命陆军中将桂永清出任海军总司令,已逐渐表现政府有使用海军作战之意了。因为自前年起,内战已不仅在山地打,而且在海边江边进行。政府的海军究有多少实力呢?据说《纽约世界电讯报》一九四九年军舰上的统计,去年一共只有巡洋舰三艘,驱逐舰五艘,三等炮舰一艘,另外一些浅水登陆舰和登陆艇,总吨数不过两万吨。这三艘巡洋舰中最大的一艘，就是最近出走的重庆号，其排水量为五千三百七十吨，占海军实力四分之一以上。因此重庆号的出走，对海军的打击可说十分巨大。

回溯抗战初起时，我国海军总吨数尚有四万一千二百八十吨，曾大模大样地分编了五十个单位，但实力却也有限，较大的有四千三百吨的巡洋舰"海圻"，二,九五〇吨的巡洋舰海贞[1]，都是北洋政府时代购置的旧舰。国府手中曾向日本定造了一艘二,六〇〇吨的巡洋舰"宁海"比较新一些，但因经手者的循例中饱，日本人小气，战斗力也在其应具力量之下。其余的不过是几百吨的炮舰，出海航行，还恐为风浪颠覆的。

当年的海军，在内战中还有少许作用，在对外作战中完全失了功效。所以在抗战初期，其中百分之九十不是被俘、被炸沉，便自沉江底，作为封锁线之用。在武汉会战以前，二千吨以上的舰只，已不留一条了。如前述海圻、海贞和二,九五〇吨巡洋舰海永[2]等，是自沉在江阴封锁线的，宁海与二,六〇〇吨的巡洋舰平海，是被炸沉的。从此海军便无声气，一九三八年海军总司令部并入军政部，只成为一个署，海军的元老们投置闲散，只有二流人物如周宪章等在仰陆军的鼻息。

重庆临江门有时停泊的仅有两艘设有武装的兵船，是三艘英美分别转让的小炮艇，美国送的一艘改名"美原"，只三百七十二吨，一艘改名为"英山"，只三百十吨，但是在其时的所谓舰队中，已经是佼佼者矣！抗战最后两年，海军的主要活动山区，即在湖南、贵州一带，经办海军士官学校，这□学员先后有一千多人，倒可算得青年有为之士，大部被保出国，在英受训。

抗战结束之后，海军依然一无生气，日本当年在中国海内从事侵略活动的主要舰只，已大部他调，中国所接收的只有少数炮舰，大部分均由麦克阿瑟命令调返日本留用。战后国民政府新增的主要舰只也就是前面所提英国赠送的重庆号与借予的灵甫两艘，美国所赠几艘太字号二千吨左右的巡洋舰与驱逐舰，一直到一九四八年为止，总括来说只有二万吨不到而已。

就人员来说，高级的都是北洋舰队与南洋舰队两派在内地山区搁浅了很久

---

〔1〕应为"海琛"。下同。
〔2〕应为"海容"。

的旧人。去英国受训的一千多人，大部随同重庆与灵甫两舰返国，前者容官兵四百六十人，后者容二百八十人。可是大部分官兵于返国后，一方面在外国呼吸了新鲜空气，感觉内战的无聊，同时待遇太坏，使他们兴起为谁吃苦的念头，因此，离舰改业的很多。此外美国海军在青岛设训练团，曾在这三年中先后训练出七千士兵，分派于各舰只任用。

但以战后数吨与战前相比只及三分之一强，而大型舰只，缺少战斗力已不可与当年同日而语了。三年多来，国府的海军在内战中间，也无甚表现。桂永清曾比喻营口撤退，说这是中国的敦扣克，表示中国的海军似乎也有英国皇家舰队的雄风。但是知道真相的人谈起，却认为营口撤退的情形，与一九三八年兰封一战的成绩，并没多大分别。

自从重庆号及其他若干舰只出走，海军的实力减少了三分之一的实力。早在重庆号出走以前，去年十一月间，桂永清即对记者发表谈话，说明如果陆军江北不能保持桥头堡，海军无法抵阻共军的渡江。他的理由是海军炮不能与地面炮对垒，尤其在狭长的长江中间，却认为果真发生互轰，舰只是无法应付的。

因此，海军对于长江战役，并不表示过分热心，是灵甫舰已调到上海，峨眉号（巡洋舰）泊在台湾高雄。今后海军（还有万余吨）的作业，大概会偏重在台湾方面，桂永清曾陪了美国海军司令到高雄去过一次，海军的一些学校也迁到了台湾。

从全局上看，重庆等舰的出走，对政府是个打击，对我国整个海军言，却无所谓损失。海军的前程依然是远大的，因为他们间还有一批头脑清醒的青年干部。

（录自《沪光周刊》1949年第2期）

华 年

海军投降轶事

李青崖

约一月以前，上海各报都载有陈策的飞鹰军舰，被陈济棠的飞机炸毁船尾而投降的消息。看来飞鹰大概是受了重大的牺牲了，想不到这个入了中国国籍四十多年的"水上军人"，竟一下子就像老伯伯被小侄子轻轻一脚踢伤，立刻晕在地上了。我们因内战而产生的损失，这一下至少就是好几十万！

不过，仔细想一下，我们的海军自从甲午年中倭之役到如今，哪里在海面上真打过仗。从前那些受了牺牲的，不过是触礁如海天（民国前七年）、豫章（民国二十年），船上药库炸裂如复济（民国前十一年）之类而已。说到因打仗而受牺牲，这位飞鹰老伯伯在甲午以后真是第一位，即以飞机而能炸毁军舰，陈济棠部下的这个内战英雄也是第一位。所以尽管我们的损失至少要几十万，但是中国的海空两军的战斗史上已经增加新的材料，中国海空两军的战士已经增加了新的经验了。何况乎中国的海军素来只认得私人，只认得省份，只晓得想法子弄钱，并且窳朽不堪，倒不如做了自己飞机的练习炸弹靶子，倒也经济，倒也痛快！

我们不妨因为飞鹰的被炸各向自己干一杯吧！尽管我们并不认识陈济棠。

说起飞鹰，我就想起清朝最后那年长江南岸某府的民军夺取军舰四艘的轶事。

这个府治离武昌不远，那年九月，它的省城也跟着武昌反正了，它也跟着反正成立了××府军政府，挂起了九星红旗，开始了种种的设施。这些设施之中有一件就是当时在各处反正城市普遍风行的招贤馆，招待那些以奇谋硕画来投效的革命家。某一天，一个形容枯槁面目黧黑的中年湖南人到馆里要求招待。他本是一个在本处街上因叫卖熟食出名的人，所以当时就在招贤馆前的虎头牌下面受了号房和卫兵的白眼。

他嚷了，骂了，馆里的人虽然没有哪个说他是什么反动份子，但是自然也吸引了许多好奇的人在馆前围了一个大圈子，后来终于惊动馆长叫他也走出门外来瞧。馆长一经看见了他，劈面就说：

——喔，胡得标，你在这里闹什么？你要是有什么好条陈，我不单是准你在这里闹，并且还接你到馆里住！

——我就是来上条陈的，不然，大家都认得我，我何必来！

胡得标终于被馆长邀请到馆里去了。不过他的条陈，非到了军政府里见了都督不肯说，而且指天誓日定要早见都督，因为条陈的效力耽搁久了就没有用。这时候，馆里的人只得去报告军政府，一方面却因盘问他的本事，才晓得他在本地的炮台上当过五六年的炮兵和十多年的什长，因为三四年前被裁，所以就在街上叫卖熟食度日。

第二天，军政府里的人晓得胡得标的条陈了，内容就是这样的两个问题：

第一，炮台上的炮兵，究竟有几个人会放炮？

第二，清兵到了之后，怎样去抵挡？

他们觉得胡得标提出来的问题并不空泛，并且几乎前后相关，所以立时请他受了咨议的荣衔，一同来商议这两件事。

他们一行人先行视察了炮台，大小炮位虽然一共有十多尊，可是其中只有六尊是后膛的，剩下的都是十八世纪的前膛炮。台兵一共六七十人，其中有五六个人晓得扳着后膛炮瞄准，剩下都只能够给前膛炮点火"灌药"，并且，不仅台兵不全数住台，就是后膛炮的零件也都放在台兵的家里。像这样情形，当然于防务是不利的，所以就把实情回复了军政府。军政府举行会议之后，就决定假胡得标以参谋名义，会同卫队营长防守炮台，极力整理，旧台长本系都督的本家，调到府里裏办庶务。

清兵的问题呢？这可没有具体的方法去视察了！尽管炮台上已经有人负

责，不过实力依然不强，并且步兵一共也只有三千来人光景，一旦风声紧急，当然是难以持久的。加以省里的军政府原系派别不同的人，现在无事已想争权，将来有事如何会来帮助？所以这个问题很费推敲了！

然而胡参谋很有妙计，他的办法就是在城外西端四五里的两个洋油池身上着想，因此就由军政府通告英美两国领事，请他们"把亚细亚和美孚两公司的油池限五天搬开，否则清兵一来，民军的炮火对于油池不负危险责任，而且也许累及油池附近的租界"。因为这两个油池本来是违约在租界之外营造的，在民军未起义之前，地方人士久已宣言反对，闹得很激昂，两国领事本在无法袒辩当中勉强回护，现在到了军事时期，情形就更严重了，所以他们接到通告之后，只好到军政府里来婉转商量。

胡参谋的宗旨，就是如若敌人不开炮，民军自然不回炮，因此在这样情形实现之后，民军对于油池的危险一切负责。领事们的宗旨，就是如若军政府不要两个油池搬家，他们可以另求无损于民军的安全办法。结果，那一番商量就根据上列的两方宗旨议妥了。两国领事转电两国驻京公使，提议无论是清军或民军，都不得在本府城上下游各十里的界内，由北岸向南岸开炮，请公使照会清廷，他们同时再照会本府军政府，以免租界及油池受害。

两天之后，我们就看见了军政府的布告了，声言："为免除友邦人民的财产上的危险起见，已准友邦外交人员约定交战团体，彼此均不得在府城上下游十里界内用大炮由北击南……"在事实上，民军不是发狂，哪里会由北岸来打南岸呢！然而这种协定，对于清军却成了一种只准用步枪攻城的限制了，结果，我们所谈的这个府城的防务，居然一下子，就转危为安！

军政府里的大小人员，又都预备来过希望无穷的日子，市面上也很平安，大众都称赞胡参谋竟是徐茂公、刘伯温一流的人物。不料七八天后的半夜里，忽然，武昌军政府发了一通密电过来，说是："清军舰乾威等四艘，潜泊黄州江面多日，近闻因给养告匮，不日下驶，务望相机截获，以挫敌势……"

这可真教这里的军政府头疼心跳了！黄州到这里至多是半天外的路程，乾威那几条船都是一千吨的大家伙，炮力自然不小，只要他们不来开炮，已经是遵守协定万分客气了，怎样能够截获呢？尽管电报上面有"相机"的字样！

因此他们又很发愁了，只有都督连夜传了胡参谋进府谈话……

第二天，我们站在江边向北岸一望，就看见那里停了十多条双桅巴竿船，船上悬着红旗，每条相距约莫二十来丈光景。这样由东到西一字儿排着，竟延长到一两里路长，所以船上的红旗，在江面迎风招展，觉得非常耀眼。街上的人说这是当天早上，炮台的台官派人布置的。大概为的是练习大炮打靶；并且夜晚还要在船上挂起红灯……不过一径到第三天过完，谁也没有看见大炮打靶。

　　大炮打靶这个名词，在某府的某一部分居民像是很神秘很新奇的了。他们在南方内地的沿江城市里，安安逸逸过了三十多年，环境本来已经教他们不晓得什么是快枪和大炮。自从这二三十天以来，他们居然好几次听到快枪响了，那种"披雅披雅"的又轻又脆的短声音，在他们认为还远不及大爆竹来得震耳，因此毫不害怕。可是大炮呢？几乎从来没有"响"过，想来同是洋人方面来的东西，声音一定也不会如何厉害。所以现在听见说是大炮打靶，竟想趁此机会来一广见闻。

　　然而他们一迳眼巴巴地等到第四天，尽管白天有红旗夜晚又有红灯，却仿佛那不是靶子——炮台上面始终没有响动。

　　第五天，天色刚明的时候，许多人从梦里惊醒了，他们在朦胧的半意识里，发现四周的空气起了动摇，接着果然轰隆隆隆、轰隆隆隆又响了四五下，这时候，地面也像是跟着空气同起动摇。炮台开炮了，炮台开炮了！当然这是不容疑惑的事。打靶吗？为什么在这不尴不尬的黎明时候？显见得有北兵从南京或从安庆方面开过来，结果就是大祸临头了！

　　在这种倏起倏落的自问自答的刹那之间，大炮又响了两三下，听见的人爽性都披起短夹衣，从床上跳到地下坐着静候消息，然而炮声却再不来，一切又恢复了静的状态……

　　两三个钟点以后，大众才知道有四条从上游开来的清朝兵船，在商埠上游许多路的地方中了炮，当时就都竖起白旗投降，现在已经由都督派人接过来，换了九星红旗停在商埠前面……

　　截获之说实现了，胡参谋成了伟人了。某一天，那些在这个府里经商的湖南人开了会馆公请他赴宴，颂扬他在炮台上建的奇功。这个波希米人样"湘乡吭呀"，在酒饱耳朵发烧的时候痛快地向大众说：

　　"这算得什么！炮台上的家伙本来不多，人手又是生的，实在只好吓吓乡下人。前几天，我们接到了武昌的密电，已经是没得办法，所以我在没得办法里头，想了个呆办法：就是在对岸江边做了几个靶子，白天挂红旗，夜晚点红灯，把一尊尊的炮，对着一个个的红靶子瞄好了准，吩咐炮台上的弟兄小心瞭望，只要看见有兵船的影子遮住了那一个靶子，就放那一尊炮，想来总可以碰一下……那天天色刚亮，炮台上就发现有兵船从上游下来，等得他们弄清楚弄停当一切手段的时候，兵船已经下来好一段路了，所以我们就放了十来炮……后来兵船竖起了白旗，我们还不懂解……事后才晓得乾威的尾上挂了一炮，打断了一条桅杆，大众心寒所以就投降了……各位，这简直是瞎猫捉死老鼠，那里算得打什么仗！要打仗，除非是用矛子用马刀才算狠！……"

朋友们，中国海军的投降，原来是有传统的方法的！今年二月抗日时代中国海军之所以不动者，大概以为挂了一炮就投降之丢脸，倒不如忍心袖手，反可以永保"海盘"，反可以保持实力！

（录自《华年》1932年第1卷第18期）

东北海军事变

东北海军事变发生以后，外间对于沈鸿烈的意见毁誉参半，大抵官方宣传，誉过于毁，民间舆情，毁过于誉。要在污浊的政治场中求完人，本来是一件几乎不可能的事，能够不卖国，不当汉奸，不肆无忌惮的作恶，在这年头已属难能可贵，不可多得。沈鸿烈亦大可以此解嘲。

丢开了沈鸿烈个人的是非不说，从这次事变中我们却有不少另外的感想：一、据三逃舰将士所发表的宣言，说他们此次毅然南驶，并无什么政治背景，乃是对沈个人"不满"。为了"不满"而至背弃长官，乘舰脱走，对于这种有作有为恩怨分明的血性，诚足令我们肃然起敬，但我们不能不抱遗憾者，以逃舰将士的不畏艰险的血性，何不早向日本表示"不满"（也许诸将士对于日本并无不满），再不然对杀人夺货的海盗表示"不满"，岂不令我们额手相庆。二、报载此次向沈行刺的凶手冯志冲者，原为舰队炮正，向沈行刺时在短距离的小轮上曾连放三枪，未中，嗣经随沈同行之石副官一脚踢落入水。以职司瞄准的炮正，当面行刺，竟至不能伤人毫发，所谓平日瞄准的训练安在，岂真全可诿诸心慌意乱使然？三、舰自六月二十六日离青后，消息传已杳绝者几及一星期，或云南赴粤省，或云北投"满洲国"，传说不一。以舰队之庞然大物，行驶之地又必经中国沿海一带，而竟至于全国惶惶，大有天南地北，无从探知踪迹之况，岂非滑稽之尤。四、事变之后，海军部长陈绍宽发表谈话："东北舰队向不归中央管辖，亦不隶属海部，此次沈鸿烈遇刺及各舰哗变原因，当系官兵索给欠饷与反对沈氏而起。查该舰队共有军舰八艘，每月军饷达三十八万元，尚有捐税收入、平军分会津贴、青岛市政府收入等项，经费当甚充裕。而海部军舰共有五十余艘，每月军饷只三十七万元。沈氏对财政之不公开，可以概见，且沈氏素不听命中央，无怪其僚属起而反对。"以全国海军最高长官，对兹事变不能持平，一意偏袒叛变长官的将士，斤斤于饷额多少，争风吃醋，幸灾乐祸，意在言外。以海军部长而立论如此，姑不问其是否公允，将何以示训于人，单就其所处地位而言，亦可以称得体否？

现在，三逃舰已经赴粤了，粤省究竟接受与否，尚未有确实的消息。但在国家的纪纲败坏至此，军队的纪律荡然无存的时会，多一番招抚，即不啻多鼓励一次下级军官的倒戈哗变，犯上作乱。目前增加三艘军舰，诚足助长粤省的声威，但同时也不要忘了却是后日祸根的张本。

（录自《华年》1932年第2卷第28期）

华侨半月刊

渤海舰队发生事变

东北舰队司令沈鸿烈,久为部属所不满,驻青岛海军将领,早有倒沈之酝酿。六月二十四日,发生刺沈未遂事变,廿六日,海圻、海琛、肇和三舰,竟背叛沈鸿烈,自由离青,南驶投粤。几经商洽,陈济棠已允予收容,每月由粤拨饷六万元,拨归一集团军节制。陈已电蒋报告接收三舰之经过,并请示办法,必要时仍可拨归中央舰队。沈鸿烈已引咎辞职,中央现已另派谢刚哲为海军第三舰队司令,但近日青海军永翔、楚豫、海鸥三舰又突离青南下,中央已派逸仙、海容、宁海三舰巡南海面兜截,想事件不致扩大也。

(录自《华侨半月刊》1933年第27期)

渤海三舰之变

隶属渤海舰队之海圻、海琛、肇和三舰,于上月廿九日继狙击长官沈鸿烈氏之变后相率离青私逃,国人初未知其去向,迄于近日,乃见其出现于粤海。当此国难深重之日,竟发生此犯上作乱之重大不祥事件,以快敌房,其为痛心,夫何待言!

三舰诸将亦知此举将难邀国人之谅恕,于是穷思极想,以求文过之道,一则曰,沈御下刻薄寡恩,再则曰,欲抗日请缨无从,南奔将以遂其志。呜呼!如此文过,诚所谓欲盖弥彰,荒天下之大谬矣!

吾人综核日来各方消息，而知三舰诸将之所以责沈以刻薄寡恩者，乃为未争得青市陆地肥缺与夫承包捐税之故。夫三舰诸将，固民国之海军军人也，乃不尽忠于本职，以图报国，而妄生贪污非分之想，以长官不恩准，而遂锡以刻薄寡恩之名，此其过之在诸将，实至显明，诸将之出此言，抑何不思乃尔！至于抗日云云，诸将如诚有此志，则自"九一八"以迄于近月华北之战，国土丧失四省，历时将及二载，至今而始言请缨无从，何能免于举事迟滞觉悟太晚之讥？又若谓南奔将以遂其志，则更滑稽之尤！夫果诚欲遂抗日之志者，则自津门以至榆关一带沿岸，自大有用武之地，又何必远走于风平浪静之粤海？自欺欺人，至于此极，亦可哂矣！抑吾人于责三舰诸将之余，尤不禁重有感者，则西南诸政客之奖励叛乱是已！夫三舰此次之南奔，事先既系诸政客暗中拉拢，迨三舰抵粤以后，又系诸政客之奔走说项。昨日西南政务会且公然议决组织西南国防舰务处，以辖此三舰，冀收三舰为己助，以为其政争攘取权位之用。曾不恤毁坏国家之纲纪，吾人方太息其煽动黔省毛犹之战，今又发生此收编三舰之举，狂悖如此，宁不可痛！世谓西南诸政客对中央收编三大政策，即：1.造成全国混乱；2.结纳外邦为后援；3.在国际上破坏中央威信。吾人正以诸政客多于党于国有悠长之历史，方冀人言之讹妄，乃今关于施行三大政策之不幸事实，一一先后呈现于吾人之前，吾人至此纵欲为诸政客恕，又乌可得耶！

（录自《华侨半月刊》1933年第27期）

华侨周报

华侨与海军

曾浩春

一

我国近年政治混乱,社会堕落,凡百措施,莫不落人之后,四千年最古之文明,最大之民族,日就消亡于颓唐懦弱之空气中。其能积极奋斗,于人类史上建立轰轰烈烈之事业者,则不能不推一千万之华侨。

华侨之于祖国关系甚大,我人应如何保护而发展之,此国人所当研究之要务,尤其为我国海军界所应负之重大使命也。

今试就华侨所影响之各方面论之:

从革命上观之,华侨远离祖国,备受帝国主义之压迫,故其革命性特别坚强。总理致力国民革命凡四十年,华侨之输饷糈,供奔走,冒白刃而奋不顾身,比比皆是。其对于中国革命,具有灿烂光荣之历史,此固人人所共知也。且其身居海外,观察较为亲切,认识较为深刻,故其服膺主义,百折不回。数年以来,国外华侨对于本国政治,颇觉冷淡,此皆国内军阀官僚,倒行逆施,致使之灰心失望;然此辈份子,固坚苦卓绝之忠实信徒,称之为"革命之母"诚当之无愧也。

从经济上观之:华侨富耐劳耐苦之习惯,运其远大精锐之眼光,筚路蓝缕,以启山林;利用天然之富源,供给人类之需要,因此而成事业者林林总总。然其祖国观念最深,如有积蓄,必汇归家乡,照世界上不景气以前计算,每年平均华侨寄归款项共三四千万左右，由此而国民总收入中，增加大宗强有力之资本。且中国实业正待开发，但资本人才，二俱缺乏；欲利用外资，则帝国主义者居心难问，故不如利用本国资本，则华侨对于祖国生产建设上，实有伟大之希望。至于沿海各省，人烟稠密，生殖率与年递增，不能不向外国发展，以海外为消纳人口之尾闾。华侨居处，足迹遍五洲，以亲属戚友之关系，相率向各地移殖，远之美澳二洲，近则南洋群岛等地，俱可容纳我过剩之人口。因之社会问题，于无形中消弭几许。又华侨移殖既广，本国出产之货物推销较易，于是我国生产品，于世界市场中，自然而然占重要位置。以上所述，皆华侨对于本国经济上影响之大略也。

从文化上观之，华侨移殖于地球，换言之，即为推广中国文化之先锋，以之宣传主义，灌输文明，亦可转移世界之听视。且华侨生长祖国，染濡外风，对于沟通中西文化，则又负极大之使命。至于华侨久居海外，见闻较广，智识自可提高，西哲所谓"社会即学校"，信不诬也。

从民族上观之，我国民族来自西北高原，由部落生活蕃殖至黄河流域，遂产生封建制度。从黄河流域，发展至长江、珠江流域，而造成纯一民族的国家。从其趋势观之，不难统一世界，而创立大同局面。梁任公在其《五十年中国进化论》有云：

"海外殖民事业，也在五十年间很有发展，从前南洋一带，自明代以来，闽粤人已经大行移殖，近来跟着欧人商权发达，我们侨民的经济势力，也确立些基础。还有美洲、澳洲等处从前和我们不相闻问，如今华侨移住，却成了世界问题了。这都是近五十年事，都是我民族扩大的一种表征。"

照上所述，则我民族之移殖，实含伟大之意义。吾人宜继续努力，鼓动民族之扩大性，再接再厉，绝不因最近受帝国主义之凌轹，而自馁气则可矣。

二

华侨对中国关系之重要既如上叙，然回观今日华侨之近状，能不瞿然而忧者几希矣！

考华侨历史，远在唐代，东西互市，设市舶司于广州、泉州、杭州诸港。中国商船由广州经越南南圻、苏门答腊、爪哇，而至迦尔喀达，是华侨之作大批海外移殖，当在此时。宋亡国后，华侨南来者日众。明初，三保太监郑和巡游海外七次，其足迹所经，自南洋经印度、阿剌伯以迄非洲东岸。清初有海禁，出海者与通敌等，罪至斩首，然私自逃出者仍源源不绝。自海禁开后，东西大通，乃由南洋至于欧洲，南达澳洲。古巴、秘鲁由西班牙人大招华工前往工作，美人亦因开辟西部，欢迎华工前往。至于日本则或开或禁，故现在之华侨，亦系海禁开后所往者。

然华侨之被各帝国主义各政府之苛待，亦云至矣。今试略约举例述之：

一、入口之限制

入口限制最显著之例，莫过于北美合众国。一八七九年联邦议会通过排斥华人法案。一八八〇年订《中美条约》规定美国对于该国中国移民，于必要时得加以限制或停止。一八八一年遂根据此项条约，通过以后十年间，停止中国移民入境。至一八九二年，此法案之有效期满，乃延长停止期十年。一九〇二年乃更延长其法案，为无限期之有效。因此，在其条约中之停止字样，无形中变为永久禁止的意义矣！此外各洲各有种种排斥华侨法规，而华人更须受一九一七年一般移民律之限制，凡潜行入国者，得随时放逐出境。然此不过举美国一例耳，至澳洲荷属莫不有严厉入口之限制，愈演愈烈，浸假而华侨于海外将无立足地矣。

二、人格之侮辱

试举安南之华侨为例：华侨到安南当船至埠时，先检查身体。次摄影，量身长，印指模（土人只需一指模，华侨须五指模），视同囚徒，侮辱备至。若遇多数人入口，则故意延迟检查，往往数日未毕，其未毕者则安置拘留所中，饥寒交迫。至于荷属华侨受害尤烈，稍有逆意，轻则脚踢拳捶，重则杖击鞭挞，往往血肉横飞，对于华侨人格身体之侮辱虐待，种种惨状，笔不忍述。

三、纳税之苛刻

华侨除身税之外，尚有营业税，各居留地数目不同。安南华侨身税大约分四等：自数角起至百余元。营业税亦分五等至十等：自四五元起至数千元。虽负贩者亦不能幸免。且岁有增加：如海防欧战前身税头等一百零三元三角，民国十一年增至一百五十一元五角。西贡之营业税昔日头等千元，现在增至四千元。民国十九年五月六日，我国外部与法公使签订《越南新约》，几经争持，尚有："本国政府对于该约所载之规定，并不视为得以阻止其向中国人民征收其在越南行使历来享受有特殊权利之关系税项等。"观此声明，则法帝国主义居心可知矣！又荷属华侨至爪哇上岸时，必须纳一百五十盾之人口税，且须商家担保其每月有二十五盾入款者，始给予暂"居"字。至居留四年之上，确能担负一切租税，并未触犯法律，始准换给"王"字（即永远居留字）。出外旅行必须有"路"字，否则以私逃论。身税以所得为准，少自四五盾，多则数十盾。营业税则当货物进口时，由海关抽税，每任意加增，出口不纳税，另纳山税，此外另有门牌税、路灯税、居屋税、犬马税等，烦苛不胜枚举焉。至于英属新嘉坡等处，向为自由口岸，以前入口华侨，不过每二年纳税五元而已，然自今年一九三三年一月一日起，凡华人入口，亦抽税五元矣！

四、文化之压迫

关于文化之压迫者，为学校设立之限制，用人之干涉，课程之检查等。如一九二〇年，海峡殖民地政府颁布之教育条例，规定学校及教职员，须予登记，校舍及教科书须经检定，违者科以罚金。一九二三年爪哇总督限制华侨教育条例，于呈报教员姓名及教科书等项外，政府得派员监察学校，及对于教员有停止拘罚监禁等权限。小国如暹罗尚且有一九一九年限制华侨条例，其余可知。各学校于管理、训练、设备、课程，唯居留地政府马首是瞻（课程中之永不许设立者如党义）。而华侨教育遂趋殖民地化矣！去年十一月二十五日，海峡殖民地政府公报公布：禁止侨校采用商务印书馆、中华书局等出版之中小学教科书有五十种之多，可见取缔之严酷。至于报馆之封闭，书报之扣留，文化团体之解散，更举不胜举。观此，则华侨文化之被摧残，亦可谓至矣，尽矣！

五、职业之剥夺

南洋各属自年来商业凋敝，一般小商人及所谓"二盘商"之店员（佣工）多数失业。乃各改业为小贩商，到处摆设摊场，或向各地流动贩卖货物，生计尚足维持。不意英属各地政府，借口小贩日多，阻碍交通，实行取缔。槟城霹雳星洲各埠，且勒令停止。同时荷属棉兰、苏丹等地，亦先后禁绝。又菲律宾零售商业，大半在华侨掌握，据其工商局统计，全菲岛零售商业，为菲人所握者只有百分之十八至二十，其余皆在外人手中，而华侨独占百分之五十至六十。目下菲人所开大商店，多难与华商竞争。故菲当局决定教育人民零售商业智识，暂定下学年（今年六月开始）起，全岛各中学校内，必须添设零售术一课，此皆华侨职业前途之强有力之威胁也。

六、杀戮之惨酷

昔年美国加州之惨杀莫论已。民国十六年，安南海防法人挑拨土人向华人寻仇，焚杀殊惨。近数年来苏俄之屠戮华侨，去年夏间万宝山鲜案杀戮之众，焚毁之惨，更令闻者伤心，见者下泪，而觉华侨所处之地位岌岌然危矣。

三

世之论解除华侨压迫问题者众矣！有云用外交手段，与各国改订条约，或云用教育方法，提高侨民智识。然此终非有效之策略，强有力之改善，须有保护之海军。故我人认定：海军势力之强弱，实系华侨前途之安！

海军之任务有二：战时及平时是也。战时无论已。平时于海外则巡视各地，抚慰侨民，宣传国家之大政方针，而鼓动侨民之爱国心，使与母国生亲切之感情；侨民之有祸害，被欺凌，则为其强有力之保障。故海军之量数标准，固以国防为主要的对象，然亦应以海外移殖之国民多寡为比例。否则其侨民鲜有不受压迫，驯至消灭者。我人旁证诸历史，西班牙、葡萄牙、荷兰、法兰西海外事业之盛衰，一视其当时海军势力之消长。英国民族移殖遍地球，然其经营海外事业也，始于一五八八年破西班牙大舰队之后，其后世界无匹之大海军，以保护散布世界之侨民及殖民地者，岂徒专用诸战斗欤？实亦倾注其平时任务而已。今日各国皆急于扩张海军，表面以一二国为假想敌国，为竞争兵力标准。实则出于保护海外侨民之必要，而所谓假想敌国，亦多由侨民之多寡来也。

海军除正式舰队外，更有海军当局指挥之战时可改为军舰之商船，此等商船可于新开辟区域，巡视侨民；一方面可为保护侨民之武器，他方面又为营利之事业。此等航业，或为国家之经营，或为私人之企业，而受国家补助者。盖新拓区，地方秩序未定，侨民往来，时感不便，必须有此组织，使运动费低廉，便于侨民外向，而祖国产品亦得尽量输出，实一举而二利也。德国战前之北德路透公司南亚非利加轮船公司，法国之航路补助金，皆本此旨，盖非此不足以保障侨民之安全，及其经济之发达也。

我国海军自前清创立，甲午之役，要舰尽毁，近年因陋就简，新旧编列为四舰队（其在粤者已于去夏改组），总吨数约四万五千余，方之于以海军立国之英吉利，为一与二十之比。"英国旗无落日"，因拥有庞大之海军，故其侨民飞扬世界。我民族虽有"海水到处皆有华侨"之谚，然乏强盛之海军，故处处受人压迫，观此而我人能不努力以图补救之策乎？

四

华侨之保障，须待中国海军复兴，然今日我国持复兴论调者，约分三派，今试述之：

一、仅以整理海军为目的者

此为蒋方震氏所主张，蒋氏注重陆军之布置，其对海军仅作"除旧布新"之计，而以一千万元之经费。此说也，陆世益氏已讥其不能尽国防之能事矣。遑问其他乎！

二、采用潜水艇政策者

此为何应钦氏所主张，其定海军经费，在最近十年内，每年至少约三千万元，其说曰：

"我国海岸线长一万二千余里，对于国防上，海军极其重要。然自甲午以后，海军一蹶不振，欲起而与列强抗衡，因财力之穷困，与造舰之不及，决非目前可能之事。今为防御计，惟有将原有军舰大加整理，并须多备轻而易举之潜艇，以资拱卫。现拟定之海军经费，已较从前增加三倍，其用意即采用潜艇防护政策。"

三、采用小型舰艇政策者

此议为陈绍宽氏之主张，陈氏在国军编遣会议时，具有海军最低限度之建设计划书内有云：

"吾国海岸线绵长，港湾纷歧，外有外人越界侵权之患，内有海寇遵海剽劫之警……兹拟以最低限度，请添造驱逐舰四艘、潜水艇二艘、巡洋舰三艘、飞机母舰一艘……"

蒋说仅着眼于整理，何氏注重于战时沿海要塞之防卫，陈氏采小型舰艇政策以牵制大型战舰。综观以上三说，俱偏于消极的国防论，对于保障侨民，毫不顾及，颇似置华侨于祖国无足轻重、不闻不问之列焉！纵云事有缓急，时有前后，然军备为国家百年大政方针，必须先有远大精锐之眼光，统筹全体之计划，而后按部就班，平均发展，断不能局于一方之见解，而作暂时苟安畸形的打算，故我人对于以上三说不取焉。

总之，现在世界上莫论任何国家，海军组织之目标，国防与侨民并同一重视，其在我国，尤为一千万同胞之生死关头。改善华侨地位，必须废除不平等条约，而海军实为根本废除该约的主要条件。我人虽不希望政府当此强邻逼境、饥馑荐臻之秋，即刻满足我人的愿望，然我人不能不及时提醒当局的注意。所以我人的简单要求：（一）系以后规划复兴海军时，保护侨民必须与筹备国防同样注重；（二）中央设一办理华侨海军之常住机关（最好由侨务委员会及海军部共同组织）；（三）以华侨所居留之疏密，分为若干区（大约南洋一带为一区，日本、台湾、菲律宾为一区，澳洲为一区，欧、非二洲为一区，美洲为一区），每年每区于可能范围内，派舰巡视二次。

尾 声

此文写完后，猛忆前年西南某海军变局，对于华侨与海军有若干之意见，因介绍如下，或可作吾文之终结焉。

某当局之言曰：华侨目下需要海军殊逼切，而政府困于财政，待海军之复兴，则俟河之清，人寿几何！故主张：一、察该地情形，出资制造；二、人才方面，其训练由政府担任，某地造舰之华侨，应派其子弟归国，受海军训练，以后该地军舰官佐，即以此辈充之；三、军舰任务方面，某地出资捐造之舰，应在某地服务。

以上所云办法，颇切实可行。既可免海军为内战之工具，又可避一系之把持，未知我可爱之侨胞以为然否？

殖民问题，为国家经济向外发展之导线，欧洲列强向以武力为移民之援助，所恃者乃强大之海军。惟我国之移民，乃国人之冒险天性，自动向往繁殖，数十年间，迹遍五洲，人数竟逾千万，占世界移殖人口半数以上，其速度之超越，实令世界各国可恐可佩。然国人之向外移殖，政府没有丝毫实力之援助，现寄人篱下，人为刀俎，我为鱼肉，任其剥削，苛捐杂税，层出无穷。加以近来世界经济不景气之影响，以致流离失所，此情此景，至为可怜。夫我政府既无力援助移殖于前，亦当设法保护于后，此海军之扩充，实为保侨当务之急。无奈近来国人注意于海军之扩充者，仅及于最少限度之国防，而多忽略于保护千万以上之流离困苦之侨胞。曾博士浩春迹历南洋，深知华侨之切望政府加以保护，如大旱之望云霓，故提出华侨与海军问题，加以探讨。缘介绍于《华侨周报》刊登，深望我政府当局，加以深切之注意，作为商榷可也。

冼荣熙附识

参考书：

1.《北京大学季刊》，第五卷，第一二号，五十三页。

2.李长传《华侨》，第三页。

3.何汉文《华侨概况》，第一五一页。

4.李长传《华侨》，第五十页。

5.《中法越南商约》附件第三项（甲）。

6.李长传《华侨》，第八十七页。

7.《南洋情报》，第一卷，第三期，第一〇三页，暨南大学出版。

8.《时事月报》，第七卷，第三期《侨务》，九十七页。

9.《申报》，廿一年十二月二十七日。

10.《国闻周报》，第八卷，第三十五期，第一页。

11.吴应图《殖民政策》，第一五六页。

12.《东方杂志》，第廿四卷，第三号，第三十三页。

13.香棣方《中国国防论》，第九八页。

14.同上书，九十九页。

（录自《华侨周报》1933年第32期）

逸仙等三舰与三逃舰将编为第一舰队

香港十五日电　海圻三舰南投，粤虽决意收纳，苦无饷糈接济，遂迁延未决。闻中央提出二步办法，令逸仙等三舰，与三逃舰，统编为第一舰队，驻粤闽海疆，巩固西南。陈济棠对此曾向姜西园表示云："本人当以中央意旨为意旨。"

（录自《华侨周报》1933年第39期）

法占九小岛确系西沙群岛之一部

最近法国占领之九小岛,以其孤悬海上,位置不明,致各方所志岛名,消息迥异,因此引起该岛主权,究系属谁之疑问。记者昨特往访海军部次长李世甲,据谈,九小岛确系西沙群岛之一部分,外传不在西沙群岛范围之内,完全系根据法方宣传而来。至该岛之主权问题,吾人认应依据下列三点而观察,即:(一)根据经纬度推算该岛是否在我领海之内,(二)在该岛上我国以前或现在有无建筑物,(三)该岛最先占领者是否为我国。现海军部正会同外交部、参谋本部,本此三点,详细研究。海部本拟派舰前往调查,惟法国已先派有军舰驻泊,依照国际礼节而言,主舰应先向宾舰鸣放礼炮,然后由宾舰回礼,如果我舰驶往该岛,与法舰相遇时,势必彼此自认地主,则鸣放礼炮,实发生一问题,故现暂不派舰前去。

按:法占九小岛系在菲律宾与海南岛间之西沙群岛一部分,查该九小岛为中国领有,已数百年。一八八三年,法政府曾派员测量该地,经我抗议而罢。最近数年间,政府已批商采取该地鸟粪,并拟在该地设无线电台,法方实无权占领,可无疑义矣。

编者附识

(录自《华侨周报》1933年第41期)

淮　海

肇和兵舰起义经过及吾人应有之认识
省会各界代表，举行肇和兵舰起义第二十周年纪念会演讲词
凌绍祖讲　徐炳升记

各位代表！各位同志！今天是肇和兵舰起义第二十周年纪念日，在这国难严重和华北形势紧张的时候，我们举行肇和兵舰起义纪念会，是具有一种特殊的感想和意义的。肇和兵舰起义，是在民国四年的十二月五日，属于中国革命史上讨袁之役。总理把民国二年到五年的革命战争，全归纳于讨袁之役，所以肇和起义，也属于讨袁战之役的一页革命战史，而讨袁之役，在革命史上又是辛亥之役以后的一役。本来袁世凯之得任大总统，是总理辞职后所让给他的，但是为什么总理把总统让给袁世凯，以后又要发起讨袁运动，这就是因为辛亥革命的目的，是在推翻帝制，创造共和。辛亥革命成功，总理让总统于袁世凯，原是希望袁氏能继续维持共和，设立民国，但是袁逆就任总统以后，竟违背了革命的方向，走向反革命的路线，图谋帝制。尤其在二次革命失败以后，袁逆的野心更炽，广布爪牙，杀害革命同志，签订二十一条卖国条约。到民国四年的冬天，形势格外严重。在这严重的关头，如果革命党人放弃了他的责任，不加干涉，袁逆的帝业早已成功，我们现在或者还是受着专制的遗毒。当时革命党人目睹袁逆之倒行逆施，大为愤慨，一致主张发动讨袁。总理即在日本组织中华革命党，并派陈英士先生往上海主持讨袁军事准备。先由上海独立，再由江浙继起发动，然后各省同志响应工作。陈英士先生奉令

至上海以后，即在法租界渔阳里设立机关部，从事活动。同时又以袁氏爪牙郑汝成，任淞沪护军使，为独立运动之唯一障碍，遂派人在十一月间狙击郑逆于外白渡桥。郑死以后，袁逆益加恐慌，对革命党人严加防范，并增兵上海，以镇压革命势力。陈英士先生得袁逆增兵上海消息，知发动起义的障碍将日益加多，遂决定提前于是年十二月五日在上海发难。第一步计划，占领肇和兵舰，事前军事方面的配置，海军由杨虎同志任司令，陆军由吴忠信同志任司令。海军方面，杨于事前已与肇和兵舰一部分官兵有所联络，其时在上海兵舰除肇和外尚有应瑞、通济二艘，应瑞方面亦同时有了接洽，待期而动。但是当时有一个很大的困难，就是没有财力。占领兵舰，必须有船只运送方可登舰，普通民船，太不方便，后来经陈英士先生及同志筹款置办小火轮一只，以为运输渡江之用，又以一只不够应用，又添购一只。一切准备妥当，在五日那一天下午三时，杨虎同志率领二十余人登小火轮，向肇和兵舰进发。那天正值星期日，一般官兵大半上岸去了，舰上戒备稍松，兼之有一部分官兵的响应，很快就占领了肇和军舰。肇和占领以后，即由各同志按照预定计划分头工作，并召集舰上官兵训话，说明革命讨袁的原因，很得官兵的同情和拥护。同时准备袭占应瑞兵舰的一队，因在中途发生障碍，未能赶到，以致肇和虽发动起义，而一无响应，处于孤立地位。于是用旗语发话，促应瑞投降响应。应瑞方面，亦即以旗语答复，等他们会议后决定，稍待，又以旗语表示愿一致行动。肇和已得援助，遂着手第二步工作，准备发炮攻打陆上各重要机关，借炮火力量掩护陆路同志，进攻兵工厂。但是，舰上火药库门的锁匙被上岸的官兵带走，所以费了很多时间，用人力把药库门打开，直到上午六时，才开始发炮，向兵工厂射击。连发十数炮以后见陆上一无影响，同时又听到陆上军队有退却的号声，打听以后，知道陆路方面因众寡悬殊，不敌而失败。于是舰上同志把占领肇和经过，和在江中情形、各舰态度，以及舰中军备粮食状况，派人登岸报告机关部，请设法援助。然而机关部那时已被租界捕房破坏，同志星散，因此，肇和益处于孤立无援的境地，但仍拟拼命驰往十六铺一带江面，轰击华界。又以不会使用电力起锚，不能行动，兼之正在紧张时候，应瑞兵舰，又突然转变，态度转变的原因，是受萨镇冰的威胁利诱。萨镇冰是海军的宿将，受袁逆世凯的指使，带了巨款上应瑞舰，以权利相引诱，以致转变态度，同通济一齐发炮攻打肇和。在舰同志亦有死伤，所剩余的未死同志，本拟牺牲抗御到底，惟以事已绝望，徒死无益，不如等候时机，再图举事，于是泅水登岸。这次轰轰烈烈推翻帝制之伟大义举，遂宣告失败。这次起义，从开始到终了，虽然时间极短就遭受了失败，但是参加这次起义同志的那种革命的精神，实在叫人佩服。因为第一次他们能在敌人势力雄厚的环境之下，不顾自己的生命拼死干去。第二，明知自己势力和敌人比较相差悬殊，有的竟连手枪都不备，但能凭革命勇气和革命的正义，说服了兵舰上许多的官兵。由此我们可以知道拥护民国的信念，可说个个都具有的。这次发难，占领肇和兵舰，绝不是用威力去克服，而是用最高爱护民国的信念克服了敌人，并且因此而引起了各省潜伏待发之革命势力继起讨袁，卒使袁逆取消帝制，重定民国的基础，实在是历史上光荣的史绩。所以我们今天纪念肇和兵舰起义，第一应认识无论敌人的势力多大，我们只要具有不怕死、肯牺牲的精神去干，一定可以获得最后的胜利；第二，无论敌人的势力多大，如果他的目的不正当，而我们的目的是正当的话，我们的行动，一定可以博得大多数人的拥护，就能克服势力强大的敌人。有了这两种认识，同时再看我们国家，是已到很危险的关头，华北的局势日益紧张，尤其有许多叛逆份子，像以前袁逆世凯的要恢复帝制，同样的与我们是势不两立。所以我们今后应坚决地认定，凡破坏民国的，就是我们的敌人，我们必须共起申讨。其次，我们国家民族，到了现在，虽已异常危险，然而我们如有爱护国家民族的决心，有为国家民族牺牲的勇气，我们一定可以战胜任何敌人，无论这敌人是有如何雄厚的力量。在今天纪念会中，一方面对参加这次肇和起义同志的精神，均无限的景仰，对已死的烈士，致万分的敬悼之意。同时我们应立定爱护国家民族的信念，与一切破坏民国的敌人作永久的抗战。这是兄弟个人感想所及，并以贡献于各位，希望互相勉励的。

（录自《淮海》1936年第8期）

环 球

招考海军学生

上海县公署昨奉江苏省公署训令,内开案准海军部咨开本部挑选海军学生办法一案,业于民国四年八月间通咨各省查照在案,现在考选学生。章程业经订妥,除刊登公报外,特随咨送上前项章程,并海军教育规章各两本,应请贵省省长按照该章程,拣选合格生童数名,按期送报考,并将选定各生姓名、履历先行咨部,以凭备案。等因。准附到规程及章程,准此令行,训令各该县知事查照章程,出示招考遴选合酌学生,开明姓名、履历,尽十一月十五日以前呈送到署,以凭分别咨部送考,此令。

(录自《环球》1916年第1卷第8期)

寰球中国学生会特刊

民元以来之海军发展

陈绍宽

丁此国际情势紧迫之秋，不有完整之海军，以折冲御侮，将何以立国？我国海军建于清季，亦毁于清季。其成败得失，昭昭在国人耳目，无待赘述。兹就民国纪元以来，海军经过之大略言之。

当总理被举临时大总统，就职南京，即以从事革命之海军队长黄钟瑛任海军总长，并取红旗右角镶青天白日，日中有十二芒为海军旗。其重视海军意可见也。旋共和政府移设北京，改任刘冠雄为海军总长，既而国会将总理所定海军旗制通过，宣告世界。值海圻军舰自英返国，而向德购造之两炮舰江犀、江鲲在沪合拢完竣，肇和、应瑞两巡舰则由英新购回国，永丰、永翔两炮舰亦由日本造成，同时建康、豫章、同安三驱逐舰分由德国构造，复陆续回国，且江南造船所自制永绩、永健两炮舰亦以告成。一时厘订章制，分巡江海，渐呈活动气象。惜袁氏醉心帝制，卒用自踣。自后十余年间，军阀互为消长，无复知注意国防者，滋可慨已！顾海军当局尚于无可为计之中，勉就江南造船所制成海凫、海鸥两炮舰，大沽造船所制成海鹤、海燕两炮舰，福州船政局制成海鸿舰。又于七年自制水上飞机三架，并在福州船政局、江南造船所续制海鹄、海鹰炮艇各一。迨十年而海道测量局、海岸巡防处、东沙岛电台以次告成。凡诸设施，虽仅补苴罅漏，未敢言大规模之建设，然用心弥苦矣。嗣国是愈益蜩螗，海军至此，已绝无进展希望，大义所在，爰于十六年加入国民革命军。泊国民政府正式成立，特设海军署，十八年六月，复改海军部，建设万端，从兹开始。

夫世界大海军国之得以完成其政策者，计有先决问题二：一曰具有充分之经费，一曰具有贯彻之精神。盖海军之任务，不特在于战时，即在平时，内则以固疆圉，外则以保商侨，悉惟海军是赖。故列强兢兢于吨位之竞争，绝对不能稍让，国内政费，容可缩减，独海军经费，则甚至不顾牺牲一切，以求适合时势之需要。列强又因所处之地位不同，所持海军政策亦异，虽易人易世，皆恪守其传统观念，而莫敢或渝，用是能继长增高，不因纷更而滋弊。此二者，尤为海军建设中之要素也。

自本部成立迄今，忽忽已五阅寒暑矣。内忧外患，如环之循，国库支绌，莫从请益。计现所成就，尚不及原有计划之十一，而环境炱炱，人不我待，良用焦灼！谨约举荦荦大者数端，以为我邦人君子告：

一、舰队建设

舰队为海军之基础，故首要在舰队建设。最初计划，原定主力舰队，如巡洋舰、驱逐舰、潜艇、飞机母舰等，应造成七十一艘。补助舰队，如潜艇母舰、扫雷艇、雷艇、运舰、医院舰等，造成三十四艘，即最低限度，其第一步骤，亦宜添造驱逐舰四艘，潜水艇二艘，巡洋舰三艘，飞机母舰一艘，藉便需要。乃自十七年造成咸宁，十八年造成永绥，十九年造成民权，二十年造成逸仙及民生二舰外。其宁海一舰，始于廿一年八月完成，尚有平海一舰，正在江南造船所建造中。此两舰为新舰中最大者，足备海上巡防之用。又以江防紧要，海盗猖獗，商旅既苦其患，友邦复加责言，故添设炮艇十艘，曰江宁、海宁、抚宁、绥宁、肃宁、威宁、崇宁、义宁、正宁、长宁。而旧舰若建安，则改造后易名大同，若建威，则改造后易名自强，并有德胜、顺胜、公胜、勇胜、诚胜、仁胜、青天等舰，皆由改造而易名者也。

二、培植人才

海军为专门之事项，必具有相当智识技能，而后可以应用。本部于十九、二十两年，计招航海轮机学生共二百名，并聘英海军上校孟罗为航海教官，克礼为轮机教官，均能悉心指授。惟马尾校舍尚隘，拟在象山建筑一所规模较大之海军学校，于二十年春，即调海军特务营移住该处，从事挖泥、筑坝及炸石、砌基等工作。尤以海军学术日新月异，攸赖灌输，故于十八、十九年间,即遣周宪章、韩廷玉等三十人先后赴英留学,又遣翁寿椿等三人赴美学习绘图,曾国暹等八人赴日本分习军需及鱼雷。二十一年十月,又遣郑海南等四人,赴英专习轮机。而部辖江南造船所,亦以机学重要,曾遣杨元稚等五员,往英国固敏厂实习各项机器及造船学。又因海军技术,需员教练,特于二十年间,聘英国海军上校古乐门,为海军总教练官,并令各舰艇副长及上尉以上军官轮流按日到部,由古总教官教授战术。他如航海练生之实习,无线电生班之设立,士兵之学习鱼雷、电信、枪炮、内燃机各班之组织,要未敢稍形弛懈。二十二年冬间,复遣轮机副卓韵湘,及无线电官刘益伦、郑肇骥入美国普渡大学学习无线电工程事宜。本年,又遣派航空学生龚栋礼等六名赴意大利学习海军,本部候补员黄珽、江南造船所图算员施僖赴英国固敏工厂学习厂课,近又遣代理应瑞鱼雷副郑天杰,偕航海见习生刘荣林等五人,赴英学习海军,此则本军预储各项人才以资应用者也。

三、物质构造

本部因注重军事卫生起见,特在上海高昌庙西炮台地址建筑新医院一所,续在南京下关海军操场故址,划地十亩,又建医院一所。即就其旁辟为海军体育场,一切设备尚称周至。而海军水鱼雷营旧址狭隘,不敷应用,因于二十年春,添建洋式三楼营房一座,计占地三亩。即于鱼雷厂后,另购民地二亩,筹建鱼雷厂、水雷厂、无线电料厂各一座,计全营面积拓至二十一亩以上,足供练习雷电事业之用。又因马尾海军练营各舰艇,岁有添建,士兵自当及时训练,原有不敷驻扎,特建设大营房两座,并添置各项仪器,于二十年九月工竣。且以海军科学图书,凡在同袍,公余有暇,均应加以研究,乃于部内建筑图书馆一座,于中外海军部分书籍以及图照等搜罗颇富。又江南造船所,旧有船坞两座,以其第居冲要,除海军舰艇外,其他各项船只,率多委托该所修造,难敷支配,因添筑新坞一座,现已将次竣工。其他若军港、若海军兵工厂,尤关切要,总期于最短期间克观厥成也。

四、航空设施

夫海军为国防主力,而航空亦为防御之工具。本军虽于七年早经设有飞机制造处,历年制成之机不下十余架,然惟十八年间,所制海雕战斗机一架,得以配置机关枪等。嗣海军航空处复先后购有江鸥、江鹭、江燕、江鹚、江鹮、江鹢等专供训练。二十年四月间,复向英厂购到两座位摩斯飞机三架,名曰江鹘、江鹏、江鹏。是年将马尾飞机制造厂并入江南造船所,又制侦察机及教练飞机二架,名曰江鹤、江凤。惟航空处前本在沪、厦两地分设,嗣以沪航空处场所不适教练而厦航空处系购地筑场,厂屋完备,遂将沪处移并厦门,俾管理归一,便于训练。旋该处又制成江鹊机一架,即由处长陈文麟驾飞来京。现正拟添建钢骨合拢厂一座,面积为一千一百方公尺,机厂一座,面积为四百方公尺,材料库一座,面积为一百方公尺,是项建设完成,每年可制机二十架,此关于海军航空之大战略也。

五、海政进展

海上保安之政,既繁且赜,各国莫不注重。不特测量港湾、树立标识、刊发航船布告、整理水道图表,以及观象报警等项,一一务求切实,而绥靖江海,尤为海军职责所在。平日常用分派舰艇,严密巡弋,对于剿匪护渔护航事项,每月均有报告可按。而以收回引港一节,关系主权国体,尤为重要。于十八年间,首订《海口引港法》七条,嗣与参谋本部商定《引水监督条例》,于十九年间设立扬子江引港传习所,旋改为引水传习所,自举行考试,实施限制,此事已告一段落。

以上数项,均为海军年来之实施状况,而尤有特别注重之点,则会操与校阅两事是也。按时举行,绝不假借,严其考覈,而加以奖惩,察其缺失,而予以改善。务使一舰得一舰之用,一人得一人之用,平时痛痒相关,临事首尾可应。抑有进者,自本部成立,每月所得糈饷,平均未尝逾四十万。以全年计之,尚不足五百万,其视陆军经费,直一与百之比。试观于世界海军各国一九三四年至一九三五年度预算,如英国约五六,五五〇,〇〇〇镑(约合华币九〇四,八〇〇,〇〇〇元),美国约四五四,八四九,七〇〇美金(约合华币一,七〇五,六八六,三七五元),日本约四八七,八七一,六六三日圆(约合华币四六〇,六二四,九七八元),再观之英国新战斗舰洛德尼号与纳尔逊号两艘经费,各须三六,〇八〇镑,约合华币五十万元,以中国经费与较,诚不可以道里计。顾以此少数经费,勉自撙节,企求稍稍有所建树,仅得如上所述各项之成就,心余力绌,蚊负蚁戴,诚不知有补于国家万一否也?

(录自《寰球中国学生会特刊》1916年第1卷第8期)

会声月刊

电雷学校简史

委员长蒋以为欲图整个国防之巩固，不可不注意于江海防御之设施，复鉴于目前海军实力之微薄，爰于二十一年年底，着手筹备电雷设防人才之造就，以应国防之急用。旋于次年春季，设立电雷学校，即以欧阳格充任校长，奉命就镇江设置校址。维时因储才孔亟，未遑为校舍之建筑，商由江苏省政府暂拨北五省会馆为临时校址，军部复将原隶交通兵团之电雷大队暨浙省水警局之海静巡舰拨归统辖指挥。于时，一面罗致教职各员，搜集教材，筹措各种设备，一面组织招生委员会，由陈立夫先生担任委员长，计录取高中暨大学学生三十二名，军校八期学生十八名，共第一期学生五十名，学兵五十名，于四月间入校授课，授以各海军及电雷学术科。是夏又奉令收编长江水警总局所招学警一百五十名，并入前招学兵内，加以海上水兵训练，是为第一期学兵。

雷校成立伊始，内部原仅设教育、事务两组分任校务，旋为设计江海防务起见，呈准增设一设计委员会。至海静巡舰，则经装修成布雷舰，另增镇海运雷驳艇及零一布雷附艇，迄二十五年夏季，复添购俞大猷布雷艇一艘，至是布雷舰艇粗见完备。

二十四年春季，雷校奉令由军政部改隶参谋本部，是年年底，复由委员长蒋兼任校长，原任欧阳校长则改任教育长。

前者军部为便利长江上游军事运输起见，特在上海江南造船所订造同心、同德浅水炮舰两艘，于二十四年年底完成；为审慎起见，托交雷校管理，经将人员机械配备妥善，随时航驶川江。

第一期学生、学兵于二十四年岁首毕业，学生旋升为练习官，学兵升为练习军士，仍分别登舰留校深造。是年二月，续招第二期学生五十名，延长毕业期限为三年，课程除电雷专科外，所有海军各种主要学术，设置亦见完备。二十五年夏季，为应事实需要，续招第三期学生一百三十名，艺徒一百八十名，仍系依照第一期招生成案，组织招生委员会，又奉准续招之学兵九百余名，仍在陆续选募中。

二十五年夏季以后，所有各种新增设备，先后以次实现，人员器材，增加渐夥，因于七月间将镇江校部，迁往江阴旧水雷营，新招生徒士兵则留镇训练。为应实际要求，当将编制扩大，内部订设总办公厅暨教务、训育、军务、机械、总务各组；新校舍工程亦于秋间在江阴动工建筑。

目前第一期毕业之学生学兵，复经加授新式技术训练，分别派登舰艇供职，更新购自由中国练运舰一艘，准备今春将第二期学生及新募学兵作长途航海练习，以增历练，而应要求。雷校前途，仍在逐日进展中。

（录自《会声月刊》1937年第1卷第3—4期）

集美周刊

第四组海童子军参观江元军舰

第四组海童子军一队，共计二十五人。于十五日下午一时，由总教练顾拯来先生率领至江元军舰参观。时该舰停泊在高崎前面，海童子军先行整队至龙王宫，再驾集美船直驶彼处，登舰参观一周并摄影数帧而返。

（录自《集美周刊》1925年第124期）

中学部十三组童子军、师范部十八、十九、二十组童子军参观江元兵舰

本周，本校童子军出外参观者凡有二起：一为中学部之十三组童子军，出席队员四十一人；一为师范部之十八、十九、二十各组童子军，出席队员五十七人。参观者，均为停泊于高崎海面之江元兵舰。中学部童子军于十日搭乘本校海童子军旗舰集美号渡海而往，师范部童子军则于翌日往，均由顾冷各教练带队。登舰后，由江元舰各官员殷勤招待，分组领导视察舱内舱外一周，凡舱间、炮位、火药库、膳厅、机舱、卧室等均逐项解释，指示详尽，盛意拳拳，洵可感激云。又悉水产部海童子军商业部商团亦将于下周前往参观云。

（录自《集美周刊》1925年第124期）

楚泰船长眷属来校参观

楚泰舰现泊于高崎,与本校仅隔一衣带水,该舰舰长林子厚先生,于十四日率其眷属来校参观,并调查女师部各项章程。当由秘书施可愚先生导观,惜为时太晚,林舰长未能久事勾留,仅至女师部略事观瞻而已。

(录自《集美周刊》1926年第129期)

中十组参观楚观军舰

该部军事学教员王傲霜先生,以我校尚少军事之设备,且有非学校所能设备者,然徒作纸上之谈兵,于教练上定多隔膜,故命中十组同学前往厦门楚观战舰及胡里山炮台,作军事学识之参观。该组学生对于军事学素具热心,慨然应命,遂于前星期日乘集美号前往参观。闻抵厦时,颇受军舰官长欢迎,越宿始返,并闻已由该部主任致函道谢云。

(录自《集美周刊》1926年第139期)

剪 报

海军两新舰定期完工
一名江宁，一名海宁，本年六月可望完工

海军部于本年度添造炮舰两艘，日前已于造船所第三新坞开始动工，同时举行安放龙骨典礼。现该两新舰，业由海部定名为江宁、海宁。其载重设备暨长度等均相同，计长一百二十八尺，阔二十八尺，排水量三百吨，速率每时十一海哩，吃水六尺，备三寸炮两尊，机关枪四架，长短波无线电台各一座，造价达十五万两。现定六月一日完成云。

（一月廿一日《新闻报》）

（录自《剪报》1932年第8期）

海部两新舰
李世甲监造，材料已运沪

海军部新造之江宁、海宁两舰，已于日前动工。至该舰之监造官，昨由海部委派该部总务司长兼代常次之李世甲氏担任，并发表黄以燕为监造员。至平海舰所须之材料，亦已于日前装运到沪，约价百余万元，日内即将提取应用云。

（一月廿一日《时事新报》）

（录自《剪报》1932年第8期）

和平解决海军事，粤当局不敢乐观
陈策仍坚持海军不便改隶，陈济棠不愿放弃统一军权

（本报今日香港电）据确讯，总部对和平解决海军事，尚未能乐观。因陈策仍坚持海军不便改隶陆军指挥之说，陈济棠亦不愿放弃军权必须统一之意。在琼海军，现正努力作军事准备，政潮能否解决，尚属可虑。

（六月一日《大晚报》）

（录自《剪报》1932年第12期）

粤海军纠纷调解已绝望

（本报十二日香港专电）马超俊、林焕庭到港调停海军问题，主琼崖为海军防地，各政委极反对。侦知马、林十一日来省，先于十一日晨召两机关联席会议，通过覆沪中委电，拒绝调停。马、林抵省后，萧、邓等示以电稿，谓案经通过，无法转圜。马、林转谒陈济棠，陈与萧等同意，并请马、林劝陈策觉悟。马、林决再来港与胡汉民磋商。覆沪中委电已由政府名义拍出，谓海军改隶纯为积极整顿海军，陈策昧于私见，陈策亦政委之一，应尊重命令，遵命改隶。

（六月十三日《晨报》）

（录自《剪报》1932年第12期）

陈济棠全权处置海军

（香港电）十一日执行部政务会联席会议：（一）应付时局方针；（二）马超俊代表沪中委，调解海军之复电；（三）海军抗命案，照前议交陈济棠全权处置，便宜行事。

（六月十四日《新闻报》）

（录自《剪报》1932年第12期）

宁海新舰将驶沪

《大陆》报云：海军部在日本定造之宁海舰，将于下星期由海军次长李世甲少将护送来沪。该新造舰之吸水量为三千吨，系中国最大之兵舰，长三百六十尺，宽三十九尺，速率每小时三十海哩。该舰于去岁二月间在日本开始建造，去岁十月十日由海军次长李世甲少将在场举行下水礼。李氏甫自日本归来，向国民政府报告该舰状况，下星期初将赴日云。

（六月十日《晨报》）

（录自《剪报》1932年第12期）

粤海军潮调停就绪
伍朝枢提出新办法回广州续商
海军潮解决后陈策将奉派出洋
李宗仁电请续假一个月已照准

（香港电）伍朝枢调停海军风潮就绪，六月一日回省续商。闻其所提新办法：（一）设军委会，统辖陆海空军，以陈济棠为主席；（二）设海防、江防两部，陈策任海防司令，至江防司令，则由军会委任；（三）海防司令部设海口，饷由琼筹拨。

政会准李续假一月

（香港电）李宗仁二十六日电政会：本人正出发柳庆检阅，请续假一月。政会三十一日议决照准。

（香港电）张任民定四日回桂复命。

（六月一日《申报》）

（录自《剪报》1932年第12期）

教育导报

海军学校续招新生 本省考送各生已赴渝

中央海军学校三十一年度续招航海轮机学生各一队，仍由各省政府并侨务委员会及海军所属保送与招考。每省选送××名，于三月十五日以前到渝报考。查本省招考办法如下：（一）组设考选保送海军学校与学生考试委员会，办理全省考选事宜；（二）全省分设十组考试区，各区考试事宜分由各区行政督察专员公署就所在地办理，另设曲江考试区一处，该区考试事宜迳由考试委员会直接办理，各区考试生不以区籍为限；（三）各区考生限于二月二十日以前到达曲江听候复行审验，如到韶复审验落选，仍由省府派员护送回籍，所有往返旅什费，概由省府拨付；（四）考生由省府派员护送赴渝临考，落第仍派员护送返韶转送回籍，所有旅行费，亦概由省府拨付。查十区考送复试学生共四十五名，□于二月廿三至廿五三日举行复试，结果取录正取生宁家凤、杜世泓、陈国禾、邓国法、虞□淞、谢中望、吴炽堂、陈骏根、刘翼麒、张俊民、吴挺芳、潘启胜、李棣、聂显尧、胡铁、曾维中、高祥兰、李联灿、陈国梁、朱景骞等二十名，备取张文煜、王祖谏、曾尚智、苏文波、谢金、杨运时、萧官韶等七名。复试及格各生于出发赴渝前，余长官汉谋、李主席汉魂曾分别召集训话，勖勉有加，李夫人吴菊芳并赠送每人英汉辞典各一本。各生已于三月三日乘粤汉车转衡赴渝，作复试报到矣。

（录自《教育导报》1942年第24期）

教育周报（杭州）

海军教育之计划

海军部以海军首重人才，人才之兴，端赖教育，近日筹议海军教育其大端。

（一）士卒教育。于沿江沿海省份，酌设海军养成所，凡有志海军者，须先入所听讲，限为三年。俟具有普通教育根底，方准登舰入伍。

（二）军官教育。广设海军中学校，有高等小学毕业之学力，并须十七岁以下之年龄，方为合格。三年毕业，升入海军军官学校，再三年毕业，为候补生，上舰练习八月，分派各舰勤务八个月，乃升少尉。

（录自《教育周报》1914年第36期）

海军教育之发轫

吾省陆军小学自开办以来，造就人才为诸省冠。兹闻朱屈二公，以浙境濒江沿海各处要塞实重水军，自应培植人才，为舰队之基础。拟就宁属镇海，创设一海军小学，严订资格，保送学员，仿照陆军小学，限期毕业。以备升送大学，养成海军人才，不日即可实行。

（录自《教育周报》1914年第62期）

津浦铁路月刊

举行肇和军舰举义纪念大会

十二月五日为肇和军舰举义十五周纪念，在管理局举行。参加者有路局员司，一区党员暨党部工作同志一百余人，章阜春同志主席。开会如仪后，即由主席报告，略谓："今天是肇和军舰在沪举义的日子，到现在已经十五年了。我们为什么要举行这个纪念大会呢？自从我们总理就临时大总统后，一般同志都认为满清业已推翻，革命也已成功，便忽略了总理的三民主义和革命方略了。总理鉴于党员不能用命，为完成统一，创立共和计，就让总统位于袁世凯。哪里知道袁世凯狼子野心，阳则归顺共和，阴谋颠覆民国，所以处处与本党作对，以消灭本党为目的。宋案发生后，全国震动，人心愤慨，本党领导的二次革命于是爆发，结果还是失败。二次革命失败后，同志遭杀戮的也有，亡命海外的也有。失败虽然失败，同志等依旧毫不灰心，追随总理。总理就组织中华革命党，准备三次革命。而上海是东南重镇，且是党人丛集之地。袁世凯就派其爪牙郑汝成做淞沪镇守使，来压迫本党同志。可是本党同志绝不屈服，陈英士先生奉总理命在沪进行讨袁，在十一月间，郑汝成就被王晓峰、王明山两同志所刺杀了。袁世凯知道这个消息，大大的恐怖，预备派大军来沪镇压。陈英士先生就决计在袁军未到时，领导一般同志占领肇和军舰举义，以寒贼胆。附逆军舰就开炮轰击，同志死伤颇多，同时在沪袁军也蜂拥而来，本党同志以寡不敌众，结果又告失败。肇和一役，明知难告成功，但是我们不能不对袁贼示威，以显革命精神和民众的力量。因肇和一役的影响，引起了云南起义，推翻袁世凯的帝制。这我们认为要归功肇和一役诸同志的义勇了。总而言之，自从推翻满清后，袁世凯便是开创军阀局面的人，此后军阀就继续不绝，以至于最近的阎、冯。我们在纪念肇和举义的当中，便要彻底的铲除封建思想和封建制度，使封建势力无存在余地，那么本党的主义才会实现。"主席报告毕，旋即散会。

（录自《津浦铁路月刊》1930年第1卷第3期）

海军经费移修颐和园

那拉氏亡清室以弱中国，其罪案之最大者，则以海军经费移修颐和园是也。初，甲申法越战事起，侍讲张佩纶上疏，请大兴海军，朝议可其奏，未遑行。乙酉春中法和议成，始决议兴办，于是建海军署于京师，以醇贤亲王督其事，贝勒奕劻、李鸿章副之，而曾国荃、刘铭传、曾纪泽、容贵皆为会办。醇邸固不知海军如何事，李文忠总其成，而小事则不暇过问，且京津路隔，亦无从遥制。国荃、铭传皆疆吏，不过与议而已，故署中事悉取决纪泽一人，规划甚密。唯署中各司员，全用满人，什九纨绔子，匪第不知海军，未谙军旅，亦且识字无多，第车马衣服酒食相征逐。纪泽病之，谋所以参用汉员者，那拉氏疑焉，密敕容贵为之备。容贵者，本一市井无赖之恶少年，徒以出身勋阀，得挑乾清门侍卫，因缘媚事宫闱，不数年擢升都统，那拉氏特用之会办海军，第以钤制诸汉大臣而已。容贵至署，既尽用所亲为司员，又欲以满人充当海军将校，纪泽不可，容贵遂大憾，所以龃龉纪泽者甚至。纪泽遂病，容贵更荐一某医使诊之，纪泽本非笃疾，服其药则大困，竟不起，人皆知容贵阴授意某医鸩之。纪泽既卒，海军署遂无汉人踪迹，都人士目为新内务府，后某国以汽船进，乃置轮船公所，某国又以电灯进，复置电灯公所。两所皆直隶海军衙门，调用旗员数十人，月领巨薪，每二年开保一次，悉照军功异常劳绩，敕吏部不得驳议云。

（录自《津浦铁路月刊》1930年第1卷第10期）

警察月刊

肇和军舰起义的经过和感想

邵步墀

肇和起义是推翻帝制、民国复兴的重大关键，在革命的历程中，是一桩很有价值很有意义的事。当此外患内乱相迫而至的今日，我们回顾十七年前革命环境的恶劣，和先烈同志们牺牲奋斗的精神，使我们生出无限的感想。作者侥幸听过当时举义的同志们亲口叙述，认为是一件不可多得的革命史料，同时觉得这件事是在上海发生的，和上海更有密切的关系；而且每个国民对于他的国家的重要历史，尤其是值得纪念的革命历史，都是应该要晓得的，何况是为民导师、为民保姆、领导民众的警察呢！所以特地把它记录下来，贡献给各位长警们，作为研究的材料。

一、起义前的革命环境

肇和起义的发生，是在民国四年十二月五日，正是二次革命失败以后，也是抵制日货紧张的时候。总理亡命到日本，命陈英士先生和现在的蒋委员长，在上海秘密活动，图谋再举。陈英士先生奉命后，值着这个民众激昂的时机，竭力活动，联合上海及长江一带的同志和军队，不上一年，党务和军事都有相当进步了。袁世凯忽然有推翻民国来做皇帝的野心，本党的同志，见得时机已迫，再不能不发动了。决心一下，肇和起义就从此产生。

二、起义的经过

未说起义情形之先，先说说当时我们的阵线，上海那时经陈英士先生一年多的活动后，陆军方面，闸北已有些驻军加入本党，龙华方面，也有一小部分，海军方面，肇和军舰的舰长黄鸣球和舰员陈可钧，已经运动成熟了。至于我们的机关，是设在环华路渔阳里（即民德里）五号、七号、一号、四号、八号、十二号等处；至于人马的分配，军事计划是现在的蒋委员长定的，陈英士先生担任总司令，陈果夫先生、周淡游先生和其他几位同志担任运械和联络，杨虎先生（即现在的保安处处长）就担任夺肇和舰的队长，孙祥夫就担任夺应瑞舰的队长。计划既定，就商量发动的时间，最初是预定十二月中旬起事的，但事先袁世凯已经多少听得些风声，想把肇和舰调到别的地方去，因此才提前于五日发动的。到五日那天预定的时间到了——下午三时半，各方面都分头出发，肇和舰是泊在法大马路口的江面，应瑞舰是停在杨树浦的江中的。那天刚刚是星期日，码头上检查客人很严，孙祥夫那一路，更因为大部分是北方人，路径自然不很熟，所以一部分人已经上了渡船，而一部分人还在岸上，在渡船的人，只好把船开到浦东去，在岸上的便跑回总机关来报告。陈英士总司令立即派陈果夫和周淡游两先生去向导，这时肇和舰上的炮声，已经轰轰地爆发了。于是陆路方面的同志，分头进攻电灯厂、警察总局，和其他重要机关，陈英士总司令、蒋委员长和各同志也同时到十六铺去。本来是预定拿中华银行作总司令部的，但因为陆路方面纷纷败退，结果就只有回到总机关。

作战的情形，因为陆路方面我们只有手枪和炸弹，而敌方有长枪和刺刀，当然是吃亏的。其次，海军方面，自肇和舰发炮之后，敌人就马上向交通银行拨了数十万元来贿赂其他军舰，如通济舰等。于是，各舰都一齐向肇和舰发炮。陈总司令见得情势不利了，就马上变更战略，调攻水路的队伍来转攻陆路，一方面又令陈果夫和周淡游先生到七号去运械接应，回来之后，正是黑夜沉沉、北风刺骨的时候。忽然有人打门，来势汹汹，把门一开，原来到了一大队巡捕，入门之后，拿出手枪来示威。楼下的人，见得情势不妙了，马上把门窗桌椅等大力推动，楼上的人，如英士总司令、蒋委员长、邵元冲、吴忠信、杨沧白等六个人，听见暗号，就马上从后面的屋顶跑走。七号里面管子弹的同志（因为七号是和五号毗连的）一听到风声也反手关了门跑了。所以遭害的同志不多，只有丁景梁、余建光、丁士杰和周某等四人被捕而已。

各人逃散之后，第二天才在新民里十一号蒋委员长家中再行集合，准备一齐上肇和舰去，拿来做根据地。哪知杨虎已经跑回来，报告肇和舰失败，舰上陈可钧和几位同志都殉义了。因为海军已失败，陆路就更势孤，终于也跟着失败了。不过，事后袁世凯特派来上海指挥的郑汝成，不出五日就给王铭山、王晓峰两同志所歼了。这是起义的经过。

这次起义，虽然失败了，但是，这是反对帝制的第一声，袁世凯虽然不马上给我们打倒，但肇和舰的炮声，已够吓得袁氏胆寒了。何况事过不久，又有云南起义，而袁氏归根也倒了吗？所以说，这次起义是推翻帝制复兴民国的重大关键，是云南起义的先声。没有这次起义，或许不会有云南起义，甚至袁氏也会做成皇帝，而革命事业也许因而中断了，所以这次起义是不能说无功的。

三、对于肇和起义的感想

第一，我们回想起当日起义情形，在极恶劣的环境中，革命势力单薄底下，上海的同志，不过百数十人，而竟然不计成败利钝，出生入死，为国牺牲，为主义奋斗，这种勇敢、精诚、为公的精神，真是值得我们景仰。其次，当时同志与同志间的服从、合作、团结的精神，我们只要看他临危受命，不稍推诿，勇敢地负责，生死与共，患难与俱的奋斗情景，更值得我们十二万分的敬仰。试转过来检阅一下现在，我们的势力已经布满全国，革命环境比从前无寸土根据地优胜多了。然而党的发展怎样，同志们为党的努力如何？服从、合作、团结的精神怎样？真是太惭愧了！

第二，我们研究这次起义更可得了一个很好的教训，就是，事业的成功，不是一定马上表示出来的，有时目前似乎是失败，但事过之后就可看见它的成功和价值所在了。这次起义可以说是一个现成例子，所以我们对于一件事业的努力，只要问它对不对，合理不合理，其余一切成败利钝是不能计及的。比方这次起义的当初，假使他们顾虑到日后的成败，比较兵力的强弱，那还敢发动吗？先烈和同志们并不这样，他们的伟大就是在此。古人所谓"只知耕耘，不计收获""知其不可为而为之""不成功则成仁"的意义也就是在此，我们大可以体验啊！

现在国难当头，地图变色，敌人简直在国际上公然诋毁我们是无组织国家了。国家的耻辱危急，哪有今日这样严重。然而，若果我们能够全国一致，拿这次起义的同志的勇敢牺牲精神,服从、合作、团结去对付矮奴,哪怕他枪炮多,兵甲利,正义和公理加上这些硬干精神,我们一定可以得到最后胜利的,愿大家觉悟起来吧!

(录自《警察月刊》1933年第1卷第1期)

警务丛报

水师改编水警之计划（湖南）

湘民政司会同军务、参谋两部，议决以旧有之飞轮选锋队、长胜、澄清、各水师杉板，当此海军胜利之秋，此项水师应归天然淘汰之列。查河江一带，伏莽甚多，该水师等分驻各处，于河道情形、会匪踪迹，自系熟手，现在各处水警亟待扩充，因限于经费，以致迟缓。不若将旧有之各水师，一律改编水警，即以水军拨充警兵，似属一举两得。刻经呈由都督核准，俟妥订办法，即可实行。

（录自《警务丛报》1912年第1卷第3期）

水师改编警察（湖北）

鄂省襟江带湖，水面居陆地三分之一，时有匪类潜滋，扰害行旅，即武汉近省之地，亦多架子楼船（即贼船）。前清数拟设水面警察未果，兹黎副总统特就水师一镇（即前荆楚二江所改编）编为水警，以水师统制何锡蕃为水面警视厅厅长。按照警察章程教练，将所有炮船分布各江河湖港，往来梭巡，以惠行旅而保治安。

（录自《警务丛报》1912年第1卷第13期）

水师改为水警之先声（苏州）

苏垣号称泽国，河道居多，港汊分歧，素为枭盗逋逃渊薮，向恃水师各营分泛驻泊梭巡，该匪始稍稍敛迹。故虽有内河、飞划、太湖三军，而地方辽阔，犹虑不敷分布。兹闻都督以各该营既为保护地方而设，应即改为水面巡警，而符定章。大约明年正月即须实行改编也。

（录自《警务丛报》1913年第2卷第1期）

水师改编巡警（苏州）

苏省内河、太湖、飞划各水师，本拟照章全部改编水面警察，兹闻程都督以苏、松、常、太各属枝河汊港过多，素为枭盗逋逃渊薮，地势情形，本与他省较异，非藉枪船往来巡缉，难以得力。若一旦一律改编水巡，势必各保门户，分泛驻泊，未能兼司游弋，难免匪徒乘隙思逞。爰拟将太湖、内河两军，改为水面巡警，飞划则改为巡防游击，俾于巡缉保卫，可以各专责成。各管官均改为区长，书记军需各官，改为一二等巡记；正副队官队长，改为一二三等巡长；兵士改为一二三级巡士。各项薪饷均照旧额，稍有更变。总数不能溢出原额，日内正在编制云。

（录自《警务丛报》1913年第2卷第6期）

瓜洲水师营改编（扬州）

瓜洲江防水师统领赵洪喜近奉部令，以原有水师改编水上警察，归本省警察厅管辖，以后统领改称区长，管带改称区官等情，爰与所部将士筹商改编手续云。

（录自《警务丛报》1913年第2卷第10期）

上海海军总长布告
海军总长安民布告

照得此次叛党作乱,祸害江西,犹嫌未足,乃更据扰沪江,陷我沪上同胞于水火之中。现蒙大总统轸念沪江系为水陆要冲,前年革命,民间输饷输兵,疮痍未复,忍听叛党复加荼毒,重益创伤,南顾恻然,至于辍食。是用特命本总长躬率海陆大队,星夜南下,对于叛党剿抚兼施,对于人民力加拯救。现方劝谕叛首,使之投诚,倘彼憬然感悔,率众来归,自当置兵不用。万一执迷不悟,则惟有迎头痛击,以靖地方。尔人民须知本厅长既为拯护而来,无论如何,决不令一弹一兵扰及尔等,尔等亦须各安本业,毋事惊惶,不得暗助叛徒,自贻伊戚。特此布告。

(录自《警务丛报》1913年第2卷第27期)

晓谕居民通济练船因天气炎热火药爆裂文

为晓谕事。照得昨夜十一句钟,新码头地方,通济练船因天气炎热,火药爆裂,并无他虞。合行出示晓谕,为此示仰居民人等一体知悉,各安生业,毋得惊慌。倘有挖造谣言者,一经查出,定行按律惩办,决不贷宽,切切。特示。

(录自《警务丛报》1914年第3卷第26期)

瓯江水师划归海警(浙江)

内河水上警察徐则恂厅长,近日具详巡按使署,略谓前次奉饬归并瓯江水师派出所,由厅管辖,现在为日已久,每遇紧要事件发生,呼应不灵,徒有虚名而无其实。可否仍将该派出所划归外海警厅驻扎之第九署管理,以一事权,等因。兹闻巡按使查核详文,已批饬外海王醉卿厅长照办矣。

(录自《警务丛报》1915年第4卷第10期)

救国通讯

中山等舰分化

（《时事新报》一日香港电）中山等十二舰到港后，中山闽籍舰员不愿赴琼，退出港海恐被炸，故决赴厦。舰长陈涤不能制止，已登陆。中山念九日离港赴厦，各小舰十一艘当到港时，已被中山缴械，离港时未交回。昨港船政厅派小轮，将各小舰拖入避风寺，各舰长均登陆。据舰员称，舰械交中山保管，中山已赴厦。

（录自《救国通讯》1932年第19期）

陈令暂缓攻琼

（香港三十日电）陈济棠因蔡廷锴、李宗仁调停海军潮，已电陈章甫暂缓攻琼。传蔡、李有以武力调停说，故陈济棠决调李扬敬、香翰屏两军回省，以备万一。黄沙石围塘仍暗中戒严，广韶、广三、广九三路均组临时军车管理处。

（录自《救国通讯》1932年第19期）

陈策接受调停

陈策二日电京中执会，略谓："粤省不幸，在国难当前之际，突有海军改隶事，策悲痛堪膺，每念吾国频年内战，民不聊生，更因而屡招外患，何忍再作阋墙。惟有将全军退处海隅，静待中央处置。诸公电粤港各中委出任调处，自当竭诚接受。"

（录自《救国通讯》1932年第19期）

科学的中国

我国海军自制之飞机

杨一囚

远在十八年前，我国海军界即觉飞机对于国防颇属重要。时有巴、曾二君刚卒业于英之海军学校，旋奉命转赴美国研究航空学术及飞机工程。此曾君即上月自制水上飞机江凤号，沿江西飞之海军飞机制造处处长曾诒经君。

海军飞机制造处最初为福州船政局内之飞机工程处，创设于民国六年，即曾君学成回国之年，规模极小。当时除一面筹划设厂外，并一面训练工人，试验国产材料，拟将所有制造飞机之料件，尽量采用国货。惟发动机关国内尚难自制，乃向美国订购。嗣后制造处正式成立，制造之成绩多有表现。二十年春奉海军部令移归江南造船所内，并添购机件，成绩更有可观。计先后制成之飞机已十有八架，种类多不相同，最近尚有宁海军舰备用飞机一架，正在积极制造中，不久亦可完成。

该处最初之出品，为民国八年底，完成之"甲一"号飞机。继之则"甲二""甲三""乙一"等各机告成。所用之发动机除"乙一"为豪尔司老提外，余均为克提斯发动机，马力均为一百匹，式样又均为拖进式双翼双桴水上飞机。因供初级教练之用，故其设计制造，注重于低度降落速率及充分之飞行稳度和安全数。十三年夏至十四年夏则制成丙式者二，年底又成与"甲三"相同者一，丙式之二机则为拖进式双翼飞船，各配罗司罗瑞三百六十匹马力发动机一座，设计之特性则注重载重之重量，平时可载乘客，战时可载重量炸弹及机关枪。十五年、十六年造成教练兼侦察水上飞机"戊一""戊二""戊三"三架,系双桴翼间单柱、拖进式双翼飞机,配以一百二十匹马力三气缸圆射式气冷发动机。诸机构造简单,容易修理,除首部安装发动机之部分以钢件构成机座外,其余均以木质为之,概不用钢件钢线,备有双副驾驶操纵机,并有安装摄影具、炸弹瞄准器及炸弹操纵机关等设备。轰炸兼鱼雷飞机则有丁式者二架,成于十七、十八两年,各装有马力三百六十匹罗司罗瑞发动机一座,亦为拖进双翼双桴之飞机。因其目的乃在长途轰炸及放射鱼雷,故除机器舱驾驶舱之间添有炸弹机舱(平时可以载客)外,两桴之撑柱则分开设置,中间且无横柱,以免阻放鱼雷。十九年夏将"戊式"者加以改良成"己一""己二"水上教练兼掷弹飞机二架,各配以一百六十五匹马力之旋风发动机一座,增高速率及航程,以应高等教练之用。机身前部及发动机架均系钢管造成,尾翼角度在空中可以调整。以此同样发动机,于二十年九月及十一月又先后造成庚式之水陆互换教练兼侦察飞机二架,试飞长江各埠之江凤飞机即是其中之一(见封面插图)。二十一年二月及十月又有水陆互换教练飞机二架完成(名为摩斯式),各配有百匹马力之极勃司发动机一座。此种水陆教练两用之飞机,着地轮与机桴可以互换,主翼可以折合,机身狭窄,翼与机身接续之钢件极为简单,凡此均为配制军舰而特别设计者。

该处制造各机所用之材料,概以国产为先,无己方旁及外货,其所用之木料,率为杉木、樟木、白栗及白梨四种,蒙罩机身之纺织物则有山东茧绸及江西夏布,油漆则有重经提炼之桐油及生漆二种。每当设计制造之时,对于翼形、柱形及主副翼、翼尾之分配法等,均依欧美最新式之风洞试验定之。整个机翼制成后,则又以举世通行之沙袋法试之,件无巨细,均经详密之考究而后做成。

海军界除此飞机制造厂可以自制飞机外,另在厦门之海军航空处亦能采取外国发动机而以国货材料配制全部机身。日前该处处长陈文麟君由厦门驾驶来京之江鹊号陆上飞机,即是新近由该处自己造成者。该机之发动原为四年前陈君由德国驾驶回国之厦门号发动机,今岁由陈君将机身完全改造,易名江鹊。此次由厦门飞京,因油缺定在溧阳附近过宿,设非有此阻碍,此二千华里之航程九小时即可到达,至于此发动机之马力则仅八十五匹云。

(录自《科学的中国》1933年第2卷第4期)

矿业周报

粤省政府将东沙岛矿产收归官办

广东省政府第一二四次会议议决，将东沙岛矿产收归官办，并取消陈荷朝采矿权。

（录自《矿业周报》1929年第25—48期）

日人经营西沙群岛磷矿之始末

西沙群岛，在广东琼海之东，蕴蓄磷矿颇富。前由奸商何瑞年于民国十年呈准县长公署，开采该岛鸟粪。因其勾结日人，丧权辱国，为琼崖人士向当局攻讦，经省署查明属实，将原案撤销。迨民国十二年，又恢复矿权，现已开采期满，停止营业矣。兹将何某勾结日人在岛经营时之状况分述于后。

一、采掘公司

公司名南兴实业公司，经营者实为日人，制造场及营业所均在日本大阪。该公司于民国八年即已在岛开采，以本年已有台湾人、琉球人死于岛中也。

二、采运情形

轻便铁道，沿东南海岸，分数支入于林中，干线则经仓库以达铁桥，轻便铁路长凡五里，约值万余元。铁桥长凡一千二百五十余尺，约值八万元，其他建筑物约值二万余元。

采掘区域在铁道两侧各五丈以内，工人每日七八十名，筛后用台车运至仓库，候船运出。每日推运台车工三四十人，上落货物工二十余人。全岛面积约十四万方丈，经日人开采者约三四万方丈。八年至十四年七年间共运出鸟粪约五万吨，十五及十六两年运出约三万六十吨，九年合计为八九万吨。据地质调查队估计，现存岛上可供开采之鸟粪共约二十万吨，日人已采去三之一云。

三、工人状况

工人大概来自台湾，十四年工人总数约一百八九十名，每名日给九角五分，工作时间为八小时，午前六时至午后三时止，每增工一时则增给一角二分。

四、日人鸟兽散

日人经营该岛鸟粪，前后约及九年，均安全进行。且于其他各岛乃至七洲洋中之诸山，亦纵横驰骤。忽于十五年七月廿二日大起恐慌，大都离岛，适在六二三沙基惨案之后。日人之鸟兽散，或即受此影响。民国十七年卒以琼崖人士攻击甚力，由省府核准将该岛磷矿拨归中山大学保管，以为制肥料之用。

（录自《矿业周报》1929年第56期）

青岛缺煤影响海防

胶澳社讯　海军司令部以胶路西段，自断绝交通之后，所有青岛本市煤炭极感缺乏，而第一舰队停泊港内，用煤甚多，如一日无煤可上，则影响防务者颇巨。特为预防起见，由秦皇岛运到煤炭一千五百余吨，昨已由李处长派员验收，暂存四号码头，以备应用云。

（录自《矿业周报》1930年第106期）

粤建厅调查西沙群岛鸟粪情形

我国海南岛东南之西沙群岛，多产鸟粪，为肥田之最好材料。数年前为日人偷采甚多，后经我国政府制止，并派专员及中山大学调查队前往调查。于去年九月，批由香港协济公司承办开采，共采获鸟粪约一万吨。本年五月间，建厅复以该协济公司有英人股份，与合约不符，拟撤销其开采权。月前复委出张杰山为接收专员，并派矿务调查主任何致虔，技正邝子俊，测量员陈受天、孙季瑜等，共十人，于八月廿一日乘福陵商轮前往勘测。计自启碇后，于廿七日到达西沙群岛。查该处共有六岛，现已开采者只有二岛，一曰林岛，面积一，五〇〇，一〇〇方公尺，为沙所积成，树林深密，飞鸟满栖树下，其他兽类均无产生。离此岛横过沙滩约三千余尺，有一岛曰石岛，面积为六八，七五〇方公尺，系半石层及沙积层，树木甚稀。其余四岛，产鸟粪亦甚多。廿八日测量及点查完毕，即启程返省。本月一日晚抵埠，五日张专员等特将经过情形，呈报建设厅查核云。

（录自《矿业周报》1930年第111期）

承采西沙群岛鸟粪商人之不法

西沙群岛鸟粪承商宋锡权，前因不遵原委办理及有勾结外人嫌疑，经由省政府撤销其承办权，并令刻日结束采取工作，将前领试办执照撤销。惟事已一年，该商宋锡权尚未将执照呈缴，近复私擅将执照公物以一万六千元移让商人李仿周，业已收款一万元，且仍以西沙岛鸟粪承商名义，四处招摇，往各处觅人代理，因社会人未明真伪，受骗者共有数起。而该宋锡权骗得之代理人保证金，亦有万余九。现闻建设厅已查悉此事，昨特饬令该商限日呈缴执照，如再有延玩，即予严究云。

（十九年十二月二十一日《广州市政日报》）

（录自《矿业周报》1931年第125期）

招承西沙群岛鸟粪矿产

粤建设厅布告：为布告事，照得本厅提呈拟将西沙群岛鸟粪磷矿，查照原案，仍旧招商投承开采，不再由政府直接经营一案，前奉广东省政府指令，议决饬由厅估定价值，另拟办法呈核等因，当经遵照。拟定投承底价二十万元，连同发放该岛鸟粪磷矿规则，提请查核在案。现奉省政府指令，建字第三五四号内开，提议书及规则均悉，此案业经提出本府第五届委员会第一三四次会议，议决修正通过在案，合将修正规则抄发，仰即照案办理可也，此令。等因。并抄发《修正发放西沙群岛鸟粪磷矿规则》一份，奉此，自应遵照办理。现本厅定于本年二月十日下午二时，在厅照案公开竞投此项鸟粪磷矿，以认缴承办费超过底价最高者承领。合将《发放规则》，布告各商民人等一体知照，如有志愿遵章承办西沙群岛鸟粪磷矿者，仰即来厅取阅竞投章程，届时前来竞投可也。此布。

（一月二十三日《广州市政日报》）

（录自《矿业周报》1931年第129期）

礼拜六

烟卷军舰

志 云

却说亚洲东方，有个新兴的强国，有一年，会集了南北洋的海军，在黄海里大操。欧美各国政府派了许多专员前来看操，居然博得个个赞美，人人道好。看官定必诧异说是小子扯谎，照数年前的中国，民穷财尽，几乎破产，什么内国公债哩，什么储蓄彩票哩，闹了好久，也不敷行政经费，那有闲款兴复海军呢？难道人家平白地把战舰一艘一艘的送给中国么？看官不用性急，且听小子道来。只因二十世纪时候，那些老大国民，眼见欧洲大战剧的潮流祸延中国，受了穷邻许多欺侮，一心要想恢复海军，发愤图强。无奈当时国库空虚，要是责望政府，且休提别的了，便是前清向美国定造的那号飞鸿军舰，尚且无款交付，给人家买去，何况是制造这许多新战舰呢？那知天不绝中国，一日，上海有个俭德会的会友，在会场演说，听的人不计其数，那会友说道："列位诸君，知道我国受人欺侮的原因么？这都是没有了海军，所以如此。但是要把海军恢复，依小子愚见，却也很容易的事，不要说建造一二十艘战舰，就是一百二百艘，也不费吹灰之力！"大众愕然间道："先生说得如此容易，倒要请教请教。"那会友说道："我们中国虽然近年来没有和人家打仗，但是很大很大的战舰却被国民自己一艘一艘的烧完了。"大众惊怪道："奇了，奇了，自从甲午受创以后，剩着几只零落不完全的巡洋舰，依然没一个海军衙门管理，谁敢把他烧毁呢？"只见那会友向着窗外马路上一指，正言厉色地说道："那不是个烧军舰的人吗？"众人顺着他指点处瞧去，原来有一个东洋车夫，口内衔着一枝卷烟，车中坐个很体面的人，也衔着一枝，吞云吐雾的吸着。又听那会友接续说道："这卷烟就是个害物，看似为数有限，把全国算起来，一年却要耗费九百多万金，这九百多万金，积了几年，岂不是可造几号军舰么？"大众听他说得有理，忽然猛醒，有点头的，有举手的，一致赞同，从此激发爱国心，便把卷烟戒绝，并且逢人即劝，一人传两，两人传四，不上一年，传遍国中，居然将这笔节省下来的款子汇送政府，造了一号战舰。下水之日，大众欢天喜地，那素不吸卷烟的，也积各省种种无益浮费，捐助政府，建造军舰。不上几年，便成了南北洋两队的海军。队中有一号名"雪却累耻"的造得最大，雪却累耻就是英文纸卷烟CIGARETTES的译音，这号战舰是仿照英国最新式头等无畏舰的格式造的。假使国民糊糊涂涂直到如今，休说能造战舰，恐怕连全国的土地，早被这二寸多长斜衔在口中的怪东西烧为灰烬了。

（录自《礼拜六》1915年第50期）

高友唐弹劾陈绍宽

大　虎

监察委员高友唐，迩来一再提出弹劾案，如始而弹劾刘瑞恒公卖鸦片，继而弹劾汪精卫签订上海停战协定，今又弹劾陈绍宽私通日本。高友唐此举，容或出于职责之故，然又深似日本之血盟团与法西斯蒂之所为，但彼则枪弹俱来，大奏其功。高友唐则以一管秃笔，到底徒成纸上谈兵而已。

高友唐之弹劾陈绍宽提案，略谓"海军部长陈绍宽，当十九路军在沪与日军激战时，该部长竟与日海军司令盐泽秘密协定，饬属严守中立，且拒借十九路军大炮铁板，而暗中保护搁浅运械之日舰。且其驻闽陆战队，不知荷戈卫国，而令其登陆种烟，该部月縻巨万，与国无益，害民有余，实属违法失职"云云。果如提案所言，实党国官吏之污迹。惟陈既承党国之嘉奖在前，又荷党国之慰留在后，则此等提案，其效定等于零耳。

（录自《礼拜六》1932年第445期）

弹劾海部案

杰

万目睽睽的弹劾海部案，原提案人高友唐，自经海部人员的一度恐吓后，久已寂然无所闻，而国人却也淡然若忘，不复注意。直至最近，监察院把弹劾案原文送呈国民政府后，方由淡忘而重复到回忆。

据弹劾的原文，最令吾人愤懑的，莫若在淞沪事变时，陈绍宽密令各舰队的"准日海军来函，此次行动，并非交战，如中国海军不攻日舰，日舰亦不攻击中国军舰，以维持友谊等情。凡我舰队，应守镇静态度"云云。这竟把十九路军看作什么军队？难道故意借日本军队的力量，来剿灭十九路军不成？那么淞沪战事的罪魁祸首，不是日本，而是自国的海军了。而且日本军队的杀人放火，飞机掷弹，大炮轰炸，这能不能说是"并非交战"？要是这许多不能说做交战，那么飞鹰舰的炸沉，只能称作闹着玩了。

日军舰向首都开炮，中国舰队司令又秉着部长的意旨："日军炮击狮子山炮台及京市，与我海军无干，非日军舰击我舰，不准还击。"我真不明白，南京是日本国的南京呢，还是中华民国的南京？下这命令的海军，是中国的海军呢？还是别国？要是是中华民国的南京，中华民国的海军，怎能说"与我海军无干"？难道中国的海军是一人一姓的私有物不成？所以尽日本军舰向陆军攻击，海军尽可坐啸楼船，隔岸观火。既可保全私人实力，又可维持彼此友谊。这种叔宝心肝，食肉寝皮，也不足以蔽其辜。

最丧心病狂的，要算那位李世甲次长了。竟有这种闲情逸致，"与日军司令野村，同坐汽车，参观各处战壕"，完全把自己的立场、人格牺牲掉。这种兽性的养成，实在是全中国民族的羞辱。但是李世甲依然可以做他的海军次长。

外报讥评吾国海军为收藏家，其实仅仅的收藏倒也罢了，可是对于本国战乱，却又耀武扬威。广东海陆军之争，便是一个最好的例子。不但怯于公战，勇于私斗，还敢公然在"闽省福安、宁德、福县、霞浦、长乐、连江等县，令该陆战队种烟。所有收获，由陈绍宽、李世甲瓜分，饱入私囊。海军陆战队不能荷戈卫国，而令其登陆种烟，虽然是陈部长的兵农政策，但是烟多祸深，恐怕不是部长的德政吧？在陈部长是生财有道，而在陈部长的部下呢？却疏懈于向外开枪的练习，不得不做媚敌的勾当。

政府年耗巨万饷项，而此巨万之饷项，又自人民身上刮剥得来。而几番辛勤之刮剥，不但不能对人民尽"卫民"的责任，对国家也不能尽"保国"的责任。"一·二八"的隔岸观火，已令人惊叹，就是平日"海盗猖獗，时有劫船越货发生，海军亦形同聋聩，不闻不问。平日除争权夺利，盘踞福建全省，劫夺两淮盐税，保护私运烟土外，毫无工作"。这种不为其所当为，而为其所不当为，黜之诛之，犹有余辜，然陈李两氏，仍为部长次长如故。

现在监察院已将原案送呈国府"鉴核施行"了，且看今后国府对这案怎样鉴核？怎样施行？过去交付惩戒委员会一百几十件案子，费了长时间法律上的研究，执行的只有四件。这弹劾海军的案件，又怎能不保其同归搁浅！

而况监察院是文职机关，现在当令的是武人，陈调元、何键的弹劾，都不能见诸执行，弹劾陈绍宽、李世甲，又岂能发生效力？总之，监察院是等于龙虎山的张天师，"有法无处施"。现在制裁的力量，还在全国的民众。

（录自《礼拜六》1932年第483期）

整顿海军

述 义

河山破碎，胡骑纵横，国难日深一日，救国之呼声亦因之日高一日，以是所谓恋爱救国也，跳舞救国也，戏剧救国也，以及一切游艺救国，等等，无一不以救国为名，而行其快乐之实。在各种救国计划之中，能称为最正当者，自当推航空救国。以我国目前之情形论之，提倡航空，固属当务之急，然而整顿海军，亦不可或缓。故余于欢羡航空救国之余，对于整顿海军，亦期唤醒国民三致意焉。

当"一·二八"之役，我国仅以少数陆军——十九路军——敌暴日海陆空之力，以致损失惊人，我国民仅鉴及战场一片焦土，乃由飞机之炸毁，于是提倡航空，以谋抵抗。不思吴淞等要塞炮台，乃由日舰之轰击？暴日侵沪之军队，乃由日舰之运送，今乃不图整顿海军，建设新海军，以为抵抗之计，此余之所不解者也。

暴日无道，恃其强权，占我领土，虐我人民，举国上下，莫不同仇敌忾，此十九路军所以毅然抗日。堂堂中国海军，竟抱镇静态度，袖手旁观，故为民众所不满。虽然，海军之所以镇静而不抵抗者，实有其苦衷在，其最大原因，即为实力薄弱。盖海军既直属中央管辖，则所有一切，自惟中央之令是听，是役中央未有明令宣战，此海军不敢抵抗者一。海军既为中央之海军，则所有沿海一带，均由海军驻防，非若陆军仅驻防一部分者可比。故海军一行宣战，沿海一带必陷入混战团中，在中央无意宣战之前，海军安敢负此重责？倘使海军有作战能力，则海军或敢参战，肩此重任，与暴日一决雌雄，然而试问海军之实力如何？此海军不敢抵抗者二。总之，海军之所以持镇静者，即因中央未有明令作战及实力不及之故，今吾人姑不论海军不参战之是非，但就我国目前之环境论之，整顿海军与提倡航空，当两者并行，庶可以挽国运于万一。若徒建设航空，而置海军于不顾，恐非万全之策。

环观世界各强国，对于海军，莫不再三注意，兢兢业业，以求改进。最近日海军省已决定以四亿六千万日金，补充海军实力，并在太平洋岛建设海军根据地；美海军亦集大西、太平两洋舰队演习作战，为补充实力之标准；德国虽有《凡尔赛条约》限制扩充海军之范围，仍然继续建设海军，造成袖珍巡洋舰，惊动世界；至于英、法、意诸国，亦无时不在扩充海军。则海军于立国上之重要，于斯可见一斑。况我国海军，与各强国相较，只有百分之五，可不加以整顿？可不加以补充乎？

整顿海军，诚较建设航空为难，盖非有偌大经费，不能谈及。记者于此，又忆及整顿海军之重要，当为国人所共知，或即因经费关系而却步，此又不能不详为计划。我国地势，非如日英等国之四面环海，且眼前之整顿海军，乃在保守疆土，维持水上治安，以及保卫国外华侨，并非准备侵略他国之用，故海军实力，暂时尚可不必与日英等国均等。倘能积极建造巡洋舰二十艘、驱逐舰一百艘、潜水艇五十艘，以及各需要舰艇一百艘，则中国海军当能尽其应负之责任。以上所需各舰艇，造费固已不赀，然我国人民四万万，如均有整顿海军之决心，则记者敢决其必能办到。

当今之世，无海军不足以立国，我国海军之实力几等于零，与无海军何异？全国各界同胞与政府，请认明海军之重要，与海军以相当之援助。同时并希望海军界中人，黾勉从事，建设新海军，栽培海军人才，保国卫民，无负国人之期望。则记者知他日我国海军强盛之日，即不平等条约废除之日，亦即我国脱离半殖民地之日。是时东邻虽暴，其敢如今之横行无忌乎？努力！努力！整顿海军！建设新海军！

（录自《礼拜六》1933年第490期）

海外侨胞与海军

明

前读贵刊第四九〇期述义君《整顿海军》一文，论列各点，尚称切中利弊，记者览读之余，欲就其中意旨，稍加申述：

记者不文，然为国家前途计，为民族生存计，爰不顾一切，就前文所言，而加以叙述，使国人更明了，更觉悟海军于国家之需求，俾留一深刻之印象，此即余作此文的目的；谅诸君不以一犬吠影，百犬吠声相讥也。

"一·二八"之役，海军之所以不能与倭寇对抗者，坐因在于实力不足，若吾海军稍予对垒，势必沿海各省及长江流域将同遭糜烂，殆可断言。关于此点，述义君已论及之，无再赘叙。且夫海军一动，因势力相差悬殊，必致全军覆没，不若陆军之可退可守而有掩护。况中国海军于是役完全覆没，试问今日沿海居民，尚能高枕而卧否也？

夫海军军人应尽之天职，不独仅于国防，慰问海外华侨，保护海外侨商，亦为其应负之任务。我国海军之所以不能为此者，实迫于经济及无军舰可资调遣，致我国侨民，屡受外国人民之轻视与侮辱。近数年来，各地排华运动层见叠出，若前年之加拿大与最近南洋群岛马来人之排华运动。不特此也，即平日华侨处于社会上之地位，亦贱于其他民族，若南洋某岛之称白种人及黄种之上等日本人为"Sir"，而独称我为"先生"，以示阶级上下之区别。更有甚者，即平日华侨之一举一动，皆受该地政府之监视，嗟嗟，彼华侨亦我四千年前黄帝子孙也，因生计问题所驱使而奔走海外，谁愿受异国人民之欺侮？岂我国对外以谦让为美德，忍视华侨永远沦落于海外耶！传闻有某海外土生外子，羞为祖国国民，虽属无稽之谈，但余恐华侨将来更有不认识不了解祖国之日。然则补救之工具为何，曰惟扩充海军而已。闻英国政府对于人民之侨居国外而有职业者，有造舰费之抽取，使一旦有事，该地侨民即可避居舰上。使我国之海军于最近之将来，有相当之基础，亦可模仿其法，不惟可以使侨民对祖国有深刻之印象，且亦可稍杀外人对我轻视之心理。不惟可以保护对外之商务，且亦可稍增我国国际之地位。我国海岸线一万三千里，自门户开放以后，外国军舰驶入我内地江河，使无海军，将何以自立？故望我国民众，勿再抱成见，速起自图，扩充空军，同时整顿海军，以拯救我国家与民族之危亡于万一。

（录自《礼拜六》1933年第494期）

海军将士应有之认识

述 义

目前我国海军之环境，实已陷入可惊可怖几至无可作为之状态矣！言战，则实力远逊，不堪一击，而有全军覆没之虞。不战，则海疆难防，愧对国民，又有尸位素餐之诮。海军将士处于今日之环境，其一举一动，诚难乎其为，然则海军将士对于海军，安可不有相当之认识，而取适当之行动乎？

记者闲尝窃考，凡一独立国家，在国际上地位之高低，完全视其海军实力之强弱；即就国际战争史上观察，海军亦未尝不占最重要之地位。是以吾人要断定某国富强之程度，必先问某国海军实力之如何。今即就日本而言，日本在明治维新以前，其海军实力，尚不如吾，但其能明了海军之重要，而极力进行海军之建设，以故直至今日，已一跃而登世界强国之域，由此可见海军造成国际地位能力之伟大。今日我国海军，在此民众不信任之时，欲求民众援助，建设海军，诚戛乎其难。然海军将士万不可因受民众攻击，即对海军前途而灰心，仍当认识海军在立国上之重要，勉为其难，对民众作正当之解析，设法使其明了海军困难之情状，则海军前途或尚有一线曙光。不然，不但海军前途绝望，中国前途亦恐难堪设想！

若言建设海军，则最大问题在乎经济。今日我国海军之经费，月仅二三十万，即以年论，亦不过数百万，仅占政府总岁收千分之一（查政府收入每年约自五万万元至六万万元），若与各国以总岁收百分之三十建设海军相较，则相差实足惊人。以若是渺小之经费，而欲谈建设海军，固属不可能之事。不过在此国难期间，前方需款孔亟，政府虽有建设海军之心，而亦无相当之经费而已。是海军将士，亦不可怪政府漠视海军，当认识政府财政支绌，力不能及，是建设海军，决不可徒望政府，亦当望诸国民。如能使国民了解建设海军之重要，则记者知良心未死之中国国民，亦必能以今日提倡航空之热心，建设海军。

以上所述两问题，即是海军将士应认识海军地位之重要，及对国民作相当之解析，期能了解今日海军之困难，而加以援助。建设海军，不过此尚属第二层工作，其第一层工作，而关系海军前途最为重要者，系为认定海军所负责任之重大，而实行团结御侮也。盖若同为海军将士，而仍同床异梦，分为彼此，则国民虽肯援助海军，而海军前途仍难发展也。

最近，在海军最明了之派别，即为渤海舰队与中央舰队。从前渤海舰队系为张学良管辖，后虽编为中央第三舰队，实际上一切舰艇，均不由中央指挥，仍与中央海军成为割据局面。今日张学良已宣告下野，并明令其所辖军队归还中央统领矣。则渤海舰队与中央舰队各将士，似亦宜于此时以至诚态度，牺牲一切成见，宣告海军统一，重编舰队，共御外侮。若在此国难严重期间，仍然渤海为渤海，中央为中央，则一旦海军参加战线，统驭无主，将何以战？有谓渤海与中央因有种种原因，故不能合作，试问在渤海舰队或中央舰队服务之将士，其最大目的，是否为国为民？如是同一目的，则尚有何不能合作之原因？

尚有一言欲为诸将士告者，亦为诸将士不可不认识者。诸将士在海军服务，当为中国着想、中国国民着想，维持海上治安，巩固沿海安全，慰问国外华侨，以及保卫对外贸易，等等，是为诸将士应负之天职。若以海军为升官发财之工具，则未免大错特错。诸将士如必以海军为升官发财之工具，则海军决无可发之财，敬请另觅发财之道。要知今日海军，已至最危险之地步矣，诸将士如不认识服务海军之目的，则中国海军，恐再无抬头之日！

中国海军诸将士乎！诸君既为海军服务，则当认定方针，决不可因民众不谅而灰心，更不可因经济无着而馁志，建设海军，团结御侮，负起应尽之责任，则民众当有谅解海军之一日，亦即海军当有强盛之一日也。

（录自《礼拜六》1933年第497期）

盗卖海军医院

蕉　心

张学良以不抵抗而坐失四省，未闻为之痛惜，独重数十万而秘密出售海军医院。其心理之变态，诚非常人所能臆测也。

孟子曰："天将降大任于斯人也，必先苦其心志，劳其筋骨，饿其体肤，空乏其身。"今张氏生于阀阅之家，耽于逸乐，惟声色犬马是务，而欲责令负以大任，是无异以纨绔子而操苦役，其可得乎？至医院之盗卖，但一反掌之劳耳，轻而易举，正如纨绔子之盗卖祖先遗物，岂尚念及先人手创之艰耶？

该院创于光绪八年，至今已有五十二年之历史，民国十七年，始由国民政府海军部接收，阅时四载，仅拨付三千元，以每年经常经费九万六千元，而四年只得三千元，以至教职员薪金，积欠至六十二个月之久，则海军部之对于该院，实已无力维持；既无力维持，而不知早为之计，或划归其他机关接管，驯至为张氏盗卖，则海军部亦不能辞其咎也。国人之对于公共事业，一如军人之割据地盘，但知搜括，罔知整顿，即望其维持现状，亦戛戛难矣！

监察院弹劾后，张氏曾为置辩，谓为变卖以偿积欠，然而六十二个月之欠薪如故，教职员固未有分文之收入也，则其所得之款，又何往耶？即退万步言：变卖之款果为充作经费之用，则我国外债已达十数万万，张氏其亦将整个之中国变卖亦偿之乎？四省之失，其亦为偿债而拱让耶？

或曰："监察院弹劾之后，政府即派员调查，此事之真相早经大白，张氏亦直认不讳，又何必再事调查哉？盖以张氏尚未出国，格于情面，不得不故为延宕。今张氏已赴意，则政府当有所谓平舆情之命令现于吾人眼帘也。"观乎郑毓秀之出国始行通缉归案法办（见平津各报），则此言当亦非尽属调侃之词，政府之重情轻法，一至于此，欲望政治清明，则河清难俟矣！

清社既屋，民国肇造，朝野靡不交相诟病清末吏治之窳败，然而海军医院为清末李鸿章所创设,今乃将葬送于国民党统治下张学良之手,其窳败究孰甚耶?

(录自《礼拜六》1933年第500期)

从各国建设海军感及我国之海军

述 义

日人在东北启衅以后,世界经济遂陷于不景气状态中,而第二次世界大战之危机,亦日形尖锐化。于是,世界各国鉴于自身地位之危险,为求安全计,为保护在外所有利权计,对国防军备,虽在此经济恐慌下,亦不恤艰巨,不顾一切,而力求充实,其充实国防军备之标准,则多以海军为出发点。据最近查考所得,英国本年度,已决定以五三,五七〇,〇〇〇镑,为海军建设等经费,较一九三二年,增三,九三〇,七〇〇镑,计建造巡洋舰四艘、分队旗舰一艘、驱逐舰八艘、潜水艇三艘、炮舰五艘。美海长史璜生亦宣称彼将尽力建设美国海军,现已集中舰队于太平洋,并筹造航空母舰三艘,共三万五千二百吨,巡洋舰九艘,共八万七千一百吨,鱼雷艇八十九艘,共十三万五千五百吨,潜水艇三十四艘,共四万零七百三十吨。日政府亦决定建造八千吨飞机母舰二艘,八千五百吨巡洋舰四艘,一千四百吨驱逐舰十二艘,潜水艇九艘,布雷艇一艘,小布雷艇三艘,鱼雷艇四艘,及扫雷舰五艘。德国除"德意志"(DEUTCHLAND)号已完成外,并决定在《凡尔赛条约》可能之范围,续造同型三艘,并在荷兰设立合法造船厂,暗中研究潜艇工作。法国为应付德国起见,则建造"邓可克"(DUNKKERGUE)级军舰,据法海部宣布,是级军舰,其战斗力之强,将无与伦比。其他若意大利等国,亦莫不积极建造海军,以求其海军之强盛,藉保其国家之安全,此为最近各国建造海军之一般。反观我国今日之危险,实有过于各国,而沿海一带之防务,更关乎重要,但我国政府对于建设海军计划,曾未之或闻。

凡一战争,未有不以海军为其最重要之一部,而开战之端,其先接触者,必为海军而后始及空军,故各国充实国防,皆先海军而后空军,以空军不过处于助战地位而已,从未有以空军为主战工具也。我国今日之论救国方策者,则高唱航空救国，不谋海军建设，适与世界各国充实国防之计划，成一反比例。考厥原因，不外鉴于粤战海军之失败于空军，并沪战之损失受炸于日机而已。粤战结果，飞鹰舰被炸沉没，粤舰队溃不成军，表面上似乎海军在作战地位远逊空军，若然，则建设空军易，建设海军难，则世界各国，岂有舍易而就难之理？殊不知此均为情理之外之事，非战之正轨也。是以粤战海军之失败，谓海军实力薄弱，不如空军则可，若谓海军作战地位，远逊空军，又乌可乎！再言沪战，国人鉴及日机在沪之横行矣！试问我国设有强大之海军，则日机又安得飞渡重洋，实行其轰炸之辣手哉？是沪战之败，谓无空军应战，固无不可，若谓无强大之海军抵御，亦未尝不可也。总而言之，海空两军均为现代战争所不可缺。中国航空素称幼稚，固当积极建设，而对尚不如空军，而作战地位又较空军重要之海军，又安可忽视？

今姑以全国海军之实力而论，不但各国所重视之潜水艇，以及海上空军所需要之航空母舰等，付之缺如，即普通之战斗舰、巡洋舰、驱逐舰等，亦不能称为完备。现除应瑞、肇和、宁海、逸仙、建康、同安等六艘，尚稍堪一战外，其余类皆陈旧不堪。仅有若是薄弱之海军，则大战爆发，纵海军有不贪生，不怕死，不屈不挠，决为国为民而牺牲之将士，恐亦不经一击。为眼前中国计，已不可不建设海军，为中国前途计，更不可不追随世界各海军先进国之后积极建设海军。

查甲午中日之战，我国尚有八万余吨海军，而今则仅四万余吨，只及甲午实力之半（按日本自甲午而至今日，其海军已从五万余吨进至六十余万吨）。其中虽有种种原因，要亦政府与国民不注意海军，有以致之。犹忆民国十七年，海陆空军总司令蒋介石氏，曾郑重声言："决于十五年内，建设六十万吨海军。"此语凡稍注意海军者，当尚留脑海，然试观此数年来，海军果有何堪以记载之建设乎？无有也。闻三中全会开幕，海部曾提议建造驱逐舰四艘，借以稍固国防，又闻该案当孙科长行政院时，已呈请数次，均不获准，三中全会开幕，不过旧案重提而已，今姑不论其何时呈请，何时提议？惟迄今尚未立案，尚未进行建造手续，则是事实。以今日中国财政之拮据，固谈不到建设强大之海军，而仅区区四驱逐舰，竟亦不能建造，则绝不敢信，是非不能，而乃不为也。夫海军既冠以"中国"二字，而名之曰"中国海军"，则海军自亦中国之正式军队，并非别生枝节，独树一帜之军队，其一切之一切，自当均归中央管理，决非海军当局所能独负其责。今政府对海军如此漠视，其是否除放弃东三省热河外，更欲割让沿海各省，进而亡整个中国，与全国人民同归于尽？

近来更有一般不识时务之士，辄用尽手段，高唱废除海军，淆乱观听。而头脑简单之军事家，利用投机性质之政治家，复舞文弄墨，从而和之，致使一般民众，几信而不疑，以为欲救中国，确可无建设海军之必要矣。试问我国沿海七千余里，设无海军，则藩篱尽撤，外寇随时可以长驱直入，自由驰骋于我领土之间，至是主权丧失殆尽，其奈之何？故经历深长，晓畅国势阽危之军事专家，洞悉国际情形之政治家，环顾今日之情势，不但不主张废除海军，而且决定非建设海军不可。而若辈竟主张废除海军，其居心究竟安在，亦惟若辈自知之，记者不忍言也。

最后尚有欲为海军当局告者，海军在此经济困难情形之下，而全体将士，能本为公牺牲之精神，节衣缩食，共济危舟，先后完成大小军舰凡十一艘，虽不能云建设强大海军，亦总能稍增海军之实力，良以有建设胜于无建设，则记者又何敢妄加非议。然而详察今日之海军情形，建设小军舰似尚无多大必要。在海军当局之意见，或以为海军今日之实力，在战时既不足以言抵抗，在平时又不足以维持水上治安，且也建设对外作战之海军，又为环境所不能，只得转向消极方面，建设小军舰，藉谋得保平时水上之安全。夫维持水上治安，固为海军应尽之天职，然而外侮侵凌，其关于我国存亡至巨，设若中国不幸，宣告沦亡，是时恐并水上治安，亦不得维持之矣。故敢献刍议，请以建设小军舰之经费，移而培育海军人才，并扩充海上空军。今日我国之海军，不但军舰缺乏，其实人才，亦何曾不感缺乏。纵使有多数之军舰，而舰上人员，恐亦无法分配，购舰只须有相当经费，人才则非五六年不能训练成器。即言制造人才，则除旧式军舰外，所有一切军舰上各种新军器，均不能制造。是无论舰上人才、制造人才，均有栽培之必要。苟有强大之海军矣，如无空军掩护，亦难应战，是以亦当以扩充海上空军为急务。而且海军部已设有航空处，亦能自造飞机，扩充尚非难事，此即献议培育海军人才，并扩充海上空军之意见也，海军当局以为然否？

国难日重，领土日蹙，国几不国，可痛孰甚！救国之道，固各有各的见地，记者鉴于各国建设海军之努力，故不敢随声附和，亦舞文弄墨，从而高唱减削海军、废除海军。更鉴于我国海军所处之环境，不敢责海军将士尸位素餐，而徒怪政府与人民不知注重海军。

往者已矣！从今可不追究。深望海军当局，能以海军前途为重，中国前途为重，勇往直前，以培育海军人才，扩充海上空军为基础，进而谋吨数上应有之建设，筹划应如何组织，应如何作战。更深望政府与人民能捐除成见，放大眼光，与海军以有效之援助，努力建设海军，则重重国难庶有可解之一日，而中国前途庶有豸乎！

（录自《礼拜六》1933年第504期）

陈绍宽献议收取渤舰权

大 虎

渤海舰队发生"倒戈"风潮后，中央政府失其威严不敢严厉处置，惟取调解劝慰方法，并令北平军委会务使事件勿趋扩大，便以为尽其所能。国家纪律之效率，于此足概其余矣！

惟海军部长陈绍宽，以为渤海舰队向不隶于中央，致海军深感未得统一。前者张学良下野时，何应钦既奉命以军政部长资格，接收东北军权，陈绍宽是时亦断以海军部长资格接收渤海舰队，然未得当局许可，遂未实行。盖当时中央既全神注于接收东北军，对于接收渤海舰，其力实未有济也。兹陈以渤海舰发生风潮，正为中央收回之机会，闻经献议于当局，请许予施行，即陈日前发表谈话，谓"东北海军，素不听命中央，一切行动均属自由"，是含有中央应收回渤海舰之必要意义。又如海次李世甲谈话，谓"渤海舰仅八艘，军费为三十八万，中央舰五十余艘，军费仅三十七万"，此又有讥责渤舰的作用。不过渤舰既驻青岛，而青岛则为北平军分会所辖，故以势测之，渤舰必不易归海军部收回，陈之刻苦筹划，恐终不能如愿耳。

（录自《礼拜六》1933年第511期）

冤枉之至

东北舰队一部分，因刺沈未遂，相率他驶。在一个星期之中，海圻等三军舰且不知下落，直至在温州洋面发现后，方知驶赴广东，请求收编。虽然，粤方表示"尊重军纪，决不收容"，但是，究竟是三只雄赳赳气昂昂的兵船，虽不足以之对外，要是有什么内讧，也可假之以壮声势。而况西南扩大组织，甚嚣尘上，经不起日本人三分钟轰击的几艘兵舰，未始不是西南所求之不得的一个增加实力的机会。

中央对海圻等的自由行动，不但不令饬海部追截究办，行政院反有"设法劝其归队，听候处置"的表示，把中央的尊严威信完全消没。就是海军部，为了张学良盗卖天津海军医院，似乎像煞那么一回事的高唱"派舰北上，断然处置"，现在连"军纪"都不敢行用，袖着手听其自然。陈绍宽更说"本人对此无意见"的不负责任话。

民众是散沙，难道每个月伸着手向中央要饷索械的海军，也是各自为政的么？中央不敢制裁，直接有指挥权的海军部不加置喙，威信自然无从说起，国家的体统到底丢到哪里去了？民众纳了那么多的捐税给政府，由政府再去支配拨给，那么便当肩负着一切的责任。现在连三条兵舰都无法处置，政府实在有负于民众的付托，而民众的完粮纳税也是十二分的冤枉。

（录自《礼拜六》1933年第512期）

渤海舰队叛变之观测

飞　帆

中国行政不统一，军队不团结，而仅存区区之海军实力，仍复分崩离析，各自为政，争权夺利，酿成变相之割据局面，言之殊堪痛心。此日本所以敢在国联大会，公然目中国为无组织之国家也。若辈竟因一己之私，倒戈叛乱，独树一帜，不顾国家大局，不顾人民付托，敢问心肝安在？

此次渤海舰队叛变，谋刺沈鸿烈未中，海圻、海琛、肇和三舰，自行开粤后，各报多有评论，率皆空泛之谈，不甚明了。人民因平日对于海军无甚好感，故亦漠不关怀。孰知虽仅三舰之叛变，蛛丝马迹实有无穷背景，他日或有引起内战之可能在也！

中国海军本有中央、渤海、广东之分，去年粤两陈之战，结果飞鹰被炸沉没，中山舰归并中央，至是广东舰队无形取消，仅余渤海与中央两舰队，虽名义上同为中国海军，其实渤海为渤海，中央为中央，渤海舰队，并未尝属于海军部管辖也。此次海军叛变，乃系渤海舰队，故请先略言渤海舰队之历史，或亦可名之曰"中国海军分离之历史"。护法之役，程璧光总司令率海圻、海琛、肇和、永丰（现改名中山，因陈炯明叛变时，孙总理曾避难该舰，故改现名，以示纪念）、永翔、飞鹰、楚豫、江亨、同安、镇海、福安等舰，并附以小舰数艘南下护法，同时即组成驻粤舰队。后程璧光因政治关系被刺，司令一缺，以海圻舰长林永谟升代。不久，温树德为谋达到其升官发财之目的，遂以排闽为号召，自任司令，驱逐林永谟并闽籍军官。惟温氏发财观念太深，办事又无把握，致军权几落于水兵之手。旋温氏又为粤籍军官所不满，不得已率舰北上，归吴佩孚管辖，成立渤海舰队（留粤中山、飞鹰及各小舰，由陈策出面收编）。后吴佩孚失败，无条件归张宗昌管辖。迨至张作霖入阁，又改归奉军。是时沈鸿烈倒戈吉黑江防司令王崇平，并因与张作霖意气相投，遂得起而任渤海舰队司令。虽后张学良因不抵抗而失地，而辞职，而出洋，沈鸿烈仍然把持其私权，并未正式投诚中央也。渤海舰队，割据东北沿海，历来依附军阀偷生，试问除革命军北伐之时，曾南下阻挠革命，进扰宁沪，并截留属于中央海军之江利军舰外，有何为国为民之成绩？观于渤海舰队之叛变，当不难想见其内部争权夺利之剧烈矣。

闻渤海舰队月饷本三十七万元，又加以青岛市政之收入，月约得五十万元左右，今竟至欠饷三月。又闻沈于用人一项，专徇私意，其部属既怀不满，更加粤方之利诱，是此次叛变，乃必然之事实，并非意料之所不及也。粤方犹谓事先并未与闻，而故作不收编态度，其将谁欺？

三舰自行开粤后，沈鸿烈虽辞司令职，仍汇交姜西园现洋五万，作为炭水费，劝其归队；并与谢刚哲合电各方，有谓"陈厚甫（绍宽）趁火打劫，落井下石，冀达其一系把持之目的，请以谢刚哲继任海军司令，免使闽人操切从事，激成他变"等语。余尝考闽人服役海军，何独较他省人为多之问题矣，其答案，不过得地理上及海军历史上关系而已。若谓闽人把持海军，则一观海军要职，是否均属闽人，即可知是说之无稽。今沈氏既经崂山叛变，不谋有以处置之方，卒又激成此次叛变，犹思以排闽口号，而挽其既倒之地位，余信沈氏果有心爱国，决不至出此下策，矫揉造作搬弄是非。中国海军决不可再留存积年以来之畸形现象矣。敬告海军军官，勿分省派而自相仇视，一心一德，通力合作，统一海军，共御外侮，为国家争光，为民众谋幸福可也。如以一二人权利为前提，朝东暮西，助长内乱，是亦自弃于民，幸请慎之。

再观叛舰宣言，系谓沈氏不肯抗日，故开粤而贯彻其抗日主张等语。查秦皇岛、葫芦岛、津沽一带，均为渤海舰队防区，适为日人侵略之地，今不在日人侵略之地而抗日，竟开往粤东非日人侵略之地而抗日，何其滑稽如是。究竟抗外乎？抑抗内乎？明眼人类能知之。沈氏平时行动，固愧对国民，而叛舰之行动，恐亦未始非愧对国民也。

现叛舰已归西南政法会收编矣。所可怪者，中央政府竟发明无办法中之办法，任命谢刚哲为第三舰队司令，将渤海舰队改编直接隶属于海部，由平军分会指挥，对于西南各舰，亦照此办法，改属海部，仍由西南政会节制，俾海军名义上得以统一。试问既不能实际上统一，得此名义上统一，有何用处？且也渤海舰队自海圻等三舰以及永翔等三舰先后开去后，仅余二三小舰艇，已不能成队，而仍编为第三舰队，是不过腾笑国际而已矣。

渤海舰队叛变之结果，即如斯乎？恐不久枪口对内之武剧，又将重现于吾人眼帘矣！余为海军前途痛！

（录自《礼拜六》1933年第517期）

周讯·军事

海军收复厦门，陆军自水口进逼福州。（十日）海军陆战队接防闽垣。（十一日）

（录自《礼拜六》1934年第538期）

新海军

思 招

中国新军舰太康号等八艘，日前过沪赴京，定于七月二十二日检阅命名。这一批军舰是美国赠予中国的，据美国议会通过的议案，最多可以到二百七十一艘，虽然没有主力舰和战斗巡洋舰，但也就很可观了。中国海岸线，连亘七省，有数千里之长，海军是最需要的，而中国限于财力不足，工业落后，无法谈复兴建设，现在得到盟邦的协助，并且还要派人来帮同训练，这是我们应当感谢，而且值得庆幸的事情。

不过谈到海军，令人回想以前的事，真是不胜感慨！中国建设海军，远在七十年前。当时所谓湘淮名将，都注意于此，同治间，曾国藩、李鸿章等第一次派遣留学生出洋，注重的就是海军。大名鼎鼎的严几道，就是海军学生之一，但是学成归国以后，只能以翻译经济哲学等书享盛名，所学的海军却不许他过问。因为那时候曾氏已死，左宗棠故作痴聋，李鸿章虽名为有掌握之权，而实际受制于醇王，更不能不敷衍李莲英。试问在这种情形之下，哪里能做事？尤其是大部分建设海军经费，已被西后那拉氏拿去造了颐和园。所以成立的海军简陋得很，但虽是简陋，在世界海军比较表上，名次还在日本之上（中国第十，日本第十一）。及至甲午战役中国海军全军覆没，就无列名之资格，而日本一跃就变成一等海军国了。

甲午以后，中国所谓海军，不过海圻、海筹等几艘小巡洋舰。但是福建人的海军系，却根深蒂固，而腐败情形，也与日俱深！辛亥前两年，笔者在上海的时候，邻居有一家人，听说是在军舰上服务的，用度颇为阔绰，而家中所用的车夫、厨子，以至老娘姨、奶妈子，都没有工资。问他们既没有工资，为什么肯做呢？他们的答复是"可以领饷呀"。原来这些人都是挂名的海军士兵，你说这现象怪不怪？

民国成立，稍见改革，但也没有多大进步。程璧光任海军总长时，有一天袁世凯同他谈到整顿海军，程笑说："依我看不如一齐卖掉，换点钱用。"一笑而罢。隔了一年，袁又向他提起此事，程说："现在卖也没人要了，不如与日本约好,在东海会操,到那时请日船开炮,聚而歼之,岂不大快。"袁笑说:"你的笑话,越讲越妙了。"程说:"并非讲笑话,如此一办,国家每年可省许多海军经费,岂非上算的事。"我们看了这一段对话,就可以晓得当时海军的价值了。

以上所说,都是过去的事,现在新海军成立,当然不会再蹈覆辙。不过我也还有两点希望要提出:第一,现在建设的是中华民国的新海军,决不可变为某一省或某一系人的铁饭碗;第二,我们建设新海军,当然不是像日本从前一样,要向邻邦侵略,所以对于保侨、保商、保民,应当多多尽力。希望新海军成立,侨民在外可以安心,不再发生类似万宝山的事件;同时希望沿海商轮,永远不再遭遇到骑劫。

(录自《礼拜六》1946年第36期)

伏波舰被撞沉

思 招

兵舰伏波号,奉命开往台湾,中途被招商局商轮海闽撞沉。舰内载有百二十人,仅仅一人遇救,其余全部遭难,这是最近一件不幸事件。

胜利以后,海陆空交通工具时常肇祸,推究起原因来,不是设备不周到就是临时疏忽。伏波舰的被撞沉,设备方面如何,虽不得知,照海闽轮船员的报告,疏忽之处已不容辞。因为海闽轮方面早就发现该舰已经屡次发出警号,何以该舰毫无觉察?再说海上与陆地不同,烟波浩渺,极为空阔,即使最初对于警号,因为疏忽未加注意,到两船相近的时期,司机的人断不能说毫无所见,只需稍微警戒,便不难避让。极而言之,停驶也还可以减少灾祸,为什么横冲直撞一定要弄到互撞为止。以前曾听人说,驾驶飞机的机师,往往将方向对好听其自飞,而自去打盹,所以每易失事。难道驾驶兵舰的人也这般偷懒不成?否则何至于有此祸事。

海闽船员的报告,固然是一面之词。但是伏波舰上一百二十人只救起一人,而这一个人又不是司机,时在深夜,当然在睡梦中,无从知道遭难时的真相,所以不能不据此立论。而且以情理论,除非伏波舰上司机的人昏睡无知以外，断不会说海闽看见伏波而伏波看不见海闽的。如果看见又不是仓皇拥挤之时，何至于无法避免？关于这一点海闽也有应负之责，因为海闽既已看见伏波，假如早就停驶或者设法避让也可以免祸的。所以双方都不免于大意轻率，而伏波舰颟顸，更是不难断定的。

　　肇祸的责任如何？将来或者可以宣布，且不去多说。我最觉得奇怪的是伏波舰的一撞即沉，我不懂得航海学，但是根据普通人的见解，以为兵舰总应该比商轮坚强。而这一次的祸事，兵舰与商轮互撞，商轮安然无恙，而兵舰却立即沉没，岂非奇事。假使伏波号是一艘蚊子炮艇，或者是几百吨的小炮船，还不足怪，而伏波号却是一千吨的兵舰（以前中国海军号称巡洋舰的海圻、海筹等不过千余吨，最大者二千吨）。假使伏波舰被撞的是中舷要害等处，也不足怪，而被撞的又只是船尾，以一千吨的兵舰，船尾被商轮一碰立即翻身，如果参加海战起来，能济什么事，那么伏波号之所以为兵舰者，岂不是令人大可怀疑了么？

　　伏波号这一艘兵舰，是战后英国赠予我们的，去年十月方才移交，至今不过半年便已沉没，实在是很可惋惜的一件事情。不过我因为兵舰竟会如此的脆弱，不禁联想到一种事。在去年飞机失事频繁的时候，曾经有人说过，美国交与我们的飞机，一部分是已用旧了的，非大事修理不能用。内中甚至于有虽加修理也不能用的，只好拆开取其零件中的可用者，聊备修理配置补助而已。而我国限于物资不足，技术落后，加以经济困难，就此马马虎虎拿来使用，所以牺牲了许多乘客和机师。这一艘伏波号不也是这一类货色呢？别人以剩余的兵舰赠我，不会是十分坚强精美的利器，这是意中事，我们对于别人的友谊也只有感谢，不能再挑精捡肥。但是对于收到的这种赠品，总须要格外仔细检查，确无毛病方可使用，否则宁可摆在那里另想出路。否则因小失大，牺牲许多性命，那就太犯不上了。

　　此次伏波舰中遭难的，听说还有许多海军生乘舰实习的也同归于尽，这尤其令人惋惜！中国海军人才何等缺乏，培植一个海军人才何等费事。方才踏上实习之路，便数十人俱化波臣，这是多么大的损失。去年曾有一家报纸讨论征壮丁说：中国国民并不是不愿为国服役，实在是因为许多人被征了去，不等到训练成功，已经因待遇不良折磨而死，觉得太冤，所以人多视为畏途。这一批海军学生所遭遇的不也是最冤么！人才难得，应该如何保护，是各部分当局应当共同注意的。

（录自《礼拜六》1947年第68期）

伏波号的殷鉴

海 鸿

国人对这次驶台途中，被招商局轮船撞沉的伏波号炮舰，有许多看法。我们工商界的目光，比一般人的观察一定有些不同之处的。

我认为伏波号的沉没，是一个很好的殷鉴，足以使国人反省和觉悟的。第一，中国人有喜欢外国货的迷信，以致国货的推行，受到了严重的打击。伏波号也是外国货，倘然不是建造不精良，就是最破最旧，我想决不会三分钟便沉没的。况且所有的舰员，都在英国经过严格的训练过。就是胜利以来大受中国人欢迎的某国货，不论玻璃用具、钢笔、无线电，以及衣料，大都是粗制滥造、简陋粗糙的东西，不但卖了好价钱，而且窒息了优良的国货，暴露着国人盲从的缺点。现在伏波号沉没了，而我国江南造船厂所建造的船只，至今在各港口，表演着优良的性能，足以使爱用外货者觉悟的。

第二，中国工业界缺少的是原料和机器，并不需要制造品。盟邦以军舰为礼物，当然感激，但是倘然不以制成品的伏波号为礼物，而易以机械和原料为礼物，则更有利于中国，将更使我国人民感激。譬如英国赠送我国的十二艘军舰，第一艘三分钟就沉没了，其余十一艘也总有沉没和不堪使用的一天。倘若英国能以造船机械原料赠送中国，那么不但英国不会因伏波号沉没而使人怀疑到英国造舰技术的窳败，以及有"以破旧东西送人"的猜想，而且可使中国利用了英国所赠的机器和原料，得继续不断地有新军舰问世了。不但造舰，其余工业品，未尝不如此。官僚资本把汽车、无线电、电冰箱源源输入，大受舆论的攻击，无地可容。倘若同样是官僚资本，专门输入最新机器及必需原料，以合法利润，供给民营工厂，使民族工业得以进展，我想舆论对官僚资本一定颂扬赞美。所以伏波号的沉没，也可以使专门购买制成品，推销中国市场的人，有觉悟的刺激。

第三，外国的科学发达，学术精湛，我们都承认。但凡是到过外国吃过几年大菜的留学生，本领一定比国内好，我却不"领盆"。但是中国政府中国人民，都如此迷信着。因此政府里的显要，个个都是镀过金的；中国海空军，凡是被派到盟国训练过的，回来之后，较未出国的"吃香"。于是发生了两种弊病。前者在国外鬼混了三年，只学会了漂亮的外国语和处世交际，毫无真实本领，身居要职之后，把政治搅坏了。后者回国以后，趾高气扬，目空一切，玩忽了自己职务。最近飞机失事频传，伏波号的被撞沉没，说不定和玩忽职务大有关系。譬如伏波舰虽然只有一千五百吨，又不是纸头糊的，哪会三分钟就沉没，只有一个人遇救呢？时间是深夜十二时，我在怀疑舰上人员，除了极少数之外，一定大都在高卧衾中，做他自己的好梦呢？所以事前既没有注意到对面有船来，事后连"SOS"告急电也来不及发了。否则经过长期海军训练，炮舰在战后危险性未解除（如漂流水雷有存在可能）的海里，应当全舰戒备，决不会救生艇也来不及放，只有一个人获救的，除非只有一个被救的人在甲板上。这也可使自恃训练有素而玩忽职务者觉悟的。

伏波号之可以做我们殷鉴的，实在太多了，以上不过荦荦大者而已。倘然能因此而引起国人的自觉，伏波号虽然沉没，却救起无数将跟着沉没者的性命呢。

（录自《礼拜六》1947年第68期）

炮舰闹笑话

在抗战时候，我国海军部长陈绍宽也是金底板三粒星的海军上将，但是他麾下的军舰，沉的沉，炸的炸，所剩无几。那时候美国发表五星上将，重庆朋友便吃陈部长的豆腐，说陈部长是中国六星上将（因为左右领上共有金星六颗），每一颗代表军舰一艘。那时候中国军舰"亨白浪"，恐怕只有六艘，也难说的。

胜利之后，中国已为五强之一，并蒙英美盟邦慨赠大批军舰，于是，中国将成东半球第一海军国了。因为日本已无海军，暹罗、安南、印度、菲律宾也谈不到海军，于中国自然首屈一指了。

第一艘英国赠予舰"伏波"号炮舰，在去年年底前，由在英国训练的海军人员，亲自驾驶回国，一路上浩浩荡荡，出足风头。这次台湾发生纷扰，第一次"派记用场"，在看惯日本军舰的台胞面前，也好"扎个台型"。那知道半路上被招商局轮船一撞，"伏波"号真的"伏"在"波"涛之下，再也浮不起来了。

以海上王国著名的大英帝国所赠送的礼物，想必不是"盎衰"货，怎样会经不起商轮一撞，只有三分钟便会"伏"在"波"底下不动呢，这岂非笑话。

我的眼睛近视得很厉害，看完了"伏波号炮舰被撞沉没"的新闻之后，那伏波号炮舰的"炮"字，我看好像是"破"字，"伏波号破舰被撞沉没"或者读起来更加通达，不知我自己眼花呢？还是手民排错的？

倘若该舰的确破而且旧，那么敝中国倒是"叫花子吃死蟹"，所谓"只只好"也。

（录自《礼拜六》1947年第68期）

伏波号漫谈

王　河

已做了落水鬼的伏波号，如此的"弗经撞"，一撞就沉，不要说中国人不相信，就是外婆家的大英帝国，接到了报丧帖子，也要目瞪口呆的，觉得太事出意外了。

这次最幸运的是伏波号的正舰长，在伏波号从英伦驶回中国之后，他便内调海军部服务，于是伏波号便由副舰长领导驶行台湾，结果是惨沉海底。

副舰长王安人，是安徽人，今年只有三十岁左右，夫人杭女士在本市社会局服务。当王安人驾船回国的时候，杭女士看见未婚夫婿从海外归来，当然芳心大快。倘若那时立刻奉命出发台湾，也不会结婚了。老天总喜欢替美满婚姻作对似的，一定要等他们结过婚了，新婚别离，已经使人难受，还要使其永别分离，真是残酷之至了！

他们俩是在吕班路海军联欢社结婚的，放茶点的桌子，是临时用木板搭成的。婚礼已毕，忽然桌子翻身，茶点盆子打碎了不少，宛如不祥之兆。三朝未满，王安人在台子上放了椅子去系盏电灯，又打碎了一块玻璃。自从伏波号沉没后，这种不祥之兆便由亲友们吐露了出来。最可惨的，是王君殉职之后几天，杭女士还从绿衣人手里得着王君从途中发出的家书，是最后的遗墨，信上还说一星期之后，即将回沪相见咧，你想可惨不可惨。

伏波号炮舰，原名彼吞尼亚（Petunia）在一九四〇年下水的，舰龄也不过七年而已。她参加过大西洋地中海和诺曼地登陆诸战役，已航行了十五万哩，也有相当光荣的历史。不过因为在战时的关系，到赠予时也没有修漆过，所以当时一个英国海军军官，要对桂永清将军说："这艘炮舰送给贵国，外貌似嫌太旧些了。"

伏波舰是一艘巡防炮舰，装有十五吋大炮，但是小得只有一千四百吨，和内河轮船差不多，在大海洋里行驶，原来有些藐乎其小之感。况且举行赠予礼，是在英国最新锐的荣誉号战斗舰旁边举行，一艘是三万五千吨之巨舰，与伏波号比较，宛如我国大帆船背后的拖着的小划子，真是小巫与大巫之比。当时我国在英国受训的官兵看了，谁都觉得难以为情，因为这样的旧炮舰，还是人家赠送的呢。

"聊胜于无"，受训的官兵，个个都作如是想，很快乐的把伏波号驾驶回国。在中途，看到唯一悬青天白日满地红的炮舰，在地中海里驶行着，便心里有说不出的愉快。哪知道这一批在国外受训接舰的海上健儿，竟会被一艘商轮断送了他们的前程。真是可惜之至！

（录自《礼拜六》1947年第73期）

励 志

十二月五日肇和兵舰举义纪念史略

民国四年冬,袁世凯积极筹备帝制,总理乃派陈英士先生在沪进行讨袁。十一月间,王晓峰、王明山同志杀袁逆爪牙郑汝成于沪。袁逆闻讯,怖甚,大行增兵。英士先生遂乘袁军布置未定之际,突于十二月五日,派杨虎(啸天)率同志三十余人,袭占肇和军舰发难讨袁,岸上同志亦分头占领电报、电话、巡警、工程等重要机关。不料袁军拥来,众寡不敌,而肇和等舰又遭逆舰应瑞、通济轰击,同志死伤极多,遂致失败。

(录自《励志》1934年第2卷第49期)

参观海筹军舰通告

敬启者。本社为使社员明了我国海军现状起见,特商得海军部之许可,定于本月十九日(星期日)下午二时,参观驻泊下关江边之海筹军舰,并由海部派小轮接送。凡我社员,如愿参加,请即来本社问讯处报名,随缴车费大洋贰角。定额四十人,额满随时截止。特此通告!

(录自《励志》1936年第4卷第16期)

励志旬报

中央举行肇和纪念

中央党部五日上午九时举行肇和军舰举义纪念大会，到朱培德、戴传贤等及各机关代表、职员、来宾共约六百余人，由戴传贤主席，行礼如仪。邵元冲报告肇和军舰起义之经过，戴传贤演说纪念之意义，戴演说毕，即宣告散会。

（录自《励志旬报》1931年第1卷第28期）

联益之友

海军期刊序

余天遂遗著

自西葡荷究航海之术，遂开世界交通之局。殖民政策，因之发展不已，而海上自此多事矣。始以为交通之具者，终且为侵略之具。而国际间所凭以为封疆之界者，不在陆而在海，苟无海军以为保护力，则其国不能以自存，况欲为殖民政策之前驱耶？自英吉利国以海军雄天下，遂据有大西洋、地中海、印度洋及澳洲洋面之霸权，扬狮旗于环球。殖民之地，骎骎乎入太平洋沿岸，而侵其主权。后起之德意志既以陆军霸欧陆，乃亦欲步武东方，大扩其海军。英人知之，亦潜为之备，岁增海军之预算，为议会争论之焦点。暗斗十余年，而有欧战之爆发。夫欧战，陆战也，然使协约国无英吉利伟大之海军力量，与四面包围之海洋权，则不足以封锁德、奥、土海口，而同盟诸国，必不致于自毙也。若言五年之陆战，德亦稍胜矣，卒以无良好之军港，不能先占优胜之海权。虽有同量之海军，特异之潜艇，终不能出波罗的海及地中海一步，此其所以败也。于以知海疆之重要，在于海军，而海军之胜势尤在海权。我中国者，太平洋西岸之主人翁也。有南北斜长之海岸线，有天然良好之海军港，惜自甲午以来，幼稚之北洋舰队，既遭覆没，而沿海各军港又为列强所窃据。海中形势，几于日本共之。三十年来，国家多故，主权不完，虽有海军，亦恐无能为力。况零星舰队，至今未能成军，殊不足为国防之助，乃不幸而又有南北之分，自相争攘，其所以负我海军者深矣。所望助成统一，止戈为武，然后裁内战之陆军，注全力于海疆，以固我圉。则国际地位之增高，不平等条约之取消，皆系于是矣。此我海军同胞，所当明其责任，而不得不大声疾呼者也。环顾列强，虽有国际和平之会议，而限制海军之提案终未能通过。新加坡筑港之议，英当局犹龈龈不休。吾酣睡之中国，尚以实力渺小之寥寥舰队号称海军，亦滋愧矣。然一旅之众，可以兴邦，虽此寥寥之舰队，亦当与世界声息相通，以资研究，为将来扩充之预备，庶无闭门造车之憾。夫盛衰之迹，岂待远征，昔日之荷兰，犹今之英吉利也。彼远来之众，尚足以起而代之，则吾东海之主人翁，苟能奋绩海疆，岂不能重开局面，一易喧宾夺主之势？吾将以今日之言论，为他年事实之母，而预卜其成功。若目前之事，存海论可也。谨以此为发端之始，而愿我军同志，有以教之。

（录自《联益之友》1930年第151期）

陆大月刊

粤两舰队合并

粤海舰队与总部舰队合并，陈济棠自任总司令，姜西园、张芝英分任副司令，十八日晨正式就职。下午一时陈济棠召集会议，说明两机关合并原因，希望化除成见，团结努力，姜、张分别答词。前月海军风潮后，陈秘密进行改组海军，以后大小尽收入陈济棠掌握中。

（录自《陆大月刊》1935年第1卷第5期）

海闽轮与伏波舰案

三月十九日零时十五分,招商局海闽轮与海军总部伏波舰(英国赠予我国的驱逐舰)相撞于厦门海面龟屿岛东北方,伏波舰当即全部沉没。时在深夜,加以气候不佳,星月无光,海闽仓促间未及施救,致舰上官兵一二九人除轮机员焦德孝一人,由海闽船员拖起外,全部罹难。海闽轮也受伤,勉强北驶,于二十五日到沪。船长戴儒林不久就被捕,地检处控以见死不救罪,提起公诉。

这是本年度继芷江华通轮案后的又一海事案件,但以我国向无海事法庭专司其事,现由普通法庭审理,自然难以得到公允合理的解决。所以戴君被捕后,高级船员团体群起抗议,并进而提出改善救生救火设备,设立海事法庭等主张。交通部与国防部也迭经磋商,屡传将组设碰撞公断委员会解决案件,结果终未实现。此后伏波罹难官兵家属又屡次向招商局要求抚恤,后经海军总部及招商局分别给恤才告解决。

结果戴君被上海法院判处徒刑二年,但公断责任迄未进行。

(录自《轮机月刊》1948年复2第1期)

每周情报

海军宁海舰新造侦察机竣工

海军宁海舰原有装配之第一号水上侦察机不敷遣派，前经海军□令，海军制造飞机处承造新式侦察机一架，已于上月间竣工。前昨两日由飞行员许成荣在高昌庙、龙华等处试飞，结果成绩极佳，拟日前迳飞南京，再出发长途飞行。记者昨晤担任设计飞机之工程师马德树，承告该机之制造情形甚详，兹特分志如下：

设计经过

（甲）设计目的

（一）改用折合翼。宁海舰用侦察机系装载于舰上飞机棚，当预备飞行前，推出棚外吊落水上，然后离水升空。原配宁海侦察机之机翼及翼柱，须于拖出棚外后地推入棚内前临时装卸，而新制之机为谋省飞行前后装卸之时间起见，特改为折合翼，手续极为简便，惟设计方面因之较多窒碍。

（二）全机尺度之极限。宁海原有之机棚容积已定，新制之机翼，其横阔直长及统高必须大小适合，方能装入棚内，而机翼展开时，其横表因限于舱面之位置，致面积亦无从加大。

（三）发动机系原配宁海侦察机所备用者，马力及重量均已限定，无从改易效能，设计几费筹划。

（四）材料。原配宁海飞机除机翼用美国松外，余均金属制。所造之机，为力求采用国产材料计，各部均用福建所产之杉木制成，致重量设计亦多困难。

全机构造

（乙）制造内容

（一）机之型式。□人坐折合翼双桴舰载水上飞机。

（二）翼之构造。单翼翼柱不等长双翼。上翼中段，装燃料箱一个，N形之扁钢管支架于机身之上，前后翼柱系钢管，外用杉木和成顺流行全翼之梁及肋板，均续杉木构造。翼面用麻布蒙罩，外□翼油，小□在上。翼外端后部、左右翼向后折合，即可推入棚内储存。

（三）机身构造。四干梁及支柱，均系杉木制成。凡梁与支柱衔接处则用樟木片与铜帽钉结成，坚固且轻之整个机体，其首部即安装发动机及接连降落□之部分，纯用特种钢管及钢板制成之各种接头构成。发动之架格，其钢板之主力○，即牢贴于此架成为整个之坚固之发动□座。机身周围除发动机部分，以轻质铝板，开有凸凹之窗陇包围之，以为流通热气之外，全用麻布蒙罩，外漆银色油，使其紧张机舱与驾驶座隔，以火不焚夹板，以防火患。机器身首部较大，渐向机尾缩小，使成顺流形，减少空气阻力。

（四）机尾之构造。机尾全部如方向舵升降。首尾翅、横尾翅均系杉木制成，外缝麻布，以银色油。其构造方法与翼体大同小异，横尾翅附以变角○，在空中可调节飞行角度以使其平衡。

（五）机桴之构。桴系顺流形单阶式桴体，完全木质，中分不透水之截堵，而各配以验看洞，攻备不时检查。桴内外漆双过双生漆，末后推光漆，鲜润悦目，减少阻力，并且永无渗水之虞。与机身连接之N形桴柱纯属钢管，外用杉木切成顺流形，两桴之间前后更横以钢管及钢丝绳□合成一整个坚固之机座。

（六）发动机。七机缸气冷式一百三十匹马力之发动机，安于机身之首部，燃料箱在上翼中段，装油十八加伦，更有副燃料箱在机身中。驾驶座前装油二十加伦。

（七）配置情形。驾驶座位在上翼中段之下，物件舱在驾驶座后方，备有舱盖极便开启。

载重数量

（丙）尺度重量及效能设计

（一）尺度。总长二十二英尺，统高九英尺八英寸，翼幅三十英尺。

（二）重量。载重一千八百六十英磅，空机重一千四百六十英磅，载重四百英磅。

（三）效能。最大速率每小时一百〇五英里，降落速率每小时五十英里极顶。高度一万四千五百英尺，升高率四十五分时可达一万三千英尺。航行时间，四小时航程三百四十英里。

制造工程

（丁）制造经过

（一）图算。所有效能之算法、劲量之设计，均加以精密方法核对，然后分配绘制图件，发交厂场动工。

（二）材料。除各部接头所用五金材料，国内无从觅购，必须向欧美采办外，其大部分所用之杉樟油漆均直接就购地办。

（三）工程制成金属各接头，必经细验戳记后，方发交□漆，以备□镶配。至于杉木部分如机翼等件，亦须逐部详为检查后，方用麻布缝合松漆翼油以昭慎重。

飞航速率

（戊）试飞结果

（一）水面滑走。水面转弯容易，浮力充足，座位舒适。

（二）经载试飞。通用风力离水时间七秒时降落斜度平稳，空中操纵灵便。

（三）满载试飞。通常风力离水时间十一秒时降落，速率每小时五十英里，通常速率每小时八十英里，速率一百〇三英里六分钟内爬高三千英呎，空中航续力三小时半，极顶高度一万三千英呎。

（录自《每周情报》1934年第44期）

蒙藏月报

西沙、南沙两岛接收专员抵任

西沙群岛及南沙群岛,粤省府自奉行政院令接收后,已派省府委员萧次尹为接收西沙群岛专员,顾问麦蕴瑜为接收南沙群岛专员,两氏于十一月五日晚十时率团员乘舰前往。按两群岛位于海南岛之西南,地当要冲,西沙群岛鸟粪极丰,此种鸟粪为最佳之肥料。敌人于占领期间,大事采运,现经济部正与粤省府合作,着手开发,据估计该岛鸟粪足供粤全省有余。

(录自《蒙藏月报》1947年第18卷第11—12期)

边疆代表参观"伏波号"舰

上年十二月二十二日上午,海军总司令部优先招待远离海岸之蒙古、新疆、西藏国大代表参观甫自英国驶华之"伏波号"防潜舰,到七十余人,由舰长姜瑞少校引导巡视。该舰将与"泰康号"舰开往日本东京,参加盟军之占领工作。

(录自《蒙藏月报》1947年第19卷第1—2期)

法侵我西沙群岛主权

向属于中国之西沙群岛,六年前曾被日军占领。抗战胜利,敌寇败降,我国已派员接管。但因法军之登陆，已成为中法两国间之外交问题，实则法国觊觎西沙群岛，夙具野心。自一九三〇年以来，中法曾交换照会多次，中国一再声明对该岛之所有权，因该群岛之主权，向属中国。一九三八年最后一次照会，中反对法国占有该岛。今以法军已在西沙群岛中之巴特尔岛登陆，我驻法大使钱泰已正式对法政府提出抗议，我外交部长王世杰亦曾面告法国驻华大使梅里蔼，重申对该岛之主权。梅里蔼亦将赴越南调查法军在西沙群岛事，不久当可由外交途径，获得解决。

（录自《蒙藏月报》1947年第19卷第1—2期）

蒙古旬刊

东北筹设海军学校

二十一日《民生报》载，沈鸿烈呈准张副司令学良，设立海军学校三处，一在营口，一在青岛，一在秦皇岛。现在即墨之第一舰队司令凌霄，已奉到该项命令从事筹办云。

（录自《蒙古旬刊》1930年第3期）

棉　业

法占华南九岛之近讯

我国海防，向无充实计划，自法政府宣言先取得南海九小岛主权后，我政府以真相不明，尚待调查，故迄无具体表示。据我菲律宾领事馆报告：法所占九岛，总名为堤闸板，距菲岛南约三百五十海里，位处北纬十度至十二度，东经一百十五度之间，不属西沙群岛范围。惟据海军次长李世甲谈，亦云该九小岛，确系西沙群岛之一部，外传不在西沙岛范围，全系法方宣传。又据广东政府宣称：该九岛在琼崖之南，中国领海内，为粤闽两省渔民根据地。更有前清广东水师提督李准《巡海记》，载我国发现南海十四岛，远在光绪三十三年四月，当时已为升旗命名勒石，有案可稽。

近经我中央搜集调查情形，大致与菲领事馆所称略同，惟确认属我渔民卜居地，已照会法使，拟向法正式提出提议。但据法使照复我外部，并抄送各岛名称及经纬度，又复只六岛：（一）斯巴拉脱来，（二）开唐巴亚，（三）伊脱巴亚，（四）双岛，（五）洛爱太，（六）西德欧。

综上所述，究竟法所宣布先占各岛，是否侵占我领海属地，诚令国人如堕五里雾中，借此亦可概见我政府疏于国防一斑也。

（录自《棉业》1933年第1卷第3期）

民国日报

"新海军"出世的话

真　隐

"新海军"已从胚胎里呱的一声堕地了。伊要开始很亲切地向我们呼唤着，宣示着，好像光明的火把，探海的电灯，颤出伊那最猛烈的光线来，叫我们从沉睡中觉醒，麻醉中奋起呵！

现在的海军，是不是迂缓消沉，奄奄然没有丝毫振作之气？是不是因为省界时起冲突？是不是分合无常，受人利用？如果真是这样，"新海军"就是他们的晨钟、暮鼓。

今日的国民，太颓唐了！太昏聩了！有时强盗当前，尚且夸大；有时病入膏肓，犹自矜喜。虎视眈眈的列强已深入堂奥，并挟其利器坚甲以俱来，事已急矣，势已迫矣，可奈何哉？"新海军"就是他们打头阵的先锋，刺探敌情的斥候。

我们渴望着伊！伊出世了，伊的内容到底是怎样个哑谜？请看伊所揭橥的六个基本标的，就会知道。

（一）改造海军军人的思想，促进海军军人的觉悟。

（二）打破畛域的私念，求全国海军的团结。

（三）改良兵士的生活，解除军人的痛苦。

（四）介绍军事及社会的学识，提高海军军人教育。

（五）登载世界各国海军的状况，以供国人的参考。

（六）谋建设足以自卫地防御列强侵略，并保护海外华侨工商业的海军，从国民方面，努力这种计划的成功。

水深火热的中国，双层压迫下的中国，内忧怎样地发展着？外患怎样的逼来着？"和平""统一"终归妄想，"独立""自由"有如梦寐。不自振拔的中国人，已经昏昏沉沉的陷入万丈深渊了！

怅惘倜傥的海军健儿！赤血燃烧的爱国同胞！这是我们的道路，这是我们唯一的道路！一齐到"新海军"国民自卫的旗帜下去团结，奋斗！伊的责任在是。

——十三·四·三十·烟台

（录自《民国日报》1924年第6卷第29期）

明 耻

海圻、海琛二舰北归事件

寿 山

这次海圻、海琛二舰事件的经过，根据报载，香港、上海、南京各方面的电报，大概是这样：

肇和、海圻、海琛三舰，因为薪饷改发小洋，于本月十五日晚，突升火启椗他驶，事为陈济棠所悉，令要塞司令部武力制止并令空军星夜截击。结果肇和被截扣，海圻、海琛驶离粤海。

后来二舰到达香港，乃发表宣言，表示不愿拥护私人，即日北上，为国服务。这时中央已接到陈济棠及逃舰的报告，即派海次陈季良率领现在海上演习之宁海等三舰，前往监视，以免发生意外。

直至记者撰稿之时，南京海部已接陈季良自港电呈，称奉令处理海圻、海琛两舰，进行顺利，即日仍乘宁海舰率圻、琛两舰北返。该两舰抵沪后，将先入江南造船所大修。

上面是海圻、海琛二舰北归事件大略经过，原因和结果，似乎都极简单。乃据二十二日的南京电，竟"有好事者大造谣言，谓中央，为事先招致，且有封锁广州之谣言"。

这也难怪，中国过去军阀割据的情势给予人的恶劣印象太深了，致无论任何问题发生，谣□辄随之兴起！虽说"谣言止于智者"，又说"事实胜于雄辩"，但是天下究竟有多少智者，像中国这样"民愚"的国家？况事实呈露出来，到"水落石出"，又是需要相当时间。故在事情发生的当时，总予好事与挑拨者以造谣的机会，而淆乱天下的听闻了。

讲到这次二舰北归事件，也就因为过去海军太"朝秦暮楚"，而有令人不能原谅的地方。二十二日的南京电，中有"记者顷以此次事变之起因，叩诸海军部诸要人，据云海军本应统一，一律听命中央，归海军部管辖。世界各国，凡有海军者，无不如是。吾国海军，因种种复杂情形，未能纳入常轨，致成畸形之局"。这确是中国海军之羞，也是中国军政上没有统一的一个大遗恨！

此次海圻、海琛两舰"不愿拥护个人，即日北上为国服务"，觉悟到自己责任，投效中央，态度不能不算正大。但好说谎的牧羊童子，究竟因为常呼喊"狼来，狼来"，诳人太多了，等到真正的"狼来吃羊"的时候，也就不能叫人谅解置信。

海圻、海琛及肇和诸舰，差不多是甲午一役北洋舰队中的"硕果仅存"的了。民四肇和起义（杨虎率革命同志三十余人，袭占肇和舰），民五护法之役，程璧光率舰七艘赴粤（三艘在内，为七舰中之最大者），助总理举护法义旗。明是非，知去就，这可说是海军最光荣的一幕了。

惜后来程璧光为袁逆所算，被刺上海，海军司令由温树德继。民十一，总理广州蒙难，陈炯明叛变，炮击观音山。总理避赴永丰舰，令蒋委员长自沪返舰，襄总理擘划以海军攻讨陈逆。不料温竟淫于利禄，惑于多金，受陈逆二十六万之收买，私与订和，以守中立为条件；后更公然抗命，熄灯起锚，驶离黄埔。护法光荣，从此扫地以尽。

民十二，许崇智逐陈炯明，总理返粤秉政。温怍于前愆，忧不利己，于是又以南下舰队（三舰亦在内），北上投张宗昌，改编为东北舰队，而司令一职，亦由温而改由沈鸿烈担任了。

前年夏季，沈以海军司令继胡若愚而兼青岛市长。据称胡的去职，实因海军的掣肘。沈亦深知其弊，故兼市长职后，对海军约束加严，致遭下级之不满。三舰乃出于一时的冲动，欲师程璧光七舰南下护法的故智，相率去粤，经陈编为粤海舰队，任姜（西园）为司令。（二十四日《大公报》广州通讯《粤海逸舰记》）

此为肇和等数舰十数年来叛变的略史，反复无常，信用丧失，其不能获国人信任和谅解,有由来矣。国家岁糜巨帑,以养海军,原为巩固国防,保御国家,抵抗强敌的侵略的。中国海军能否担任这项使命?而略尽过它们的责任?

所以从这次海圻、海琛两舰的北归事件,我们至少能得下列几种教训:

第一,海军本身应有的觉悟。海军应该统一,听命中央,受海军部管辖,这是"天经地义"的。因为这样,海军本身的力量可以增强,能达到捍卫外侮,巩固国家的使命。看海军强盛的国家,若英若美若日……他们的海军指挥,都是完全统一的,所以能充分发挥海军的效能,非但可以保卫自己,还可以侵略他人。中国海军吨数太少,当然不能和它们相比较。可是果真在中央统一指挥之下,整个计划,改善扩充,使臻完善有力之境,也未始不可能的事。

其次,海军效命中央,名正言顺,朝秦暮楚终非久计。过去海军之反复无常,徒戮海军本身的信誉,于己无补,于国有害。现国人一般心理,无不曰:"中国海军,除'迎送'而外,几'全无用处'!"这并非国人过苛之论,实在海军过去的历史,太难堪了,"皮之不存,毛将安附",丧失了国人的信任心,中国海军,至少海军中的恶劣人员,也许将来有根本改造而天然淘汰的一日哩。

第二,军阀割据应有的觉悟。老实说,军人是国家的干城,他的天职是服从命令,保御国家。能够尽到这种天职,他就能够获得国人的信仰,国家的倚畀,不必去收买叛逆,助长己势(若陈炯明之收买温树德)。况叛逆之终不可靠,今日叛人,明日亦能叛己,利欲所迷,以为能割据一时,不知厄运之来,身败名裂,终受其累。不但这次两舰北归,过去的历史事实,比比然也。

第三,国人应有的觉悟。半月以来,因为华北的局势,大家差不多都在"纳闷"当中,但大家都能集中视线,埋首在政府方针之下,沉着应付。这可以说是中国十余年来政治上一极好的现象,也是国人一绝大的进步。然而在这沉着当中,不无遗恨的,就是还是免不了谣言!譬方这次中央海上演习舰宁海奉命赴粤,监视圻、琛两舰免生意外,同时率之北来(这是中央应有之处置。设圻、琛两舰,非真正觉悟,诚心北归,而另有企图,另驶方向,则祸患又当何如?),就有谣言发生,这还是以往"问题发生,谣言随起"的毛病。庸人自扰,徒惑人心,际兹无形国难尚未泯灭之时,希望国人以清净脑筋,判别是非,应付谣言,勿信耳食,以讹传讹。这也是这次两舰北归事件应有之教训。

(录自《明耻》1935年第1卷第11期)

宁波人

朱慕之海军出身

定海县长朱慕之现年四十四岁，原籍湖北武昌，黑龙江法政专门学校毕业，民十一年转入海军学校，民十四卒业后历任海军要职，至廿一年，调青岛市警察局勤务督察长。抗战军兴，乃从事参加游击工作，破坏地方交通，颇著勋绩。又朱氏仪态大方，待人和蔼，发言爽直，精神亦至为健旺云。

（录自《宁波人》1946年第6期）

宁绍新报

定海：海军扰民吁请严禁

本县鱼行宏成、川记等八家，以海军士兵强取鱼羹，多方留难，以致商客商船裹足不前，影响市面繁荣。特分呈党政机关吁请转函纠正，以维营业云。

（录自《宁绍新报》1947年第2期）

农会导报

西沙群岛主权是我国的

海南岛东南的西沙群岛是我国的领土。太平洋战争爆发后被日本所占领，日本投降后被我国收回，法国竟在一月十八日派军舰在此群岛中的拔陶儿岛登陆。我国外交部已向法国正式抗议，声明西沙群岛主权是我国的。

（录自《农会导报》1947年第4期）

农 声

调查西沙群岛委员会在农林科开会

西沙群岛为我国极南领土，蕴藏鸟粪矿产甚为丰富，且为军事交通重要地区。前有卖国奸商某在实业厅瞒承开发，实欲转售于日人。经本校农林科邝嵩龄教授等发觉，据理力争，率将原案撤销，决定派员调查，为时经年。近始由政治会议广州分会议决，由各机关地质调查所及本大学各派委员数人，组织调查西沙群岛筹备委员会，进行一切。该筹备会早经组织就绪，开会多次，十七日复在农林科开会。到会者，有政治分会代表沈鹏飞，民政厅代表方新，第八路总指挥代表伍应祺，海军司令部代表李英杰，实业厅代表陈同白，建设厅代表邝子俊，地质调查所代表朱庭祐、朱岁声等，中山大学代表丁颖，南区善后署杨代表。此外，本校校长戴季陶亦参加讨论，由沈鹏飞主席议决：（一）准于下星期二（二十二日）动身前往；（二）由中山大学各科员生，各派代表数人，至天字马路送行，并赠与校旗，藉致敬忱云。

（录自《农声》1928年第101—102期）

西沙群岛调查队消息

调查西沙群岛委员会前在本院开会数次，业志前刊。闻该会对于调查进行，筹备妥当，即由各机关派定委员前往。本校除派丁颖、陈达夫两教授外，并派林纯煦、陈炳相两助理员参加。闻该调查队于前月二十二日乘海瑞军舰首途前往，经将各种情形调查完毕，于本月七日乘原舰返广州，各委员即将调查结果分别汇报调查委员会，转呈政府云。

（录自《农声》1928年第103—104期）

本校管理西沙群岛矿产

西沙群岛所产矿物，如鸟粪等，极为丰饶。政治分会，缘查知被日人私往探采，曾饬令各机关派员调查，本校亦派请丁、陈两教授会同前往，经志前刊。现查农林科函请校长略称：调查所得，未经开采之鸟粪尚多，而此项矿物，若能设法开采，配置得宜，可作肥料之用。现值政府议决，智利硝进口，由本校农林科配制，则该群岛矿产，正可利用，以为原料。且现当开垦第二农场之际，一切植物，需用肥料正多，倘经营得当，自可借其收入，以供农林事业建设之用，拟请转呈政治分会，准将该群岛矿产拨归本校管理等由。校长以所拟办法，系为推广农林、协助建设起见，事属可行，经照转呈政治分会核办，查政治分会第一百十六次会议议决照准矣。

（录自《农声》1928年第105—107期）

西沙群岛决由本校自行开采

西沙群岛矿产丰富，其所积存鸟粪可制肥料，以供农林试验之用。去年由政治分会议决，将全岛拨归本校管理，自行开采，以杜外人私取，随亦派员前往勘验，迭志前报。本月六日，有益农公司商人陈恒、李有光，联呈到校，略称，拟厚集资本延请矿师，自备轮船从事采掘，所得利益，除去成本外，以三成报效本校，扩充教育之需，并请派员监督指导，附具章程，仰祈核准等情。本校以农林教育着图进展，现正规划开采，以资利用，该商所请，应毋庸议，批覆知照云。

（录自《农声》1929年第117期）

本科条陈西沙群岛办法

西沙群岛，自政府拨归本校管理后，先后有商人具呈本校及省府，愿缴款报效，批承该岛鸟粪矿产，制造肥料等情，均未核准。现闻沈主任对于此事，特具意见书来校，略谓：西沙岛矿产，时欲自行开采，当经悉心规划，订定预算。旋因该项鸟粪，须加硫酸等物，始克制成肥料，而外国硫酸成本较重，校款支绌，难于举办，遂暂置之。惟海岛孤悬，地方辽远，政府保护之力，或有未周，本校巡查亦鞭长莫及，且闻仍有外人，时往偷采，与其无法杜此疏漏，不若由省政府暂行批商开采，以免外人觊觎。拟请政府将批商收入之款全数拨交本校，为设立制造厂之费，则与商人购收原料，由厂制为肥料，以供农业需要，庶于国计民生，两有裨益，请核明转请云云。旋闻校长以所拟办法尚属妥善，以照转省政府委员会核办矣。

（录自《农声》1929年第120期）

西沙群岛磷矿开采问题续讯

西沙群岛磷矿蕴藏丰富，可制肥料以利农事，前由政分会明令划归本校管辖，从事开采，惟因保护与资本关系，一时未能实行。适有商敬承办，本校农科沈主任鹏飞乃于本月六日拟具意见书，详陈办法，请由政府暂行批商开采，将批商收入之款，全数拨交本校，作筹设制造厂之费。随与该商订价，购收原料，由厂制成肥料供给农家，以免外人觊觎，入岛偷采。曾备文函商省政府议核在案，详情经志前报。现接省府复函，略开，卷查前据协济公司代表宋锡权等状，集资承办该岛鸟粪，恳给执照，试办五年，年缴报效费一万元，附呈计划书，请核等情，经委员会议决，交由建设厅会同大学核拟办理等词。本校接函后，已函建设厅查照，将该项办法分条载入批商章程，会同拟订，并希见覆云。

（录自《农声》1929年第121期）

承办东沙岛海产奸商勾结日人夺采海产情形
建设厅呈报省政府　奸商经理仍须通缉

广东建设厅现接省府秘书处函，以东沙岛骏记海产股份有限公司董事会请取消通缉该公司经理周骏烈一案，请呈明函复。昨该厅特呈复省府云：呈为呈复查核事，现准钧府秘书处函开，径启者，现奉主席发下东沙岛骏记海产股份有限公司董事会李汉青等呈一件，为敝公司经理周骏烈确勾结日人事实，请准予取消通缉，并咨福建省政府停止协缉，以免枉抑等情。奉谕所陈各节，是何实情，应交邓厅长查明呈复核办等因，相应抄同原呈随函送达，即希查明。呈府该办为荷等由，并附抄呈一件，准此，自应照办。窃查周骏烈承办东沙岛海产一案，职厅迭据委员赴岛查明，该商自去年六月领取试办执照后，不特并无遵照完章办理，且有勾结日人行为。具复回厅，始于本年一月提呈钧府议决，将其承案撤销，指令转饬遵照有案。讵周骏烈迭奉令饬，迄未遵将试办执照缴商，复于承案奉撤之后，于本年四月中旬，乘新商陈荷朝未经到岛开办，即在日本宫古岛雇用日船三艘，琉球人七十六名、台湾人三十九名、日本人二三十名，前往东沙岛探采海产。当时职厅迭准东沙岛观象台长黄琇，来电报告，并据赴岛监察员张杰山，先后呈报，复准驻广州日本总领事函复过厅，当将该奸商勾结日人到岛夺采确情，及张监察员截存私采海人草各情形，迭呈钧府查核，请予设法交涉，并蒙准将该奸商周骏烈通缉究办各在案。似此该周骏烈违章勾结日人事实，业成铁案，于承案撤销之后，仍胆敢公然勾结日人，到岛夺取海产，尤属行同强盗，罪无可逭，现在缉案究办，确系咎有应得。至职厅将此项截存海人草，没收充公，亦系召变贼赃，办理殊非过当。现该奸销同伙李汉青、秦望山等，复敢来呈代为辩护，实属扶同作弊，饰词狡卸，似难予以核准，致奖国奸而堕诡谋。准函前，理合将周骏烈勾结日人盗取海产经过情形，备文呈复钧府查核，仍乞严饬该李汉青等，将周骏烈前领试办东沙岛海产执照撤销，毋任狡饰延宕，实为公便，谨呈。

（录自《农声》1930年第138期）

建厅调查西沙群岛经过

我国海南岛东南之西沙群岛多产鸟粪，为肥田之最好材料。数年前日人偷采甚多，后经我国政府制止，并派专员及本大学调查队前往调查，于去年九月，批由香港协济公司承办开采，共采获鸟粪约一万吨。本年五月间，建厅复以该协济公司有英人股份，与合约不符，拟撤销其开采权。昨复委出张杰山为接收专员，并派矿务调查主任何致虔、技正邝子俊，测量员陈受天、孙季海，及远东社记者等，共十余人，于八月廿一日乘福陵商轮前往测勘，各情经纪报端。计自启碇后，于廿七日到达西沙群岛，查该处共有六岛，现已开采者只有二岛。一曰林岛，面积二千四百四十五市亩，为沙所积成，树林深密，飞鸟满栖树上，其他兽类均无产生。离此岛横过沙坦约三千余尺，又有一岛曰石岛，面积为五十五市亩，系半石层及沙积成，树木甚稀。其余四岛，产鸟粪亦甚多。廿八日测量及点查完毕，即启程返省，本月一日晚抵步。昨五日张专员等特将经过情形呈报邓厅长查核，原呈云：

"呈为呈复事，案奉钧长第三二三八号训令，饬前往西沙群岛接收该岛器具，并调查工程设计粪质质量事宜。经于廿一带同测量队，搭福陵船前往，只因食水不敷，不得已转往崖州之三亚载水，多费日时。计航行六日始抵林岛，抵岛后始悉该总工程师已返港，而该承商亦无负责人在处，只有工人八名，及雇用之外国电报员一人，合共九人在该岛。职等细察情形，为保全已设备工程及器具起见，故当时未有将接收训令与工人说知，只有带同测量队及矿夫等分途工作。经将林岛及石岛之面积及设备房屋，进行测绘，细察林岛之海鸟，已不及从前之多，大抵因工人惊动，飞往别岛，未可料也。

"至西沙群岛之设备，前时日本人经营该岛，关于开采及运输，已具模型，及后由现下承商接办，对于设备，更现完美。从前铁桥只有九百四十余尺，现下则再行增加二百六十六尺，有五十余尺于本年五月间为飓风所毁。据该处电技员言，所有毁灭之五十尺材料如角铁及工字铁等，已经在香港订货，一俟运到，可以从新修理。至蒸水机一具，亦经制妥；工人宿舍，现下亦用木板多筑二间，足供一百名工人住宿之用。工程师住宅一间，亦系新建，内有短波收音机一架、发电机一副，此外另有无线电机一副，亦经装好。据该电报生称：从前在该岛，本可以发出电报，现下则机器有一部已坏，只可接受电报云云。至轻便铁路，从前日本人经营，多属断折，现下则有完美铁路，横贯该岛，南北直通。此外，另有一段较短铁道，通该岛之东部。若在石岛开采，为应用南北铁路以运至货仓，从前日本经已开采堆积货仓之鸟粪，现下仍在该岛。总之，开采并非难事，现下仍欲解决开采与否问题，必先研究推销与运输两项疑点。盖该岛孤悬海外，海道遥远，风浪险恶，运载既觉困难，而成本亦属非轻，至路不广，则货到广州后，仍属无用，证之该承商现下办理情形可为殷鉴。且林岛鸟粪，据何主任勘掘，平均只得一尺，预算体积既较从前估计者只有四分之一，而政府推及运输，亦有种种困难情形，故职等意见，究不如招商投承，或将底价稍为提高至每年五万元左右，并限定不得有外人股本在内。如此，则国权既属无损，而政府亦有相当收入。是否可行，敬候钧裁，谨呈厅长邓。张杰山、何致虔、邝子俊呈。"

（录自《农声》1930年第138期）

日人偷采东沙岛海产交涉
日人借口在公海内正当采取，市府请转饬承商确查

建设厅前发觉日本歹徒偷采东沙岛海产各情，迭志报端。顷查该案，业经该厅呈请省政府转饬广州市政府提向日领交涉。惟日领方面，坚持日人偷采海草，系在距东沙岛海岸十海里之地点，此处系属公海，为正常采取等语，无非藉词诿护。现市政府为应付此案起见，昨特呈请政府转令建设厅，转饬东沙岛承商，迅将当时发觉偷采地点，确属该岛范围，绘图注说，以为并非公海之证明，庶有根据，以资交涉云。

（录自《农声》1931年第147—148期）

农业通讯

派员赴西沙群岛调查地质土壤

本部函商经济部地质调查所，各派专员前往西沙群岛考察，业已首途出发。

（录自《农业通讯》1947年第1卷第1期）

农业周报

派员赴西沙群岛调查地质土壤

广州通信：承采西沙岛鸟粪承商宋锡权，前因不遵原章办理，及有勾结外人嫌疑，经由省政府撤销其承办权，并令克日结束采取工作，将前领办执照撤销。惟事已一年，该商宋锡权尚未将执照呈缴，近复私擅将执照公物，以一万六千元移让与商人李仿周，业已收款一万元；且仍以西沙岛鸟粪承商名义四处招摇，往各处觅人代理，因社会人未明真伪，受骗者共有数起，而该宋锡权得之代理人保证金亦有万余元。现闻建设厅已查悉此事，昨特饬令该商限日呈缴执照，如再有延玩，即予严究云。

（录自《农业周报》1931年第64—65期）

评论报

伏波舰为什么沉得那么快？

明　道

中国的海军伏波舰案件已经闹了好久，其中秘密，各报都有泄漏，尤其是《文汇报》读者的话里，海闽轮船长戴夫人的控诉以及同报新闻窗所载的内幕都很精彩，这里也不加抄袭了。

闻者都奇怪，"伏波"是英国送给中国的，而英国是世界上头等的海军国。虽说这只炮舰已经年纪不小，到了风烛残年了，但究竟是一只炮舰，是要用来打仗的，何以娇嫩到一撞便沉，而且一沉到底，毫无挽回呢？

军舰是准备挨炮击的，即使着了炮弹炸弹，还得作战的，怎么会一撞便沉呢？

据熟悉内幕的人说，这位舰长根本是个草包，什么都不懂，平日只知任用私人，克扣军粮，以致纪律荡然，工作废弛。

军舰船身的构造是底船分成许多小舱，平日应该封锁严密的，即使船身中弹，一个舱进水，决不会流到隔壁舱里。如此便不致一破就沉，可以一面抢救，一面继续作战。据说"伏波"却处处门户□□，所以一处裂开，顷刻之间，便满船是水，如此，不沉何待？其下沉的速度自然比潜水艇还快了。

人家好意送了我们一只古董船，却如此糟蹋，而且还赔上了几百条性命。真可谓海外怪谈了！

（录自《评论报》1947年第17期）

七日谈

中国海军的"光荣"

维 他

　　上海出版的英文《大美夜报》，最近几乎每天有二栏阔的大标题，代联合国侨民向中国接收当局索回自备汽车。那些自备汽车，在过去"大东亚战争"时代，曾为日军掠夺去的，现在都由中国各种机会一股脑儿接收过来，不分青红皂白，一律当作敌产而没收了。英文《大美夜报》说：过去的汽车主现在都徒步行走，眼看自己的汽车在街上风驰电掣，上面赫然坐着制服人员，你无处可以论理索还。

　　最近，马歇尔特使来华过沪之际，侨民代表曾专此呈文，要求马特使代为交涉，发还汽车。经过数天之久，现在总算发还了三十辆。这三十辆中，十六辆车主是外侨，十四辆车主为国人。而发还机关，则为前海军部驻沪办事处。

　　查中国海军虽然力量薄弱，可是对于抗战不无汗马功劳，最初回沪接收的是海军部，从敌人手中"抢回物资"最多的也是海军部，如今海军部于结束之际，来个最后而且最光荣的功绩："发还汽车！"怪不得英文《大美夜报》还刊一专论，歌颂光荣之中国海军！

（录自《七日谈》1946年第5期）

中国新海军

方 士

舰队何处来,人家送得来。式样虽然旧,机器还可开。
编成一大队,聘问到海外。巴西檀香山,侨胞喜开怀。
才进吴淞口,毛病出个崭!倒说大队长,本领交关崭。
夹带新汽车,预备发洋财。海关不买账,定归要法办。
上级知道了,面孔立刻板。拿个舰队长,马上关起来。
中国新海军,前途正无限!如此与这般,坍台不坍台?

(录自《七日谈》1946年第32期)

勤奋体育月报

电雷学校横渡长江赛

（镇江讯）镇江电雷学校练习队横渡长江游泳比赛，于八月二十日下午二时四十分举行。起点在江北嘉兴桥镇扬汽车站码头，终点则在镇江甘露寺观音洞前江面，距离直径有四千五百米，参加之队员为傅岩、彭勋、方士庭、赵云飞、胡孟威、曹汝平、申屠昭、姜瀛滨、贾庆澜、黎崇柱、潘如洲、黄重淋等十二人，由管理员江保和领队，先在甘露寺集合，由该校十号小轮，拖带舢板船六只，开赴江北。到达后，正二点四十分，即由江领队发令开始竞渡，各队员跃入江中，各显身手，向前角逐。结果，第一名彭勋，到达终点为三时五十七分，费时七十七分，第二名傅岩，第三名曹庆澜，第四名姜瀛滨，至五时许始毕。两岸观者均极众多，认为空前盛举，而各队员亦均兴致勃勃，异常踊跃云。

（录自《勤奋体育月报》1934年第1卷第12期）

青年界

记萨镇冰先生

冰 心

萨镇冰先生，永远是我崇拜的对象，从六七岁的时候，我就常常听见父亲说："中国海军的模范军人，萨镇冰一人而已。"从那时起，我总是注意听受他的一言一行，我所耳闻目见的关于他的一切，无不加增我对于他的敬慕。时至今日，虽然有许多儿时敬仰的人物，使我灰心，使我失望，而每一想到他，就保留了我对人类的信心，鼓励了我向上生活的勇气。

底下所记的关于萨先生的嘉言懿行，大半是从父亲谈话中得来的——事实的年月，我只约略推算，将来对于他的生平材料搜集得比较完全时，我想再详细的替他写一本传记——在此我感谢我的父亲，他知道往青年人脑里灌注的，应当是哪一种的印象。

海军上将萨镇冰先生，大名是鼎铭，福建闽侯人，一八六〇年（？）生，十二岁入福州马尾船政学校，作第二班学生，十七八岁出洋，入英国格林海军大学（Greenwich College），回国后在天津管轮学堂任正教习。那时父亲是天津水师学堂驾驶班的学生，自此和他相识。

在管轮学堂时候，他的卧室里用的是特制的一张又仄又小的木床，和船上的床铺相似，他的理由是"军人是不能贪图安逸的，在岸上也应当和在海上一样"。他授课最认真，对于功课好的学生，常以私物奖赏，如时表之类。有的时候，小的贵重点的物品用完了，连自己屋里的藤椅也搬了去。课外常常教学生用锹铲在操场上挖筑炮台。那时管轮学堂在南边，水师学堂在北边，当中隔个操场。学堂总办吴仲翔住在水师学堂。吴总办是个文人，不大喜欢学生做"粗事"。所以在学生们踊跃动手，锹铲齐下的时候，萨先生总在操场边替他们巡风，以备吴总办的突来视察。

父亲和萨先生相熟，是从同在海圻军舰服务时起（一九〇〇年左右），那时他是海军副统领，兼海圻船主，父亲是副船主。

庚子之变，海军正统领叶祖珪，驻海容舰，被困于大沽口。鱼雷艇海龙、海犀、海青、海华四艘，已被联军舰队所掳。那时北洋舰队中的海圻、海琛、海筹、海天等舰，都泊山东庙岛，山东巡抚袁世凯，移书请各舰驶入长江，以避敌锋，于是各船纷纷南下，只海圻坚泊不动。在山东义和团杀害侨民的时候，萨先生请蓬莱一带的教士侨民悉数下船，殷勤招待，乱事过后，方送上岸。那时正有美国大巡洋舰阿利干号（Oregon）在庙岛附近触礁，海圻又驶往救护，美国国会闻讯，立即驰函道谢，阿利干舰长申谢之余，也恳劝萨先生南下，于是海圻才开入江阴。

在他舰南开，海圻孤泊的时候，军心很摇动，许多士兵称上岸就医，乘间逃走，最后是群情惶遽，聚众请愿，要南下避敌。舱面上万声嘈杂，不可制止，在父亲竭力向大家劝说的时候，萨先生忽然拿把军刀，从舱里走出，喝说着："有再说要南下的，就杀却！"他素来慈蔼，忽发威怒，大家无不失色惊散，海圻卒以泊定。事后有一天萨先生悄然地递给父亲一张签纸，是他家人在不得海圻消息时，在福州吕祖庙里求的，上面写着："有剑开神路。无妖敢犯邪。君子道长。小人道消。"两人大笑不止。

萨先生所在的兵舰上，纪律清洁，总是全军之冠。他常常斥私款修理公物，常笑对父亲说："人家做船主，都打金镯子送太太戴，我的金镯子是戴在我的船上。"有一次船上练习打靶，枪炮副不慎，将一尊边炮的炮膛，划伤一痕。（开空炮时空弹中也装水，以补足火药的分量，弹后的铁孔，应用铁塞的，炮手误用木塞，以至施放时炮弹爆裂，碎弹划破炮膛而出。）炮值二万余元，萨先生自己捐出月饷，分期赔偿。后来事闻于叶祖珪，又传于直隶总督袁世凯，袁立即寄款代偿，所以如今海圻船上有一尊船边炮是袁世凯购换的。

他在船上，特别是在练船上，如威远、康济、通济等舰，常常教学生荡舢板、泅水、打靶,以此为日课,也以此为娱乐。驾驶时也专用学生,不请船户(那时别的船上,都有船户领港,闽语所谓之"曲蹄",即以船为家的蛋民)。叶统领常常皱眉说:"鼎铭太肯冒险了,专爱用些年青人!"而海上的数十年,他所在的军舰,从来没有失事过。

他又爱才如命,对于官员士兵的体恤爱护,无微不至。上岸公出,有风时舢板上就使帆,以省兵力。上岸拜会,也不带船上仆役,必要时就向岸上的朋友借用。历任要职数十年,如海军副大臣、海军总长、福建省长等,也不曾用过一个亲戚。亲戚远道来投,必酌给川资,或做买卖的本钱,劝他们回去,说:"你们没有受过海上训练,不能占海军人员的位置。"如今在刘公岛有个东海春铺子,就是他的亲戚某君开的,专卖烟酒汽水之类,作海军人的生意——只有他的妻舅陈君,曾作过通济练船的文案,因为文案本用的是文人的缘故。

萨先生和他的太太陈夫人,伉俪甚笃。有一次他在烟台卧病,陈夫人从威海卫赶来视疾,被他辞了回去,人都说他不近人情。而自他三十六岁,夫人去世后,就将子女寄养岳家,鳏居终身。人问他为何不续弦,他说:"天下若再有一个女子,和我的太太一样的我就娶。"(按,萨公子即今铁道部司长萨福钧先生,女公子适陈氏。)

他的个人生活,尤其清简,洋服从来没有上过身,也从未穿过皮棉衣服,平常总是布鞋布袜,呢袍呢马褂。自奉极薄,一生没有做过寿,也不受人的礼。没有一切的嗜好,打牌是千载难逢的事,万不得已坐下时,输赢也都用铜子。

他住屋子,总是租那很破敝的,自己替房东来修理,栽花草,铺双重砖地,开门辟户。屋中陈设也极简单,环堵萧然。他做海军副大臣时,在北平西城曾买了一所小房,南下后就把这所小房送给了一位同学。在福建省长任内,住前清总督衙门,地方极大,他只留下几间办公室,其余的连箭道一并拆掉,通成一条大街,至今人称肃威路,因为他是肃威将军。

"肃威"两字,不足为萨先生的考语,他实是一个极风趣极洒脱的人。生平喜欢小宴会,三五个朋友吃便饭,他最高兴。所以遇有任何团体公请他,他总是零碎地还礼,他说:"客人太多时,主人不容易应酬得周到,不如小宴会,倒能宾主尽欢。"请客时一切肴馔设备,总是自己检点,务要整齐清洁,也喜欢宴请西国朋友，屋中陈设虽然简单，却常常改换式样。自己的一切用物文玩，知道别人喜欢，立刻就送了人。送礼的时候，也是自己登门去送，从来不用仆役。

他写信极其详细周到，月日地址，每信都有，字迹秀楷，也喜作诗，与父亲常有唱和之作。他平常主张海军学校不请汉文教员，理由是文人颓放，不可使青年军人沾染上腐败的习气。他说："我从十二岁就入军校，可是汉文也够用的，文字贵在自修，不在乎学作八股式的无性灵的文章。"我还能背诵他的一首在平汉车上作的七绝，是："晓发襄江尚未寒，夜过荥泽觉衣单。黄河桥上轻车渡，月照中流好共看。"我觉得末两句真是充分的表现了他那清洁超绝的人格！

我有二十多年没有看见他了，至今记忆中还有几件不能磨灭的事：在我五六岁时候，他到烟台视察，住海军练营，一天下午父亲请他来家吃晚饭，约定是七时，到六时五十五分，父亲便带我到门口去等，说："萨军门是谨守时刻的，他常是早几分钟到主人门口，到时候才进来，我们不可使他久候。"我们走了出去，果然看见他穿着青呢袍，笑容满面地站在门口。

他又非常的温恭周到，有一次到我们家里来谈公事，里面端出点心来，是母亲自己做的，父亲无意中告诉了他。谈完公事，走到门口，又回来殷勤的说："请你谢谢你的太太，今天的点心真是好吃。"

父亲的客厅里，字画向来很少，因为他不是鉴赏家，相片也很少，因为他的朋友不多。而南下北上搬了几次家，客厅总挂有萨先生的相片，和他写赠的一副对联，是："穷达尽为身外事，升沉不改故人情"。

听说他老人家现在福州居住，卖字作公益事业。灾区的放赈，总是他的事。在福州下渡，他用海军界的捐款，办了一个模范村，村民爱他如父母，为他建了一亭，逢时过节，都来拜访。腊八节，大家也给他熬些腊八粥，送到家去。

此外还有很多从朋友处听来的关于萨先生的事，都是极可珍贵的材料。夜深人倦，恕我不再记述了，横竖我是想写他的传记的，许多事不妨留在后来写。在此我只要说我的感想：前些日子看到行政院"澄清贪污"的命令，使我蓦然的觉出今日的贪污官吏之多，擅用公物，虽贤者不免，因为这已是微之又微的常事了！最使我失望的是我们的朋友中间，与公家发生关系者，也有的以占公家的便宜为能事,互相标榜夸说,这种风气已经养成,我们凋敝绝顶的邦家,更何堪这大小零碎的剥削!

我不愿提出我所耳闻目见的无数种种的贪污事实,我只愿高捧出一个清廉高峻的人格,使我们那些与贪污奋斗的朋友们,抬头望时,不生寂寞之感……

在此我敬谨遥祝他老人家长寿安康。

三,二十三夜,一九三六

(录自《青年界》1936年第10卷第1号)

青年问题

中国海军

中国海军史,自甲午之战对马海峡后,断送了海防前途,五十年来,这北起鸭绿江,南止北仑河口,长逾五千九百余海里的海岸线上,自己从未有过一艘万吨巨舰巡行海面,而异国艨艟船舶,却自由行驶海间。

抗战中,英美盟国曾协助中国建立新海军的战火下,赠送我国各级中型军舰,并且替我们训练数千海军士兵。这样拼拼凑凑就成为我们战后新海军。

中国新海军中第一艘母舰是"峨眉号",排水量为一万四千七百五十吨,在我国军舰中,可算首屈一指。前身是美海军运油舰玛密号(Maumee),于三十三年冬,美政府首次以八艘护航驱逐舰送给中国训练海军。"峨眉号"是其中最大一份礼物,去年八月驶抵中国,初次受到祖国海水的洗礼,十一月五日正式在青岛接收命名,三十六年四月驶回上海。"峨眉号"是一艘混合性供应舰,兼有运油及修理性能,原定供给油料、军火、粮食、淡水等,并襄助修理各种机件。舰上有小型病院一所,可供六人住治,医药设备极为完善。舰上各部全是新式配备,速率最高十三哩,最大航程可达一万二千余海里,备有三吋炮五门,四十厘米机炮二门,二十厘米机炮八挺,并有雷达设置,及全国仅有的最新远洋求向仪。

军舰上共有海军官佐士兵及海校派遣实习学生三百六十人。这些士官在抗战期间,由政府考选派赴美国实习,在佛罗里达州迈亚米海军训练团受训,大家由海军三等兵做起,曾拖过甲板,漆过船身,熟练各项武器的使用。同时，也学习过怎样跳火海。军舰上的生活相当上轨道，有拍球、音乐等娱乐。中国的海军，在这浩荡的大海上，将为中国建立新功勋，守卫五千九百余里的海岸线。

（录自《青年问题》1947年第6期）

青年月刊

一群活跃的海军青年

芊 子

自从繁育着几百个海军青年的中央海军学校迁到这里之后，我们这××□被拖□□一个时代似的，一切都起了极大的转变。

××位在×省的北部，虽然称为一等县，但实际上的繁华还不如一般文人所描写的一个江浙的三等县。在抗战前是一个不被人注意的城市，但在保卫大西南的口号喊出之后，却渐渐地变成了某些人目光的焦点。不过平心静气的说一句，我们这××实在不能算一个坏地方，你看，那条老长的川桂公路，从他的北门进去，湾了几湾，又从南门吐出来，它是我们国都和我们省会的中点，谁要从重庆到贵阳，就非在这里住一晚不可。换句话说，这是一个交通要点，一到夜里，××街道上房屋里会有几百盏电灯同时放光，这电是一家能供给一千盏电灯的电力公司制发的，这一点就比一向称为大城市的遵义要好多了。此外，这里的自然环境也是值得喜爱的。一条清澈的□江，曲折地从城的东面流过。山，奇特地包围在我们四周，幽美而且伟丽。在山和河的中间，隔着那广袤的田地，春来，一片菜花的金黄，在白云下波动，这景致是多么令人神往！气候又是这样适中，冬天最冷过不了三十度，夏天也不热□升上九十度，使你处身其间，不至于觉得太冷也不至于觉得太热……大约就因为这些好处，才被政府看上了，作为中国人海军的摇篮。

大清早城市□黑的笼罩下，一般人们正做着甜美的好梦，□体育场内已经扬出"一二三四"的喊声。如果你肯早起的话,那更可看到在尚未收敛的□雾里,一群朝气蓬勃的健儿,绕着他们自己筑成的跑道上跑步。他们的阵容是那样严肃,步法是那样整齐。这就是一群年青的海军学生,一个个充溢着饱满的精神,全副武装,背着最新式的枪械,跟着操练官的口令,一齐提着嗓子高叫,似乎,他们要喊醒酣睡的人们,他们要叫出完全的光明。八点钟,太阳刚从山岗上露出躲藏了一夜的嘴脸,这是他们升旗的时候了。在鲜艳的国旗随着军号声上升之前,有一阵歌声扬起,这歌声是那样庄严,那样响亮,使我每次听见之后,心田里自然而然地起了一阵紧张。下午,约莫三点钟,他们又出来了,戴上白色的运动帽,蓝的运动衣裤,到了运动场,"解散"!于是这边打排球,那边打篮球,有的踢足球,有的练田径,生龙活虎,跳跃在全场,"身体和学问一样的重要",他们自己都这样说。

平日除了这两次上操之外,很不容易看见他们的身影,可是一到□□日,却是他们活跃的时候了。整个××城,都有他们的足迹,公路上、田野间、街道上、城墙边,三三五五的,整齐的黑呢军装,踏着响亮的步子。以前,在他们初来的时候,一向生长在内地的我,对他们非但没有美好的感情,而且老是怀着嫉意,以为海军是"关紧大门的",以为海军是"封建的",那是因为听了另一方面恶意的宣传,而自己不加理智的判断,以致对他们起了盲目的反感。可是日子一久,这种心理完全遗失了,占据我心里的,却是相反的感觉,因为他们那和善而整肃的仪表,活跃饱满的精神,诚恳紧张的行动,一切一切,不能不使我起一种亲切的敬意。后来我又知道他们这一群是来自祖国的每个角落,包括了沿海七省,包括了黔川桂滇,包括了中国的心脏,更有很多海外的华侨。谁说海军是"关紧大门的"?谁说海军是"封建的"?而我却认为海军是革命的,海军是合时代的。不但我的意见是这样,我的同学们也都这样承认。现在,连在街上嬉戏的孩子看见海军学生过来也会举起小手喊一声:"海军!敬礼!"

去年七月间,海军学校开了一个军民同乐会,公演两个话剧:《凤凰城》和《田家镇》。那是一个清凉的夏夜,我本想去观光一下就回来,可是一看就不想再走了,因为那剧本已经紧紧地捉住了我的心,使我不能不看。无论谁都承认这次公演的布景和演技都打破了××的纪录,他们演得那样逼真,那样动人，当哀怨的□□的月亮从幕后扬起时，我不自觉地低下□□，大部分的女性观众已经用手帕掩住了两眼。我相信，这次公演已经掀动了不少自然的爱国心。他们说："除了努力训练自己之外，我们还要尽力为抗战的怒涛增加一些力量。"的确，他们已经达到了他们的希望。

"我们要替国家撒下健康的种子！"这是他们的主张，因此他们不但为他们自己锻炼成杀敌的身体，而且到了××之后，还尽力提倡民众教育。他们用自己的气力，修成了久荒的公众体育场，并且常常作各种球类的比赛，无形间给人民以一种热烈的兴趣，谁都不能否认，这一群海军青年已经把××的体育水平提高了不少。

（录自《青年月刊》1940年第4期）

清华周刊

北方海军

近日南北局势紧张,海疆不免有事,海军或将成为时势之骄子。兹据《社会日报》调查,北方原有之三舰队分防如左:

第一舰队司令周兆瑞　海容旗舰

舰名	驻地	舰名	驻地
海容	福州	海鸿	福州
海筹	青岛	海鹄	同上
永绩	同上	海鹰	南京
永健	烟台	联鲸	福州
建康	南京	海凫	南京
定安	福州	海鸥	福州

第二舰队司令甘联璈　楚泰旗舰

舰名	驻地	舰名	驻地
楚泰	南京	楚谦	武昌
建安	芜湖	楚观	福州
建威	南京	江鲲	湖口
江元	厦门	江犀	同上

（续表）

舰名	驻地	舰名	驻地
江利	南京	永安	宜昌
江贞	武昌	建中	同上
楚同	福州	拱辰	湖口
楚有	南京	辰字	同上
宿字	大通	列字	上海
张字	南京	湖隼	安庆
甘泉	同上	湖鹏	南京
利通	同上	湖鹰	湖口
湖鹗	南京		

练习舰队司令杨树庄　应瑞旗舰

舰名	驻地	舰名	驻地
应瑞	福州	通济	厦门
靖安	在途		

（录自《清华周刊》1923年第272期）

本周之述要·政治之部·外交

粤扣关税，使团已派舰队十五艘。

（录自《清华周刊》1924年第302期）

我国海军舰艇之调查

我国各区舰队，舰艇名称、种类、排水量，据《东方时报》所载，分别列之于下。有心我国海军前途者不得不一阅焉。

A　渤海舰队

舰名	种类	排水量
海圻	巡洋舰	四,三〇〇吨
海琛	巡洋舰	二,九五〇吨
肇和	练习巡洋舰	二,六〇〇吨
永翔	炮舰	七八〇吨
飞鹰	猎舰	八五〇吨
楚豫	炮舰	七八〇吨
同安	驱逐舰	三九〇吨
豫章	驱逐舰	三九〇吨
舞凤	炮舰	二〇〇吨
福安	运送舰	一,七二〇吨

B　驻闽海防舰队

舰名	种类	排水量
海容	巡洋舰	二,九五〇吨
应瑞	练习巡洋舰	二,九六〇吨
楚同	炮舰	七八〇吨
联鲸	炮舰	五〇〇吨
海鸥	浅水炮艇	一六六吨

C　长江舰队

舰名	种类	排水量
建安	炮舰	八五〇吨
建威	同上	八五〇吨
楚泰	同上	七八〇吨
楚观	同上	七八〇吨
楚谦	同上	七八〇吨
楚有	同上	七八〇吨

（续表）

舰名	种类	排水量
江元	同上	五五〇吨
江利	同上	五五〇吨
江贞	同上	五五〇吨
江犀	浅水炮舰	一四〇吨
建中	浅水炮舰	九〇吨
湖隼	雷艇	九六吨
列艇	同上	九二吨
张艇	同上	九二吨
湖鹰	同上	九六吨

D　吉黑江防舰队

舰名	种类	排水量
江亨	炮舰	五五〇吨
利川	拖船	三七五吨
利通	拖船	三七三吨
利捷	浅水炮舰	二六六吨
利绥	浅水炮艇	一七〇吨

E　上海独立舰队

舰名	种类	排水量
海筹	巡洋舰	一,九五〇吨
靖安	运送舰	一,〇一五吨
永绩	炮舰	八六〇吨
建康	驱逐舰	三九〇吨
宿艇	雷艇	九〇吨
辰艇	雷艇	九〇吨

除上列舰艇外，尚有永丰一艘现在广东云。

（录自《清华周刊》1924年第310期）

参观海圻军舰记事

思 源

芝罘那样小小一个港口，真是莫有什么值得参观的东西。虽说是山东出产茧绸、发网、花边、草辫等物，而且制造厂也不少，但是总觉得规模太小，制造方法太旧式，无可供人取镜的地方。我们在烟台还未住上一月，就已遍访过各处名胜、工厂、学校。正在无地可游的时候，恰巧声威赫赫的山东督办张宗昌坐了中国第一条大军舰海圻破浪冲来。一时惹动了该地人士的好奇心，谁都想到舰上去看看，我们得前清华同学林君斯陶介绍，也去瞻仰瞻仰。但因为那些军官们怕参观的人太多，窥探了中国海军第一大法宝的秘密，一次只准八人上去，为名额所限，只有我同邓君裕坤、邵君曾华一同前往。

仿佛记得那是八月七号午后四钟，天气也很清爽，海波也不很大。我们三位与林君及他的朋友四人，在码头雇好舢板，跳上船去，拉足风蓬，浩浩荡荡，驶往前去。船身太小，进行很慢，不料方出海口，又起了一阵子逆风，更生一番阻力，足足费了两点钟，才到达目的地。

还未到海圻前，老远就瞧着它的两只烟筒，又短又胖，不说谎，它一只真足抵普通商船两只大。有人笑说那是作战时给敌人的好目标，诚然！走近舰旁，看见船身生着几尺长的毛，定睛一瞧，啊！原来是钢板为海水浸蚀的地方附生的海草，据此就足以证明它年高了！

舢板泊在军舰的旁边，林君将名片递上去，不一会有一位身穿白制服的军官出来迎接我们，这就是林君的朋友金君荫民，舰上管理水雷的二副。承他作引导，领我们到甲板上去参观。甲板上异常洁净，舰中重要军器完全在这上面。首尾有八吋口径的大炮各一尊，在中国海舰里要算独一无二的大炮。就拿二条好汉海容来说，他也只有六吋口径大炮三尊。炮身约长三十呎，弹道作螺旋形，放射须藉电力。军舰两旁有四吋七分口径大炮各二尊，及三磅大炮（以炮弹的重量计算，三磅大炮，即炮弹重三磅）各四尊，又一磅大炮各六尊。最厉害的要算那两枝机关炮，能在一分钟内，射出二百四十发一磅重之开花弹，在敌人靠近的时候，全船的生命，都赖它保护。去年直奉战争，海圻在秦皇岛被直军飞机所掷炸弹将旗杆打折一枝，所以今年新添设一架上射炮。认真说，它并无多大用处，因为普通飞机，通常飞的高度约在五千尺以上，却是上射炮至多可打到四千三百尺左右，就是四千尺地方，炮弹力弱，已不能命中。不过它的好处在使飞机只能在危险界外飞翔，不至掷弹到军舰上。

甲板的上层是舰长室及罗盘室，上面有两只很大的罗盘，据说是前清光绪时造的，写的什么子、丑、寅、卯等字，已模糊不清。我很疑惑他们如何能在这模糊的子、丑、寅、卯中看出东、西、南、北。

甲板下层是军官们的卧室及舰长会客室。会客室里面设备极其富丽，最漂亮的毛织地毯，檀香木的汽椅，及金丝绒的窗帘，还有金银制成的陈设品，令人想到它是海上的皇宫。却是我刚进门就闻着一股鸦片烟的臭气，未免是美中不足，恐怕是某伟人遗留的芳气呢！

最下层是水雷储藏室，有水雷五枚及水雷安设炮一尊，但自从买后还未用过。

海圻本是外国的三等巡洋舰，也不是战争时用的，到中国来，却把它当作主力舰了。它是一八九八年从英国安社制造厂购来的，到现在已经廿七年，以年龄太大之故，所以钢板上也生了海草。至于那尊八吋口径大炮，可以说是壮观瞻的东西，从来没有放过。在先因谓技术不精，不敢放，到现在技术进步了，越发不敢放，一来恐怕弹道不洁，容易炸裂，二来放炮时震动太猛，说不上摇晃一下，四肢就要分家！

舰长四百二十四尺，阔四十六尺六寸，排水量四千三百吨，装煤量九百九十吨，马力一万七千匹，吃水十七尺，速力每小时二十四里半。据金君说，海圻速度还比不上日本的商船，日本船十八点钟就能从青岛开到烟台，而海圻至少得二十四点钟，这恐怕是太龙钟的缘故！

总之，海圻是太破旧不堪了，在外国早已列入废舰之列，据说就是修理也得费一百万，不然就一点用处没有。若是开战时，这件中国海军认为第一的法宝，恐怕就要杀回马枪呢！

诸君：中国海军，是前清时创办的，时李鸿章当国，奏设马尾船政局，购置外国兵舰，军力之大，甲于日本，甲午一役，要舰尽失，全军几乎灭掉。四年后，复向英德二国定购海圻、海容、海筹、海琛四舰，自此以后，不务增益，只事维持。且此数军舰，已破旧不堪，欲恃此以防御长约二万八千英里之海岸，请问能否？如我国青年以改良中国海军为己任者，请稍留意。

余拜读何君大文既毕，不禁为吾国海军前途抱无穷隐忧。然据余当日聆何君参观归来所言，则海圻之腐败情形，固犹百倍于此。此文想系事过境迁，何君脑中之海圻腐败印象，或不及当日之深耳。然仅此数千字，已足令有心人为神州恸哭矣。噫！

恺岚附记

（录自《清华周刊》1925年第24卷第5期）

群 言

桂永清的苦恼
守江重任难为了他

高

由于最近都门外围局势的演变,南京政府已面临了一次颇感棘手的问题,那就是,是否将留驻少数部队在长江北岸,以阻挠共军的渡江行动及防卫渡口据点。这问题引起了负责江防的海军总司令桂永清及负责江南防务的京沪杭警备总司令汤恩伯二人之间的争执。桂坚决主张在长江北岸留驻相当兵力,否则海军怕是担负不了这个阻止共军渡长江的责任。汤恩伯则认为蚌埠与浦口之间的部队,既已调到江南,则连同他自己编练成的三个警备师的兵力,只够保卫南京以及长江三角洲之用(其实也有问题),所以,在长江北守渡口的责任,一定得桂永清来担负了。

现在,这争执将等待最高当局的亲自决定了。不过,事实摆在眼前,南京政府的海军就要受到现实的考验,那是无可逃避的!

(录自《群言》1949年第27期)

群　众

不要这种海军

杜鲁门以美舰二七一艘送给蒋介石，而且设想得真周到，什么浮坞，什么训练，一概包工代办。这件事，蒋介石还没有发表声明，说是他伸手要的，同时，表示谢赏。但是，美国把太平洋当作美国内湖，把青岛看成为自己的海军根据基地，把中国海军归入美国的使用和指挥之下，是不成问题的。

中国人民和美国人民都要求美军从中国撤退，到现在，就照马歇尔给莫洛托夫的书面情报也要留六千多人。廿七日，杜鲁门却又下了命令，说是："计划派遣美海军或海军陆战队军官八百名以下，兵员二百名以内之人员，前往协助中国海军。"那么至少还要添一千海军人员到中国来。美国政府之只顾蒋介石独裁内战的要求，而给以"切实的支持"，丝毫不管中美人民的要求，是显然的！

我们不要这种美舰和训练！不要这种海军！

（录自《群众》1947年第14期）

山东教育行政周报

教育厅代招海军学校学生　初中肄业者即可投考

教育厅日昨发出布告云：为布告事，案奉山东省政府第二九一八号训令，以准海军部咨请考送新生十五名，于六月一日以前送部复试，饬即遵照办理，等因，附抄发规则简章各一份。奉此，自应遵办，兹订于四月十日至五月九日报名，五月十一、十二两日考试，凡年满十四岁身体健全具有初中肄业程度，均得依章报考。简章可于本厅办公时间来厅取阅，特此布告。其招生简章如下：

一、名额：十五名。

二、年龄：足十四岁者（普通身高取四英尺十寸，重量八十五磅）。

三、费用：在校费用概由学校供给。

四、肄业年限：航海学生校课五年，舰课二年，军官学校一年，轮机学生校课六年半，厂课一年，舰课半年。

五、报名日期：二十年四月十日至五月九日。

六、报名地址：山东省政府教育厅。

七、报名手续：呈缴左列各文件：一、学历证明或证明书；二、最近四寸半身相片二张（背面填明姓名三代、年龄、籍贯）；三、报名费一元。

八、考试科目：国文，英文，算术（最高为命分及小数），口试，体格检验。

九、考试日期：五月十一、十二两日。

十、考试地点：临时宣布。

（录自《山东教育行政周报》1931年第130期）

教育厅代招海军新生考试

教育厅代海军学校招考新生十三名,截至九日已报名截止,共投考学生八十九名,已定于十一日起,在第一女子中学举行考试。计十一日上午体格检验,下午国文,十二日上午英文,下午算学,现已布告各该投考者遵时前往应试云。

(录自《山东教育行政周报》1931年第132期)

教育厅代招之海军学生揭晓

教育厅代招海军学生,前已考试完竣,考试结果十五日已揭晓,计正取生十五名,备取生八名,现已布告周知,兹录之于后:查本厅奉令代招海军学校新生,业经考试完竣,所有各生试卷,亦经详加审订,计正取学生牟恩编等十五名,备取学生孔德高等八名。正取学生不能赴部复试时,准以备取学生依次递补。除将各生等试卷成绩表、体格检验表及相片等,呈送山东省政府核示外,合将录取各生姓名公布周知,仰各该生邀同保证人即日来厅填写保证书及志愿书,听候送部复试为要,此布。计正取生十五名:牟恩编、王鹤、朱鸿让、屠家树、王锡睱、李俊、金广瀛、李玉金、曲亚树、靳光法、韩绳武、崔堉溪、周宝绪、刘众三。备取生八名:孔德高、刘承基、孙英山、丛树椿、吴化刚、金礽昌、王象坤、朱翼如。

(录自《山东教育行政周报》1931年第133期)

山东省建设月刊

海部保护沿海渔业

（《中央日报》特讯）江浙闽粤沿海屡次发现日本渔船侵入我国领海以内渔猎海产，致本国渔业日益衰落，沿海渔民生计大受影响。海部顾念国内民生经济，除一面咨请财政部，电饬海关，查明该渔船艘数、鱼类数量，及进口日期外，一面通令所属各舰艇，严密侦察日本渔船之行动，以为交涉之根据，并暂时将以前曾经依法划定之江浙两省领海范围，通饬各舰艇遵照。计江苏领海所占水面以余山向外推出三英里，为东经一百二十二度十八分十秒，北纬三十一度二十五分二十秒为起点，由此循海面南，经大戢向外推出三海里之点，为东经一百二十二度十五分五十秒，北纬二十四度四十六分五十五秒。东园马鞍山群岛，各由陆岛自身向外推算，凡在三海里内海面为领海，南下经过各处，西折舟山群岛，以至菲山亦同。此划定向南经潭山，绕三门湾群岛、台州岛，推而至温州湾群岛，西折北极山，经南极岛，凡系海臂均用两极主义，将地之两业划线相按为之，封锁以内，均属领海。又凡两界推出之后，所至之线，其中在一英里半以下，亦一并圜为领海，此为江浙领海界线之画定方法。近闻江海关查十九年份日本渔船进出沪口有三十余艘之多，载运鲜鱼报关者达三千九百七十余担，此就沪埠一隅而言，其余各处之漏卮，其数更可观云。

（录自《山东省建设月刊》1931年第1卷第2期）

海部充实海防计划

（京讯）记者昨（五日）谒海军部次长陈绍宽氏，叩以充实海防计划，承陈氏接见，兹撮记其辞于下。海部秉承中央意旨，一切设施，均以自卫的海防政策为依据，兹将各项计划，分述如左：

（一）**整理旧舰**

整理旧有各舰，系杨部长当初的计划，二三年来，都有进行，预计本年六月可以将全部舰队整理完毕。被整理之舰，如德胜、威胜、顺胜、义胜、诚胜、仁胜、勇胜、公胜、武胜、自强、大同、青天等十余舰及几只鱼雷艇，均重新装置机件，更换炮位，及添配无线电，俾能航行海洋。

（二）**添造新舰**

第一期造舰计划拟向外国定造六千吨巡洋舰二艘，一千五百吨驱逐舰四艘，八百吨潜水艇二艘，三百吨浅水炮舰二艘。至何国承造，尚未决定，大约采公开投标办法比较妥善。现在本国江南造船厂建造中者，尚有逸仙、民生二舰。

（三）**培养人才**

年来，本部已陆续派遣学员五六十人分赴英、美、日本等国，学习海军及造船。刻又在象山港新建海军学校，招收学生数百人，施以最新的教育方法，以期养成下级干部人才。各舰中各种技术兵士，亦积极加以补充及训练。

（四）**新购飞机**

最近新购飞机十余架，以改造后之德胜、威胜二舰为母舰，同时由江南造船厂飞机处随时添造，并在沪设航空处，以培养航空人才。

（五）**宣慰华侨**

海外华侨时常企盼祖国海军去视察他们。最近准备赴南洋、新加坡、爪哇一带，宣慰该地侨胞，将来或赴各国海港访问。

（六）**定期检阅**

刻定于本月十五日，由我（陈自称）赴各军港检阅舰队，大约一月可竣事。次陈氏又谓，国民会议在京开幕为空前之盛举，届时将调集各地舰队集中首都，以供全体国民代表检阅，俾全国民众明了海军之实况。海部并将提出分期造舰计划于国民会议，希望国民会议赞助通过，以树立自卫的海军政策，而应付二十世纪风云险恶之局面云。

（录自《山东省建设月刊》1931年第1卷第4期）

厅长在肇和兵舰举义纪念大会之讲演

方才，主席报告肇和兵舰举义经过情形，大家都知道很清楚，不过兄弟尚有一二点，特备为申述。我们就方才主席所报告的当日的情形查一查，袁世凯的声势是如何的浩大，有几十万的大军，完全把持了中国的统治权。那时本党同志，既无金钱，又无枪炮，徒然一百多人的不怕死，就可以夺取肇和兵舰，举义讨袁！虽然结果是失败了，然而那时同志勇于牺牲，敢于奋斗的精神，直可以使袁逆为之胆寒了！当时，那般先烈去发难的时候，他们未尝不知道是很危险，是可牺牲生命的，然而他们绝不怕。他们并没有计及日后革命成功，可以做大官，享幸福的。他们因为眼见国家快要被袁世凯卖给日本去了，他们不忍国家的灭亡，人民的痛苦，所以牺牲一己，去救国家，救人民。因为他们能有这种牺牲精神，所以绝不怕袁世凯的兵力如何强了。敢以百数十人发难，终于使不可一世的袁世凯，竟以称帝不成，忧愤而死了！现在本党同志的人数，比以前多得若干倍，又有政权，有兵权，有金钱，有枪炮，不但不能保全领土，抵抗日本，就是自己内部还闹不清，这不是很可痛心的吗？过去的先烈有这样的勇敢，今日的我们都只有无抵抗的退缩，过去先烈的奋斗精神到哪里去了？这是我们应当反省的一点。过去的先烈，一德一心，能够团结，所以以一百多人，就可以发生很大的力量。我们再回头看，这几年来，本党本部的纠纷，源于个人意气的争斗居多，为了舆众利益的争执很少，所以对内年年拼命，因为对内拼命太多了，正弄到对外只有无抵抗。我们今日纪念先烈，应有十二分的怀恨，我们以后要放弃个人权利思想，一心为国为民，那么，有了本党现在这样多的党员来奋斗，一定可以救国危亡，抵抗日本。天下事每每起于很难，成功确是容易，所以在很困难的环境中，却能奋斗，到了有力量的一天，反无有办法了！古人说得好："生于忧患，死于安乐。"过去我们太贪安乐，所以才有今日的困难。这次受了日本大大的教训，大家知道了现在还不是要乐的时期，我们就要继续先烈能够团结、勇于奋斗精神去努力，才可以自救救国。完了。

（录自《山东省建设月刊》1932年第2卷第1期）

粤省建设厅拟定管理西沙群岛计划

香港通讯：西沙群岛，为我国最南海岛，连年国人甚鲜注意，致利弃于地，为外人觊觎。该岛利益，为日人攫夺殆尽。年来，我国政府除招商投承该岛鸟粪外，对于管理建设方法，保全领土主权之计划，尚未顾及。粤省建设厅为建设该岛起见，特拟具管理西沙群岛计划，将该岛之海防设备先行建设。其余农林渔利诸端，一俟调查完竣后，即行举办。查目前急宜兴办者，约有数端：

（甲）设短波无线电台一座，以通消息。

（乙）设灯塔两座，以便航行，俾赴欧洲及南洋吕宋轮船，免触礁之险。

（丙）设气象台一座，以定该地之气候，及通报天气之急剧变化。

（丁）建筑职员住所数座，及淡水池蒸馏机等，以便住守。

以上建设计划，预算一年完成，所谕开办费约三，〇〇〇，〇〇〇元。建厅迩来对于管理西沙岛计划，积极进行，以免为日人占据云。

（录自《山东省建设月刊》1933年第3卷第5期）

上海党声

国内政治报告

天 任

（前略）沈阳接沈鸿烈司令报告，俄军于十二日晨四时派来军舰八艘，飞机十八架，步兵二千余人，骑兵千余人，突向我海军进攻。有机关炮百余尊，手摇机枪四百余架，其指挥者为擎加斯克。俄军舰发炮两响后，我军乃还击，作拼死战一小时，敌舰被我军击退。乃敌方飞机，又整队进攻，掷八十磅重炸弹，环攻我舰，我军系以利新、东义及江亨为主力，而以江平、江安、江奇、利捷等改造兵船为策应。平、安、泰均中炸弹沉没，敌舰亦被我舰击沉三艘，击伤四艘，飞机被我高射炮射落者二架，一落江面，一落陆上。我陆军死伤五百余，海军亦相等。敌方陆军亦死骑兵百余，步兵三百余。是役我海军均激战终日，因陆军子弹不继，不得已暂时放弃同江。十三日，俄小舰已有闯进江口者，同江地方被害极惨，现正设法堵截，并谋反攻，愿捐微躯以报国家。

我们看了这一个消息，可以明白此次苏俄侵我同江之原因。因同江、富锦均为粮食屯聚之地，故赤军攻同江之目的，即在抢劫粮食，以度寒冬。现在我们接到哈尔滨无线电，谓同江已于十四日克服，海军司令沈鸿烈仍在前线指挥，俄军舰已退出三江口，惟飞机仍不时来袭，因我军用高射炮，故飞行甚高，虽掷炸弹，均未命中，援军张作舟旅已开赴同江。

这样看来，苏俄对同江虽弃而不守，但是我边防将士，应当严密设备，不要再有同样事实发生。

（录自《上海党声》1929年第33期）

国内政治报告

天 任

（前略）本月十二日晨五时，俄军突然大举进攻我国吉林边境之同江县，虽事出仓促，但我军立即奋勇抵御，终以众寡悬殊，东北海军江平、江安、利捷三舰，均于应战时中弹沉没，陆军亦败退，同江遂失陷。经过情形，早见各报。现闻苏俄方面颠倒是非，混乱黑白，竟作反宣传，谓同江之役系我国先于十一日进攻，赤军乃反攻云云，并托德国政府向我国提出口头抗议。查同江之役，赤俄军舰来攻者计七艘，陆军方面有重炮十尊，机关枪二十余架，飞机二十架，兵力雄厚，且进攻之时，系属拂晓，其事先准备出我不意，存心侵略已昭然若揭，乃犹强辞巧辩，欲以一手掩尽天下人耳目，不特事不可能，亦徒见其心劳术拙而已。闻外交部长王正廷，已拒绝接收该项提议。同时，我们希望边境方面之军士，在这瞬届冬防吃紧之时，不能有半刻懈怠之状，以谨防"变幻多端""令人莫测"之苏俄也。

（录自《上海党声》1929年第34期）

市宣传部一周工作概况

王天任

（前略）十二月五日为肇和军舰举义十四周年纪念。本部除遵照中央颁发之宣传大纲及要点，翻印转发各级党部遵照宣传外，并制定纪念办法一种，由市执委会分别函令各机关、各民众团体、各学校、各级党部一体遵照办理。（后略）

（录自《上海党声》1929年第39期）

各部工作概况·宣传部

本月五日为肇和军舰举义十四周年纪念。本部于事先除颁发宣传品及纪念办法外，并于是日在本党部门首悬旗一天以示纪念。

（录自《上海党声》1929年第39期）

社会新闻

海军航空处迁厦

帜

中国的海军虽是十足的废物,但它的触觉却比任何部分尖锐。日本暴军在上海打得一天星斗,它却因触觉的敏锐,能够预先躲在高昌庙以南。虽说闸北的炮火如此的利害,而仅仅隔开几千密达的海军,幸能没有碰伤一根汗毛!

除掉国家体面、民族精神等类的口号不谈外,陈部长的保全海军的苦心是值得颂赞的。至少,是省了国家许多造舰经费,要知道,哪怕一只最起码的小舰,造价要几十万呢!陈部长为了海军经费的不如人,已经闹着辞职,岂有仅此几只破船小艇是尚愿牺牲之理。

自从上一回的保舰成功,又引用到现在的保护飞机来。海军部已决定迁上海的航空处至厦门,这不用解释,热河已在大战,日本有封锁长江的企图,上海已非乐土,为防患于未然计,亟应预先搬家,省得临时局促,你能说他错吗?

(录自《社会新闻》1933年第2卷第21期)

统一海军

风

有人在造船所碰见陈绍宽,他谈到东北海军接收问题。他说东北舰队吨数较中央海军为少,然均系多年老船,如中央着将东北海军归并,则事权可以统一，云云。在下除连说几声大啫之外，还猜摩着陈部长的心理，必定等到东北海军接收到麾下以后，便能统一军权，抗日有济。也许全部开到东洋海峡后，直捣横滨、神户，再不算，陆战队登陆，大踏步打进东京，岂不大快！我们希望沈鸿烈辞职，不再慰留，来让陈部长统一一下。

而且东北海军，虽"少"虽"老"，但是在前年防俄一役，多少显了一些威风，加上陈部长的"新"的"多"的，岂不更好？我们老百姓，等着瞧陈部长的统一军权罢！

（录自《社会新闻》1933年第2卷第27期）

为收舰又节外生枝

任远寄自广州

方海圻、肇和、海琛之未南下也，由粤海军司令部派方念祖前往活动，初时大家以为未必有多大效果，未加注意。但方之活动力甚强，而渤海舰队本身弱点甚多，果由姜西园（名炎钟，原任海圻副舰长）率三舰南下，一至珠江口外，为收编问题产生许多波折。盖海军司令张之英因三舰之来由方念祖之活动，当然编入粤海军，俾得编成舰队，因粤舰自中山北投、飞鹰炸沉后，已不成其为舰队，所余者皆千吨以下小舰耳。而邹海滨忽大发议论，认为三舰力量超过粤中现有海军力量数倍，如编入后在指挥上能否不发生问题，且张之英本非海军专家，而中国海军素讲专门学问与资格，在统率上尤属困难，因此主张在政务会之下置一国防舰务处，以三舰为主，而辅以原有巡海小舰，成立海军部之雏形，实行巡洋。此无非欲夺粤省海军实权，但此论一出，且暗中向姜西园等游说，姜等果然感觉粤中海军无有资格者，因此亦表示不愿属海军司令部管辖。陈济棠对此大恨，因粤中财力困难，为收编三舰至少须化十余万，今一起争夺则势必增加钱，乃转取冷静态度，宣称西南不需要三舰，主张交还中央。时中央已派宁海等二舰南下，劝海圻等归队，海圻等恐宁海等加以压迫，乃遁入省河。于是收编条件并不费力即解决，除发煤费六万五千元外，现饷三月及特别犒赏均不允，而在节制上则划归一集团总部。以海军而附属于陆军，此不能不算一特例。

（录自《社会新闻》1933年第4卷第8期）

我国海军建设的研究

海军本是用在海上攻击和防御的，平时保护海上的安宁，维持海外的商业和殖民地的交通，战时用他歼灭敌人的海军，进一步摧破敌人的海岸和内河的要塞，并且输送陆军占领他的要点，做作战的根据地。就消极底说，能同要塞协力，坚固海防，使敌舰不能在□的领海内逞其威力，并且可以破坏敌人的封锁，使海外的联络不致遮断。所以在这海疆多事的现代，就政略上虽是取守势的国家，但想能确切保障他的领土，陆军也不能单独担负这个重大责任。世界上专以工商业立国的国家，或和他属地隔离分散的国家，假如没有强大的海军力量，当无长驾远驭的权能。所以，列强不惜以巨量的金钱努力于海军力量的充实。

至于我国，以领土而论是完整的，大陆广大，物产丰富，只要能力行开发，不仅自足，而且有余，更没有积极侵略的必要，当然用不着抛掷大量的财力，在海上来争雄。不过我国海岸线长约七千多里，又无坚固的要塞，中间的各口岸，敌军随处都可以登陆，而且因为不平等条约的束缚，各国军舰可任意在内河通航。自甲午中日战役后，海军一败涂地，现在海军只有数十不完的小舰，总计不过四万吨，一半是从前所残留的。平时在海边江面，虽然时或呈现我们的眼帘，一遇惊耗，则销声匿迹。沪战的时候，日本以几只兵舰，在长江梭巡，我们的军事运输，就受了很大的限制。在此可以知道国家没有海军，不但领海不能占有，就是内地的江河，也被敌人蹂躏，这是何等的痛心！

海防这样的紧急，但是制造军舰，又需款大大，譬如一吨的价值约合国币二千元以上，如三万吨的无畏舰，需费约六千万元以上。若节省一舰的费用，已可筑铁路千里，或可创办一个大规模的兵工厂，岂不较为得计吗？况且海军的训练，不是短期间所能完成，若求应现局的急需，实等于远水不能救近火！鄙意以为我国目前政策似暂宜防守，用不着攻击，应先从陆空着手来巩固国防，等有了余力，再行从事海上，所以强大的海军不妨稍缓；应选择容易办到，并且目前所需要的赶快筹备，如潜水艇、鱼雷艇、敷设水雷艇、捞水雷艇和小型巡洋舰等，更加以设备完全的要塞巩固海防，使它能够接应，这样不但比较切于实际，并且可以事半功倍。

现在，把我个人对于海防的意见写在下面：

第一步，须能确实保护海口，使沿海各要区不致直接受敌人的蹂躏，并且有自由开闭的处置。

第二步，使敌人舰队不敢接近我的近海，使沿海各口岸可以互相通讯，像这样策应，就能敏捷，不会陷于孤立了。

第三步，我们虽然没有伟大的舰队攻击敌人，但我们的飞机、鱼雷艇、潜水艇，对于近海能确实保护，并可出没在远海，给敌人不意的奇袭，使敌人的海军在太平洋底西岸不能安枕。

对于第一步的处置，不外在各海口建筑要塞，并应拿陆军确实保持它，使后方的联络不被遮断，所以地点的选择和设备都要加以深切考虑；否则，就依敌人的威胁，陷于孤立，终不免到陷落或降服的路途去了。如俄国的构筑旅顺要塞，因为策源线的延长和薄弱，到底被日本遮断，不能发挥要塞的能力。又如青岛为德国的要塞，因和它本国远隔重洋，一遇日本的攻击，海陆双方都无法援助，所以不多时候，就投降了！这等要塞，不过虚掷些资产罢了！又对于长江口岸和要港，不但有封锁的计划，并且使它能够见诸实施，所以必须准备水雷和敷设水雷艇及其他障碍物。且为海口的自由开闭和障碍物的确实保持，不被敌人破坏，那潜水艇、敷设水雷艇、捞水雷艇、鱼雷艇、无线电驾驶艇、摩托艇，等等，就应当有充分的准备。假如不是这样，敌人就利用大兵舰的掩护，拿捞水雷艇或摩托艇，可将我的障碍物扫除，我的一切设施就等于无用了！再者各要塞里须设飞机厂，各飞机飞艇上，要有鱼雷发射管的装置，使要塞的力量，更加一层坚固。

对于第二步的处置，各口岸的陆地交通要力求完备，使军事上的输送容易。在海上更须有优势的空军、大型的鱼雷艇及潜艇，出没在我的领海，使敌舰的行动危险，不敢逼近我的沿岸。那么，我的沿海各口岸，自然能够保持固有相互的交通！

对于第三步的处置，不但应有优势的空军和潜艇，并且要有相当的小型兵舰，才能应付近海守势的战争和远海的奇袭。

如上所要的潜水艇、敷设水雷艇、鱼雷艇、捞鱼雷艇、摩托艇、无线电驾驶艇等，在我初期的使用，都以最小型最新式的较适宜：（一）因我国财力不足，与其造少数大型艇，不如拿同等的经费，造多数小艇适宜一切的应用；（二）因我国刚着手海军，实力还没有充实，若遇优势敌舰的奇袭，应当有深藏避战的必要，小型的舰艇最适于这种目的，运用的巧妙，没有再比这个好了。例如潜水艇和鱼雷艇最低限度，也要能直达汉口和梧州以上（最小的潜艇有长仅七公尺者，其他一百至二百吨的也很适用）。并且我国的内河，因受不平等的条约，各国兵舰都能自由通航，如民国十八年夏，英国一万吨的巡洋舰曾开赴汉口。所以我们最初用的小型舰，最好能航行洞庭湖、鄱阳湖、巢湖或宜昌附近，才能避免无谓的损失。

如前所述的各种舰艇，也如其他武装的必须自造，才可以说独立。所以国家对于普通船厂的提倡和奖励，确是入手的法门，因为商船厂发达，就可以利用它兼造军舰，这是各海军国习惯的政策。至于国家所设的海军造船厂，地点当然要和商船厂不同。商船厂多依着经济的原则，为求诸般的便利，以设在沿海大商埠或内河工业区为适当，如大沽、威海卫、上海、福州、广州等处。如在这些地方建设兵船厂，那因海疆防卫的空虚，遇有战事，就没有安全的方法。我□前说各小艇的制造，似宜在洞、鄱、巢各湖或梧州上游设厂，既能避免战时的危险，并且容易秘密。水雷厂和鱼雷厂的地点，也应依照这个要领为善。等到海防渐渐坚固，再增造大型的船只，这时的造船厂，依吃水的深浅向海岸推进，是不迟的。

大凡关于造船所需的主要材料（如钢板）和武器仪器等的工厂，在我所著的《国防刍议·兵工政策》里已详述了，这里用不着再说。

我国工业不能发达，在这制造的初期，一切精细的机件实无自制的能力，所以应不惜重大的资本，聘请外国高等技师来救自己的缺乏，这事在日俄诸国已有先例。此外，海军学校扩充、留学生的派遣、技术人才的培养（工科大学宜设造船科），都是刻不容缓的事情。

我们如果能按照这个计划，一步一步地继续做去，那海疆自能一天一天的巩固。等到财力充足，实业发达，人才成就，再进一步着手建造最新式最经济的大型兵舰，实在不是难事啊！

（录自《社会新闻》1933年第4卷第17期、第18期）

海军不敌空军

雨

伦敦方面的消息：海陆军会操以后，所得教训，无论海军如何强大，究不能迅速将事以抵挡空军的攻击；至于飞机母舰，海军部原来抱有很大的希望的，现在也认为舰队的安全，不能得到保障。以上所云，自然算是英国海陆军界的第一个有价值的发现了。其实可怜得很，此种——海军不敌空军——道理，中国老早就得了一个结论了！淞沪之战，中国的海军舰于这个理论——海军不敌空军，是始终躲在江里，不敢露出烟囱，给日本的飞机看见。如果说是偏于理论，没有证实，则请大家去翻一翻广东报纸看看，飞鹰舰在海军里是威风的，给飞机一炸弹就炸沉了。中国人做事是重实验的，那一回，算不算证明"海军不敌空军"大道理的一个有价值的发现？！

（录自《社会新闻》1933年第4卷第30期）

海军五年计划

心

从俄国五年计划——新经济政策成功以后，五年计划便成为很时髦的名词了。你也计划，我也计划；你也五年，我也五年。固不论成功如何，而计划得出，也竟是猗欤盛哉的了。在中国，实业部好像也有个五年计划：钢铁之厂，矿山之煤，似乎都在计划又计划中，但好像计划以来，已经有两年了，好在还没到限期。我们除期待着外，自然无话可说。中国海军，实在是太不成话，计划一下，自在情理之中。如今，海军当局决定一个新五年计划，要如期完成十五万吨的新军舰。报上是这样登载的："我国海军，除现存各舰队外，仍欲从事于新舰之建造。""除"字以外，再来一个"仍"字，是多么的劲健有力！不待说，海军当局还不以现有的强大海军为满足，除现有外，还要（仍字即应如此释义）建造，而且时间不多，仅仅五年，而且吨量不少，居然十五万！我希望莫由此而卷入世界三大海军国的漩涡才好，否则强大海军未成，而中国人的吃饭之资都买了外国钢板了呢！

（录自《社会新闻》1933年第5卷第9期）

海军的雪耻机会

渊

中国海军所受的侮辱，除甲午一役属于国际问题的以外，其余就算"一·二八"以后所受十九路军的凌辱了。沪战时据十九路军的宣传，海军当局在炮火声中和敌人握手言欢，喝香槟酒，所以不仅连烟囱都不敢露出黄浦江面，而且还夹到下关的英美军舰中躲藏着。斯言也，虽说有伤国体，然而十九路军高级长官之言如此，也就无法可想了。闽变发生，海军在闽的根据地全去了，海军航空处和测量舰等等的损失在千万元以上，这是如何伤心的事！以前精神上受了侮辱，而今是物质上又受损失，海军当局与将士们是热血的还是冷血的，我们不能不问一问了。

（录自《社会新闻》1933年第5卷第28期）

生活知识

江南造船所罢工纪要

伯　修

南市海军江南造船厂工人，因鉴于目前生活艰难，工资与外界相差太远，厂方不但不加工资，还有限制工人自由的规定，这使工人发生了不少的反应。虽然厂房一度也将工资增加过，但又不分技术高下，随便工务员（即头脑）批改等级，毫无技能者却批上等工资，真正有技术者反批低级，且所加工资与外界其他工厂仍相差很远，因此引起工人普遍不满意，乃于三月廿日下午开始怠工。厂房见局势不好，次日发表增加办法，是依工务员津贴之一半再加低薪乘薪生活指数之一半，以算学方式表示（即工务员津贴/2＋低薪×生活指数/2）。结果，每人只增加了三百元左右，工人认为不满意，都不进厂工作，不约而同地实行罢工，以示抗议。工人没有推派代表向其交涉，因为假使谁是代表便触霉头。可是忙煞了工会，出面调解，召集全体工人，在南市民众教育馆集合。旋由该所警卫营营长兼工会指导员叶宝琪向工人说："本厂已经调查其他国营工厂的待遇，一定还要比他们还好一些。"可是后来并无确实办法的答复，并说这次罢工是由新工人从中捣乱，诬指乱言，但是工人不为所动，都置之不理，并高呼打倒包办工会。虽然有少数入厂工作，也不过是头脑、匠首（比头脑次等地位）和少数领班阶级，以及年老工人而已，数目颇很少。工会常务理事决定以工人福利为问题，愿与工人同进退，并选举各工务员（即头脑）为代表，向厂方提出下列要求：

（一）调整底薪最低为贰元五角，依生活指数计算。

（二）补给一、二月生活津贴。

（三）罢工期内工资照给。

（四）星期日及休假日薪金照给。

（五）病伤期间工资照给，并补助医药费。

（六）不得借故开除工人。

（七）工人与职员须同等待遇。

（八）年□一月。

（九）年老服务满二十五年者得享受养老金。

（十）小工底薪规定为贰元。

上开十条，由工会及各工务员保证，向所长要求，当于下午先行复工，并限二十三日答复，倘无诚意，由该工会领导工人全体同进退，以达目的为止。廿三日下午由所长向工人训话，他说："本厂非我个人所有，应当要由工人努力工作，增加生产，然后亦能增加利益，但不能与其他国营工厂比较，因为本厂没有得到政府的津贴，一切均须本厂自己筹措，这点你们应该明了。你们有不满意的地方，可以来报告我，至于不得开除工人，向来没有的，请放心。现在已将底薪调正最低一元七角最高三元二角。"这时有一个电气部工人问所长说："本厂工具很缺乏，而待遇极不公平，以致技术好的工人不肯出力。"所长说："工具没有，这是我的责任，已向国外采办中。"并指向各工务员（头脑）说："待遇的事完全要凭你们良心，做事必须公平第一。"各头脑自相惭愧，默默无言。所长马德骥在抗战期间久处美国，很有些民主见识，是比较开明的人物。现在工会和厂方，正在相互协调中解决各种问题。

编者按：江南造船厂工潮刚告解决，该所当局忽于三日无故布告开除工人四百余名。五日，全体工人向社会局、市政府请愿，要求职业保障，都说海军部的厂不在职权范围之内，拒绝受理。各工人呼吁无门，八日下午再度向社会局、市政府请愿，他们说："我们都是上海市民，市府应为市民服务，接受市民意见。"当经市府总务科主任接见，答应考虑后定九日下午答复。

（录自《生活知识》1946年第21期）

十日谈

楚有舰功臣

楚有巡洋舰前次来沪后，即停泊高昌庙，由江南造船所派匠大加修理，历时颇久，始行修竣。十一日中午，即由军械处特派该处检验课长陈大咸、中尉技士何尔锟、王衍绍等乘该舰同赴吴淞试炮。技士何尔锟亲自施放，当将炮弹放入膛内，用手扳机，讵炮弹不但未向前外射，竟由后面冲出，何氏正立炮后，弹药穿胸而死。海军部方面以何氏因公殒命，将从优抚恤云。中国一共没有几艘兵舰，难得试验，竟闹了这样一个大笑话。放射不远，尚可原谅，炮弹从后面冲出，炮手殒命，实是千古奇闻！这种错误，不知应当由谁负责？假使该炮的组织另有机巧，我倒很想把来供献给世界和平会议，或是非战大同盟的诸位先生，通告全世界，枪炮均得照样构造。那么，将来不得已大战起来，弹子都从后面出来，等于自己打自己，越是枪炮多的，便死得越多。从此各国不再以军器制胜，行见有真正和平之一日。楚有舰之功臣，实世界和平前途之功臣也。

（录自《十日谈》1933年第3期）

海军争气之战

闽省事变，因海军之攻克福州而告一段落。此次海军之出力，殊出吾人意料之外，一般人对于海军之印象，以为只会放礼炮而已。忆"一·二八"事变时，世人指摘海军尤烈，而海军蒙此不白之冤，尤为愤愤不平，而今得机会一雪前耻，想极痛快也。

当海军从沪出发之际，已昌言宣传，具见其有必胜之决心。一方中央军之空军、陆军同时并进，则闽中人物成为釜底游鱼实意中事，此实为雪耻最好之机会。果然季良、绍宽二司令，率舰南行，不旬日而复厦门，克福州，大有即日抵定全闽之势。是海军之实力，亦不可轻侮也，往日之讥笑海军者，今应知其说之谬。海军不过善于秉承中央枢政耳，中央志在和平，故海军不能擅自攘外，中央志在剿共安内，海军自当努力打此联共的闽变当局。所以海军实可算是模范军队，此次之战其实争回名誉不小也。

（录自《十日谈》1934年第17期）

时代公论

梁山泊式的海军

我常常说道:"在中国,机械事业愈发达,内乱亦愈增多!"正如叶元龙先生所说:"建设愈多,土匪愈多!"一样的意义。

其实在中国,机械事业何尝发达呢?但是中国人会把外国的机械买来杀戮自己的同胞,捣乱自己的国家。

几年前,在中国看不见几架飞机,到现在,却到处听见天空隆隆作响,这也算是北伐成功后一件值得记录的事。但是讲到飞机的用处呢,商运方面,除开了每日载一二客人而外,所有收入,尚不足以支外国飞机师薪水。

据说,汉渝段航空生意特别发达,为的是载运鸦片,既省时间,又免检查。军用方面,除开了不抵抗主义者的张学良先生拱手而送二三百架与日人外,又除开了两三架在沪战一显身手外,余则只知在我们屋顶上绕来绕去演习,并未开往前方,不开往前方不要紧,却开往广州、洛阳⋯⋯

做所谓防御的工作?中国人真算是大胆,居然设立什么空军司令部,中国真算是进步,连空中也有军阀。

有了"空中军阀",更有"海上军阀"。中日战争以后,中国的海军是无人提及了,然而"陆上军阀"偏要各自买几艘军舰,成立其所谓海军,就是四川的土军阀也有几只碗大的钢壳船,用来运运鸦片,吓吓木船!说起来也就气得死人,笑得肚痛,据海军部长陈绍宽的谈话说:"中国的五十几艘军舰,若是用来抵抗日本,同时开炮,开不到三分钟就动弹不得了!"海军这样的饭桶，他还要分什么粤系呢、闽系呢、东北系呢！

这次广东的政变，我们对于陈济棠要统帅陆海空军权，在本刊第七期《倘恍迷离的政局》文中，已有所论列。日来，粤局形势似更吃紧。陈济棠拒绝胡汉民氏海军独设司令部的建议，决向陈策下讨伐令。姑无论胡氏的建议对不对，有无作用，而陈策的盘踞琼崖，公然组织海军政府，任免县长，目无法纪，把他的十几只破滥不堪的军舰集中岛滨，好像梁山泊上阮氏弟兄的一字儿排开的筏船模样。陈济棠讨伐琼崖，自然是无根据，但他未必就会学李逵下水，而陈策做流寇的行为，梁山寨也就未必能坚壁固守。陈策做了梁山泊的阮大，谁又去做宋江呢？

（录自《时代公论》1932年第1卷第9期）

陈绍宽之辞职与海军

达

报载海军部长陈绍宽对记者云："自沪变后，国人对海军深加督责，纯系出于爱国热诚，至深感惭！惟海军并非畏惧暴日，实以未奉命令，不能轻自妄动，而经费困难，亦实为海军之最大难点。现国人对海军甚多议论，余自度不敏，故急欲引退，以谢国人云。"陈氏辞职以谢国人，其态度光明磊落，实为我人所钦佩，惟国人的议论纷纷，亦有其议论的理由存在。

有人是这样说："我国海军在世界的地位，和瑞士差不多。"这种比喻，真是滑稽之极！因为瑞士没有海军，但他的湖上乘载旅客的商船，也还不错。中国不特有海军，而且还有一个专事职司的海军部，就组织方面看起来，好像真是可以和英美日法诸国并美，然而问诸实际，可笑亦复可怜。

不必说"未奉命令，不能轻举妄动"，就是奉了命令，又焉能动？所有这些破烂的军舰，只能算是十八世纪的古董，放在博物馆里面陈列好了，若言用以抗日，那简直是"多见其不自量也"。就是陈部长本人亦曾于谈话之中说过："中国的五十几艘军舰，若是用来抵抗日本，同时开炮，开不到三分钟就动弹不得了！"无怪乎国人要议论纷纷，陈部长要愤而辞职了。

然而中国的古董海军，自有其古董的价值存在。大军阀可以用之招摇撞骗，土军阀可以用之威吓乡下人，装运鸦片烟。讲到系统呢，有福建系、广东系、东北系……现在东北的海军根据地丧失，东北系遂变为山东系了。这些系自立门户，绝非以福建系为中心的海军部所能指挥管辖。言念及此，孰不痛心？

今日的海军问题。不在陈绍宽、陈季良氏之辞不辞职，杨树庄、萨镇冰氏之隐不隐休，陈策、沈鸿烈氏之就不就范，而在海军部的存废改组，海军作用的确定。在我人的意思，中国人是喜欢摆架子的，海军部由军政部脱胎独立，其动机也在摆架子。现在面子既然丧失，架子也就可以不必摆，索性爽爽快快仍并入于军政部，而在军政部里面设立一个"海军署"也就够了。同时应将海军的责任，规定为"防守内河与海口"——长江流域、珠江流域、黄河流域、吴淞、宁波、厦门、青岛、大沽、海州、龙口、芝罘……以后的发展，也应该在这范围内进行。简言之，中国的海军，已是失掉了"海"的意义，倒不如老老实实本"河军"的意义方面去用功夫。

如其不然，不要说"经费困难"，不要说"卫国有心，点金乏术"，就是经费一点也不困难，也不过只能办到"关于新造之宁海军舰，外间不明真相，谓不应在日定造，实则该舰承造合同，订在三年以前，并非在'九一八'事变后。不过适完成于今日，该舰现已造成，为我国现有军舰之最大最优者。李世甲次长为此事，先后往日十余次，监视承造。惟刻尚欠款甚多，该款清还后，即可回国归队"（陈绍宽氏的谈话）而已。纵然以后"回国归队"的军舰继续不绝，但若与敌人作扩张海军的竞争，这相隔两世纪的路程，虽有孙行者的本领，也赶不上呵！

海军的责任既已确定，进而将海军的广义作用，付诸空军。立即提倡航空救国，将航空学校扩大组织，一次募集学生五千人，专事驾驶，放枪掷弹，派遣专习航空机械留学生五百人，分赴各国。由此推演下去，期以数年，以固国防，以与暴日作殊死战。

（录自《时代公论》1932年第1卷第13期）

"监察院等于虚设"与陈绍宽请惩高友唐

监察委员高友唐氏前过济南时，对记者谈话，除开了说明监察院弹劾各院部长不发生任何效力外，高氏的结论是"监察院等于虚设"，大有"人微言轻"之感！高氏谈话中，对于海军当局，尤为直接抨击。高氏云：

"此次沪战，十九路军前仆后继，而海军袖手旁观，且与日本盐泽订立条件，相约炮弹不落海军舰上，决不发一弹。十九路军向之借高射炮，不借，甚至一铁板亦不借，实在令人下不去。平日之腐败，直说不胜说。陆战队不在舰上，而在福建种鸦片烟，仗势欺压人民。于院长常谓何苦以人民血汗金钱，保持福建人饭碗，因现在之海军，已成世袭罔替之福建人之天下也！"

本刊对于海军，屡有指摘。（见第九号《梁山泊式的海军》及第十三号《陈绍宽之辞职与海军》）我们对于海军的腐败，及其具有封建地域性，均已道及；我们且更进而主张取消海军部，将海军改为河军，海防改为河防，我们与高委员无不同感。但高氏所谓海军"与日本盐泽订立条件，相约炮弹不落海军舰上，决不发一弹"一节如果属实，则海军犯有"叛逆罪"，不特海军当局该受弹劾，最高军事当局更应受弹劾，而兹事重大，整个政府应受惩处。但据各方调查，所谓与盐泽订立条件，乃是淞沪战役时，反政府派在上海造出空气，如果又属实，则高氏不免有有意诬告之嫌了。

我们对于高氏的忠于所事，极端同情。但从法律观点观之，我们觉得高氏忘其地位，而轻举妄动。日前弹劾行政院长汪精卫氏案，听说也是高委员发议，而细讨其究竟，弹劾的法律根据，终难立足。监察院《组织法》第六条云："弹劾案提出时，由院长另指定监察委员三人审查，经多数认为应付惩戒时，监察院应即将被弹劾人移付惩戒。"高氏有意弹劾海军当局，应当依照组织法去做，不应当在院外随便作不负责的谈话。盖如果任何弹劾案子均得于事前在报端上大书特书，则徒招惹许多无谓的纠纷，于惩戒的目的，并无好处。高氏于正式提出弹劾海军及移付惩戒前，有此谈话，致有海军部长陈绍宽氏呈请究办高氏：

七月十二日行政院会议议决案第八："海军部陈部长呈，为监察院委员高友唐，破坏军誉，淆乱院章，干犯功令，请转呈究办案（呈文约千余字从略），决议函送中央执行委员会。"

"函送中央执行委员会"是否就得一好办法，我们正怀疑着。我们为高委员着想，应当立即负责提出弹劾，移付惩戒，好在现在公务人员惩戒委员会业已成立。如此，不难水落石出，免乱社会听闻。如此，不特监察院不等于虚设，监察委员会亦不等于虚设。

末后，我们要说的，监察权应保持其独立性，不要使其卷入实际政治的漩涡！

（录自《时代公论》1932年第1卷第16期）

陈绍宽之辞职

麟

自从去年"一·二八"事件发生了以后，海军部要算是最"触霉头"的一部了。民众的攻击，已经是使它体无完肤，甚至连挂着空招牌的监察院，居然也敢在"太岁头上动土"，这真叫做"虎落平阳被犬欺"。我们的陈部长，自然有些气忿不过，而实行其抵抗主义，对于监察院的弹劾案严加驳斥，振振有词，虽然在那时也一度有退休之意，终于还是继续地干下去！我们正钦佩着陈部长的勇敢和毅力，忽然这几天，陈部长又闹着辞职的玩意，而且马上就跑到上海去，表示不干的决心，原因总不外乎"经费支绌，计划不能实行，宁愿洁身引退"！但是不到三天，听说经过褚民谊代表行政院到上海挽留以后，陈部长竟然"打消主意，仍愿勉为其难"。许多人便议论纷纷，当然多数是讥笑陈部长的。但是照我们看起来，海陈的辞职不辞职，倒值不得重视，张三下台自然会有李四上台，我们要注意的，是在这个国家财政罗掘俱穷的时候，我们的军备是否以扩充海军为第一要义？或者我们应该先扩充空军或整顿陆军？

谈起中国的军备，委实是可怜，除了陆军在数量上多于人家，但是多而不精以外，海军简直是有若无。只有海面上江面上泊着的几只古董军舰，一年到头，专门载要人到东到西，放几声迎送外国军舰的礼炮而已！如果和日本开战，照陈部长说："五十几艘军舰同时开炮，开不到三分钟，就动弹不得了！"这哪里配谈海防？甚是连江都不能防！在报纸上，我们时常发现到长江上发生劫案的消息。固然这是陈部长所说的"经费困难，亦实为海军之最大困难"，但是花了几千万元在日本定造的一艘宁海军舰，据说也仅是一只外强中干的纸老虎。就是政府再出几万万元来造十来只和宁海一般的军舰，若是拿去抵抗日本，恐怕仍然是无效。倒不如把现有的几艘破军舰整顿一下，专门用去防守河口和海口，一方面把这个有名无实的海军部缩小成海军署，归并于军政部，一年倒可节省好几百万的无谓开支。至于我们的军备，除了将现有的陆军好好地训练与添购新式战具以外，尽力去扩充空军。因为以后国际的战争，将由陆战海战转变为空战，一架飞机的威力，可以制住一艘军舰，但是有造一艘军舰的经费，几乎可以造几十架飞机。假使我们能用几万万元去扩充空军——制造飞机和训练航空人才——至少我们以后不至于再尝去年上海战事时所吃的苦头。

但是这次有人说海陈甩纱帽的原因，为的是人家只提倡"航空救国"，却不说"海军添本"。于是陈部长心上老大不高兴，又眼睁睁看着人家都捐钱购飞机，却不肯帮着海军部说话，这更使陈部长心上更加难过。这个传说，我们不敢相信，陈部长虽则是站在海军部的立场上，希望有大批的钱去实行他的扩充海军计划，但亦决不至于看见拿钱去买飞机而起嫉心。

又有人说这次陈部长的辞职，是因为铁道部因海军部积欠运煤费用，而拒绝装运，所以才愤而不干；至于铁部拒绝运煤的原因，表面上是说积欠运费过多，其实是代实业部出气。我们记得在一月前，上海海军当局，曾因实部渔业管理局福□巡舰，积欠海军造船所经费，久不归还，预备加以扣留，当时曾发生开枪的冲突。铁部既然和实部是一鼻孔出气的，这次特地为实部报复，这个消息，是否确实，我们亦不敢断定，不过我们总希望不至于有这样滑稽的笑话才好。

（录自《时代公论》1932年第1卷第47期）

渤海舰队之变

易

廿四日午后，东北舰队司令兼青岛市长沈鸿烈遇刺，未中，翌日而有海圻、海琛等五舰擅自离青之变。

渤海舰队肇源于护法运动时期，历史既深，实力亦厚，拥有海圻、海琛、镇海、威海、定海、肇和、楚豫、江利、同安等九艘舰，中国海军之泊东北者，仅此为最。当中日风云紧迫，四省相继沦亡之日，全国民众，敌忾同仇，而未闻近处东北之海军舰队，于海防如何有所建树，于国难如何谋所挽救，此固中国海军积弱所致。甲午战争以来，海军往事不堪回首，其为痛心气短，原不自今日始。然即此不足，尚有内部相残之变乱，犹不足，而乃擅自行动，非特不能济邦国于颠危，抑且重为政府之累，暴露组织之脆弱，影响国际之视听。

查此次渤海舰队之变，内幕虽复杂，事态虽严重，要言之，不外二因：

其由于内者，门户偏见，派系倾轧是也。渤海舰队之初缔，全舰人员大都闽人，迄讨陈之役，已多粤人，洎后又多江浙湖北人员羼入其间，份子既日形复杂，派系之见愈积不相容。沈鸿烈氏以倒王崇文之戈，崛起继任要职，其出处既不磊落光明，足为部属所钦仰法守，又复依附权贵，别树私党，于是门户之见无能弭息，而怨毒之深一发不可遏止。

兄弟阋墙，外祸斯召，内部争哄，外力诱之。日人乘机唆使汉奸以金宝收买渤海舰队，使离沈归伪组织之说，早已喧传人口。今兹事变，五舰突然驶离防区，行踪诡谲，草蛇灰线，殊难逃悠悠之口。日来虽一再以纯属对人问题，决不致降伪相号称，然而当兹国难深重，强敌伺隙之际，身负国防之重任者，乃至擅离防区，行动暗昧，在事态未明之前，殊无以释国民之疑也。

中国之军队，抗外不足，内讧有余，乃至附外抑内，亦所不惜，又岂独渤海舰队为然？考其致是之因，要在于组织训练之不严密，事权命令之不统一，而尤在于军人之缺乏国家民族之思想，日惟孜孜于私人利权之争夺，渤海舰队之事变，仅足以窥豹一斑，作为明鉴耳。中央当局于东北舰队，自宜运敏捷恰当之手段，亟为之所，作根本之整理，俾有益于邦家。即于整个的军事统制，亦应早为筹及，如何消弭私人派系之纷争，如何促进民族斗争之意识，如何使组织严密，事权统一，斯统辖紧凑，运用灵活，对外之实力增高，对内之祸患消免。与其变乱而善其后，固不若及其未雨绸缪户牖也。

今者，中央已准沈鸿烈氏辞职，而海圻三舰且以投粤闻。此实出人意料之外，不附逆而附粤，差属幸事。报载海圻等舰曾电请胡汉民氏收容，邹鲁氏且发表谈话，谓粤方定可收编。粤方事前是否勾引渤海舰队叛乱，姑不具论，其收编该舰队，亦属在此尾大不掉现状下应有之事。所可怪者，广东自陈策见逐于陈济棠后，在常人眼光观之，觉珠江里海军势力大减，非补充不可。此次渤海舰队变乱与粤方声言收编，足资实证。然而我人不知粤方充实"梁山泊式"的海军，究有何用？

（录自《时代公论》1933年第67期）

西沙群岛之国际地位谈

冼荣熙

西沙群岛，岛凡二十有二，东西相距几及千里，位于广东省属之琼崖岛之东南六里许，俗称七洲洋，为往来香港、西贡及南洋以达欧洲船只必经之航道，水深多暗礁，夙号险道。岛分为东西两道，东曰阿非特里克群岛，西曰忌宜先群岛，其南之土采塘岛，为中国版图最南之点。其地多属荒地，间为渔人暂时寓住之所。至东沙群岛则位台湾与琼崖岛之间，距香港汕头为等边三角形，惟距西沙群岛则颇远。航行者道经其地，以视远镜望之，宛如沙滩。间有森林丛密之处，海鸟群集，遇有船只经过，则群起飞翔，有如前来领海者。前年广东政府以东、西沙群岛所产鸟粪富有磷质，为农业之最好肥料，若加工制造，亦可为工业之原素，乃建议由粤建厅派人前往西沙群岛调查，其调查所至之地，计有六岛，已开采者有二岛。一曰田林岛，面积为一，五〇〇，一〇〇方公尺，为沙滩所积成，树林深密，飞鸟满栖树下，其他兽类均无产生。离此岛横过沙滩约三千余尺，有岛曰田石岛，面积为六八，七五〇方公尺，系半石层及沙积，有稀薄之树木，其余四岛，则未经开采，产鸟粪亦甚多。前由日人偷采，续经批由香港协济公司开采，共采获岛屿一万吨，后复派员接收，因限于资本，时作时辍。然西沙群岛以经济地位而论，仅因其富产鸟粪，且为渔业重要之地，其利源尚小，如以国际地位而论，其关系于太平洋之军事动作则极大。今法国海军已占领之九珊瑚岛，系西沙群岛之一部，盖西沙群岛向以出产鸟粪著称，鸟粪之结晶，状如珊瑚，故外人多以珊瑚岛称之。

西沙及东沙群岛，皆为孤悬于太平洋中及中国边海之小岛，向属于我国崖县县治管辖。因该地既绝无人烟，且属荒芜，又因海军力量之薄弱，鞭长莫及，在过去殖民地角逐时期，尚少外人注意。惟近年以来，殖民地之罗致已穷，虽方寸荒芜之地，亦当全力以争。况太平洋上之风云日见紧张，海军国莫不注意于海军根据地之扩充。西沙群岛位于我国之边海，森林渔岛之丰富，适为海军寄足最良之地。民八九年时，法人曾向我国提起领权之交涉，且欲武力夺取琼崖，以扩充其殖民势力。适邓仲元镇守琼州，充分准备固守，法人不敢进攻。日人于夺取琉球、台湾之后，亦野心勃勃，无时无刻不力图南向发展，除欧战时占领前德属之加罗林群岛外，以为夺取琼州及东西沙群岛，亦不过如探囊取物，时间之迟早问题而已。自欧战以后，世界之均势已成，日法互相观望，雅不欲衅自我开。迨九一八事变发生，日人得乘世界经济之弱点，撕破世界和平公约，公然以武力夺取我东北四省，并退出国联以为要挟，时密派海军，捷足先得，不出十日，前后占领九岛，现已正式宣布矣。我国处此内忧外患之时，既迫于日人破坏公约于前，束手无策，日人亦以衅自我开，敢怒而不敢言。有向法国抗议，谓日本商人亦曾请日本政府占领管理之说，然亦不过自批其颊而已。

　　西沙群岛处于欧亚之要冲，航行必经之地，今落于法人之手，必将建筑飞机根据地，并配置潜水艇，而得有南海制海之权。盖法国在广州湾与西贡，已有容纳一万吨巡洋舰之船坞，与此地可以鼎足而立，航行无阻，得以独霸一方。既可以保护安南之西贡、海防、顺化、广和等地之门户，又可以控制我国沿海各省。如太平洋一旦战事发生，法国之海军潜水艇、飞机，在此可以横断欧亚之交通，断绝英属之新嘉坡、香港以至上海之联络，而制止美国之太平洋舰队、英国之远东舰队在我国南海之活动。且西沙群岛距琼岛最近之处，离崖县不过六里，其最远者则与美之菲律宾相近，皆属于我国之南海境域。其岛屿比邻相接，间多沙滩，为渔业最良之地，早有世界三大渔场之一之称，其利源之厚，可想而知。更以该地为百鸟栖集，积年累月，鸟粪之堆积，厚者越丈，以东西沙群岛之统计，其出产之丰富，诚有出人意料之外。鸟粪因时日久远，已成品结，状如珊瑚，开采极易。他如林木之深密，时日较久，必有栋梁之材，皆为将来应时之需要，关系世界之经济政治亦极重大。故西沙群岛之面积虽小，以其零而不整，然就国际地位之大概观察，在军事上，不亚于英属亚丁、波赛，法属之其布特，美属之巴拿马，以其皆为航行必经之地。在经济上，不亚于日属之琉球、加罗林，英属之塞舌耳群岛，美属之马利亚纳群岛。以上各岛虽其面积较大，今已人烟稠密，然其特产如渔业、鸟粪等，无出西沙群岛之右者。夫我国幅员广阔，物产丰富，为天下称著。今日本之窥伺东北，且已武力占领；俄之窥伺外蒙，亦已宣布独立；英之窥伺西北，现亦兴波助浪，斗得不休；法之窥伺西南，正欲得寸进尺，前日之租借广州湾，今日又占领珊瑚九岛，即其寻衅之开端。如此则四围之主权俱失，而仍苟安于核心之内，其可得乎？惟望政府严重交涉，还我主权，不以其疏远及渺小而忽略之可也。

按，近日各报登载关于法国占领珊瑚九岛消息，言论至为复杂。法人称所占之珊瑚九岛位于菲律宾西贡之间，虽在中国海内，然三年前法曾占领其中之最大者名史柏拉德雷，中国政府并未抗议及保留，即国际条约任何条款亦未禁止此等小岛之占领。日人则称在十五六年前为日人平田所发现，亦名为平田群岛。而中国政府据广东电告，证明该九岛在琼州之南，确属中国领土。按，即西沙群岛，而外交当局则宣称该岛非为西沙群岛，且该岛面积甚小，约一千五百方哩，要待详细调查，方提出交涉。无论日、法之言论如何，要皆各本其立场，以为夺取之借口。而该九小岛确在中国领海之内，主权在我，已无疑议，无论其面积大小，断不容他人任意夺取。盖西沙群岛，实包括南海中附近小岛，不得巧立名义，强行占领，否则全部之西沙群岛亦将交臂失之。如舍本而求末，斤斤于我国是否有占领时之国际表示，升旗鸣炮之类，则未免太为荒谬矣。

（录自《时代公论》1933年第71期）

时事汇报

三十日惩罚通济失事舰员

通济失事，伤练习生数十人，既已呈报，海军部遵拟失事舰员处分，呈请分别施行。总统以该舰舰长海军中校陈训泳有督率全船之责，于该舰药舱炸裂未能事先预防，殊属有辜职守。惟该员前在海筹次长任内，保守沪局，厥功甚伟，应从宽降补海军少校，开去通济舰长，另行调用，以观后效。次长海军少校彭瀛平时未能认真督率，实属溺职，应降补海军上尉，并即行解职。枪炮官海军中尉张天辉专司药舱，平日漫无觉察，尤属异常疏忽，着即褫革官职，以示惩儆。

（录自《时事汇报》1914年第7期）

三十一日筹办海防团

海军部呈称环球各国，滨海莫不设团，如英有海军团，日有海兵团，保卫航业渔业，即以弭盗。前清外海水师，即系东西海团之意，虽内容腐败，盗尚有所畏也。民国肇造，外海水师尽裁，以致直隶之留守营、山东之黄县、江苏之海州、浙江之温台、福建之漳泉、广东之惠潮等处，海盗猖獗，人民受殃，且酿成国际交涉。内河水警力所不及，不能不借助于军舰，但海军责在国防，若日久专为备盗，则巡防操练诸事，势将偏废，无裨于捕盗，转有妨于治军。熟权利害情形，宜将沿海各省，筹设海防团，受海军之节制，仍听地方官之指挥，以之专办捕盗。军舰不时游弋海面，以作后盾，较为得计。至于编成以后，各邻省联为一气，破除畛域，不特为水警扩张势力，亦可收海军指臂之助，似于治安甚有裨益云。当经大总统批所拟筹设海防团，系为消弭盗源保卫航业起见，惟现在财政支绌，经费难筹，应由该部咨行沿江沿海各将军巡按使就地体察情形，妥拟办法，呈候核夺。

（录自《时事汇报》1914年第7期）

时事旬刊

庙街事件之真相

庙街事件，中日委员会业已着手调查，结果如何，当难预测。此次交涉之关系，匪独为江防舰队之成败问题，实我黑龙江航权之生死问题，兹特将该地通讯录之于左，俾我国人知该事件之真相焉。概自《瑷珲条约》告成，龙江航权，我国久自放弃，年来俄国之革命勃兴，东北之边防愈亟。于是政府奋然恢复江防，有江防舰队之组织，惟是日人以我国之满蒙，既享有特殊之地位，即俄国东部西比利亦不难乘机次第占领。现正当从事侵略之秋，茫茫东服，莽莽龙江，彼日人直视为已攫得之囊中物耳，宁肯丝毫让管领之主人，希图染指于其侧耶？故自我舰拟实行入江以来，彼即百计阻挡，以使我江防之计划终归失败。当去年八月，我舰由威北上之时，正俄旧党仰外援以揽政权之日，一举一动几无不惟日人之命是听。于是我舰甫抵庙街，日人遂以俄政府为傀儡，便其出而干涉，而日舰得以实力监视于其间，致我舰逗留庙街累月。经我政府电令驻西比利高等委员刘镜人与俄当局据约交涉，俄远东总督洛维诺夫虽因受日人之胁制，不敢遽行允许，然以条约所在，自知理屈，亦不敢公然抵抗。而我江防司令暨各校将士，亦咸具破釜沉舟之决心，以图必达到入江之目的而后已，身冒危险，毅然前进。乃将近伯利，而日人又嗾使俄军司令官高尔美阔夫发炮攻击，于是我舰不得已又退回庙街，以为预备过冬之计，一面与俄政府交涉，以待来春再行驶入。幸自一月三十一日以后，俄旧党推翻，新党执政，迭经李家鏊高等委员继续交涉，遂得有圆满之效果。计春冰方涣之日，即我舰活动之期。满拟五月以后，即可直达防地。讵寒海航行之期将届，而日人阻挠之计愈工，诬称我舰有援助俄激党轰击日人之举，借此扣留我防舰，收押我舰员。迄今各防舰之左右，均尚置有鱼雷艇各一艘，使我舰欲有一步之活动而不可得，且迭经外部交涉，彼则多方延宕。此次会查，亦为延宕手段之一，并声称在交涉未完结以前，不得擅自离去庙街等语。是该案多一日之延展，即我舰多一日之扣留，北地早寒，冻期瞬届，使此次会查，不能早日解决，则又堕入日人之计中，而今年防舰入江之计划，势将又成为幻想矣。总之，日人迭次阻挠之诡计，无非恐我防舰一经驶入，则松、黑两江之航权，遂得以从此挽回，而分彼将来承继俄人权利之利益，此固所谓"司马昭之心，路人皆知"者也。至此次诬称炮击事件，此又因旧俄政府失势，新政府又与我交涉妥洽，已无供作机械之余物，且以当时行将解冻，若竟无所借口以资扣留，则我舰稍纵即逝，而彼且终归失败，遂情急智生，图穷匕见，不得已而有此异想天开之一段波折者也。至炮击事件，系属子虚，闻我国方面委员已搜集确实证据，且当时居在庙街英、法、美、丹、德各国侨民尤有目共睹，断非日人一手所可掩盖。一俟双方委员抵庙街后，自不难明白解剖，故炮击虚实问题，吾人认为无讨论辩驳之必要。惟念此千余里之航权，国家边防安危之所系，人民生命财产之所寄，幸经我政府擘画于上，各将士经营于下，辗转经年，始获寸进。困顿于冰天雪窖之中，偷息于弹雨硝烟之下，若竟使日人得再逞其狡谋，而我舰遂因以一蹶不振，甫造新机，顿成旧恨，前功尽废，后患弥长。当此千钧一发之时机，实继绝存亡之关键，国内各报馆各团体当一致主张，以揭破日人之奸胆，以共作政府之后援。倘日人仍一味恃蛮，我全体国民当执最后非常之手段，并一面电请海军当局，亟筹另派员兵，从连北上瓜代，以图达到最后目的。抑更有进者，闻我舰将校士卒，征戍极朔，困苦连年，以受日人无端之诬陷，致久羁海外，不得上驶，尤各愤恚异常，几欲与日人决一生死胜负而后快。士气激昂，殊难预测，倘竟因此激成他变，应由日人担负完全责任，此尤我国民对于日本军事当局所应预为声告者也。

（录自《时事旬刊》1920年第2卷第27期）

时事月报

渤海舰队风潮

陈　言

月来，华北之重大事件，深为各方所注意者，除紧张中之察局外，厥惟渤海舰队风潮。兹为读者明了风潮底蕴计，特将事变真相分志如下：

舰队由来：渤海舰队，在民初原驻上海，嗣由程璧光、林葆怿率领投南，加入孙中山先生之护法运动，称西南舰队。程璧光死后，林葆怿辞职，西南舰队乃由温树德为司令。时吴佩孚崛起北庭，唆使粤舰北向，温树德为所惑，果率西南舰队驶入渤海，是为渤海舰队名称之由来。迨吴氏下野，渤海舰队移入东北，沈鸿烈任司令。东北事变后，渤海舰队驻青岛，仍由沈氏主之，中央并以沈兼青岛市长。

舰队实力：青岛渤海舰队所有舰艇，为海圻、海琛、肇和、楚豫、镇海、定海、江利、同安、威海等九艘，除海圻、海琛、肇和较有实力外，镇海、定海等舰，系由商轮改造，无甚实力可言，兹录各舰之实力如下表：

舰别	吨别	炮位	速率
海圻巡洋	四,三〇〇	二四	二四
海琛巡洋	二,九五〇	二〇	一九.五
镇海巡洋	三〇〇	一二	一四
威海巡洋	一,九〇〇	一四	一四

（续表）

舰别	吨别	炮位	速率
定海水雷母舰	七〇〇	一〇	一九
肇和巡洋	二,六〇〇	二四	二三
楚豫炮舰	七四〇	一二	一四
江和炮舰	五五〇	一〇	一四
同安炮舰	五〇〇	六	一四

事变爆发：六月二十四日，渤海舰队司令沈鸿烈由青岛大港码头乘轮赴镇海舰训话，同轮前往者，除随从史复生外，镇海舰炮正冯志冲亦在轮中。讵轮离码头未远，冯以手枪向沈射击，均未命中，史复生急趋前将冯推入水中。冯旋由公安局用杉板捞起，经海军司令部提讯后，即于廿五晨执行枪决。此事发生以后，冯之同党遂联合为倒沈运动。驻泊后海之海圻、海琛、肇和三舰，于二十六日自由行动，开出港外。

事变原因：此次事变原因，众说纷纷，莫衷一是：（1）沈氏自兼青岛市长后，海军干部中人，对青市各机关重要职员，莫不各思攫得一席，无如沈氏不予遂其所求；（2）海军军饷，积欠至四阅月之多，而沈肥己营私，财政不公开，对欠饷无法补救；（3）沈氏近来厉行禁烟，海军干部人员因玩忽职守被沈氏革职处分者，大有人在。积此数，沈氏结怨部属，由来已久，海军干部之倒沈酝酿，盖非一朝一夕之故矣。

事后处置：事变勃发后，中央方面，蒋委员长暨北平军分会，对此均甚注意，一时谣传，颇有离青舰队投奔伪国之谣，于是本事件更呈严重化。沈氏自遭此打击后，态度消极，即电中央请辞本兼各职，当由行政院决议准予辞去舰队司令一职。中央为明了实情起见，并电饬北平军分会查明真相，秉公处办。

逃舰南开：离青数舰初尚停泊荣成湾石岛一带，嗣即南开，七月初旬，逃舰在温州洋面发现，鱼贯南驶，于五日抵粤，请粤方收容。陈济棠即令三舰开入粤河，三舰于十日驶抵黄埔，十一日接收。三舰长官已赴省晤陈济棠，陈济棠表示三舰仍可拨归中央云。

（录自《时事月报》1933年第9卷第2期）

时事周报

呜呼中山舰

在此国难严重之时际中，而有两粤之内乱，此诚最令人痛心疾首，挥泪长涕者。本报前曾有至沉痛之论列。

虽然，今日更有令吾人伤物感兴、唏嘘太息不能自已者——中山舰已被炸沉矣。上海二十六日电"粤两陈海军激战于鸡澎列岛及大万山一带，陈济棠空军甚有威力，中国海军主力之中山舰，被三十架飞机包围炸沉于仙子岛……海陆空三方面，刻正激战中"云云。夫中山舰何物？在中华民国历史上至有历史价值之物也。民十一年六月十六日陈炯明之变，中山先生方至危急之际尚不肯离广州，左右诸人强之登此舰，因得于枪林弹雨中安全出港而走上海。中山在沪即设大总统府于舰上，徐徐重整旗鼓，一击而败陈逆，党基于焉再奠。乃以更今名，以志兹事、兹舰，并我先生之精神于不忘。呜呼，兹舰也，固先生之功臣，中国国民党之功臣，或中华全民众之功臣也。微此舰，所谓"孚威"或非今日之"孚威"，而"孚威"之威力或竟已被于今日之中国矣。然而今日兹舰已与吾人长辞。祥麟见获，而仲尼《春秋》笔绝，记者窃为中国国民党前途哭，更为中华民国前途哭。

"陈济棠空军甚有威力"一语，何其壮哉！惜乎此威力竟未用以发扬国光，震慑强寇。反之，沪上之战，惟见日人之飞机驰骋翱翔，我方空军未敢与一正视，致令全国第一精华地悉毁于爆炸机之下，遗广漠之败瓦颓垣以供国人挥泪凭吊。反之，东三省数十万义勇健儿具必死之心，持毛瑟土枪而起，因不得所谓甚有威力之空军的援助，致受制于数十分一之倭寇，血肉横飞，肝脑涂地者，不知若干人。反之，所谓甚有威力之空军，不以之炸毁日人主力舰、航空母舰等，反以炸毁我国海军第一主力舰——且为我国家、我国民党、我中山先生之忠勇功臣的主力舰。姑无论我国家财政艰窘建造军舰之不易，而中山舰实为中华民国之祥麟威凤。

"海陆空三方面刻正激战中"，足见我国革命军人之战术已进化为纯粹现代的立体化之战斗矣。惟是沪上之战，我方空军之无能已如上述，而海军竟不敢向日舰发一炮，形成海军单方面之妥协，海口反为日舰占据封锁，长江沿岸重镇更为日舰充塞；忠勇奋死之十九路军仅有平面之战斗与防御，结果遂亦不得不被迫而退也。呜呼！吾国家何尝有海军，何日曾有海军？"两陈海军激战"一语，或广播之误，抑报纸之斑！记者绝不信"中国有海军"。

"勇于私斗，怯于公愤"，岂中国之民族性耶？乃革命军人之专长耳！"圣人不死，大盗不止"，投此辈于有北之野，中国乃强乃治。中国何不幸而生此辈，中山舰何不幸而落于此辈之手。

中山舰以兴仁护国而得名，以内战而丧其身，善其始不克其终，人皆深为中山舰惜，然记者方遑惧于中山陵之将来。岂仅能为中山舰惜耶！

（录自《时事周报》1932年第2卷第10期）

海盗的中国海军

亡国奴

一个监察委员和全班海军将领打起来了，高老头子真乃威风。但是未免有些不度德，不量力，无异螳臂当车，所以结果弄得于胡子数落一顿后，海军大将陈绍宽要同他拼个你死我活。一封上中央的呈文，真是隽永有趣，读者幸勿把□错过。

纠纷的起因是高友唐过□时的一席感情冲动的"气话"。他说："十九路军孤军御侮，而海军袖手旁观，十九路军向之借高射炮不借，甚至一铁板亦不借……"他更说："陆战队不在舰上，而在福建种鸦片，仗势欺压人民……余等主张将海军根本取消，将船售予商家作商船……要知中国海军原不希望去打人，以二百只小艇防守海口，较胜于无用军舰多多……"云云，他还有一句

"海军与盐泽订立条约，相约炮弹不落舰上……"的话。这一句即无海军军爷们之声明，我们也敢断定忠勇的海军该不会这样。

数月来，国内各报责骂海军按军不动之文字，几乎汗牛充栋，但是高老头儿却来撞着钉子了。天地间就见小偷儿、滥娼妇乃至蝼蚁亦自有他的苦衷。遇事须得冷静些，客观些去观察，才不会使人委屈呀！高老头儿哪里知道这个？大家请来看一看海军雄辩高谈的大文罢：

大中华民国二十一年七月十七日我海军部以高老头子有意"破坏军誉""摇惑人心""干犯功令"特呈请究办——此亦历史上有趣的一页。

"事所云各节均属蓄意挑衅，侮辱政府……查中日未经实行宣战，海军未奉政府命令，安敢擅自行动……"云云，过后他又申明他们没有高射炮钢板。他说：纵有"亦不得私相授受"。后来海军部的谈锋愈犀利了："……在各国海军陆战队平时均不驻扎舰上……查军舰与商轮配置不同，以军舰改商轮，自难适用，至潜水艇购费，每艇亦须数百万元……况国家之设海军，不止在对外宣战时负防守之责，而绥靖江海，捍卫地方亦为当务之急……"过后他又报告其功绩，以抵御老高"无用"之论调道"本军各舰，历来勤奋，一闻盗警，星夜赴缘"云云。

咳！是的，中日并未实行"宣战"！而况政府又没有"命令"哪！这自然很不应当"私相授受"了。但是日本兵倒不能因为中国军未奉到命令，就不打进中国来，东北义勇军、马占山、丁超、李杜、十九路军等偏偏未奉到命令就打起来，国人偏偏要为他们喝彩，而不与专等命令的海军拍马屁。"陆战队平时不在舰上"一语，自然是高老头子说了外行话，然而外国陆战队种不种罂粟却倒是问题。"军舰改商轮"，高老头子更是说包了，而且会使海军的饭碗达到九十度的倾斜，况且日本军是"帝国皇家军"，并不是所谓"盗"，如果真个是"盗"，那我们的海军没有不"星夜赴援"的。总之，高老头皱皱的头皮上是碰了个羊角大钉。

在这里我又忆起了一段童话，姑把它诌在下面：

乡人某，有幼弟二。一日，其妇浣于河干，二弟嬉其侧，邻家无赖子某，来夺其玩具，二童奋抗之，虽不敌，气固壮也。其最幼者乃大呼若嫂曰："救！救……阿嫂……"嫂足纤纤艰于行，淡漠置之。童呼愈急，斗愈不支，嫂推诿之曰:"汝何人？吾未奉若兄命，敢为若援？"

呜呼！中国之海军原来只是要治海盗的。吾无以名之，名之曰"海盗的海军"。

（录自《时事周报》1932年第2卷第14期）

时兆月报

编遣会议与海军

编遣会议已于一月廿六日闭幕了。政府对于编制和遣散军队的各项大事，已定有相当具体的办法，这未始不是一桩福音。但是，这次担任海军事务的两位重要人物突然辞职，颇足令人注意。据说辞职的原因，是因为"海军总司令以为海军之建设，实有刻不容缓之势，故先后提出各项海军问题，对海军建设程序，至关重要……不意此种苦衷，未能得各方之注意及谅解"，故而灰心辞职。

我们用《圣经》预言的眼光看来，觉得现在各国虽充满了和平的呼声，但是备战的准备，确在积极进行。照世界的大势，我国也得扩张海军，以备不测。《圣经》说末世的时候，列国必大发怒气，急急预备战争，这样看来，现代世界的情形，不正是在那里应验上帝的预言么！

（录自《时兆月报》1929年第24卷第3期）

国府扩充海军计划

国府对扩充海军计划，现已与英国订定合同，由英国派海军专家来华襄助，谋海军之发展，同时，中国得派海军学生赴英见习。据闻国府已确定扩充海军计划，希望在最近之将来中国海军得与列强并驾齐驱。关于造舰方面，政府亦极重视，闻有巨舰数艘，将由英国承造。

（录自《时兆月报》1929年第24卷第8期）

实　报

萨镇冰

慎　言

吾闽最近十数年来，有道及"活菩萨"者，无不肃然起敬，下至穷乡僻壤，老弱妇孺，一闻"活菩萨"莅临，匪不膜拜顶礼，敬若神明。其人非他，乃海军上将萨镇冰（鼎铭）也。氏为海军耆宿，逊清时，历官显要，负一时众望，入民国，跻至阁揆。其生平政绩，凡熟于清末民初历史者，类能言之，兹所述乃氏清介高峻之人格，与夫克己利人主义，足励薄俗而正浇风。

氏于光绪丙子，以福州马江船政学校第一班毕业生，与刘子香（步蟾）、林凯士（泰曾）、严几道（复）诸公，同赴英国留学。氏入英国格林海军大学，归国，适李文忠公倡设水师学堂于天津，以严几道先生为总教习，氏为管轮班正教习。视学生如子弟，其功课佳者，辄出私物奖勉，凡书籍图册，零星小物，下至室中藤椅小镜之属，无不以作奖品。其同学罗稷臣先生，方客李文忠幕，一日造其居，环堵萧然，屋隅，置一军舰上所用窄小白木床，笑曰："君今陆居，乃御此床，勿乃不伦！"氏曰："吾在外习海军，今虽执教鞭仍不敢自逸其肢体，陆居仍似在海上时也。"罗闻而倾服。

李文忠整顿北洋海军，出任舰长，氏管带海圻、海筹各军舰，薪俸之外，应领公费，概不支取，积存之，备为舰中修理公物之用。某次，海圻军舰价值二万金之巨炮，炮手演习，误入木塞，弹炸膛裂，氏不上闻，捐俸分期赔偿。事后直督袁项城所闻，寄款代偿其值。氏所带各舰，纪律严明，修洁整饬，为全军冠。郑太夷先生过海筹军舰，赠以诗云："填胸山万仞，俗尘不能污。世人虽竞憎，久之情自露。彼曹无所守，披靡宁足数。愿君如烈日，光彩破积雾。平生畏若人，刚耿天所赋。追趋终不及，正坐溺世故。军中有韩范，敌国亦惊顾。一夫重九鼎，大事真可付。谁能尽其才，毋使叹迟暮。"当时，军舰将校薪俸较优，多习于奢，而氏独能硁硁自守。读郑公之诗，足知氏之气节见重于当时。

民六，冯河间继任大总统，重组内阁，特任氏为海疆巡阅使。驻粤期年，复命，报销不及二万元，谒段芝泉总理，段以龙济光巡阅广东，年报销三十余万元，以氏之报销，两相比较，乃不及十分之一，颇以为问。氏以实支实用，所费仅有此数，不能捏报。段钦其廉直，赠以紫貂一袭，氏拜而出，语人曰："吾一呢袍已足御冬，紫貂虽贵，于吾无所用。"乃转赠其挚友谢镜如先生。

曹锟时代，直奉战争，氏奉命率军舰赴秦皇岛助战，领公费五千元。事平，氏以一千元赏舰中兵役，过烟台，见海军医院及海军学校设备不周，将余款四千元悉数捐入而不敷尚巨，乃将本人在人寿保险公司所保寿险一万元商借而出，捐入补助。事为海部当局所闻，乃按期为之向公司代为纳费。

民十二，氏受命长闽。时军兴之后，民生凋敝，大军云集，供役烦苛。氏务为宽大，去其太甚者，不妄增一税，民困稍舒。顾以军权方张，未能尽其怀抱，军政长官虽数易，公悉推诚相与，咸以氏为硕德长者，无敢藐视。有谓氏为"好好先生"者，氏闻之不以为忤，实则氏不求不竞，消畛域于无形，桑梓已阴受其赐矣。以他人处氏地位则蹈瑕抵隙，早已被挤而去。既解组，致力社会慈善事业。丙寅冬，叛军张毅弃漳泉引军侵省城被堵，转窜南港，南港九十三乡横遭张军蹂躏，庐舍为墟。氏任赈济会长，躬勘灾区，日行二三十里，严冬溽暑，蛰居舟中，不以为苦。施赈之外，多方筹募巨款，以工代赈，开辟南通马路，建筑沂源兵房，先后成南通路、通商路、惠工路，以利商旅。自占雷罗厝，而至新板村，凡民房被毁者，悉为营构，无使失所，南港九十三乡乡民，戴氏之德，称之为"活菩萨"。民十七，为氏七十揽揆之辰，南港父老为氏建长寿亭于苏州桥，祝氏永寿。陈太傅（宝琛）时客故乡，闻氏赈恤兵灾，督工南港，风餐水宿，三历暑寒，尸祝之声，洋溢里党，邮祝以联云"弋楼左海尊耆德，歌颂南溪祝寿康"。时太傅年已八十一，氏之长德见重于乡前

辈者若此。（中略）

氏身历大官，不事家人生产。任海军副大臣时，在故都西城购一小房，南下后，即转赠友人。服御亦至俭约，平日布衣布履，严冬不御裘。在舰中上岸拜客，不随仆御役，尝造谒某总督，自持刺入，阍者不知其为军门。遇同人宴会不随舆马，席散，主人送客，氏持雨伞，杂众宾中安步当车而归。历任各显要，亲故远道来投，氏相其才能，赠资遣归，或资助其作小本营业，从无一人为谋位置。有病其矫情者，氏则谓海军系专门人才，未受海上训练，不能妄占海军位置，为国家重名器，亦所以杜干进也。程璧光长海部时，氏之族侄某，以某介绍函，备位部员，氏闻讯告程曰："吾侄学校尚未毕业，安可任事，以误其求学光阴。"程不得已免某职。氏复诫其侄曰："你在海校所习海事，岂可干进求官。簿书之属非子所习，子宜致力学问以求致用。侥幸一时，自毁前程，其愚不可及。"某闻愧怍，励志求学，海军校毕业，以高才生入通济练习舰练习，现已渐升为某舰舰长矣。

氏与夫人陈氏伉俪至笃，某年氏卧病烟台，夫人闻讯，自威海卫来视，被氏拒归。有议其不近人情者，氏则曰："疾病人所难免，吾居军中，不欲以妇人女子乱我心曲。"三十六岁悼亡，终身不娶，将子女寄养岳家。公子福均（小铭）既长，遣游学，毕业美国波都大学，现在职铁道部，服膺公诲，为世所推重。

氏为闽产，虽久在政界，操国语仍带闽腔，尤好用福州谚语，译为官话。某次在国务会议席上论及某事，氏屡言："拿筷子遮鼻子。"语既速，音不准。某国务委员不审所谓，退而叩闽籍某秘书长，某乃告萨总理所云"拿筷子遮鼻子"乃福州谚语"拿箸遮鼻"，即象征拿一根筷子，遮不住一个鼻子，事情欲盖弥彰也。某国务委员拊掌笑曰："萨总理所比喻极当，惜吾当时莫明其所以。"

氏今年七十八岁，精神矍铄，每夏常赴青岛避暑，今夏乃款段入故都。最近尤好吟咏，乡人有诗钟之集，公辄与会，尝见第二唱"休梦"句云"归休始觉微生乐，入梦犹惊北使艰"，第三唱"赤松"句云"只有赤心襄国事，可无松节见穷冬"，读此诗，足审公之寄慨。近日秋风渐厉，都人士大都易葛而绸，氏客故都，则衣白布衫青布履，不识氏者骤望之俨然若老司阍，不知即吾乡所尊为活菩萨也。

（录自《实报》1936年第22期）

曙 光

海军军官学校训练与生活

我国经八年艰难困苦的抗战，虽获得最后的胜利，然未来复兴建国的艰巨工作，厥有赖于建军的完成。在"建国必先建军"的口号下，尤须振兴海军。我国海岸辽阔绵长，必须有强大舰队、优秀海军，始能巩固海疆，无海防便是无国防。战前海军人才本已不多，舰只缺乏，且因战后损失，为数益少。胜利后盟国赠舰与赔偿舰只，亟须接收，驾驶返国。然人才不敷，至未能迅速实现。中央为解决困难，建设新海军，爰于三十四年十二月二十二日在青岛成立海军训练团，建立航海轮机、枪炮、船艺、电机、信号、电讯、雷达、罗经、炮火、指挥、修理、机械等专门科目，配备新式教育器材，设置教室三十余所，训育海军学员。后改为海军军官学校，成立军官补训班、接舰班、学员总队。训练至今将两周年，先后结业者由一至八期，人数约千余人，接收各种舰只七十余艘，计六万余吨。第九、十期，仍在受训中。

（录自《曙光》1947年第1卷第14期）

私立岭南大学校报

致海军第一舰队总司令部广州戒严司令海珠公安分局为科学演讲午后开船免误会函

径启者,敝校拟于本月二十三日晚在校内举行科学演讲会,由午后六时起,至十一时止,特备电船迎送中外来宾,来往长堤、沙面、花地、白鹤洞,及东山等处,相应函达。

司令　贵总司令　尚希

分局长

查照,并饬属知照,以免误会,至纫公谊,此致

私立岭南大学校长钟荣光
中华民国二十年十月二十二日

(录自《私立岭南大学校报》1931年第3卷第22期)

苏俄评论

同江俄舰示威

据江防海军舰队部得同江电告，俄军舰共十四艘，水面飞机六架，十九晨在三江口外演炮，华商轮船往乌黑江道者，均震恐停富锦，不敢下驶。

又据舰务局接同江县长张锡侯十九电称，俄军舰大型五艘，小型六艘，十八晚驶抵三江口外，大型舰泊同江对岸徐尔固，小型舰泊口外。十九晨飞机十架自伯力方面飞来，过我抚远县境上，降落徐尔固，来意不明。三江航路已断，情形紧张。十九同海亦来电，请暂停开黑、乌两江船班，十九官商各轮均已售出船票，临时停开。自黑河虎林船哈商轮船局急电阻止船回，令泊我岸候动静，海军江防部电泊依兰之利绥舰驶富锦一带侦察。

当此中苏会议未能得到结果，而俄国又有此种野性复发之非常举动，则此次会议之前途，将益形黯淡矣。

（录自《苏俄评论》1931年第1卷第1期）

苏农通讯

西沙群岛及南沙群岛
内政部接收专员郑资约在中大之演讲

三十六年二月十四日（星期二）下午二时，中央大学地理系敦请内政部郑资约先生来校作第二次学术演讲，讲题为"西沙群岛及南沙群岛"。郑先生最近代表内政部，会同广东省政府及海军当局，亲自前往接收西沙及南沙群岛，甫自该地返回南京。因此在演讲中，提出了许多可贵的材料，颇有供社会人士参考的价值。记者爰将其讲词之大要，撮记如后：

中国在南海中的疆土，包括东沙岛、西沙群岛、中沙群岛（原名南沙群岛）及南沙群岛（原名团沙群岛）。东沙岛在汕头正南一百八十海里，西沙群岛在琼林港（海南岛南端）东南方一百八十海里，中沙群岛在西沙群岛之东南，南沙群岛在琼林港正南五百余海里。其中以南沙群岛的范围最广，其最南端达北纬四度。西沙群岛次之。

西沙群岛及南沙群岛百分之九十九都是珊瑚岛。因为是珊瑚岛，所以岛的地势都很低，举例说，西沙群岛中最大的岛屿——永兴岛（英文原名Woody），平均高度只有五公尺。南沙群岛中最大的岛屿——太平岛（英文原名Itu Apa）平均高度不及四公尺。这样低的岛屿，在平时固然是航行上的障碍，在风暴时，船只也不能靠到岛旁去避风。有许多船只本身就比岛的地面高。西沙群岛及南沙群岛地近赤道，气候极热。例如太平岛上，去年十二月间三天中的记录，早晨六时平均华氏八十度，下午二时华氏八十五度。

诸岛上自然生长的植物,大部分是矮小的灌木,间或也有高大的椰子树和菠萝树。这里的气候适于农耕,但是土壤极松,下雨后,不久便蒸发尽了,而且土中富盐质,所以除红薯、杂粮外,其它农作物在这里是不宜种植的。现在,各岛上一点农产也没有,将来有人去居住,土壤改良后,也许可能生产。不过,这些岛的面积都是极小的,即使能够耕种,数量也不会大的。

岛上最大的动物是老鼠,在永兴岛上日本人残留的木房中,就有老鼠。在野外,还可以找到一些昆虫,如蝴蝶、蜥蜴等,地面上连蚂蚁都没有。我国海军部队这次接收时,带去了羊、牛、猪、鸡、鸭雌雄各一对,正在试验那里家畜是否能够生长。

两群岛今日最有经济价值的物产是水产和鸟粪。水产有海菜、海参、海星、海胆(像陆地上的蝟虫,惟形体更小)等,鱼类也很多,有石板鱼、乌贼等,海参在海边上随手就能拾到。其他还产虾、海螺、螃蟹、龟。龟最大的长径(自头至尾)有二尺余,重百余斤。离海面三四公尺的海底中,就可以找到许多正圆形的龟蛋。在海边上,有玳瑁和蚌壳(随处都有,最大的有二尺余长)。

到两群岛附近去捕鱼的,主要是海南岛人。这些渔人带了充足的食粮,到那里去住半年后,在夏季再顺着西南风回去。他们所带回去的,主要是龟、龟蛋和蚌壳,鱼因为容易腐臭,普通他们是不带回去的。这些渔人到西沙群岛去的多,到南沙群岛的少,他们都不在那里定居,所以,除东沙岛外,今日西沙、中沙、南沙群岛上是没有久居的人。

鸟粪也是富源之一,这种粪的主人是鹃鸟。鹃鸟是热带的飞禽,全身纯白,红嘴绿脚,外貌美丽,不过其肉却不好吃,这种鸟别无他用,只有它的粪有用。鸟粪在各岛上都有,其中以永兴岛上最多,一部分鸟粪已经被日人运去了。在今日所见最深的鸟粪有二十五公寸厚。鸟粪的粉末呈棕色,块状的呈深灰色,性质与智利产的相同,其中含有大量的磷。据统计,永兴岛上大概有磷二十几万吨,在战时被日人搬走了四五万吨。

日人在战时,是把东沙岛及中沙、西沙、南沙群岛,划归台湾的高雄管辖。胜利后,内政部将其划归广东省管辖。这次内政部会同广东省政府及海军当局,分乘四只军舰前往接收。海军当局并且选派了海军陆战队,留驻在西沙及南沙群岛上。

这些岛屿的面积狭小，但其价值极大。西沙、中沙及南沙群岛的位置恰在香港、新加坡、马尼拉之间，从香港到新加坡的东西二航道，都要经过这里，是三地之间交通必经之地。在战时，军略上当然是重要的据点。就是在平时，利用这交通上的地位，就可以筑成淡水、食粮及其他船只需要品的供给站，而且可以供给当地的气象情报。

胜利接收时，因不谙那里的气候，曾经二次遇风暴折回，第三次才侥幸到达。驻守在那里的部队已有无线电与国内联络，最近还要运去大量气象仪器，就地去观测气象。希望将来在那里能有几个好好的气象台，使我国在气象上，能控制南海。

将来要在海南岛的琼林港筑成一个大军港（桂代总司令最近去考察），再用太平、永兴二岛作前哨，我国南方的海疆，才能确有保障（拓风十四日寄，已载三十六年二月十七日《大公报》）。

（录自《苏农通讯》1947年第4期）

台湾月刊

痛话西沙（续）[1]

东　之

五、海上渔夫的"孤魂庙"

西沙群岛是一个良好的渔区，在各岛之周围浅海中，有海藻、海菜、海草、海绵、海参、海胆、珊瑚、蝶螺、蚌蛤、墨鱼、巢蟹、海龟、玳瑁、鱼虾、石斑贝等，由海南来的渔夫，当食粮不够的时候，就在这里捉龟拾蚌，当作食料。

海龟大的径长三四尺，重逾百斤，春夏之交，或七八月间上岸产卵，晚间极容易捕捉。其闭壳筋长约二三寸，渔夫晒干了，视同瑶柱。鱼类和海参、墨鱼，出产亦多。因渔人不能就地干制，不便运输，但取少量以供日常食用。

这里的渔夫大都来自海南的三亚、榆林诸港，依《海南岛志》的记载，海南岛的远洋渔业，大多以清澜、新村、榆林、三亚等港为根据地，分赴西沙群岛及其他远海。前台湾总督府官房调查课的调查报告，也说中国的渔船，常到这里汲取饮料水，或采取燃料。

这些海南岛来的渔船，每次总是三两只，每船可以容纳渔夫二十余人，他们以西沙群岛为临时根据地，每月出发采捕二次。出发的时间，多在夜间风恬浪静的时候。各船备有小艇若干艘，船到了捕鱼的地点，就将小艇放落海中，

---

〔1〕前缺。

艇燃火柴，使母船能够看见，易于照料。并备螺角，遇有危急的时候，便吹了起来，以便母船前往救济。捕鱼沿用旧法，或钓钩，或网围。渔夫捕得的鱼，各人都作记号，以便计量分资。

这些渔船的组织有客官、船主、渔夫之分。客官就是贷款给船主经营渔业的人，他所放的款项，约为船值的三分之二。某船由某客官放款，则这船所捕获的鱼，就由某客官收买，不得转卖他人。至于船主和渔夫，他们是将所捕得的鱼，分作三份，船主得三分之一，余则除去伙食及每担鱼用盐五十斤价值外，概归渔夫所有。

这些远洋渔船多顺着风向往返，在夏季六七月南西信风时，由渔捞地回海南，至十一二月北东信风时，再往目的地，就以该地附近岛屿或陆港，作临时根据地。他们停留在海南的时节，不事渔捞，专干些修补渔船渔具及其他准备工作，所以他们实际从事捞渔的时期，一年不及半载，而在渔期中，则当将往返数次。

我们已知道，西沙群岛是风雨无常的地方，每当小艇落海捕鱼的时候，渔夫们常冒着生命的危险。所以当渔船出海的时候，大家意志非常团结，若遇风浪，各船不分彼此，互相救济。对于遇难者的家属，依照惯例，船主也必须酌给抚恤金。

据民国十七年广东省西沙群岛调查团的记载："林岛（即多树岛）中原有海南人所建的孤魂庙一所，高阔约六尺，其年代不可考。"可见，海南岛的渔夫在西沙群岛捕鱼已有很长远的历史，并且曾牺牲过不少生命，可惜这历史的建筑物被日人摧毁了（东沙岛渔民建筑的天后宫也是被日人摧毁的）。

六、一支插曲

中国政府正式调查群岛，是光绪三十三年（公元一九〇七年）间的事，为什么满清政府在这时候注意西沙群岛呢？其中有一支插曲。

公元一九〇一年，台湾日商西泽吉次向日本购买一艘二桅船，当这船从日本扬帆南下时，因船主不明风涛，误航到琉球之南的鸭依鸭口岛，再从该岛续航时，又遇飓风，一吹就被吹到东沙岛。当时东沙岛上没有固定的居民，船主为了镇压船只，带了一些岛沙在船上，当船到基隆后，西泽看见了船上的沙土和一般沙土不同，化验的结果，知道含有磷质，于是就带了原船的水手南下寻找。

西泽吉次正式经营东沙岛是在一九〇七年的夏间——即光绪三十三年。他到东沙岛，携带了工人一百二十名及各种器具材料。他们到东沙岛事先没有通知中国政府，反而赶走了中国渔民，并毁灭了中国渔民在岛上建筑的天后宫。中国渔民向政府报告，政府虽然知道这件事，尚未采取适当的步骤。嗣因英国驻广州总领事傅夏礼，致函广东省洋务委员温宗尧，谓"英政府拟在蒲拉他士岛建立灯塔，请确查该岛是否中国属岛"。这才引起清政府的迫切注意，除由温委员函复该岛确系中国所属之外，即派专员乘飞鹰军舰，前往东沙岛实地查勘。

查勘人员到了东沙岛，才知该地全是日人和台人，而我国所派去的人只懂中文和英文，因此交涉不得要领。仅据该舰黄管带复称："蒲拉他士岛，即东沙岛，现被日人更名为西泽岛，有日人居此，寻觅沙鱼龟鱼，并采取岛上鸟粪，用为田料，质佳价昂。该处已设有小铁路、电话，并木码头、小火轮、小舢板等件，以便起运货物。至我渔民前建之天后庙，业被毁去灭迹，间有渔船到此，亦被驱逐。"

当时，两广总督张之洞以调查尚未尽详，乃加派人员前往续勘。据续勘的结果，报称："该处确被日商西泽偷占，潜派工人来岛经营，毁折庙宇，掘池灭迹，霸取屯粮，驱逐渔船，频年所为殊属不合。"于是张之洞乃据理与日本领事交涉，日本领事的答复：

"该岛原不属日，彼政府亦无占领之意，惟当认为无主荒岛。倘中国认该岛为辖境，须有地方志书，及该岛应归何官何营管辖确据，以便将此等证据，电彼外部办理。至西泽经营该岛，本系商人合股营业，已费甚巨，日政府亦曾预闻，应有保护之责。"

其后许多次的交涉，日领始承认东沙岛是中国的领土。而我国以毫银十六万元，购买西泽氏岛上的设备；西泽氏以毫银三万元，作为渔船、庙宇、税项之赔偿。对抵以毫银十三万元交付，一场风波，方告平息。

由于东沙岛的教训，引起了政府对西沙群岛的关怀。

七、后任总督不感兴趣

张人骏接张之洞任两广总督，在光绪三十三年秋，那时正是东沙岛交涉的重要关头，张督下车伊始，就碰到这样重大的事件，这是促使注意领土问题的一个主要原因。

西沙群岛虽是中国的领土，而清政府对那地方的认识始终是模糊的，于是第一步先派人去调查。第一个由中国政府委派正式到西沙群岛去调查的，是广东赤溪协副将吴敬荣。根据他的报告，才知道西沙群岛的全貌。

第二步，拟定调查及开发计划。宣统元年（一九〇九年）三月，粤督张人骏设立西沙群岛开发筹备处，委派分发热河知县王秉恩为总办，候补道李哲濬为会办，开始作实地调查的准备工作，拟定调查大纲十条，主要事项有四：

（一）测量各岛并详查其纬度、面积、地势、海岸线、潮汐、气候、风向、船路、各岛间的距离，至三亚、榆林、崖州之船路等。

（二）分别调查各岛情形，并研讨修筑房屋、造路、敷设轨道及磷酸制造贩卖办法。

（三）调查土壤，计划栽培事业。

（四）调查榆林港情形，筹划开辟以作经营西沙群岛的中心地。

第三步，王秉恩、吴敬荣等于是年四月一日随带测量师、化学师、建筑师、医师及商人等共一百七十余人，分乘伏波、琛航、广金三军舰出发调查，水师提督李准亦偕行。经香港、榆林港稍作勾留，十八日到甘泉岛，历二十二日的调查测□，并拟定各岛名称，绘成总分图，极力向清廷奏请，赶快经营，其奏议主要内容如下：

（一）西沙群岛系由十五个岛联成，大小远近，各不相同，位于琼崖之东南，为欧华往来之要冲、中国南部之重要门户，倘不着手经营，必为外人觊觎，而酿成种种问题。

（二）西沙群岛多磷矿，系由数千年之动物质所堆成，含有多量磷质，最适于作肥料用。

（三）西沙群岛孤悬海外，既无饮料水，又无食料品，亦无轮船停泊处。为各项之连络，必须以接近该岛之榆林港及三亚港两港，作为开发之根据地。

（四）于该群岛设置停船坞、无线电台及测候站。

但张人骏奏报未久，即行卸任，继任总督袁树勋对此毫无兴趣，筹备处裁撤，开发计划也没有施行。

八、幕后有鬼

民国六年（一九一七年），广东商人何承恩曾向广东省长公署呈请承办西沙群岛磷质，那时广东省财政厅认为磷质为磷矿，应照呈请采矿程序办理，未照准。其后又有邓壮瀛、梁国之（梁乃日人冒闽籍）请求开采权，均未得到许可。而同年六月，有一个日本人平田末治，因为打捞沉船及采取海人草[注一]，于六月六日向东沙岛航行途中，遭遇到暴风，漂流了十七天，到达西沙群岛。在日人的记载中，平田末治是日人到西沙群岛的第一人。

平田到达了西沙群岛，发现西沙群岛有丰富的磷矿，就开始在各岛做了一次普遍地调查，第二年（一九一八年）三月，又和南兴实业公司的职员，在小柳七四郎及斋藤庄四郎二人指导协助下，再到西沙群岛，作更进一步的勘测，并计划着手开采磷矿的方针。九月，由植哲氏率领了大批工人，正式动工，这工作一直维持到民国十六年六月。

日本人经营西沙群岛的策略是这样的：一面收买不肖的在国商人，出面筹集资金，拟订计划，组织公司，向政府请求开采权；一面不顾中国政府答应与否，在台湾琉球召集大批劳工，以低廉的代价运到西沙群岛，从事开发工作。据最近从俘虏回省，一向在西沙群岛测候所工作的林奉来君告笔者，这种磷矿开采工作，至为艰苦，前后在该岛做苦工的本省人共有数千，埋骨在那里的也很不少，现在该岛上有本省人的祠庙。

中国政府第一个（也是唯一的一个）批准取得西沙开采权的，是广东香山县商人何瑞年，而实际上操纵何氏的是日本台湾专卖局局长池田。

何瑞年于民国十年，向内政部呈明，集资五万元，组织"广东崖西沙群岛实业无限公司"，请求承领开办西沙群岛垦殖、采矿、渔业各项权益，经饬由崖县发给承垦证书。以后又并案取得昌江港外港水洲的渔垦权，而实际上从事工作的是日人的南兴实业公司。

何瑞年所经营的公司由日人幕后操纵的消息，当然瞒不过海南渔人。广东人士对这件事，啧有烦言，乃由崖县派委员陈明华氏前往查看。在陈氏的报告中，我们可知道些当时日人开采的情形：

"兹查据由文昌、琼东、乐昌等处前往捕鱼渔夫报称：该处每年有日人私往采矿，本委员曾巡视吕岛、甘泉岛，发现有麻袋三百余只，笔岛（珊瑚岛）

有四百余只，外净磷堆积有十余处……此次同往之南兴丸中，除陈介叔及测量生与委员外，其余均日人及台人。"

陈明华的报告发表之后，引起广东省各团体及海外侨民对该公司的激烈反对。经过省署几次考虑及调查之后，乃取消何瑞年的承垦证书。该公司取消后，有冯锦江、谢秉岳、黄耀武、李德先等先后申请采掘，均未许可。民国十二年，何瑞年又据种种理由，仍请领垦，而政府再度照准。这种情形，当然遭受各方面的反对，且该公司自经营后，迄未交纳矿产税，亦未呈报营业状况，至十五年十一月，政府再度撤销其领垦权。其后又有冯英彪声请领垦，据说也是受日人暗中策动，故亦未获准许。

在日人经营西沙群岛的时期中，对于西沙群岛的情形，曾经做过一次详细的调查。民国十一年（一九二二年），台湾总督田健治郎派殖产局矿务课技师高桥春吉、农务课技师小野勇五郎等，调查西沙群岛磷矿。他们于三月十八日由台北出发，中途经高雄、香港稍作勾留，廿九日到达群岛中的甘泉岛，自三月三十日至四月二十三日，一共工作了二十四天，在各岛采取标本，测量和调查，并将在各岛取得的矿砂，送日本中央研究所分析。十月九日，依据试验的答复，他们做了一个详细的报告，其要点如下：

（一）位置　本岛距离台湾、高雄七百浬，距海南岛约三百八十浬（这数字和我国所发表的不符），洋上散布着大小二十余小岛。

（二）矿物　海鸟粪及其变成物。

（三）矿量　可以测量得到的十一个岛的矿量为九十七万八千余吨。

（四）品位　平均含有磷酸量占二五.八%，比输入日本的外国优良磷矿，质地较差，但其不纯物少，这是一个优点。

（五）利用　主要的用途是做磷肥，因为它比南洋产的磷矿，含有丰富的窒素和比较多量的可溶性磷酸，可以当直接肥料用。

（六）用费　从西沙岛运一吨磷矿到神户，用费当在拾圆左右，而当时日本的市价，为每吨二十元，无利可图。

（七）缺点　磷矿散于各岛，采掘搬运，很不便利。

这本六万余言的报告书，除了研究西沙群岛磷矿的成分、矿量的估计，及矿产的价值和利用等项外，并且还附了十二幅地图，计有金银岛、甘泉岛、珊瑚岛、伏波岛、琛航岛、林岛、石岛、树岛、北岛、中岛、南岛、林康岛。各岛地形，从图中可以一目了然。

九、我们自己的调查

依据国人的记载，日人在西沙群岛停止采掘工作是在民国十七年春，也许实际上日人停止工作的时间，可能更早一些（肥料公司的记载是十六年六月停工的）。因为当十七年夏我们的调查团到达该岛时，不但工作已停止，而且岛上所有的日台人员也全部都离开了，岛上所遗留下的东西，一部分已经损毁。可是，在以后日人在岛上树立的碑文却说："昭和四年（民十八年）暂时停止工作。"

日人停止工作的原因，是因为受世界经济不景气的影响，西沙群岛的生产敌不过南洋和美洲的倾销。所以在民国二十六年（一九三七年）十月，中日战争发生，外洋磷肥停止供给，他们又重新开始工作。

民国十七年春，戴季陶氏发起组织"粤省西沙群岛考察团"，由中山大学农学院院长丁□充任团长，团员包括广东南区善后公署技师、中山大学教授、建设厅技正、粤省水产公司经理陈同白、盐务局长朱廷祐和现任台湾博物馆馆长陈兼善等二十余人，于五月间自广州出发。在他们出发之前，只有一点极不详细的关于该岛的资料，后来还是由香港总督府借到《全中国海图》，才知道一些海风和气候的情形。他们所用的各岛的名称，和清宣统元年调查团所用的名称不同，就是因为他们是用外国海图的缘故。

他们在西沙群岛的时间很短促，往返时间只半个月，所到的地方，仅林岛、石岛、灯擎岛（即琛航岛）、掌岛（即广金岛）四个岛，其他尚有十几个岛，因轮船不能停泊，所以没有登陆踏勘。

关于这四个岛的概况，他们有详细的报告，这篇报告《海南岛志》（民国二十三年神州国光社版）和《广东全省地方纪要》（民国二十三年广东民政厅编印）都会刊载，且为日人译为日文。今年（民三十六年）二月三日上海《申报》登载了一篇介绍西沙群岛的专论，也是以这篇报告为蓝本。

关于岛上鸟粪的分析研究，朱庭祐先生在民国十七年《两广地质调查所年报》第一卷，发表了一篇专论《西沙群岛鸟粪》有详细的记载，兹节录一段于后，俾读者得知梗概：

"鸟粪之分布，在林岛成一薄层，覆于表面，平均约厚〇.二五公尺，多数为褐色粉末。其凝结成块者，面作灰色，内亦作褐色，但形式无定，重量不一，每块自一磅以下，至数十磅，鲜有极大者。鸟粪之下，即为珊瑚遗骸及介壳之碎片。石岛之上，亦有鸟粪，但散布不匀，厚度不一。灯擎岛与掌岛，均稍有鸟粪。此种鸟粪，其来源为热带鸟类之排泄物，盖鸟之栖息于此者，千万成群，捕海中之鱼以为生，而遗其粪于岛上，虽一部分不免溶解，但经长时期之堆积，其量甚多。今一入其境，即有一种异臭触鼻，为鸟粪所独具者，可为一证。"

关于鸟粪的成分，经中山大学化学系陈宗南先生派人分析，得有精确的结果，兹将其平均数字录列于左：

水分（Moisture Heated 100–105）	五.二〇%
灰（Ash）	六九.八九%
无水磷酸（P_2O_5）	一〇.八八%
淡（N）	一一.三八%

这个数字和日本人所调查分析的数字，略有出入，留待专家研究。

关于鸟粪的储量，据民十七年调查团的计算，仅林岛所有为二二三,五五〇吨，其已经开采的为四八,〇〇〇吨，对除之后，知岛上未开采的鸟粪尚有一七五,〇五〇吨。而据民十一年日人的计算，西沙群岛十一个岛上的储藏量为九七八,〇〇〇吨，这数字是否可靠，尚待研究。另据日本磷矿会社的勘测，林岛及石岛的矿量，共约八万吨，已经开采的，仅林岛一部分，约为上述藏量之半。在开采期间，因运输船舶之缺乏，已采矿石，多无法运去，致历年亏本。当前年本省肥料公司接收日人磷矿会社的时候，据档案中的记载，存在该群岛的矿石，尚有二万四千余吨，此外存在东沙岛及团沙群岛的，亦达五千吨。

（注一）海人草，是东沙岛海滨的一种海草，可以制药。这草随采随生，年可收获，日人每于三月至七月，风平浪静之际，雇用渔舟，来此偷采。

（录自《台湾月刊》1947年第7期）

天文台

纪赴英贺加冕副使陈绍宽

浩 瀚

现任海军部长陈绍宽，福州下螺乡人，年近五十未娶，人有疑其或存隐疾而不能人道者。其实不然，盖盲者不忘视，跛者不忘行，反之不视不行者，亦不能便谓之为盲且跛也。陈氏初为故海军上将杜锡珪之爱将，奖掖备至。当北洋政府时，李鼎新长海军，陈氏为海军部副官，年少有志，且勤于学，遂得派赴英伦深造。回国后，受不次迁，擢任江字号舰长。吴子玉攻岳州之役，杜锡珪以长江舰队司令率舰会同作战，陈氏所长之舰首先开炮，破中国海军参加战役开炮之纪录，是次即以功升充海圻舰长焉。后杨树庄为海军总司令，陈氏即接任长江舰队司令。杨继主闽兼长海部，海部事不能兼顾，陈氏乃以次长代理部务，江海楼船，咸归其掌握矣。当革命军之出长江也，杨树庄率舰集中吴淞口三夹水，连樯接艟，遥为声援，陈氏率第二舰队在湖口首先响应，斯为蒋陈结合之始。后孙传芳率大军由瓜洲偷渡长江，进逼首都，党国危殆，岌岌不可终日，幸得白健生率七军在龙潭攻其前，陈氏率舰在江上袭其后，孙军遂溃死于水者二万余人。综此二役，胥为民国史册上不可磨灭之一页。陈氏之有今日，岂偶然哉？"一·二八"淞沪抗战，日本舰队满布黄浦江滨，中国舰队徘徊于其间者，亦有七八艘，但始终未持敌对态度。陈氏负海军全责，论者遂以此病之，不知陈固有难言之隐在也。氏个性谨悙，绝对服从上官，自长海部以来，凡中国内战，未闻海军有左右袒任何方之事。

氏之指挥若定，与有力焉。氏精力过人，常识亦极丰富，蒋委座遇有国际宴会，每喜召氏代为布置客座。盖在国际宴会礼仪中，对于来宾之国籍、交谊、个性、以及其身材之高矮、年龄之老少，均须熟审于胸中，然后于客座之排列，方能各得其宜，往往有穷一日一夜之力始能毕事者，其繁复可知。而氏能优为之，人以是拟之为"水准副官长"云。氏自入海军，未尝穿便服，身御制服，数十年如一日，即此一端足以知其守法之个性矣。此次以副使头衔佐孔专使出国，酬酢于国际巨卿名流之间，自必动定恰到好处，为国家增光，为友荣邦坚信好，可预卜也。

（录自《天文台》1937年第40期）

陈策不忘虎门

逢 直

虎门不战而失，闻者恸之，而陈筹硕司令更□痛恨。比闻尚有残散队伍，集结于东莞各地，以游击战打击×人者，实有数千之众，皆为陈司令旧部不愿随郭思演司令撤退者。陈氏去电慰勉，谆嘱为国努力，不宜自弃，并分电中央军事当局，与四路军总司令部，请予派员统一指挥，及接济粮服。经中央驻港某大员拨款若干元，作为该部队饷糈，又给补充被服若干，而四路军总部亦派陈以麟前来负责指挥。饷糈既足，指挥灵活，故在怀德、赤岗、上三门、下三门以及东莞城郊诸役，大小数十战，消耗×人不少力量。东莞县城虽然不守，城外则皆在该部与守卫团队控制之下，使×不易进展，善战可嘉。而陈司令养疴香港，时刻未忘虎门，甚愿该部勿负爱护之诚，继续奋斗，有以慰陈司令之望。陈筹硕司令为粤海宿将，民国廿五年秋来任虎门要塞司令，今年七月，以足疾复发，调任军事参议院□将参议，何期三个月间，桃花人面，风景全非，有心人不能不痛哭流涕也。

（录自《天文台》1938年第216期）

天文台小报告

　　闽省当局以日前海防吃紧，为防范万一计，特将福州各机关悉数迁往上游，主席陈仪坐镇福州。马江要塞司令李世甲，镇守马尾。

（录自《天文台》1939年第253期）

通俗周报

海军部又出了受贿案

财政部受贿、交通部受贿、收买存土受贿，这三大受贿案，还没有了结，海军部又出了一大受贿案。上海造船所，建造于前清时代，价钱大约要值二千四百万元，本来附属于上海制造局，后来改归海军部管理。前年曾有人建议，想拿一千六百万元把该所卖掉，袁氏还不准。现在由海军次长曹嘉祥经手，卖把某国人，价钱只一千万元，居然已经国务会议通过。听说该所卖出，实在价钱是一千五百万元，从中侵吞的竟然有五百万元之多（这段新闻见天津某报）。

（录自《通俗周报》1917年第6期）

通问报

内务部准设水师学堂电

□水巡总稽查鉴□□悉，兴办学堂既经筹有款项，应准开办，详细章程须速送核定内务部□印。

（录自《通问报》1912年第523期）

大总统命令
十一月初四日临时大总统命令

刘冠雄授为海军上将　此令
汤芗铭授为海军中将　此令

（录自《通问报》1912年第525期）

刘总长振兴海军之计划

北京电云：海军总长刘冠雄条陈□□海军计划。□先培植合格海军将校。其办法先遣送海军士官候补生，至各国肄业海军之学，一方面于重要各口岸，分建海军大学及海军专门学校，延聘外国海军专家教习。拟于天津建设海军大学一所，其余如南京、福建等处，均分设海军专门学校，至海军预备学校，则烟台、香山二处，应各设一所。又谓大沽有沙洲，于战舰出入，大有危险，即拟设法开浚，以除阻碍。最后又提议筑葫芦岛为海港，扬子江一带军事重要地点，修筑炮台，并改组福建船厂等情。大总统阅后，交通率办事处研究会详细研究。所陈各条，均系兴复海军必要之举。但目前财政困难，同时并举，财力有所不及，准先作育海军人才，以为将来任用之地，余缓办。

（录自《通问报》1914年第609期）

陈绍宽来沪谈话

庐山会议海军曾有提案　　法占九岛确与西沙连带

　　海军部长兼江南造船所长陈绍宽氏，前出席庐山会议返京。昨日乘车由京到沪，下车后即至高昌庙江南造船所办公。记者趋晤，与作谈话如次：

　　▲庐山会议　　陈氏谓：庐山会议本人固往参与，方于一日返京。惟所讨论乃军事部分，海军亦有数提案，惟事关军事国防，故未容发表。至于政治方面如察省等问题，蒋委员长及汪院长早已颁发通电，毋庸余再为说明。

　　▲法占九岛　　法人占据琼崖小岛，现中央已令粤省详查。今此事既由中央令粤办理，故海军并未派舰前往彻查，俟查明后再定交涉步骤。惟该九岛在西沙附近，确与西沙有连带关系，为中国所属。且我人最早发现，至今我国渔民居住该岛仍甚多。记者叩以法人现在该岛悬法旗，确否？陈氏称是。

　　▲海军医院　　津海军医院，曩于李鸿章时代，即为海军机关。旋法人在津关租界，因系衙门，故未圈入。迨民元满清推翻，刘冠雄长海军，成立海军部，该产遂归海部管辖。今被人盗卖，法方拆屋捕人态度，非常强硬。虽然海部曾派人赴津调查，但目下此事已呈行政院转令外交部办理，现正竭力交涉中。

　　▲造船一束　　海军经费，仍如前未有增加，宁海舰造费，尚有三十余万未清，开沪系来检验，盖订造时订定一年后检验无差，承造与令造责任，即为完了。平海舰因经费关系，难定完成确期。威宁、肃宁准本年双十节下水，建筑中之船坞，预计明年二月间竣工。练队司令陈训泳在京会操，大约二三星期方能操毕。余俟所务办了，明日即返京云云。

（录自《通问报》1933年第1551期）

日本拟占华南小岛

法占九岛之外　尚有许多小岛　日本准备占领
李准谈我占西沙群岛时情形

国联社九日东京电　外务省因查知除法政府宣言占领之九岛以外,南海方面,更有为日国民被发现之岛屿,拟于早时宣言占领,现与关系方面进行手续中。该岛亦在法占领之九岛附近,鸟的岛、林肯岛、诺斯登细亚岛、布拉德岛、南射岛、西约岛、南无意岛是也。又电通社九日东京电,自法国宣言先占六小岛后,此外在南海所属不明者,尚有多数,已络绎报告外务省。外务当局因痛感较迟,经与海军当局讨论后,不久将积极的表示意思如下:(一)自大正七年五月至九月,池田真藏与小松重利等探险中国南方海面时,曾发现林肯、北险、拂拉脱、那那亨及鸟台等五岛;(一)大正九年五月,斋藤英吉等三人,于北纬十度东经百十四度地点,发现十二无人岛,且认包藏丰富之磷矿;(一)拉萨磷矿公司所经营之岛,在法国宣言先占之六岛外,且尚有双子岛、西青岛及南小岛等三岛。

我国占领西沙群岛往事谈

天津电　李准发表清光绪三十三年四月,奉前粤督张人骏派赴西沙群岛一带探险,携海军分统林国祥等数百人同行,历廿余日,共发现十四岛,所至鸣炮升旗,勒石树桅。四月十二号到珊瑚岛,见有一八五〇年德人探险刻石,李特命名伏波岛。此外各岛,并予定名,由海军测绘生画制详图,呈海陆军部及军机处,有样据。李断定法占各岛,实有彼所到之岛在内,希望政府调卷详查,又云:当年随员生存者,有海军管带刘义宽,现在闽参赞,王仁棠在沪,年均过六十,可征询。

法国答复日本占领九岛牒

日联社九日东京电　法国政府宣言占领南海九岛后,日外务省训令驻法大使长冈调查本问题真相。至八日外务省接到如次法国政府之回答:法国政府因认南海九岛为无主物,故占领之。从来法国船舶航行越南方面者,在航路上感种种不便,故在九岛建筑灯塔工作以便各船航行。此项工作进行时即于一九三〇年英国政府有所询问，法政府对之答以理由，其后英政府及其他国家未致任何照会。而至今日，法国政府并无在该岛建设军事的设置之意，而日本在该九岛之经济利益当应保护，特此通告。

（录自《通问报》1933年第1552期）

粤开发东沙岛

香港电　粤开发东沙岛人员数十，乘福游舰出发，因天气不佳，留港多日。定二十五开往，将在该岛设海产管理处，委梁权为主任。琼崖增设三县，四月可实现（廿四日专电）。

（录自《通问报》1935年第1632期）

宁海舰南下入港　将率海圻、海琛北返
海部某要人谈海军本应统一　圻、琛两舰即将归还海军建制

本报上海廿二日电　港讯　海圻、海琛两舰，昨离港北上后，以故仍折回九龙。同时闽厦之海容、海筹及通济等五舰，亦先后驶入港海。又海次陈季良、海部英顾问推斯，均已随宁海舰入港。又香港二十二日电，宁海舰南来，二十一日深夜入港，二十二日晨二时，泊九龙湾海面。八时，港海军司令薛域派参谋长往访海次陈季良，九时双方互鸣礼炮致敬。代督萧顿，亦于正午十二时半，到舰拜会。闻宁海舰添足煤水，即率海圻、海琛北返。又京讯，驻粤海军海圻、海琛、肇和三舰，因饷项纠纷，于十五日突相率离粤，肇和以轮机损坏，临时未行，各情连日已见报端。中央自得陈济棠及逃舰报告后，即派现在海上演习之军舰前往监视，以免发生意外。而好事者乃造作谣言，意存挑拨，妄谓中央为事先招致，且有封锁广州之谰言。不知军舰乃国家所有，初不能以停泊地点而分畛域。记者顷以此次事变之原因，叩诸海军某要人。据云：海军本应统一，一律听命中央，归海部管辖。世界各国，凡有海军者，无不如是。吾国海军，因种种复杂情形，未能纳入常轨，致成畸形之局。此次圻、琛两舰，闻将归还海军建制，实现海军统一，刻已派现在

海上演习之军舰，前往处理云。

（录自《通问报》1935年第1645期）

圻、琛两舰将北归

廿七日香港电　陈季良二十七日谈，圻、琛表示服从中央，故毋庸缴械及更调员兵，一二日内随时可随宁海北归。海容、海筹系出海演习，将驶回港外，一同北返。圻、琛已接两代表由京来电，报告接洽圆满，决以补充煤水，即随宁海北上。通济二十七晨先离港，圻、琛二十七日释粤籍学生二十五人。又云：陈济棠俟姜西园对圻、琛逃逸，事前不知情，二十六日下令释姜。姜料理私事后，即离粤，杨超伦仍在扣留中。又云：南京军舰四艘，现已驶离香港，留港者仅为宁海与海圻、海琛等三舰。通济舰今日开赴厦门，海容、海筹则起碇北上，似往南京。昨日甫抵此间之应瑞舰，今日亦鼓轮北上，至于宁海与二叛舰间之地位，则现无所闻。又云：海圻、海琛两舰北归事，已完全解决，两舰二十八日可随宁海舰离港北返。海容、海筹、应瑞三舰，二十六日晚已驶出港海。通济舰二十七日晨离港赴厦。

（录自《通问报》1935年第1646期）

驻粤军舰近况

路透社二十九日香港电　南京军舰四艘于星期四日开离香港，初以为乃往北方，兹复驶回，盖仅至大鹏湾操练耳。关于二逃舰之讨论，闻刻仍在进行中。宁海号现候中央命令，以定行止。海容、海筹二舰现复泊于香港口外，显防二逃舰之再图逃逸也。

（录自《通问报》1935年第1646期）

林主席乘中山舰返京

沿途灾情甚重至为轸念　希望人民一致努力救灾

八日南京电　林主席八日晨九时，偕吕超、陈训咏、毛仲芳、萧芹等，由苏乘中山舰抵京。事前海长陈绍宽亲自在海军码头照料，首都警宪机关派宪警在下关沿江一带戒备，国府派乐队及侍卫队一队在码头前鹄候。中央各机关长官到码头恭迎者，计有汪院长、朱培德、马超俊、陈焯、陈其采、魏怀等暨各机关代表。国府文、参、主三处高级职员共约三百余人。舰于九时十分驶抵下关江心，停泊江面之海容、海筹、应瑞三舰，均鸣礼炮以示欢迎。九时三十分，舰停海军码头，汪暨各机关长官均鱼贯登舰谒见主席问安，主席即在客厅内接见汪院长暨各欢迎人员，并一一握手表示谢意。九时四十分，主席离舰登岸，中山舰军士在舰门口列队奏国歌致敬，各欢迎人员随主席离舰。（下略）

（录自《通问报》1935年第1656期）

任命陈绍宽为海军上将

三日南京电　行政院三日晨九时，开第二二八次会议，出席汪兆铭、孔祥熙、何应钦、陈绍宽、陈公博、王世杰、黄慕松、陈树人、刘瑞恒等。汪院长主席。

（录自《通问报》1935年第1656期）

粤海军将北驶

海圻、海琛等舰将随海筹舰归队

本报香港二十四日电　中央对粤军政、财政、海军，决将予以彻底整理或改革。余汉谋今日续与中央各要人谈商粤省善后问题。海军次长陈季良昨由厦乘海筹舰抵港，当晚赴省。今晨与余汉谋、张之英会晤，谈粤海军北驶问题。此事将由陈策全权处理，预料粤舰海圻、海琛等各舰将随海筹、逸仙等北驶归队，统一海军指挥。粤省主席林云陔有表示引退意，中央在挽留中，桂事可望和平解决，详细善后办法，现正在商洽。余汉谋晨在燕塘军校与钱大钧、缪培南续谈，对粤编制，决依照昨晚各将领谈话会所决定之原则办理。即原有各军编制无变更，燕塘军校改组，各军军费照旧，军额不足之数，由各种特种部队兵额作补充。财政方面，决先实行大洋制，设中央银行分行，港币晨再跌。警备师之叛变已被压平。

（录自《通问报》1936年第1699期）

统计月刊

海军将校尉授职员数表

官阶			元年	二年	三年	四年	五年	六年
上等官		上将	二	二	二	二	二	二
	中将及相当官	中将	五	六	一〇	九	九	一一
		轮机中将		一	一	一	一	二
		军医总监						
		造械总监						
		造舰总监				一	一	一
	少将及相当官	少将	一	一〇	二七	二六	二八	二九
		轮机少将	一	一	三	三	三	二
		军医主监						
		军需主监						
		造械主监			一	一	一	一
		造舰主监	一	一	二	二	二	二
		计	一〇	二一	四六	四五	四七	五〇
中等官	上校及相当官	上校	二	二一	三六	三八	四〇	四五
		轮机上校		一	九	九	八	八
		军医大监			二	二	二	三
		军需大监						

（续表）

官阶			元年	二年	三年	四年	五年	六年
中等官	上校及相当官	造械大监	一	二	四	三	三	六
		造舰大监						
		航务大监						
	中校及相当官	中校		三五	六四	六六	六二	六〇
		轮机中校		三	一七	一六	一六	一八
		军医中监						一
		军需中监						一
		造械中监		二	二	二	二	二
		造舰中监		三	六	七	七	七
		航务中监						
	少校及相当官	少校		五三	九五	九七	九二	一〇一
		轮机少校		一五	三五	三六	三七	四一
		军医少监						
		军需少监						九
		造械少监						
		造舰少监		一	七	七	七	六
		航务少监						
	计		三	一三六	二七七	二八三	二七六	三〇八
初等官	上尉及相当官	上尉		六六	一一三	一三六	一五三	一三九
		轮机上尉		三二	六〇	六八	七六	七六
		一等军医官						
		一等军需官						
		一等造械官						
		一等造舰官		一	六	一〇	一〇	一〇
		一等航务官						

（续表）

官阶			元年	二年	三年	四年	五年	六年
初等官	中尉及相当官	中尉		三八	六四	一二一	一二〇	一二〇
		轮机中尉		三九	六四	六二	五六	五四
		二等军医官						一
		二等军需官				一	一	二
		二等造械官						
		二等造舰官		二	八	一〇	一〇	一一
		二等航务官						
	少尉及相当官	少尉		八七	九九	三五	二六	六六
		轮机少尉		八	一〇	五五	五五	五五
		三等军医官						
		三等军需官						
		三等造械官				一	一	二
		三等造舰官			二	二	二	二
		三等航务官						一八
计				二七三	四二六	五〇一	五一〇	五五六
总计			一三	四三〇	七四九	八二九	八三三	九一四

附记：海军官佐民国元年多未授官，右表元年各级员数与是年现役人员未能相符。

（录自《统计月刊》1918年第3期）

海军官衔人员表

		海军部	海军总司令部	第一舰队所属	第二舰队所属	练习舰队所属	各练营	海军陆战队	海军医院	各学校	海军工厂	大总统府	将军府	参谋本部所属	通计
军人	将官同等官 将官	一一	一	四	一	三				二		六	二		三〇
	轮机官		一		一						二				四
	军医官														
	军需官														
	造械官	一													一
	造舰官	二													二
	计	一四	二	四	二	三				二	二	六	二		三七
	校官同等官 校官	六三	八	一八	三七	一二	四	★一		一二★二	一			一	一六九
	轮机官	一六	八	一六	六	五				三	二				五六
	军医官	三							二	★一					六
	军需官	七													七
	造械官		一				一								二
	造舰官	五	一							一	五				一二
	航务官														
	计	九四	一八	三四	四三	一七	五	一	二	一九	八			一一	二五二
	尉官同等官 尉官	三二	六	五二	五一	二一	九	★五		一八★一	二			一五	二〇二

（续表）

		海军部	海军总司令部	第一舰队所属	第二舰队所属	练习舰队所属	各练营	海军陆战队	海军医院	各学校	海军工厂	大总统府	将军府	参谋本部所属	通计
军人	尉官同等官														
	轮机官	三	九	五九	五三	一七				九	一			一	一五二
	军医官														
	军需官	二													二
	造械官	一													一
	造舰官	六								四	九				一九
	航务官													一八	一八
	计	四四	一五	一一一	一〇四	三八	九	五		三二	一二			二四	三九四
	候补副	二六		三三	三三	五一									一四三
	准尉官	五		五二	七七	一六	一三	二四		二					一八九
	军士		一六	四三九	三六三	一五二	四九	四六		一					一,〇六三
	兵	三五		一,一八九	一,一三六	五五四	四六三	五五八		二三					三,九五八
	合计	一八三	八六	一,八六二	一,七五八	八三一	五三九	六三四	二	七九	一二		六	二	六,〇三九
军属	文官														
	荐任	九	三		二	一				一					一六

504

（续表）

			海军部	海军总司令部	第一舰队所属	第二舰队所属	练习舰队所属	各练营	海军陆战队	海军医院	各学校	海军工厂	大总统府	将军府	参谋本部所属	通计
军属	文官	委任	五七	八	五五	六五	一八	七	三	八	一九	五一				二九一
军属	文官	计	六六	一一	五五	六七	一九	七	三	八	二〇	五一				三〇七
军属	雇员		一〇九	三	七	一	九	四	六	八	二八	一二〇				二九五
军属	合计		一七五	一四	六二	六八	二八	一一	九	一六	四八	一七一				六〇二
总计			三五八	一〇〇	一,九二四	一,八二六	八五九	五五〇	六四三	一八	一二七	一九三	六	二	三五	六,六四一

附记：本表记有★号者系在海军服务之陆军官佐。

（录自《统计月刊》1918年第6期）

团 结

我们海军的出路问题

是 哲

倘若海军的意义是果如《辞源》的诠释：

"海军，军队之用于海上者。有事时，防御海面，攻击敌国，护送陆军。无事时，保护海外通商侨民渔人，及测量海道，警卫海岸。"

那我们海军的意义，就得另如新的诠释：

"中国海军，只是若干只消耗煤料的船只。有事时，他藏躲于远海的而不致受着敌人炮力的地方；无事时，他便邀游于水天之区，以待饷银的发给。另外还有或属传闻过甚之贩运鸦片的特殊作用，和确切实在的迎送要人之专门任务。"

因此，我们海军的"有若无"或"实若虚"，根本不会影响到我们的国防的如何，至于说到什么"防御海面""攻击敌国"，那更是说来伤心了：九一八事变时的"东北舰队"，"一·二八"事变时的"中央舰队"，到底干了些什么呢？！

本来，照我们中国的海防和现代国际间的大势而论，我们是应该如何的来加强我们的海军才是。但是，就现有的我们海军而论，我们却坚决反对像目下我们的海军部"添船造舰"的办法。因为如此的海军，多添一船，即多添一船的麻烦；多造一舰，即多造一舰的耻辱。比方，当"一·二八"上海响炮的时候，如果我们中国压根儿就没一船一舰，干脆一点说，就是我们中国根本没有海军，那不是"丢脸献丑"给外国人的地方还比较少一点儿吧？在我们想来，我们海军的船舰的数目字越多，我们的脸面便越觉得无光。只打从"吴淞口"瞧一瞧，就觉得我们与其有现在的我们海军，倒不如干脆没有的为好。

再拿最近由北逃南的海圻等、海鸥等先先后后的六只船舰来说吧，那不是多添一船即多添一船的麻烦吗？逃北逃南，结果的症点，还不是一个月的若干费用了事吗？并且，这种"逃北逃南"以至于"有事时藏躲于远海的而不致受着敌人炮火的地方"，"无事时遨游于水天之区"的，等等，确实不是我们海军的"出路"。因为这等等的办法，都得有所依隶而且全尽是属于消耗。

作者偶尔于香港、上海间的海程中，觉得我们海军的出路，应该有其转变的必要了。怎样的转变呢？当然还是就海军的本身着想。我们海军的船舰的数目字，大大小小、新新旧旧连上破破烂烂，笼而统之的在这"中华民国"的招牌下的算起来，也许还有三两百只吧？估值详价，当然也是一笔大可以观的数目，比方单是"宁海"一舰的造价，据说就值一千万圆。

像我们中国国内有如此其长的海岸线，国外有如彼其众的侨民。固然够不上和英国美国去比，要造出一些"皇后号""总统号"来从事海运的竞争，但是最低限度，总应该有几条船来航行这海的程途。痛心得很，不仅这"海的程途"中看不见我们中国的一条船，甚而就是内地的"水道沟通"，也还依靠着外国的船只来施用。

假定我们海军的当事人能够想到这一点，彻底的忏悔，重新地做起，将这些大大小小、新新旧旧、破破烂烂的不配称其海军职责的船舰，全尽的改做"邮船"与"商船"。在国家省却这一笔海军费，在人民可以乘坐其国家所有的船以航行其海的程途，在海军本身也可以"生财有道"的超脱于"民贼""国蠹"的行列，这不是一举而数善俱备吗？

但是，我敢说，我们海军的当事人，他们绝不会如此的干。哪怕就是他们明知他们这所有的大大小小、新新旧旧、破破烂烂的船舰，立即有给敌国炮火轰成乌有的危机到来，他们还是得乐且乐的混度下去。最后的所以自认为警觉的，至多不过如这回海圻等舰的当事人，借着文字来说几句"昧心欺己"的"不知人间有羞耻事"的"丑话"吧！

（录自《团结》1933年第1期）

外交部周报

接收西沙、南沙群岛

西沙群岛及南沙群岛前为粤省直辖,粤省府派省委萧次尹为接收西沙群岛专员,顾问麦蕴瑜为接收南沙群岛专员。两氏于十一月五日晚十时率团员乘舰前往。两岛位于海南岛之西南,地当要冲。西沙群岛鸟粪极丰,此种鸟粪为最佳之肥料,敌人于占领期间,大事采运。现经济部正与粤省府合作,着手开发,估计该岛鸟粪足供粤全省有余。

(录自《外交部周报》1946年创刊号)

海军舰队南巡

我海军舰队近南巡抵穗,该舰队指挥官林遵一月三日于停泊珠江河面之太平号军舰上。招待记者称:太平号军舰系美国所赠,建于一九四二年,为护航驱逐舰,长三百尺,排水量一,四五〇吨,时速廿一浬,续航力七,〇〇〇浬。南巡舰队共四艘,为永兴、中业、中建、太平。以太平为旗舰,于去年十月廿八日由沪南下。

(录自《外交部周报》1947年第10期)

青岛海军训练团近况

中央海军训练团在美海军顾问协助下，对两栖技术训练日有进展。美方自关岛、马尼剌、琉球等地陆续移来各种新式教育器材，使该团训练设备及计划益臻充实。现受训结业官兵所接收之美赠登陆舰艇，其吨数已超过战前我海军之吨位。

（录自《外交部周报》1947年第10期）

关于西沙群岛之争

中法关于西沙群岛之争执，实始于民国二十一年。当时广东省当局招标开发西沙群岛鸟粪，经我逐次予以驳复，坚持我国对该群岛之主权。一九三八年，法派越南宪兵登陆西沙群岛，我方复以备忘录致法方，重申我对该群岛之主权及保留一切权利。迨太平洋战事爆发，日军曾占据该群岛。日本投降后，经我派兵收复。

本部发言人于本年一月八日答记者问时曾谓："中国政府已由日本占领中收回西沙群岛，该群岛主权本属中国，故无须经过向任何方面请求收回之手续。"九日，法外交部发言人声明："法国一向认为该列岛屿系属于越南者。"十三日，法大使馆正式以节略致本部，对我行使占领西沙群岛之后果，声明保留。越数日，法舰一艘事前毫无通知，竟至武德岛威胁作武装登陆，经我严重抗议，法舰遂即他去。

我驻法大使馆于十八日重申中国对该群岛之主权。王部长世杰于十九日下午四时约见法国驻华大使梅理蔼，郑重表示西沙群岛主权属于我国。惟事后我方据报，法舰又驶至西沙群岛之白托岛登陆，留驻二十人。据驻法大使转陈法外交部亚洲司长谈话予以证实。本部乃于一月二十五日略达法大使馆抗议，要求法方立即撤退该岛法军。

（录自《外交部周报》1947年第12期）

开发东沙岛海产

据悉,广东省建设厅为开发东沙岛海产,交南方渔业公司承办,近经中央批准开采五年。东沙岛海产最重要者为海草(又名海人草),为治胃病特效药。该公司第一年计划,预算可获鲜鱼三万司担,海草六千司担,贝介二十司担,海参一万司担。

(录自《外交部周报》1947年第25期)

加强华北海军机构

当局对华北海军机构决予整顿并加强。首将在大沽设海防舰队司令部,统一指挥。由海军中校卢东阁任主任参谋,卢已赴塘沽积极筹备,并将设大沽巡防处。此外,为补给方便,原设津之第四补给分站亦将移设大沽。

(录自《外交部周报》1947年第32期)

海关联星舰巡弋澎湖岛

海关联星巡舰,七月十八日晨由高雄开往澎湖岛马公港巡弋。该舰并载修理器材一批,由工程师董太勋率领,前往整修澎湖岛上之灯塔。台南关监察长徐霍能同舰出发视察马公支关。

(录自《外交部周报》1947年第32期)

内政部公布南海诸岛名称

我国南海诸岛自经国防部会同各有关机关接收后,即经积极整顿,现已全部竣事。关于海内各岛之名称,顷已由内政部方域司拟定,并由内政部正式核定公布,兹志其新定之名称如次:

(一)东沙群岛。包括东沙岛、北卫滩、南卫滩。

（二）西沙群岛。包括：

甲、永乐群岛。其内有甘泉岛、珊瑚岛、金银岛、道乾群岛、琛航岛、广金岛、晋卿岛、森屏岛、羚羊岛。

乙、宣德群岛。其内有西沙洲、赵述岛、北岛、中岛、南岛、北沙洲、中沙洲、南沙洲、永兴岛、石岛、银砾滩、北礁、华光礁、玉琢礁、盘石屿、中建岛、西渡滩、和中岛、高尖石、蓬勃礁、湛涵滩、滨湄滩。

（三）中沙群岛。包括西门暗沙、本固暗沙、美滨暗沙、鲁班暗沙、立夫暗沙、比微暗沙、隐矶滩、武勇暗沙、济猛暗沙、海鸠暗沙、安定连礁、美溪暗沙、布德暗沙、波洑暗沙、排波暗沙、果淀暗沙、排洪滩、涛静暗沙、控湃暗沙、华夏暗沙、石塘连礁、指掌暗沙、南扉暗沙、漫步暗沙、乐西暗沙、屏南暗沙、民主礁、宪法暗沙、一统暗沙。

（四）南沙群岛。

甲、危险地带以西各岛礁：

一、双子礁、北子礁、南子礁。二、永登暗沙。三、乐斯暗沙。四、中业群礁：中业岛。五、渚碧礁。六、道明群礁、杨信沙洲、南钥岛。七、郑和群礁：太平岛、敦谦沙洲、舶团礁、安达礁、鸿庥岛、南薰礁。八、福禄寺礁。九、大现礁。十、小现礁。十一、永暑礁。十二、逍遥暗沙。十三、庆尹礁：中礁、西礁、东礁、华阳礁。十三、南威岛。十四、日积礁。十五、奥援暗沙。十六、南薇滩。十七、蓬勃堡。十八、奥南暗沙。十九、金盾暗沙。二十、广雅滩。二十一、人骏滩。二十二、李准滩。二十三、西卫滩。廿四、万安滩。廿五、安波沙洲。廿六、隐遁暗沙。

乙、危险地带以东各岛礁：

一、海马滩。二、蓬勃暗沙。三、船长暗沙。四、半月暗沙。

丙、危险地带以南各岛礁：

一、保卫暗沙。二、安渡滩。三、弹丸礁。四、皇路礁。五、南通礁。六、北康暗沙。七、盟谊暗沙。八、南安礁。九、南屏礁。十、南康暗沙。十一、海宁礁。十二、海安礁。十三、澄平礁。十四、曾母暗沙。十五、八仙暗沙。十六、立地暗沙。

丁、危险地带以内各岛礁：

一、礼乐滩。二、忠孝滩。三、神仙暗沙。四、仙谷滩。五、蓁兰暗沙。六、红石暗沙。七、棕滩。八、杨明礁。九、东坡礁。十、安塘岛。十一、和平暗沙。十二、费信岛。十三、马欢岛。十四、西月岛。十五、北恒礁。十六、恒礁。十七、景宏岛。十八、伏波礁。十九、汛爱暗沙。二十、孔明岛。二十一、仙娥礁。二十二、美济礁。二十三、仙宾暗沙。二十四、信义暗沙。二十五、仁爱暗沙。二十六、海口暗沙。二十七、毕生岛。二十八、南华礁。二十九、立威岛。三十、南海礁。三十一、息波礁。三十二、破浪礁。三十三、玉诺岛。三十四、榆亚暗沙。三十五、金吾暗沙。三十六、校尉暗沙。三十七、南乐暗沙。三十八、司令礁。三十九、都护暗沙。四十、指向礁。

（录自《外交部周报》1947年第50期）

西、南沙群岛驻守人瓜代

据海总新闻处讯：为积极建设西、南沙群岛，海军总部特派潘子腾上校前往西、南沙各岛作实际考察，该员等不日即可首途。又：原任西沙群岛管理处主任李必珍及南沙群岛主任邓清海，即将调回海军总部，另派张君默接充西沙群岛管理处主任。彭运生接充南沙群岛管理处主任。东沙群岛管理处主任仍为周凯荣。各岛其余驻守人员，将略有更换。闻该批瓜代人员，一部分已于三月六日赴沪，搭乘军舰前往。

（录自《外交部周报》1948年第64期）

我海军首次访日　兴安轮抵横须贺

我国海军之修理及载货轮兴安号三月七日驶抵横须贺。兴安轮为日本投降以来访问日本之我国海军第一艘船舰。该轮载有甫自美国受训归来之我国海军军官十六名及兵士八十三人，将于三月十一日，载前为日本掠夺刻归还我国之地图锌版五千三百七十块，离横须贺返国。

（录自《外交部周报》1948年第64期）

万 众

中国海军见闻录

中国的海军

中国是个没有海军的国家。不但外国人有如此的看法，就是我们中国人说来也觉得汗颜和痛心。清季甲午一战，把中国的海军打得落花流水什么都不剩，李鸿章的造舰计划，结果竟使他的计划一变而造成了颐和园。从此之后，中国就没有海军出现，并且为了国际地位的关系，庞大的海岸线上，只有让别国的军舰来作点缀。

日本人的海军，在他的纸老虎不曾戳穿以前，号称居世界第三位，以那种"优秀"的力量，中国的仅有的几条小军舰要想与之抗衡，无异于以卵击石。当然，像美国在太平洋中的大海战，在东海、黄海和日本海中是决不会演出的。中国的海军既没有力量到那么远的地方去，并且连保卫海岸的力量都没有。一刹那间，中国的海岸，就全部被日本人所封锁了。沿海的几省：河北、山东、江苏、浙江、福建、广东，日本人可以顺利地登陆。不过，话虽如此，日本的海军要想直捣中国的心脏，从长江的咽喉里横冲直撞，却为中国蕞藐的海军阻止住了。及后，日本陆军打到了湖北湖南，但是他们的海军却通不过三峡进入四川。可见得中国的海军，也还有它的力量。

说来实在是很可怜的，中国的海军，总数只有五十七艘军舰，排水量四万四千零三十八吨，分做第一舰队、第二舰队、练习舰队和要塞司令部、陆战队等几个部分。最大的军舰，如海圻、海琛两舰，也只有四千吨左右。民国十七年十二月起，海军部积极实行造舰计划。新舰之中，顶新式顶大的两条巡洋舰宁海和平海，每艘不过三千吨。其余仅是小炮艇而已，在海洋中简直如沧海一粟，在长江中，也未必可能发挥偌大的力量。不过抗战一役，始终也没让敌人照想象中的"不堪一击"。

八年来海军干了些什么？

很多的人都在问，八年来我们的陆军打得很好，海军是不是也在作战吗？实际上，海军是在作战的，海军总司令部说："吾国海军，以质方面言，固未能歼敌于大海之外，就量方而言，亦不足敷防卫各海口，故只能集中力量，专事长江，运用阻塞手段，发挥要塞战略，配以水雷作战……"这就是中国海军抗战的方式。

七七事变，大家都知道抗战已不可避免，那时候海军部长陈绍宽为了庆贺英皇加冕典礼，在各国考察海军，听到事变紧急，立刻飞航回国，下令各舰队作作战准备。楚泰、正宁、肃宁、抚宁四舰艇，协同守卫闽江要塞，扼守闽江；公胜舰守珠江，平海、宁海、应瑞、通济、逸仙舰、自强、中山舰、楚有、楚观、江元、民权、民生等四十九艘，拱卫首都。另一方面，由海军测量舰将江阴下游的灯塔、灯标、测量标杆等航路标志一律破除，可使敌舰失去航行目标。同时筑成江阴阻塞线，这条阻塞线是用八艘舰艇、二十艘商轮，和八艘敌人逃不了的趸船下沉阻塞的；还征用了三千零九十四英方、六万五千担、二千三百五十四英吨的石子，以及民船盐船一百八十五条来填补罅隙，工程相当浩大。在阻塞线的前后，主力舰队都结集着，等候日海军的进攻。

日本海军也自知江阴阻塞线难以侵犯，那时正当淞沪战争胶结二月之久，使日寇感到非常焦虑，对于江阴阻塞线，只有以强行轰炸一法来解决它了。起初是小规模的轰炸，但丝毫得不到成果，九月下旬，开始以大队机群，作波状空袭。第一次是九月二十二日，将平海、应瑞两舰炸伤；第二次有七十二架飞机前来，结果各舰上的高射炮弹在七八小时内告罄，舰长大部分受重伤。首先平海、宁海两舰下沉，以后日空军往往集中轰炸较大的军舰，于是逸仙舰、建康、楚有等舰相继牺牲，沉入长江底。虽然日本海军一时还没有办法冲入阻塞线，但中国海军的力量，则已减弱了百分之五十。

中国海军当局觉得如此牺牲下去，未免损失太重，因此变更策略，将一部分舰艇上的大炮拆卸，安置在江岸，作为江防炮。巫山、长山、黄山、江阴多的是山，尽可作为要塞之用，这倒也是很好的办法。果然有一艘日本大型舰被击沉了，当初消息失传，纷纷传说是日本的长门号，及后才查明真相，乃是一艘航空母舰。

南京失陷，江阴阻塞线当然已失去效用，海军保卫京畿已告一段落。长江中的第二道封锁线，是在马当，这条封锁线可以说是水雷阵。一千几百具的水雷，列成阵势，并有一种轻坠水雷，可以顺流而下，一触到敌舰，立刻爆发，沿岸还有炮队协助。那时日本海军为了通过江阴阻塞线，费了七整天，才挖了一条仅容一舰行驶的航路，在此时间内使我们很从容地筑成了马当封锁线。日本海军在江阴吃亏之后，也相当机警，直等到陆军进迫马当之际，才藉了飞机的掩护舰队大举进攻。因为陆地无法坚守，马当封锁线也被冲破了！

第三道封锁线地点在湖口九江。这时，中国军舰早已牺牲殆尽，仅存的不足一千吨的小舰，也只有十数艘左右。湖口九江的封锁阻塞，不再是水雷阵，而是炮队与快艇的突击阵了。这一次敌人在陆上很快的占领湖口，要塞失去意义，海军只得退入了鄱阳湖。在二十七年七月九日和二十七日两个晚上，十二艘快艇载了大批鱼雷夜袭日舰，敌人监视得非常严密，结果被击沉击伤了好几艘，中国快艇损失了两条。

战事转入了保卫大武汉的阶段，田家镇、葛店、贵池都成了要塞。田家镇与九江之间的长江里，仍旧布置了水雷阵，敌人自然是一面清除，一面溯江而上。中国海军觉得单是防守，终究是消极的方法，非要向敌舰进攻，才能折其锐气。采用轻坠水雷还不够发挥力量，于是又设计了一种漂流水雷，这种水雷不用雷坠，能随流漂行。海战将士组织漂雷队，那回在鲤鱼山下游，趁日舰离开铁丝网的护卫，一夜间布放了八十具漂雷。漂雷队安然归来，正当天色方晓，日舰突然发出了巨大的响声，有两艘沉到长江水底里去了。

中国海军军舰最后的一次大战，是在武汉上游的金口，担任当地警戒之职的是中山舰、楚谦、楚同、勇胜、湖隼等舰艇。中山舰原名永丰，它的历史大概很多人都知道，是纪念总理广州蒙难的。这时候，仍是大队日机来袭，中山舰长萨师俊两腿已折断，左臂受重伤，仍在望台指挥。浓烟火焰中，士兵们扶掖他强行下入舢板，而舰已沉，可是舢板又碰到敌机集中机枪扫射，萨舰长终于毕命，士兵们也不能幸免。同时，楚同军舰也遭到同样的命运。

中国海军的舰队虽然所剩无几，但拆下来大炮尚存留一部分。武汉失守，战争转入湘北洞庭湖，这种地方极适宜用炮来扼守。在两次湘北大会战中，敌人的舰艇因为受到炮队的阻挠，与岸上的陆军不能呼应，况且水雷阵密布要道，敌人的背后又时常有水雷游击，使日本海军感到暴跳如雷。

沿海的中国海军，力量更是微薄，除了厦门闽江口有一部分陆战队外，要想像长江中与敌机敌舰作大规模战争是不可能的。于是一方面仍然是水雷阵和炮阵，一方面只能与陆军混合协同作战。福建的战绩很光辉，一度收复厦门，广东、浙江一带则又是游击战略了。

目前中国海军还有些什么？

中日之战，中原战争时续时辍，日本海军达到宜昌沙市，再也无法驶入三峡窥伺重庆。至于轰炸陪都，更是休息已久，即使今日敌人不投降，大概也注定不再光降了。在这样一个局面中，中国的海军也呈着冬眠状态，小部分部队协助陆军作战和打游击，拱卫陪都的，不过民权、楚观等数艘小军舰罢了。

但是中国海军并不就此不再继续抗战，在可能的环境里，却在从事制造水雷工作，是准备总反攻用的。二十八年初，海军总司令部成立了海军水雷制造所，到了三十年，归并入海军工厂。工厂与所里制造的水雷，计有两类，一类叫触发水雷，一类叫视发水雷。触发水雷是固定的，无须人力调度，视发水雷藉电力爆发，须要守军掩护。水雷最厉害的，有二十四寸高，直径二十二寸，装药一百磅，威力圈为二十五呎。还有一种漂雷，只装药五十磅，威力圈由十五呎到廿呎。触发水雷的一类里共有名称做海甲、海乙、海丙、海丁、海戊、海己、海辛等，及二百磅、一百五十磅九种之多。海军工厂日夜赶造着这些水雷，可是技术人员也得大量培植。在贵州，就有海军学校，在国内训练之后，由飞机送至英美，再事学习，作为未来干部人才。

也可以说是很有趣味的事，过去英美法国在长江内都驻有大小军舰，自从长江中下游被敌人占据后，有的驶回本国，有的就随着中国军舰入川。中国已经没有几条船了，英美法各国表示联盟友好起见，就将留在中国的一些军舰赠予了中国海军，其中英国有二艘，美国有一艘，法国也有一艘。

民国三十三年九月二十八日，重庆王家沱举行着赠舰典礼，那是法国民族解放委员会以"柏年"(BALNY)号赠送中国政府。典礼热烈隆重,海军乐队奏着中法两国国歌,仪队举枪敬礼,法国旗升起在后桅顶,即宾位,中国旗升在船尾旗杆,即主位。全舰布满了旗帜,随风飘扬。柏年是一艘浅水炮舰,由法国驻渝代表贝志高将军代表致送,海军总司令陈绍宽和外交部次长吴国桢等代表接受。中国海军接受了柏年号,改名法库。法库是一个很特别的名字,原来中国海军接受外舰,都一律以地名为名,譬如英舰改名"英德"(英德在广东),美舰改名"美原",而有法字的地名倒是不易找到的,后来费了九牛二虎之力,才找到了一个小小的县名"法库",这总算是统一题名了。

敌人投降之后,日本海军有大批的东西可以由中国海军去接收,因此陈绍宽上将和曾以鼎中将首先到了上海,往来于沪、京、闽各地。然而日本海军不过徒有其名而无其实,太平洋中几番大战,早已什么都不剩了,就连中国被敌人炸沉的海圻、海琛、平海、宁海几艘新型的军舰,也经敌人打捞出来修理之后,居然也派到太平洋里跟强大的美国海军去作战,结果当然可想而知,不知被击沉到哪里去了。现在敌海军存留在中国的,仅是一部分物资而已,这些物资,对于复兴中国海军,没有多大的用途。

海军总司令部除了接收之外,并将剩留的舰艇重新整编,分做两个舰队,现在一队兼二队的司令是方莹将军,他的旗舰就是八一三时曾在南京被日机扫射的美舰威克号,驻在汉口。现在上海仅有一炮舰永翔号,是为日本掳去的。至于正式从陪都开出来的军舰,只有民权和楚观两艘,此刻泊在南京下关。它们都可以算是仅存硕果的了。

英美两国都有将一部分军舰赠给中国的可能,但是中国海军当局并未得到正式消息。即使证实,也不过是几艘旧舰,中国海军借来揣摩也是很好的事。江南造船所又开始建造新"中山舰"了,建设新中国海军的计划,可见得已在积极的进行之中。

人才感到缺乏

无可否认的事是中国海军人才的贫乏。过去人才就很少,此后新海军建设起来,假如不迅速的培植,更感到无法应付,这是中国海军当前的切要问题。

以造就一个海军人员的精力和时间,可以培植两个到三个陆军人员。中国海军干部人员的养成,规定在十四岁时就得入伍,受六年工夫严格的训练。在这六年期间，无论是什么私人的大事，皆不得返家，就是父母死亡亦不能奔丧。六年期满，还要送往欧美各国去受训，回来之后，始得参加服务。在英美海军国内，如此情形算不得什么一回事，但在中国，肯这样做的，恐怕很少。北方人不惯水性，江南人生活又舒适，爬桅杆，睡吊铺，深涉远洋大海，都似乎不愿意。只有福建人和广东人，他们富有冒险的精神，对于海军是欢喜的。所以现在中国海军，自总司令以下，便有百分之七十至八十的人员都是福建人。我们要建设新海军，教育全国国民对于海军的认识，尤其是紧要的工作。

目前中国海军中确有少数优秀的人物，他们都可以说是海军耆宿，譬如海军界人士所认为著名的留英八大将，已是五六十岁的人了，而且参商不齐。留在海军里的，这一次都派往各地主持接收事宜。后起之秀，也都擢升了舰长司令之职。假如新舰陆续建成，英美的舰艇果真赠交，那么一时连舰上的人员也会没有。想到这里，吾人对于中国海军，应当较陆军更重视了！（赵常寄自重庆）

（录自《万众》1945年创刊号）

文 饭

沈鸿烈险遭不测

飞 燕

沈鸿烈的作风，颇有些□□湾陈□长官相似。他接长浙江之后，一边厉行"新闻封锁"，一边却风尘仆仆，□巡两浙东西。自盛夏至寒冬，迄未少懈，这样说来，老百姓对他，应该是非常感激的，而事实不然，浙省民众对沈主席咸不表好感。最近盛传政院改组，政府拟把四个部长位置，让予青年党与民社党里的先生，而革去四个省主席，让四个部长来接任，浙江就是一个。

民众为什么对这巡视全浙的主席没有好感呢？最大原因，是各县县民听到主席要来了，无不战战兢兢，竭力准备，如赶制报告，布置行舍，供给饭食，弄得六神不安，劳民伤财。最近，沈主席自海门乘船至温州，中途忽遇大风，船上机器俱坏，在海上漂泊了整整一夕，险遭不测，但临台一带老百姓，在听到这个消息之后，都说"这是自讨苦吃"！做一个主席，真不容易啊！

（录自《文饭》1947年第38期）

文艺月刊

伏波号接舰花絮

燕　语

　　清晨天气十分清明，大家情绪有点紧张，都在等待着隆重仪式的降临。值日官的声音也特别响亮："地板擦干净点，内务弄整齐点！"为了接舰，同志们一大早忙的不停。

　　"未免太相形见绌了！Renown 号是这么大，而我们的船是这么小。"
　　"这就是中英海军的比较图！"某同志带讥带愤的说。
　　（伏波号的接舰式是在 H. M. S. Renown 号船旁举行的。Renown 号是一艘三万五千吨的战斗巡洋舰，而伏波号是一艘一千四百吨的巡防炮舰）。

　　这是民国三十五年元月十二日，接舰典礼是在上午十时举行的，中英二方都派大员主持，我政府派驻英军事代表团团长桂永清中将代表中央政府接收，英方派来一位海军上将 Sir C. E. Kennedy Puruis 代表英政府移交。
　　英方代表先到，小汽艇上飞着海军上将的旗子，五分钟后桂团长的汽艇跟着开来，船头上迎风飘扬着一面国旗。

　　英国旗子落下来以后，国旗升上去了。
　　"风，大一点吧！把它飘扬起来。"大家恨国旗飘扬得不够雄壮，有点发急了。

桂团长致辞用的是中文，伏波号柳舰长以流利的英语译述，BBC广播电台和许多记者忙来忙去做着录音和摄影的工作。后来，又请同志们唱一支歌，广播到国内，这种粗嗓子的合唱，在BBC的节目中尚是初见吧，可又不知国内有多少同胞能听得着？

典礼结束后，主持人等都往Renown号上聚餐，英方某海军将官向桂团长似乎抱歉地说："这条船，送给中国，外表嫌旧了一点。"

桂团长慨然地答道："这条船到了中国，如果仍是这样旧，错处就在我们了。"

英国地方晚报下午便登出了全部仪式的经过，并且特意渲染着这只小船的历史，它的原名是Petunia，在一九四○年下水，航行了十五万海哩，参加过大西洋、地中海和法国登陆战诸役。某同志看了晚报诙谐地说："英国不是送我们一条好战舰，而是送我们一部历史哩！"

"可不是，可不是，那尊四寸炮早就够资格放在博物馆里了。"某同志补了一句。

"千里送鹅毛都有，万里接兵舰，管他好坏，只要够重，开得回国就算了。"另一同志结束了这场讨论。

（录自《文艺月刊》1946年创刊号）

欢迎中国新海军：激动了整个槟岛的伏波

谭家和

"中国海军到槟城了"，这一句含着快慰和兴奋的话，一传十十传百，转瞬间便传遍了整个槟岛。这骤然的刺激，不用说每个华侨的心里都像着了电一样，充满了一阵莫可名状的愉快。

当三五成群穿着白色制服的海军，精神抖擞刚从路边经过时，不论他是马来人也好，印度朋友也好，盟邦的"红毛"也好，都莫不交头接耳，喁喁而谈，大都在惊羡着这些"海之骄子"的威仪。华侨自然都是手舞足蹈，欢呼雀跃，小孩子也天真地在街上穿来插去，连跳带跑的拍着手嚷着："中国海军到了，中国海军到了！"是的，中国海军到了，但愿她带来了华侨精神上的鼓励和心坎里的愉快外，尚带来了华侨生命财产的保障。

下午一时半，我们齐集在邮政局码头，然后分批乘该舰特备的小汽艇到军舰去。我们一行十五人，幸运地得到第一批下艇，经过大约十分钟的颠簸，便抵达了该舰的旁边。那灰白色军舰的轮廓，和庄严宏伟青天白日满地红国旗，便首先映入了眼帘，顿使坐在汽艇里的我们，增加无限感激。登舰后，柳舰长等已集在甲板上等俟，我们全体首先立正行礼，向柳舰长致敬后，便由一位青年的官佐，殷勤招待，并引导我们到各处去参观。先沿舰旁到一处安置有四寸口径大炮的地方去，并由一位专司该职的士官向我们详加说明，炮上注有一九一八年制造，射程颇远，该炮的各种职责，须由七人专管。炮旁尚有一放照明弹的机器，上一层便是驾驶台，内设有航海的罗盘针和潜水艇测量器。再过些被帆布盖着的，便是刺猬弹，该弹乃抵御敌方鱼雷的有效武器。此外又到雷达机房，它的作用要以电波检觅海空中的事物，和收发电码等，该武器是第二次世界大战时方发明的。在机房外面，放着有数个满藏各种旗帜的木箱，再过去便到机房、航海官室、医药室、舰长的寝室、餐室和厨房等。每到一处，均由该官佐不厌其详地精细解释。舰尾放着形状如圆油桶的深水炸弹，据一士官说，该弹是用电放射的，在一定的深度，会自动爆炸，平时他们也用它来炸鱼，既可供实习，又可以帮补充航海时食物的不足。此外尚有四架高射机关枪，专对付敌机的袭击，射程可达一千多码，每分钟可射出约五百粒的子弹。

由于该引导的士官太认真了，故虽一针之微，它的取义和来历，都详加解释，因此我们的参观约莫有相当的收获，凡值得一看的设备，我们都总是浏览无遗。有二位同学携有摄影机，故每遇有可取之处，我们都邀在旁的士官和我们一起拍照，共摄有十多张。

看过了各部后，复由该士官引导我们到一处已预备好了的地方去喝茶牛乳，他们都勤勤劝饮，殷殷致意，使得我们感愧交并，不知如何回答。喝茶后，已快到三点了，我们便告辞。下了小汽艇后，舰上的士官尚频频招手，不绝点头,且连声"招待不周",这真使我们有点受宠若惊。

当汽艇驶近码头时,蚁聚在那里候艇去参观的侨胞,尚拥挤不堪,这可见此"波"威力之猛,竟掀起了槟岛住民莫大的惊奇。

九月卅日

(录自《文艺月刊》1946年创刊号)

吴 江

水师会剿帮匪

十四队怀队长因驻横□之三分队二七号巡船枪械被劫,故率领各巡船并会同水巡队游缉队环湖兜剿,于前日下午途经庙港,以为时已夜,即行停泊,黎明即相率望吴溇追踪而去。

(录自《吴江》1925年第128期)

西北论衡

山东海防军事地理论

张中会

（一）引言

在华北情势日益危急，全国抗战呼声日益高涨下，来谈山东的军事地理，实为重要而且急需。敌人垂涎山东，已非一日，由去年山东的各次事件，更足证明狼子野心，贪欲无厌。的确，敌能占我山东，其海军便可自由驻屯我沿海港湾，军火运输，亦可迅速达到内地。这样，既无须散放什么荒谬传单，也不必怂恿华北将倾，中国的统一，自然会被破坏，灭亡中国，收效莫快于此。然而，我们也绝不能任敌侵凌，坐以待毙，而充实军备与建设防务，实皆刻不容缓。但是，究竟怎样建设，怎样防守，这就不得不依诸军事地理的眼光来决定了。

谈到山东的军事地理，在未来的抗战中，最值得注意的地方，当然是敌人海军进攻的各口岸及其攻取济南的路线。能把握住这两个要点，然后才能谈到防御的问题，至于要如何设施，大半是受地形的条件来决定。

（二）山东地形与军事概说

山东的东部，大体上来观察，都覆盖了山岭和丘陵，在地形上分为三个不同的区域。在东北部的，为"东北海岸山脉"，盘踞了整个的半岛，平均的高度，在三百公尺至一千公尺间，其中最高的崂山，海拔一千零三十公尺。在中部的，是"中央山地"，面积很广，分布成一个三角形的样子，其中最高峰如泰山、徂徕山、新甫山、鲁山、蒙山等，海拔皆在一千公尺以上。这两个山地的中间，因断层线交错的关系，构成了一带低地，从胶州起，向西北开展，延至潍县的北部，与华北平原相连。其高度仅与海平面相等。自胶州经潍县至济南，沿着中央山地的北麓，正是胶济铁路通过的地方，即所谓山东的"走廊"地带，在未来的战中，必为一陆战最剧烈的地方。至于在海岸方面，沿黄河口东南行，一直至龙口以西，大部皆为沙滩浅海，战舰不能近岸。自龙口以东的半岛海岸，则皆为"沉降式"的岩岸，既无浅沙拥塞，又多曲折港湾，如烟台、威海卫以及青岛，皆可停驻大批军舰，同为将来敌军进攻的主要目标。

（三）假想中敌人进攻的路线

基于上述的地形来推断，我们很容易确定敌人将来进攻的路线。敌所恃的，是强大的海军，若进攻山东，必以海军为先锋，以陆战队继其后。进攻的目的地，当然是济南。进攻的路线，必从海岸方面，分为左右两翼，直取攻势。左翼从青岛入手，首先抓取的地方，一定是胶州。如果胶州一下，即可顺着胶潍低地，直向北攻，企图夺取潍县。潍县攻克，则胶济铁路的一半，已入敌之掌握，于其军事运输，即无丝毫困难。右翼从山东半岛北部海岸进攻，威海卫、烟台、龙口，正当其冲，上面已经说过，山东半岛的中部，都是崎岖山地，只有靠北岸一带尚属平坦，敌军将必顺着这一带低地，猛力进攻，于是威海卫、烟台、龙口三地，即发生剧烈的战斗。如果，敌能占据上述三地，则潍县即成其囊中之物。至潍县，则敌军的左右两翼，即可合而为一，然后沿胶济铁路，乘胜并力西攻，则济南即岌岌可危了。

（四）胶州湾的形势与攻防

从山东半岛的尖端南行，沿岸海湾甚多，加荣成湾、桑沟湾、靖海湾、乳山口、丁字湾、崂山湾等，皆系沉降海岸，无沙嘴的淤积，小岛错综，巨石崛起，轮船军舰，殊难近岸。但崂山湾以南的胶州湾，则迥不相同，水深浪静，能容巨舰。十九世纪末叶，经德人Richthofen的考察，认为将有无穷希望，因之一八九七年，德遂借口山东教案，强租此地，成为德人侵略中国的根据地。民国三年，日人乘着欧战，由德人手中夺占，后虽被迫交还，但犹念念不忘。更加现在的胶州青岛，在华北的对外贸易上，几与天津相埒，所以在未来大战中，敌必尽其全力，夺取此地，以谋制我死命。

胶州湾的天然形势，为华北沿岸各港之冠，外有崂山余脉的团岛岬与其西南的海西角左右环抱，所成口门，宽仅一又四分之三哩。但入其内部，则豁然开朗，全湾纵横距离，皆在六哩左右，海水深度在十公尺至三十公尺间，无风浪的袭击，无冻冰的忧虑（青岛一月平均气温摄氏一、二度），军舰停泊其间，安如居室。繁华的青岛市，位于港湾的口端，附近海水，既较他处为深，陆上又接胶济铁路；敌之海军设一旦攻入此港，即可深入内地，纵横攻取。如此重要港口，我们对其防御自然需要十二万分地当心。

此地设防，因天然形势的优良，并不十分困难。胶州湾口外，有麦岛、小公岛、大公岛、竹岔等岛，星罗棋布，可作天然屏蔽。我若于此诸岛，建筑坚固炮台，敌之海军万难靠岸。但敌海军的强大，炮火实力的雄厚，在战争中的威力，远非我们现在所能想到；并且于此诸岛，我今尚未有任何防御准备，在战争紧急之际，我既无强大的海军，所赖以作战的陆军又不能直接固守诸岛，则当大战爆发之初，诸岛必至马上为敌所夺，如此我们只有在胶州湾的口门部分，建设防务，是比较可靠而有利的。

胶州湾口门的构造，完全由山石堆积而成，我之兵士和炮火，可以隐藏其间，利用远距离的强烈射击，遥击海上敌舰，敌人纵有十倍兵力，亦难入口。但是意外的失利，我亦不能不于事先有所计划，准备退一步的工作，以防万一。如果口门一旦不守，我可将计就计，诱敌深入，将敌舰诱至湾内，然后我之陆军一方取大包围形势，侧面攻击，封锁敌舰出口，一方在湾内诸岛，如阴岛黄岛等，齐出伏兵，一鼓作气，聚而歼之。这所谓"口袋阵"，敌如受计诱入，虽一兵一卒，亦难幸免。

不过，此种战略的运用，是带有相当危险性的，我如不能歼敌，必为敌所大败。为万全计，我必须在岸上的胶州，调驻重军，有胶济铁路的连接，我后方供给的运输，自可有充分的保证。但胶州地势较平，必将大遭敌机轰炸，我又必须预先择地，建筑一个或数个大规模的飞行场，拨调大批飞机，常时驻防，以备空战。总之胶州和胶州湾，是山东防线的第一道，将来的剧烈战争，是免不了的。

（五）鲁北防线

烟台　在福山县的东北，明时曾于此设烽火瞭望台，以防倭寇。清时亦设坚固营垒，为北洋舰队的第二停泊所。甲午战役，曾一度为日兵攻陷。

山东北岸，自蓬莱以西，沿岸多为浅沙，所谓登州岬，就是围在浅沙中的一个海岬。自此向东迤移，则有芝罘岛突出海中，岛的南面，为芝罘湾，是良军港，三面负山，前通大海。芝罘半岛既环抱于西北，烟台山又屏障于东南，群山后绕，崆峒岛前锁其口。而崆峒岛与烟台山之间，又有豆娄等岛连贯其中，天然形势，最为险要。昔时靠岸一带，崆峒岛及烟台市之后，我犹有炮台之设，自甲午战后，海军覆没，此极为森严的芝罘湾已不复旧观了。但以其形势的重要，在未来大战中，将仍为敌所攻击的目标。

威海卫　烟台东行约五十华里，至威海卫，英人昔曾在此建设其远东海军根据地，现已归还。但附近的刘公岛，因展租十年关系，今尚未满期，我如建设防务，刘公岛之于我，依现在中英关系推察，对于未来战争，尚无多大妨碍。

威海卫形势，天险俱备，位于山东半岛尖端，敌军一来，首当其冲，大战一发，将必发生最激烈的争夺战。在地形上讲，威海卫亦是两半岛合围而成的一个海湾，北为威海半岛，东南为皂埠嘴半岛，湾之左右，岩壁合抱，北通深海，刘公岛横阻口外。刘公岛周长三十华里，出海可五百余尺，上设炮台与信号台，防务至为森严。环列岛之四周者，又有三小岛：在东北者，曰青岛（与胶州湾内的青岛，同名而异地），附近海口，狭而水深，能容吃水十八尺的舰舶往来。在正西者曰黄岛，去威海卫城不远，可作刘公岛通内陆的渡桥。黄岛北端，海水更深，至四十尺，即大舰停泊，亦无困难。在东南者曰日岛，附近海水，称东水道（对上述青岛附近之西水道而言），但口阔水浅，海战时，不若西水道之重要，将来我们设防，应当着重于西水道方面。

龙口　在掖县东北的龙口湾内，欧战时西方列强不暇东顾，日人乘机破坏我国中立，由此登陆，进围胶州，胶州因以陷落，前车之鉴，未来战争，须及早设防。

山东北岸，自黄河口以下，皆为浅滩堆积，平时船运，虽感不便，但在海战时，却可当我之天然保障。其间仅龙口湾尚可通轮，而位置亦较烟威为适中，其在将来，亦必为敌所注意。

龙口湾，左有万里沙屏障，右有姆矶半岛连接陆地，龙口正位于姆矶半岛的南面，附近港阔水深，至为险要，虽有大批敌舰停泊其外，我亦得以从容布置。登岸沿海西南行，距潍县甚近，故敌如攻取龙口，较在烟威尤简捷效速，设龙口有失，潍县便不可保了。

上述烟台、威海卫、龙口诸地，乃目前鲁北设防最重要之区，将来战时，成敌攻我潍县的右翼。设有不守，则敌之大批海军，即可驻屯烟威，西向龙口，直攻潍县，山东全境安全，于是马上即为之动摇了。

防守这些地方，首应注意的，是运输路线。在战争之际，后方之物质供给，援军之调集救应，迅速乃是无上的要件。现在我通龙口、烟台、威海卫的，只有一条弯曲的公路。而敌之海上联络，则有军舰轮船，又且这些地方，相距甚近（烟台距龙口八十浬，东距威海卫四十浬，北距旅顺亦不过九十浬），较之我方公路，不知便利多少。我欲谋巩固鲁北防务，烟潍铁路的建筑，实在迫切急需。再就是军火的先期贮存即防御工程的建筑，烟台、威海卫、龙口的南面，群山环围，若能多凿洞穴，预存军火，则既可避免敌机的察觉与轰炸，又可补充战时供给的不足；军费既充，而后从容应战，则虽敌势强盛，亦难倖胜。此外，若战壕的挖掘，炮台的修筑，等等，亦皆刻不容缓的事。

（六）潍县的形势与设防

（略）

（七）济南防务

（略）

（录自《西北论衡》1937年第5卷第4期）

现代军人

中国海军现有之实力

绿 绮

第一舰队

海容、海筹（巡洋舰），永健、永绩、联鲸（炮舰），华安、普安、定安（运舰），海鸿、海鸥、海鹄、海凫（炮舰），逸仙（在建造中）。

第二舰队

楚有、楚同、楚泰、楚谦、楚观、江元、江贞、江鲲、江群、咸宁、永绥、民权（炮舰），德胜、威胜（飞机母舰），□胜、顺胜（小炮舰），义胜、勇胜、诚胜（炮舰），民生（在计划中），正胜（在修改中）。

练习舰队

应瑞、通济（巡洋舰），靖安（运舰）。

鱼雷游击队

建康、豫章（驱逐舰），湖鹏、湖鹗、湖鹰、湖隼、辰、宿、列、张（鱼雷艇）附景星、甘露、庆云（测量舰），青天（巡防舰）。

第三舰队（即东北舰队）

江防舰队：江亨、利绥、利济、江通（炮舰），利捷、江泰、江平、江安（中苏战争沉没）。

海防舰队：海圻、海琛、肇和（巡洋舰），江利、永翔、楚豫（炮舰），同安（驱逐舰），镇海、威海、定海（商船即炮舰）。

第四舰队

中山、飞鹰、福安、海瑞、海虎、民生、广金、江大、江汉、江固、舞凤、宝璧、海强、安北、坚如、执信、龙骧、平南、北江、海康、飞鹏、平西、仲元、仲恺、广安、能吾、珠江、新淞江、雷乾、广东、湖山、光华、江顺、海鸥、存济、智利、江澄、利琛、江平、隼捷、绥江、安新、海防、普安、西兴、侨兴、应捷、粤兴。

（录自《现代军人》1930年创刊号）

现代军事

中国海军建设论

刘荫续

中华民族由建国直到现在,已经有了五千多年了!它雄踞东亚,为世界上唯一具有悠久光荣历史与独立自主的国家。中国的命运不仅关系整个亚洲的盛衰,就是对于整个的世界也有休戚相关的影响。因为中国占有全世界四分之一的人口及十一分之一的土地,如果全球比之如一个人的身体,那么中国就如同他的一手一足,他的一举一动、一痛一痒无不影响到他整个的身体、整个的神经。

在过去中国闭关自守的时代,因为没有争取控制海洋的主权,而受到各帝国主义国家的侵略与宰割,致使亚洲太平洋的局面变成了不太平,同时整个的世界也为了它市场的争夺,闹得地覆天翻!

国民革命的目的和抗战的国策,都是要求国家跻于独立、自由、平等、富强的领域,为了要达到目的非自强不可,而自强系于自力更生,换句话说,必须先谋国防力量的充实,一切才有希望。我们看这近百年的历史,世界上没有国防的国家,每每是受帝国主义的蚕食鲸吞的。我们是海岸线绵长的国家,建设国防,先须注重海防,建设海防,更须建立强大的海军。让我们先来检讨一下,我们中国的历史和地理条件:

中华民族发展的方向,数千年来是以黄河、长江、珠江为向导而繁衍于沿海一带。后来在南方,更渡过了海洋,繁殖于太平洋上的各岛屿。同时,在近五十年以来，山东一带沿海的居民渡海去开发东三省。所以，由大陆而沿海，而海洋，代表了中国民族生活方向的三大时期，而渡海的时期，现在尚在它的幼年时代。这一次大战的结果，能够改变民族活动的方向吗？不，绝对不，不可能的！固然在战争期间，我们开发了西北和西南，可是，开发西北和西南的结果，还是要繁荣东南沿海。为什么呢？因为内陆的及海洋的一切富源，势必以沿海大都市为集散地不可。这是受经济发展规律内在的支配着，没有法子改变它。换句话说，中国的命运是海洋的命运！中国将来在海上！非变为现在的海权国不可，否则便不足在这生存竞争的世界上立足。

我们再来看一看中国的地理条件。因为海权与地理的关系是分不开的，打开中国的地图，我们可以看到由呼伦到巴安的一线，天然将中国划成地理上两个截然不同的地区，这条线的西北，我们暂时把它叫做西北区。这条线的东南，我们暂时把它叫做东南区。东南沿海，可以说是太平洋大动脉的心脏，是欧美非三大洲海路的孔道。中国若是丧失了海权，那么不但西南国际路线不能够发展，就是建国资本宝库的东北和国家精华所在的东南，也难以保存。并且一切接水的区域，都成了敌人侵略的桥梁，海岸受到封锁，国际运输被窒息，这样一来，我们民族非被迫退回农业社会的不可。我们在这一次抗战中，如此大规模的动荡转移，还不足以令我们牢记缺乏制海力量的痛苦吗？

此外，我们再看看一般地理学权威，认为可能成为海权国的地理与人民的条件是什么？

（一）海洋上优越的地位。

（二）适于航运和海军的优良海岸。

（三）这种海岸与腹地之间又有相当密切的联系。

（四）有广大的腹地又有丰富的建造船舰资源。

（五）优越之介乎其间的交通位置。

（六）到达对岸国家的便利。

（七）聚居于沿海地方的人口。

（八）习于海上生涯的民族性。

我们看这些条件，我们中国是完全具备的，中国沿海均在中纬与低纬附近，没有冱寒与冰期的限制。我们海岸所控制的太平洋，恰为世界最大的海洋，而太平洋沿边的平原又是以中国为最广。依翁文灏先生的估计，中国全境其适于人生的平原，以及比较容易发展的盆地和丘陵地，一共占全国面积三分之一，而这三分之一的地位，差不多完全分布于沿海地带。北起松辽平原，经过华北平原、黄河三角洲、长江三角洲，以至珠江三角洲，差不多都是地势平坦，水流和缓，土壤肥沃，河川畅舒，比起南北美洲滨太平洋部分的高山西峙，以及澳洲沿岸的山脉纵横的情形，我们沿海的位置可以说是得天独厚了。

我们中国与世界的交通更是便利。如同沿海岸中央部分的上海，向东至北美，向西到欧洲，距离差不多相等，向南到澳洲和南洋就更近了。上海是远东最大的都会，其他各港埠尚不计其数。至于沿海岸线，更具有优良港口的天然形势。

其次，从人口的条件来说，据胡焕庸先生的计算，中国全境自瑷珲至云南的腾冲间作一直线，分全国远离海洋的西北与近海的东南两部。西北半部的面积，计有七百万方公里，人口仅有一千八百万，约当全国总人口的百分之四。东南半壁的面积，计仅四百万方公里，而人口则有四万万四千万之多，占全国总人口的百分之九十六。据马罕氏的意见，则一国海岸的延伸对于国力之有造就与否，常常看它的人口多少以为衡。它警卫力必须和正面成为正比例的（就是海岸长度和人口密度成正比例）。关于这一点，中国海权发展的潜力，可以说是胜任愉快的，至于中国的民族性，实在是有冒险与拓殖的精神，而具有习于海上生活性能的。

由中国的历史上来说，我们已经发展到海洋生活时代，而且福建、广东、山东、浙江、江苏各省的人民，又非常适应于海性。马罕氏研究人口对于海权发展的影响时指出：决定一国海权的人的因素，主要的在支持海权的后备军力——首先是有组织的后备军。其次是习于海军的人口的后备力量，再次是习于机械技巧的蕴存性能，最后才是财富的储存力（以上所引的话，见于马罕氏所著《海权对于历史的影响》一书中的绪言）。我们中国沿海诸省人口，多于英伦三岛者十倍，怎么说我们不能变成一等的海权国呢？！

从历史所说，中华民族的活动是从内陆走向海洋；从地理上说，自然我们具有不折不扣海权国的条件；再从经济地理上说，海岸是我们生存的基础；从军事上说，海防是我们的大门所在；从外交上说，我们最好的与国，是要在海上才能和我们联系起来。这些证据很可以充分说明，战后中国要建设成为一个海权国家，同时，战后国防理论的重心就应该注意到海权的建设！

好，现在我们再来谈谈中英、中美新约订定后，我们在海军方面应当负有什么任务。这一次所订新约，除开取消租界与领事裁判权外，其最重要的就是撤销驻兵权与废止内河航行权。如《中美条约》换文中说道"自本约生效之日起，美国放弃其治外法权（包括在中国驻兵之权以及关于通商口岸制度），暨美国放弃关于内河航行与航海贸易之特权，以及美国迄今在中国领水内所享有之特权"各节，又《中英条约》附件中有"（一）……丙、英王陛下放弃关于在中华民国领土内各口岸雇用外籍引水之一切现行权利。丁、英王陛下放弃关于重军舰驶入中华民国领水内之一切现行条约权利，中华民国政府与联合五国政府，关于缔约一方军舰访问彼方口岸，总依照通常国际惯例，相互给予优礼。庚、英王陛下放弃给予重船舶在中华民国领水内，关于贸易及内河航行之权"各款。由于上项条文的规定以后，我国领水以内，将不复见外国船舶络绎往来，以妨害我们的权益，更看不到外国军舰常川驻泊，以影响我们的国防安全。就是关于引水一项，除有时或者由我们自动雇用客籍的以外，也将不使外国人尽窥我们江河的堂奥。可是有一点我们必须注意的，外国人沿海及内河的商船航行虽然取消了，可是人家与我们贸易往还仍然要维持的；外国驻泊的军舰虽然撤退了，可是人家侨民的寄居旅行，则必须保护的；外国的引水虽然不复存在了，可是人家出入于我国领水的正当航行，仍然是要有所引导，以免发生意外。同时因为外国享有特权商船的取消，今后外国人搭乘我们的商船者，一定是一天多似一天。因为外国驻防性军舰退出了，一切的安全仍需要维持的。凡此种种，都可以说要由我们的海军担任起这种责任。如果我们在这时不建设海军，纵然不平等条约取消了，我们有什么法子来向人家担保他们的安全和权益呢！

讲到海军在平时的任务，本来就很繁多。光是维持水上的治安和交通，它的责任已就感觉繁重，如同关于本国领水内的巡缉研究，搜捕盗匪，保护渔民，救助难船，测量水道，绘制海图，树立各种航行标志，建立观象、测候、报警各台及无线电台，设置无线电测向器传报风警，与各国观象测候各台交换情报，审查船舶之冲突，染疫船舶之检验与处置，以及训练引水人员等等，以上不过举其大概。还有在不平等条约未取消以前，外国驻在我国领水内的军舰，对于其一部分的工作，如同缉捕海盗、测量港湾等，常常不免有"越俎代庖、喧宾夺主"的样子。这种原因固然是由于外国人享有特权，其中各种举动常常可不受拘束，然而一方面也是由于我们海军的吨量太少，沿海沿江范围很辽阔，大小军舰分布梭巡，实在不敷调遣的缘故。现在我们不但是恢复了以前所有的海岸，就是台湾也收回来了，我们的领水幅面也愈来愈扩大，同时，外国人在我国领水内经商的利益和寄居旅行的安全，都要我们加以保障。那么，我们海军的担负更重了，尤其沿海一带的收复区域萑苻不靖，经过了这次大战，民生更是凋敝，因之海盗的猖獗，更为大患。往小里说，掠夺资财，往大里说，绑票勒赎，因之商旅裹足，甚至容易引起国际交涉。如果外国军舰来中国访问，仪节稍有欠周，而所遇见的又是强梁横暴，如同以前日寇军舰，在这种情况下，就常常引起纠纷，所以在外国军舰平日常来访问的各口岸，也非驻有我们的军舰不可。可是，我们战前很少数的军舰分驻各区，游弋海上，已经感觉不敷应用，这次抗战又经过了大量的牺牲，若不亟亟建设，战后应用的舰艇，那就真如常语所说的"巧妇难以为炊，良匠亦将束手"了！我们想到这种种的大责任，感觉得非努力建设大海军不可！

我们再看这次中英新约签订时，英国艾登外相给我们前外交部宋部长贺电中说道："今后中英两自由民族，在完全平等之地位上，与其他同盟国共立。在战时，则为并肩作战之勇士，在和平确保之后，则为东西共享自由繁荣，与和平世界之监护人。"美国前副国务卿威尔斯，于卅一年五月之末，也曾建议道："在战后若干年，同盟国应负起维持国际警察权之工作，以保证一切爱好和平各国之安全。"拉铁摩尔先生在卅一年上在纽约演说亦曾云："中国今日已排除万难，一跃而为列强之一员，亦即为四强之一。过去各国原视中国为半殖民地，而今日则中国不仅为四强之一，抑且为太平洋上之领导国家。"由此看来，是不平等条约取消后，我国不仅在国际列于平等地位，而且列为四大强国之一，为维持世界永久和平的东方支柱，为太平洋上的安定力。本来我们在七七开始抗战的时候，我们即宣示，抗战的目的，对内在求国家民族的自由独立，对外在谋太平洋及世界的永久和平。现在日本虽然投降，然而为了防止它的死灰复燃，为了作一个和平世界的监护人，为了作国际的警察，为了太平洋上的领导国家,假定没有强大的海军,我们怎能担负这种重大的责任?况且在历史上,也没有说海军不强而能成为一等强国的国家。第一次欧战结束后,巴黎和会到协约国三十二国的代表,只由英、美、法、日、意五个海军强国代表组成第一部最高会议,总揽一切。国际联盟最初成立的时候,除开美国未加入以外,也是只由英、法、日、意四个海强专占常任理事主席。于此可见,在国际间折冲樽俎,假若没有强大的海军作后盾的话,要想占得主要的地位,是不可能的。尤其我们身为四强之一,同时又为联合国之一,要想名副其实得以永久保持和平,也是非积极建设国际标准的海军不可!那么,我们所受不平等条约的痛苦,才能够永绝根株,不再发现。再往远处说,可以延长第三次大战爆发的时间,或者根本消灭于无形。

至于国内有些人持海军建设费太贵,以为缓建海军的理由,则真是对于军备建设缺乏研究的论调。因为军备建设,根本就是费钱的,而且一个军种建设费的昂贵与否,并不是以一艘军舰、一辆战车,或一架飞机的造价来做对比,而必须以其总军力之建设费与之维持费、补充费的总和来衡量。假定以成品造价来比较,除了B29飞机一架需要二百万美元不能引以为例以外,现在P40飞机一架约需十万美元,B24飞机一架约需廿四万美元,B25飞机一架约需五十五万美元。我们假定以上述飞机各一架计算,一共要需要八十九万美金,此款可以造卅吨重的战车九辆,可以造得军舰七百五十吨。假使我们各乘以五百倍,则一千五百架的飞机,将与四千五百辆的卅吨战车,及卅七万五千吨的军舰同价。这种数量的军力,若依照军事眼光来看,在作战时,第一线的飞机可得四百架,第一线的战车可得一千五百辆,第一线的海军可得廿五万吨。以上的数字,就担负中国国防全般的分配上来讲,陆、空军军力,无疑的是不够的。而以第一线廿五万吨的守势海军,照克劳塞维次用兵的优势率原则来讲,则至少牵制敌人五十万吨海军而有余。假使以后数十年远东方面海上局势没有重大的变化,则这一个数量或许可以维持中国近海的安全于一时。基于以上总军力的对比上,我们看出海军的需费最少,不是最贵,也不是超出国家财力、国民负担以外的要求。以上所说的,只是就表面观察海陆空军之比较,其最重要的基本问题,还是在重工业之能否自己建立。欧美各国以造船工业为一切重工业之母,只要造船工业可以树立,则一通百通,其他航空工业、机械工业，等等，都可以连带建立起来了。现在，中国要想重工业化，一定首先要从购买机器着手，而运输机器也非要海运振兴不可。因此建立海权，保障海运，必成为建国最重要工作之一，而建立海军以控制海权，则更为天经地义的必需条件。

让我们现在再来谈一谈海军建设的大纲：

一、舰队建设——舰队是海军主要的力量。在这一次世界大战中，英国保卫本土，控制各海洋航线，并联合盟军进攻义法，开辟第二战场，攻抵柏林，都是因为海军力量庞大的缘故。中国沿海地域，港岛环列，并且江湖水道繁杂，多是占重要的位置。要想维持江海的治安，在外海方面应当依照海疆形势，以策定国防上的安全，计划分为四区，每区应各设立舰队，配置战斗舰、巡洋舰、驱逐舰、航空母舰、潜水舰艇、鱼雷快艇等，同时潜水母舰、运输舰、供油船、给炭船、医务船、修理船、布雷艇、扫雷舰艇等并须分别配备。至于内江方面，拟设立长江、珠江两舰队，多设巡防炮舰及浅水炮艇等，以作为巡弋的用途，此外应当另组练习舰队、测量舰队，共编成八个舰队。

二、岸上建设——军港为岸上建设的重要部分。以日本这样一个小小的岛国，它本土已有横须贺、佐世保、舞鹤、吴等军港，中国幅员这样广大，当然不能落于人后。军港地点，则以青岛、三都澳、旅顺（将来卅年后可以收回）及马公均很适宜。次如要港，就是次等的军港、要塞潜艇根据地、航空站学校、训练营、兵器库，等等，都是海军物质建设的要素，也应当渐次的扩充和创设。

三、精神建设——就是人才训练。海军教育本来是具有传统精神的，无论官佐、士兵，都要加以严格的训练。在以前战时，关于道德、知识、技术各种训练，都已经加紧推行，可是现在科学日益进步，尤其经过了这次的海战，在战略战术方面，更是日新月异。培育人才不是一朝一夕所能成功的，我们在进行建设之先，应当赶快筹备，应该学习的学科大概可以分为航海、轮机、枪、炮、鱼雷、水雷、造舰、造械、通信、电务、海军航空，等等。关于作战指挥部分，更须有大学专科训练，对于海军战略战术、国际公法等等的缜密研讨。至于士兵，也应当灌输海军常识和技术，风涛和水流的概况更应当熟习。所以，海军各种专门学校都应当及时设立，并且应当遴派优秀员生，分赴欧美各国肄业专门的学科，以便养成高深的学术，训练士兵的练营也应当从事扩充。

我们上边所说的，不过是概略说出建设海军的纲要而已。至于详细办法，应当由海军总司令部视现在的情况及时势的需要，斟酌缓急，拟定分期建设的计划，呈由政府核行。然而，最终的目的就是必须使中国成为世界上的一个大海军国！

（录自《现代军事》1947年第2卷第2期）

中央海军训练团

本刊资料室辑

海训团是在三十四年十二月二十二日在青岛成立的，美海军第七舰队为此特地设立了一个新单位——中国两栖训练团——负责训练事宜。中国方面就称此单位为顾问团，首席顾问是戚廷海军上校，中国方面主持人是林祥光海军上校，教官约有卅人。

海训团之设，主要在接收美国的赠礼。成立一年以来，已有六期学生毕业，其中官佐共一六八名，士兵共一七三五人。训练期分二部，在陆上受四个月训练后，便下船受舰训。美国赠予中国的舰艇，在训练时还悬挂着美国旗，每一美方的舰上的官兵，便负责使一个中国官兵熟习他所专门负责的技能，二个月以后，便换上中国旗，将舰艇移交中国，完全由受训毕业的中国海军人员管理航行。一年来，在这种情形下移交给中国的舰艇已有二十五艘之多，总吨数为六万吨，比我们战前全部海军的总吨数已多了二万吨。可是，这还不过是第一年，训练团的计划一共是五年，移交给中国的舰艇将有二百七十一艘之多。因此，政府方面对它存在着极大的希望的。他们说："海训团是海军的黄埔""海训团是中国新海军的摇篮"。

海训团的设备是齐全的，教室都在美国运来的活动房屋中，每一教室都是中美教官各一人在讲述，中国的学生在实习，简单至如何打绳结，复杂至如何应用雷达，皆有专门课班在传授。枪炮班中自最小口径的手枪至最大口径的重型机关枪皆有陈列；信号班的学生，面对着讲台上一明一暗的信号灯在记录；电信班的学生一面收听电码，一面用打字机记录。海训团的教授设备是新颖的，美国把战时训练海军的经验在海训团中已全部予以应用。单去年一年，美国海军运到海训团来的各式器材，便要值到一百五十亿，将来还准备把美密西失必州海军训练学校的器材全部搬到青岛来。

（录自《现代军事》1947年第2卷第2期）

中国新海军的保姆——江南造船厂

朱 政

江南造船所是我国最大的造船所。中国的海军的建设就需要大量吨位的船只，尤其需要本国能够自己制造船只，所以，江南造船所的使命是相当重大的。

所长马伯良少将，先接待我们在一间大礼堂里，作一番参观前的报告。

从马所长的报告中，我们知道江南造船所还在逊清同治六年即行创设了。当时由政府斥资数万两，地点是在沪东提篮桥，后来政府在制造局即现在的所址，拨地兴建船坞，此为正式造船所成立的嚆矢。这所船坞共长五百尺，到现在还在使用，列作第一号船坞。民国六年，方才正式改称海军江南造船所，当时因经费拮据，故只以修理为主要工程。后来欧战爆发，美国大来公司向该所定制一万吨一艘的自由舰四艘，三年完成，行驶太平洋间，这是我国第一次替外国造船，成绩相当不差，结算之下，也着实有些盈余。

马所长把眉头扬一扬，微笑地继续讲下去，因为有了这笔盈余，造船所里就将机器厂加以扩充，接的生意也愈多，美国海军又托造炮舰六艘。我们如果不健忘的话，民国廿七年在长江面上给敌机狂暴轰炸而告击沉的那艘美国炮舰潘南号，就是六艘中的一艘。至于马所长自己，他从民国十六年即到这里来任所长，民国二十年曾经一度离开，二十二年再度出任，于是一直坚守他的岗位，到民国二十六年敌人的飞机大炮交攻下，方才挥泪地离开。

马所长的声音有些哑伤了，他说在沦陷约八年中，敌人就利用了这所工厂，修造船只，侵略我们。民国三十三年初，马所长知道敌人投降之期不远，就率领了二十几位造船专家，赴美参加船厂服务，吸收现代造船知识。去年敌人投降，马所长就率领了这些专家，来沪接收，他也就第三度的出任了所长。

规复的工作是相当艰巨的，幸亏马所长是熟手，短期内就恢复了常态。并且马所长报告说，他们与美国海军委员会签订合同，借到一千万美元的造船器材与原料，现在已有三分之一运到，半年内即可全部来沪，贷款的利息仅年利二厘又八分之三，分三十年拨还，负担是相当轻。所以马所长抱着坚决的神气说：等到美国的器材全部装配完了后，我们一定是够时代化了。

马所长还报告现在他们的工作人员共有五千五百余名，技术人员约有四百名，内有美籍七人，英籍二人，技术工人约有四千九百名，还有学徒二百名。组织是分成总务、设计、生产三处，及人事一室。工场共有二十三所，船坞除可容一万吨之五百尺长一号船坞外，尚有可容一万五千吨之五百五十尺长二号船坞，及民国二十五年完成之长六百余尺可容三万吨之三号船坞。依照现在的设备及人力，每年可造一万吨大船三艘，或二千吨沿海用船十余艘，同时还同带造小驳船及修理工程。收复以后的纪录是已经修理了五八二搜，正在修理中的有一一四艘，已经造了一三艘，正在造的共有四一艘。

马所长是懂得劳工福利的重要性的，他努力促使五千余工作人员意会到工厂就是家庭，爱护得不忍离开。工人的生活相当安定，有自己的阅报室、健身房、淋浴室、裁缝间和洗衣室，还有经济食堂。工作时间是上午八时至下午五时，早晚有交通车接送。可以容纳二千人的独身工人宿舍，于半个月后即可完成，届时工人的生活，自然更较安定了。

马所长的报告虽然很长，可是我们大家觉得这是很宝贵的资料，所以听得很仔细。报告完毕，马所长就请傅恭烈、卓韵湘及何绍志三位工程师陪我们到各部门去参观，并详为讲解。一排排整洁的办公室里，因为是天是星期日，所以显得很清静。在会计室里，发动了计算成本会计的机器，一个拥有四千余工人的工厂，计算制品的成本是相当困难的，利用这打洞、分类、会计三部自动机器，平时需要四十余人方能完成的工作，他们现在只用十四人，就可以没有错误地愉快胜任。据说，这种机器在中国只有招商局及他们两具。

船坞的构造是相当奇妙的，他在沿江的岸边，向里筑成狭长的地穴，把需要修理的船只拖进来后，沿江的水闸就紧闭起来，再把船坞内的海水用帮浦打出去，这样一条船就好似全部浮在水面上，即使在船底的毛病，也可以修理了。昨天见到一号船坞里的是招商局的海陇号，二号船坞里是万和号，三号船坞里则是万勤号，都属于善后救济总署的。

正在建造中的船，大多不在船坞中，而高架在岸上，据说是先安龙骨，再加躯壳，最后装里面的机器，有民生公司的二条各约一千吨的大船，已经快造好而将下水了。造木船的工场最近很紧张，因为行总托他们代造平底木艇，木材是行总供给的，他们平均每天可造一艘。

当走完了二十三所工场后，何工程师指着远远的一座大厦说：现在我们正在装配四百五十匹马力的发电机四座，一年以后，可以发电五千匹马力，那时，我们就可以不需要外间电厂供应的电力。的确，我记起马所长话的，江南造船厂于半年后能够时代化了，我相信很多的国民是同样热烈的企待着的。

（录自《现代军事》1947年第2卷第2期）

白部长勖勉建立新海军

本刊资料室辑

白部长崇禧，于二月十九日视察海军方面在沪之两大机构，中央海军军官学校与海军江南造船所。白氏一行二十余人，于上午十时出发，先赴中央海军军官学校视察。该校与设于青岛之中央海军训练团，为我国新海军之"摇篮"，近奉令将迁往青岛，现有学员一百余人。白氏莅校后即召集各员生训话，即席畅论"建设现代化国防之重要性"，语极警辟。兹采录白氏训词要旨如下："一现代国家立国要素必须建立现代国防，故海陆空军建设均须齐头并进，加求现代化，始能保障国家安全，负起国防重任。我国海军建军历史较陆军短促，基础薄弱，今后必须重新建设，以适应海空密切协同需要，平时巩固海防、保侨及维护对外贸易，战时与陆空协同作战。现代战争乃科学的战争、技术与装备的战争，今后国防建设，如以此次世界大战中一切战术装备为根据，仍嫌保守，必须预想未来战争形态作超时代研究，提高科学技术，改进装备，以建设现代的陆海军。海军建设，首须提高科学与技术，进而达到舰艇的制造，以求自给自足。最后，勖勉海军全体官生应抱定志向，在目前困难环境中，应以精神克服物质困难，一致努力来建立新海军，完成所负重大使命。"白氏训话后，即乘专车至规模为远东第一之海军江南造船所视察。该所设备现代化，现有船坞三处，技术工人四千余人，美籍工程师八人，我国工程师三十余人，可造一万吨以上之军舰,去年一年内,主要工作为修理船舰,共达二百二十五艘。即将驶赴日本执行占领任务之"太原"号军舰亦泊于该处,作出发前一切必要之准备。白部长登该舰接受全舰官兵之敬礼后,即返寓所休息。

(录自《现代军事》1947年第2卷第2期)

现　实

两年来的中国海军

周翊梁

我是服务于海军部的一个海军军人。我的岗位是海军，我不敢写我所不知道的事，甚至我所知道的事。但大家说要尽量发掘出两年来各个岗位上一切和日军搏斗的战斗经验，那么，我所见的海军在抗战中如何失败地执行着它的作战任务，如何胜利地打击过它的强大的日军。我想，这也未始不是一种民族血肉的教训罢。

"中国也有海军么？"或许简直不免有人会这样问我，从一个海军人的意识，即使听到这样的话，也决不以为忤。因为中国的海军之不成军，早已是历史的事实，就此表面的数十条破铁以观之，岂足以语中国一万二千余里海岸之防？但是绝不是说，海军在抗战中就没有尽它的一点点力量，反之，倒可以说在它的基础之上所能尽的，它表现了它的最高的英勇。

黄贼秋岳泄漏军机。我且分做两方面来说一说。首先，我要说到歼灭长江以内的日海军的大计划为什么大失败，让我来举一个例罢。黄秋岳（濬）身为行政院（中央行政会议）之秘书，列席二十六年八月十日前——特别是六日——在南京举行的最高机密会议，如果不因黄秋岳担任着间谍，把最高的军事机密卖给别人，那么中国对长江以内日舰大封锁计划何至功败垂成？中国海军又何止只收今天这一点点战果？

集中湖口待命封锁。二十六年的八月七日，中国有几艘兵舰，是在拱卫京畿的江防，有的则是从上海江南造舰厂赶修完竣驶京待命。突然奉到了紧急命令开达湖口集中。当时的湖口，已经集中有江贞、江元、楚同、楚泰、楚有、楚观、湖鹏、湖隼等舰，指挥舰是江贞。其后八日、九日，陆续开到的又有中山、永绩和建康。而唯一口径最大的炮舰——逸仙也已经开到。逸仙到后，指挥便改属于逸仙。逸仙的炮口径是六寸，射程可达二万码以上，其他各舰则大都为四寸七。此时的江上，真可以说是战云密布了。在月黑风高之夜，中国的炮手都通通紧张地各站在他们的炮位上。自七号起，集中在湖口的海军全体将士，在极度紧张中，等待着命令来给日军以打击。

上游日舰仓皇而遁。谁知道在九日的夜间，即十日的黎明前，日方所有停泊在长江上游的兵舰——包括近万吨的旗舰八重山，满载着仓皇而遁的汉口侨民，便驶进过湖口的警戒线。而所有长江以内的日舰，总数大约近二十艘，都在"八·一一"江阴封锁之前完全驶出了长江，全部逃脱了最大破灭的悲运！读者当然不免要问："湖口的江面不是正有着舰队吗？你们何以会让它通过的呢？"是的！但是——

中国在湖口的舰队已经奉到集中之命，在湖口江面警备，但因为那是"八·一三"之前，距日本在江南发动还隔着四五日，自然还没有奉到向日军开火、进击日方军舰的命令。而且谁也不会料到，华方如此机密的决定，日本会迅速得知。所以在九日之夜，我们舰上的官兵即突然发现了上游居然有日舰开来，而且是全部熄灯灭火放倒栏杆——这就说明他们是已经有了作战的准备的，迅速向下游开驶，就感觉到出乎意外了。然而，我们没有奉命，我们当然不能自由攻击。我们只有惊异，惊异于日舰的行动何以如此之速，难道已经知道了中国要封锁长江了吗？这不能不说是极其奇怪的事。当然，凡在中舰驻泊之区，见有外舰驶行，是例有报告的。我们不晓得当时南京的海军最高当局接到湖口的报告时，其惊异为何如！而最高统帅部得到海军当局转呈上去的报告时，其惊异又为何如！大概也许还是因为湖口这个报告，才发觉机密的泄漏，才开始侦查黄濬的。

我们事后知道，汉口日侨的撤退，是极其仓皇极其狼狈的。据说在一个居留民的大会宴上，领事馆官员和海军的军官们突然在欢饮中临时退席，即刻就决定了撤退留汉全体侨民的。这大约就是黄濬的报告，由南京的日领馆转到了

545

汉口了——还能说不是中国的大失败么？还能说不是中国民族血肉的教训么？

发挥海军报国精神。第二个方面，我要说到一点中国海军的成功了。如大家所知道，中国海军是久不成军的，所以蒋委员长当国民政府在南京奠都之后，一方面，因海军有协助完成北伐，瓦解北洋政府的大功，另一方面，委员长以其高瞻的眼光，明了中国水上国防之不可以废，便定下了一个十年建设六十万吨（相当于当时的日本之海军实际总吨数的三分之一强，并相当于日本可能开来的中国领海作战之海军力的全部）海军的大计。到日本武力侵略战争的爆发时间是十年了，但十年间卒因许多复杂的人事关系，没有能够实现。今天我们有机会来讲这两年中的海军抗战故事，当然绝不是在这里来夸耀总吨数不足五万的"几十条破铁"的什么威力，而是说在贫乏的设备和落后的技术上，总算未负国家付托之重，别动地在若干方面发挥了一些海军军人的报国精神。

一日一晚封锁江阴。头一件，我们接下去讲江阴封锁。由中枢觉察到歼灭长江日舰的机密泄漏之后，封锁计划便变成更不能不加紧进行的工作了。否则，我们的首都南京就可能立即受到日方的海军攻击，以及他们的反封锁。在日舰逃出长江之后的当日下午三点钟，海军部的当局，当即接得最高统帅的电话命令，命立即前赴江阴施行江面紧急封锁，要在最迅速的时间内将工事完成，避免日本派舰侵扰。海军部陈部长奉命后，当即率舰亲往执行。全封锁工程，是在从奉到命令之时起的二十四小时之内完成的，总计当时凿沉下去的船有威胜、德胜、大同、自强、通济、武胜、宿字、辰字等，外加商船，一共是二十二艘（其后加工，又续沉八艘），每一艘都装满石子，沉没于江底。这工程显然是以突击的精神从事的。一夜一日，将深度一百呎左右的封锁工事顺利地完成了，完成的时间是"八·一三"的前二日，十一号上午三点钟。这封锁虽然没有能够收到预期的战果，但在战略的意义上，它仍然是有力地防御了封锁线外来的日方海上攻击，同时它确也有效地延长了首都保卫战的时间。而且在日方已经知道了我们的封锁计划以后来封锁，也争取到了必须争取的工作时间。

巫山炮战惊人怒吼。后来，在这江阴封锁线前，便展开了在世界战史上无其前例的四十天海空对战。许多特许观战的友国武官，从江阴之役，也获得了不少中国海陆将士以血肉换来的经验了。这四十天中的许多英勇事迹和特殊战例，当然不是这篇短文所能写，当然也不是我一个人的力量所能写。只说宁海一舰上二十七年九月二十三日那一天，上士炮手陈永相因为发炮太多，自己的眼睛瞎了，还不肯退出炮位。二等兵叶民南在宁海中弹后，一面救着火，还一面去开炮，这是我永远不能忘记的事。

还有关于巫山的炮战：在江阴要塞临到危急之前的数日，二十七年的十一月底，江阴、巫山间的电讯联络已经因故障不通。而巫山是一个突出部分，且孤立于封锁线之外，在战略上亟应撤退，但是急切间已没有办法，而恰逢两艘日驱逐舰已经驶来攻击。当时情形对中国是十分不利的，不仅因为守地的地形，而且地上的炮亦是临时由舰上撤来，匆促间炮位的布置也未能十分妥善。但是日军既已当前，只有奋勇应战。据我所知道，华方的第四炮即已准确地命中了日舰之一，立即使它发生漏水的现象，当时日方的两舰便集中火力，并向巫山攻击。华方的战士马上机动地藏入了掩蔽部，置日方这时的攻击于不理。他们发射了两百炮以后，看看这边是完全沉默了，以为一定是连人带炮都完了，于是大胆驶近，企图登陆。这一霎时，不客气，完全沉默了的巫山却再度发出了它惊人的怒吼，华方以十分有效的射击，在这一役中完全葬送了来犯的驱逐舰二艘，眼看着他们在烈焰中陈尸于江上，而中国的将士在歼日后却安然退出了。

本少利大制胜却日。这所说的，都不是中国最大的战果。中国所收最大战果，在对付优势的对方海军来说，实在是收在水雷攻击的方面。我们且不用自己的统计，这里根据英国海军武官二十七年七月的记载，日舰被中国海军击沉的计有扫雷舰第二号、运输舰卡莫米号、炮艇撒泠号、鱼雷艇撒给号、驱逐舰富米太尼号等，都触雷沉没。其余被我水雷炸伤一部，未全沉毁而拖沪修理的，还有一百多艘。此外，根据同一来源的资料，日攻武汉时，在葛店沉没一艘，在九江武穴间之新州沉没一艘，在白螺矶沉没一艘。这些战果，即据日本向来虚伪的廉价报道中，也自承认二十七年份的触雷舰艇总数为八艘。中国除开今年——二十八年份，日方更大的海军损失不计，拿造雷费的总值如果和上述日舰的损失来比较一下，已经是一与二十之比了。这虽说不上是中国海军的成功，但这却实在是给中国海军在抗战中建军的一个有力的路向指示——用本小利大的办法来制胜。

其他关于还没有成为过去的事，恕我不能够再说。总之，在进入二期抗战的今天，中国在川江，在西江，在洞庭，在鄱阳，在辽阔的闽浙沿海，在所有的港口，都有自己的工作在！我们要给以更大的打击，保障我们民族的生存！同时我们也要社会给我们以声援，以督责，以注意，以指示，使海军也能够在正确的路向下积极地、顺利地建军，把他们驱逐出我们的领海！

（录自《现实》1939年第3期）

现世报

长江水染壮士血
日军溯江西犯

据中立战事观察家发表意见,郑州方面因黄水泛滥,日军在该处军事行动完全受阻停止,现日军正集中主力由长江及长江北岸进攻汉口。最近过去七日间,有大批日军自上海出发,向长江前进,有二十余运输舰满载日军,并有驱逐舰二艘,扫除水雷舰二艘,炮舰四艘,一同驶行护送。此项军舰皆经南京驶往上游,闻南京方面亦驻有大批日舰,等待开往前线。现南京成为日军后方司令部,当日军运输舰经过南京时,并有航空母舰一艘,载水上飞机一百五十架,亦同时向九江方面驶往。闻日机现正对九江封锁线大施轰炸,日军舰大炮同时开炮猛击,在封锁线上游之中国要塞亦开炮还击,但日机在此一段颇为活动。据观察家称,因华北天气之骤变,中国方面即将变更战略,故日军或可深进九江附近,不发生极大抵抗。但抵封锁线后,日军定遭中国坚强抵抗。该区防御工程非常坚固,定可予日军痛创。中国空军亦将出战。至合肥沿公路前进之日军,纵因天雨受阻,即能抵达信阳终点,但在信阳与汉口之间日军步队及机械化队,因地势险恶,皆不能前进也。

我国军队因黄河泛滥之帮助,已将向汉口进攻之日军尽行击退。潜山附近之大量我军,已将日军进展完成堵截,潜山现仍在我军手中。同时日军欲渡过潜江之企图,亦告失败。

日本在长江中之舰队溯江而上,现已到达安庆迤西八十公里之处,但一切登陆企图均遭击退。日本飞机复轰炸鄂皖赣交界之马当山防务工事，此项轰炸，并无重大损害云。

太湖我军阵地现已巩固，我军现扼守迫近太湖之诸山阵地。军界深信我军力能遏止沿扬子江进攻之日军。

荻港侧背屏障牛歇岭、凤凰山被我军克复后，盘踞荻港江边之日军，因江水续涨，乃作困兽之斗。

长江南岸马当、香山两地均有激战。香山日军扼守东北阵地，我军由西南反攻，在歼灭中。一部日军向西退却至马当村，已被我军包围。

二十六日，我空军出动轰炸东流日舰，伤其二。炸安庆日机场，焚毁四机。同日，两军又在南昌及东流作空战，日机被击落五架，我军全胜。

（录自《现世报》1938年第9期）

宪法新闻

弹劾案再志

弹劾海军总长刘冠雄溺职违法案

众议员马小进提出，原文云：海军总长刘冠雄自就职以来，弄权违法，营私舞弊，军纪荡然。就其最重而言，则莫如私借奥款一事。该总长与奥国哈卑北公司借款三百二十万磅，内以二百万磅在该国定造驱逐舰六艘、鱼雷艇十二艘。借款既未交院议决，购舰增兵尤为国家大计，又未经国防会议，蔑视国法，莫此为甚。此其弄权违法者一也。际此时艰孔亟，该总长负此重任，非特于军国大事无所表见，即其用人一端，惟事营私植党。查海军部人员共计百有数十，而该总长之乡亲族党占九十余人，其最足令人指摘者，则以胞兄刘冠南为全军总营驾，侄婿王崇文为军需司长，亲家陈作舟为军需科长。王久任铁路事，陈乃贾人。刘为总长，始援引入部，滥引亲属，盘踞军需，上自参事司长之重，下至舆台仆隶之微，非该总长同乡亲旧，即无立足之地。全军解体，怒不敢言。此其弄权违法者二也。现时海军尚待扩充，教育人才，至为急务。该总长于教育训练，惟本其弄权营私之故智，蔽塞贤才。武昌起义时，烟台、南京各水师学堂之学生，投笔从戎，奔走革命，共和告成，咸思归校以毕业。此等学生，裁而成之，事半功倍。乃该总长为树党计，于烟台海军学堂添招学生时，不令私人以外与闻，其事只由该总长密派一乡戚司员赴闽省招募，不论品学程度，任意选拔，遂至八十人中闽籍占七十八人。以全国之海军学堂，竟成为该总长乡里乡党之私塾，使全国有志求学之士靡不向隅。前者军学司原定章程，凡招学生，沿海每省五人，边省递减，该总长悍然不顾，蔑视学章。此其弄权违法者三也。烟台海军练营长谢克竣私吞军饷，查办确实，军法司呈准削除军籍在案。该总长与谢有私谊，不逾月即将该案取消，出尔反尔，破坏军法。又查电舰长叶大竣因该舰废坏，改隶江苏都督，该舰长抗不遵命，经江苏都督呈请大总统，惩罚停委两年，乃该总长为私人之故，旋将该员请授以中校。即此一事，既蔽大总统之聪明，实行其树党营私之计，赏罚不公，军纪尽失。此其弄权违法者四也。查《临时约法》第十九条第十二项："参议院对于国务员认为失职或违法时，得以总员四分之三以上之出席，三分之二以上可决弹劾之。"《国会组织法》第十四条："民国宪法未定以前，《临时约法》所定参议院之职权为民国议员之职权。"兹依据《约法》提出弹劾案，应请大总统从速将刘冠雄革职查办，以肃官方，而重国防。是否可行，仍俟公决。

提出者	马小进	易次乾					
连署者	吴景濂	张治祥	李为轮	王源瀚	李子斌	钟宏才	邹 鲁
	高 旭	叶夏声	张大义	李根源	戴书云	刘峰一	田 稔
	陈九韶	李积芳	江天铎	罗永庆	孙润宇	殷汝骊	吴 崑
	陈时铨	许象先	许峭嵩				

（录自《宪法新闻》1913年第13期）

向　导

海军态度

独　秀

海军态度之变动，在近来政局上有很大的影响。例如一九一八年第一舰队与第二舰队分离，对北京政府宣告独立，并拥护孙中山南下至广东组织护法政府，使北洋军阀至今不能统一中国。此次驻沪海军宣言拥护福建省自治，对北京政府取脱离态度，这是中国海军反抗北洋军阀第二次之表示。林司令通电上说："国家之有海军，所以卫国卫民，原非供一二人政争之武器。"又海军将士复旅京福建协会电上说："统治大权旁落于军阀之手，今日国家已如军阀之私产，元首等于傀儡，内阁俨若家臣，四百兆人之国家将成一二人之天下。苟不念及国家，尚可腼颜视息，设以国家为前提，能不投袂而起，以解倒悬？军人所服从者，建筑于民意之上之政府命令耳。岂其牺牲千万人之生命，以逞一二军阀之私欲？"

这样严正的指斥北洋军阀，不但加军阀以打击，即被军阀支配的傀儡家臣，也应听了面红耳赤。但是我们要忠告海军将士诸君两事件：（一）是始终固结团体，勿为北洋军阀金钱所惑，中途改变态度；（二）是要结合南北各省革命的军人、工人、学生，彻底打倒北洋军阀，以建设全国统一的人民政府，勿单以福建省自治为满足。

（录自《向导》1923年第22期）

新电界

全国电雷学校

全国电雷学校二十七在镇江北五省会馆举行开校典礼,到中央党部国府军委会代表及全校师生百余人,首由该校校长报告筹备经过,继由中央代表姚雨平、国府代表顾祝同、蒋委员长代表林显扬、参谋次长贺耀祖、军次陈仪等相继训词。

(录自《新电界》1933年第3卷第7期)

新 光

蒋介石等乘舰赴九江督师*

蒋介石、陈绍宽乘楚有舰,贺国光等乘咸宁舰,于二十九晨赴九江督师。

(录自《新光》1929年第10期)

桂永清与"向右转"

银 子

现在海军总司令桂永清将军,战前统领国府教导大队,夙著勋劳,为委座亲信之一。民廿七年四月,桂氏任汉口军委会战时工作干部、训练团高级干部。时有中央政治学校特训班全学员五百人,奉命并入战干团,学员不愿,群情哗然。学校当局将学员由珞珈山迁往右旗营房,星期日举行纪念周,战干团全体学员五千人均集中操场,独政治特训班男女同学五百人,僵立宿舍前不愿参加。大队长无法可想,请桂将军来,大加斥责,当场命令大队长下口令,立即跑步前往参加。大队长初喊"立正",各学员原属立正不动,未有动作;继喊"向右转",各学员仍为立正不动。大队长以目视桂,桂气得面色发青,大叫"这还了得,连口令都不懂服从",言毕登车疾驰而去。大队长知事已弄僵,即做好做坏,力劝各学员从权参加,再从长商议。众学员亦震于将军之威仪,认为不可过使桂氏"不好看",即鱼贯入场参加纪念周。后桂氏亦以学子天真可爱,未予深究。

(录自《新光》1947年第3期)

新　力

哀欧阳格

郭雁翎

中国的海军因为在甲午之战受挫，不能与列强并驾齐驱，建造战舰的困难太多，对于海战只好注意防御武器。海战的优良防御武器是潜艇、快艇、电雷，等等，尤以电雷的破坏力大而价低，合于防御之用。国府定都南京后，便在镇江成立电雷学校，几年后迁移到江阴。欧阳格为该校教育长的时间甚长。在抗战以前，该校规模广大，经费优裕，仅次于空军。欧阳氏为海军宿将。大家对电雷学校的希望很高，以为我国的新海军将萌生于此。不料抗战以后，着着使人失望。原来欧阳氏"自抗战军兴后，历在江阴、马当、九江等处担任江防作战任务，乃有敌前不听指挥，反抗中央命令，托故不进，弃职避战等行为"。经中央于二十七年六月拿办，历经军法会审，讯明属实，又发现欧阳氏浮报经费十七万元，因此判处死刑，于八月执行。

欧阳氏违令，失职又贪赃，如此军人，死有余辜，原不足惜。所可哀者，乃是该氏代表某一类型的人。中国的科学与军备原比各国落后，造成一个技术家或军事家是很难的，政府与社会皆十分重视。即使他们小有毛病，大家总肯原谅，期望他们将来的建树。却不料他们恃宠而骄，竟然胡作非为，自害害国，有的一直弄到身死名裂为止。欧阳氏被诛，如同人身上去了一个恶瘤，恶瘤虽已去掉，可是为防它的再生起见，便要研究它的成因。政府社会对于有特长专技的人应该在爱护外加上监督，有特长专技的人应该有自己检束，不要如骄子之转为败家子。

（录自《新力》1940年第5卷第23期）

新民报

海军第二舰队及练习队通电

长江区域，上自长沙，下迄吴淞，向由海军第二舰队各舰艇分段巡防，素以保卫地方、维持治安为宗旨。此次沪上海军之宣言，第二舰队与练习舰队均未与闻。现在二队暨练习一切行动，惟有禀承冯大总统意旨趋向，以服从中央、保卫地方、维持治安为职志，谨此电闻。

海军第二舰队司令饶怀文、练习舰队司令曾兆麟叩有印（七月廿五号）

（录自《新民报》1917年第4卷第8期）

新闻前锋

请福建军政当局严备海防以防日寇电

　　福州福建省政府钧鉴，福州保安处方处长、陈司令、延平刘师长、漳州张师长、厦门林司令钧鉴：暴日内寇，扰攘月余。国联决议，迄未遵行。侵略寻衅，有加无已。御侮救亡，尚待努力。吾闽地处海疆，与台湾澎岛，隔水相望，门户之固，未容稍忽。且暴日浪人，横行榕厦，军舰陆队，到处示威。南进北侵，双管齐下，冀幸达其并吞吾国之目的。倭奴狡策，亦云毒矣！敝会懔暴日之南侵，惧家国之云亡，敢恳钧府会同驻闽陆军当局，加紧建筑海口要塞，严密死守沿海各地，以尽守土之责，免踏东北覆辙。临电不胜迫切待命之至！福建留京学会叩。虞。印

（录自《新闻前锋》1932年第2卷第2期）

新青海

省党务特派召开肇和军舰起义纪念会

民国廿三年十二月五日为肇和军舰起义第十九周年纪念日。青海省党特处于是日上午十时召集省垣各界代表举行纪念会，计到省垣各机关、团体各学校代表，西宁市各党员及该处同志约百余人。当由马特派员主席领导行礼如仪后，即由该处组织干事原春辉报告。原词甚长，兹略志如下，略谓：辛亥革命，不过仅为民族革命工作的完全成功，乃一般革命党人之意识薄弱者，以为满清推倒革命已告成功，本党不再应有动作。袁世凯即利用此点，得为所欲为，于是不经国会通过，向五国大借款，以作对付革命势力之用，对革命党人横加狙杀，二次革命因而发生。二次革命失败后，袁氏帝制自为，野心益炽，如解散国会，毁弃约法，以为帝制之后步，而对革命势力的压迫亦愈甚。总理于讨袁失败，即东渡日本，改组国民党为中华革命党，特别标出"革命"二字，以收纳真正革命分子，重整革命阵容，分派同志潜赴各省进行倒袁。此肇和军舰起义之壮举，遂在陈英士先生领导之下，而发动于上海。肇和军舰起义，固无多大显著的成功，然在二次革命失败后，党内同志心灰意冷，社会心理软弱之际，陈英士先生卒能以其于革命工作"发动时来得最快，失败时走得最迟"的奋斗精神及独特的见解，奋起发难，使民众明了袁氏帝制的阴谋。相信本党讨袁的道理，影响所及，以致由此兴而起云南、广东的义师，推翻帝制，维护民国之重大工作，都因此役而发端，更因此役而蹴于成功。此不仅为本党革命史上最光荣的一页，而实为中华民国复兴的最大关键。（下略）

（录自《新青海》1935年第3卷第1期）

新上海

海军海道测量琐记

赵秋帆

不佞执笔撰此稿，欲写我国遴派海军官长参加香港英国海军测量团，暨赴日考察测量事业之情形。第拟先将曩昔列邦对于我国海岸、港口，曾有越俎行为而加以措置者，略事报告，俾明真相云尔。

溯自道光中叶，海禁初开，外舶来华，云屯雾集。当时我海岸、港口，向未测绘，驾驶外舶者，茫然不知所之，而水险公司亦不负责承保。当局昧于海权关系之巨，任听英国海军代为测绘，且改我岛屿之原名，易为英文之称号，先例一开，谁复忌惮？光绪十六年，法国军舰又擅测我未开放之港口。当局提出抗议，而各国驻华公使或创测海为善举之说，或持有例可援之理由，或谓中国得收税之权利，未尽测绘之任务，聚讼纷纭，共谋辩驳。当时，美国公使丹培氏报告美政府文内，有欧洲各国虽禁止此种行为，但中国无科学人才，不能比以为例云；并引咸丰年间所订《中美条约》第九条，指测绘即为增进科学智识之谓。凡知此外交档案，当晓然于国际关系之利害，苟我不求诸己，空谈法理，其可得乎？于是，海军部所辖之海道局，从此得以成立，并严重通告各国。嗣后中国海道测量，非经中政府特许，他国不得办理。今年三月间，英国海军拟测香港迤西至东京一带之海道，认为我国领海，特由驻京英使函商我国政府，略谓英国驻华海军拟在香港西岸海面及通达香港西岸之海道，办理测量事宜。惟须借（Lema Ladrone Linking

Lafsami）群岛，以便施行测量之手续。并谓现时舰轮、重量及船身，均与旧时不同，亟应举行测量，俾众有益，谅中国海道当局，亦当赞同等语。因此，我国海军部即令海道局核议。嗣经磋商之下，以英国测量香港西岸，事关公益，遂予特准，但须由海道局派员驻舰洽办，以保我国海权。嗣据英使来文，以欲制成可靠之图，拟展拓测量向西沿中国海岸至东京之边，以利航行，并请允Iropnois依洛国舰，施行测量，如中国欲派海军官长于该舰居住，亦可设法照办，并得入览香港英国海军制图局，并参加各种测量事务云。据此，我国海道当局俭以恳我加入，系尊重我国主权且为技术上互换利益起见，乃即遴派海军中尉陈嘉榔先生赴港驻舰洽办。当陈中尉登轮时，赴埠欢送之中西仕女，弥形拥挤。是日不佞亦偕至友谈君，及交际之花吴二小姐（D. T. Woo）参与欢送。然自埠登轮，须援攀一轻便之铁梯，群众鱼贯而登，时适微雨初晴，铁梯滑腻异常，吴二小姐之高跟革履践铁梯上侧斜几至倾跌。幸予鼓全力扶之，娇躯始未作铁梯之丈量器，然已频呼曰："吓煞吾哉。"谈君及予，不禁为之莞尔。比启椗，送者纷纷下，陈中尉凭栏挥巾示谢意，欢送者乃亦纷纷扬帽挥巾答之，时吾友谈君则独擎其银杖而挥之。二小姐因戏谓之曰："君挥杖如是兴高采烈，得勿将为吾侪挥巾团、扬帽队做个总指挥乎？"相顾大笑，嗣各纷纷散。逾旬余，海道局始接陈中尉报告，谓英国测量舰内均置有飞艇，备航空摄影之用，并置有广播电台、电音求深机器等，颇为完全云。今岁秋，海道局又遴派海军上尉陈鸿苍先生赴日考察测量事业。当陈上尉启椗时之情形，犹陈中尉赴港时景象，所谓挥巾团、扬帽队之豪兴，初不稍改。陈上尉容貌极尚驻京日使芳泽公使，故御以西装，更觉相像。轮抵日本，该国海军界欢迎之者，满列埠头。日商有不知就里者，甚至欢跃相顾曰："芳泽公使回国耶！"识者为之大笑。嗣据陈上尉报告，谓日本测量亦日趋进步，其设施不亚英国海军测量，且测量舰上置有巨炮及军械等，俨如兵械作军事动作时之情形，谓恐有乡民反抗，及海盗袭击云。且二君备受英、日二国海军界之欢迎及优待，可知测量海道，外人观为维持国权之事业，故海道局以广储测绘人才，实属当务之急。此种技术，且又为海军人员应具之智识，故由海道局呈请我国海军部，于海军练习舰队增添测绘一科以宏造就，业已由海军部批准照办。是以不佞深信，海军界后进人员均能富具测绘经验，将东测海达于国外，则海权前途之发展，当大有可观也。

（录自《新上海》1926年第11期）

中国未来之海军

陈　言

战后，中国之海军成为最重要问题。缘东亚有强大之中国，足为国际间之领袖，省却美国西顾之忧不少，是以美国政府以助中国建立现代化之军队为责任。惟中国陆军已有基础，空军亦稍具雏形，只需加以物质上之援助即可。最难者即为海军问题，以中国海岸线太长，欲助成中国海军力，足与战前日本相颉颃，颇为不易。因中国毫无基础，人才与舰队两缺，自难一蹴而成为海军国。溯中国海军之历史，远在甲午以前，中国即有舰队，隶于当时北洋大臣李鸿章麾下。自甲午与日本一战，全部海军化为灰烬，自此中国遂无海军可言。此次中日战役，陈绍宽虽居海军总司令之名义，但无实力可言。现美众院海委会主席文生，特向大会提出协助中国建设海军之议案，除予以训练及技术上之协助外，并以舰船及浮动船坞售给或租借。逆料一二年后，中国即可有基本海军，亦东亚安定所不可少之举措焉。

（录自《新上海》1946年第9期）

伏波舰命名不吉

天　公

伏波舰以堂堂军舰，竟经不起"海闽"轮一撞，于三分钟内完全沉没，仅有一人获救，真是笑话奇谈。如果一只民船在大海里被轮船一撞，其覆没之快也不过如此。中国的军舰，真是天晓得！这只宝贝军舰，还是台北事变发生时，派往台湾镇压变乱的，谁知变乱未平而舰已覆没，真是出师未捷身先死，为中国海军史上留下一个大污点。

军舰命名"伏波"，大概命名者之意，以马伏波（援）的声名震于域外以自豪。这个宝贝军舰，幸而没有出国与别国军舰交锋，只不过在自家海岸线上走走，就出了这场大祸。如果到外国去，又不知要闯下什么大祸，笑掉外国人的下巴呢！

伏波之名，听起来虽好，但依照字面说来，就有不祥之兆。伏字与覆字同音同义，旁的东西可伏，可覆，惟有船与舰，却大大伏不得，覆不得。伏字下面再加上一个波字，表示伏下去的海军官兵，皆一一与波臣为伍，所以在伏波舰上。

（录自《新上海》1947年第62期）

伏波号前舰长柳鹤图

大　公

伏波舰被海闽轮撞沉，舰长姜瑜与官佐士兵罹难者共一百三十人。而舰长姜瑜以留英多年的海军军官而亦出此大岔子，成为众矢之的，死后犹留为指摘备至，供人攻击的对象，真正不幸运极了！

姜瑜虽然不幸运，而真正当得起幸运的则为前舰长柳鹤图。查姜瑜原为该舰副舰长，正舰长就是柳鹤图，柳氏曾在英学习海军十多年，多才多艺，经验亦甚充足。在去年八月里，英国决定把这艘驱逐舰（报载为巡洋舰或炮舰，均不确）赠送给我国时，就是由柳鹤图和姜瑜等官佐在英伦接收的。接收之后，就由柳、姜任正副舰长，启程回国。该舰舰身并不大，曾在英伦海峡及印度洋等处，遭受到惊涛骇浪，在航程中增加了不少的困难和辛苦，在柳鹤图领导之下，均平安地克服了一切障碍。并且在归航中，因沿途拜访各地，慰问侨胞，停靠的港埠甚多，在途程中一共历四个月之久方回到本国。当局因柳氏领导有功，调升为海军司令部科长，最近又升调为台湾左营造船厂厂长。柳氏调升后，即以姜瑜升正舰长。如果柳氏不调升的话，说不定这一次亦要遭灭顶之祸了，所以柳氏可说是一个幸运的舰长！

（录自《新上海》1947年第66期）

新社会

改组海军

张素民

此次日军侵犯淞沪，我十九路军奋勇抵抗，历时逾月，致敌人迭遭挫折，不仅为日军所未料及，且为全世界所未料及也。当此之时，苟我海军率其舰队在吴淞及扬子江沿岸同时助战，向日舰轰击，以分其势，则日军能否如今日之占据淞沪，当为问题。即不能必胜，至少可使日军之损害加大，可以阻碍日军之进取。乃我海军袖手旁观，噤若寒蝉，其中立之态度，一若第三国之海军然。呜呼，此种态度，实足腾笑万邦，而遗吾民族无穷之羞！

或曰："吾国军舰为旧式，不足供日舰之一击。"然吾十九路军之枪炮，亦何尝非旧式？竟在淞沪与新式枪炮之日军相持一月有余，迄今仍与日军驰骋于第二道防线。苟我海军加入助战，未悉为敌军所毁灭无余。即果如此，则我国人必敬仰我海军军人之勇武，而以后当竭全力赞助政府建设最新式之海军，以备国防。何况不堪一击之海军，与其偷生而费国帑，不如战死而耗敌弹？一辱一荣，界限至明。今我海军既甘受偷生之辱而不辞，则吾国民应群起而惩罚之，改善之。不然，则吾国民之麻木不仁，将腾笑于世界也。

惩罚改善之道何在？曰：根本改组海军。所谓改组第一着，必将海军部及海军舰队之官员，自部长司令以迄下级官员，一概撤换，听候查办。第二着再筹整顿及扩充之整个计划。如政府不办到此二着，则吾国民应否认政府对于海军部及海军舰队之一切开支。政府之经费，人民之血汗也。海军，国防也。有海军而不欲防国，是政府浪费人民之血汗。故改组海军，刻不容缓，凡我国人，盍群起而促成之！

（录自《新社会》1932年第2卷第7期）

新世界

我国造船业的魁首——江南造船所

吕国荫

战前我国船舶总数约五十万吨，这次战争中损失了约廿四万吨（据交通部的统计：一、由政府征用充作沉塞封锁线者，计三北公司醒狮轮等六十三艘，共约八六,五六九吨；二、在军运中受毁者计新浦轮等三十三艘，共一〇,六九一吨；三、为敌人扣留者共计镇北轮等六十七艘，共约七六,八六五吨；四、遭敌人炸毁或炸沉者计四十三艘，共约五七,五八四吨；合计约廿四万吨）。抗战胜利后，在复员的过程中，凡是身历其境的，人人都有一个痛苦的体验，那便是："我们的船太少了，行路多艰难呵！"不平等条约废除后，航权收回了，外商航轮已不能在我领土内行驶，但这些洋人觊觎之心真的是死了吗？去年七月间的大风波，那种变相的帝国主义作风，我们记忆犹新。在船舶缺乏、交通不畅的今日，在航权虽已收回而洋人觊觎之心未死的今日，使笔者又怀念到高昌庙了，不期然地把目光投向了那与高昌庙不可分的海军江南造船所。本刊在三十三年五月号上曾登载了一篇江南造船厂的回忆，那是根据该厂前设计主任工程师叶在馥氏的口述而加以笔录的。文中所述，多属于叶工程师自己所经历的一部分。叶氏现任民生公司总工程师，笔者很感谢他又特为我修了介绍信，也感谢《海军杂志》主编郭寿生先生，他供给了我若干有关的资料，使笔者能对这有五百亩地基、二十三座厂房、六千余员工、二百多部机器，洋洋巨观的我国造船业魁首，作一实地的参观与了解。

八十年的沧桑

谁要是还没把祖父父亲辈读过的旧书全卖给旧书商或交付祝融，总还能找得出一两本同光年间出版的代数、几何、格物或舍密书，大而笨的铅字排印的，那是"江南制造总局"的本子，这"江南制造总局"便是现在"江南造船所"的前身。所以算起来，江南造船所已经历了八十年的沧桑。现在笔者先把她的发展史作一追述。

造船所的前身——江南制造总局

晚清的军用工业独盛，考其原因不外：一、为武力梦想下机器文明之教训；二、曾国藩、李鸿章、左宗棠等清室中兴功臣积极提倡。同治元年（一八六二），李鸿章剿平洪、杨之乱，孤军入沪，首以其军需节省项下，选雇员匠筹办机器厂，成立了上海制炮局，此为江南制造总局的雏形。同治四年，两江总督曾国藩收购虹口机器厂，即与制炮局合并，于虹口机器厂原址成立江南制造总局。同治六年，江南制造总局由虹口移往南市高昌庙，并提江海关洋税二成，添置船坞及造船机器等发展造船等。自同治六年起到光绪二年，这十年期间，造船部分发展极速，规模大有可观。当时建造情形：开造之始，分船壳与锅炉汽机三门，以洋匠三人，领华工数百，其第一号"惠吉"于同治七年（一八六六）下水，长一百八十尺，宽二十五尺，吃水八尺，惠吉轮便是中国历史上第一艘自造的轮船。同治八年，复有"操江""测海"两号之造成，载重均在六百吨左右。其第四号"威靖"，于同治九年造成，第五号"海安"于同治十二年造成。光绪元年亦各造成一艘，载重量则自一千吨，增至二千八百吨。自光绪以后，清廷注重军械制造，以全部军费充作制器之用。光绪二年（一八七六），李鸿章曾剀切奏请，留款以为造船，竟未获批准。自此，江南制造总局之造船业务遂告衰退。

初次的转机——江南船坞时期

光绪以后，船政荒芜，如是历三十年而未有丝毫革新。直至光绪三十二年，两江总督周馥始从海军提督叶祖珪之议，奏请将造船部分与制造局划分，另行建设，改名江南船坞，特派海军人员管理。得旨准行，以海军提督叶祖珪为督办，副将吴应科为总办，英人毛根（R. B. Mauchan）为工程师，以二十万两为船坞建筑之用费，决定为商用性质。所有赢余，规定一部分偿清宿债，其余概作扩充之用。改用中文簿记,裁削洋员。以前仅有干船坞一座,既无船台,亦无机厂,规模狭小,设备不全,至此,改筑船坞,长三百七十五尺,深六十尺,宽七十五尺。自光绪三十一年起,终清之世,凡造商船一百余艘,其间尤以"江华"为最大,排水量达四千一百三十吨。这一时期,可算造船所的初步转机。

一次意外的收获——四艘巨轮的承造

民国元年,海军部派海军中将陈兆锵氏为总办。陈氏一面将江南船坞与制造总局分离而独立,改称为海军江南造船所,不复负担租金;一面并大量罗致人才,扩充设备。我国江轮权威打样者,叶在馥氏便是于此时入江南造船所,现在川江急流中所航行的江轮,多出于叶氏的设计。民国七年,美国因为商船被德国潜艇击沉许多,本国补充不及,于是也向江南造船所订定了一万吨运输舰四艘。当时造船所的厂址,只有七十亩,于是马上扩充到一百八十亩。为了应付这巨大的工程,船坞也加长到五百呎,船台也加长,另外还新建了一座装配厂。这四艘巨轮的总价值是七,八〇〇,〇〇〇美金,这四艘巨轮建造的情形如下:

船名	架钢骨日期	下水日期	交货日期
Mandarin	民国八年三月九日	民国九年六月三日	民国十年二月十七日
Celestial	民国八年三月廿四日	民国九年八月三日	民国十年五月廿九日
Oriental	民国八年三月廿九日	民国十年二月廿三日	民国十年十月一日
Cathay	民国八年四月五日	民国十年五月廿六日	民国十年十一月二十一日

四艘巨轮造成后,大战已告结束。战事终了以后,美国不特对船舶不感到缺乏,而且感觉到过剩,后来这四艘船由大来轮船公司(就是现在的美国总统轮船公司)承购,经常往来美国上海之间担任货运。这四艘巨轮造成后,因为一部分是手工锚钉,比机器电杆的还要牢实些,所以颇博美国的好评。江南造船所承造巨轮是一次意外的收获,所方也就以其进益大加扩充。江南造船所之得有今日的成就与规模,这意外的一笔收获也是一个关键。自民国元年至十年,前后造船达二百四十艘,招商局、美孚油分公司、亚细亚分公司殆无不向之定购船只,其间以续替美国海军造了六艘长江炮舰最为出色。

新颖计划展开——马德骥主所时期

民国十六年，马德骥将军调任所长。马将军出身南京海军学校及美国麻省理工学院，是中国造船工程界的耆宿。他接任后，作风与陈氏相同，所不同的是陈氏未得实现者，在马将军任内俱一一逐步付诸实施。所中各部职务均派有飞潜学员参加工作，又选派学员分赴英美实习。管理力求合于科学化，组织力求慎密，如轮机厂与工务室之立，翻砂厂、打铁厂之废除，包工制、会计制度之改革，外人权力的削弱，采用二时制计，成本计算制度之创立等均为此时期的重要成就。民国十九年，海军部长陈绍宽氏兼长所长，副所长陈藻藩参赞一切，更积极扩充，如价购兵工厂基地，添造三号船坞，并移并海军飞机制造处等均为重大措施。民国廿二年，马德骥氏重临主政，一切更求革新。这一时期共完成军舰商轮数百艘，像海军中闻名的平海、逸仙军舰，民生公司的民元、民本，海关的巡弋舰海星、联星等均在这时造成的。那时候，国家统一大业将次第告成，该所正拟再加扩充，以为国用时，烽烟已起。抗战后，马所长率领了廿余位工程师组织造船服务团，赴美参加美海军造船厂服务，一以表示友邦辅助的精神，一给团员以历练实习的机会，以作战后复兴之用。抗战胜利后，马氏率团员返所，而如何扩充江南造船所为一最现代化的造船厂，也就在马氏留美期间，完成了他美丽的图案。

不幸中的大幸——沦陷期间情况

"八一三"沪战初起，江南造船所曾制造水雷，轰炸出云舰。国军退出后，该所除冒弹火抢出一小部分器材及案卷图样外，余尽陷敌手。敌伪时期被改为"三菱重工业会社江南造船所"。日寇也是一个海权国家，掌握日寇海权灵魂的便是三菱重工业会社。它有六千万日元的资本，六座巨大的造船所，是日寇国内独一的造船业托辣斯。江南造船所被占期间，有些虽被破坏了，可是日寇因为欲利用她作为在华修理舰船的大基地，却也化了资本添了一些设备，所址扩充到五百亩，添设了制氧工场、济接工场及无线电研究室等。据传生产量日曾达可造三千吨之船，这真算是不幸中的大幸了。然而不能不认为遗憾的，就是在敌人投降以后，接收人员未到之前，偷漏与毁坏极多，精华损失极大。

今日的设备

江南造船所已经历了八十年的沧桑，她今日究竟有多大规模与多少设备呢？抗战前夕，该所资产总值已达一千万元，职工约二千余人，其中有外籍工程师十四人，技术人员八十余人，普通人员约一百余人，余多属各种技工，每年营业约五百万元。目前的设备大致如下述：

一、船坞　船坞有三处，长六二五呎、五四五呎、五〇〇呎各一座。五〇〇呎长的船坞，宽度是七八呎，可容一万吨船；五四五呎长的船坞，宽度也是七八呎，可容一万五千吨到二万吨的船；六二五呎长的船坞，宽度是一百呎，可容三万吨巨船。

二、船台　船台有七座，长五〇〇呎至八〇〇呎。

三、机器厂　机器厂有一所，配有各种车床、刨床、钻床，计百余部。

四、冷作厂　有两所，有冷作机三十余部。

五、木模厂　一所，配有新式万能模心机一部及其他机器暨特种工作工具。

六、翻砂厂　一所，配有十三吨熔铁炉二只及其他有关机具。

七、打铜厂　一所，配有各种工作机械。

八、打铁厂　一所，配有二吨半及三吨汽艇一座。

九、氧气室　二所，配有制氧机器各一部。

十、熔接厂　一所，配有电焊机、风割刀。

十一、无线电研究室　一所，配有无线电检验仪器。

十二、放样间　一所，长约二百呎。

十三、木工厂　三所。

十四、油漆厂　一所。

十五、帆缆厂　一所。

十六、电气厂　一所。

上述的设备，显然距近代化的距离尚远，然而，马所长在留美期间，不但将江南造船所的远景已划了一幅美丽的图案，不但带回了美国密安米的造船学说和技术，而且还携回了一纸契约，那便是美国贷款一千万美金。将美国各种新式造船设备供给中国，债款分三十年偿清，年息二厘又八分之三，债款并不付现而以替美国修理或代造船厂折价扣除。新式的美国造船设备已到了一半，其余的还陆续在起运，大概六个月后，可以全部到齐。则六个月后的江南造船所，也就不能与目前的情形同日而语了。

造船能力与一年来的修造成绩

就以上所列的设备而言，江南造船所，造船的能力已颇为可观。远洋轮船，一万吨者每年可造三艘，并且可以同时施工；沿海轮船，二千吨至五千吨，每年可造十艘，亦可同时施工；内河轮船，一百吨至一千吨轮船，每年造三十艘，不但可以同时施工，而且还可以有余力兼顾其他工程；一百吨以下拖轮，每年亦可以造三十艘。自胜利接收后，一年以来，江南造船所的成绩已斐然可观。它的修理与建造船只的成绩大致如下：

（一）本国海军船只修理了七〇艘，自三十四年十月至三十五年七月，计修理定安、普安、求翔、利通、同安、长治、永绩、咸宁、永绥、青天、民权、楚同、浔庚、中鼎、安东、法库、江元等共七〇艘。

（二）外国海军船只修理了五〇艘，为第119、655、860、366、99、96、991、1455、804号以及Admiral Barge III，Ars-25 Usspeirice等五〇艘。

（三）本国商船修理了四六艘，包括招商局、民生公司、三北公司、强华公司、大通公司等国营民营船只。

（四）外国船只修理了三艘，为Onword、Golden General及President Pierce等三艘。

（五）军运船只修理了三艘，为军政部的差船建中、同心等三艘。

（六）修理江海关船只七艘，为华星、峡光、联星等七艘。

（七）承造船只四艘，为民生公司、强华公司、第十兵工厂所任造。

（八）合拢了木驳五十二艘，为救济总署所委托。

（九）合拢铁驳二艘，为救济署的二艘起重船。

（十）在修将竣的船只有五〇艘，其中海军船二十艘，商船三十艘。

管理与组织

一个庞大的工厂，它的组织与管理最为重要。今天工厂组织，说到单位则以十数，说到人员多则逾万，少则盈千。故分工合作，事则有成；一人失职，影响全部。故非同心协力，步子协调不可。该所员工已达五千五百，其中有技术工人三七九人，美工程师有七人，英籍二人，日籍一人（是电机工程师），单位达三十二，管理一道，自非易易。该所计划，先务求组织之严密，以求纲举目张，有条不紊，然后区分权限，责以事功。主出品者，但讲迅捷；主检验者，专务精确。一人所司之职务虽轻而易举，一人所负之责任则一发千钧。其间如何分配、如何联络，务收如臂使手、如手使指之效，至于考工核料薪求翔实，记事记账免漏遗，则又采自动机器（该所会计处设备最近代化，内备国际商业机器，是中国独有的，可以节省三分之二的人力），以济人力之穷。该所为符合管理上的需要，所以，组织虽简单而却异常精密，其组织系统如下：

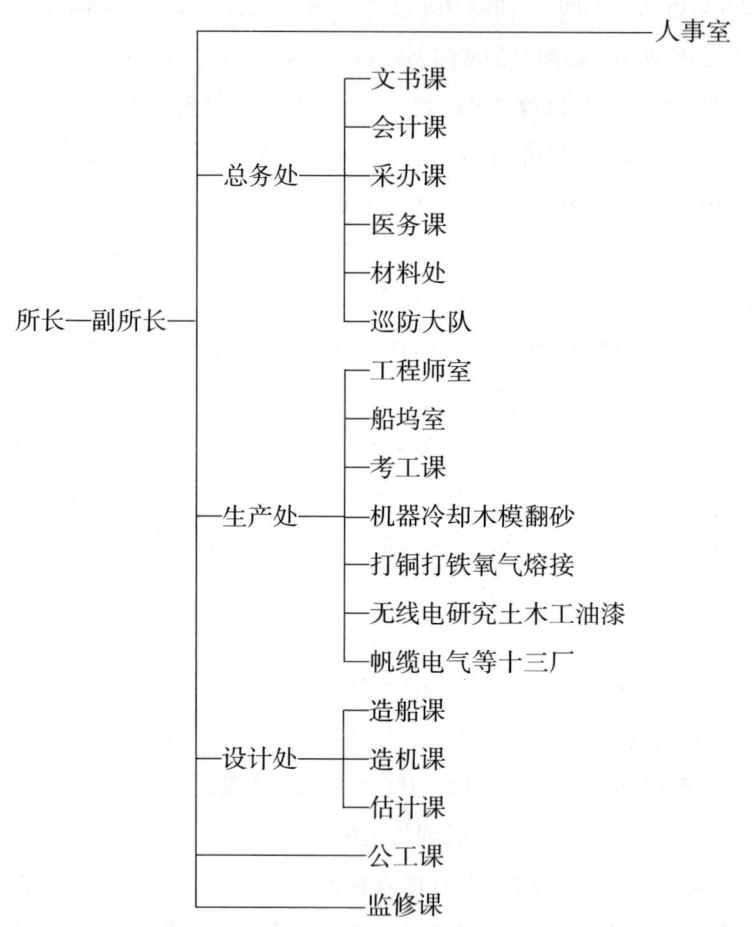

其他如工人心理的改造、劳资纠纷的祛除，江南造船厂已以办理员工福利工作来安定他们的生计，鼓励他们的兴致，如所内有阅览室，经济中西食堂、理发室、浴室、洗衣作、缝衣室、工人宿舍、合作社，并有婚丧、生育、教育等辅助金。工人的工资按生活指数，底薪以民国廿六年标准计，目前最低工资

每日六千元，最高近二万元，工作时间自上午八时至下午五时，每日报到都依美国工厂新制，领薪由中国银行特设的办事处办理。所方重视工人福利，工人爱护所方，所以这俨然是一个大家庭了。

祝她替国防作一个擎天柱

江南造船所已经历了八十年沧桑，八十年，不是一个短的时期，其间盛衰兴替，实不堪回首。我们看到它发展的历史，看到它虽历经了种种艰难，却依然勇敢迈步，随着时代日益茁长。今后的计划，他们又是那么雄魄，据马所长说，今后的计划是以：一、管理科学化，由此而提高生产效力，作到人无偷怠、物无浪费；二、设备时代化，先讲究机械及工具之优良，而做到精确与迅速；三、技术维新化，现代造船技术之革命，随科学进步而成功，花样日新，如船壳用电焊，船上主机用Turbo-Electric，有机械工具，又必须有人才，故以后计划组成优秀技术干部以为他日之用为目标。我们真不仅感触无限。

江南造所是属于海军总司令部的，可是它没有收到一文经费，同时也并没有接受政府委托造军舰，因为根据租借法案，美国已经让了二百多艘军舰给我们的政府了。商船呢？据所方人员说："现在买船比造船便宜，以后订船的将更少了。""就以现在替民生公司建造的船为例，便需耗费四万万元，所以最重国家利益的民生公司也不得不像其他船商一样，都向美国或加拿大去买船了。制造一艘至少要几个月，在高利贷无比的压力下，航商是希望船只迅速造成，立刻使用赚钱的。就在这样情况下，也只好眼看着几万万几十万万的法币从中国漂洋过海的滚入外国船商的袋中去。"江南造船所，虽有着中国头等技术人才和现代化设备，可是也不能不有一种新的烦恼了。

江南造船所，虽然是造船，但将她的设备分析起来，她也是一座规模宏大的机械厂，如发动机、工作机之制造，桥梁工程各种机械之设置及供应等在国内均是首屈一指。倘若再进而扩充其铸冶工场设备，则大规模钢铁厂可以成立；扩充其机关工场设备，则各部门之机器厂皆可分立。如此在建设工程中，实可为推动主力。

正当笔者在写这篇报道文章的时候，英国议会中又讨论到英商在中国的航权问题了，他们的野心是那么赤裸裸的毕露着。曾经亡过国的法兰西，她也派海军来占领我们的西沙群岛了。面对着现实，面对着未来的时机，笔者不仅预祝江南造船所的远大的将来，也更有理由要求政府与社会人士重视她，关怀她，帮助她，使他能得到充分的养料，来替国家做一支柱。

（录自《新世界》1947年第2期）

新闻导报

桂永清将军印象记

李涵平

在中央饭店的大厅里,记者于偶然中会到新从欧洲回国的桂永清将军。数年来他奔驰于欧洲战场,从事建设祖国新海军的研究,同时并与英国海军建立了密切的友谊。在桂永清将军出任中国海军代总司令的前后,英国曾以行动协助建立新中国的强大海军,许多中国青年乘轮横渡印度洋,经地中海到英国去,加入了他们的海军学校。这些中国青年,英国海军的将领们给予他们许多新的海上知识,学成后,驾驶着英国赠送的舰只回国。

桂永清将军成为新闻人物,还是最近的事,在他跃升海军代总司令之前,他的名字尚不为全国人士所熟悉,能够深刻了解他有练兵天才和广大胸襟的人更少!

桂永清将军是江西贵溪鹰潭镇人,身材伟壮。他毕业于黄埔第一期,在黄埔同学中,他和胡宗南将军同是最高统帅赏识最早的人物。在胡宗南将军任陆军第一师师长的时候,桂永清将军任中央军校教导总队总队长。教导总队聘任了许多德国、美国、英国的军事教官,悉心研究军士教育,当时教导总队训练的成绩和军容的整肃,不但为中国陆军的模范,同时也为世界各国军事家和将领们所赞美!

桂永清将军是蒋主席的忠实信徒,也是陈总长的忠实基干。当廿五年西安事变发生,主席蒙难的消息传到南京,他急急晋见当时的参谋总长何应钦上将，要求兴师靖难。他自己则挥泪前驱，率领教导总队星夜由京经豫入陕，占领潼关，扼住叛军咽喉，故西安事变能迅速解决，主席得安然返京。

抗战军兴，他率师转战淞沪，身着灰棉军服，与士兵同艰苦。廿七年在武汉襄助陈总长训练全国青年，培养抗战力量，组设军事委员会战时工作干部训练团。最高统帅暨陈总长兼任正副团长，他任教育长，负教育训练的实际责任。成千成万的青年奔投到这座战时学府中，学习抗战的知识和技能，接受严格的训练，卒业后奔驰于前线和敌人后方，终于完成抗战大业，迫使敌寇投降。

在欧洲盟军开始大反攻的时候，最高统帅特派他为驻英军事代表团团长并到欧洲各战场去考察。月前他由欧洲归来，在牯岭谒见最高统帅，深得最高统帅之嘉许。不久，发表了任命为海军副总司令的命令，同时，并派他为海军代总司令。最高统帅期望他能在海军方面发挥他训练的天才，建立强大精锐的中国新海军。

桂永清将军将怎样建立中国新海军呢？在国庆日那天，他曾经发表《告海军官兵书》，举出精神建设、倡导廉洁风气、根绝门户学校派系之争等三项勉励部属。在某次战干团同学聚餐上，他也坦率地向他的学生表示，他不能把陆军学生安插到海军中去，并勖勉他的学生各就自己岗位，努力为国家服务，不容有任何派系门户的观念发生。他说："只要我们努力，沙漠也可辟为沃壤。"

从桂永清将军对海军的文告和对战团学生的谈话中，记者得到一个极深刻的印象，感到这确是一位无党无偏的人物。不可讳言，中国海军过去的失败，就海军本身说，实在是由于地域和门户之见太深。现在得到这样一位公廉明的将领领导，新海军的前途，确是希望无穷！

桂永清将军，住在海军总司令部，他不像别的将领们有华丽的公馆。他的全部的心力，都献给了祖国，除了忙碌地为建立中国新海军而工作之外，没有任何娱乐的兴趣。在黄埔出身的将领中，他和胡宗南、王耀武可称黄埔三杰。从现在看将来，桂永清将军也许会是黄埔三杰中最有前途的人物。（军闻社稿）

（录自《新闻导报》1946年第5期）

新闻内幕

腼颜事仇的"海枭"桂永清

何 之

国民党反动政府中有这样一个海军总司令,这简直是塌尽了中国人民的台,而况他见了一个美帝国海军水兵,曾经举起了手行过敬礼,这何尝是什么海军总司令呢?直截地说,他是美帝国的"奴才"。中国有这种不懂海军学识的人才,叫他搞海军怎会搞得好。

国民党反动政府的"海军总司令",简直是个莫名其妙的东西,他之称为"永清",真是亵渎了那个"清"字。在他那种脑肥肠满的样子,懂得什么海军,他只知道海军部有几艘军舰,每月有多少经费,可以吃多少空额,利用现成的舰船怎样做生意,怎样走私。

像有这样一个海军总司令的所谓海军,不打也会自招。何况人民解放军的英勇善战,又有广大的人民在作后盾,他的死亡命运自然是注定了的。

不问技术才能,裙带可居高位

最可笑的,他可以不问你是不是海军人才,有什么经验学识、技术,只要是他的裙带、亲戚、朋党,他就可以把很高的职位给你,随便你去搞。有不少过去跟他在陆军中跪过腿的所谓属员,都披上了一件海军制服,做起舰长或参谋来。桂逆的一个侄子,一个内侄,乳臭未干,一事不知,都当了警卫营营长。有一次这对宝贝跟司令部的将领们到重庆号参观,竟把鱼雷发射器当作火箭炮,把扫雷具当作鱼雷,并且假充内行,大发议论,惹得全舰官兵事后大笑不止。这种丑态只有在国民党反动政府中才会出现。

一笔很大贿赂,中尉变成准将

完全不懂海军的所谓"海军将领",他们对走私、中饱、掠夺,却异常精明。用军舰从重庆满载鸦片来上海倾销,已经是公开的秘密了。去年十月,桂逆奉"命"亲率旗舰去东北营口装载国民党残军败退时,在营口葫芦岛一带海面把民间帆船渔船上满载的物资抢劫一空,仅仅桂永清一人,就分到六十箱人参。停泊在营口的峨眉舰,却一面用机枪扫射要求登舰逃命的陆军,一面紧张地搬运查点抢来的财物。这一笔"买卖",事后桂逆也得到了一注很大的"献纳"。因此,桂逆对这件事大加赞赏。不久,峨眉舰就从一只油船变为旗舰,一个中尉,一跃而为准将。

施用特务手段,拘禁忠实海员

桂逆于生财之道,颇具心得。有人说他悔不当年学经济,其实这倒是人民的幸事,假使他学了经济,抓了反动政府的财政大权,那中国人民必然更没得命。国民党海军水兵们去年十月份的薪饷,到今年一月才发。在伪券贬值物价飞涨下,一个月的饷金还买不到三碗面条,而桂逆自己和他三个老婆,却穷奢极侈,挥霍无度。重庆号回国时,本来规定有一笔航海费的,结果全部入了桂逆的荷包。桂逆制造报销是有名的老手,他每月都呈报增加舰艇吨位,增加的经费大多被桂逆一人中饱。国民党海军由桂逆一手制造的黑暗,激起了有良心有才能的海军干部的不满。桂逆为了巩固他的总司令的宝座,利用他的爪牙,在各部门部署了他的特务,用镇压手段,把大批忠于国家,不忠于桂逆的员工加上一顶思想不稳的帽子拘禁在长山岛上,仅重庆号就被送去了八人。

不通过山姆叔,军舰不准靠摄

最丢人的一件事,莫过于去年重庆号回国驶进吴淞口时,竟然被他的主子美海军当局认为手续不合,不能在外滩停泊,于是只好偷偷地躲到南市高昌庙去靠岸。足见桂逆的海军总司令不过是吓吓中国老百姓的。国民党反动政府当时的港口特别是上海外滩,在桂逆的颟顸过腐、庸俗低能之下,早已变了花旗的租界了。所有国民党一切港口设备,或军舰往返,必需事前呈报国民党美海军顾问,否则就会毫不客气地拒绝或挡驾。但是直到他们黔驴技穷,还没有认清美帝的嘴脸,这是非常可悲的一件事。

伪海总每周两次"汇报",都有美国人出席"指导"。但是不知汇报些什么,同美国人的指导同样使许多干部莫名其所以然。桂逆对美帝国主义的那种卑躬屈膝、腼颜事仇的丑态是无法描绘的。桂逆平常虽动辄打骂舰上员兵,但对美海军却敬如也,像一个奴才见了他的主子一样,必先请安行礼。即使是一个小兵,据说桂逆也必先向他敬礼。如此一个堂堂的海军总司令,这真是可笑亦复可怜。

(录自《新闻内幕》1949年第1卷第1期)

新中国海军的"保姆":邓兆祥、林遵起义前后

禾 子

人之将死,其言也善;鸟之将亡,其声也哀。去年的阳历年左右,南京挹江门国民党反动海军总司令部曾经有一个盛大堂会,这一个堂会,是海枭桂永清的五十"大庆"。参加这一个堂会的伶人,除去了南京游艺界之外,最为活跃的便是姚祖舜情杀身死的女主角宋紫萍。外间传言,宋紫萍和桂永清曾经闹过一段罗曼蒂克,是真是假,无关本文主要,姑且略去。

中原战事节节失败,京畿动摇,文官要钱,武将怕死,政治垃圾纷纷南下逃亡,但人生能得几何?桂永清虽满怀心腹事,却不能不强颜欢笑,受属下的颂贺。那时,解放军自东北掀起人民星星之火,隔江烽烟弥漫,这个镜头大有壮士阵前半死生,美人帐下犹歌舞之慨。

桂永清的人质手腕

在觥筹交错之下,桂永清忽然站了起来大声呼着道:"你们要走,我不拦你们。问问你们的良心,我姓桂的可对得起你们。你们要是走了,你们的家属都在台湾,你们怎么对得起你们的家属?"当时声泪俱下。原来那个时候,正是重庆号军舰邓兆祥起义之后,继重庆号之后,又有黄安、长白,以及若干隶属渤海第一舰队的登陆艇的纷纷响应。桂永清为要抓住这个已经摇动了的海军军心,不得不洒这两滴假泪。由于这一哭,却给他收获到一个暂时不动的海军军心。但唯仁义者始可以治天下。蒋介石的失败,是失败于政治与经济,由此也失去了整个的民心,民心既没有,更谈何军心?虚伪的眼泪,只能蒙蔽了一个

短暂时期，而不能永让人民受着欺骗，桂永清的"人质手腕"到后来终于是给海军将士们所揭破了！

于是许多受着美利坚和英国皇家海军严格训练的海军将士，渐渐给人民的击鼓所呼醒了，要生存的人，唯有投入了人民阵线。继重庆号舰长之后，最使国民党反动海军受致命打击的，则是第二舰队司令林遵将军的起义。

这里我们且把邓兆祥和林遵两将军的略历向读者们介绍一下：

关于邓兆祥舰长的出身和起义前后，相信读者们已经知道得很多，所以只是作一个简单的报告。邓是广东人，早年就留英，受过皇家海军特种训练，是中国海军绝出人才。在派系上说，邓兆祥出身于马尾海军学校，是福建系。但他也曾在烟台海军学校肄业过，与东北海军极有渊源。因了这一层关系，陈绍宽不当他是福建系，许多年来，使这一位绝出海军将领压得透不过气来，所以他直到胜利以前，还是一个海军老中校。

邓兆祥这个人，平日沉默寡言，但不失和蔼可亲，矮矮的个子，不知道的人，会当他是福建人。国民党海军总司令部参谋长周宪章，也是留英出身，和邓兆祥是老同学。过去周宪章也是一个和陈绍宽不能合作者，这两个老同学许多年来，都因为不懂吹拍之术，默默无闻。直到胜利之后，陈绍宽的海军，死的死了，老的老了。

这是一个很大的笑话。胜利之初，陈绍宽带领了一大批都是几道金条袖章的国民党海军学生来上海接收日本遗舰，结果这些海军学生上了船之后，本来会走的船，不走了，本来可以用的升火机，也开不动了。陈绍宽没有法子，反是借用了汪精卫的海军学生。因为需才亟殷，邓兆祥出任了日本遗舰之中最大的长治号舰长。后来陈绍宽给陈诚派人用机关枪包围着赶出海军部，桂永清代理海总，留美与留英海军渐渐吃香起来。邓兆祥因为留英关系，被派出国赴英，带领英国赠舰重庆与灵甫号及留英海军人员返国。那个时候，驻防上海的国民党反动海军第一军区司令董沐曾，因为搞得不好，依照周宪章的意思，有把邓调董职。但是董闻知这个消息后，就赶到南京去运动桂永清和桂的走狗海军部第一署署长秦惜华。第一署是专管人事的，董沐曾的地位，因此保留到现在，逃亡在舟山群岛。

邓兆祥的起义，外面有种种传说。派系间有倾轧，这是不可否认的原因之一,但最大的原因,是邓兆祥若干年来耳闻目见国民党海军的腐败,深觉要整整中国的海军,则惟有把所有的海军,归还给真正人民与国家,所以第一个揭起了义旗。现在他是人民海军学校校长,人民的新海军保姆,是在他身上,我们把中国新生海军,寄托于他。

由于邓兆祥的起义,继之乃有林遵将军在都门争夺战中,演出了中国海军史上人民海军第二个光荣史。在这一个阶段中,林遵的起义,和桂永清中间,两个人曾发生正面冲突的精彩镜头。

林遵是福建人,是中国海军留美少壮系。此人生得仪表不凡,八舰回国的时候,一路经过南洋群岛,曾经出足了风头。那个时候,林遵是刚刚由海军少校换上单道嘉禾金边海军中校帽子(按中国海军规定中校始能戴单嘉禾金边帽)。只有卅多岁的人,能够做八舰指挥官,可见得林的为上面所器重了。道经上海的时候,上海人从来就不曾看见中国有过堂堂阵容的海军舰队,特地一窝蜂拥到吴淞口去欢迎。八舰到南京,南京市民也像上海人一样的去欢迎这个舰队。那时直把个桂永清笑得嘴也合不起来,于是又是一个手谕,把林遵升到海军上校。可惜八舰士兵,有一部分不争气,却眼巴巴从太平洋横渡带回了一部私货,八舰走私,贻笑众多。这个时候,正是桂永清一面高唱整顿海军风纪当口,这不是存心要桂永清好看?因此倒霉了林遵,以八舰主管长官身份,被桂永清用充军方式,贬到西沙群岛去住了几个月。

然而,美国的赠舰,是全副美式配备,桂永清慢说是陆军出身,根本一个堂堂海军总司令,去做一个舰队指挥官,岂不是辱没了桂老总的身份?因此林遵被起用为第二舰队司令。(下期连刊《都门海战林遵与桂永清正面冲突记》)

(录自《新闻内幕》1949年第1卷第1期)

桂永清痛哭骂国贼

海军总司令桂永清,在两个月之前就飞台湾与台主席陈诚将军作了一次秘密会谈。会谈的资料,是请陈诚设法为海军眷属找房子,并且抵台时的招待问题。所以这一次各机构迁台眷属,只有海军眷属受殷勤招待。

台湾本来是个海岛,在青黄不接,新军尚未成熟之期间,一切防务有待于海军力量，对于海军眷属，不得不另加青眼。桂永清本来就是陈诚的灵魂，当然忠心耿耿。其实桂永清老早就把海军眷属搬到台湾，其中当然别具用心。

桂永清于阴历大除夕，在南京设宴海总部全体官佐，即席训话："你们要走，我不拦你们，政府也不勉强你们，只要你们对得起你们的眷属，因为你们的眷属，都在台湾住得很好啊！"言毕两眼一红，眼泪涔涔落下。桂永清一面揩眼泪，一面大骂国民党贪污分子，好好的锦绣江山，都给他们搞糟了。

桂永清不但擅骂人，而且也善哭。这一哭，哭得海军官佐，莫不为之一洒同情之泪。因此，杭州空军飞走了几架军用机，迄至现在为止，还不见有海军军舰跑了的！

（录自《新闻内幕》1949年第1卷第4期）

新闻天地

陈绍宽硬要脱帽子
侍候蒋主席，一夜不敢安眠

魏 勃

前任海军部长陈绍宽上将，在我们海军史中，实在是一位很重要的人物。据最近报载，他自息影福州家中后，生活闲适，每天到中心小学去教授英文，颇有怡然自得之乐。

陈绍宽的为人是十分拘谨的，办事认真，毫不苟且，一举一动显得非常深厚持重。据许多在他手下工作过多年的朋友说："事情做得好，他认为是应该的，绝不加以夸奖；但是稍为有一点过失，甚至是极微小的差池，他就会立刻板起面孔，大事申斥。"他的门户之见很深，因为他自己是福建人，所以外省人在他手下做事，往往十年廿年多得不到一个升迁的机会。

抗战前，海军部在南京萨家湾。陈绍宽每天去办公，到部以后，时常坐在办公室里不大外出。但偶然的他也到各处巡视一下，倘发现职员有不扣领扣的，或其他不合他意的，他就要当面呵责。有一天，当他走到一个办公室中，忽然发现一个职员戴了帽子在那里办公。于是他就一面训斥，一面命令他脱掉帽子。可是那个职员随你怎样发脾气，他总是抗命不遵。僵持了半天，陈即悻悻而去，声言一定要将其撤职。谁知那个职员也是生成的倔强性格，表示"事可不做，帽不可脱"，当天他就上了辞呈。事后有人透露了秘密，原来那个职员是一个癞痢头，不脱帽实在是有他的苦衷。据说陈绍宽知道以后，自己也有些过意不去。

还有一件事是在抗战以前，有一年蒋主席率领随员百余人乘在海筹军舰（该舰于抗战中，自沉于江阴要塞）出巡某地。陈绍宽以职责所在，一面拨发国币二千元作为招待费，一面亲自出马，迎接主席登舰，并布置该舰大官舱作为主席临时行辕。那一晚，主席即独自在里面就寝，他当时本想睡到二官舱里去，可是很怕主席临时有事召见，稍有疏忽，完全是自己的责任。筹思再三，结果他叫舰上的士兵移了一张沙发放在大官舱的门外，自己便穿起整齐的军服，半坐半卧地躺在上面，只要一听见大官舱里有声音，立刻就立了起来，以便应召。但是据说蒋主席那天夜间并没有叫他，而他却在门外的沙发上忽而起立，又忽而坐下，战战兢兢，竟一夜没有合眼。

（录自《新闻天地》1947年第26期）

新闻杂志

纪念肇和军舰举义

十二月五日为肇和军舰举义第二十周年纪念日，各地均开纪念会，各报亦纷献纪念之辞。兹录《东南日报》献辞一则如后：

淞沪一隅，于全国为交通及金融枢纽。民国以还，每值事变，殆无不以淞沪之地位转移及军政得失决其成败。往事历历，如肇和战役，固其尤著者也！先是民国二年，二次革命失败，爱国之士，纷走三岛。时陈先烈英士自沪失败后，亦赴东京谒晤总理，协筹大计。新挫之余，众多沮丧。总理力主三次革命，陈先烈独然其说。于是始有中华革命党之组织，初谋北方，继图江浙，不幸皆败。陈先烈纵观当时大势，以为非占淞沪，不能促江域各省之响应，非海军得手，不能获战略上之成功。自后二年，遂秉总理命，往来上海、南京、南洋间，阴主持上海革命事。民四冬，沪军警多受我党联络，而杨啸天君尤得海军之助。遂于十二月五日袭战肇和军舰，既得据以炮击制造局。而先事联络成功之应瑞、通济两舰，突受北军巨贿反奸，发炮夹击肇和，势骤孤，舰中死伤重，汽炉且中炮毁。杨啸天君知事不可为，易服泅水遁，同志受创者数十人，悉遇害。是役之败，据陈先烈谓死伤及失踪者殆及百数。噫，亦烈矣！

肇和举义，去今二十有一年，虽不幸覆败，然当袁世凯帝梦方酣之日，既先在沪狙杀其心腹骁将郑汝成，复夺其舰以炮击兵库所在之制造局。时沪上袁兵达十数万，乃不能防我同志之事变，于以见我同志忠勇之气，足褫袁氏之胆。且使各省潜伏待发之革命武力，受此一幕可歌可泣之感召，兼旬后遂有云南起义之举，卒踣帝制，光复民国。袁氏既恚愧以死，我党亦遂其素志。是此役之壮烈牺牲，有足多矣！

抑进言之：袁氏之图帝制，在覆民国而完其一姓一家之业，动机行为，自属可诛。今者，不幸去袁氏之后既逾廿载，尚有蒙族锡盟盟长之德王，欲凭借其一己之封建地位，号召部下，联合伪匪，甘受某方之利用，以图完成其所谓大元帝国之迷梦。是其才其位，固远出袁氏之下，而其手腕与实力，并号召察绥蒙旗而不足，乃犹欲师袁氏之故智，求一逞于塞北，亦可哀矣！且也袁氏为求帝制之速成，不惜勾结强邻，以镇压国内革命之士，卒签二十一条件卖国之契。然其后袁氏既覆，欧战后和会中，我国卒未承诺此卖国契文，而廿一条件，亦终为外交史上之陈迹。今德王竟不惜勾合某方，陈兵绥北，百灵庙之内蒙圣地，既为国军收复，乃犹大举反攻，重污圣地。是其行动，直刘豫、吴三桂之流。值吾人今日纪念肇和起义廿一周年之顷，益觉未受革命主义熏陶之封建余孽，并军阀渠魁如袁氏者而勿如，而追念昔日肇和喋血之先烈，更凛后起者责任之艰巨。

呜呼！二十一年前之今日，黄浦江头，喋血义士，墓木早拱。而二十一年后之今日，乃塞北风云，鼓鼙动地，前线军人，沙场征战。虽一为对国内军阀渠魁战，一为对国外势力唆使下之匪军战，而精神上要为主义为国家为民族之奋斗，先烈后死，其揆则一。此吾人于纪念肇和战役先烈之日，益不能不对前方将士，致其无限之敬意与景仰，而嘉其能成仁就义，视死如归，有进无退，以巩边圉也！

（录自《新闻杂志》1937年第1卷第17—18期）

新亚细亚

海部建设飞机站

张渭渔编

海军部鉴于我国航空事业正在萌芽时代，对于水面飞机，亟应培养人才以谋发展。自去冬毕业之水面航空学员何健等数名，即作京沪飞行，成绩可观。但上海方面，尚未设立水上飞机场，每感无站停歇之不便。并在修业之航空生毕业后，即将试飞京沪，举行实习，如沪上不设机场，尤为不妥。故特派员在高昌庙海军码头附近一带，查勘相当地亩，建设水面飞机场。一俟勘定，即呈海军部拨款兴工建筑云。

（录自《新亚细亚》1931年第1卷第6期）

东沙群岛最近情势

自法占南海九小岛事件发生后，我南疆渐为国人所注意，惟西沙群岛邻近之东沙群岛情形，国人知者尚鲜。兹将《厦门通讯》所载东沙群岛最近情势略述于下：东沙群岛自民国十一年间，经海军部以数十万元设置气象台以来，对于国际上的航业，颇多贡献。查该地虽为我国东南领海之要区，以孤处海中，向无住民，除数艘渔船外，轮舶从不泊岸，而岛中官夫亦仅三十余人，每年由海部两次租船前往调换职员时，方有附运食粮用品入岛。近海部委派巡防处警卫课主任沈有基氏任该岛气象台长，顷沈氏偕该台主任郑鼎奇氏来厦，已租有裕兴号轮船，装载白米、青菜、鸡蛋、煤油等多件，前往就职。据沈台长谈，该岛一片黄沙，乃不毛之地，惟鸟粪、鹧鸪菜、珊瑚、玳瑁及鲍鱼等出产颇多，除海部所派船舶外，罕有船只来往。岛上职员，几如与世隔绝，长年寄信，只有两次往来，有则发电报而已。岛上之职员，食品全靠罐头，每年只有两次海部所派之船到时，方吃得几茎青菜。台中设备甚为完全，气象官、无线电官、工程师、轮机匠之外，还有医官。近以欧亚航空公司中菲线试航成功，该岛将设立航站。此后拟在该岛多设宿舍，以便各职员家属同住。而海部并拟自设飞机，来往输运，想将来应有繁荣之望。

（录自《新亚细亚》1933年第6卷第4期）

新粤周刊

战时中国海军问题

姜西园

海军之为海军,按其性能须在海上作种种动作,不惟能在本国沿江沿海作种种动作,并须能在他国沿江沿海作种种动作。中国的海军不能称为海军,只能称为海防舰队,所做的动作只能称为海防。现在,我国一般人均过于忽视我国海军,犹之甲午战争,我国过于相信我国海军相同。此实不可,现在我国虽弱,然亦可发生作用。吾人现可责求海军作光荣的奋斗。我国海军除现在尽抗敌职责外,并可建造将来发展海军之基础。就海军技术而言,谨恭鄙见如左:

(一) **我国海军组织须合战时要求**

我国海军组织,战舰既负前方任务,又负后方任务,职权不清,责任不专一,甚不合战时要求。今后须将军令与军政划分,一则职责分明效率增大,一则可以免除把持之弊。

(二) **配备须合战时要求**

我国舰队之分布,因乡土或其他关系,集中分布多不合国防需要。在国防上较不重要之处,即不应分布过厚,一切配备,皆必须从整个国防着眼,使其合战时要求。

(三) **海军须于陆军空军切实联络**

敌国海军进攻我国海岸,除陆上要塞及空军加以轰击外,海军亦应加以协助。我国海军与陆空军协同作战之联络,现时尚差,此点须特别留意。

(四)外交须与军事合一

我国与大海军国家有外交上联络,在军事上亦须密切合作,例如海港之共同使用、瞭望之互相帮助,例如日俄战争,日本即得友邦之力不小。我国除购其军舰,借其第二线舰队作战外,并可彼此交派海军人员,借此机会积极训练海军人员,以造新海军之基础。则中日战争结束后,中国已有一强有力之海军矣。故关于中国海军问题,大可一面战争,一面准备,且在战时准备,尤胜于平时准备。盖在流血中得来之经验,方为真实有用之经验也。

(录自《新粤周刊》1937年第7—8期)

新运导报

海军与新生活运动
为新生活运动十四周年作

桂永清

新生活运动者，我全体国民之生活革命也。海军建军，首赖海军全国官兵思想生活之革新，盖任何事业于革故鼎新之际，恒以转移风气为先。其目的在以吾民族固有美德之礼义廉耻，著为国民日常生活衣食住行之规律；由思想生活之革新，促进工作效率，增进战斗精神，改进作战技术，焕发军心士气。此乃海军建军、戡乱建国极重要之运动，亦即适应当前环境与病态之良策。振衣者，必挈其领；提纲者，必挈其纲。最高统帅蒋曾于《新生活运动第二期目的和工作要旨》中指示四项要件，为昨死今生之觉悟、互助合作之诚意、实事求是之精神、以身作则之教化。缘本此旨，阐释于后：

昨死今生之觉悟

新生活运动，顾名思义，在求除旧布新及起死回生之生活革命运动。如语云"以前种种譬如昨日死，以后种种譬如今日生"，易词言之，即在将整个国家社会乃至个人一切贪渎、粗暴、昏愚、浮伪、鄙污、狭隘、因循、腐败、陈旧、漫散、怠忽、野蛮之不良习惯与风气，彻底革除，而代之以重礼义、明廉耻之自觉，习之于日常生活中，为待人、处事、持躬、接物之中心规律。以昨死今生之觉悟，表现为生活之军事化、生产化、艺术化，是均为我海军全体亟宜效法，身体力行者。海军建设正际肇始，吾人正从事由陈旧之基础上新生，建设崭新之海军阵容。

永清尝云:"新海军建设过程中,物资与人才切要。而精神方面之重新振刷,尤为目前推进一切业务之先决条件。"(《卅五年国庆日告海军全体官兵书》)盖前哲曾国藩曾云:"窃尝以为无兵不足深忧,无饷不足哭。独举目斯世,求一攘利不先,赴义恐后,忠愤耿耿者,不可亟得。"(《复彭丽生函》)意适相通。今日海军之建设,必自海军全军具"昨死今生"之心理觉悟始。"风俗之厚薄奚自乎?自乎一二人之心之所向而已。"(曾文正语)盖国者人之积,人者心之器。本党《党员守则》序文云:"国家之治乱,系于社会之隆污,社会之隆污,系于人心之振靡。"我海军军人,如能惩前毖后,所谓心所谓危,励行新生活运动,谋气质之变换、精神之改造,进求全军风气之转移。乘此民族新生机肇始之会,振作人心,集中意志,使军心与士气丕然焕发,忠爱国家、爱护本军之意识随之发扬蹈厉,洗练纯一,从其端而趋向,循其正途,海军之建设始克有济。

此一理想之实现,只系于吾人一念之转移。摒绝旧痼,扬弃私利,不再眷恋旧染,为不合时代不适环境之习性作垂死之挣扎,故步自封,即可"以吾人数十年必死之生命,立国家亿万年不死之根基"。(国父语)

互助合作之诚意

人类进化过程中,因普遍交感、互相补足之演进规律而生同类意识。社会之构成,在分工而合作。故我历来圣哲于处世接物之道,辄重修己利群与"己欲立而立人,己欲达而达人"。总理曾云:

"盖以人类由动物之有知者,进化而成。当其蒙昧,力不如狮虎牛马,走不如鱼介,飞不如诸禽,而犹得自保者,能互助,故能合作以御强,有知识,故能趋利而避害者也。"

同时认"物种以竞争为原则,人类则以互助为原则",而谆谆告诫吾人:"非相匡助无以自存。"蒋主席更由是以体认:"生命的意义,是在创造宇宙继起的生命;生活的目的,在增进我人类全体的生活。"此为中国人生哲学之极致。盖中国传统精神在博大协和,不执一偏。在政治上有协和万邦,与"大道之行也天下为公"之理想;在思想上,亦是相互感通而不绝对隔离对立。中国宗教虽华□庞杂,而各宗教徒尝云:"教虽多而理则一。"又云:"归源无二路，方便有多门。"《秦誓》云："其心休休如有容。"《舜典》云："敬敷五教在宽。"又如《淮南子·齐俗训》云："百家之信，指奏相反，其合道一体也。"《周礼·乡大夫》："乡射之礼，以五物询众庶：'一曰和，二曰容'。"中国圣哲自始即深主"万物并育而不相害，道并行而不相悖"，"天下一致而百虑，同归而殊途"，"理一分殊"并"君子和而不同"。盖物"不同"固无碍于"和"，宗教与学术上不同宗派学派，原得并行不悖，相反相成，如《易经》所云："观其所聚，而天地万物之情可见矣。"此理固放之四海而皆准，百世以俟圣人而不惑。

《新生活须知》对"礼""义"之诠释谓：

"何者为礼，敬恭是主。守法循礼，戒慎将事。和气肃容，善于人处。孝亲敬长，克敦伦纪。"

"何者为义，一心济世。厚人薄己，不争权利。急公忘私，弗辞劳粹。扶善除恶，以彰公理。"

盖由理而达其敬，由义而通其爱。敬则"取人以为善"。爱则"与人以为善"。如是人人以成己成物为志，成己则"学不厌"，成物则"教不倦"。是人人均以德业相勉，过失相规，于焉情之流愆，德之通贯，以达"圣人能以天下为一家，以中国为一人"（《永运篇》）之崇高境界。庶乎国家事，始有可为。

我国海军，承数十年窳圮之余绪，封建分歧，思想散漫。各地自设训练机构，杂糅并进，莫相统属。学派学系宗派之对立攻讦，形成自立门户，互相轧轹，步趋凌乱，各行其是，致影响国家建军大业至深且巨。不仅忘却"尚友先贤"之优良教范，且亦昧于"同舟共济"之现实教训。际兹国家建军肇始，实应身体力行新生活运动之精意，反省自责，立互助合作之诚意，涤除旧染，摒绝偏狭，不念旧恶，戮力同心，一德一心，相互激励。同患难，共生死，而一致归宿于建设海军共同信念之下，蔚为风尚，加紧努力，用能潜化戾气，招致祥和。

实事求是之精神

蒋主席曾训示吾人，建国之风尚一曰新，二曰速，三曰实。第一须以新之精神、新之方法，以创造新之社会，日新又新，故新生活运动主张荡涤旧染。第二须以迎头赶上精神，凡事力求迅速，争取时间，故新生活运动之准则特

□"迅速"。第三必须摒绝虚□，力戒欺伪，求事事精确，步步踏实，切忌笼统含糊之意识与苟且怠忽之行为。新生活运动规律中，除"迅速"外，尤置重于"确实"。此实事求是之精神，今日国家及我海军所尤重要者。故处事，要求其切实、实际、实在、确实；为人，要说实话、做实事、讲实学、脚踏实地、践履笃实；持躬，应朴实、信实、忠实；接物，应重实践、求实验实用、秉乎至心、发于至诚、去伪崇拙、择善固执。俗云："充实之谓美。"一事一物不实，即失其生命。唯其虚与伪，故法令无效，技术无用，机械无能。官守相同，效率终异；技术相同，成就各殊；机械相同，功效不一。今欲法令技术与机械之有效，其关键在于执行命令、使用技术、运用机械之人之确实精神。军中对命令，确实执行，尝视为军中之命脉。故《管子》云："亏令者死，益令者死，不行令者死，留令者死，不从令者死。五者死而无赦，惟令是视。"此五者皆属不"实"而为兵家之大病。际此戡乱时期，我海军全体官兵，应视令为命，确实执行，而建军建国，更宜从实字上着大功夫。

以身作则之教化

凡一运动之推展，欲求其风动广被，要其领导者不独"责其在我"，亦将"推己及人"。然其道，尤须有先求诸己而后求诸人，所谓以身作则之教化，乃能风行草偃，不令而行，不言而教，播为声气，蒸为习尚。始乎微，而终莫可御也。如曾文正公所云："倡者启其绪，和者衍其波。倡者可传诸同志，和者又可嬗诸无穷。倡者如有本之泉，放乎川渎。和者如支河沟浍，交会旁流。先觉后觉，互相劝诱，譬之大木小木，互相灌注。"我海军官员既笃信新生活运动与建军关系之重大，自应虚心涵泳，切己体察，笃恭修己，至诚感人，一举一动，一语一默，发乎己，应乎人，以诱掖群伦，感召部下，推及全军。

上述诸端，本军愿与全国同胞互切互磋，切实奉行。本军全体官兵，尤应先之劳之，自强不息，始终罔懈，由浅入深，循序推进。而我戡乱建军必胜必成之基础，自不难由是而益臻巩固矣。

（录自《新运导报》1948年第5卷第1期）

新战线

西沙群岛形势图说明

李 杰

西沙群岛是我国南海上的一簇岛屿，握着欧亚的出口道——香港安南南洋群岛的冲途，各岛环湾深入，可泊巨舰。据军事家的观察，能泊航空母舰及战斗舰二三十艘，沿岸周围的浅海，更是潜水艇寄淀最优良的场所。环内水面广阔，可容水上航空机百架升降。且各岛均位于英美法诸国属地的中点，距离海南岛更不过二百三十三公里，军需的供给至为便利，足以控制各方，确是我国南海上一个重要的军事支撑点。因此，敌人无日不想占据此地，扩展南海封锁线，断绝海外我军需的接济。

（录自《新战线》1938年第11期）

新中国

海部修正海军舰艇分队操防规则*

全文十四条由部令第二号公布。（民国八年三月十八日）

（录自《新中国》1919年第1卷第1期）

中日交涉之各方面：庙街炮舰之处置

东省电讯　日军占领庙街后，以我国炮舰有助激党轰击日军之嫌疑，决予扣留查办。停泊庙街之江亨、利绥、利捷三舰，均被日军实行扣留。

同时，江亨舰长陈世英、利绥舰长吴廷光、利捷舰长林培熙及其他舰员等亦被派兵监视。吉黑江防司令王崇文得此消息，以上述三舰，自上年停泊庙街，对于日俄战事，向系严守中立，故各舰所存弹药，较诸原发数量，并不减少。此实可以证明未经参与战事，业将此旨函致日军司令部，详加解释。一面并电中央，报告事实真相。事隔月余，迄未解决，而运输停滞，该处一带华侨，坐困穷壤，乃有绝食之势。本月十日，黑督孙烈臣特致电政府，报告此事，略谓据哈尔滨司令部报称，尼港华侨已三日断食，所有各舰，均被日本监视，恐陷于人尽饿死之惨境。请中央从速向日本交涉，设法运粮接济。所谓中日亲善之美名，则胥如此矣。

（录自《新中国》1920年第2卷第7期）

修造长江马当要塞之经过

李建文

民国二十六年七月七日，卢沟桥抗日战争爆发，八月十三日，日寇进攻上海，长江一带岌岌可危。黄河水利委员会委员长孔祥榕于是年十月奉最高当局电令率同该会高级职员万辟、王恢先、王履泰、吴南凯、刘秉忠等及工程队四队自汴赶赴南京，组设长江阻塞设计督察委员会，直隶于军事委员会，由孔祥榕任主任委员，刘兴、傅汝霖任副主任委员，曾以鼎、万辟、王恢先、□学遂等任委员，主办长江阻塞事宜。其时，江阴封锁线已由海军部沉船四十余艘，于急遽间完成，以阻敌舰上驶，但敌军则绕过此封锁线，由淞沪经苏州、无锡直逼京都，致南京乌龙山封锁线未及完工即告沦陷。

旋国府西迁重庆，遂择长江地势最险要之马当，修造较为坚强之封锁线，以资防御。此工自二十六年十一月兴工，至二十七年五月完工。在工程进行期内，江西及安徽两省政府负运送料物及征调民工之责，海军总司令部第三舰队司令曾以鼎主持布雷，军政部建马当要塞并安设炮位，阻塞工程则由委员兼总工程师王恢先等，率同黄河水利委员会测量工程各队及江西民工约五千人，依照中央核定计划，承长江阻塞设计督察委员会之命，长驻工地，实施工作。其计划依水势，分低水位阻塞及高水位阻塞二项工程，施工亦分二次进行。

马当江面形势分南北二泓，南泓较深而北泓较浅，封锁线适设于马当山下。在是年低水位时期，北泓及南泓之较浅处，曾筑柳石暗礁共四十八堆，每堆均用铅丝网铺底，分层铺柳抛石，柳占三成石占七成。筑至距水面约一公尺之高度后，□将铅丝网口坚紧收扣，使俨成一满载块石之铅丝网袋。南泓之较深处，则沉满载块石之大轮八艘，□航道曲折难行。每沉船一艘，于船之前后左右，抛大铁锚多具，以固定其部位，此低水时期阻塞情形也。至翌年三月，江水渐涨，原筑之低水位阻塞工程，效用渐减，乃于封锁线内北泓之较深处，沉载石并于甲板上筑有柳石□□□□轮三艘，及大木船五艘，其中舱各筑混凝土基脚四角钢轨架一座，高约十公尺，使平正下沉，没入水中，其架顶尚有阻塞功效。于南泓加沉载石，并于甲板上各筑钢骨水泥墩三座、大海轮六艘。又在封锁线两岸各筑地下钢骨混凝土大墩一座，用大钢丝缆三道紧系于南岸钢骨混凝土墩上，先引钢丝缆一道，穿系靠□江岸已沉大轮头部钢柱上，并由南而北挨次穿紧其他已沉各轮头部钢杆，直穿至靠近北岸所沉之最后一轮为止。次引第二道钢缆自南岸大墩穿系已沉各轮之中部钢柱，或烟筒及气孔管，□已沉大木船所载之混凝土脚基四角钢铁架，最后引第三道钢缆依样穿紧已沉各轮尾部，均系□靠北岸最□之已沉各大轮尾部为止。暂留北岸至靠□北岸所沉大轮一线水道为□出航道，所沉各轮空间及附近水面均各密布水雷。此外，又于□礁沉船及抛雷封锁线之下游五百公尺处，做油制麻绳封锁线一道，宽约二百公尺，长与江面宽度同。其下游复备水雷多具，俟所有封锁线下游我方船只一律驶上及其他各项工作全部完竣后，□将原系于靠近北岸所沉大轮钢缆三道，一一拿引而紧系于北岸钢骨混凝土大□上，借以封锁原留之临时航道。并于封锁线上游，又布下水雷多具，同时于马当山一带坚筑要塞，密布炮位，以资防守。所沉各轮于开水门时，均曾特别注意，并加工防护，使之平正下沉，以免歪斜倾倒之弊。其钢柱电杆及烟筒之露于水面者，均一律锯除，免留形迹。此高水位□期封锁线修筑情形也。至封锁效能,系赖陆地炮火威力、水中鱼雷及江中障碍物三种功用合并而成,缺一则功效大减。

当施工时,敌机时来轰炸,员工之死于敌机炸弹及机枪者,达一百余人之多。完工后,敌舰数艘驶抵封锁线下,未敢上犯。虽至最紧急时,敌兵在封锁线下游大约四十五里处登陆,先占□马当要塞,而后将封锁线折毁一部分。然敌人炮舰、船□□陆续被毁于此封锁线者,□各报登载,为数颇为不少也。

(录自《新中国》1945年第8期)

新中华

西南正式收编海圻等三舰

渤海舰队第三舰队在青岛反对沈鸿烈，相率擅自离青南驶，九日抵赤湾，即行寄碇该处。三舰长即亲行到粤，晋谒粤军民当局，接洽南下投效问题。初时当局对于此事，尚拟加以考虑，后几经商榷，始决定收编。因与三舰长商定各条件，由粤先酌给伙食饷项，以便三舰驶入虎门以内之海面，听候收编。三舰驶入黄埔正式投效后，舰上长员、水兵虽不更易，惟须由粤方派出副舰长三人，以便协同原有三舰长整顿舰务，及发表通电表示归附西南政府。三舰长八日晨回舰，向全体官佐士兵报告赴粤接洽经过，同时粤海军司令部亦派副司令李庆文、参谋陈祖达、福安舰长方念祖、海虎舰长丁健三于八日上午九时，复乘海虎舰赴赤湾，向三舰员兵宣达粤方意旨。三舰官兵皆表示至诚拥护西南。九日，第一集团军方面又奉令先拨一万五千元，为三舰暂时维持伙食之需，每艘五千元。三舰长自接到第一次款项接济后，即日三舰长官开联席会议，议定三原则如下：（一）三舰经常费一律撙节，列具预算，呈请粤当局核发；（二）三舰长官联名通电，宣布脱离沈鸿烈经过，及今后愿服务西南政府；（三）三舰均归第一集团军节制指挥，与粤海军合作到底。西南政务会关于此事，九日召开会议，议决将此案明令移交第一集团军总部办理。十日，三舰长官以粤省已允予收编，遂决于十日上午十时，自赤湾起碇，由粤派来之海虎舰引导，鼓轮向虎门及内河驶进，先由粤当局电知虎门各要塞予以放行。是日上午十一时许，海圻等三舰驶经威远炮台，向黄埔进口。下午三时许,三舰相继驶抵黄埔河面。十一日晨,西南政务会派秘书谢仪邦,会同海军司令部参谋长黎钜璆及第一集团军总部专员,前往黄埔正式检阅该三舰,并向三舰长官士兵宣抚一切。

(录自《新中华》1933年第1卷第15期)

兴 华

段祺瑞等复上国体之请愿书*

九月廿四日（八月十六日）北京电　陆海军军官段祺瑞、王士珍、刘冠雄、萨镇冰、荫昌、蔡锷、唐在礼、张锡銮、张绍曾等及各省巡按使，由朱家宝领衔，昨夜复上改变国体之请愿书于袁总统。

（录自《兴华》1915年第12卷第39期）

海军全体加入护国军

廿九日上海消息　海军全体因恢复约法、重组内阁、召集国会三大端中央延不发表，遂于六月廿五日各舰集中于吴淞口，由海军总司令李鼎新、第一舰队司令林葆怿、练习舰队司令曾兆麟统率发布宣言，以目下帝制派军人把持政局，共和有名无实，黎总统不克自由，特加入护国军，以保障共和，拥护黎总统为目的，非俟恪遵元年约法、国会开会正式内阁成立后，北京海军部之命令概不承受。

（录自《兴华》1916年第13卷第26期）

保定曹锟来电

万急。龙华卢护军使、上海程海军总司令鉴，华密。敬诵江电，对于复辟誓不承认，足征忠爱民国大义凛然，至为仰佩。此次张勋挟制废帝，逼退总统，擅更国体，显背人心，薄海同仇，天下共愤。锟以仗义宣言，出师声讨，各省同志控段芝老为总司令，段香岩为东路司令，锟为西部司令。东路已抵黄村，西路已抵卢沟桥，晋军进驻石家庄，察军进驻南口，以为西路后援，指日逼攻，定歼逆丑。容俟后闻，特此电复，曹锟。歌。印

（录自《兴华》1917年第14卷第28期）

海军公推总司令

海军在黄埔公园集议，决定声请汤廷光就海军总司令职。

（录自《兴华》1920年第17卷第45期）

海军索饷之示威举动

海军同人以海军饷项被欠已将一年，各舰士兵几至无以生活。虽经屡次电催部中，不应如故。此次推派代表进京请饷，部中面许先发五十万元，讵代表出京后，此款又为强有力者取去。于是，海军同人大为愤恨，日前集众会议，佥以为非取稍激手段对付不可。各舰士兵将成饿莩，爰议定派舰开往扬州十二圩监截盐税。

（民国十一年一月五日）

（录自《兴华》1922年第19卷第3期）

公使团抗议海军截留盐税

北京公使团已向外部抗议海军截留盐税。

（民国十一年一月十一日）

（录自《兴华》1922年第19卷第3期）

海军截盐税已解除

海军截盐税,盐署准拨十七万一月。十二圩海军已解除截留。英使馆息,英政府训令已到,为严格干涉一语。法日政府尚无训电。

(民国十一年二月一日)

(录自《兴华》1922年第19卷第5期)

广州风云

广州粤军闻广东海防舰队降敌消息,即扼守各要点,以防滇桂军取道三水及由北江区攻入省城。地方官离城,陈炯明见部下军队不足恃,亦于十六晚赴惠。滇军入城,城中现空无资财,且无负责任之政府。香港华人所寓区域,纷燃爆竹,庆祝孙中山在广州之胜利,且有其他表示。但护法军重行安然入城,未受抵抗。粤军现公认国会粤议员邹鲁为领袖,邹大约将任粤省长,广州安静如常。如陈炯明不思由惠图复旧位,则可长保此状。预料陈在惠州,必准备一切。陈策现由孙中山任为此间海军统带,陈炯明亦通电声明离去广州,惟广州陡增兵三万名,而总司令尚未任定,人民大为惶恐。厦门陈炯明党之产业均经没收,内有粤汉铁路及造币厂某氏之房产四所,因其人曾接济陈炯明款项之故。粤商主张任魏邦平为省长,许崇智任总司令,许未到前,由李烈钧暂署。篠日下午,胡汉民、李烈钧、魏邦平同抵省,即赴海珠。明紧急会议,决组维持治安办事处,推魏、李为主任。烈钧主张尽将滇军调往北江驻扎,俟联军完全抵省,即率队赴东江,追击陈炯明军,邹鲁派第一路司令谭启秀部赶赴东江追逐,闻李易标亦调所部向东江出发,许崇智十七抵诏安,即会师入汕头。

(录自《兴华》1923年第20卷第4期)

海军独立

海军第一舰队通电表示联省自治,并拒绝孙传芳入闽。后杜锡珪电京辞职，海军部特派郑司长来沪调查。海军已自举少将林建章为总司令，林亦电告就职。按海军此次宣言颇关重要，盖不啻对北京政府宣告独立，又表示一部分海军与吴佩孚分裂也。闽省海军人士，欲于本省有所举动，亦可于此事见之。十二日提出阁议，讨论上海海军独立事件，决议采如左之办法：

（一）下明令诘责上海海军。

（二）命海军部详细调查此事内容。

（三）命财政部按月筹发上海海军经费。

黎、张因海军在沪宣言拒孙传芳，分电曹、吴，磋商办法；另又一面密电齐燮元，就近督促杜锡珪，劝诫各舰长各驻原防，听候中央相当解决；一面电令杜力劝各舰长，取消轨外行动，勿代人作傀儡，关于闽事，静候政府查办。

（录自《兴华》1923年第20卷第14期）

闽赣纠纷

王永泉、刘冠雄态度尚不明瞭。孙传芳仍在赣之资溪，未敢贸然前进。于是许崇智变计，进兵赣南，抄孙传芳后路，已入赣境者约万人，现将寻邬、安远等八属占据。

（录自《兴华》1923年第20期）

厦门海军勒令种烟

厦海军在金门令乡民种烟纳捐，已由傅某以十万五百元包办。

（录自《兴华》1924年第21卷第39期）

孙中山近讯

孙中山决十三日早十时乘永丰舰赴港，转乘春阳丸赴沪。

（录自《兴华》1924年第21卷第45期）

奉张扩充海军

若 虚

顷闻奉张有扩充海军之说。海军与陆军不同，欲言扩充，需费甚巨。故民国以来，南北当局均视旧有敝舰数艘为奇货，致所谓海军，忽南忽北，常在内争漩涡内讨生活，其舰械与士气之内容，固不可问也。今奉张席战胜之地位，借贷款项，网罗人才，均易着手，再加以某国之援助，或可别成一新式之舰队。此队果成，则旧有敝舰当瞠乎人后，不足再邀大军阀之一盼，而有传统关系之海军人员，亦必大受打击矣。

惟海军之用，对外居多，若以之对内，恐收效殊鲜。观于以前屡次战役可知，今奉张编练海军，欲以对外欤，则识者当嗤之以鼻；若用以对内，则费款多而效用鲜。值此裁兵声浪最高之时，汲汲于此，又何苦耶？

（录自《兴华》1925年第22卷第7期）

奉张扩充海军之计划

奉张近以陆军虽称雄于中国，海军一项，仅备雏形，为军备上莫大缺点。故于去年奉、直未战之时，即急急选择军港，编制海军。但东省殊鲜良军港，求其次者，不得不认葫芦岛为海军军港。惟关于筑港需款之困难问题，尚未着手，不过仅筑炮台数处及海军学校一处而已。至在该处停泊之军舰，更属寥寥。奉军告捷后，奉张仍以无完备海军为憾。复因中央要索北满江防军舰，愈触起建筑军港及编制海军为近今切要之图。至筑港需款问题，业有某国投机家承认借与葫芦岛筑港费数百万元。近日来会议此项，已议定于今春解决后，即着手兴筑，务将葫芦岛造成东省第一军港而后已。编制舰队，较之筑港更早有准备，闻目前即可成立一舰队，此一舰队系由巡洋舰镇海、威海，探报舰飞鹏及水雷布设艇、蚁装舰等五艘所编成。镇海舰重量二千吨，上置五十口径十五珊主炮二门；威海舰重量千五百吨，上置五十口径主炮二门；飞鹏舰重量千二百吨，水雷布置艇及蚁装舰均系前购之俄义勇舰队之物，定名曰第一舰队。此外尚拟成立第二舰队，现正在商购某国商船二艘，改造军舰。其他黑龙、松花江流域内，尚有中央所辖之警备军舰十余艘，择其堪适用者，加入第二舰队，余则返还中央。至海军人才，东省本极缺乏，此次张学良赴沪，即衔有聘请海军人才任务云。

（录自《兴华》1925年第22卷第7期）

永丰舰改中山舰

十三日，广州举行永丰舰改名中山舰之礼式，各要人均列席，极盛大悲壮之致。

（录自《兴华》1925年第22卷第15期）

中山舰开幕盛况

北洋永丰炮舰于民六之役，孙中山先生率领舰队南下时随同来粤。倏经十载，十一年夏，帅座又乘该舰炮击陈炯明贼众，相持五十五日，中山与该舰共危难最久。因此，中央党部及永丰舰诸长官议决改为中山号，以垂永久纪念。十三日举行改号开幕礼，礼堂在舰内后望台，堂中安设孙大元帅遗像，四旁绕以生花及黑白布纱，并以万国国旗遮盖于上。全舰高悬万国旗，舰首油涂青天白日党旗一面，以铜片刻"中山"二字于舰尾"永丰"原位，全舰焕然一新，电火光辉。是日仍泊士敏土厂前，正午十二时许，政界要人胡汉民、伍朝枢、廖仲恺、胡谦、邓泽如，军界许崇智代表冯次琪及李宗黄、吴铁城等分乘电轮抵舰，由舰长欧阳琳迎上舰，引导各长官环游各部参观。至下午一时，行开幕礼，朱培德特派全副军队到舰奏乐。开会秩序：（一）奏军乐；（二）行开幕礼，各来宾及舰员向大元帅遗像行三鞠躬；（三）舰长宣布更名理由；（四）胡代帅训词；（五）来宾演说；（六）奏军乐；（七）摄影。读毕，胡、伍、廖相继在礼堂演说，并勉励舰员，以后秉承先帅遗嘱，努力国民革命，全舰官兵无不动容敬听。至下午二时许，拍照茶会而散。查前永丰炮舰历史，建造于宣统二年，在日本长崎三菱厂制造，全舰皆钢质。至民国元年下水，排水量为七百八十吨，机器两副，马力一千三百五十匹，每句钟行十四海里，食水深九英尺，舰头四英寸口径射远炮一门，舰尾三英寸口径射远炮一门，舰旁一寸半口径三磅炮快炮四门，一磅机关炮两尊，吉林炮两尊，水机关一尊，无线电探海灯等俱完备。全舰长官兵佐共二百余名云。

（录自《兴华》1925年第22卷第16期）

青岛海军忽反奉

十六日本埠得电，泊秦皇岛军舰三只及青岛二只（按即所谓渤海舰队）已受国民军收买叛奉。奉军于今朝六时自济派兵二千赴青岛，于海岸三处布阵，将开始向舰发炮，人心动摇。

十六日青岛电，昨夜肇和、同安二舰（泊处距岸半哩）要求发清数月之欠饷，否则拟开炮轰击陆地，全市大震。英美人在危险区域者，均得领事之通知书，美人均在领署度夜，日领事署适在海滨，由日领署警察保护。众恐水兵乘炮击之际，登陆劫掠，各领事署及公共处所均置重卫，并架炮海滨及附近各路。二炮舰已转其舰身对陆地。省垣得讯，派一毕姓军官（恐即毕庶澄旅长）来此，以哀的美敦书限二舰于今晨四时降服，二舰置之不覆。渤海舰队代理司令现正与当局谈判，如决裂，则局势甚可危。此间有兵五千余名，惟海军陆战队一千五百名亦足为患。

（录自《兴华》1925年第22卷第41期）

海军改编

海军已正式改编，定中山等八舰为国民革命军北伐第一舰队，闽海军海筹等十九舰为第二舰队，辰字等六艇为鱼雷舰队，其广利等十一舰为广东江防舰队，归军事厅节制。并经总部委潘文治为第一舰队队长，林寿昌为第二舰队队长，陈琛为鱼雷舰队队长，杨树庄为总指挥。

海军下预备动员令，准备赴浙苏海面巡弋，防止渤海舰队南下（二十日）。

（录自《兴华》1926年第24卷第1期）

杨树庄通电独立
就国民政府海军总司令职

本埠海军独立，系于十四日正式宣布，是日本报即略有报告。兹复觅得杨树庄总司令就国民革命军海军总司令职通电，全文特披露如下（衔略）：各舰长：仁密，奉国民政府特任杨树庄为国民革命军海军总司令，此状，等因。树庄经于十四日就职，除电呈并通电宣布外，合亟通告全军："自后凡我袍泽，应与国民革命军一致进行，以期救国，俾尽军人天职。特电布闻，即希查照，树庄，盐。"并闻永绩舰及鱼雷艇宿字、列字、张字三艘，业于十四日开抵宁波，建安舰亦于十五日到甬云。

（录自《兴华》1927年第24卷第10期）

张宗昌拘捕吴志馨
因吴有志输诚革命军　肇和华甲舰长同被拘

国闻社青岛通信云：渤海舰队自奉令改编为第二舰队后，吴志馨即于日前在青宣布就职，并大宴来宾。各机关首领均前往庆贺，车水马龙，颇极一时之盛。讵意风云变幻，祸福无常，一波未平，一波又起。今日虽贵为司令，明日即为阶下囚，此乃吴氏所梦想不到也。月前胶州事变，本埠传闻吴氏与前警察厅长吕敦亮同谋响应，并派其参谋长田秉章赴沪接洽投南条件。后因事机不密，彼鲁张已微有所闻，即密电沈鸿烈，令其率领海圻、镇海、定海三舰来青，暗行监视，如果渤海舰队形迹可疑，即用武力解决。后经温树德力向奉张、鲁张两方解释一切，奉张方允将渤海舰队改为第二舰队。在此时期，忽有人在鲁张面前告发吴志馨，并抄集吴志馨输诚革命军之函电数通。鲁张接阅之后，即密电胶防司令祝祥本及第一舰队司令沈鸿烈火速赴济，有事面商。祝、沈于日前（二十九日）启行抵济，往见鲁张。张即将吴通南之证据交与祝、张二氏阅看，面谕两氏可于当晚从速返青，将主要犯吴志馨及嫌疑犯赵梯昆、胡文溶等三人逮捕，从严惩办。下命令四道，交给沈氏带回青岛，再为发

表：一、第二舰队司令吴志馨着即停职，其遗缺委第一舰队副司令凌霄代理；二、肇和舰长赵梯昆着即停职，其遗缺委定海舰长冯涫代理；三、华甲舰长胡文溶着即停职，其遗缺委该舰副舰长苏搏云暂行代理；四、海琛舰长何瀚澜调升为第二舰队司令部参谋长，其遗缺委前任肇和舰长李国堂代理。此数人皆沈氏之保荐也。祝、沈两氏于昨早（三十日）返青，午后即胶防司令部召集海军上级官长会议，吴志馨及各舰长闻讯，均先后赶到，由祝、沈二人发表鲁张之命令，随将吴志馨及赵梯昆、胡文溶等三人先行扣留，押在祝之私寓内。祝氏命令卫队十名日夜看守，其余各舰长一律放回，令其照常视事。昨晚，码头界内警备森严，深恐各舰力图反抗，八时断绝交通，禁止行人。吴志馨及各舰长之私宅，亦派有武装警察把守门口，不准出入，以免传递消息。今日（三十一日）午后三时，新到之司令及各舰长均已安全就职，至于吴志馨及赵梯昆、胡文溶等三人，将来恐无性命之忧，容再探明再志。

（录自《兴华》1927年第24卷第30期）

我军重炮痛击渤海舰队

据军事方面消息，二日午后二时，敌舰海圻、海琛、澄和、威海四艘发现于吴淞口外，我军及吴淞要塞早已得报，严阵以待。敌舰知有备，乃于九时乘夜潜逃，经过川沙海面。是处永深线距岸最近，我军预伏重炮十二门，于此突发炮猛烈射击，敌舰回射，我炮兵乃集中火力射击海圻一舰，命中三弹。海圻不敢恋战，乃率余舰向西南疾驶而去。昨晨，我海军派驱逐舰出口外追击百余里，不见敌踪，想已丧胆远遁矣。

（录自《兴华》1927年第24卷第34期）

横江杀敌中之海军
鏖战七日夜　　毙敌万余　　俘虏倍之

孙军此次大举渡江，一战而败，实力消灭殆尽，已迭志报端。兹将海军布防作战情形，略纪如下：先是海军闻敌军有觊觎江南消息，因沿江战线甚长，爰就地势计划，将防线分为三段：第一段，上海至江阴，由第一舰队陈季良司令指挥；第二段，江阴至镇江，由练习舰队陈训泳指挥；第三段，镇江至南京，由第二舰队陈绍宽司令指挥。孙传芳亦知江防严密，乃恃强作猛进之计，以千百民船分路乘黑夜浓雾之时，同时偷渡，意在使军舰顾此失彼。于二十五日晨，孙军过江至栖霞山一带，又于大河口、划子口同时过江。海军当即飞饬二队陈司令及驻泊宁、镇各舰分道兜剿，并电一队陈司令、练队陈司令加派永绩、通济前往栖霞山附近协同陆军夹击已渡南岸之敌军，并截击继续渡江之敌船。是日，并据龙华总指挥部报告，敌军段承泽、崔锦淮部到南通，马葆珩部到如皋，有限四十八小时占领常熟消息。遂电饬一队陈司令、练队陈司令于镇江以东逐段严密梭巡，以防偷渡。南通对角常阴沙地方，江面甚狭，又派湖鹰鱼雷艇驰往游弋。二十八日，接通济杨舰长电报，该舰率同粤汉、长安两舰，分载陆战队机关枪上驶，巡弋圌山关、三江口等处。是日，接南京军事委员会参谋处报称：乌龙山敌人已被海军各舰炮击消灭。同日又接龙华总指挥部电称：划子口附近有敌船数十只，十二圩有敌船四百余只，满载兵士，据报约有四十余只向浦口、五十余只向镇江进发，世业洲方面敌船最多，将乘是夜渡江。因复电饬二队陈司令分舰飞往截击，二十九日，据练队陈司令电报，太平洲一带发现敌人甚多，已向之开炮轰击，惟因敌众尚在顽抗。经电达镇江要塞王司令，派队迅往太平洲，协同我军处置敌军，并严守龟山炮台。而练队陈司令亦率舰至龟山附近巡弋，沿途击沉敌船多艘。是日，接二队陈司令电称：勘日，楚有、楚同、楚谦、通济四舰在大河口、三江口间开炮猛击，击沉敌船五十余艘，并击毙已渡南岸之敌军无数。现江面已渐渐肃清，通济杨舰长亦称是日驶抵大河口，敌乘民船甚多，挂帆将渡江者百数十艘，其已登南岸者当经炮轰，历一小时，沉船数十艘，毙敌无数。计各该处敌人征集民船，载运军械粮食，藉图接济，为数约有二三百艘。经四面上下夹击，幸存者不过十余艘，亦已尽行逃窜。又接练队陈司令电称：是日巡至口岸太平洲对江之杨家港，适敌乘船渡江，经我炮击半沉江中，半已溃散，现仍率永绩在附近扼守堵截。又续据二队陈司令电报：本早拂晓，率楚有巡到大河口附近，适遇敌人满装民船百余艘，正在乘江登岸。立经楚有开炮轰击，中流之敌，或经击沉，或流溃北岸。大河口江面已渐平静,又在三江谷杆附近遇见大队敌军正在前进,满目尽是敌船,当经猛击,敌即奔窜。同时,急调就近各舰一齐追击,江中浮尸无数。又练队陈司令以据报:三江口附近敌有三师之众,力谋渡江,江阴南岸驻军兵力无几,茅竹镇有便衣敌军发现,已用建康、豫章、湖鹰各军舰严密防截。三十日,接二队陈司令电称:大河口敌军虽经各舰猛击,仍顽强渡江,向三江口猛进。江面敌船几满,前船沉没,后船仍在强渡。楚有舰接连开炮两日夜,发出子弹无数,请加派军舰驶往大河口断敌归路。复经飞饬海容、应瑞星夜驰赴大河口截击。同日,接周军长凤岐电称:敌八九两师共约三千余人,已到南通,拟强行渡江。复经飞电一队陈司令并驻吴淞各舰长,于吴淞浏河一带巡弋截击。是日,复接龙华总指挥部电称:太平洲附近有敌一营,已达南岸姚家桥,即饬练队陈司令速率永绩、永健前往三江营及太平洲,对于已渡江之敌,协同陆军迅即扑灭,未渡江之敌,严加堵截,勿使再渡。又是日,接二队陈司令艳电称:本早率楚有、通济,在大河口、三江口上下游开炮夹攻渡江之敌,历两小时,敌顽抗开炮,被有、济两舰炮击殆尽,江面浮尸无数,水为变色,余船逃逸无多。三十一日,接二队陈司令电称:龙潭江边一带残余逆敌,本早率楚有扫击,敌极力顽抗,迭施猛扑,始不能支。沿岸飞舞白旗,意似乞降,因恐有诈,复以巨炮轰击,并摇旗知照陆军,速来缴械。又同时用炮飞扫江面敌船,绝其归路,现已扫尽。一队陈司令亦率海容、通济、永绩、联鲸四舰开抵三江口,海容即向大河口开炮痛击,毙敌无算。楚有等舰即在划子口、八卦洲一带警戒。九月一日接白总指挥电开:孙传芳以全力渡江,三路并进,经我一、七两军夹击,我海军巡弋江面与敌奋战,自二十五日晚起至三十一日未刻止,击毙人万余,俘虏倍之,并俘军官数十员,获大炮数十尊,步枪辎重无数,现已完全解决各等因。是役也,孙逆渡江之敌悉数歼灭,片甲不留,亦可为军阀黩武穷兵之戒。至一队陈司令率舰常驻吴淞,本系指挥上海至江阴防务,并同御东北舰队侵袭。乃海圻等舰,承军阀伪命,屡次于我舰适有事长江之时,乘间到淞肆扰,迭经吴淞炮台开炮合击,惧而远飚。一队陈司令曾数次率舰出海追击,海圻等逃匿无踪,现正侦察敌踪,即日予以聚歼,俾绝祸患云。

(录自《兴华》1927年第24卷第35期)

革命海陆军击退北舰队详纪

吴淞口外浦东白龙港（昨报误为白鹤港）附近，于前晚（二十九日）十时三十分，忽有海圻、肇和等北舰潜行驶入，意图袭击淞口炮台。当被白龙港驻防之炮兵与海筹、永绩等巡洋舰协同击退，已略志昨报。本报为求详计，昨日上午十一时特派记者前往吴淞炮台司令部谒见司令官（许康）平洲氏，叩以前晚海陆军击退海圻等北舰之经过情形。据许氏云：此次渤海舰队南来，我方早经得悉，海圻、肇和、海琛三舰系于上月二十七日启椗。我方即于是日得讯，故海陆戒备，防御极固。逆料该舰队南下，终不得逞。果尔，前晚九时半得密报，知北舰向川沙与崇明间洋面驶来，当被前国民革命军总司令部之炮兵团队伍觉察，立施准备。同时海军总司令吴淞海军要塞临时指挥处，当亦调派海筹、海容、应瑞、永绩、通济五巡洋舰，及湖鹏、湖隼、湖鹰、湖鹗四鱼雷艇飞驶前往，会同夹击。北舰发炮两响，白龙港炮兵亦发炮还攻，大队海军乘机追逐。北舰见势不佳，遂向外洋面逸去。此间海军各舰一度追逐，已于昨日上午开回，驻泊于三峡水一带各冲要海面游弋。一面仍令饬南北各炮台台长严加防守云云。许语毕，记者即兴辞而退，再向淞埠视察一周，觉设备完固，地方安静如常云。

（录自《兴华》1927年第24卷第38期）

蒋总司令所乘之军舰

二十六日正午，蒋氏等一行离京赴汉，计蒋中正、宋美龄、张人杰乘联鲸上舱，下舱为卫士随从人员等。吴敬恒、陈立夫、邵力子、牛惠生、朱秘书等乘德胜舰上舱，下舱为警卫团。周佛海等乘威胜舰上舱，下舱乘警卫团。海军司令陈绍宽自乘楚有，亲自指挥四舰。

（录自《兴华》1928年第25卷第25期）

咸宁舰昨行下水礼
海军建设的开始
巩固国防的初步
希望十年后成一等海军国家

十六日为国民革命军海军总司令部咸宁军舰下水之期,典礼定于下午二时举行,先期由该司令部柬邀各界出席观礼。记者车经西门,沿路即见该司令部政训部及特别党部之"咸宁下水是海军的新建设""巩固海防""恢复海权"等等标语。入该部大门后,即时见该部粘贴墙壁之礼场路由,循路西进,经过造船所第二船坞,即见有政训部制之横布标语"海军的新建设",再进则有"扩张海军是在求恢复我们的海权"布标语,以绳系紧于高逾数丈直径三十码的圆铁壁上,由此而南,即至礼场。

(录自《兴华》1928年第25卷第32期)

全国军舰驻地之调查

此次校阅全国海军,计分四处:
(一)上海由第一舰队司令陈季良校阅。
(二)江阴由练习舰队司令陈训泳校阅。
(三)通州由鱼雷游击队司令曾以鼎校阅。
(四)南京由第二舰队司令陈绍宽校阅。
前三处已于前月校阅完毕。南京一处,定于八日校毕。
兹将全国军舰调查如下:
(一)海容(旗舰)、华安、海凫、定海驻上海,普安驻马江,海筹、永健、永绩、联鲸驻通州,克安驻湖口,海鸿、海鸥驻厦门,海鹄驻马江,以上属第一舰队,担任海防。
(二)楚有(旗舰)、楚谦、江贞、威胜、德胜、义胜驻南京,楚同驻汉口,楚泰驻厦门,绥胜、公胜、武胜、甘泉、利通、诚胜、勇胜、福鼎、江鲲、江犀、拱辰、永安、建中、建威、建安驻上海，楚观驻新堤，江元驻马江。新造已下水之咸宁，及尚未下水之永绥，均在上海，以上属第二舰队。

（三）建康、豫章、湖鹏、湖鹗、湖鹰、辰字驻上海。湖隼驻江阴，宿字、列字、张字驻通州，以上系鱼雷艇，属鱼雷游击队。

（四）应瑞（旗舰）驻通州，通济驻上海，靖安驻马江，以上属练习舰队。

（五）海圻、海琛、肇和、永翔、楚豫、江利、同安属渤海舰队，驻地不明。

（录自《兴华》1928年第25卷第39期）

海部飞机试飞

海军总司令部新向德国所购之飞机，前日到沪，将各项械件合拢清楚，定期试飞。昨悉该机由德人亨士驾驶，于十日试飞，并由该部航空官林安导往西炮台飞机场参观。该机由海部出资五万五千元，向德国义泰洋行亨克而厂订购，于上月二十五号到沪。

飞机式样。机为水上双翼飞机，式样与中国自制之戊二号相仿。身长三十尺，翼长四十八尺，重量五千磅，机心可容两人座位，及五百磅重之炸弹，有二百八十匹马力，油量可容八十八加伦，足供飞行五小时之用。一小时能行二百七十华里，并悉该机机械精良，配件甚多，专教练航员之用。

（录自《兴华》1929年第26卷第3期）

海军要人辞职

代理海军总司令陈季良、海军署长陈绍宽，突然同时提出辞呈。兹悉政府方面，对二陈辞职，颇加重视。蒋主席特派训练总监何应钦氏亲自来沪，面致挽留。何氏业于前（二十三日）晚抵沪，兹将各项消息，汇志于下。

陈绍宽通电各舰

陈绍宽提出辞职后，即通电各舰队司令各舰长电文，照录如下：海军各舰队司令、各舰艇长、各局所处钧鉴：本日编遣会第五次会议，本军所提各案均未通过。奔走呼号，力竭声嘶，卒无效果。绍宽待罪此间，原冀为本军稍尽天职，今心愿尽违，何颜恋栈。除已分呈请辞本兼各职，并于本晚离舰待罪外，敬摅愚诚，诸维鉴察，绍宽叩。马。

陈绍宽氏之谈话

陈氏略谓："余此次辞职，盖以中国海军在国际地位上最为低微。今编遣会议之议决，不啻已断绝建设海军之期望。与其尸位素餐，不如亟早引退。至余辞职后，于海军方面并无何种影响。"

陈季良之表示

余此屈辞职，实迫不得已，非敢有所要挟。即政府苦衷，余亦极为体谅，但为国防前途计，海军非整顿与扩充不可，而海军统一，更为目前所必要。前此不幸分裂，至今言之，尚有余慨。今有统一之机会，更不可失此良机，故对于编遣会议，有归队统一之提案，不幸此种苦衷，难邀各方谅解。渤海广州舰队，事实上仍使其存在，此为余所深感者。缘海军之组织，第一舰队系为海防舰队，吾国之四海巡洋舰即为海防之用。今编遣会所决定之海军组织，仍不能收统一之实，则海军统一，既难如吾人之期望，深恐实力益形薄弱，将来势必归于消灭。余服务海军甚久，实不愿见此等事实之实现。且余年事就衰，何如及早引退。

（录自《兴华》1929年第26卷第5期）

海军决设立专部
中政会之决议

六日，第一七八次中央政治会议第四案《海军总司令杨树庄呈送请设海军专部建议书，决议海军部应予设立》交国防会议核议。昨报"应予"两字作

"应否",实误。

(录自《兴华》1929年第26卷第9期)

府令设立海军部

国民政府十二日令:(一)海军关系国防至为重要,应即设立海军部,其详细办法,由国防会议决定,军政部所属之海军署,应即裁并,此令;(二)特任杨树庄为海军部长,此令;(三)任命陈绍宽为海军部政务次长,此令;(四)杨树庄未到任以前,由次长陈绍宽代理部务,此令。

杨树庄氏之略历。杨氏字幼京,福建闽侯人,现年四十七岁,江南水师学堂卒业。民国三年,任海军飞鹰舰长,十年,任海军练习舰队司令及闽厦警备司令。十一年,代理海军总司令,十三年,真除总司令。十五年,响应北伐,率领全部海军,迭在长江、闽海、吴淞等处建立战功。十七年,任国府委员,加委国民革命军海军总司令,兼任中央政治会议委员、军事委员会委员、福建省政府委员兼主席编遣会议委员。十八年,第三次全国代表大会,以一百九十八票当选为中央执行委员。

(录自《兴华》1929年第26卷第14期)

东北海军之沿革与现状

海军编遣处凌霄氏谈话

溯自欧战告终,当时政府为收回松花江利权计,即令设立吉黑海军江防司令部于哈尔滨,并拨炮舰数艘,绕道由庙街百利驶入松花江,并改装浅水商船数艘,以充实内容,共计有军舰八艘,是为东北江防舰队之始,此民国九年事也。民国十三年,江浙战起,东北当局即命沈鸿烈购武装商船三艘,驱逐舰一艘,创设海防舰队。迨十五年,遂合江海防舰队为一,称为东北舰队,即以沈鸿烈为该队司令。次年复与渤海舰队合并,改组为三舰队,则海防第一第二舰队及江防舰队,每队设队长一员督率,直隶于东北海军司令部,即现在所称之东北海军也。其实力分列如左:

海防第一舰队

该队有巡洋舰三艘，曰海圻（四，三〇〇吨）、海琛（二，九五〇吨）、肇和（二，六五〇吨），飞机舰一艘曰镇海（二，七〇〇吨），鱼雷练习舰一艘曰威海（二，六〇〇吨），驱逐舰一艘曰同安（四〇〇吨）。

海防第二舰队

该队有巡洋舰四艘，曰定海（一，〇五〇吨）、永翔（七八〇吨）、楚豫（七五〇吨）、江利（七五〇吨），又运送船华甲（七，〇〇〇吨）、回安（二，二〇〇吨）二艘，小炮艇四艘。

江防第三舰队

该队有江亨、利捷、利绥、利川、利济、江安、江通、江泰、江清等八舰，此外尚有小炮艇四艘。

（录自《兴华》1929年第26卷第15期）

奉安期近各方参加大典

此次总理奉安，全国一律下半旗，并停止娱乐宴会七天，以志哀悼。兹将沪埠所得各方参加消息，分志如下：

海军加派军舰

海军方面，前由总司令部派定总参议吴光荣、李世甲二人为代表，并派威胜舰担任迎榇。兹复派定海容舰赴京参加奉安典礼，全体士兵均已整装待发，三日内即由舰长王寿廷率领前往。（下略）

（录自《兴华》1929年第26卷第19期）

萨镇冰对海部长之表示

迩传海军部长杨树庄以体弱多病，难胜繁剧，对于兼任职务，势难兼顾，因拟辞去海军部长之职，推海军名宿萨镇冰上将继任，已由陈绍宽氏奉命莅沪，征求意见云云。昨据萨氏表示："杨氏辞海部长，推本人继任，余全未知悉，未知此说从何而起。且余衰年颓老，时复疾病，亦殊难胜繁剧，即所传而确，亦决力辞不就也。"按萨氏自卸任以来，即专心慈善事业，向亲友捐款，于兵燹各地树橡筑屋，以蔽灾黎。日前由青岛来沪，寓于姚主教路，将于十五日搭乘三北公司之万象轮返闽。今日将应前吴淞商船学校同学之邀，赴极司非尔路酬酢云。

（录自《兴华》1929年第26卷第36期）

民权舰下水
造价计共一百廿万元

海军部向江南造船所定造之民权军舰，外壳业已工竣，定于今日下午二时在江南造船所举行下水典礼，将由代海部长陈绍宽氏主席。陈氏已于日前来沪，现驻节永绥舰。国民政府蒋主席派淞沪警备司令部熊式辉代表中央党部及行政院派何应钦及张群参与典礼，并由海军部请何应钦夫人行掷瓶礼。

全舰价值

民权舰于本年一月十六日安放龙骨，于本年年底即可完工，全舰价值共计一百二十万元。

舰之种种

舰长二百尺，宽二十六尺，吃水深六尺，主机三，脱汽立机两副，有水管锅炉二座，计共马力二千四百匹，速率每小时十七海哩。全舰安放十二生首炮二尊，十生半尾炮一尊，七生五兼射飞机快炮一尊，五生七快炮四尊，一磅机关炮一尊，水压机关枪四尊。

舰身一瞥

民权舰较前造之永绥舰为巨。昨日，海军编遣办事处人员已将礼台等布置妥绪，舰亦安诸台前。舰首尖锐，尾则略呈圆形，底漆深赭色，较上则为银灰色，舰面为红色。工人方事舰上锤击及髹漆工作，陈绍宽氏昨亦曾往视察一周。

将造巨舰

据海军编遣办事处消息，谓中国海军，竟无军字可言。盖所有之舰皆船龄老大，视之欧美瞠乎其后。实因清季与军阀时代，所筹经济，只知扩充陆军，以厚私人实力，海军因与本人利害尚少，故皆视同赘瘤，不关痛痒，致海权旁落，影响国际。今国民政府虽于海军提倡不遗余力，但拙于经济，种种计划一时尚难实行。然当此财政艰难之时，得造新舰若干艘，本处殊深庆慰。现在拟再造更形巨大之军舰，方在计划中云云。

（录自《兴华》1929年第26卷第37期）

同江克复佳音

沈阳　哈尔滨无线电　同江于十四日克复，海军司令沈鸿烈仍在前线指挥。赤俄军舰已退出三江口，惟飞机仍不时来袭，因我军用高射炮，故飞行甚高，虽掷炸弹，均未命中。又张作舟旅已开赴同江增防。

（录自《兴华》1929年第26卷第41期）

辽张报告同江失守经过

南京　外部十八日发表张学良十六日报告同江战况。电云：赤俄此次在三江口上陆步兵计二千余人，骑兵千余人，手提机关枪四百余支，机关炮百余尊，飞机十八架，总指挥为俄人戎加斯克。前敌正副指挥为曲振国、徐秉庆。作战次序，首由敌舰炮击我海军，我舰俟彼发炮二响后，始还击。炮战时许，敌舰业被击退，乃敌飞机复以整队散队携带重八十磅炸弹环攻我舰。江平、江安、江泰负伤。追海军战斗稍息，乃集中炮火于陆战队，次则炮击我陆军散兵线。是役，计敌舰主力被我舰击沉者三只，击伤者四只，飞机被海军高射炮击落两架，一落江面，一落路上。敌陆军死亡约骑兵百余名，步兵三百余名。我陆军苦战五时，亦有伤亡，顾以子弹告罄，不得已放弃同江。我海军炮火威力颇大，敌方损失较我尤重。外部以此次苏俄方面又先开衅，已根据张电电令驻柏林蒋公使，转请德政府向俄诘责，声明一切责任应由俄方负责。

（录自《兴华》1929年第26卷第41期）

同江战役殉国壮士之李泗亭

　　海军陆战队长李润青，号泗亭，湖北汉阳县人，现年三十九岁。生甫六岁，慈母见背，父为庠生，生子三人，泗亭最幼。少时聪颖，随父课读，文字颇佳。年十八，以外侮日亟，慨然投笔从戎。前清季年，曾充湖北陆军中学校教官兼队长。民六、民八，先后在北京陆军讲武堂及陆军军官教导团毕业。九年，充边防军第二师五团排长、连长等职，旋改充山东第七混成旅参谋及该旅第一团二营营长，补授陆军步兵中校。民十四，充鄂军驻湘夏斗寅部第一团团副。李氏居心忠厚，常以卫国保民勖部下，军行所至，秋毫无犯，且与士兵同甘苦。十五年，充奉天上将军公署航警处中校处员，十六年夏，调充东北商船学校学监，十七年秋，调充东北海军江防陆战队长。平日驻防依兰属之小古洞，盖该处为胡匪出没之所在，往来船只常遭劫掠。自该队驻防后，地方安堵，江面无虞。本年七月，苏俄倡乱，李氏率部驻守同江附近之三江口，即松花江出黑龙江之口。是处形势险要，距俄舰最近，一方可监视俄舰行动，以与我海军各舰互通声气；一方又可射击俄舰，使不敢驶近三江口，以固松花江之门户。俄舰对之颇有忌惮。该队分四中队，泗亭队长率三四两中队驻奇奇卡，以其队副李佑于率一二两中队驻莫力红。奇奇卡配大炮两门，又为电发水雷机关之所在，并置有军用电话，举凡射击之指挥、水雷之发放、军情之报告，在在与全军有关，故李队长自请亲身驻守。两月以来，常以死自誓，且对部下宣言，谓国家寸土不可委敌，倘不幸交战，为争国格人格，计决尽力死守，奋勇杀贼，如无退却命令，你们决不可退，违者立即枪毙，我如私自后退，你亦可毙我。是以战争时，大多数义士同时殉难。当十月十二日上午五时二十分，俄以主力舰九艘、飞机二十余架、步骑兵三千余人、手提机关枪队数百人，向我海陆军同时猛攻。李队长一面率部抵抗敌之陆路步骑等兵，一方用大炮帮同我海军轰击敌舰，因距离较近，命中者多。遂将三江口附近之俄舰二艘击沉，继又击沉敌之旗舰，并毙敌海军总司令勃斯托屈可夫及参谋长提宾等五人。虽云我海军各舰将士奋战之功，该队与有力焉，战至上午十时，我各军舰多数伤毁。敌方军舰飞机及其陆军，遂得集其目标于我海军陆战队，炮弹、炸弹、机关枪、手榴弹层层压迫。午后一时许，李队长身受数伤，犹高呼杀贼，誓死不止。酣战既久，敌人死亡不少，其飞机亦被我击落两架，受伤二舰，又有向三江口闯入之势。李队长泗亭以放雷机关所在，如向后退却，则敌舰即可直入，于是死守阵地，以期达到用电雷炸毁敌舰之目的。挣扎既久，部下死亡更多，遂陷于层层包围之中，孤军无援，形势危殆。延至午后五时许，以弹尽力竭，又目睹部下大多数殉难，李队长泗亭遂用手枪自戕，并同时滚入江中，以示此身不为敌辱之义。呜呼，壮矣！古人所谓杀身成仁，舍生取义，其李君泗亭之谓乎！李君尚有七旬继母。子二，长子名少润，年十二岁，次子名继润，年六岁。女一，年十五岁。一门孤苦，殊令人闻之酸鼻也。

（录自《兴华》1929年第26卷第45期）

三江口之激战

十月十二日，赤俄海陆空军大举侵攻我三江口，炮火炸弹猛烈异常，我东北边防军竭力抵御，剧战三日，敌始退去。是役，我方死伤甚众，损失极重，军舰运船被敌弹击沉者共五艘。

（录自《兴华》1929年第26卷第45期）

陈绍宽攻克长沙

南京。陈绍宽十七日亥通电云：绍宽本晚率舰队攻下长沙，张桂残逆纷纷溃窜。除暂维持治安，并飞请讨逆各友军迅即前来接防外，特闻。

（录自《兴华》1930年第27卷第23期）

中执会电奖陈绍宽

南京中执委会十七日电奖陈绍宽云：长沙海军第二舰队陈司令勋鉴：篠电悉。攻占长沙，遥闻快慰。此次我海军将士，奋勇长驱，迭克名城，戡乱立功，实堪嘉尚。望即会同各军，再接再厉，务使残逆肃清，迅定湘局，是为至要。

（录自《兴华》1930年第27卷第23期）

海部创设海军学校
校址定在象山港

海部为培养海军人才起见，拟在象山港创设海军学校，曾派员前往测量山地为将来校址之用。兹已竣事，即将辟平山地，再行建筑校舍，从事规划云。

（录自《兴华》1930年第27卷第25期）

东北海军维护青岛
无护照军人一概不准入境

青岛通讯　自韩复榘部沿胶路东移后，常有散漫军人混入青市辖境。驻青外国海军亦恐波及地面，妨害侨民，特派员到东北海军司令部声称：如各军入青市，中国海军未能维持地面时，各该国将派队登岸，保护侨民。海军司令部一面告以本市治安，本国海军尽足维持，决无他虞，各该国不得擅行派队登岸，侵我国权，以免发生意外；一面饬令驻城阳、即墨、青岛之陆战队，对往来军人严密稽查劝阻，凡闲散军人，一律拒绝入境。又恐海军兵力单薄，特商请市政府转令公安局，派保安队第一队及第二队，由中队长李荣谱、督察员周天锡率领，于廿九日乘车赴城阳，会同路警及驻城阳陆战队办理。并规定处治办法如下：

（甲）对于有武器之单独或少数军人

（一）持有本属长官护照者，查明赴青任务，准予放行。同时将队号、姓名、车次呈报备核。

（二）无护照者，劝其仍回原防地，不服者强制回防。但确系因公赴青者，可将其携带武器记明号码，收队暂时保管。俟本属长官证明后，再行发还。

（乙）对于有武器之军队，劝其仍回原防。如不服制止，可避免冲突，同时查明其目的、任务、人数、车次，用长途电话报告，再为处理。

（丙）对于无武器之单独军人或少数军人

（一）无故及非因公者，劝其仍回原防地，不服者强制回防。

（二）因公赴青者，应查明情形，准予放行。同时将队号、姓名、车次报告。此外，如因急务报告，长途电话不通时，得借用路局电话报告路局，请路局转达以资便利云。

（录自《兴华》1930年第27卷第25期）

海军江元舰撞沉

全舰进水

海军第一舰队之江元炮舰，在福州之兴化湾追剿海盗，舰身触入暗礁。兹悉该舰触礁之处，系在头舱底，礁石洞破之处，有六七尺见方之一大洞，海水狂冲入舱，先头舱进水，次则波及二舱。虽经舱内兵士等极力抽水，以破损过大，毫无效果。三小时中，全舰为海水漫浸。

沉没海内

至下午六时左右，引擎间已进水，锅炉熄灭，全船电灯均息，机器阻停。陈季良司令所派之救护军舰已到，当由江元舰长将重要文件等起出一部。至六时半，舰身沉没海内。

进行打捞

海军司令部在沪所请三井洋行之捞船技师及潜水夫等，今日可到福州，转至兴化湾视察，计议打捞。昨得确讯，该舰虽沉，幸搁在礁石上，尚未沉入海底，犹可打捞。破洞极巨，修补费时，打捞费用需三十万元以上。

损失估计

该舰系在长崎三菱造船所造，全舰均钢板，排水量七百吨，连同舰内布置等项，代价一百万元。该舰自建造至今，共只十五年，照现时金价，百万尚属不敷。舰内官兵等私人物件，均未取出，损失亦属不赀。

（录自《兴华》1931年第28卷第35期）

胡汉民调停海军，提折中办法

胡汉民对海军改组问题提出折中办法，主张分设江防、海防司令：江防辖巡河舰三十二艘，隶省府，司令由陈策荐委；海防辖中山、飞鹰、同安等出海八舰，隶政委会，司令由陈策担任。琼特区委员及陆战队司令仍由陈策兼，已征得陈策同意，并寄政委会讨论。李宗仁向政委会续假十天，已准。

（录自《兴华》1932年第29卷第19期）

粤舰被毁详记
飞鹰被炸福安触礁
损失约二百余万元

广州函。粤海军潮自蔡廷锴、孙科应琼同乡请求，出任调停。陈氏为息事起见，即于七日电令雷州徐闻空陆两军立刻停战，现在此事已可告一段落。九日飞行员陈信荣由雷州返省，对于飞机炸击飞鹰舰情形言之綦详，爰为志之。据谓，五日晨，丁纪徐队长率领可塞机三架，由雷州出发，丁自驾一机外，陈信元、余彬伟二机师各驾一架。联队飞至琼州海面，而湾泊秀英炮台附近之飞鹰、福安、海瑞等舰，见我机飞至，即开高射炮向各机轰击。时各机冒险低飞，降至三百余尺高度时，齐向飞鹰舰投掷炸弹，一弹落该舰尾棚，飞弹落船舱左旁。其击中尾棚之弹复击穿船面铁板，弹在舱中爆炸，该处适为储存火药仓，故火势立即爆发，一时全舰皆火，异常猛烈，舰上人员纷纷跳海逃命。附近之海瑞舰见此情形，即驶近救援，在海中救起数十人。当飞鹰舰被飞机轰炸时，福安舰恐被波及，急向西驶，不料误撞暗礁，舰即下沉。该舰人员由其他各船驶近施救。其时琼海河面大小各船非常恐慌，皆高树白旗以资识别，各飞机旋即飞回雷州。据海军部人言：飞鹰舰于民十六建造，载重一千二百吨，为粤省出海大舰，钢壳钢炮，行水快极，内部设置亦甚完备，造价为港币一百余万元，若在现时建造，须在一百五十万元以上。福安舰系购海轮改建，载重八百五十吨，当时购价港币三十余万，另加军械等设置，约需五十余万元。此次该两舰损失约在二百余万元以上云。

（录自《兴华》1932年第29卷第27期）

山东韩刘之激战·海军态度

沈鸿烈已派陆战队在龙口登岸,该处刘军业已退出,军舰两艘现泊龙口。海军当道已担负维持治安秩序,保护中外人民之责任。海军当道虽宣布在韩刘交战中遵守中立,但准备于必要时,在烟台亦派水兵登陆。查烟台、龙口两岸,在刘珍年势力下,已有多年。如海军接收此两处,则刘之地位更弱矣。

此间接烟台甚可靠消息:刘珍年之军已遭惨败,烟台刘军将士闻讯,已于今晚退出,警察长亦离烟台。星期六晨四时,中国军舰将派兵五百名登岸,维持治安,此事已接洽妥协。

(录自《兴华》1932年第29卷第37期)

监委弹劾海军

监察院委员高友唐等,于沪战时弹劾海军部,直至日前,始呈送国民政府,交付惩戒。兹将原呈探录于下:

呈为依法提请交付惩戒事。案据监察委员高友唐、邵鸿基、周利生、王平政提案称:自暴日在东三省发难以后,迄于淞沪失守,所有吾国海军不独未发一炮,且避匿无踪,更未于海防江防布置水雷,以致日舰长驱直驶,如入无人之境。环球万国,无此怪事。外报评论,讥吾国海军为收藏家,闻者羞之。国家每月耗费巨款,供给海军饷糈,国难当前,竟不御侮,百思不解。乃以友唐等所闻,当沪事发生之始,该部长陈绍宽密令各舰队,略谓准日海军司令来函,此次行动并非交战,如中国海军不攻日舰,日舰亦不攻击中国军舰,以维持友谊等情,凡我舰队,应守镇静态度云云。厥后日海军在下关开炮,该舰队司令公然秉承部长意旨,下紧急命令,令各舰队云:日军炮击狮子山炮台及京市,与我海军无干,非日军舰击我舰,不准还击等语。同时驻高昌庙舰队,亦奉到上项命令,海军各员兵,稍有血气者,无不悲愤。十九路军曾向海军借大炮、借铁板,均被陈绍宽拒绝。日军运输舰搁浅于白龙港三日之久,我海军如当时前往轰击,必可捕获多数军火。陈绍宽接得报告,置之不理,所谓维持友谊者如此。以上各节，皆极骇人听闻。由该部次长李世甲，争先与盐泽秘密斡旋接洽。当十九路军血战时，李世甲竟与日军司令野村同坐汽车，参观各处战壕，万目睽睽，毫无忌惮，人所共知，其行为真与通敌汉奸无异。按之军法，陈绍宽、李世甲即处以死刑，已属咎有应得。而李世甲曾向日本制船购炮，浮报价值，又以旧炮油新，混充新炮，滥支经费，凡在海部服务人员皆敢怒而不敢言。尤奇者，海军陆战队第一旅金振中在闽省福安、宁德、福鼎、霞浦、长乐、连江等县，令该陆战队种烟，所有收获，由陈绍宽、李世甲瓜分，饱入私囊。海军陆战队不能荷戈卫国，而令其登陆种烟，又何怪大敌当前，以逃匿为当然，以媚敌为能事，即以贪劣论，亦属罪不容诛。为此提出弹劾，将海军部长陈绍宽、次长李世甲一并交付惩戒，并紧急处分，将陈绍宽、李世甲交付军法会审治罪，以肃军纪，而作士气。抑友唐等，尤有言者：海军不堪应战，已如上所述矣。不能对外而能安内，犹有可原。乃海盗猖獗，时有劫船越货发生，海军亦形同聋聩，不闻不问，平日除争权夺利，盘踞福建全省，劫夺两淮盐税，保护私运烟土外，毫无工作。试问国家年縻千万巨款，养此纸糊海军何用？并请政府毅然废除无用海军，将各舰改为商船，行驶外洋，以运货载客，即腾出前项饷糈，改练潜水艇，以固国防，而御外侮，不致再蹈淞沪覆辙，幸甚等语。当交监察委员刘三乐、景涛、高一涵审查去后。兹据报告称：奉交委员高友唐等，弹劾海军部长陈绍宽及李世甲等一案，窃以国家之有陆海军，犹人身之有两臂，其捍卫全体无左右一也。此次淞沪应敌，陆军能殊死战，海军则坐啸楼船，隔岸观火，假大炮不应，假铁板不应，而反与敌周旋，高谈友谊，为状之怪，举世惊骇。及察其内部，则又油新旧炮，滥支经费，指使部队种烟自肥，不为其所当为，而为其所不当为，皆干国家之大法，黜之诛之，犹有余辜者也。高、邵、周、王四委员，合词举劾请惩戒，于法允当等语。理合呈请钧府鉴核施行，谨呈。

（录自《兴华》1932年第29卷第46期）

天津盗卖海军医院

海军部长陈绍宽氏，最近据天津海军医院院长张廷翰电告，谓该院院基已于本年一月十五日被北平当局盗卖与法租界工务局，得价六十余万。海部据报后，深为愤骇，已通电严加拒绝，并呈中央彻查真相。

医院之历史

天津海军医院位于法租界海大道，原名北洋医院。逊清光绪八年时，北洋大臣李鸿章所创设。该院占面积约四十亩，地点适中，规模宏大，器械精良，人才辈出，为平津两地设置最为完备之官立医院，并附有教育学堂，历年造就之医学人才不可胜计。各生毕业后，多仍在该院服务。凡天津各处贫民前往诊治，诊金特廉，每年并施种牛痘，年诊贫民总数约在十余万人，此为官办事业中较有意义者。迨至民国四年十月，该院改隶海军部，乃更现名。自创办迄今，已有五十二年之历史，年需经费十余万元，近年以时局多故，海军部即行停止接济。院内西医教职员及医官等，乃表示合作，惨淡经营，期以保全此伟大之医院，而利贫民。然枵腹从公，终难久持，所有医官等均先后离职他往，另谋生计，仅余中医看护等三四十人。所有一切支付，端赖贫民挂号诊金及病人住院各费为唯一把注。

盗卖之内幕

当民国十五六年际，直督褚玉璞以军费支绌，曾拟以一百七十万之价格，投标拍卖，嗣经各界反对，其事遂寝。不料时至今日，竟被北平当局以六十余万之代价，变卖于法人矣。此事主动者，实为张学铭与天津市长周龙光二人。张、周二人，以该院久已无人顾问，院务日趋窳败，且积欠医官薪金等，数亦甚巨，故异想天开，乃将该院秘密出售于法租界工务局。一月十五日，即为签订契约之期，张、周均亲自签名，惟张学铭此事有无假借其乃兄名义，则尚未证实。至法代表则为驻津领事那波斯氏云。

平军会声明

北平军事分委会对于此事颇为重视，日前已发表一重要声明，谓该院原有房屋两所，归辖法当局所有，连年因积欠房金，及欠发法人医官之薪金甚巨，故法当局藉词，特将该局屋收回，绝非将该院出售于法人，现在交涉收还云云。

（录自《兴华》1933年第30卷第12期）

青岛海军风潮

青岛海军司令沈鸿烈氏，日前被部下谋刺，连放三枪未中，凶手当场捕获，已执行枪决。不料忽有三舰宣布独立，遂引起轩然大波。据闻海军问题，内容复杂，沈鸿烈系鄂人，青岛海军多东北籍，平时沈治军极严，部下不无怨望，张下野后，内部即有酝酿，日前突然爆发。刺沈凶手冯志冲，系由反沈者买出，刺沈未中，被捕枪决后，身上搜出一函，系致沈之参谋长谢刚直者。大意谓事成固无问题，万一失效，望保全冯之生命，此不无蛛丝马迹可寻。沈既被刺，并未冲突，而海圻等舰长即发通电有所表示。同时，海圻、通济、海琛等五舰自动离青，开至石岛，刻又他去。此事发生，沈颇消极，正由谢刚直调解，当局亦派徐祖善前往调查。现各方以青岛海军内部既起裂痕，暂时似以谢刚直出任维持较宜，沈之青岛市长或不致有变化。

（录自《兴华》1933年第30卷第25期）

青岛海军事变的前途观

东北海军司令兼青岛市长沈鸿烈，日前被部下冯志冲行刺，击三枪未中，当即被捕枪决。外间认为内部纠纷，对人问题，本已无人重视。乃事变以后，忽有海圻、海琛、肇和、定海、镇海五舰离青，脱离东北海军范围，至今踪迹不明。一般人始觉此中情形复杂，当不仅反对沈鸿烈一人。

东北海军有军舰八艘，月需经费三十八万元，除仗平军分会津贴外，余均取资于青岛一市，名义上虽归中央，实际上并不与中央发生关系。此次事变，中央或视为无关大局，无须急急处理，又或感处理棘手，不肯冒昧从事，故自事变发生以来，仅电平军分会，令其相机处理，此外并无表示。

然而，青岛是东方门户，日人眈眈虎视，正冀乘隙而入。在我毫无破绽，能否与日人一抗，尚属问题。况内部分裂，同室操戈，岂不更启日人的窥伺吗？故当局无诚心保持东方门户则已，果有诚心保持，则不可不以迅速有效的方法处理青岛事变，不然事态愈益扩大，恐于政局前途有关。

（录自《兴华》1933年第30卷第26期）

海军封锁闽江海口

陈绍宽谈：闽变发生后，本部驻闽各机关及少数舰艇，被彼方没收扣留者，现正设法对付，以期早日夺回。闽方情形，连日本部随时接到闽各舰队之报告，已电令各舰加严封锁闽江要口，放哨巡视，使交通断绝。至闽沪航海方面，亦已令饬各舰，严密搜查，如无为叛运输者，始得查明放行。关于此事应付方针，当静候中央命令施行。

（录自《兴华》1933年第30卷第46期）

浙闽战事爆发·海军出动

海军决定进攻步骤

海军部长陈绍宽，日前奉蒋委员长电召赴赣磋商对闽变处置办法。日日社记者，顷据海军方面消息，此次陈氏赴赣，专为海军防务及决定进攻等步骤，业已磋商就绪。故陈氏已于昨日由赣返京，因京中尚有公务阻滞，乃令次长李世甲先行来沪，与第一舰队司令陈季良面授机宜。届时或将召集在沪各舰长作一度会议，决定出发日期并行动程序云。

温州海岸防范严密

续据陈绍宽谈：厦门现甚安谧，海军在厦各机关仍照常办公，厦门航空处长陈文麟等每日均有电到部，报告一切。报载闽方变更战略，先犯温州，现时温州沿岸，密布军舰，陆上戒备亦极严密，闽军决难得逞。

（录自《兴华》1933年第30卷第50期）

福州收复

海军十三晚收复福州，陈绍宽十四晨率舰抵马尾，即入城。现省垣由海军维持治安。陈铭枢、李济深、蔡廷锴十三日自省乘机飞抵泉州，部队续南退，先头部已抵泉。此次战事，十九路计，五军谭启秀几全损失，一军沈光汉损失大半，三军区寿年损失及半，二军毛维寿、四军张炎尚完全，仅余三万人，伪府人员多随军退泉。又悉：陈绍宽自三都乘宁海舰十三午抵马江，十四全城及各机关经海军接受完竣，陈午入城，市面安定。十九路十二晚迄十三晚撤退，已渡江者三分一，十四晚可渡尽。张炎、唐德煌在城料理退却部队，今自白沙大河及省垣分由峡兜洪山桥渡江，峡兜置大炮九尊掩护，并搭浮桥。日陆战队十二晚十三午登陆两中队。

（录自《兴华》1934年第31卷第1期）

海军收复福州经过

克复福州经过：十三晨，陈绍宽令饬司令王寿廷、李孟斌率海军陆战队协助陆军向福州城垣进发，叛军受海军压迫，不敢抵抗，旋即全部退出，向渔溪、莆田一带逃遁。海部十四晨复接陈电告，谓海军克复福州后，当时为避免城厢发生混乱计，十四晨十时，率海军陆战队进城维持治安。

（录自《兴华》1934年第31卷第1期）

海军尊重本国文字
一律废除英文

我国陆军学校所用之教科书，向系全用英文，论者每谓损失国家主权。自海军编译处改组，海军编译委员会成立后，对海军之各项编译事务，拟积极从事改善，尤注意于海军子弟所用之各种教科书，均一律采用国文，以示尊重本国文字。据海军编译委员会委员吕德元语记者：海军教科书之改用国文问题，已加深切之研究，此后编译会之编著教科书，当一律废除英文。

（录自《兴华》1939年第26卷第23期）

兴业杂志

东沙岛无线电观象台落成

东沙岛孤悬海外，在东经一百十六度四十五分、北纬二十度四十二分，与香港距离最近，约一百三十海里。该处原为珊瑚岛，屿外有礁湖环绕，湖深自五寻至十寻。东沙岛在礁之西边，长约一英里，宽约半英里，高四十尺。岛上多矮树，其形如马蹄。岛外礁湖约一英里。

东沙岛远隔陆地，又无适当抛锚地位，向为无用之荒岛。全国海岸巡防处，以该岛为观象适宜之中点，拟设观象台，专与孟纳兰、台湾、青岛、北京各天文台，及航行中国海之船只，互通气象报告。于去年四月间，投标建造方格式铁塔一座及无线电观象台房屋并一切应用，设置完备。

所有建筑材料均于去年六月下旬，由上海装运长沙。该岛因无澳泊足供船只躲避之处，卸货极为困难。所运材料，均系建基用之石条、钢条，及洋灰块。此项材料起卸上岸，诚为不易。所用驳船，多为风浪阻滞。其时忽遇暴风，不得已将船驶至香港躲避，风定后复回东沙。至八月十八号，方行卸毕，始能开工。

东沙岛地处热带，当开工建筑，及转运材料时，适为全年中最热时令。岛中无居民房屋，所有粮食饮料，一切均须备办，更以狂风烈日，难堪作工，办理至为棘手。际此困难之境，而全国海岸巡防处仍极力支持，先装设马丁尼（Y.C.L）二百英里距离之无线电机一副，暂于香港互通消息之用。又以东沙岛井水质咸，特备淡水机二架，每点钟可炼水六十加仑。并备大宗粮食，如白米、面粉、鱼鲜、菜蔬及药料等物，并派有新阳巡舰驻在香港，久德丸轮船驻在汕头，以便与大陆往来之用。

大座房屋系洋灰建筑，极为坚固，足御暴风经过该岛损坏之虞。无线电杆用两方格式铁塔，共高二百五十尺。电机为继续电浪，所有仪器，系由德国德律风根公司购办，保用可由东沙岛与青岛随时通报。灯塔离地高一百二十尺，距水面高一百四十七尺。塔上装A. G. A之灯系挪威Gasaaccumtator公司制造（照其样本部第乙五百号）。该灯可照十八海里，已于去年九月十五日开始放光。观象台所有设备，均用最新式天文台之仪器。所有仪器，系英法两国最著名制造厂购办，所有观象职员，系由海军军官赴徐家汇及各地天文台专心练习，对于观象事业，极为可靠。

东沙岛为无线电观象台，开办典礼，现拟定本月内举行，届时派军舰一艘，由香港迎候各观象台代表官员及来宾前往参与典礼。

巡防处经营该岛宗旨，不但筹备观象事宜，仍尽力筹划垦植，俾成生衍蕃植之区。现已试种蔬菜，收效颇佳，并购鸡豚，以供职员在岛之用。该岛虽居热带，惟各职员尚无疾病，水土甚佳。此外计划，并进行建筑码头以便起货之用，并购吃水较浅之船，往来香港。且拟将珊瑚底一部炸开，以便航行。北京某要人对于此项事业，增加评语，略谓东沙岛建筑事宜，堪为叹赏。可见中国政府所立之机关，能用得其人。此台既经开办，对于观象及航行公安，深望国家维持永久，勿以所定经费，移作别用，则幸甚矣。此项事业裨益航海公安，殊非浅鲜，尤望各方加以协助云。

（录自《兴业杂志》1926年第1卷第4期）

星 光

我国海军专家欧阳格之死

尖记者

欧阳格是我国海军的新人才,当年陈炯明在粤叛变时,总理蒙难永定[1]舰上,当时欧阳格即任舰长,陈炯明曾以五十万港币赂其叛变,欧不允。后蒋主席指挥反攻,总理始离于危,欧阳之功不浅也。欧毕业于英国海军大学,后复赴德研究海军最新战术,返国后,乃为培植新海军人才,设立电雷学校专训练水雷战术,欧任校长,声誉甚佳。惟欧自视太高,颇有傲视一切之态,致得罪之老派长官多人。马当一役,日舰竟冲破水雷线溯长江而上,即可获报告,乃欧所布水雷全属伪装者,遂以贻误戎机四字之罪名,由军法裁判执行枪决。陈立夫及吴稚晖两氏曾在主席前力保,请其念欧救总理有功,加以赦免,但毫无结果。此一海军人才,终被枪决了。

(录自《星光》1946年)

---

[1] 应为"永丰",当时的舰长是欧阳琳。

学 生

通济练习舰炸药爆裂

停泊沪南制造局码头之海军通济练习舰,为海军人员、学生等练习海军测绘各术之用。广东龙将军近以粤省匪氛猖獗,需舰防守,电由李总司令派令偕同江利炮舰前往。通济奉令后,正在检点炮药预备开差,七月十一日晚间,所储火药因天气炎热,逼炙过甚,突尔爆发。当场击毙十余人,事后因伤而毙者亦十余人,共毙学生二十人,员司二人,当差二人。

(录自《学生》1914年第1卷第2期)

海军部规定领海防守区域

青岛战事,我国为保守中立起见,派军舰防守领海,以防侵害。兹闻海军部已将应守之区域划定,并拟设立镇守府以期永久。所定区域如下:(北段)由鸭绿江至芝罘,镇守府在秦皇岛;(中段)由芝罘至三都澳,镇守府在崇明岛;(南段)由三都澳至头岬,镇守府在琼州岛。

(录自《学生》1914年第1卷第4期)

学生之友

海军学校生活回忆

许承功

中国海□二百年前一样的苍碧,
一样的漪涟!
二千五百浬的海岸线,
并没有改变仿佛的屹立,
仿佛的延绵!
但这水上的长城,
这飘失的光荣,
还有多少人羡念?
但这海渊的忠魂,
这深沉的仇怨,
还有多少人刻划在心田?

一年左右刻苦的入伍生教育,终于在南京结束,我们期望着的本行训练来临了。谁都异常兴奋紧张,在暮色苍茫中踏进江阴母校的大门,步伐特别整齐,歌声分外高亢,唯恐表现不出所受的入伍精神来。江阴!这新海军干部的摇篮,这长江咽喉的国防重地,那时正日夜施工。二十四小时中,都有成千的工人淌着汗,无数的技术家绞脑汁。开凿山洞的机器声一停,马上就是轰轰的爆炸，那是深沉而有回音的，因为洞已很深了。但这新地方、新环境，等不及我们仔细辨认，战争的气氛，加速的弥漫起来。在那漆黑的"八一三"中夜，我们奉命紧急集合几部卡车，数十挺高射机枪，也排列在一边。编配是有计划的，没有声音，只有静寂，学校当局周密的动员方案展开了！卡车把我们各小组，东分西散，向深夜的荒野疾驰。昏黄的灯光，逐渐远离，马达声和远村犬吠，配合成神秘的感觉。当然哪，这是警卫森严要塞区域。我们在一块不知名的地方停下，四周都是草丛，预先构筑的阵地，躲在荆棘里。经指点后，我们方恍然大悟。连夜，我们自动把一切照命令布置好，不到天明，成队的我国空军断续东飞，大家知道这已不是演习，我们期望的"一天"来到了！我们要用自己的力量，保护我们生长的地方，我们已成了战斗员，参加了这神圣抗战的一环！正式学科的第一个科目，就是"战斗"。战争一天天的激烈，阵地生活一日日的紧张！

虽然阵地生活是热烈紧张，但我们尚不离开求学。学校尽可变成江阴区江防司令部，学生也尽可变成战斗士，但"三分教育，七分军事"是改变不了的。于是在无日不警报的环境下，我们分班上课，一部分在阵地，一部分到课堂。他们紧握着枪，擦洗机枪零件，我们紧握着笔，剖析着科学原理。

"习题带到阵地去演算吧！不懂处到防空洞中个别详谈！"教官常这样的说。

也是一个深夜里，但这已到了初冬，我们横七竖八的在铺盖上休息，等候训话后，由卡车把我们装到镇江。到镇江我们休息了几天，又由"大通"轮，把我们装到江西姑塘，那里紧接着湖口马当，一个古用兵之地。这小镇傍山带水，风景入胜，校址是在一个古庙里。草坪，即是运动场，也是膳厅，教室和寝室在大殿的地上！我们这一群武和尚，跌坐在床铺上，倾听着教官们的代数、枪炮学的讲说，弥勒佛大概不会想到，在大肚子里，再装些文明的东西吧！经多方设法后，我们在山顶上，找到一个课堂，有现成的桌椅黑板，可以说是难能可贵的读书处了，教育也正常的严格起来。晨光熹微中鄱阳湖的薄雾迷茫，嘹亮宏大的军歌，代替了渔歌，它在湖面荡漾飘忽。如逢冬日燠暖，我们仰卧在湖滨礁石上，让湖水击拍着双足，对着苍狗白云，思索四次方程式的虚根，浏览心爱的书籍。庐山屹立在不远，在晚霞里，也有时显出真面目来。

晚食后，我们在旁边的山头上踯躅，那里葬着不少洪杨时代水战英雄的骸骨，我们推考着战史掌故，抚摸那断碣残碑，格外发人深省。

当大通马当屹立起来的时候，我们接到一别近月的长官，慈爱的保姆，由南京撤退发出的"一寸山河一寸伤心泪"的电稿后，又踏上了"建国"轮，在这年的岁尾，到了洞庭湖口的城陵矶。

在这水陆交通、商旅辐辏的地方，我们差不多驻足了八个月，过了一个寒风逼人的冬天，一个酷热如蒸的夏季。学校当局，得了机会，集中一部分力量，办理我们的教育事宜。江边的海关大楼，我们借居了一部分，教室极经济简洁的搭构起来。我们一边上着航海课，一边可以在竹窗簾席的隙绳里，偷看来往的汽船。饭厅在破庙里，每逢刮风天，就增加了不要钱的调味素。

各种图书仪器是运来了，沿江边我们练习观测，很多来去的大船，我们心想着，理想中把她炸毁了。□时久违了的内务，又来找我们的麻烦，日常生活来了一个一簇新的复兴。每天清□□艇教练成为早操。初登舢板，谁都十分高兴，满以为这和南京玄武湖的玩意差不多，恨不得马上就动起手来，在洞庭湖中，寻找一个爽快。当然，事实上并不是这样的，教官讲解着讨厌的分解动作，一次又一次的不厌其烦，各项的规定也挺多，不对就是"重来"，因为这是教练，只有准确才能敏捷。接着我们学习驶风，来往的商船，也可时常看见这批黑黑的水上兵，划着灰色艇子，在船边穿插离靠，演习种种的动作。

海军的学科，本来是上至天文，下至海底，都要学一点的。因为一艘船，离开了本土，她在迷茫的大海里，什么都得自给。吝啬的大自然，它连一望无际的海水，都不给船员水手们解那迫急的喝。他们要应付时时刻刻环境的变迁，提防断断续续危险的到来。有人说："二十世纪科学的结晶，都在一艘战舰上。"倒并不是夸大其词的。我们是干部的人，所学的当然是粗浅的基本，但那小数点后，五六位的数字算至百分之一秒的角度，在豆油灯上，学习这二十世纪的东西，使我们脑筋中成天刺激着，有时也会发昏的。

我们的命运似乎是波浪形的曲线，正当我们的学业，在轨道上向前疾驰的时候，霹雳一声，学校在二十八年之夏，因为某种原因而撤销。我们虽然是国家军事学校的学生，但也饱尝了歧途彷徨，莫知所从的滋味。那时，曾经我们驻足的鄱阳湖滨，已是敌骑纵横。我们又离别了朝暮相对的君山，古朴可爱的岳阳楼，又到了宜昌。从那时起，我们的读书生活，又步入了一个时代，划入了另一个环境，经三峡到了四川。

现在除山下长江如带之外，我们看不到怀念的海，这已是我们唯一可资航运的水了。我们水上的作业训练，不得不停顿。只有爬山越岭，上坡下谷，想象成爬桅登桁，升台降舱吧！只能将悬崖枯树，云海苍茫，想象做碎礁暗石，深海重洋吧！海军较深的学科，本已渐近按图索骥，纸上谈兵，也只好这样在脑子里堆累起来，这样的略有一年光景。在二十九年之春，那已是整整四个多年头，我们结束了读书生活，我们卒业了。回忆我们开始本科教育的地方是长江的咽喉，那么这里离开海，已有一千三百里！

（录自《学生之友》1943年第6卷第4期）

学校新闻

福建海军学校概况

福建马尾海军学校　胖　子

福建马尾通信　闽江口的马尾镇上，静静地躺着一所用红砖建筑的中国海军最高学府——海军学校。在这老旧的红砖洋式建筑物里，栽培有一百六十四个有用的青年，他们在几年之后将都是国家新进的干部人才。

海校中的一百多个学生，国家每年给三百六十元作一个学生的制服费、饭食费、书籍费等用。他们在一年当中，除掉每学期期末的三天假和星期日半天例假外，只有国庆、元旦等一些有定的假期，其余无论什么暑假寒假春假，一概都没有。在这里一年也分为两学期，不过为了没有暑假寒假春假的缘故，读书上课的日子要比平常学校多上三个月。

海校的教职员学生，都分配做两种不同的专科授业与受业，那就是把他们分为航海和轮机两科。校长是航海少将，校长以下设航海中校主任一人，航海少校学监二人，航海上尉队长二人，他们都是留学的。教职员在航海科轮机科里各有正教官一人，中校或上校职，用以统辖其他的教官。此外另有英国教官二人，也平均分配在两科里教授，职衔看他在本国的职衔如何，然后再定。学生在航海科的，不读轮机，专究航海，五年毕业。在轮机科的，也不读航海，专攻轮机，因为功课多一些，六年半毕业。待遇两者是一样的，毕业后，每班前八名或十名（看一班人数分配）派往各国官费留学。

他们日常的生活^(注)，每日早晨六时依起身号起身，整理内务后，六时十分点名一次，再隔一刻钟，就上兵操，七时二十分早餐，七时五十五分，集队在内操场，由学监队长担任检查服装，八时行升旗礼，然后由各班班长带本班同学至教室上课，每课一点钟。课与课之间，有十分钟的休息，三课上定，十一点二十分钟了。再过二十分钟，上饭厅午餐。下午十二时四十分又集队点名上课，仍旧上三课，四点十分上体育，六时十分晚饭。七时到九时十分有两课自修，这时间是给同学们清理一日的功课，写信，记日记等。每星期六下午，各班轮流着停课到靶场打靶。在这时候，大家都雄赳赳地持着枪，用十二分有把握的目光，向四百码外的靶场上死靶或活动靶瞄准，比一比看到底谁是好枪手。所以打靶之在海校，却也是快乐工作之一。

这儿的校舍，虽不大好，设备虽不大完全，但是同学们的精神，都显着神气地百倍过校舍外表的形态。

最近又听说在马尾将有一座新的校舍实现，如果确实的话，那么校舍设备全都完美，学生们的精神将更振奋，前途正不可限量呢！

（注）海校的日常生活程序表是照季候而分配的。

（录自《学校新闻》1937年第66期）

循 环

监察院与海军

铁　夫

国民政府监察院成立以来，只闻几个倒霉的县知事因受监察而去职，此外未闻监察院半点工作，但最近监察委员似乎有些儿起劲。先有于院长弹劾汪院长签订丧权辱国的停战协定的重大案件，闹得满城风雨，笑话百出。被弹劾者的汪院长，虽认为弹劾的理由不能成立，但"却极愿意接受弹劾案而引咎辞职"；弹劾者则以弹劾案经中央监察委员会否决，"自愿引退，以让贤能"。好在他们都是党国要人，两者都不好受污，于是国民政府只好一方面慰藉汪，一方面嘉奖于，认为"被弹劾的理由不能成立，但弹劾的提出也非常正当"。于是对于辞呈再加个挽留的批示，大家仍旧入院视事了，真滑天下之大稽！汪这样既不受污，于己得到一些好的称誉，目的达到，自可无形妥协，管他丧权与辱国。谈到监察院，这一件重大的功绩，不得不先记他一笔。

于弹劾汪以后，继有监察委员高友唐在济南对新闻记者发表弹劾海军要件的谈话，这也是另一件值得记载的监察案件。但是此时弹劾者与被弹劾者不是如汪、于一样势均力敌的两个对象，而是握有军权的海军与无名的监察委员。因此事情弄糟了，高友唐虽有弹劾海军的提案，可是未得监察院通过，但海军却要以"破坏军誉，摇惑人心，淆乱院章，干犯功令"的大罪名呈请究办高友唐。假如高监察委员没有党国要人及有枪阶级做靠山，此后行动真要当心些。

现在就事论断，究竟海军应受弹劾应行撤废呢，还是高友唐应加究办呢？

要答复此问，先要问海军对日进攻淞沪，是否如高友唐所说"坐视十九路军抗日，袖手旁观"。然此为铁铸事实，安可诡辩。海军部长对此虽加默认，但声明"查中日未经实行正式宣战，海军并奉政府明令，安敢擅自行动"，将不抵抗的责任全部卸给政府。中日未经正式宣战，真合日本军阀口吻。所异者，日本海军当时曾协同陆空军猛攻淞沪，而我们中国海军，却因"中日未正式宣战"，而可以"袖手旁观"不给陆军丝毫帮助。我们殊为不解，究竟海军之设立，政府曾否付托以防守海防的责任，如其有之，则敌人进攻我国海防要塞——淞沪，我国海军既放弃此要塞，又伏处旁观陆军之作战，这种重大罪过，可以借口未得政府命令而卸责吗？

海军部长对于不借高射炮及钢板与十九路军一事，仅以如下之含糊词意答辩："至海军购置军械军火，历经呈报有案，有无高射炮暨钢板可以拨借，早在政府洞鉴之中，即使有之，亦不得私相授受。"海军未有高射炮的话，似系陈部长当面撒谎。试看此次广东海军与空军激战，海军高射炮的运用如何忙碌，何以说"有无高射炮暨钢板之拨借，早在政府洞鉴之中"？如说那是陈总司令的海军，与蒋委员长的海军部无关，他们购买的高射炮未经"呈报有案"，那我们还有个疑问，难道蒋委员长的海军不设备些高炮以预防陈总司令空军的袭击吗？至于说"即使有之，亦不得私相授受"更为荒谬，难道将高射炮借与十九路军巩固国防，可谓之"私相授受"吗？陈部长若坦白些，倒好说，怕得罪了日本帝国主义。

海军部长又对"与日本盐泽订立条约，相约炮弹不落海军舰上"一事加以否认，更是狡辩。果与日方未订条约，何以两方海军互不相犯呢？纵使海军未与日方订立条约，但与之已有互不相攻的默契，是再不能否认了。当本国陆军与敌人在海防要塞剧战之际，海军竟与敌人有互不攻击的默契，其罪实等于通敌卖国。要此海军，究有何用？

至于海军平日之腐败实在是"说不胜说"，以军舰作为运输鸦片的工具。陆战队所在防地，逼种烟苗，勒捐纳税，欺压人民，惨杀群众（即今年二月间，在福建长乐县一次杀害人民已属不少，焚烧房屋竟达四五千家，流离失所之难民达几万人），此皆众目共观。陈绍宽谓"陆队驻闽，与地方人民感情尚洽"，不审何所据而云然？此种海军，即全部撤废，有何可惜！

高友唐弹劾海军的谈话，既理由充分而有据，那么高友唐应否究办的问题可无容解答了。然则高友唐及一般监察委员，可告无罪于国人了吗？实亦不然。请看于院长为此事大着其慌，电质高友唐，及唐复电所云"车过济，记者多人，谈两分钟即开……外间不无误会"等语，可见这般所谓监察委员，一点"硬气"都没有，实不能尽监察之责。监察院之设立，亦仅为敷衍门面而已，此种虚设机关，要之何用！监察院经费虽不及海军耗费数目之巨，但亦为民脂民膏，用人民脂膏，以畜此辈，实无丝毫必要。此种腐败无用之监察院与海军均应实行撤废，此为我们大众之逼切要求啊！

然而我们亦不是说根本不要求人民监督政府之机关，根本不要海防。我们的愿望在于组织可以代表人民大众的有力的监察政府机关，在于人民自己武装起来，组织健全可以御侮，能够反抗帝国主义侵略的海军。我们要达到此种目的，必须要有代表人民大众利益的政府之成立。

（录自《循环》1932年第1卷第43期）

渤海舰队哗变

逸　辑

渤海舰队司令兼青岛市长沈鸿烈于本月廿四日下午四时，由大港活码头乘海王号小火轮赴镇海舰训话之际，同船前往者除沈之随从史复生外，冯志冲亦在轮中。讵船离活码头后，驶行未远，冯由身边挖出手枪向沈行刺，连放三枪，均未命中。幸沈之随从史复生在旁，急趋前将冯用力一推，冯即落水。当时沈镇定如常，仍由史护送至镇海舰后，对官兵训话。史即乘小轮返回，时冯已为公安三分局大港分所用舢板捞起，史说明冯行刺情形，又由冯身上搜出勃朗宁手枪及子弹八十九粒，以先所执之手枪已堕落海中。当由该分所将冯看管，晚间由海军司令部提讯后，即于翌晨执行枪决。此事发生后，在沈氏原不欲多事追究，故仅将冯枪决完事。讵料冯之同党等因沈将冯遽加重典，遂联合其他下级干部公开为倒沈运动。其中拥沈一派因势孤力弱，为众挟制，未敢反抗。该党并假捏海军全体名义，以下列条件：（一）沈鸿烈即时下野；（二）将东北舰队交前参谋长凌霄；（三）即时释放狙击沈鸿烈之嫌疑士官二名；（四）即时发清三个月欠饷等要求沈氏下野。同时驻泊后海之海圻、海琛、肇和三舰竟不听官长命令，声称往投附伪国，自由行动先开至庙岛，后又驶抵威海卫，然日来行踪忽不明，虽派飞机出发探查，仍无下落。据葛光庭谈：依三舰发出无线电波推测，确系由青岛南行，大概投奔广东。沈一面向全军表示愿接受各项条件，同时亦提出三项副件：（一）勿投附伪国，（二）勿骚扰直鲁海疆，（三）全军欲制裁本人，悉听众议；一面则电中央辞去本兼各职。沈经各方挽留，刻已打消辞意。

（录自《循环》1933年第3卷第27期）

迅 雷

陈筹硕英风如昔

政 隐

有革命策源地之称之广州市，失陷垂八载，至最近已因日本投降而告光复。伪政府之要员，亦已先后入网，而奉命主持市政之新任市长陈筹硕（策）氏，亦经率领所属工作人员抵市，积极从事善后工作矣。关于陈将军，相信粤人纵不识其人，亦必耳其名，以陈氏为吾粤之琼崖人，而为海军界前辈，早岁即抱乘长风破万里浪之志，投身习海军，后来且统率舰队，而努力于革命事业，屡立奇功。孙总理生前，亦甚重之，历任粤省海防司令、海军司令、海军舰队司令等要职，负责保卫海疆，颇有鞠躬尽瘁之概。后来且被选为中央执委，港变前以足疾养病香海，仍负特务工作，指挥大部工作人员，以事抗日工作。至香港失陷时，在最严重之□煞那，乃自驾一鱼雷艇，冒日军火线而逃出，且援出英国军事要员一人出险，同返重庆，建功独巨。是次又奉命返粤，接主市政，而陈氏英风如昨，未尝稍减往昔。陈氏昔以患足疾，已锯去一足，而代之以义足，然奔走之间，即仍与真足无异云。

（录自《迅雷》1945年第8期）

雅　言

海军学生案

皙　生

近顷国内事处分中，舆论最愤疾者，为处分海军学生一案。据最近可据之记载合观之，其事实大概如左：

海军学生毕业归国，要求监督增旅费为三百元，不得已，许之。监督归诉其事于海军部军法司许司长，谓此风不可长，以军法裁判海军学生等十八人，重者至判以十二年监禁罪。

又据报章所载，此事之判决，刘总长亦不谓然，特许司长坚持所致。又有谓监督述此事，并非控告之意，不过声明旅费增加之故。判决下，即监督亦不谓然。

其结果则海军部员大哗，肃政使纠参之。顷已覆案，或昭雪有日。

据以上所传之消息，海军学生要求加旅费是实，监督归述其事亦是实，是非固不难断也。

第一，问海军学生要求加旅费，是否胁迫。如云胁迫，则监督当然拒绝之，即不能拒绝，何不先电呈部中，何不就近商于公使，竟然发给，是并非胁迫，不过本学生之请求，依然得监督之同意。夫无论何事，不能于请求时，即认为犯罪行为，既得监督之允可，则当增发与不当增发，均当由监督负其责，学生不能任咎，此一谬也。

第二，问监督是否以归国学生枭张控于海军部。事前不能呈请，事后控诉，已不合法。况监督不过呈明情形，海军部即谓旅费太多，学生不当要求，亦不过申竟而已，断不能竟治学生以罪，此二谬也。

姑让步言之，学生诚有罪矣，此种犯罪绝不含军事性质，只在管理学生规则以内，以何根据，须开军法裁判，此三谬也。

让步又让步言之，开军法裁判矣。学生要求增加旅费，是何大事，竟判以十二年之监禁，本何军法为定罪之，此四谬也。

自正当言之，学生决无成立为犯罪事实之理由。所可奇者，总长非之，部员皆非之，许司长以何神力竟得悍然定谳也。

顷者，俞肃政使劾其事矣，不可知者，俞肃政使之势力果较许司长为何如乎？幸而不相敌，或竟如许司长之原谳。许司长之体面所关，碌碌学生为蝼蚁耳。吾将拭目以视许司长之势力。

暂生曰：大哉司长，哀哉学生！

（此评成后，报又称案已平反，许司长已付文官惩戒会议，有免官之说。又闻已交平政院，不知尚有他变否？果如平反之议，犹可说也，平政院得无又为许司长所运动也。）

（录自《雅言》1914年第1卷第11期）

扬子江季刊

海军部咨
第六五九六号

　　为咨行事，据海道测量局呈称：呈为通州狼山水道变动益剧，应否由钧部咨行部会，筹商整理，藉防危险，呈请鉴核示遵事。窃查接管卷内关于通州狼山水道变迁，日甚危险堪虞一节，曾由前任局长吴光宗拟请会同有关系机关商定办法，呈奉钧部第五七八九号指令，准如所拟办理等。因吴前局长本定于九月二十一日下午约同建设委员会专门委员陈懋解、扬子江水道整理委员会工务处处长宋希尚在局会商，适是日早晨吴前局长遇害出缺，未及开议。查该处水道自上年会勘后，业由吴前局长会同陈委员、宋处长筹拟整理计划及筹款实施办法，分呈钧部及建设委员会交通部在案。现又历年余，江岸日益崩溃，形势愈加危险，原有各堤复被水流冲毁淹没，多处如不迅筹整理办法，导流顺轨，藉资防护，一旦横决，民生国计关系匪轻。本局职司测量水道各舰艇叠在该处复测，闻见较详，不敢壅不上陈，理合具文呈请鉴核等语。据此，查本部主管水道测政，关于河床海深变动，应为注意。现据该局陈报，尚系实情。贵会主持水利，如何善后，当有具体计划，相应咨请查照办理，并祈见复为荷。此咨交通部扬子江水道整理委员会。

海军部长陈绍宽

（录自《扬子江季刊》1933年第1期）

遗族校刊

海军与国际地位之关系

许继祥先生讲　李思勤笔记

我们居住的地球，其中有一部分是海洋，有一部分是陆地，而且知道海洋的面积比陆地要大过三倍以上，所以我们可以把地球看作海洋的世界。至于海洋和陆地在性质上有点不同，陆地可以有天然划分的界限，界内因有人民种族、语言文字各种不同的特质，而形成了各个不同的国家，而且国家是各有主权的。可是海洋，既可以流通万国，又没有天然的界线，故公法学者主张海洋是无主的，公共的，尽可以供人类大众的使用。国家只可在沿岸之海里以内的范围，视为领海，享有管辖的权利，除此以外便属公海，此说已为今日一般公法学者所承认的原则。

我国是一个滨海的国家，处在太平洋的西岸，沿海的省份，共有九个，由南至北海岸线的长度，计领有万三百三十余里。所以我们由于海而发生的关系，由于海而发生的问题，真不知有多少！

自十八世纪以后，世界各国无不竞谋通商，于是赶造巨大的商船，制成精巧的货物，以求获得世界销场的胜利，或者以提高关税，限制进口船只以为应付。由于这种冲突的情形到了尖锐的程度，各国为谋本身商业之有力的后盾，以维持海上交通的安全，便不得不多造兵舰。平时固可以保护海外商业，战时更可以作国家的防御。所以今日的国家，在国际上的地位，往往以海军势力的强弱，来作他的评价。而且海军在战争的时候，更觉得他地位的重要，因为要战胜别国，必须本国的兵力能占领敌境，竖起本国国旗，才是表示胜利的意义。倘若没有海军的话，隔海掩送，在掩护的时候，一定会遇到敌国海军的攻击。那时只有由海军去作战，他们打败了以后，还要破坏敌人的炮台和其他防御的工作，陆军才可以登陆作战，才可以有获胜的可能。在军略上一般地讲来，战争是以首先发难者较为有利，即所谓"攻其无备"之意。但临海的国家，尤须先发制人，以海军为先锋，或以海军为第一度防线，进固可以攻，退亦不至先损国土。在十数年以来，空军之所以占重要地位，系以其能乱扰敌人之后方，使敌人不能前后相顾，其力量之伟大固有不可恃者。但此种战争系限于局部的、当地的、短程的，始能通用。同时空军没有运载数万军队、大量军械和储藏粮食从容降落敌境的能力，倒不如海军可以俟机而进。虽然空军的力量，固可以突然袭击敌军，但如果没有陆军和它合作，作为攻击的主力，空军单独战争，是决无降服敌军的可能。因为在军略上空军实际无独立作战的道理。现在世界各国无不亟求空军的发展，这是因为建设空军，经济上较为轻易。而世界各国在此经济困难之时，一方固大谈军缩，但一方尚不惜费大量的金钱去扩充海军，那他们更可以明白海军的重要了。

我国在前清咸丰年间，鸦片战败以后，晓得西洋坚兵利甲的利害，才想去计划设置海军，并且想到一劳永逸计，要能自己制造军械和兵舰不靠外国购买的，然后可以独立生存。一时有了这种刺激，所以首先在福建设立了一个"船政"，规模总算粗具，扬武、伏波、琛航、福星、飞云、振威、福胜、济胜、建胜、济安、超武，许多军舰，都是那时候造成的，同时并极力训练海军人才。一时中国海军十分声赫，颇有后来居上的形势，就是欧美列强，也未敢加以轻视。怎料这种根基萌芽未久，便遭遇了甲申中法的战争，法国的兵舰首先侵入了福建的马江。马江本来有我国的防舰，却因为腐败的清廷，迟迟不发抵抗的命令，反被法舰占去优势锚位，更向我国示威恐吓，不许升火起锚。乃于七月初三日向我炮击，各舰多数因为不及起锚、升火，被他轰沉。最后我军敢作困兽之斗，反攻法国旗舰，法军总司令古拔亦为之击毙。现在上海法租界的古拔路，便是法人纪念他的殉难，也可以想到当时我军海战的勇敢。可是清廷不但不问当时败绩的原因，反责南人不善于战，遂变更往日的计划，改建北洋海军军港，缩小了福建船政的规模，完全是对自己起一种不信任的心理。只向英国买了致远、靖远、经远、来远几只铁甲军舰，便没有预备到国内没有相当船坞可以为该舰的修理。舰内的军械，无一不是从外洋购来的，就是平时演习的炮弹，也不能自己制造。战时要塞的陆海军要怎样协防，又没有全盘计划，仅求一种外表的观瞻。所以自甲申打败以后，又到甲午中日战争，那时中国海军吨数，本来较日本为大，也是因为器械不良，没有补充，同时威海要塞失守，与陆军失去联络，反被日军封锁，只有战败的结果。往事如此，言之痛心。甲午以后，清廷尚不见觉悟，徒然买了几只军舰，张张面子便算了事，其实还没有知道海战时全部的军事计划。

孟子说得好："无敌国外患者，国恒亡。"现在临海的国家，所谓"敌国外患"，恐怕多数是由海洋的关系而来的。因为每次战争都是由海军先行发难，在我们中国几次战争，可以找出不少实际的例子。我们更应该晓得"前车可鉴"，要如何去"痛定思痛"，才是我们发奋图强的好方法。现在用英美两国的海军来和我国比较，他们的吨数，大约大过我们三十多倍，就是日本、法国、意大利，也大过我们二十多倍，最少的也大过十余倍，我们可以说是没有海军的国家。英国海军经费的支出和我国比较，是千与一（3/1000）之数，可见他们重视海军到了这种地步。所以在他们《海军法规》的序言中有几句："大不列颠帝国承天不厌，得以富有四海，国旗飘摇无日落，所恃以保有此资者，其惟吾国之海军而已。"那更可以知道英是海洋的国家，他们整个国家的灵魂，是要如何维护他们的海上霸权。换言之，他们的国际地位是由海军来巩固，就是意阿战争时，国联之所以以英国为马首是瞻，也是因为他们海军强盛的缘故。但我国既是临海的国家，海岸线又有这样长，竟不知海军的重要和关系，未听有筹建大海军的计划。全国陆军经费的支出，大过海军数百倍。须知海军的重要，实不亚于陆军，海军固不特为国防重要的工具，又是国际地位必争的光荣。总之，"耳所闻""目所见"的仅限于陆军一方面。总理遗嘱曾昭示我们："废除不平等条约，尤须于最短期间促其实现"，可是如果没有羁海的权，要去废除不平等条约，无异"与虎谋皮"，怎能得到实现呢！现在能够急起直进，作"亡羊补牢"，时间尚非过晚。望我国人能各抱有海军救国之决心，相与提倡振兴，此不特海军的幸福，也就是国家前途的光明。

（录自《遗族校刊》1936年第3卷第4期）

益世周报

江防前线

任 远

我全面抗战,自从进入第三期阶段以来,敌人的理想是凭借其优势火器,与陆海空军联合力量,企图速战速决的策略,以攻下武汉,但被我英勇战士前仆后继的冲杀粉碎了。敌人虽然用那惨无人道的毒气,侵占了我们几个据点,但是所得结果,不论一村一镇,或者一块高地,都付有相当巨大的代价。现在敌寇若进一步,它的泥足,也就越陷越深,大武汉的外围,我们早已布置下"天罗地网"。一般的情绪,也由消极的疑惧心理,转变为绝不畏怯了。

××距武昌水道是××华里,公路×小时可达,交通素称便利。该镇滨临长江,南岸山峰重叠,虽险要稍逊于田家镇,但以时间的充裕,已经成功了最现代化钢铁一般的坚强堡垒,这实足予寇舰溯江直上的野心以重大打击。现在敌寇一面在大江南北两岸采取大迂回战略,企图包围武汉;一面对于沿江进犯的野心,虽然迭受重创,仍未稍戢。但在我当局严密的布置之下,防御力量异常雄厚,附近山岭潮沼,纵横绵亘,地理环境又十分有利于我,在在都足以制敌死命而有余。记者特地到××去作一次巡礼,事实越发加强了最后胜利必属于我的信念。

首先,会到了××要塞刘司令同周参谋长,谈到抗战的近况,他们对于保卫大武汉都具有一致的决心与必胜的信念。××方面,刘司令以为:"敌人不来则已,假如来了,这里就是它们的坟墓。"他的激昂沉重的语调,使我感到十二万分的兴奋。随后由周参谋长偕同记者巡视各要塞堡垒，看到配备的周密，士气的壮盛，处处令人钦敬。因为事关军事机密，不能将详细内容，尽量报道国人。可是我敢保敌舰要真想"长驱直入"的话，在这里它一定要有更大的牺牲。

××要塞司令部设有政训室，在此战局极端严重之际，工作是相当紧张。惜对于军民联络方面，还未达到一般的期望，这是一个很值得注意的事情。该地民众，不仅对于时事非常淡漠，譬如协助驻军、修路、作工等等，一直相互规避。壮丁青年，纷离本土，转徙山陬，未能与军队合作，这期间，或者有所谓"不得不如此"的原因在，但民众知识单简，不能深责。我们若说，假令平昔对于宣传工作，已经有过切实的执行，相信决不会演成如此的现象。这种民众自民众，军队自军队的隔阂心理，究竟要怎样去消灭它，我想这应该是做政训工作的人员们要深切地去自悟的。至于如何地组织民众，训练民众的不能再缓，壮丁逃避兵役的屡见不鲜，甚至如某联保主任与保长的共同发财，勾通现役兵士，贩卖壮丁的行为，这都是应该从速以最大的努力去消弭的，因为这已经不能认为是"隐患"了。虽然，守土负责的官兵，抱有成功成仁的决心，总需要民众肯合作，壮丁有补充，才不至于再蹈以往的覆辙。

敌人假定夺取武汉的时日，是一再地展延过了。关于这，我们要感谢最高当局的措置适当，和前方将士的英勇努力。将来自然还有更大的努力固不待言，但我可以报告给国人的，这里××一带确可使敌人"沿江跃进"的政策，不但有更大的牺牲，也是一个远悬天边的梦想。

（录自《益世周报》1938年第1卷第3期）

渔 况

粤建设厅调查东沙岛海产

广东建设厅前以东沙岛地方，时有华人勾结日人偷采海产之事，特派张杰山前往东沙岛调查。据报，有名周俊烈者，勾结日本人雇用日船四艘往返东沙岛偷采海草。现尚有重油机日船两艘在岛，一名日成丸，一名宝丸。并有琉球人七十六名，台湾人三十九名，日本人二十余名，逗留岛内。查此次该帮日人偷采海草，为数甚巨。现除已被偷运离岛者不计外，尚截得一千二百余包，刻尚存留岛内。总计该岛海草每年可产三千余担，惟日本人偷采时，辄连根采去，不顾将来出产，似此情形，恐影响于该岛出产者甚大。粤建设厅据报后，已与日方严重交涉矣。

（录自《渔况》1930年第4期）

宇宙风

江阴抗战的回忆
一位海军战士的口述

宏 之

这是血的记忆！

在卢沟桥事变发生以后，我们就准备出动了。可恨的大汉奸黄濬（即黄秋岳）在我们封锁长江的前两天，竟以行政院机要秘书的地位，出卖了海军封锁的计划，以致关在扬子江里的廿九条的日本军舰都被逃脱了。后来，"八一三"开了火，我们的舰队就布满在江阴的江面了，我们是由陈季良司令统率指挥的，任务是防守江阴的封锁线，阻止敌舰沿江进犯。当时出发布防的情况，真使我们欢喜得发狂！因为这些年来我们受到国内各方面的讥笑、讽刺，和种种的谩骂，实在太多啦！这些没有海军认识的无理批评，的确像苦针一样地刺着我们的心！可是我们并不是凉血动物，现在有一个斗争的机会给我们，哪一个不想去干一下以表明我们的态度呢？

敌人本来是想在"八一三"开火后，用它优越的海军在几天以内沿长江攻到南京，但是因为我们的封锁线和防守力量的坚强，以致在我们撤退江阴以前，始终没有越过封锁线一步。因为水上不能突破封锁线攻上来，于是敌人老羞成怒，就借着它空军的力量来破坏我们的封锁线，每天都是派好几十架的飞机，不断地轮流来轰炸我们。那时报纸上登载敌机狂炸江阴的消息，实在的，就是来轰炸我们水上的军舰。当时那种海空战斗的景状，激烈得真使人形容不出！

敌人不但在白天来轰炸，就是在晚上也照样地来炸。尤其是在十五号左右的几天，它们都是趁着月光来偷袭，那差不多成了一个例子——只要月亮刚要升上江阴"黄山"山头的时候，我敢担保立刻就可以听见飞机的声音。所以在那时候我们总是老早就把炮口对向东南方等候着，因为敌机差不多都是由那边过来，一飞过山头就到我们舰队的上空。

那时，我在旗舰"平海"上面，担任指挥一架高射炮和几架高射机关枪，这几尊都是麦得森机枪，威力很大！的确，我真兴奋，拿科学的武器打残暴的敌人，实在是快乐不过的事情！

只要敌机一被发现，舰上的汽笛警报就"呜——呜——"地叫起来，声音既雄壮又带凄厉。那时候，船就起锭，舰上的人员都忙着观测，搬弹药，在测远镜塔旁边的两尊搜索镜，马上就很快地转动探索飞机。当时情形真是紧张！接着，备战的号吹起来了，十几尊的炮口枪口，一齐都翘起，弹药都装好了，只等着飞机一来就瞄准放。那个时候，兵士们的抖擞精神，怀着紧张的情绪，真来劲！等到飞机飞近了，"嗡——嗡——嗡旺——"就震耳朵。我们一听这种声音，就晓得这是重轰炸机，我连忙就发出口令："在××方，视角××度，敌机向我舰飞进——"接着，炮手就回答说："炮便！"（便是准备好了的意思）那时我们的心砰动得描写不出。不多久，飞机飞到我们的火力以内了，我就叫："目标××方！偏差××度，高度×千×，敌人的领队机！"就在那时，敌机已经开始投弹了，"轰——轰——轰——"这是炸弹丢在水里的声音。有时我还没等上面放射的号令下达，就独自叫："放！"因为敌机飞到死角上了，当然我不愿意错过机会。"砰达！砰达！砰达！"炮连着三下，子弹便以680公尺的速度钻上去——敌机听到这三响以后，马上就"嗡——昂——昂——"地散开，我也连叫："引信××！"炮手立刻就很快地装上子弹，□上炮机，"达！"炮机上弹簧跟着响了一下，炮手就接着叫："便！""放！""砰！"又是一下！我们就要连着不断地"引信××！""达""便！""放！""砰！"——那时舰上各种炮和各他舰上的炮都发射了，各炮都是不断地跟着各个的目标□□，敌机当时也就拼□□□炸弹，"格——格格——""砰达！砰达！""轰！轰！""砰——噼——"机关枪声、炮声，和炸弹丢在水里的声音，杂乱得使人耳朵都弄昏了。

我第一次打下飞机是在八月廿二号那一天，那印象给我好深刻。当时，它飞进了我那尊炮力以内，我的曳光弹都打在它的四周爆炸，飞机真好像一个玩具飞机在金丝网里一样，那时可惜没空拿照相机把它拍下来。过后，敌机忽然冲出了弹烟，我还以为是避过了我的子弹，心里正大叫"可惜"！那知道刹那间机上闪起火光，接着就栽了下来，真好看！掉下来的时候真好像一条火龙，我当时欢喜得跳起来，叫道："打中了一架！打下了！"的确，第一次打落敌机是多快乐的事！可笑的，那些跟着领队的几架飞机立刻就很乱地散开了，并且还有一架受了伤，急急地斜着机身飞去了。据事后调查，那一架被我打下的飞机，是轰炸机，落在江阴岸上。

我们在江阴，要算是九月廿二号那两天炸得最厉害！那两天也就是我们抵抗最烈牺牲最大的时候，每次总是七八十架的飞机来炸，差不多满天都是飞机！记得有一次观测兵报告："左方——发现敌机九架，向我方进发！"接着又说："正前方又发现敌机廿七架——不只！有四十多架——左方又有——"最后那观测兵没法数清飞机的数目，就忙叫："数不清！满天都是飞机，像蚂蚁一样！"

真的！后来敌机总是分好几个方面向我们军舰涌过来，在那种情势下，我们要想用顶准确的瞄准去发射是时间上不允许的！所以我们只好先用连续的射击去阻止它们飞到军舰的上空，我有时发急地就下"自动瞄准快放"的口令，好几个射手就"砰达！砰达！"□□□□□□□□在那个时候，敌机也在□□□□炸弹，"瞿——嗡——轰——"水给炸弹炸起无数的水花，差不多□是好多□□！军舰也被波浪震得很厉害！的确，在那打得激烈的时候，你只要抬头向天上看一下，简直满天都是大黑点（飞机）和小黑点（炸弹）！炸弹好像下雨般地掉下来，那时我们会炸死不会炸死，什么时候炸死，都委之于命运。

说到敌人的瞄准的程度，多半是不行的，百分之九十九都是丢在水里。那些飞行员也都是胆小的家伙，有时还没等到我们军舰的上空就丢炸弹了。不过，其中有几个却是例外。有一次，有一队敌机用俯冲来轰炸我们，那领队的一架敌机的确很勇敢。那时我正握着高射机关枪对它发射，可是他不管我的曳光弹在机身四周爆，他还是急冲下来。等到冲得很低啦，他首先用机关枪对我们扫射，子弹都是在我的身边掠过（我当时也不知道有没有受伤），但我那时也不管三七二十一，紧抓住枪柄，"达——达——"地向上不断地发射。在那个时候，飞机已经被打中了好几发了，还是不行，他还是往下冲，接着就是好几个炸弹丢下来。在这一刹那，眼看见黑点渐渐地掉下来了，我自己心里还说："这一下可糟糕！完啦！"我连忙卧倒，"轰！——轰轰轰轰"，炸弹就丢在离我十几公尺的地方，有的掉在船上，弹片四飞，我那时腿部好像也被弹片弄伤了。还好！多数的炸弹是落在舰旁边的水里，水花溅得好高！可是敌机因为已经受了伤终于掉下水去，但那家伙确实利害，"嗡——"的一声又给他挣扎飞上去了。那时我的机枪支柱已经被炸断，但是我不顾一切，马上把手臂支撑着枪，强行射击，不过震动的力量实在太大啦，简直使人抓不住！在发了几百颗子弹以后，我的手掌已经被铁管炙伤了，好几道重重的烙印，正好我旁边有一桶冷水，我于是把手急浸到冷水里，可是更加疼！那时候第二架飞机已经在上面俯冲投弹了，但幸好是丢在水里，接着第三架飞机又冲下来，我急得也不管疼不疼就抓起机枪向上放。正好，这一架在很低时被我打中了。它像鹞子翻身一样地栽下来，在那时候，后面的一架（第四架）已经跟着俯冲下来啦，在我穷于应付中丢了炸弹，"轰！轰——"连着好几个，军舰已经被炸中了！舰身震得真使人要跳起来，我也震倒。当时我神志好像有一点不清，但我用手摸了一摸自己的头，"呀！还活着啦！"知道没有被炸死，那时我也不管什么疼痛，爬起来就拿着枪装上了一串子弹想发，可是机枪无支柱发射实在太困难！正好那边有一架机关枪空着，因为那位射手刚被炸死，于是我就□着跑过去，恰好里面已经装好子弹，我就握着枪柄"格——格——！"地打上去，其余的飞机这时也没冲下来。正在这个时候，旁的军舰也打下了好几架，几串火龙先后地掉下来。可是敌机仍然猛烈地狂炸，各种声音杂乱得不得了！我有时向旁边急看一眼，呀！那可真惨！七八个都躺在血水里，有的还在挣扎，有的还大叫着："中国海军万岁！""打呀！""打下他来——"这一天的恶斗，我身上有好几处都受了伤。"战争是疯狂的！"我真相信这句话！在那打得顶激烈的时候，人变疯了，枪炮也疯了，炮弹和水也疯了。我们那时只晓得装子弹，瞄准，放！装子弹，瞄准，放！……飞机不停地丢炸弹，炮也不停地在转，放，我们耳朵里只听见"轰——轰——""咚——""格——格——"的声音。我打的时候，身上受了好几处伤，当时还不觉得，后来看见身上流血，才知道是受了伤。看，现在我全身有十几处的伤疤，这都是打飞机的成绩哩！

在这次战争里，我们的兵士们的精神实在太勇敢了！只要敌机一来，他们都大叫："Par! Par!"（就是打）手紧拿住枪炮沉着发射，没有一个退缩，也没有一个离开炮位。一直等到被伤得实在不能动弹，才由救护人员抬去。有的炸死的，尸身还靠在炮架上，有的连手还紧握着枪柄，有时前一个被炸倒下去，第二个马上跑到炮位去补充，举起枪柄发射——那样牺牲的精神，简直使人感动得流泪！我有一次，抽出空来跑到舱下去看受伤的同志们，有一个腹部被炸开的士兵，在断断续续将要绝气的时候，用血染红的眼睛看着我的脸，说："×先生！我死——没关系，不要管我，请你去管天上的飞机啊！——要打它们——"在这样壮烈的情形下，怎能不叫人感动得哭呢？

在九月廿三号那一天，我们的弹药终于在没有后援接济之下差不多要用完了。敌机依然不停地炸，我们既没有空军援助，弹药又缺乏，最后，"平海"因受伤太重，渐渐地沉下去了。我们也在悲壮的情况下离开了"平海"。那时，"宁海"和其他没有被炸沉的军舰也都受了重伤，但都开足了马力向岸滩上开去。后来我们将舰上一切能够用的大炮机枪都拆搬上岸去（现在沿长江和别处的许多流动炮队，就是我们以这些组织的）。当拆搬枪炮的时候，敌机仍不断来轰炸，在那没有武器抵抗的时候，我们官员和士兵们还是不逃避地工作。虽然眼看见一个个同志被炸死了，但是还是不断地拆，不断地搬运。这种惨壮的景况，在岸上观战的德国顾问也惊叹不止，他们曾说："这样肯牺牲的精神，就是在上次欧战中，我也没看见过！"

在江阴岸上防线后撤以后，我们也接着奉最高当局的命令向后撤，另设新的封锁线。

据情报：在江阴失后的第三天，敌人军舰不能突破封锁线，后来用很大的力量才算破开一个小口，但仍只能通过小型的军舰和汽艇。在破坏封锁线的时候，有好几条军舰碰到我们的水雷，炸沉了。

在江阴，我们经过两个多月的苦斗，终达到粉碎敌人沿江计划的目的。虽然我们损失了好多的军舰，牺牲了许多官员和水兵，但是也换取了高的代价。我想：如果当时只要有几架国机去助战，我相信，敌机的损失一定会增多，我们的牺牲也决不会这样惨烈！

后来，我们在马当、田家镇和洞庭湖各处，也是一样地打，有时比江阴更猛烈。好多年的学友和许多同志们，都壮烈的殉难啦！我虽然是在万生一死里活下来的，可是经过几个月的医养，我全身的伤都治好了，又可以打啦！

最近我又奉令派到×××去工作。重上前线的确是痛快的事，我自己觉得只要有机会给我，我万死不辞地也要去报仇！因为敌人欺负人太厉害了，并且各方面对我们的歧视也太多啦，所以我们现在只有争气干！

这篇的事实，是在不久以前，由一位伤愈重返前线的青年海军军官告诉记者的。他是参与江阴各战役的一员，所以讲述的事都是极其真确。在两年前的今天，正是江阴战斗最激烈的时期。记者有感，特把它摘要地记下来。虽然有些地方不连贯，但因为要保持这事情的真实性，记者不敢故意用笔加以虚造和修饰，所以语气差不多都是照原来的。

——宏之附言，廿八年九月廿三日于黔桐。

（录自《宇宙风》1940年第88期）

展　望

重庆舰是怎样投共的

矛　林

被目为海军中的一张"王牌"——重庆舰，竟突然投共了，这一个惊人的消息，像春雷似的在大家的心中撼动。据报载，一个月以内相率逃亡的军舰已有八艘之多。远在徐蚌战役之前，一艘四千吨的破冰船"长白号"第一次投了共，接着是黄华号等三艘运输舰跟着逃跑，在天津作战时，一艘中型战舰美珍号又做了林彪的俘虏。现在，连海军的主力舰重庆号也步了"长白""黄华"诸舰的后尘。这对于政府的打击是相当大的。

从英伦到南京

说起重庆舰，官方都说这是英国赠予的，其实它与另外一艘灵甫舰，都是向英国政府租借来的，用什么去租借？那就不得而知了。这条舰原来是英皇的旗舰，在一九四一年的反法西斯战争中，它是有这一段光荣的历史。那时希特拉正穷凶极恶的"扫荡"欧陆，英国便靠这条舰防守英吉利海峡，专门用它来对付意大利的舰队，曾把意大利许多驱逐舰和运输舰予以击沉，即是八吋口径的"意大利鹰"巡洋舰也碰到它而被毁灭。在意大利海军心目中，它早已成为一个恐怖的象征，所以给它起了一个绰号，叫"银色的老鬼"。另外在挪威海之役，它一度成为英海军部长爱德华的斯的旗舰，随后又参加过那次举世闻名的追击德国最大主力舰"俾斯麦"号的战役。那时候，他的名字叫"震旦"，是震破光明的意思。

战后，经过几度的谈判，这艘英皇的旗舰便租借给中国了。当时政府派驻英大使郑天锡为接收大员去朴茨茅斯接收，海军总部又派邓兆祥为舰长，并改名为"重庆"。当它以乘长风破万里浪的姿态由英伦朴茨茅斯驶向中国的时候，海军总司令桂永清亲自跑到吴淞口去迎接，并且亲自从吴淞口驾驶到南京，下碇下关码头。回忆当时的情形，却是派头十足的！

怎样投共的？

这一张海军王牌，竟于三月一日突然投共去了，而且走的时候，传说还载了五十万银元。官方对这个重大的新闻，迄至记者执笔时止，尚没有什么解释。记者询问一个海军方面的负责人，他好像气愤十足的说："走就走了，还有什么说的。"此外，一些捕风捉影的外国记者，再三强调"是因为待遇太低才走的"！究竟如何低？怎样走法？都好像是一个谜。

重庆舰舰长邓兆祥上校每个月的待遇比不上一个普通商轮的水手，其余士兵已可想而知。平时士兵除了病倒在床上爬不起来时才可以请假外，其余是不容易请假的。他们生活既如此的苦，在精神方面更苦，因为中国的官僚习气太深了，虽然习海军的都是技术人才，但仍然是受那些以钻爬起家的官佐们的歧视。所以当重庆舰驶进香港，舰上的水兵一听到这种情形，立即跑掉四五十个，他们已不感到作为一个战斗者的光荣，相反，认为是不值得了！

除上生活太苦使令重庆舰投共之外，另外还要归究到派系斗争。原来该舰的航海长与轮机长都是北洋海校出身，在海军方面资格是顶老。邓兆祥是海校黄埔十五期出身。这样，便产生了"北洋"与"黄埔"两系的纷争。"黄埔"的资格自然没有"北洋"老，论技术，也比不上"北洋"，但"黄埔"比"北洋"尊荣。这样自然引起了"北洋"的不满，由不满而发生矛盾，由矛盾以至而演为冲突。

共军对这一张海军的王牌，早已经在注意，尤其当战争由江北发展到江南时，这条重庆舰对于日后的共军的渡江行动多少是不利的。当共军看见这对方这种矛盾与士兵思"变"的时候，便用政治手段向重庆舰进攻。传闻共方曾派遣多人向这条舰的重要负责人接洽，要他们脱离政府，到他们方面去。假如能答应，共军并允许以合理的待遇给他们。同时，东北区与华北区已经有了大规模的海军学校，愿意深造的，可继续上进。重庆舰五百多水兵，他们多半是东北人，现在东北解放了，谁不向往自己的家园？再加以他们的教育程度很高，政治意识的觉醒比一般士兵都强，再加上共军这一攻势，可以说，人人思变。由于这些因素，便造成了重庆舰全体官兵携舰投共的一幕。

□是一个周末的傍晚，海军总部的官佐正在兴高采烈欢度周末的时候，于是舰上的航海长、轮机长便以手枪威胁邓兆祥，要他下启碇离开江阴的命令（当时舰是停泊在江阴，以防止共军渡江）。邓在这种情形下，只得不顾总部命令，驶离江阴，向北方扬长而去！

等于四十架"空中堡垒"

政府的海军实力本来是很贫乏的，尤其是在共军跃跃渡江的时候，军舰简直就是老本。过去的几场恶战，国军已输了不少"注数"，现在面临这最后的一局，没有这笔本钱是不能上阵的。据身经百战的水兵对记者谈，像重庆号这样的大兵舰，在大洋中固然是战斗力强（虽然它是巡洋舰，但仍然可作战），即在长江里面，万一发生渡江之战时候，它仍然可以发挥威力。每逢渡江战发生，守的一方必定要用小炮艇来捕捉那渡江的船只，交织成一个火网，使令渡江的船只无法运动，并可以灵活射击敌人。但这些炮艇如没有主力舰的重炮掩护，它的火网会一点也没有用处，对方可以在陆上用重炮掩护渡江的船只。小炮艇不但没有作为，反而要避开。因为重庆舰对防止共军渡江，有这么大的用处，所以海军总部把这一颗棋子摆在江阴，担任看守京都门外的任务。

在装备上，重庆舰是很优良的，它是一条一级巡洋舰，是用作辅助战斗舰用的。长五百呎，宽五十一呎，具有五千二百七十吨的排水量，四千哩的续航力，每小时卅海里的速率。舰上的装备，主要的武器有六吋口径的大炮六门，高射平射两用四吋口径炮四门，高射机枪八挺，廿一吋鱼雷发射管六门，其余深水炸弹、发射管、防雷网、雷达等设备，都应有尽有。政府从英国手中接收以后，桂永清司令就拿它作旗舰——单从这些装备上说，它的价值等于四十架B-29式的空中堡垒。

海军人才的损失

对于政府言，走了这条舰，其损失之大是不可言喻的。四十架空中堡垒不打紧，主要的是五百多名在英国训练的皇家海军人才。现在我们全国的海军人才多少呢？总共不过一万名，重庆舰便占了百分之五，这是数上面的比例。在质方面，这百分之五，是最优秀的！除了这不可多得的人才之外，长江下游的江防将遭受很大影响，虽然另外还有一条灵甫号，但灵甫号本身既不及重庆舰那样大，而且重庆舰逃掉后，引起英国人的注意，现在他们已经考虑收回"灵甫号"了！这么一来，剩下的能有几条经得起对方的猛烈炮火。

过去国军因为拥有这张王牌，所以多少还存了"江防无虞"的幻想，如今这种幻想是随着重庆舰跑掉了。所以说不仅跑了一条舰，跑了五百多个优秀的人才，最后连安全的幻想也给跑掉了！

（三月九日寄自香港）

（录自《展望》1949年第3卷第18期）

战地通信

南海中的东沙群岛

蔗 园

日本为着要威胁英属的香港、新加坡，法属的安南，荷属的东印度群岛起见，竟图占领中国粤省沿海的东沙群岛，作为海军根据地，而与南洋方面的英、荷、法三国海军对峙。敌人的用意，无非想截断欧美与中国南方的水上商业交通，广九路与粤汉路，越腾路与云南的联络，而断绝各国的对华接济。因此东沙群岛上中英合办的电台，也被占据，引得英国不得不派多量舰队与潜水艇巡弋南洋海面。

此中国南海中的东沙群岛，我们准备要开发的声浪宣传已久。在陈济棠主粤的时代，也曾一度委任粤人梁权为该岛管理主任，从事于开发设计。东沙群岛的位置，是处于东经一百十六度四十三分二十一秒，北纬二十度四十二分三秒下面，和香港在东经同纬度下，距香港仅仅一百七十海里。

该岛自来就是中国渔民所居住的，而中国政府最先注意该岛，则在清光绪卅四年（一九〇八）。当时有英国商船在东沙群岛内因风遇事，英政府就请求中国政府在那里设立灯塔，经清外务大臣端方饬令两广总督张人骏查明后，由两广水师提督李准派海圻舰前往查勘。

当海圻舰驶抵东沙群岛时，立即发现日本浪人在该岛树立日本旗，及驱逐渔民等事实。并且该岛原有一座天后宫，也被日人拆毁，意图毁灭中国领土的凭证而妄想占领。经当时的一再交涉，日本自知理屈，始允交还中国，由清政府贴偿日人在该处的建筑费十三万元,而收回派员管理。

在最近的十多年中,各国商轮往该岛的,失事者很多,因为在东沙群岛的东北,有一道极长的暗礁脉。所以在每年九月间吹东北风时,绝对不能前往,二三月间吹东北风较少,可以无害。而该岛离水面最高处所,只有四十多尺,普通航行目标不显,须于夜间驶近该处,望到灯塔后,即记明位置而停泊,待天明始能进驶。

该岛有中英合建的无线电台及气候测验台,因为地势卑湿,缺乏淡水材料,致所有办事人员,须每月轮流调换休息,否则就有脚肿、目翳、体弱多病的危险!

远在清末的宣统二年间(一九一〇),曾有粤省候补知府蔡康,条陈开发计划,结果实行前去后,亏蚀六千两。民国奠定,胡汉民任广东都督时,曾集南洋华侨资本百万,拟往垦殖,但因该岛只有渔业可办,不能种作而罢。粤陈时代,有粤商冯德安,以每年二万元的租费承租该岛,但除了建筑房屋,缴过半年租金后,就以亏蚀为辞而积欠租金,直到民国二十二年才取消承租权。

至于东沙岛的海产,极形丰富,计有各种鱼类、贝类、珍贵的玳瑁,以及多量的海藻,等等。海藻一物经科学提炼,可取磷质,它的渣滓可以肥田。假使政府用有计划的开发,不但可以绝敌人的觊觎,还可以巩固国防。

(录自《战地通信》1937年第1期)

江阴烽火回望记

方菊影

记者为新闻报道使命,在紧急时期中,旅行扬子江下游南北各县,时经两月,在扼守江防门户之江阴,勾留较久。战事西移,通信阻滞,记者迫于环境,不得不经历艰险,绕道返沪。今江阴已有失守闻,回首前尘,倍增感慨。兹就观察所得印象,并采录最近各方情报,拉杂草成此篇,虽曰回望,要非尽属明日黄花也。

江阴要塞管辖区域,实包括常熟之福山,通州之狼山,靖江之四墩子新港等,隔江对峙,形势险要。福山失守后,犄角之势遂破,惟殳山、巫山、长山一带炮台，尚足控制封锁线。该处通常澄所属之常阴沙，涨滩突出江面，尤足为毛竹港屏障。该处集结重兵，即可防阻登陆。此处西距江阴主要炮台，尚有八十余华里。自常熟、无锡失陷后，澄常、澄锡、青福（江阴青阳通福山新辟之军用路）各公路反被日方机械化部队所利用。毗连常熟之顾山、后胜、杨库、长泾各乡镇，遂于十一月二十三、二十四日，相继被袭。而由无锡周泾港、东亭镇北进之一路日军，亦入江阴祝塘、华墅、周庄取得联络，抑常阴沙之背，段山、巫山遭水陆包围，以致牵动全局，整个要塞形势，遂岌岌可危。要塞司令××，江防司令×××外传对于军略上意见未能一致，因此谣言继起，人民恐慌异常。二十五日之情形，更形纷乱，尤足以影响防御力。当此万分危急之时，一·二八死守吴淞之翁照垣将军，忽发出就职布告，并在各乡出示安民，人心大慰，而军心尤振。未遑撤退之国军，且夜袭常锡交界处，甚为得手。拟由陆路抄袭要塞后背之日军，不得不停止前进，乃变更方略，改由常州绕道焦溪、戚墅堰、洛社攻入江阴西乡，占据小茅山、青山、青阳、南闸、夏港附近各要点。至是江阴要塞除北面长江之外，东西南三面皆在包围中。

廿九日，江阴城厢被炸，民房被焚十余处，南门祝家花园饭店，东门耶稣堂、福音医院、北门电灯厂，皆毁损一部分。日方少数先头部队，攻至东南西城郊，终被击退。有某君于是日枪林弹雨下逃出，十二月二日到沪晤记者，为述最近真相，采录如上。某君并力言，长江封锁线仍巩固，靖江亦无他变。江阴县城迄彼离去时，尚在我军坚守中，惟人民已迁避一空。记者搜集由澄来沪之情报，为廿九日以前之消息，此后如何，未敢臆测。但同日，由另一方面得悉，江阴要塞尚有炮声发出，尚在艰苦中奋斗也。又据先数日离澄之某厂商云：江阴县长暨党部人员，于围攻城郊开始时，即踪迹不明。记者由靖江至天生港时，尚有一甚深印象。该处均属沙土，阴雨后公路变为泥淖，汽车及司机技术又复恶劣，然而物以稀为贵，任何恶劣之交通工具，此间不得不视为苦海慈航。在六小时以上之程途中，覆车残破与呻吟受伤之旅客，不断入眼帘，此即若辈之成绩。车主贸利方式却十分高明，票价大书每客二元五角，及载满后，诿称司机不肯驾驶，必须另出倍徙代价，始肯开行。客如行囊充裕，尚可唯命是从，贫乏者，则唯有望车兴叹，感逃生乏术也。

江阴失守，现已不幸证实，固无所谓军事秘密矣。而翁照垣将军之艰苦挣扎，功罪当让史家定评。然而不能以成败论英雄，其苦心孤诣，吾侪就新闻记者立场，似不可不补述报道也。

翁将军之名，妇孺皆知。此处不必再介绍过去历史，惟与苦守孤垒有关之一段轶话，似足资研究军事上得失者参考。姑援有闻必录例，纪述所闻于次：

翁氏人皆知为习炮兵科之军人，其实亦为青年航空家。北海案件告一段落后，翁自觉现代要塞与海空联合防御战术，尚缺学养经验，曾遍游各新兴强国，虚心求教。返国后，尝徜徉于山陬海澨，世人疑为学作徐霞客矣，庸知彼实别有用心者。八一三战作，翁以散秩参与淞沪戎机，指陈得失，颇为当局所激赏。军委会任为要塞视察专员，因是频往来沿江各地，尝匹马单骑，由浏河至福山。逻者疑为奸宄，执付军营，鞫讯不答，搜检其身，始知为翁将军。或问早何默尔若是，翁笑曰："聊以试验巡逻者是否忠勤耳。"又江阴要塞奉军事委员电令，妥为招待翁特派员。长官均在汽车站鹄候，要塞掩护兵忽□息而至，□翁将军已在封锁线江边，与哨兵在芦苇丛中同食干粮。盖翁汽车停于距澄二十余里之村野，独循僻径步行至炮台下矣。至是当局因上峰申斥，指摘警戒线太为疏忽。乃雷厉风行，不许任何人擅入防区，即调来友军将士，亦须领取特许出入证，方得行近要塞云。记者于十一月上旬，晋谒翁氏于江阴某宅。翁氏衣西装，襟袖整洁潇洒，如青年学士，言谈尤彬彬有礼，自谦谓退役军人，只可贡献刍荛，备当局参考云云。记者拟请介绍一观要塞雄姿，则坦然以伴导自任，虽军事秘密未许记者详览，然而得窥一斑，已足使纸上谈兵之文弱书生，平添不少见识也。翁将军儒雅风流，率直豪爽，兼而有之，三军听命，效死勿去，诚非偶然。犹忆翁氏在澄为军政长官之上宾时，尝设盛宴于某署，知翁氏不食猪肉，特摒去之。中有名厨烹饪之嫩鸡，味甚腴美，翁命弁另盛皿送往东门福音医院，嘱分享在院疗养之飞将军袁葆康与某舰长。同席皆为感动，不再举箸，而撤宴尽以馈受伤将士。

长江要塞，自曾文正督两江时，始略具雏形。惟长江水师提督鲍超，亦仅视通州之狼山、常熟之福山、江阴之巫山、镇江之瓜洲，为江防门户，而设两总兵于福山瓜洲。江阴则一水师副将（俗称协台）与绿营游击，分任水陆防范耳。所谓炮台，只有旧式铁炮而已。迨光绪初，清廷创兴海军，德国有一罹法网之炮弁，避罪匿华，献计刘坤一、张之洞，得委监修黄山炮台提调职，而械料尽向德国采购。德皇嘉其不忘祖国，赦免处分，更颁给铁十字勋章。而此为华效忠之客卿，终身不愿下山，并易华名，迎眷属于小湾，翎顶袍套，宛如清吏。卒时遗命葬于要塞南麓，且以四品顶戴入殓，清廷特建祠立坊以旌其志焉。记者此次在澄，瞻谒祠墓，不觉肃然起敬。惜抄录墓碑之日记簿，因在途避飞机袭击，连同文箧遗失，姓名履历，不能道其详矣。由此经营后，江阴西至鹅鼻嘴，东迄段山，境内沿江七八十里，山峦岗岭，均架有大小钢炮、瞭望台、探照灯、电报、电话，无不全备。岣嶙怪石之下，崎岖山径，且辟为康庄大道，夹植青翠松柏，俯视滚滚洪流，雄壮秀丽，兼而有之。自萨镇冰主政后，更设雷电学堂于江干，并由海军部派一总台统管之。民国肇造，改称要塞司令，国府定都南京，复派大员为宁镇澄淞要塞总司令，不复隶属海军部。蒋委员长于讨袁之役，与尤超凡、薄子明、方履之等，曾在黄山炮台举义，对于江阴要塞，固具有深刻印象者，三年前聘专家督修，曾数度亲临，勘察工程。雷电学堂校长，即由蒋自兼，而令海军中将欧阳格为教务长，并兼江防司令，其重视此处可见一斑。

江阴长山、黄山之间，有河曰黄山港，通达江阴东南各乡，由苏锡可入太湖，清季拟辟为军港，终因移帑他用而未果。三年前始由军委会实施开浚，黄山港原有小市镇及民房，悉皆迁让，近尚未完全竣工。该港阔三百余尺，绕山弯进，如汤匙型，高山夹峙，异常险要。

（录自《战地通信》1938年第10期）

战时儿童

抗战中的我国海军

鹰

自从抗战以来，我国的海军似乎于作战方面不很活跃。这原因，一半还是由于我国军舰的设备，比较敌方的落后。但这一番广东之战，海军方面，亦颇有壮烈的牺牲。像我军于去年十一月二十一日，自动地放弃广州后，江巩舰奉着江防舰队司令之命，仍留在黄埔，以便相机应付。结果在敌机三十六架之下，作了壮烈的牺牲，江巩舰亦于中山海面和敌舰苦斗后殉国。此外，反攻三水一役中，我海军主力执信舰，因为中了敌舰所发的炮弹四十余枚，舰长李锡熙和全舰的兵士，都慷慨地殉了职。虽然是受了相当的损失，却终能予打击者以打击，同时更不使陆军专美于前。这样看来，在这个抗战期中，我国的海军，固然已经尽了他们的任务，如果早能注意到海军的改进，那么，敌舰必定能为我全数的歼灭，再也休想来封锁我海岸，和帮助陆军作战了。

（录自《战时儿童》1939年第6期）

肇和月刊

筹备肇和举义纪念

本年十二月五日为肇和军舰十九周,暨该校创校一周纪念。业经开始规划,大致如下:

(1)五日上午九时举行纪念会。

上午十时半学生军童子军检阅。

下午一时运动会。

下午七时游艺会。

(2)全日举行成绩展览会。

(3)出版《肇和中学一览》。

(4)六日放假一天。

(录自《肇和月刊》1934年第7期)

十二月间一件大事:肇和举义十九周祭

公 联

成败论事的人们,对于十二月在上海十九年前那件悲壮的革命伟绩,大多是淡忘了。但我在这里还得提出来,促醒共同的注意:

民国四年秋,袁世凯帝制自为,甘冒天下之大不韪承认日本所提出之卖国廿一条件,爪牙四布,举国骚动。革命志士,风起云涌。陈英士先生应孙总理之召，赴东京磋商结果，遂归国主持大计。十月，道经上海，闻上海方面海陆军与我联络者颇众，且观察长江形势，上海地形重要，遂留沪密设机关，第一步即将袁氏爪牙上海镇守使郑汝成刺杀。

一面由蒋中正拟定海陆发难大计划，由杨虎运动海军颇有成绩，所以肇和、通济、应瑞各舰大半均已妥洽。英士先生乃乘人心浮动之际，准备发难，以为各省响应之先声。适是时袁氏海军总部命令肇和军舰于十二月六日开赴广东，肇和为上海各同志所联络最有成绩之军舰，如离沪南下，则上海之发动益难，因此要求英士先生于六日以前发动。情势迫切，遂决定于五日午后四时发动，当时之战略，大致如下：

一、淞沪司令长官陈英士，海军总司令黄鸣球，海军陆战队司令杨虎，副孙祥夫。

二、由杨虎先率一部部队占领肇和，占领后即开炮猛击制造局，由孙祥夫率队占领应瑞、通济两舰作肇和辅助。

三、制造局方面之军队，及城内闸北陆上所联络之军警，闻军舰炮声，即同时响应。

计定，届时杨虎氏率敢死队三十余人，携带手枪炸弹，乘虞洽卿先生预备之小汽船取肇和，舰上队长陈可钧等响应，遂占领之。然孙祥夫等因其所备汽船无照会，为巡捕干涉，不能登船，遂不克占领应瑞、通济，肇和即成孤立。

杨等在肇和舰上，向制造局连发多炮，全沪震惊。岸上闻声，即分别占领电报电话局、巡警总局等重要机关。英士先生亦率干部同志向华界出发，不意陆上寡不敌众又兼器械悬殊，袁军大队前来，同志与之激战良久，卒难支持。而霞飞路渔阳里五号总机关部，亦被法捕房搜查破坏，各同志间之联络中断，计划遂不获进行。

陆上袁军乃决定重金收买应瑞、通济，于翌日黎明炮击肇和。肇和猝不及防，仓促还炮，未能命中。舰上汽炉被敌弹炸裂，死伤众多，杨氏等浮水走浦东，仅以身还。

是役伤亡及事后就义者为数甚多，经调查确实中央给恤者，只十三人。十三烈士为：陈可钧烈士追赠少将，王揖烈士追赠少将，冯为大烈士追赠上校，程鹏烈士追赠上校，毕齐藤烈士追赠上校，金以庭烈士追赠上校，柴之安烈士追赠少校。所有恤金则由杨虎氏为便利遗族起见，呈府准可代向上海市政府总领分发，遗族教育一事，亦已设肇和中学免费收容。

以上即是肇和发难的始末情形。

我们知道肇和举义是国民党（此时为中华革命党）讨袁的中心工作，亦是维护共和复兴民国的重要关键。事虽未成，壮志足悲。可是在十九年后的今天，虽然我们已经另换了一个希望的统治，走上了革命的道路，倘然要检查检查肇和诸先烈奋斗牺牲的壮志初衷，我们不知要怎样抱愧！同时，在十九年后的现在，瞻顾国家前途艰危，已十倍于昔，而迄无如先烈般牺牲小我勇赴国难的继起，又使我们怎样的怅望啊！

我们勿忘掉十二月初的这件大事罢！

（录自《肇和月刊》1934年第8期）

浙江兵事杂志

组织江防联合会

赣宁冯李两都督以近来长江一带甚为不靖，海枭滑匪既以充斥洋面，而乱党又复潜行往来，设非用联合防缉之计，万难净绝根株而免逃匿，拟决组织宁赣皖浙鄂川湘七省江防联合会。因关于一切筹划计划及经费分摊之手续，须与七省各军事长官妥议进行，特在沪江设立办事所，通电各省派选代表与议，以便进行一切，并闻六月一号即行开幕云。

（录自《浙江兵事杂志》1914年第4期）

编报海军中区要隘

海军部规定海军中区设机关于江苏省之崇明岛，特饬上海李总司令查明中区所辖最要次要隘口绘图，造册送部备核。兹据李司令派员调查，以崇明岛南联浙江定海县，北通江苏之南汇宝山县，应先将该岛四周隘口图报，以便择要布置。计崇明岛南界（浙江定海县）：洛伽山、小龟山屿、心岛，北界（江苏宝山县）：吴淞口外拦江沙、内沙、西岸（南汇县）：九团墩。崇明岛最要口：（一）大戢山、（二）花岛山、（三）铜沙、（四）佘山，而以大节山南顶为江浙机关。现已编订成帙，委派副官沈彭君亲赴部矣。

（录自《浙江兵事杂志》1915年第15期）

粤省海防周密

粤省内河兵轮共有八十九艘，中有得力之舰二十九艘，兼顾沿海一带。河口琼崖一带则有广庚兵舰一艘在此镇守，北海一带则有广金一艘在此镇守，永丰、永翔、飞龙、肇和大号兵舰四艘在钦、廉、琼、雷一带游弋，潮海则有广元、海航两舰专驻镇守巡防，粤海则有运舰各练船巡逻。计现时海防情形已极稳固，其潮海一带兵舰为数较多，并可兼顾闽海河道。

（录自《浙江兵事杂志》1915年第15期）

对于兴复海军之政见

近日军界中纷纷上条陈，请速筹兴复海军事宜。大总统以所陈各节洵为扼要之策，惟兹事体大，断非空言所能济事，拟召集各省要人开特别密议，以便讨论积极进行办法。并闻此项会议不仅限于官吏，所有商民华侨皆可公举一二人参加斯议云。

（录自《浙江兵事杂志》1915年第15期）

李司令注重江防

海军司令部李总司令为慎重防务起见，现饬肇和练习舰长着将该舰迅速修竣，以便派往长江巡防，一面分饬驻泊浦江之各军舰配装军火预备调遣云。

（录自《浙江兵事杂志》1915年第21期）

兴筑海防炮垒

上海浦东东海塘合庆镇直对崇明海口，为海道要隘。前清中日之役，江督刘诚忠曾在该处筑造炮台，开掘战壕，拨兵驻守。兹淞沪杨护军使特派军事专家前往该处察勘，得南距川沙白龙巷、北距东沟各二十余里。该处适在中点，实为海防重要地点，当即绘图禀复杨使查核。一俟禀准，冯上将即在旧基兴筑炮台，拨兵驻守矣。

（录自《浙江兵事杂志》1916年第24期）

军舰驶入浦江

海军自取消独立以后，各军舰仍不得驶入浦江，均以吴淞口外为聚泊之所。兹经海军中将李承梅君查得，每交秋季，必有暴风大潮，军舰之船身较小者，泊于洋面，殊多危险。爰特商由萨鼎铭君函致杨护军使，拟将军舰停泊浦江。兹经杨君允准，故于昨日先将永翔、舞凤及海筹、福安四舰驶入浦江，现泊制造局浦面，并由杨君将海军各舰准令驶泊浦江各情报告中央查核矣。

（录自《浙江兵事杂志》1916年第28期）

接收海军之要电

大总统致萨上将电　萨鼎铭上将庚电悉，海军各将领力顾统一，具征深明大义，殊堪嘉尚。所请派员接洽一节，即特派该上将就近与李中将鼎新妥为接洽，以清手续。俟交代事竣，仍希敦促李中将遵令来京，筹商一是。

（录自《浙江兵事杂志》1916年第28期）

海军部修正海军无线电机保管细则

第一章　送信机之开转

第一条　凡开机之前，务须将天线避雷器之匙先行解开，再依下列各条次序举行。

第二条　直流电之电压，务须管理适当，足敷供给电动机为度，并须令其常数不变为宜。设遇电压时升时降，可加减分流抵抗器以调度之。

第三条　配电盘之直流键既开闭后，即用起动机以运行电动机，但宜逐渐加速，勿令电流骤多，致伤机械；再将速度调整器运用，令其速率在五百周波数之上。

第四条　凡火花间隙数随时变异，务宜审定。其电浪之长度，亦时有更变，尤应置于定点（如三百米达或六百米达之类）。倘用短电浪或须加接蓄电器，则宜于同时施行。

第五条　交电压之多寡，随火花间隙数为转移，务宜增减得当，并须制成电压隙数配合表，以便应用。前列各条，业已次第照行，方可将交电流之匙一一关合。

第六条　凡使用莫尔斯键时，须视天线之电流，如不强大，则用同调器以调度之。其发出之音浪如不合调，则用分流抵抗器以调整之，如均合法，方可递报。

第二章　受信机之配置

第七条　凡用受信机时，务宜将线环及蓄电器，随时移动，俾外来各电浪，不失吻合之时机。

第八条　凡受信机配合度数，应以检浪器之种类为准，并须求其声浪最高者为宜。

第九条　凡受信机之检浪器，最易损坏，应随时试验修整，并妥为保护。

第三章　机械之保护

第十条　凡电机上不宜积聚灰尘，应时常用布拭净。其出电头可用布覆之，俾其转动时自行拭抹。所有引电炭刷弹力机关，亦须拆下拭净，但复装时，弹力宜照原度。

第十一条　凡轴节转动之油池，应时常审视，勿令机油缺乏，致伤机械。每月须用煤油洗净，另换新油。

第十二条　继电器关系至重，最易损坏，或因接触处被电所蚀，以致点画不明，或为内部污迹所组，不能吸引。凡各舰局务须时常审视，令接触铜板，拭抹清净，弹簧涨力，务求适当。

第十三条　凡电浪之递出，惟火花器是赖，当极意保护。其管理距离之螺轴，应宽紧得宜，并须时将火花隙拆下审视，如有被电蚀坏等弊，立当拭抹。但复置时，其间距离，总以适宜为度。

第十四条　凡遇开机时间较久，而各机热度过高，致使机械损坏，如非报务紧要时，应先告知邻舰，述明理由，暂停通报，并约明何时续行之。

第十五条　报务完竣时，配电盘之双管匙，及收报机之大匙，须一律解开，使天线与地线相连。其避雷器之匙，随即开合，当夏秋时，更宜注意。

第十六条　凡机器上有时常销损之件，宜预为添备，以便临时使用。

第四章　值班

第十七条　凡于规定通报时间内，应值班守机，方能呼应。即无报务时，亦可时常互通音问，不得擅离职守，致误要公。

第十八条　凡值迅雷，势难传报时，急需将各机照第十五条办法，保护妥当，庶免危险。

第十九条　凡值天雷过大，收发不易时，则宜用极大电力发报。其收报机上之感应力及检浪器，应配合极灵，务使彼此皆能勉行收发，免误要公。

第二十条　凡呼邻局而不见答应，先将收报机及检浪器详细审视，是否灵便，然后每隔五分或十分钟再呼一次。如仍不见答，则用大电力试验，并视天线之电流是否如常。

第五章　报务日表

第二十一条　报务日表，专记各舰局报务之情形，及在事人员之勤惰，以备考核。

第二十二条　凡每日所遇之事，如发报次数字数，及传递局名，须列入发报栏内。收报次数字数，及来报局名，须列入来报栏内。其每日开机时间，列入收发时间栏内。如遇有阻电及呼应不灵等情，列入摘要栏内。凡关于机器报务，及一切特别情形，以上各栏不及详列者，均得于摘要栏内填注之。

第二十三条　报务日表应按月送由主管长官汇呈海军部，以凭查核。

第二十四条　本细则自公布日施行。

（录自《浙江兵事杂志》1916年第32期）

恢复海军司之提案

我国海军由前清设部时，事属草创，是时清室洵邸持绝对集权中央主义，京部之外，并无执行督率机关。民国成立后，应时势之要求，特设上海海军总司令处，袁氏当赣宁事件发生时，颇赖该处收臂指指挥之效。去年滇事，范围扩张盛大时，刘子英因海军中少年系军官多数有倾向护国军之表示，突然请将总司令处裁撤，另设轮机处代行其职权。现闻程玉堂总长，以目下国防重要，沿海之第一舰队及沿江之第二舰队，仅由部中指挥，易失灵捷之功能，提议恢复海军总司令处，稍异从前组织，以期完备。黎大总统亦以兹事为今日当务之急，本月十三日上午十时，元首曾因此事，召程入府，训示一切，以便筹备江海要防。闻拟以萨镇冰为总司令，李鼎新为副司令，业经提案，交由国务会议，一俟通过，即可实行设处。

（录自《浙江兵事杂志》1917年第35期）

海军设防之区划

海军总司令萨上将拟定海防分划四大区域，曾报政府。惟闻军舰之支配，较前所定略有变更。探得内容如后：

（一）关于大沽口、秦皇岛、锦州湾、长山列岛、大连湾、芝罘湾等处，为渤海防务第一区，以海州、泰安、镇海、云峰、通济、飞霆、靖远、测海等十三艘为驻扎舰。

（二）关于扬子江、舟山、象山港、三门湾、台湾等处，为黄海防务第二区，以江字号元、亨、利、贞及海圻、海容、南琛、南瑞、镜清、保民、建安、建威、策电、钧和、楚材二十五艘为驻扎舰。

（三）关于温州湾、福州湾、海南岛、厦门、汕头港、广州湾等处，为东海防务第三区，以海琛、永丰、联鲸、广大、宝璧、琛航、超武、伏波、长胜等四十二舰为驻扎舰。

（四）关于海口岛、榆林岛港等处，为南海防务第四区，以飞鸿、永翔、新珍等十二艘为驻扎舰云。

（录自《浙江兵事杂志》1917年第38期）

军舰分驻地点一览

现在全国海军各军舰业经分布妥帖，近闻海军部程璧光总长特将驻在地点详细开列，呈报大总统阅览。原表如下：

一、沪上十艘：楚观、楚谦、楚泰、飞虎、钧和、舞凤、甘泉、江利、福安、同安。

一、南京五艘：广贞、建威、金瓯、利济、建安。

一、广东六艘：广元、广亨、江大、通济、宝璧、应瑞。

一、武昌三艘：楚材、江口、湖隼。

一、烟台三艘：永翔、楚豫、飞鹰。

一、岳州三艘：拱辰、建中、永安。

一、福州四艘：襄同、联鲸、海琛、永丰。

一、吴淞六艘：海容、南琛、江贞、威海、筹虎、策电。

一、西江上流二艘：江巩、江固。

一、芜湖一艘：豫章。

一、大通一艘：湖鹏。

一、长沙一艘：江□。

一、汕头一艘：广海。

一、宜昌一艘：江犀。

一、安庆一艘：安康。

一、香港一艘：江安。

其海圻等为第一舰队司令之旗舰，江亨等为第二舰队司令之旗舰，肇和等为练习舰队司令之旗舰云。

（录自《浙江兵事杂志》1917年第38期）

我国海军之现状

天 荡

海岸线之修短，关系一国之强弱、社会之发达至大。我国沿海七省，北起辽沈，南迄琼雷，周遭万里，苍茫无际。苟无强有力之海军，则不足以保海权。近来爱国之士，渐知海军为强国之要素，莫不注目于此。民国建设六年，海军颇露头角，惟海军之军力编制设置等，国人多不能深悉，爰草是篇，以供探讨。

（一）组织及官制之制定

海军之组织，颇为复杂，有参谋本部统辖陆海军，有海军部掌海军行政，此外，有海军总司令处直接管辖舰队及造船所，并掌部下任免辅职之一部。其他军港司令部条例，颁布于民国三年十一月。以上关系颇缺明了，今请记述如下：

（甲）参谋本部

掌全国之国防用兵。参谋总长之下，有次长、局长，分本部为七局，分任部务。参谋总长直隶大总统，统辖全国之参谋将校，监督其教育，并管辖陆海军大学校、陆海军测量、各国驻在军官军事交通之各事务。

（乙）海军总长

管理海军军政。统辖海军军人军属，监督所管各官署，其编制大要，于海军总次长之下设参事四、秘书四、副官六、视察八、司长六、科长十二、科员二十四。

总务厅　掌庶务、纂辑、风纪、任用等事项。

军冲司　掌关于人事事项。

军务司　掌编制、计划、演习、军纪、风纪、仪制、水路、卫生等事项。

军械司　掌关于舰艇及兵器事项。

军学司　掌关于教育、演习、舰队练习等事项。

军法司　掌关于军法事项。

（丙）海军总司令部

海军总司令部为总司令驻所。管理所属之舰队，并兵厂、船坞、练营、医院等。有行驶舰艇之巡航及部下之演习检阅等权，并有部下之进退、升降、赏罚之一部之权。

（丁）海军军港司令部（现在尚未设立）

（二）舰队之编制

第一舰队所属军舰如下：

巡洋舰

海圻　四,三〇〇吨　海容　二,九五〇吨

海琛　二,九五〇吨　海筹　二,九五〇吨

炮舰

永丰　七八〇吨　永翔　七八〇吨　飞鹰　八五〇吨

舞凤　五〇〇吨　联鲸　五〇〇吨　甘泉　二五〇吨

运舰

福安　一,七〇〇吨

第二舰队所属军舰如下：

炮舰

建安　八七〇吨　建威　八七〇吨　楚同　七五〇吨

楚有　七五〇吨　楚谦　七五〇吨　楚泰　七五〇吨

楚豫　七五〇吨　楚观　七五〇吨　江元　五二五吨

江亨　五二五吨　江利　五二五吨　江贞　五二五吨

南琛　一,九〇五吨

河用炮舰

江鲲　一四〇吨　江岸　一四〇吨　建中　七〇吨

拱辰　九〇吨　永安　九〇吨

驱逐舰

建康　三九〇吨　同安　三九〇吨　豫章　三九〇吨

水雷艇

湖鹰　九八吨　湖隼　九八吨　湖鹏　九八吨　湖鹗　九〇吨

辰　九〇吨　宿　九〇吨　列　六二吨　张　六二吨

练习舰队所属军舰如下：

练习舰

应瑞　二,四五〇吨　肇和　二,六〇〇吨　通济　一,九〇〇吨

镜清　二,二〇〇吨

海部所属以外之军舰：

湖北所管　楚材　九五〇吨　楚安　楚义　楚信（吨数未详）

浙江所管　超武　一,二〇九吨　泰安　一,二五〇吨

安徽所管　利济　五〇〇吨　安澜　三五〇吨　安丰　三〇〇吨　金瓯　一九〇吨

福建所管　元凯　一,二五八吨　保民　一,四七〇吨

　　　　　靖海　五七八吨　登瀛　一,二五八吨

淞沪水警所管　策电　四〇〇吨　虎威　四〇〇吨

　　　　　　钓松　三五四吨　飞虎　三五〇吨　专条　五〇〇吨

广东所管　琛航　一,四五〇吨　镇海　九五〇吨

　　　　　靖远　五八七吨　蓬州海　八〇〇吨　并征　五三二吨

　　　　　镇涛　四五〇吨　绥靖　三五〇吨　宝璧　六〇〇吨

　　　　　广己　四〇〇吨　广庚　四〇〇吨　广戊　四〇〇吨

　　　　　广玉　六〇〇吨　广金　六〇〇吨　广贞　三〇〇吨

　　　　　广亨　三〇〇吨　广利　三〇〇吨　广元　三〇〇吨

　　　　　广德　一二四吨　广海　一二四吨　广东　一二四吨

　　　　　江大　一二四吨　江清　一二四吨　江巩　一二四吨

　　　　　江安　一二四吨　江固　一二四吨

　　　　　雷天　雷坎　雷兑　雷离　雷乾　雷坤

　　　　　雷巽　雷艮　雷震　雷中　雷龙　雷虎

　　　　　（以上俱系鱼雷艇，吨数未详）

所属不明者　海长清　五〇〇吨　海镜清　四五〇吨

　　　　　清东洲　一五〇吨

（三）军港之设置

（甲）豫定为军港地点

（一）北海，（二）三都湾，（三）象山湾，（四）荣成湾，（五）连山湾。

（乙）警备区域

（一）北区自鸭绿江起，至芝罘止，根据地荣成湾。

（二）中区自芝罘起，至三都澳止，根据地象山湾。

（三）南区自三都澳起，至冠头岬止，根据地北海。

以上警备区域，各设置海军镇守使（现尚未设）。

（丙）造船厂兵厂

列其著名者如下：

马江造船所：吾国造船史上最有名，多数军舰系该所制造。

江南造船所及上海制造局：前清时代之江南机器局分为前记之二部，造船所属于海军，制造局属于陆军。

汉阳兵工厂：属于陆军。

（四）海军经费

海军经费，据民国二年度预算，每年为三百万四千七百十一元。细目从略。

（录自《浙江兵事杂志》1917年第40期）

真 光

直鲁军南下之兵力
三五六七八十一军　渤海舰队拟派来五艘

廿日南京电　直鲁联军南下兵力,直军为徐源泉之第六军,辖步兵六旅、骑、炮、工、辎、迫击炮手、机关枪、炸弹各队。鲁军为程国瑞之第三军,辖一师三旅一团。王栋之第五军,辖三师两混成旅。许琨之第七军,辖六旅及一补充旅。王翰鸣之十一军,辖一师四混成旅。又毕庶澄预备出发之第八军,辖步兵十一团,军舰七艘,海军陆战队六千余人。又扩充十二、十三、十四等军,委李徵五、张敬尧、马玉仁为军长。

(录自《真光》1927年第26卷第1期)

征信新闻

行总拟训练登陆艇驾驶员

联合征信所京讯　行总对于长江流域之救济物资，自太古、怡和两公司期满以后，除宜昌以上由载重一百吨之登陆艇运输外，中下游则由国营招商局担任行驶。惟以该局船只供应不多，不能畅运救济物资。闻行总方面正拟训练登陆艇技术人员，将来利用新近来华一干登陆艇以资补救。

（录自《征信新闻》1946年第422期）

但懋新等组织之裕新实业公司将捞江鲲江犀两舰改装运输轮只资金自筹一部外并请四联贷款协助

联合征信所讯　海军江鲲、江犀二舰于二十九年在巴东□□□□湾被敌机炸中沉没。在枯水期，两舰均露出水面，迄未打捞。现由但懋新、王晓籁、杨啸天等组织之裕新实业公司向军政部海军处给□，将二舰租让与该公司打捞，修改为运输轮，作复员运输之用。业与该处签订合约，规定由公司另向英美厂商依照海军处规定图纸订购新舰二艘，于民国四十年三月交还海军处，以为补偿。二舰中江鲲有五百匹马力，锅炉一部，江犀有二二五匹马力，锅炉二部。该公司正进行打捞改修工程，拟装为运输轮三艘，配以木拖船，计划在本年七月间开航。惟资金需要二亿余元之巨，除自筹一部分外，已呈由长江区航政局转请四联贷款协助云。

（录自《征信新闻》1946年第354期）

民生公司已接收登陆艇五艘

联合征信所讯　民生公司已□前（十七）日在沪向招商局接收登陆艇五艘，其简略之接收办法为试车无问题后，即行接收驾驶轮机员工，□□□□海见习员工分配五组外，刻正调用民□民□□□务人员前往工作，为接收工作之顺利，并拟在沪进用资历较深之机电工人。

又息：此项登陆艇之行驶，燃料成本利用甚巨，该公司尚不拟即行使用，须待改装后再用作航运云。

（录自《征信新闻》1946年第412期）

中华周报

粤海空军改组之余波

海空军改组之因果

时报广州通讯云：粤之海空两军向隶于陆军之下，前自西南国府成立，张惠长南返，始谋脱离陆军而独立。其时汪精卫在粤主政，以张为空军总司令，海军亦仿效之，于是陆海空三军，遂鼎足而三，同处于平等地位。陆军领袖陈济棠，深感军事上指挥不便，久有统一海空军权之意。迨四全会高方案之风潮发生，张与陈策联合，一致反对，集中海空两军于唐家湾及虎门。此时空海两军几与陆军发生决裂，嗣经各要人多方调停，其事始寝。于是陈济棠统一海空军权之心更切，徒以政治环境上有种种之牵制，无从着手。因此种问题，海空军领袖与陈济棠之意见，日形阂隔。近顷航空公债，积极推销，华侨赠钱，络绎不绝，空军势力，膨胀日甚。而张惠长入京后，三月二十九日，突自京电粤，请解空军总司令之职，并力言分裂之非。陈济棠接电后，以迅捷手段，立派黄光锐以接统全权，将空军收归掌握。此事决策，实在二十九晚，事则微独局外人不知，即陈济棠亦系决策于临时云。惟据空军中人言，则又谓此事陈济棠谋之已久，黄光锐之与元戎默契，为人人共见之事。张惠长即不电请解职，亦且被明令处分云。自此事发生后，粤省形势顿呈严重，海军领袖陈策尤觉不安。盖以张氏既去，则海军今后更陷于孤立地位。故陈策即匆匆赴港，临行之时，曾下令所有驻泊省河舰队集中黄埔方面，加紧戒备。出海各舰，如海瑞、海强、江固、江巩、舞凤等舰，则一律开赴唐家湾集中，协同飞鹰、中山两舰防守该处，非再奉有手令，不得擅自移动。集中黄埔各舰，复将各炮之炮衣完全卸去。陆战队亦宣布戒严，形势更趋严重云。

海军将领通电攻击陈济棠

海军参谋长陈鼎，五日电称陈济棠拥兵好乱，突以非法手段炮击我舰队，掳我长官，与前日私擅处置空军，事同一辙。兹为避免陈济棠压迫，将舰移泊琼崖唐家湾，请陈司令策主持。如陈济棠能拥护中枢，一致拒日，同人当释前嫌，否则相与周旋云云。

张惠长电空军，劝勿参与内战

粤空军总司令张惠长已由沪赴港，七日晚在陈策宅会议甚久。张氏前在沪时，曾致电粤空军，略谓国难危急，人民方期诸同志努力对外，今闻粤中纠纷突起，务希诸同志实践历来对国民宣示不参与内战之主张，勿因一时之冲动，而蹈于自绝之途云云。

海军接收竣事

海军总部改隶一集团军后，陈济棠派招桂章接收各舰，温钟声接收海军部，又派教导团赴黄埔接收海军校及陆战队第三团，四日晚接收竣事。

陈蒋电粤调解

陈铭枢、蒋光鼐电粤，谓沪案协定，不能讳言无屈辱，然外观内察，轻重权衡，犹为彼善于此。今外患未平，而粤以海空军改组，争端又起，各就其势力所能及，以相颉颃，长此相持，终非国福。诸公同为中委，望捐除成见，图国家之福，否则内争无已，外患无宁，行见历史上国耻纪念日与年俱进云云。

两粤形势紧张

李宗仁派张任民赴粤商军事。现两粤布防军事极忙，陈济棠忽增厚西江兵力，水陆布防，又令入闽军欧阳新、郭润华两团回粤，王定华团亦由大埔撤退云。

（录自《中华周报》1932年第28期）

忽紧忽缓之粤局

粤军渡海攻琼

六月廿九日，雷州军队约五千，偷渡鸡毛湾。该湾距木拨头十五里，距海口约廿里，意欲攻得该湾，即可进攻海口。为陆战队发觉，开枪抵御，两方激战。省军更用大炮空军掩护，势甚锐，琼方亦出空军作战，同时以数舰助守。战至下午二时许，省军不得逞，完全退回。因取攻势，伤亡甚多，民船沉没十余艘。琼军取守势，伤亡较少。

孙科提出意见

孙科抵港后，连日与胡汉民讨论，提出三要点：（一）胡氏对西南政局，如有关系，请制止炸军舰及对琼作战，以除内战；（二）如胡氏对西南政局未有若何关系，则请赴京，共任艰巨；（三）对琼战事不息，应谋彻底解决办法。中常会三十日电留粤港中委调解粤海军潮，略谓强寇当前，横暴迭出之际，忽传粤省有海军改隶之争持，若不及早设法消弭，国基民命，益将败毁于无底。诸同志素以解除国难为职志，尤盼对于粤事，善为调处，俾息纷争，庶能合全力以御侮剿赤，排大难以挽救国是云云。

空军将领不参加内战

粤解职空军将领杨官宇、邓粤铭、宁明阶等，二十日通电，谓同人等处外侮迭乘之时，非一致团结，无以救亡。曾发不参内战宣言，不意日前我粤空军，犹为拥兵者所用，最近更不惜为内战戎首，空中轰炸，竟向内施。同人等以早达不参内战之言，用战不属乱邦之义，决然引去等语。

陈策表示愿接受调停

陈策二日电中执会，谓："海军改隶事，策何忍作阋墙之争，惟将全军退处海隅，静待中央处置。诸公电港粤各中委调处，当竭诚接受。"

中山舰开抵厦门

中山舰三日晚六时抵厦，舰长陈涤即登陆谒十九路军参谋长黄强，并发表谈话称：为不参加内战开厦，并载十九路军实。至何时离厦，看十九路军有无调遣，此后即留闽助十九路军剿共。

飞机再炸军舰

五日晨，雷州空军奉陈济棠命，派三飞机飞琼炸飞鹰舰。飞鹰用高射炮还击，计四时、六时各一次，均不中。飞机炸飞鹰舰后，复飞琼州海口，掷弹六次伤残颇甚。

政会又讨论海军问题

西南政会对海军问题,再经讨论,决陈策由政会资遣出洋考察,海防舰司令由中央委,江防由一集团委,陆战队调黄埔训练司令由一集委。闻二陈均允让步。

(录自《中华周报》1932年第36期)

粤事已告解决

飞机不断轰炸军舰

攻琼军五日晨乘帆船多艘,在榆林港偷渡攻琼,被琼舰海瑞发觉,放炮轰击。各船纷纷中弹,秩序大乱,有一艘沉没,溺毙数百人。同时,粤机三架向飞鹰轰炸二次,弹均落海,且被高射炮还击,改向海口各机关及陆战队驻所轰炸,共十一次,店户损伤甚重,陆战队死十余人。六日晨,复有飞机三架由雷出发,再向泊海口附近洋面之飞鹰舰投弹,及用机关枪由高猛射,共投二次,结果飞鹰舰尾被炸,七日晨沉没。

蔡廷锴提调停办法

蔡廷锴对琼事提调停办法:一,由谭启秀赴琼接防;二,琼舰队全移厦剿匪,陈济棠每月助海军费十万,七月为期。陈策已允接受。陈济棠八日复蔡,对陈策部各舰及陆战队移厦,并由粤助饷,均赞成。但反对谭启秀部接防琼崖,须由陈派队接防,并要求陆战队十日内离琼。

陈绍宽谈海事

海军部长陈绍宽氏九日晨由京乘车到沪,对中山舰收编事发表谈话。谓中山舰避免内战赴厦门,现仍泊该处,收编与否,须依中央命令,中央此时尚未有命令收编。外传派舰前往监视,则更不确,中央海军对粤舰均一视同仁。现该舰泊厦,煤水亦尽,由厦门海军供给。至飞鹰在琼被炸沉没,想今国家财政支绌,建设方且不暇,今因局部相争而毁弃造价百余万军舰,殊觉可惜耳。且飞鹰舰系我国于清季光绪年间向德购造,形式虽陋,速力甚佳,每小时可行廿二三海哩,为全国军舰中较快之一艘云云。

蔡廷锴最后调停结果

谭启秀奉蔡廷锴命,十日晨抵广州,谒陈济棠商琼事,已全部解决。琼陆战队及中山、海瑞、福安三舰,交蔡廷锴带闽剿匪。琼由陈济棠派陈汉光旅接防,逃港各舰,交回一集团,海军欠饷,概由粤发。

(录自《中华周报》1932年第37期)

海军年的海军

中 夫

近来××年××年颇为盛行,比如今年是国货年,明年则为儿童年,后年是什么年,目下虽未分晓,而亦必有一个名称,不难逆料。但这只是就国内说,若夫世界,今年大约是海军年吧!

近来注意国际新闻,不是这一国大增海军预算,便是那一国添造多数军舰。美日海军大竞争,美海军的预算突破四亿金元,日本则赶于第二次华会以前,完成条约限度内的军力,其竞争的剧烈,不在话下。因此,英国也添造新舰四十八只,增加海军兵额万名。法国有世界最大的战斗舰下水。意大利举行海军大检阅。最近报登,美海军部长史璜生宣言美国要建造凌驾于任何国的海军,而日本的少壮派海军军人则嫌大角过于疲弱,要以末次继任,庶能于海军扩张上更为猛进。消息传来,真是猗欤盛哉。

在此海军年中,我国的海军怎样呢?据海军当局谈:"现在海军每月军饷,不及四十万元,以视陆军,直一与五十之比。英国战斗舰'纳尔逊'号,每月经费即合华币六十万元,而我国海军部及其所属各舰队各机关,所有经费尚不及其一舰之多,而且不及其三分之二。"政府口口声声喊抵抗,民众口口声声喊收复失地,原来如此,阿弥陀佛。

(录自《中华周报》1933年第99期)

中美周报

中国海军的概况

编辑先生：

鄙人现有几个问题，请先生在百忙中来指导我。

（一）我国海军设备怎么样？设有海军学校几间，设在何处？现时我国兵船有多少，习海军学生有多少？

（二）海军人员学习时期，几年才能毕业？讲课时用中国何种言语，教授材料是采取哪一国的方法？

（三）青年要备何种资格才能入校练习（这是指学识、体魄、年龄方面而言）？

（四）中国征兵可否由各青年任择性之所近者充兵役？

以上各问题如蒙先生答复，不胜感激之至。并祝

文安！

你的读者王海上
七月卅日

编者答：

中国海军概况，据桂永清司令的报告，是这样的：现时我国有海防第一舰队、第二舰队、江防舰队，及运输舰队等四个舰队，另有十个炮艇队。海军员额共三万四千五百人，在上海、青岛、左营及榆林港等四处，设有海军基地，另就各基地司令部军区及长江江防区内设立巡防处十一处。舰艇修造设备，则

在上海、青岛、左营、榆林、马公、黄埔、大沽各处，设有海军造船所，在各巡防处设有海军工厂。

关于海军人才培养，现在青岛设有海军军官学校，集中精力训练军官。士兵训练则由海军军士学校负责。此外，并有海军机械学校专门负责造船、造机、造械、电工等项人才。招生办法是按照各省人口比例采取分省定额制，本年起在全国普遍招生。

入学资格，全视拟选习之学科而定。普通说来，须有初中以上程度，身体强健，不逾三十五岁，始为合格。教授方法及教材，大部分仿效美国。授课用国语，但外国教官亦有用英语者。修业期限，各科不同。中国青年如自愿投考各种军事学校者，自可就其性之所近而选习之，若被征入伍，则无选择之自由。王君如有意投入海军，可致函青岛海军学校，索取招生章程。

（录自《中美周报》1947年第250期）

中外春秋

沈鸿烈莅甬误

薇 心

浙主席沈鸿烈，出巡浙东。本月中旬，宁波军警各界，忽接绍兴方面来电话，谓主席已经离杭抵绍，即将转道来甬。于是，各首长及各界代表纷纷至江北车站迎迓，一面派警打扫街道，加派岗位，并在沪绅周宗良公馆，布置精室，为沈主席下榻之所。讵候至晚间，沈主席专车方到。欢迎人员上前迎接，则专车中走下来者，乃是浙江省警备司令竺鸣涛也。实则沈主席在绍尚有耽搁，一时遂有此误缠云。

（录自《中外春秋》1946年）

新海军走私案大事化小事

青 山

美国赠给我国之舰队，前月到达首都下关江面时，笔者曾去参观过。一共八艘，皆作深灰色，旗舰全身长九丈，乃一千余吨之驱逐舰也。列阵草鞋峡江滨，国旗招展，烟突林立，亦颇壮观。

不料，未几忽发生该新舰队私运汽车吉普车牟利事件！经人报告海军总司令部后，陈兼总司令诚素以驭下严明著，颇为震怒，立即下令将几位嫌疑舰长免职，并将其他有关人员撤换。此事发生后，极引起各方注意。盖以中国海军,过去不仅腐化不能作战,而且恶化走私贩运,尤其去年胜利后的接收越轨,贻人以实。故政府改组海军机构,以陆军出身之陈将军兼辖海军,藉谋彻底廓清陋习。今番美国赠我舰艇八只,虽非艨艟,实属建立中国新海军之基础。若此际即有腐菌掺生,不仅令国人失望,亦将使赠助者灰心耳!

最近听说此事大事化小,已有善后办法。海军总司令部决将八舰艇上此次所撤人员,另调他职,俾在美国辛苦训练而成之人才,仍充为国宣力。至于私运汽车事件,实情亦不如外间所传之严重云。

(录自《中外春秋》1946年)

组织旬刊

辛亥革命海军反正纪实

陈春生

辛亥武昌首义,清廷恐惧。八月二十一日,清廷命荫昌督师赴鄂讨伐革命军,命萨镇冰统率兵舰,程允和统率长江水师同进。及汉口、汉阳为革命军光复,清廷命军咨府陆军部迅派陆军两镇赴鄂征剿,一面由海军部加派兵舰,饬萨镇冰督率前进。八月二十三日,荫昌所派之前哨军队驰抵湖北刘家庙,是日清廷有旨,湖广总督著袁世凯补授,并督办剿抚事宜,荫昌、萨镇冰所带水陆各军,著袁世凯会同调遣。二十六日,荫昌行抵河南信阳州,所部军队陆续到汉,海军提督萨镇冰乘楚有舰亦至,所统建安、建威、江元、楚豫、楚泰、楚谦各炮舰,湖鹰、湖隼、湖鹗及辰、宿各雷艇,咸开驶汉口江心下碇。然是时海军各舰多表同情于革命军,故汉口交绥,海军军舰绝少开炮助清军轰击,即不得已而发炮,亦有意不使之命中,各兵舰旋且纷纷逃往归附革命军。革命军光复上海后,停泊高昌庙、杨树浦之兵舰,有建安、楚有、策电、飞鲸四艘,运输舰登瀛洲一艘,鱼雷艇湖鹏、辰字、宿字、列字四艘,均悬挂白旗,归顺革命军。越数日,海军舰队之在长江上游者,因缺乏煤米,驶至镇江。林述庆于九月十七日独立于镇江。有南洋海军兵舰十二艘,由上游开驶到镇,恐受象山、焦山等处炮台轰击,不敢前进,停泊于江心。海军将领多闽粤籍,宋统领文翙,广东香山县(今改中山县)人,与许崇灏有戚谊。许崇灏广东人,奉林述庆都督命亲自登舰,勉以民族大义,晓以自身利害。宋统领首先表示服从,吴振南同时表示归顺，其他闽籍将领，因与林都督有同乡关系，且多属林姓，故亦一致赞同，于是同举革命之旗。计归附革命军者，有兵舰楚观、楚同、楚谦、楚泰、江元、江亨、保民、镜清、联鲸、通济、建翜、飞鹰十二艘，暨鱼雷艇名张字者一艘。遂以宋文翙为海军司令，吴振南为都督府海军处长，兵弁水手一律发给双饷，暂住长江，听候调遣。革命军未费一弹，而兵舰十余艘已收集于指挥之下矣。

同时，复有海琛、海筹、海容三舰，及鱼电艇湖鹰，在九江归附革命军。二十一日，三舰奉命由汉口下驶，行至中途，公同商议，决计归顺革命军。二十三日抵九江，即高悬白旗，以表示同情于革命，并下椗于租界，以释群疑。旋由九江军政府派员至舰接洽一切，并商请移泊华界以助军威。各舰既改悬青天白日旗，都督亦下舰致贺。此外复有钧和、南琛二舰归附革命军，该两舰戎装均甚完备，旋仍开赴长江，与各舰会合。余如建威、楚豫、江利、江贞、湖隼、湖鹗、建武、甘泉、江干、舞凤、虎威各舰，亦先后归顺。嗣由鄂军政府委任吴应科为海军总司令官，黄钟瑛为海军司令部长，以一事权而专责成。

至海军兵舰之协助革命军与清军交绥者，尤以在武汉方面最为得力。如十月初三日，鄂军步队第三协，由青山渡江抵谌家矶，与海军协攻刘家庙，海军射击时，将丹水池、洋油栈附近均毁坏。十月初七日，汉阳清军与革命军战，清军焚归元寺，革命军分数路袭击清军左翼后路之三道桥，海容等舰亦协力猛攻。二十七日，清军革命军各约有一镇之众开战，清军之炮队发炮，萨镇冰所统之兵舰又开炮相应，革命军还炮中舰上，兵舰即驶退下游。二十九日舰队复上驶，清军与革命军战于七里河，兵舰向前助战，施放数炮之后，因受武汉两面之炮击，即下驶。兵舰既退，清陆军势孤，亦为革命军所败。

九月初六日，清军进占江岸及戴家山一带，以炮轰车站时，泊于阳逻附近之兵舰亦开炮助攻，清军所发之炮多未能命中，遂沿铁路线退至大智门。十五日汉口革命军与清军交绥，萨镇冰所统之兵舰亦在武昌下游开炮助攻，革命军在青山上发炮，清军不支，退出火车站。

九月二十九日黎明，革命军之兵舰海容、海筹、海琛、江贞、鱼电艇湖鹗，由九江驶至阳逻附近，上午十一时以炮击江岸车站。下午三时，海容上驶，过江岸车站前，清军不敢轰击。我兵舰遂进至武昌黄鹤楼下，傍一小轮而泊,将所载机关枪运入武昌,鱼电艇湖鹗继进。清军由江岸发炮猛击之,湖鹗傍对岸以全速力进驶,青山革命军发炮攻清军以护湖鹗,然湖鹗终中清军之炮受伤,急避之新河口。未几海容复下驶,即将出租界水线外,忽发炮猛击江岸清军炮兵阵地,约五百米达,炮弹连续爆发,莫不命中。清军炮兵阵地沙尘飞扬,附近村落亦起火,清炮兵殆悉为炮火所歼。海容下驶至七里沟附近,尚发炮不休,但海容舰于下午五时半,右舷船腹及后樯烟突亦受炮伤。是役革命军舰队之活动,大挫清军威势,清军汉口东方阵地几全为之动摇。其后清军攻陷汉阳,挟龟山巨炮,隔江轰击武昌,武昌全城尽入炮线之内。然革命军恃有舰队为之助,撄城固守,沿江岸防御线上下七千余里,经营甚固,清军终不得逞,是皆海军援助之力也。兹将关于海军反正之文电汇录于左。

鄂军政府因军舰事致九江马都督（毓宝）电于十月初四日

昨准江电开：有海筹一艘,拟驶赴鄂助战等因。此间与北兵水陆鏖战数日夜,现仍猛烈,恳速令海筹星驶来鄂接应海容、海琛两艘。望通济兵轮转运甚切,该舰及楚谦、楚观、江贞三艘,顷究在何处？如均在浔,请并饬随同海筹刻即来鄂为荷。再由浔至芜,电线通否？请希示复。

（附复电一）

歌电敬悉。海筹在皖,业已派员赴皖赶催该舰星夜驶鄂助战。弹药一节,早已电沪,饬通济速运往鄂接济。江贞已载军米赴皖,事毕即遵遣该兵舰一同前往。惟楚谦、楚观两兵舰,刻下不知停泊何处,俟侦确悉,再转饬该两兵舰亦速来鄂。浔至芜,电不通。

（附复电二）

奉钧电催派海筹赴鄂助战,均经转催安庆。顷准皖都督李咨称：上游水浅,海筹不能上驶,已转电驻沪徐总司令官,速派江楚兵轮,兼程赴鄂助战等语。用特电闻,以抒廑念。

九江马都督复鄂军政府电

蒙派许君瑞解到银六万元,票六万贯,如数拜领。接沪都督陈电嘱海军刻日赴鄂助战,使敝处筹备米煤,源源接济。事关大局,理应极力维持,目下已稍购备,又分员四出赶办,以应要需,俟该兵舰过浔时,竭力接济。现在蔽处之存款,除十月份粮饷及军政要费外,所余无几。今又购办煤米接济海军,此款无著,仍请竭力从速代为设法,源源接济。

镇江林都督因海军反正致鄂军政府电

镜清、保民、联鲸、楚观、江元、江亨、建威、通济、楚同、楚泰、楚谦、飞鹰、张艇、虎威、江平各舰艇,于二十二日由敝处联络,一律归汉。今日下午二时,在军政府开陆海联军联合大会,誓志合攻金陵,并于军政府派设海军处,各舰艇公举司令长,组织完备,一致进行。

鄂军政府复镇江林都督电

镜清等兵舰俱表同情,甚慰。现武昌防守吃紧,祈拨半数来鄂相助为盼。
上海海军处致鄂军政府电(十月十六)

请转饬各舰,将所缺各项药弹,详细开单,克日专差送沪,以便购办。

鄂军政府致葛店电政局转舰队司令长官电

据沪海军处来电,饬各舰将所缺各项药弹详细开单,克日专差送沪,以便购办。

海军汤司令致鄂军政府电(十月十六)

据海筹巡舰黄司令连长称,九江炮台于十三日晨六钟误击美国海军运船,致起交涉。请询马都督,此事是否了结。

鄂军政府致九江马都督电

顷闻九江炮台于十三日六钟,炮击美国海军运船,致起交涉,是否属实,祈查明速复。又六楚兵轮如已到浔,饬速来鄂。

海军黄司令钟瑛致鄂军政府电

昨日奉上一电,想已登鉴。泰、同两舰已遵令开上阳逻,装配弹药,江贞随驶上以观动静。尚有谦、观两舰到时,即令上驶,协同陆军动作,掩护江岸。此间布置各事,已与楚泰管带马交接清楚,若有调动之处,可由其指挥。江水已涸,海筹运动不便,湖鹰机器极损,拟先下筹备北伐,再调他舰及电艇湖鹏来鄂。本早已领到洋二万元,纸币五千元,铜元一千串,余即照补。第一舰队九月双饷,另造报销册呈核。查沪镇各舰艇,九月饷已领,嗣后最便由沪镇发给,但在鄂若有意外急需,乞就近酌拨,如何之处,尚请裁夺。

鄂军政府致葛店电政局转复海军黄司令电

籐电悉,海筹、湖鹰可东下,嗣后饷由沪镇发给,祈照办。如有急需,再由鄂酌拨。

上海陈都督（其美）因海军事致鄂军政府电（十月十六）

海军全权，亟应统一。现由海军各处代表，公举程君璧光为总司令，黄君钟瑛为副司令，黄君裳治为参谋长，毛君仲方为参谋次长，总副司令未到以前，暂由参谋长代理一切。查所举诸人，均威望素著，敝处甚表同情，谨以电闻。

鄂军政府复上海陈都督电

铣电悉，公举海军诸官长，诚如来电所云，威望素著，敝处极表同情，特复。

海军处致鄂军政府电（十月二十）

现已编成两舰队，第一舰队现停泊于阳逻附近，第二舰队现停泊于三江口附近。

鄂军政府致镇江林司令电（十月二十）

现值军务紧急之时，自应整顿海陆军制，方足以资统一而御敌人。闻贵部拟以第一舰队第二舰队合为一巡洋舰队，海筹、海容、海琛属焉。宏规硕画，钦佩莫名。然海军制度固宜整肃，而海军人才尤当慎选。查有现充第二舰队司令官汤芗铭及海军管带杜锡珪，于阳逻征战之际，皆能奋勇有为，得力颇多，即外国海军中人亦嘉许，拟请以汤芗铭充海容管带兼巡洋舰队司令长，所有海筹遗缺，即以杜锡珪接充。是否有当，乞与各舰舰长商酌委任，以固海军基础而利海军战斗，特此奉商，并望赐复。

葛店黄宗顺因海军事致鄂军政府电（十月二十）

飞鹰已抵葛店，运来飞艇一台，开棉弹一千，炮台州格梳林油十五箱，请示在何地起卸。飞鹰因江南有要公需用，楚泰船所需之小轮尚缺，请饬交通部速派，并令王光国速来葛。

葛店马□钰因飞鹰事致鄂军政府电

飞鹰运飞艇上午抵葛店，请速派船装运。飞鹰将飞艇卸后，即行开宁。

鄂军政府复葛店兵站及楚泰舰长电

飞鹰所装之飞艇子弹及油箱等件，仰即转饬派来之梅占魁护运至阳逻过载。刻已饬青山小火轮往阳逻接运，导火索直接交江西冯统领查收可也。

葛店黄宗贵因军舰事致鄂军政府电（十一月初二）

电请所运之煤，请迅送来。再兵舰需用之车油灯油棉纱，亦请火速送来，以备战时之用。各军舰之饷，是否由鄂给发？登瀛洲在阳逻停泊，运来之炭，请速派员起卸。再海军作战之命令，请速选马管带。以上各件，请回示为盼。

鄂军政府复葛店黄宗贵电

电悉，所需炭油等件，当饬军务部迅速送来，兵舰饷项亦饬照发。登瀛洲所载之炭，即卸阳逻亦可。接上海来电，议和之事，因事关重大，刻难就绪。又续停战七日，希将此停战期限传各营知照。

葛店马管带因江贞事致鄂军政府电（十一月初三）

接李总司令烈钧来信，着敝船与江贞即开赴阳逻，听候指挥等语。但葛店、黄州两处，如泰、贞两艘上驶，现无船防守，如何之处，请电复。

鄂军政府因江贞事致葛店兵站转赣军李总司令电

前据黄州府知事电称，武昌江面为我军要隘，恳留江贞停泊该处以资联络，当即电商楚泰马舰长，请以各兵舰梭巡该处，不必拘定江贞等情。顷据马舰长电称，贵司令官将泰、贞两舰调赴阳逻，听候指挥，想尊处必以战期迫近，须水陆夹攻，始足以速报捷而立奇功。兹又续停战七日，可否暂留一艘，梭巡武黄江面，或另调一艘补充，均希与马舰长妥商为盼。

黄州高知事因江贞事致鄂军政府电

前奉东电，武汉两岸均属要隘，款留江贞兵舰停泊，可见极是。当电楚泰舰长饬各兵船轮流停泊等因。即日江贞舰长得马舰长电，派江贞驻黄防守，黄民感戴。顷江贞舰长接到马舰长来电，派该舰赴阳逻。黄郡兵力极薄，黄郡全体环禀知事，转恳大都督，准再赏留江贞兵舰驻黄，理合转禀，请即核复。

鄂军政府致青山楚泰马舰长电

顷据黄州高知事电，请留江贞防该郡。当电许留黄暂泊，俟派兵一营到黄后即行上驶，仰即遵照。

中华民国海陆军大元帅命令（一月二十八日）

长江舰队于元月二十九日午前八时，须于阳逻、青山间任警戒。

（录自《组织旬刊》1943年第2卷第2期）

后　记

　　民国时期是中国近代海军建设极其艰难的历史时期。经过了甲午战争以后，无论是北京政府，还是南京政府，都在一定程度上接受了甲午战败的沉痛教训，社会各界对海军建设给予一定的关注。可是，由于海军始终处于国内战争和民族战争的漩涡中，难以获得发展壮大的机会，力量濒于消亡。本文集所收录的史料，从不同侧面反映了民国时期海军建设的艰难历程。

　　在三十多年的海军史教学与研究中，我们积累了丰富的史料，其中民国报刊是极其重要的一类。把这些报刊中有关海军问题的史料整理出版，无论对推动国内海军史研究，还是普及海军史知识，都具有十分重要的意义。出于这样的动因，我们用了近四年的时间来完成这项工作，终于有了本文集的出版。当然，我们的工作还在持续当中，《革命的海军》《海军公报》《海军杂志》等期刊所载史料的专册，将陆续编辑出版。

　　本文集的出版，得到各方的大力支持。海军航空大学的各级领导给予诸多帮助和指导，山东画报出版社的怀志霄编辑付出了艰辛努力。对此，我们表示崇高敬意和衷心感谢！

　　由于我们水平有限，在本书的编辑、校订过程中难免存在错误和疏漏，万望读者批评指正！

编者于山东烟台